Khrystyna Lettner
**Zur Theorie des lexikographischen Beispiels**

# LEXICOGRAPHICA
# Series Maior

Supplementary Volumes to the International Annual
for Lexicography
Suppléments à la Revue Internationale
de Lexicographie
Supplementbände zum Internationalen Jahrbuch
für Lexikographie

Edited by
Rufus Hjalmar Gouws, Ulrich Heid, Thomas Herbst,
Anja Lobenstein-Reichmann, Oskar Reichmann,
Stefan J. Schierholz and Wolfgang Schweickard

# Volume 158

Khrystyna Lettner

# Zur Theorie des lexikographischen Beispiels

—

Die Beispielangaben in der ein- und zweisprachigen
pädagogischen Lexikographie des Deutschen

DE GRUYTER

Die vorliegende Arbeit wurde als Dissertation unter dem Titel *Die Beispielangaben in der ein- und zweisprachigen pädagogischen Lexikographie des Deutschen. Zur Theorie des lexikographischen Beispiels* an der Friedrich-Alexander-Universität Erlangen-Nürnberg im Fachbereich Germanistische Linguistik eingereicht und genehmigt.

Tag der mündlichen Prüfung: 30.10.2018

ISBN 978-3-11-076600-4
e-ISBN (PDF) 978-3-11-063026-8
e-ISBN (EPUB) 978-3-11-063076-3
ISSN 0175-9264

**Library of Congress Control Number: 2019947695**

**Bibliografische Information der Deutschen Nationalbibliothek**
Die Deutsche Nationalbibliothek verzeichnet diese Publikation in der Deutschen Nationalbibliografie; detaillierte bibliografische Daten sind im Internet über http://dnb.dnb.de abrufbar.

© 2021 Walter de Gruyter GmbH, Berlin/Boston
Dieser Band ist text- und seitenidentisch mit der 2020 erschienenen gebundenen Ausgabe.
Druck und Bindung: CPI books GmbH, Leck

www.degruyter.com

# Inhalt

**Abkürzungsverzeichnis** —— IX

**1 Einleitung** —— 1
1.1 Theorie des lexikographischen Beispiels: Grundlegende Charakteristika —— 4
1.2 Einsprachige und zweisprachige Lexikographie —— 8
1.3 Pädagogische Lexikographie für Deutsch als Fremdsprache —— 13
1.4 Untersuchungsdesign —— 22

**2 Relevante Aspekte des Beispiels** —— 29
2.1 Allgemeine Sätze über das Beispiel —— 29
2.2 Der inhaltliche und methodische Stellenwert des Beispiels —— 45
2.2.1 Kant und das Beispiel —— 46
2.2.2 Der Einsatz des Beispiels auf dem Gebiet der Sprache —— 50
2.2.2.1 Das Beispiel bei Lipps —— 51
2.2.2.2 Das Beispiel bei Wittgenstein —— 53

**3 Der semantische Kommentar in der einsprachigen und zweisprachigen Lexikographie** —— 62
3.1 Prinzipien der lexikographischen Kodifikation —— 66
3.1.1 Das einsprachige Wörterbuch —— 68
3.1.2 Das zweisprachige Wörterbuch —— 71
3.1.2.1 Funktionale Ausgerichtetheit —— 82
3.1.2.1.1 Das Aktiv-Passiv-Prinzip —— 82
3.1.2.1.2 Der Status der Äquivalentangabe(n) —— 91
3.1.2.2 Der lexikographische Äquivalenzbegriff —— 94
3.1.2.2.1 Grundlegende Charakteristika —— 95
3.1.2.2.2 Strukturen und Typen der lexikographischen Äquivalenz —— 106
3.1.2.2.3 Typen der zwischensprachlichen Äquivalenzrelationen und deren Kodifikation —— 112
3.2 Bedeutungsparaphraseangabe und anderssprachige Äquivalentangabe als Angabetypen —— 118
3.3 Lexikographische Beispielangaben —— 124
3.3.1 Überblick über die Forschungslage —— 128
3.3.2 Ansätze zur metalexikographischen Behandlung der Beispielangaben —— 131
3.3.2.1 Beispielangaben aus der Sicht der Syntagmatik —— 132
3.3.2.2 Kontext, Kotext und Beispielangaben —— 133
3.3.2.3 Eigene Festlegungen —— 134

**4 Beispielangaben im einsprachigen Wörterbuch —— 138**
4.1 Abgrenzung gegen naheliegende Angabephänomene —— 138
4.1.1 Sublemmatische Redewendungen und Phraseme —— 140
4.1.2 Valenzbedingte Strukturformeln —— 146
4.1.3 Problematik der Kollokationsangaben —— 153
4.2 Typologien der Beispielangaben in der einsprachigen Lexikographie —— 160
4.2.1 Typologie nach der Gestaltung im Wörterbuchartikel —— 161
4.2.1.1 Gekürzte Beispiele —— 161
4.2.1.2 Satz- und Textbeispiele —— 167
4.2.2 Typologie nach der Herkunft —— 178
4.2.2.1 Grundtypen des lexikographischen Beispiels: Polarisierung und Diskussion —— 185
4.2.2.1.1 Authentizitätsanspruch —— 185
4.2.2.1.2 Stilistik der Beispielsyntagmen —— 199
4.2.2.1.3 Demonstrationsschwerpunkte —— 207
4.2.2.1.4 Untermauern anderer Angaben —— 214
4.2.2.2 Das Corpusbeispiel als Mischtyp —— 217
4.2.2.2.1 Das Usuelle und Typische im Corpusbeispiel —— 222
4.2.2.2.2 Relativierung der Polarisierung der Grundtypen des Beispiels —— 226
4.3 Zweck und Funktionalität der Beispielangaben in der einsprachigen Lexikographie —— 233
4.3.1 Verhältnis zu anderen Elementen des semantischen Kommentars —— 234
4.3.1.1 Verhältnis zur Bedeutungsparaphraseangabe —— 235
4.3.1.2 Demonstration anderer Angaben —— 247
4.3.1.2.1 Demonstration der Redewendungen und Phraseme —— 247
4.3.1.2.2 Demonstration der Strukturformeln —— 250
4.3.1.2.3 Demonstration gekürzter Beispiele —— 254
4.3.2 Polyfunktionalität des lexikographischen Beispiels —— 258
4.3.2.1 Beispiele als Situationen des Spracherwerbs —— 258
4.3.2.2 Funktionen nach Informationsarten —— 261
4.3.3 Funktionale Pseudobeispiele —— 271
4.4 Qualität der Beispielangaben in der einsprachigen Lexikographie —— 275
4.4.1 Allgemeine Wünschbarkeiten für das lexikographische Beispiel —— 277
4.4.2 Genuin lexikographische Faktoren —— 285
4.4.2.1 Adressierung der Beispielangaben —— 285
4.4.2.2 Der Kotext- und Kontext-Faktor —— 285
4.4.2.3 Komplexität der Beispielangaben —— 290

| | | |
|---|---|---|
| 4.4.3 | Relevante außerlexikographische Aspekte in den Beispielangaben —— 291 | |
| 4.4.3.1 | Wortschatz und Thematik der Beispielangaben —— 292 | |
| 4.4.3.2 | Landeskundliche und kulturelle Informationen —— 297 | |
| 4.4.3.3 | Inkorrekte Inhalte in den Beispielangaben —— 299 | |
| **5** | **Beispielangaben im zweisprachigen Wörterbuch —— 304** | |
| 5.1 | Abgrenzung gegen naheliegende Angabephänomene —— 304 | |
| 5.1.1 | Weitere infralemmatische Bearbeitungseinheiten —— 308 | |
| 5.1.1.1 | Strukturformeln —— 309 | |
| 5.1.1.2 | Phraseme und Redewendungen —— 310 | |
| 5.1.1.3 | Fälle der rangstufenverschiedenen Äquivalenz —— 312 | |
| 5.1.2 | Lexikographische Glossen —— 313 | |
| 5.2 | Typologien der Beispielangaben in der zweisprachigen Lexikographie —— 317 | |
| 5.2.1 | Typologie nach der Gestaltung im Wörterbuchartikel —— 317 | |
| 5.2.1.1 | Typologie nach dem Umfang der Beispielsyntagmen —— 318 | |
| 5.2.1.2 | Typologie nach der Gestaltung der ausgangssprachlichen und zielsprachlichen Bestandteile —— 323 | |
| 5.2.2 | Typologie nach der Herkunft der Beispielangaben —— 325 | |
| 5.2.2.1 | Problematik der Übersetzung der Beispielangaben —— 327 | |
| 5.2.2.2 | Das Parallelbeispiel —— 334 | |
| 5.3 | Zweck und Funktionalität der Beispielangaben in der zweisprachigen Lexikographie —— 342 | |
| 5.3.1 | Beispielangaben mit dem Zweck der Äquivalenzherstellung —— 343 | |
| 5.3.2 | Beispielangaben mit dem Zweck der Demonstration —— 354 | |
| 5.3.2.1 | Demonstration einer hergestellten Äquivalenzrelation —— 354 | |
| 5.3.2.2 | Beispielangaben in der Funktion der äquivalenzrelevanten Angaben und der Äquivalentunterscheidungsangaben —— 359 | |
| 5.3.3 | Funktionale Pseudobeispiele —— 361 | |
| 5.4 | Qualität der Beispielangaben in der zweisprachigen Lexikographie —— 363 | |
| **6** | **Beispielangaben in der einsprachigen und zweisprachigen Lexikographie: ein Gesamtbild —— 368** | |
| 6.1 | Was ist ein lexikographisches Beispiel? —— 368 | |
| 6.2 | Wozu dient ein lexikographisches Beispiel? —— 369 | |
| 6.2.1 | Zweck und Funktionalität innerhalb des semantischen Kommentars —— 370 | |
| 6.2.2 | Funktionspotential einzelner Beispieltypen —— 371 | |
| 6.3 | Was ist ein gutes lexikographisches Beispiel? —— 373 | |

| 6.4 | Beispielangaben als Indikator der Übernahmen in Wörterbüchern —— 373 |
| --- | --- |
| 6.5 | Reflexion der Wörterbücher der empirischen Basis —— 375 |
| 6.5.1 | Einsprachige Lexikographie —— 375 |
| 6.5.1.1 | LGwDaF —— 376 |
| 6.5.1.2 | ELDIT —— 377 |
| 6.5.1.3 | ViF —— 379 |
| 6.5.1.4 | E-VALBU —— 380 |
| 6.5.2 | Zweisprachige Lexikographie —— 381 |
| 6.5.2.1 | PONS E-D und LC E-D —— 382 |
| 6.5.2.2 | DCVVEA —— 383 |
| 7 | **Fazit und Ausblick** —— **385** |

**Literatur** —— **391**

**Anhang** —— **425**

**Index** —— **429**

# Abkürzungsverzeichnis

| | |
|---|---|
| ÄA | Äquivalentangabe(n) |
| ÄrelA | äquivalenzrelevante Angabe(n) |
| ÄUntA | Äquivalentunterscheidungsangabe(n) |
| BA | Bedeutungsangabe(n) |
| BeiA | Beispielangabe(n) |
| BBei | Belegbeispiel |
| BBeiA | Belegbeispielangabe(n) |
| BPA | Bedeutungsparaphraseangabe(n) |
| BStellA | Belegstellenangabe(n) |
| CorBei | Corpusbeispiel |
| CorBeiA | Corpusbeispielangabe(n) |
| KBei | Kompetenzbeispiel |
| KBeiA | Kompetenzbeispielangabe(n) |
| KollA | Kollokationsangabe(n) |
| ParBei | Parallelbeispiel |
| ParBeiA | Parallelbeispielangabe(n) |
| SK | semantischer Kommentar |
| SSK | semantischer Subkommentar |
| WbA | Wörterbuchartikel |

# 1 Einleitung

Lexikographische Praxis ist viel älter als metalexikographische Theorie (vgl. etwa Gouws 2006: 159ff.; Ščerba 1982[40]: 17; Wiegand 1983b: 92). Als Beispiel für diese Tendenz kann die Wichtigkeit des Erarbeitens der Beispielposition in der einsprachigen wie auch in der zweisprachigen Lexikographie (Baschewa 2010: 10) einerseits und der Status quo einer ausgearbeiteten Theorie des lexikographischen Beispiels andererseits erachtet werden: „Es ist bekannt, wie wichtig für die Verwendung eines Wörterbuchs die Auswahl und die Art der Beispielsätze bzw. -texte sind. Dennoch wird dieser Problemkreis weithin stiefmütterlich behandelt." (Ballweg et al. 1981: 49; vgl. Bergenholtz/Mugdan 1986: 130; Zöfgen 1986: 229; 1994: 191; Lenz 1998: 95). Eine Forderung nach einer Theorie des lexikographischen Beispiels wird 1977 erhoben:

> Die Lexikographie benötigt eine Theorie des lexikographischen Beispiels. Diese muß zeigen, wie die bedeutungserläuternde, insbesondere die kontrakonfliktäre Funktion lexikalischer Paraphrasen systematisch durch Beispieltypen unterstützt werden kann. Dabei muß insbesondere die Symptomfunktion und die bewertende Kraft der Lemmata berücksichtigt werden. (Wiegand 1977: 102)

Diese explizit formulierte Forderung kann als Ausdruck eines Theorie- und Forschungsdefizites in Bezug auf das lexikographische Beispiel aufgefasst werden (vgl. Zöfgen 1994: 183). Auch wenn sie ursprünglich für die einsprachige Lexikographie formuliert ist, wovon die Erwähnung lexikalischer Paraphrasen zeugt (3.1.1), besteht die Aktualität der Notwendigkeit einer Theorie des lexikographischen Beispiels auch für die zweisprachige Lexikographie: Weder für die einsprachige noch für die zweisprachige Lexikographie ist eine umfassende und eingehende Untersuchung dieses Angabetyps existent (Toope 1996: 3; Jacobsen et al. 1991: 2783; Kromann et al. 1984: 207). Für die Behandlung der Beispielangaben (im Folgenden als BeiA abgekürzt) in der metalexikographischen Forschungsliteratur sind zwei Tendenzen charakteristisch: Die BeiA sind zum einen verhältnismäßig wenig, zum anderen jedoch wenig systematisch untersucht und reflektiert (Näheres dazu im Zusammenhang mit dem Überblick über die Forschungslage in 3.3.1). Für diese Tendenzen spielt auch die Komplexität des Themenbereiches eine Rolle:

> Das Beispiel ist eine lexikographische Einheit, die zum einen sehr vielgestaltig ist (Syntagma oder Satz, oder sogar mehrere Sätze oder Minidialog; konstruiertes Beispiel oder zitiertes Beispiel; ‚neutralisiertes' Beispiel; ‚übliches' Beispiel; Beispiel als sublemmatisierte Einheit oder sublemmatisierte Einheit im Beispiel usw.) und zum anderen plurifunktional (linguistische, metalinguistische, philologische, Definitions-, enzyklopädische Funktion). Das Beispiel kann gut oder schlecht gewählt sein. Es wendet sich an erwachsene Wörterbuchbenutzer oder an Kinder, an ein belesenes Publikum oder an Schüler, an muttersprachliche oder an fremdsprachige Benutzer. Die Beispiele des einsprachigen Wörterbuchs haben einen anderen Status und eine andere Funktion als die des zweisprachigen Wörterbuchs. Usw. usf. (Heinz 2005: 9)

Für die einsprachige Lexikographie wird vermehrt ein Forschungsdefizit in Bezug auf das lexikographische Beispiel festgehalten (Zöfgen 1986: 220; 1994: 156; 196; Prinsloo/Gouws 2000: 140; Jesenšek 2013: 151; Haß 1991a: 272; Bergenholtz/Mugdan 1990: 1614; Lenz 1998: 4; Stein 1999: 49; Mittmann 1995: 4); so vermerkt Zöfgen (1985: 49), dass „wir noch relativ wenig über die Praxis der Beispielauswahl, der Beispielkonstruktion, usw. wissen und von einer ausgearbeiteten Theorie des lexikographischen Beispiels weit entfernt sind" (vgl. dazu auch Wiegand 1977: 97; 1981: 252f., Endnote 120; Ickler 1988: 380; Bergenholtz/Mugdan 1986: 130; Breiteneder 1996: 62). Damit zusammenhängend ist nur wenig metalexikographisches Wissen zu einzelnen Teilaspekten verfügbar; so weist Frankenberg-Garcia (2012: 273) darauf hin, dass die bisher angestellten Überlegungen zu BeiA nur unzureichend ihre Funktionalität explizieren: „Although examples are generally regarded as positive and have high face validity among learners, the body of evidence about their actual benefits is limited and inconclusive." (ebd.). Das Fehlen einer systematisch ausgearbeiteten theoretischen Basis macht eine fundierte Beurteilung der Qualität der BeiA unmöglich (Bergenholtz/Mugdan 1986: 127f.). Im Einklang damit stehen kennzeichenenderweise spärliche und unsystematische Ausführungen zu BeiA in der Wörterbuchkritik (Jehle 1990: 112ff.; 265).

Als Grund für das Forschungsdefizit in Bezug auf das lexikographische Beispiel in der einsprachigen Lexikographie betrachtet Zöfgen (1986: 220) die Tatsache, dass „im Mittelpunkt der lexikographischen Beschreibung seit jeher die Explikation von Bedeutungen mittels einer lexikalischen Paraphrase stand. Definitionen wurden deshalb nicht nur als der wichtigere Teil des Wörterbuchs angesehen; sie galten auch als der weitaus schwierigere." (vgl. Zöfgen 1982: 46; 1994: 156). Eine Anbindung der Relevanz der BeiA an die Bedeutungsparaphraseangabe (BPA) bringt auch Drysdale (1987: 213) zum Ausdruck: "Examples are often overlooked in the discussion of lexicography, either because they are considered to be less important than definitions, which may be true, or because they are thought to involve less of the lexicographer's skill, which is not true.".

Im Einklang mit dem Forschungsdefizit steht die theoretische Lage: „die theoretischen Bestimmungen von Beispielen sind alles andere als auf Anhieb klar und einleuchtend", so Harras (1989: 609; vgl. Ickler 1988: 380; Prinsloo/Gouws 2000: 139). Damit hängt ferner die Tatsache zusammen, dass die Wörterbücher keine systematischen Prinzipien bei der Anführung der BeiA wie auch keine systematischen Ausführungen zu ihrer Beispielpolitik bieten (Pasch 1992: 272; Bielińska 2014a: 173; vgl. Bergenholtz/Mugdan 1990: 1614). Diesen Befund erklärt Bielińska (2014a: 174) dadurch, dass „gerade unter diesem Aspekt die lexikographische Praxis den Stand der Theorie widerspiegelt". In diesem Zusammenhang hält Neubauer (1998: 249) fest, dass „über die Rolle und Wichtigkeit der Beispiele im Vergleich mit anderen Informationen im Wörterbuchartikel nicht so intensiv nachgedacht zu worden scheint" (vgl. Drysdale 1987: 223; Stein 1999; Zöfgen 1994: 196; Kühn 1998: 54f.). Einen anderen Ausdruck des Fehlens einer theoretischen Basis stellt eine in der Forschungsliteratur herrschende terminologische Vielfalt dar. Es liegt keine einheitliche Terminologie zum Themenbereich des lexikographischen Beispiels vor (vgl. dazu Haß 1991: 538; Rothe 2001: 176f.; Breiteneder 1996: 62; Bergenholtz 1994: 422; Jacobsen et al. 1991: 2783). Die Benennungen der BeiA variieren wie folgt: *Gebrauchsbeispiele, Verwendungsbeispiele, Anwendungsbeispiele*[1] (DDaFSw: 5; LGwDaF: 26; WGwDaF: 10; LC E-D: 20; Porsch 2005: 359; Schafroth 2011: 77; 82), *Demonstrationsbeispiele, Illustrationsbeispiele, demonstrative Beispiele, illustrative Beispiele, anschauliche Beispiele* (Pöll 2002: 137), *Sprachbeispiele, sprachliche Beispiele* (Heringer 1984); *Äußerungsbeispiele* (Bondzio 1982: 128 passim), *Kontextbeispiele, Kotextbeispiele, Kombinationsbeispiele* (Hausmann 1985a: 376); *konkrete Beispiele* (Töpel 2014), *Textbeispiele* (ViF; Klosa 2005: 101). Die gleiche Tendenz gilt für einzelne Beispieltypen (4.2).

Besonders kritisch ist die theoretische Lage in Bezug auf die BeiA in der zweisprachigen Lexikographie: „It is not very well known what examples, or illustrative phrases, as they are sometimes called, are in bilingual dictionaries. One can come to this opinion after studying both what the theorists have written about examples and what dictionaries include.", so Piotrowski (2000: 14, vgl. Jacobsen et al. 1991: 2783). Adamska-Sałaciak (2006: 154) hält fest, dass BeiA in der zweisprachigen Lexikographie vergleichsweise weniger als in der einsprachigen Lexikographie reflektiert werden. Nichtsdestoweniger wird selbst beim Vorliegen eines Theoriedefizites für die zweisprachige Lexikographie generell (1.2) darauf hingewiesen, dass sich BeiA in zweisprachigen Wörterbüchern von denen in den einsprachigen Wörterbüchern vom Status sowie vom Zweck her unterscheiden (Herbst/Klotz 2003: 143; Model 2010: 52f.). Hinzu kommen Feststellungen, dass nur wenig Wissen darüber verfügbar ist, welchen Zweck BeiA in der zweisprachigen Lexikographie haben (Herbst/Klotz 2003: 144; vgl. auch Kromann et al. 1984: 217).

Zu solchen Forschungsdesiderata kommen zwei aktuelle Erscheinungen in der Lexikographie hinzu, die den Bedarf an einer Theorie des lexikographischen Beispiels in der ein- und zweisprachigen Lexikographie besonders aktuell erscheinen lassen. Zum einen ist dies die Umstellung auf das digitale Publikationsmedium und die Entwicklung der elektronischen Lexikographie. In der Printlexikographie ist der Platz-Faktor ein äußerst relevanter Aspekt, der auch als Grund für die Kürze der angeführten BeiA sowie generell einen spärlichen Ausbau des Demonstrationsteils gilt (vgl. etwa Bergenholtz/Mugdan 1986: 125; Jacobsen et al. 1991: 2787; Scholze-Stubenrecht 1995: 8; Kilgarriff et al. 2008: 425; Atkins/Rundell 2008: 461; Simpson 2003: 268); in den Printwörterbüchern unterliegen BeiA oft Kürzungsaktionen (Götz/Haensch 1998: 351; Wiegand 1995: 485, Fußnote 8; Bergenholtz 1990: 31; Neubauer 1998:

---

[1] Als besonders kritisch wird das *Anwendungsbeispiel* eingestuft: „*Anwendungsbeispiel* ist ein Beispiel für typischen Lexikographenjargon. Denn man wendet die Wörter nicht an, sondern man verwendet sie!", so Wiegand (2006: 205). In besonderer Weise unangemessen erscheint das *Anwendungsbeispiel* in der zweisprachigen Lexikographie (5.3.1).

249; Atkins/Rundell 2008: 461). Grundsätzlich anders ist die Lage in der elektronischen Lexikographie: Aufgrund der Aufhebung strikter Platzrestriktionen werden neue Dimensionen für eine optimale Gestaltung der BeiA eröffnet (vgl. Rundell 2015: 318; Kilgarriff 2015: 91; Kilgarriff et al. 2008: 425; Frankenberg-Garcia 2015: 496). Zum anderen prägt die Entwicklung der Corpuslinguistik und der Einsatz des Textcorpus als lexikographische Arbeitsgrundlage das Wesen des lexikographischen Beispiels (vgl. Rundell 1998: 317): „One of the most distinguishing characteristics of corpus-based dictionaries, especially learners' dictionaries, is that, in addition to definitions, most entries contain example sentences or phrases that have been copied or adapted from corpora." (Frankenberg-Garcia 2012: 273). Der Einsatz des Textcorpus liefert eine neue Aktualität wie auch neue Tendenzen für eine tradierte Gegenüberstellung der Grundtypen des Beispiels nach dem Kriterium der Herkunft in der einsprachigen Lexikographie (4.2.2.1). Für die zweisprachige Lexikographie ermöglicht die Kombination dieser zwei aktuellen Erscheinungen eine Reflexion der Beispieltypen nach dem Kriterium der Herkunft, die für die zweisprachige Printlexikographie traditionell als irrelevant erachtet wird (5.2.2).

Vor diesem Hintergrund ist die Zielsetzung der vorliegenden Arbeit, sich mit lexikographischen BeiA auseinanderzusetzen und wesentliche Bausteine einer Theorie des lexikographischen Beispiels zu erarbeiten, und zwar für die Wörterbuchtypen der einsprachigen und zweisprachigen Lexikographie (1.2) anhand des Bereichs der pädagogischen Lexikographie für Deutsch als Fremdsprache, im Konkreten der Lerner- und Valenzwörterbücher in medialer Form der Printwörterbücher und Online-Wörterbücher (Näheres zum Untersuchungsdesign in 1.4).

## 1.1 Theorie des lexikographischen Beispiels: Grundlegende Charakteristika

Für eine Theorie des lexikographischen Beispiels sind folgende Charakteristika relevant: (1) eine Gebundenheit an die Wörterbuchtypologie, (2) ein zweiteiliger Aufbau und (3) die Relativierung einiger für den übergeordneten Theorienkomplex als allgemeingültig aufgestellten Aussagen.

Zu (1): In Hinsicht auf die Einordnung in das Theoriegebäude der Lexikographie und Wörterbuchforschung ist eine zu entwerfende Theorie des lexikographischen Beispiels ein Bestandteil einer *Allgemeinen Theorie der Lexikographie* (nach Wiegand 1983a: 44ff.; 1983b: 98ff.; 1984a: 15ff.) und gehört ihrer Teiltheorie *Theorie der lexikographischen Sprachbeschreibung* an, die nach Wiegand (1983a: 35) als „eine weitgehend separierbare Teiltheorie" fungiert. Die Theorie der lexikographischen Sprachbeschreibung „muß dasjenige Wissen systematisch bereitstellen und begründen, dessen Berücksichtigung dem Lexikographen ermöglicht, daß die lexikographischen Texte hinsichtlich ihrer Textstruktur so beschaffen sind, daß sie die ihnen zugeordneten Zwecke erfüllen können" (Wiegand 1983a: 47; vgl. Wiegand 1983b: 104). Die

Theorie der lexikographischen Sprachbeschreibung weist zwei Komponenten auf: (a) *Wörterbuchtypologie* und (b) *Texttheorie für lexikographische Texte* (Wiegand 1983a: 44). Von besonderer Relevanz erscheint die erste Komponente: Die Wörterbuchtypologie bildet „eine zentrale Komponente einer allgemeinen Theorie der Lexikographie, weil zahlreiche Aussagen dieser Theorie relativ zu dieser Typologie formuliert werden müssen" (Wiegand 1983a: 48; vgl. Wiegand 1983b: 104; 1984a: 17). Eine Theorie des lexikographischen Beispiels gehört der zweiten Komponente der Theorie der lexikographischen Sprachbeschreibung, der *Texttheorie für lexikographische Texte* an, für die Folgendes gilt: „Diese Komponente ist – zusammen mit der ersten – eine spezielle Texttheorie, deren Gegenstandsbereich lexikographische Texte sind." (Wiegand 1983b: 104). Grundsätzlich relevant für die Texttheorie ist der Bezug zur Wörterbuchtypologie. Daraus entsteht die Notwendigkeit der Festlegung auf einen Wörterbuchtyp als Teilbereich bei der Erarbeitung einer Theorie des lexikographischen Beispiels. Eine solche Festlegung ist für lexikographische BeiA aus folgenden Gründen zweckmäßig: (a) die Realisierung der BeiA ist für abstrakte Mikrostrukturen mancher Wörterbuchtypen optional (Engelberg/Lemnitzer 2009: 161); (b) in der einsprachigen und zweisprachigen Lexikographie erfüllen BeiA teilweise unterschiedliche Zwecke; (c) für die BeiA spielen wörterbuchtypspezifische Parameter eine programmatische Rolle (vgl. Heid 2008: 143; Atkins/Rundell 2008: 452; Bergenholtz/Mugdan 1990: 1615; Zöfgen 1986: 229; ¹LGwDaF: VIII), wie etwa das Belegprinzip für die historische Lexikographie, die gegenwartssprachliche corpusbasierte Lexikographie sowie Autoren- oder Textlexikographie (vgl. WLWF-1: 662, BELEGANGABE; Gouws 2006a: 166; Rossenbeck 2006: 190; Gorbačevič 1982[78]: 148; Minaeva 1992: 78; Atkins/Rundell 2008: 453; Breiteneder 1996: 62). Dies hat zur Folge, dass in diesen Bereichen nicht alle Beispieltypen in Bezug auf ihre Herkunft zugelassen sind (4.2.2); (d) im Zusammenhang mit der Behandlung der Qualität der BeiA weist Harras (1989: 608) darauf hin, dass die Aspekte „Adressatenbezug und Typenzugehörigkeit von Wörterbüchern" entscheidend sind (vgl. Hermanns 1988: 163; Atkins/Rundell 2008: 458; Lenz 1998: 79; Haß 1991a: 274; Bergenholtz 1994a: 49). Für die Notwendigkeit der Festlegung auf einen Wörterbuchtyp bei der Ausarbeitung einer Theorie des lexikographischen Beispiels plädiert auch Abel (2000: 169), wenn auch interessanterweise ohne Bezug auf das Theoriegebäude der Lexikographie und Wörterbuchforschung, sondern vielmehr aus folgenden Überlegungen heraus:

> [...] aufgrund der Tatsache, dass in der Forschung weitgehend Uneinigkeit über die Funktion(en) und Form(en) von lexikographischen Beispielen sowie die Quellen für lexikographische Beispiele herrscht, bedarf es m. E. nicht nur einer Theorie des lexikographischen Beispiels, welche Wiegand bereits 1977 gefordert hat, sondern einer differenzierten Theorie des lexikographischen Beispiels je nach Typ und Zweck des jeweiligen Wörterbuches. So wäre es eher möglich, zu einer einheitlichen – weil eben differenzierten, funktions- und zweckspezifischen – Beschreibung zu gelangen. (ebd.)

Durch die Festlegung auf einen Wörterbuchtyp ist die zu entwerfende Theorie des lexikographischen Beispiels in Bezug auf diesen Wörterbuchtyp als eine Teiltheorie des lexikographischen Beispiels an sich zu werten. Diese Sicht deutet auch Lenz (1998: 2) an: „Wörterbücher unterschiedlicher Objekt- und Darstellungsbereiche, für unterschiedliche Zielgruppen und mit weiteren konzeptionellen Unterschieden lassen sich daher bezüglich ihrer Ausrichtung als Beispiel- und Belegwörterbücher vergleichend betrachten.".

Zu (2): Eine Theorie des lexikographischen Beispiels als ein Bestandteil der Theorie der lexikographischen Sprachbeschreibung weist zwei Phasen ihres Aufbaus bzw. zwei Theoriekomponenten nach Harras (1989) auf: (a) eine deskriptive und (b) eine konstruktive Phase (Wiegand 1983a: 54f.; 1983b: 110ff.); Harras (1989: 607) spricht im letzteren Fall von einer normativen Theoriekomponente. Für die deskriptive Phase formuliert Wiegand (1983a: 54f.; 1983b: 110f.) folgende zwei Aufgaben für die Theoriebildung im Rahmen einer Theorie der lexikographischen Sprachbeschreibung: (i) Es „werden Kenntnisse des Gegenstandsbereichs erarbeitet sowie sachhaltige Beschreibungskategorien, aus denen allmählich eine durchgearbeitete Terminologie entstehen muß" (1983a: 54; vgl. 1983b: 110). Eine konstitutive Wichtigkeit der Terminologie für die Theorie betonen auch Manley et al. (1988: 281): „Unfortunately we seem less aware of the way our terminology structures our theory and practice. In a sense, terminology *is* theory. At least, terms are the building blocks of theory"; (ii) „Eine Theorie der lexikographischen Sprachbeschreibung sollte [...] die lexikographischen Sprachbeschreibungen, also die Texte, nicht nur beschreiben sondern auch erklären." (Wiegand 1983a: 54; vgl. Wiegand 1983b: 110f.), und zwar im Sinne von „Erklären-warum" (Wiegand 1983a: 54): „Warum-Fragen werden so beantwortet, daß Aussagen über den zu erklärenden Gegenstand auf andere Aussagen zurückgeführt werden." (ebd.). In diesem Zusammenhang soll eine systematisch ausgearbeitete metalexikographische Theorie erklären können, warum ihr Untersuchungsgegenstand „im Rahmen möglicher Variationsspielräume [sic!] eine bestimmte Form und Struktur haben [muss] und keine andere" (ebd.), und zwar in dem Sinne, dass die Zwecke des Untersuchungsgegenstandes optimal erfüllt werden können (Wiegand 1983a: 54f.; 1983b: 111). In diesem Zusammenhang entsteht die zweite, konstruktive Phase des Theorieaufbaus bzw. die normative Theoriekomponente nach Harras (1989): „Eine solche Theorie geht daher von der Beschreibung empirischer Gegenstände dadurch zur Erklärung über, daß sie theoretische Gegenstände einer bestimmten Sorte konstruiert. Eine Theorie der lexikographischen Sprachbeschreibung ist von dieser Art." (Wiegand 1983a: 55; vgl. Wiegand 1983b: 111). In der konstruktiven Phase sollen lexikographische „Baupläne" (Wiegand 1983a: 55; 1983b: 112) erarbeitet werden.

Der zweiteilige Aufbau einer Theorie des lexikographischen Beispiels ist als Ausdruck einer fachspezifischen Besonderheit der Theoriebildung in der Lexikographie aufzufassen: „Eine Theorie des lexikographischen Beispiels ist, wie lexikographische Theorie überhaupt, Theorie von einer Praxis, und damit ist sie Theorie nicht bloß von dem, was der Fall ist, sondern vor allem auch von dem, was der Fall sein sollte.", so

Hermanns (1988: 162; vgl. Harras 1989: 607). Für die Theoriebildung ist ein Praxisbezug konstitutiv: „Theoriebildung sollte u.E., auch was die Lexikographie betrifft, immer von der Praxis ausgehen und auf die Praxis gerichtet sein." (Duda et al. 1986: 1); die metalexikographische Theorie ist deshalb grundsätzlich praxisorientiert (vgl. Gouws 2014: 25; 2010: 55). Wiegand (1998a: 44) formuliert dies wie folgt: „Zur (Sprach-)lexikographie als Praxis gehört die Theoriebildung (verstanden als Tätigkeit) und die Theorie dieser Praxis.". Die lexikographische Praxis soll theoriebasiert und -gesteuert sein in dem Sinne, dass die Theorie der Optimierung der Praxis dient und eine tragfähige Basis für die Erstellung besserer bzw. verbesserter Nachschlagewerke darstellt (vgl. Wiegand 2005b: 71; Rossenbeck 2006: 181). Gouws (2004: 265) formuliert diesen Grundsatz wie folgt: "There is nothing as practical as a good theory. Theoretical lexicography may never be regarded as theory merely for the sake of theory. In metalexicography theoretical deliberations should always endeavour to enhance the quality of the lexicographic practice." (vgl. auch Gouws 2010: 55). Daraus entsteht die Notwendigkeit eines zweiteiligen Aufbaus einer Theorie des lexikographischen Beispiels. Die Applikation der Forschungsfragen der vorliegenden Arbeit auf die zwei Theoriekomponenten erfolgt in Kapitel 1.4.

Eine besondere Wende bei der metalexikographischen Theoriebildung stellt die Entwicklung der elektronischen Lexikographie und dadurch die Entstehung des Bedarfs an einer Theorie für elektronische Lexikographie, insbesondere für nichtpapierorientierte Online-Wörterbücher. In diesem Zusammenhang wirft Gouws (2014: 17) die folgende Frage auf: „The question to be answered by lexicographers is whether we need a wholly new theory for e-dictionaries or whether the theory for p-dictionaries can be expanded and adjusted to provide for both types of dictionaries.". Ferner vertritt Gouws (ebd.) die Auffassung *einer* einheitlichen theoretischen Basis:

> Instead of two separate theories, one for p- and another for e-dictionaries, a single general theory of lexicography that makes provision for the mutual features of both types of dictionaries but also for the unique features of each one of these categories constitutes a powerful tool that strengthens the theoretical basis of lexicography. (ebd.; vgl. zu diesem Standpunkt auch Bothma et al. 2016: 109f.)

Es wird im Folgenden programmatisch an diese Auffassung angeknüpft, und zwar unter der Grundannahme, dass die Forschungsfragen in Bezug auf das lexikographische Beispiel (1.4) gleichermaßen für Printwörterbücher wie auch Online-Wörterbücher gelten. Dieser Standpunkt lässt sich auch in Bielińska (2014) verfolgen, indem zur lexikographischen Exemplifizierung von Phraseologismen Folgendes ausgeführt wird: „Im Falle elektronischer Wörterbücher können zwar die Lexikographen großzügig mit dem beanspruchten Platz umgehen und zu jedem Phraseologismus sogar mehrere Satzbeispiele anführen, aber die Frage nach deren Zweckmäßigkeit und dem didaktischen Wert gilt auch hier." (2014a: 178, Fußnote 8; vgl. auch Bergenholtz 2001a: 11).

Zu (3): Für die Theorie des lexikographischen Beispiels ist eine für die übergeordnete Texttheorie für lexikographische Texte als programmatisch formulierte Aussage zu relativieren: So führt Wiegand (1983a: 48) aus, dass die Texttheorie für lexikographische Texte grundsätzlich von der Struktur lexikographischer Texte handelt; es geht ausdrücklich „nicht um die propositionalen Gehalte von lexikographischen Feststellungen und damit auch nicht um die Inhalte von Textsegmenten oder Texten" (ebd.; vgl. Wiegand 1983b: 104; 1984a: 17). Im Fall des lexikographischen Beispiels muss diese Sichtweise entgrenzt werden. Die Begründung dafür ergibt sich zum einen aus dem Wesen des Beispiels an sich, zum anderen aus der Spezifik der pädagogischen Lexikographie für den Fremdsprachenunterricht und der anvisierten Benutzergruppe. Das Beispiel wird, wie in der Rhetorik bekannt ist, von außen hinzugezogen und im Rahmen einer Argumentation verbeispielt (Näheres dazu in 2.1, Satz 1); in genuin lexikographischen Zusammenhängen fungiert das Beispiel als Zitat im weiten Sinne (4.2.2.1.1). Ferner ist das lexikographische Beispiel als Zitat im weiten Sinne *doppelt* zu lesen: als eine BeiA innerhalb des semantischen Kommentars (SK) sowie als ein objektsprachliches Syntagma für sich genommen (Näheres dazu in 4.2.2.1.1). Dieser Sachverhalt spiegelt sich auch bei primären und sekundären Funktionen des lexikographischen Beispiels wider (4.3.2.2). Daraus entsteht die Notwendigkeit der Einbeziehung des Gesichtspunktes der Inhalte der BeiA in die Bearbeitung des Themenbereiches der Qualität der BeiA, und zwar in einer zweifachen Hinsicht: Zum einen in Bezug auf inkorrekte Inhalte in den BeiA (4.4.3.3), relevant für die Lexikographie als kulturelle Praxis generell, zum anderen jedoch auch insbesondere in Hinsicht auf die für die pädagogische Lexikographie für den Fremdsprachenunterricht spezifischen Aspekte der Thematik und des Wortschatzes der BeiA (4.4.3.1) sowie der kulturellen und landeskundlichen Informationen[2] in den BeiA (4.4.3.2). In diesen Zusammenhängen verlangen die Inhalte der BeiA eine metalexikographische Reflexion.

## 1.2 Einsprachige und zweisprachige Lexikographie

Die Unterscheidung zwischen der einsprachigen und zweisprachigen Lexikographie fungiert als eine klassische Typologisierung nach dem Sprachenkriterium; so spricht Hausmann (1989: 973) über „die selbstverständliche Trennung von ein- und zweisprachigen Wörterbüchern" (vgl. auch Bahns 1993: 138). Während das einsprachige Wörterbuch nur eine Sprache im Wörterbuchgegenstandsbereich aufweist, ist das zweisprachige Wörterbuch eine Erscheinungsform der *interlingualen* Lexikographie,

---

[2] Unter *Information* wird im Folgenden Wissen zum Wörterbuchgegenstand verstanden, das aus den lexikographischen Angaben gewonnen werden kann (vgl. dazu Wiegand 1987: 200; 2008: 9; 2011: 120; Engelberg/Lemnitzer 2009: 156).

auch *mehrsprachige*, *vielsprachige* oder *plurilinguale* Lexikographie genannt, für die kennzeichnend ist, dass zum Wörterbuchgegenstandsbereich mindestens zwei Sprachen gehören. Innerhalb der mehrsprachigen Lexikographie nimmt das zweisprachige Wörterbuch aufgrund seiner Merkmale eine gesonderte Stellung ein; davon zeugt auch die terminologische Tradition der Differenzierung unter *einsprachigen*, *zweisprachigen* und *mehrsprachigen* Wörterbüchern (Haensch 1991: 2909; Hartmann/James 1998: 75; Kromann 1989: 60). Gegenüber anderen mehrsprachigen Wörterbüchern, „more-than-bilingual dictionaries" nach Zgusta (1971: 214), unterscheiden sich die zweisprachigen Wörterbücher durch die Möglichkeit einer umfassenden lexikographischen Darstellung der zwischensprachlichen Äquivalentrelationen sowie eines intensiven Ausbaus der Mikrostruktur. In diesem Zusammenhang stellt Kromann (1989: 57f.) die These von der Besonderheit der zweisprachigen Wörterbücher auf und führt als konstitutive Vorteile gegenüber anderen mehrsprachigen Wörterbüchern ihre folgenden drei Charakteristika an: (1) sie sind sprachenpaarbezogen angelegt; (2) sie sind direktional im Sinne von richtungsorientiert; (3) „sie können die Äquivalenzrelationen effektiv erläutern" (1989: 58; vgl. Kromann 1994: 36).

Die Äquivalenzproblematik ist derjenige Punkt, an dem mehrsprachige Wörterbücher, insbesondere Printwörterbücher, mit kaum überwindbaren Schwierigkeiten konfrontiert werden: Infolge des Phänomens der Anisomorphie unter Einzelsprachen (3.1.2.2) steigt mit der Einbeziehung mehrerer Sprachen die Komplexität der Äquivalenzrelationen (Landau 2004: 11f.; Kromann et al. 1984: 177f.; Zgusta 1971: 214). Aus diesem Grunde kommt es in mehrsprachigen Wörterbüchern zwangsläufig zu Restriktionen im Bereich der Mikrostruktur, wie (a) der Verzicht auf die Polysemie einzelner lexikalischer Einheiten sowie (b) die Reduktion weiterer Angaben im SK (Haensch 1991: 2924; Prinsloo 2016; vgl. Zgusta 1971: 214). Vor dem Hintergrund des Verzichtes auf die Berücksichtigung der Polysemie in mehrsprachigen Wörterbüchern führt Zgusta (1971: 298) aus, dass ein *allgemeinsprachlich* angelegtes Wörterbuch „bilingual par excellence, not multilingual" sein kann. Mehrsprachige Nachschlagewerke können sich aus diesen Gründen sinnvollerweise nur im Bereich der Fachsprachen behaupten (Haensch 1991: 2919; vgl. Kromann 1989: 58; Kromann et al. 1984: 178ff.; Hausmann 1985a: 379). Hier treten besondere Bedingungen für die Äquivalenzproblematik auf, wie (a) die Beschränkung auf ein Fachgebiet, die Monosemierung gewährleistet (Kromann 1989: 58; Kromann et al. 1984: 178); (b) die Standardisierung (innerhalb einer Sprache) bzw. ggf. Normierung (für mehrere Sprachen) einzelner Fachausdrücke zwecks der Gewährleistung der referenzsemantischen Eindeutigkeit in der Fachkommunikation (Werner 1999: 1868), was die Herstellung der zwischensprachlichen Äquivalenz erheblich erleichtert.

Die Restriktionen der mehrsprachigen Wörterbücher im Bereich der Mikrostruktur sind ferner der Grund dafür, dass mehrsprachige Valenzwörterbücher nicht verbreitet sind (Čulo 2011: 25; vgl. Schumacher 1995: 294; 2006a), sondern typischerweise in ein- und zweisprachigen typologischen Ausprägungen existieren. Zu weiteren grundsätzlichen Schwierigkeiten bei der Erstellung von interlingualen

Valenzwörterbüchern gehören (a) die Wortartgebundenheit: in der sprachkontrastiven Perspektive muss sie häufig relativiert werden (Domínguez Vázquez 2013: 57f.; Henne 1977a: 13); (b) ein nichteindeutiger Status der Angaben: Auch wenn sie einzelspracheninternen nicht zum obligatorischen Valenzprogramm gehören, ist ihr Einsatz in der sprachkontrastiven Perspektive oftmals zwecks Informationsvermittlung notwendig (Domínguez Vázquez 2013: 58).

Aus dem Merkmal der rudimentären Mikrostruktur ergibt sich ein weiteres Charakteristikum der mehrsprachigen Wörterbücher: Sie unterstützen von ihrer Natur aus vorrangig die Textrezeption (Kromann et al. 1991a: 2725; 1984: 181; Kromann 1994: 36; Baunebjerg Hansen 1988: 187; Landau 2004: 11); sie sind „weniger zweckmäßig für die Textproduktion in der Fremdsprache, weil die nötigen lexikographischen Informationen zur Idiomatik und Syntax bei den Äquivalenten fehlen" (Kromann 1994: 36). Infolge ihrer Strukturen stößt ein eventueller Ausbau der mikrostrukturellen Angaben für jede erfasste Einzelsprache auf die Grenzen der Übersichtlichkeit sowie der Benutzerfreundlichkeit in der Printlexikographie (vgl. Kromann et al. 1984: 177ff.; Prinsloo 2016: 232). Dies hat schließlich einen unmittelbaren Einfluss auf den Einsatz der BeiA: In mehrsprachigen Wörterbüchern sind sie typischerweise nicht gegeben (Prinsloo 2016: 221; 238); wie es Bergenholtz/Tarp (1995: 137) formulieren, „the inclusion of examples would cause these dictionaries to take on epic proportions".

Die zweisprachige Lexikographie ist im Vergleich zur einsprachigen eine sehr heterogene Landschaft (Kapitel 3), was eine zweckmäßige Eingrenzung für die Untersuchung der BeiA notwendig macht. In Hinsicht auf das Aktiv-Passiv-Prinzip (3.1.2.1.1) ist die Heranziehung des *aktiven* zweisprachigen Wörterbuchs aus mehreren Gründen sinnvoll:

(1) das aktive zweisprachige Wörterbuch mit dem Wörterbuchskopus $L_1$-$L_2$ weist eine ausgebaute Mikrostruktur auf, was dem passiven zweisprachigen Wörterbuch ($L_2$-$L_1$) fremd ist (vgl. Kromann 1994: 37). Dieses Charakteristikum ergibt sich aus den dem aktiven zweisprachigen Wörterbuch zugrunde gelegten Funktionen der Produktion in der Fremdsprache sowie der Hinübersetzung. Der Schwerpunkt der mikrostrukturellen Bearbeitung des aktiven zweisprachigen Wörterbuchs liegt auf der Seite der Äquivalentangaben (ÄA) (Hannay 2003: 147; Kromann 1994: 37; Kromann et al. 1991a: 2710); aus der funktionalen Bestimmung dieses Wörterbuchtyps entsteht auch der Bedarf an (a) Äquivalentunterscheidungsangaben (ÄUntA; Näheres dazu in 3.1.2.2.3), sowie (b) weiteren ko- und kontextuellen Angaben zu den ÄA zwecks der Produktion in der Fremdsprache, sei es freie Produktion oder eine übersetzungsgebundene Produktionsphase innerhalb eines Hinübersetzungsprozesses. Aus diesen Gründen werden BeiA in den aktiven zweisprachigen Wörterbüchern als notwendig erachtet (Hannay 2003: 146; Gouws 2002: 205; 2014: 25; Prinsloo 2013: 515; Vrbinc/Vrbinc 2016: 298; Kromann et al. 1991b: 2772; Kromann 1987: 147), und zwar typischerweise in mehreren funktionalen Ausprägungen (Kromann et al. 1984: 217; Kromann 1983: 338; vgl. Hannay 2003: 146). Des Weiteren fungieren sie als eine Stütze

für die Hinübersetzung (Hausmann 1977: 56f.). Aus diesen Gründen treten BeiA in aktiven zweisprachigen Wörterbüchern typischerweise als zweiteilige Bearbeitungseinheiten auf, bestehend aus einem ausgangssprachlichen und einem zielsprachlichen Syntagma (vgl. Atkins/Rundell 2008: 506, Fußnote 5) und sind teilweise in die zwischensprachliche Äquivalenzherstellung involviert (5.3.1). Im passiven zweisprachigen Wörterbuch kann hingegen auf BeiA verzichtet werden (3.1.2.1.1); ferner treten BeiA im passiven zweisprachigen Wörterbuch ggf. als einteilige Elemente auf (Atkins/Rundell 2008: 506, Fußnote 5). Angesichts der Wichtigkeit der BeiA für das aktive zweisprachige Wörterbuch gilt laut Gouws (2014: 25) in einer programmatischen Weise Folgendes: „The illustrative examples included as cotextual entries may not be selected in a haphazard way". Dies bietet eine willkommene Rahmenbedingung für eine gezielte Untersuchung der BeiA.

(2) Durch den Wörterbuchskopus $L_1$-$L_2$ stellt das aktive zweisprachige Wörterbuch in der Hinsicht eine eigenständige Erscheinung dar, dass es in den Situationen der Sprachproduktion sowie der Hinübersetzung als ein einzig mögliches Nachschlagewerk bei der Suche nach äquivalenten zielsprachigen Ausdrücken fungiert: „In the case of L1-L2 [...] there is no competition. Simply put, there is no – monolingual or any other – alternative to the L1-L2 dictionary." (Adamska-Sałaciak 2010: 134; vgl. Adamska-Sałaciak 2006: 25; Piotrowski 1989: 79; Herbst/Klotz 2003: 155). Engelberg/Lemnitzer (2009: 218) sprechen in diesem Zusammenhang von der Brückenfunktion des aktiven zweisprachigen Wörterbuchs (vgl. auch Tarp 2013: 428; Piotrowski 1994: 80). Im Rahmen der Wörterbuchbenutzungsforschung stellt Ripfel (1989: 191) fest, dass aktive zweisprachige Wörterbücher am häufigsten fürs Hinübersetzen benutzt werden. Dieser Sachverhalt bietet zwei positive Rahmenbedingungen: (a) Es geht im Fall des aktiven zweisprachigen Wörterbuchs nicht um eine mögliche Konkurrenz bzw. Präferenz seitens der Wörterbuchbenutzer in Bezug auf unterschiedliche lexikographische Produkte, wie etwa bei der Textrezeption in Hinsicht auf das passive zweisprachige Wörterbuch und das einsprachige Lernerwörterbuch. (b) Im aktiven zweisprachigen Wörterbuch kommt es im SK auf einsetzbare ÄA als Angabetyp an, was eine Grundlage für ihre Betrachtung in Gegenüberstellung zur BPA in der einsprachigen Lexikographie (3.2) und dadurch ferner auch für die Ermittlung des Einflusses der Kapazitäten der beiden Angabetypen auf die Funktionalität der BeiA in der ein- und zweisprachigen Lexikographie bietet.

(3) Auch in Hinsicht auf Kollokationsangaben (KollA) erscheint die Heranziehung des aktiven zweisprachigen Wörterbuchs gewinnbringend. Zur Erfassung der KollA führt Cop (1991: 2776) Folgendes aus: „the principles that apply to monolingual dictionaries do not apply to bilingual ones, and the bilingual dictionary type determines the role that collocations will play in it". Für die zweisprachige Lexikographie hält Hausmann (1988: 139) einen grundsätzlichen Unterschied wie folgt fest: Im passiven zweisprachigen Wörterbuch sind Kollokationen aufgrund ihrer Durchsichtigkeit nicht notwendig, im aktiven Wörterbuch sind sie hingegen aufgrund ihrer Unvorhersagbarkeit in der Fremdsprache in einem maximalen Umfang anzuführen (vgl.

auch Hausmann 1977: 78). Für das aktive zweisprachige Wörterbuch postuliert Steinbügl (2005: 26) Folgendes: „Gerade die Mikrostruktur des aktiven Wörterbuchs muss reich an Kollokationen sein, da diese Mehrworteinheiten für die fremdsprachliche Textproduktion konstitutiv sind." (vgl. Svensén 2009: 177).

(4) Eines der konstitutiven Merkmale des aktiven zweisprachigen Wörterbuchs ist der Einsatz der ÄUntA (Wiegand 2011: 149; Baunebjerg Hansen 1990: 85), die u. a. im Medium der Glossen als ein Angabephänomen der zweisprachigen Lexikographie auftreten. Die Anführung der Glossen ist somit ein weiteres Merkmal des aktiven zweisprachigen Wörterbuchs, während sie im passiven Wörterbuch aufgrund der muttersprachlichen Kompetenz der Benutzer auf der zielsprachlichen Seite in der Regel nicht erforderlich sind (Kromann 1983: 337; 1986: 180; 1994: 42). Im Zusammenhang mit den BeiA erscheinen Glossen insofern relevant, als in der Forschungsliteratur auf Überlappungen zwischen BeiA und Glossen hingewiesen wird (5.1.2). Das Auseinanderhalten der beiden Angabephänomene verlangt eine nähere Betrachtung, deren empirische Grundlage das aktive zweisprachige Wörterbuch bieten kann.

(5) Die Prinzipien des aktiven zweisprachigen Wörterbuchs gelten auch für *bidirektionale* zweisprachige Wörterbücher mit aktiven und passiven Wörterbuchfunktionen. Im Bereich der Mikrostruktur sind sie grundsätzlich wie aktive zweisprachige Wörterbücher zu gestalten, weil sie dann auch als passive erfolgreich benutzt werden können (Kromann et al. 1991b: 2772; Kromann 1994: 42; Wiegand 1988: 529; 1996: 72; Hausmann/Werner 1991: 2743; Jacobsen et al. 1991: 2786).

Aus diesen Gründen erscheint die Heranziehung aktiver und bidirektionaler zweisprachiger Wörterbücher für die Untersuchung der BeiA in der zweisprachigen Lexikographie geeignet.

Zur Heterogenität der Landschaft der zweisprachigen Lexikographie – oder vermutlich dadurch mitbedingt – kommt hinzu, dass für die zweisprachige Lexikographie mehrfach ein Theorie- und Forschungsdefizit konstatiert wird (Model 2010: 1f.; Albi Aparicio 2013: 225; Wiegand 1995a: VIIff.; 1996: 72; 1984: 4; Adamska-Sałaciak 2006: 19; Steinbügl 2005: 1; Hartmann/James 1998: 15; Berkov 1990: 97; Vlachov 1990: 75; Piotrowski 1994: 15; Kromann 1989: 61f.; Kromann et al. 1984: 171; 1991a: 2715; Werner 1986: 127; Duda et al. 1986: 1f.; Hausmann 1992; 1988: 137; 1986: 106; Engel 1982: 53; Manley 1983: 119; Williams 1959: 246; Iannucci 1957: 272). Als einer der Gründe dafür fungiert die Vorstellung, dass zweisprachige Wörterbücher angeblich nicht beanspruchen können, wissenschaftliche Werke zu sein (Model 2010: 1f.; vgl. Kromann et al. 1991a: 2715), weshalb auch ein gezieltes systematisches Interesse an ihnen weniger ausgeprägt ist. Weitere Gründe für die mangelnde Erforschung der zweisprachigen Lexikographie sind wie folgt: (1) die Sprachenpaargebundenheit, und zwar in einer zweifachen Hinsicht: (a) zweisprachige Wörterbücher sind an die Gegebenheiten zweier Sprachgemeinschaften, den Status der beiden Sprachen als Fremdsprachen und die damit einhergehenden kommerziellen Überlegungen gebunden, was insbesondere in der Printlexikographie von entscheidender Relevanz ist (vgl. Tarp 2013: 429; Jacobsen et al. 1991: 2788), sowie (b) bei metalexikographischen

Reflexionen; (2) die Qualität der existierenden Printwörterbücher, insbesondere eine immer wieder angesprochene mangelnde Gerichtetheit (3.1.2.1.1). Dies gilt auch für zweisprachige Lernerwörterbücher (Tarp 2013: 427). Zugleich führt Kromann (1989: 60ff.) die mangelhafte Qualität existierender zweisprachiger Wörterbücher auf den Theoriestand zurück und plädiert für einen Lösungsweg durch die Erarbeitung der Theorie: „Wenn wir die derzeitigen Schwächen der zweisprachigen Lexikographie überwinden wollen, sollten wir die Eigenart und die Funktionen der zweisprachigen Wörterbücher sowie die daraus zu ziehenden Konsequenzen wissenschaftlich zu erfassen suchen." (1989: 64).

Als Folge des Theoriedefizites erscheint die theoretische Diskussion zur zweisprachigen Lexikographie, insbesondere zu den Aspekten der Funktionen und Konzeptionen zweisprachiger Wörterbücher, „verworren und überdies schwerverständlich" (Wiegand 1995a: IX; vgl. Burkhanov 2004: 19).[3] Einen Überblick über theoretische Ansätze zur Funktionalität und Typologisierung zweisprachiger Wörterbücher bietet Tarp (1995: 19ff.). Als erschwerender Umstand fungiert die Tatsache, dass es sich bei einzelnen Ansätzen entweder um Funktionen oder um Wörterbuchkonzeptionen handelt (Kromann 1995: 39), was jedoch oft nicht hinreichend auseinandergehalten wird. Die negativen Folgen des Theoriedefizites sind in mehreren Aspekten vorzufinden, vor allem in puncto Terminologie und Identifizierung einzelner mikrostruktureller Elemente, die äußerst unsystematisch erfolgt (Manley et al. 1988: 285ff.; Jacobsen et al. 1991). In besonderem Maße sind davon die BeiA betroffen (Näheres dazu in Kapitel 5). Es kommt ferner hinzu, dass die metalexikographische Behandlung der zweisprachigen Lexikographie oftmals von den Ansätzen der einsprachigen Lexikographie geprägt wird, was jedoch grundsätzlich unangemessen ist (Adamska-Sałaciak 2006: 19; Manley et al. 1988; Jacobsen et al. 1991). Für das Vorhaben einer gezielten Untersuchung der BeiA in der zweisprachigen Lexikographie verursacht dies die Notwendigkeit an tiefgreifenden theoretischen Festlegungen für das zweisprachige Wörterbuch (3.1.2).

## 1.3 Pädagogische Lexikographie für Deutsch als Fremdsprache

Pädagogische Lexikographie, auch *didaktische Lexikographie* oder *Lernerlexikographie* genannt,[4] ist ein auf Spracherwerb ausgerichtetes lexikographisches Spezialgebiet, für welches kennzeichnend ist, dass

---

3 „Hier hilft m.E. nur ein Neuanfang, der schärfere begriffliche Kategorien zur Verfügung hat." (Wiegand 1995a: IX)
4 Einzelne Bezeichnungen werden in der Forschungsliteratur punktueller Kritik unterzogen: An *pädagogischer Lexikographie* wird kritisiert, dass sie nicht hinreichend aussagekräftig in Bezug auf das umfasste Spezialgebiet erscheine, denn im weitesten Sinne kann jedem lexikographischen Nachschlagewerk eine pädagogische Zweckbestimmung zuerkannt werden (Gouws 2004: 267). Die

> die Adressaten der Wörterbücher nicht nur aufgrund punktueller Kompetenzdefizite zum Wörterbuchbenutzer werden, sondern im Rahmen jeweiliger Lernstadien eines auf die Mutter- oder eine Fremdsprache bezogenen Spracherwerbprozesses. Alle Endprodukte der pädagogischen Lexikographie sind *Spracherwerbswörterbücher* (kurz: *Erwerbswörterbücher*). Die Lernerwörterbücher bilden nur eine besondere Sorte dieses Typs, der zahlreiche Untertypen aufweist. (Wiegand 1998: X)

Der Begriff der pädagogischen Lexikographie umfasst somit Nachschlagewerke für die muttersprachliche Didaktik und solche für den Fremdsprachenunterricht, auch *L2-Lexikographie* oder *Fremdsprachenlexikographie* genannt (vgl. Pöll 2002: 135f.; Schafroth 2002: 57; 2011: 69; Binon/Verlinde 2013: 1035f.). Im letzteren Fall erfolgt eine funktionale Schwerpunktsetzung auf die Sprachproduktion in der Fremdsprache, deshalb erfordern Erwerbswörterbücher für den Fremdsprachenunterricht detaillierte und ausgebaute Daten (Herbst 1985: 310; Binon/Verlinde 2013: 1039), was durch die Bedürfnisse des anvisierten Benutzerkreises bedingt ist, den Rothenhöfer (2013: 422) wie folgt charakterisiert: „the most sensitive and demanding of all types of dictionary users, the non-native language learner".

Für die Entwicklung der pädagogischen Lexikographie für Deutsch als Fremdsprache sind die folgenden zwei Tendenzen kennzeichnend: (a) ein später Start der einsprachigen Lernerlexikographie, indem ¹LGwDaF von 1993 das erste einsprachige Lernerwörterbuch darstellt (vgl. etwa Lehr 1998: 256; Bahns 1993: 137; Zöfgen 1994: 10f.; Rothenhöfer 2013: 414; Lü 2007: 8); (b) Existenz einer Tradition der Valenzlexikographie, die auf eine intensive Beschäftigung mit der Valenztheorie zurückzuführen ist: „Während es selektive Lexika zur Valenz deutscher Verben bereits seit dem Ende der 60er Jahre gibt, sind in der deutschsprachigen Lexikografie umfassende einsprachige Wörterbücher für DaF erst seit den 90er Jahren des letzten Jahrhunderts erschienen." (VALBU: 7; vgl. Schumacher 2006: 1396; Nied Curcio 2012: 175f.).

Als empirische Basis der vorliegenden Untersuchung fungieren Lerner- und Valenzwörterbücher. Das Lernerwörterbuch und das Valenzwörterbuch sind nach der phänomenologischen Wörterbuchtypologie unterschiedliche Phänomene: Das Valenzwörterbuch ist ein informationstyporientiertes syntagmatisches Konstruktionswörterbuch (Domínguez Vázquez/Paredes Suárez 2010: 216; Hausmann 1985a: 381f.), während das Lernerwörterbuch eine Erscheinungsform des benutzergruppenorientierten didaktischen Wörterbuchs ist (vgl. Engelberg/Lemnitzer 2009: 22).

---

Bezeichnung *didaktische Lexikographie* wird wegen der Ausrichtung der Didaktik als selbständige Disziplin auf die methodische Seite des Lehr- und Lernprozesses als weniger geeignet erachtet, denn im Sinne des Erreichens der gesetzten Ziele – Wörterbücher sind Gebrauchsgegenstände – kann ein Wörterbuch als mehr oder minder didaktisch in Bezug auf verwendete Methoden angesehen werden (Tarp 2011: 220). Im Zusammenhang mit *Lernerlexikographie* plädiert Tarp (2011: 223f.) für eine Ausweitung auf weitere nichtsprachliche Fächer in Anlehnung an den allgemeinen Begriff des Lerners: "*A learner's dictionary* is a dictionary especially designed to assist learners of languages (whether a native or a foreign language) and of scientific and practical disciplines." (ebd.).

Nichtsdestoweniger sind Valenzwörterbücher meist auch benutzergruppenorientiert, indem sie für den Fremdsprachenunterricht konzipiert sind (Bielińska 2003: 242f.; Bräunling 1989: 168; Schumacher 2006: 1396; 1995: 288); vor diesem Hintergrund fungieren Lerner- und Valenzwörterbücher als Bausteine der pädagogischen Lexikographie (vgl. WLWF-1: 34). In diesem Rahmen können Lernerwörterbücher als L2-Gesamtwörterbücher und Valenzwörterbücher als L2-Spezialwörterbücher angesehen werden (vgl. Zöfgen 1985: 14; 1994: 11): Relativ zu Prinzipien der pädagogischen Lexikographie erscheinen Lernerwörterbücher vergleichsweise unspezifisch im Hinblick auf den Wörterbuchgegenstand sowie die Lemmaselektion, Valenzwörterbücher sind hingegen syntagmatische Spezialwörterbücher und zudem charakteristischerweise nach Wortarten angelegt (vgl. Henne 1977: 48). Dabei steht das Verb traditionellerweise im Mittelpunkt (Henne 1977: 48; 1977a: 5; Schumacher 2006: 1397; Hausmann 1985a: 381; Zöfgen 1982: 19; Domínguez Vázquez/Paredes Suárez 2010: 217), und zwar sowohl in der einsprachigen als auch in der zweisprachigen Valenzlexikographie (Domínguez Vázquez 2011: 270; 272 und 2013a: 21f.).

Lerner- und Valenzwörterbücher stellen für eine gezielte Untersuchung der BeiA eine besonders geeignete Grundlage dar, und zwar aus folgenden Gründen:

(1) Mehrfach betont ist in der Forschungsliteratur eine besondere Wichtigkeit der BeiA in den Wörterbüchern für den Fremdsprachenunterricht (Abel 2000: 164; Herbst/Klotz 2003: 55; 142; Kilgarriff 2015: 91; Kilgarriff et al. 2008: 426; Rundell 1998: 317; Stein 1999: 45; Zöfgen 1994: 184; Ickler 1988: 380; Minaeva 1992: 77; Kühn 1998: 54), wobei lexikographische BeiA insbesondere für die Produktion in der Fremdsprache von besonderer Relevanz erscheinen (Herbst/Klotz 2003: 55; Gouws/Prinsloo 2005: 163; Prinsloo/Gouws 2000: 139; Prinsloo 2013: 509; Gouws 2006: 57; Abel 2000: 165; Kilgarriff 2015: 91; Jehle 1990: 266; Nesi 1996: 198; Frankenberg-Garcia 2015: 495; Zöfgen 1982: 46; vgl. Katzaros 2004: 493) und zudem als ein Kennzeichen des Produktionswörterbuchs fungieren (Rothe 2001: 194). Ein ausgeprägter Beispielreichtum ist somit ein charakteristisches Merkmal der Lernerwörterbücher (vgl. etwa Rothe 2001: 192; 194; Bahns 1993: 138; Snell-Hornby 1999: 182; Herbst 1990: 1379; Wintage 1999: 443; Kammerer 2000: 35; Engelberg/Lemnitzer 2009: 239; Landau 2004: 8; Nesi 1996: 198). Dies gilt auch für Valenzwörterbücher, die ebenfalls als Produktionswörterbücher erachtet werden (Bielińska 2003: 248; 251; Zöfgen 1994: 226; Domínguez Vázquez/Paredes Suárez 2010: 217; vgl. Nied Curcio 2012: 176). Ferner unterstützen die BeiA auch andere Wörterbuchfunktionen (nach Wiegand 1999: 271ff.) in den Nachschlagewerken der pädagogischen Lexikographie für den Fremdsprachenunterricht: die Rezeptionsfunktion (vgl. Wiegand 1999: 277; Fox 1987: 137; Zöfgen 1986: 229) sowie in besonderer Weise die Studier-/Lernfunktion, auch als kognitive Funktion bezeichnet (Tarp 2009: 161). Im letztgenannten Zusammenhang treten lexikographische BeiA als Situationen des Spracherwerbs auf, indem am Beispiel gelernt wird (4.3.2.1).

(2) Einsprachige und zweisprachige Lerner- und Valenzwörterbücher bieten alle diejenigen Angabephänomene, die in der Forschungsliteratur einen nichtein-

deutigen Status in Bezug auf ihre Zugehörigkeit zum lexikographischen Beispiel aufweisen und deshalb einer Reflexion bedürfen (Näheres dazu in 4.1 und 5.1). So fungiert als eine Gemeinsamkeit der Lerner- und Valenzwörterbücher eine zielgruppenbedingte Notwendigkeit an Valenzbeschreibung, der in diesen Wörterbuchtypen besonders Rechnung getragen wird (Engelberg 2010: 115; Zöfgen 1985a: 139). Dies erlaubt eine Reflexion des Angabephänomens der Strukturformeln (4.1.2 und 5.1.1.1).

(3) In Lerner- und Valenzwörterbüchern spielen didaktische Gesichtspunkte im Zusammenhang mit den BeiA eine tragende Rolle: „Die Philosophie des Verwendungsbeispiels wurde [...] aus didaktischen bzw. fremdsprachendidaktischen Zusammenhängen in die Lernerwörterbücher übernommen und ist pädagogisch motiviert.", so Rothe (2001: 194; vgl. Rundell 1998: 317; Atkins/Rundell 2008: 453). In einer korrespondierenden Weise heißt es in ¹LGwDaF: „In diesem Wörterbuch wird die didaktische Funktion des Beispiels als die wichtigste angesehen." (¹LGwDaF: VIII). Mit dieser Bestimmung zusammenhängend erscheint für den Bereich der pädagogischen Lexikographie der Parameter der Qualität des lexikographischen Beispiels maßgebend (vgl. Atkins/Rundell 2008: 456f.). Dies bietet die Möglichkeit der Erfassung folgender Sachverhalte:

(a) In Lerner- und Valenzwörterbüchern in Kombination sind alle Beispieltypen nach den Kriterien der Gestaltung (4.2.1; 5.2.1) und der Herkunft (4.2.2; 5.2.2) gegeben. Die pädagogische Lexikographie erlaubt somit die Rezeption der tradierten Gegenüberstellung und Diskussion der Grundtypen des lexikographischen Beispiels in der einsprachigen Lexikographie (4.2.2.1), da sie mit einem besonderen Augenmerk auf diesen Bereich geführt wird: „A much-debated issue is which type of example, authentic or editorial, is to be preferred. The discussion has primarily been concerned with examples in monolingual learners' dictionaries." (Svensén 2009: 283).

(b) Durch den Parameter der Qualität bedingt, wird in Online-Wörterbüchern der pädagogischen Lexikographie keine automatische, unselegierte Beispielauswahl durch die Integration des Wörterbuchcorpus in die Benutzeroberfläche praktiziert (vgl. dazu Rundell 2015: 318f.; Klosa 2005: 97; Bergenholtz 2001a: 11f.; Lindemann 2013: 252), deren grundsätzlicher Nachteil darin besteht, dass bei den als polysem bearbeiteten Lemmata keine Zuordnung einzelner Corpusbelege zu Lesarten erfolgt (Rundell 2015: 318; Klosa 2005: 97). Des Weiteren wird das modifizierte Corpusbeispiel (CorBei) in der pädagogischen Lexikographie aus didaktischen Überlegungen modifiziert (4.2.2.2).

(4) Das Gebiet der pädagogischen Lexikographie erlaubt die Berücksichtigung der *bilingualisierten* zweisprachigen Lernerwörterbücher, die sich auf diesem Gebiet etabliert haben (Moon 2016: 141; Binon/Verlinde 2013: 1035; Dolezal/McCreary 1999: XIV). Das Wesen solcher Nachschlagewerke wird in 3.1.2 angerissen, auch wenn sich bilingualisierte zweisprachige Wörterbücher in Bezug auf die BeiA bei näherem Hinsehen nicht als innovativ erweisen.

(5) Die pädagogische Lexikographie ist interdisziplinär angelegt (vgl. Binon/Verlinde 2013: 1035), was eine Grundlage für die Einbeziehung relevanter Aspekte des Beispiels im Rahmen einer interdisziplinären Erweiterung (Kapitel 2) bietet.

Ausgehend von der Zielsetzung der vorliegenden Arbeit (Kapitel 1) wird eine motivierte Auswahl aus den ein- und zweisprachigen Lerner- und Valenzwörterbüchern für DaF getroffen; als empirische Basis der vorliegenden Untersuchung fungieren zwei einsprachige Lernerwörterbücher und zwei einsprachige Valenzwörterbücher sowie zwei zweisprachige Lernerwörterbücher und ein zweisprachiges Valenzwörterbuch. Als einsprachige Lernerwörterbücher werden *Langenscheidt Großwörterbuch Deutsch als Fremdsprache* (LGwDaF) in der aktuellen Neubearbeitung sowie *ELDIT. Elektronisches Lernerwörterbuch Deutsch-Italienisch* (ELDIT) herangezogen. Als einsprachige Valenzwörterbücher dienen *Verben in Feldern* (ViF) und *E-VALBU*, wobei die beiden Valenzwörterbücher aus der Tradition der deutschsprachigen Valenzlexikographie hervorgehen sowie mit dem *Kleinen Valenzlexikon deutscher Verben* (KVL) vom Jahr 1976 verwandt sind (ViF: VI; VALBU: 7f.; Schumacher 2006: 1406). Dies erscheint insofern von Relevanz, als Exkurse zu KVL Aufschluss über bestimmte in der Forschungsliteratur festgehaltene Phänomene im Zusammenhang mit lexikographischen BeiA bieten können (4.2.2.1.2).

LGwDaF in der Neubearbeitung von 2015 tritt stellvertretend in Bezug auf printorientierte einsprachige Lernerwörterbücher für DaF auf; einen Überblick über diesen Bereich bietet Rothenhöfer (2013) und hält fest, dass es sich bei den vorhandenen Lernerwörterbüchern um *eine erste Generation* ihres Typs handelt. Alle diese Lernerwörterbücher arbeiten mit Kompetenzbeispielangaben (KBeiA), wofür sie auch bekannt sind (Näheres dazu in 4.2.2.1.3). Die Unterschiede unter einzelnen Lernerwörterbüchern sind für das Vorhaben einer Untersuchung der BeiA entweder marginal oder nachteilhaft; so wird in WGwDaF die Tilde innerhalb der BeiA eingesetzt; DDaFSw verwendet keine Strukturformeln; in DGWDaF erfolgt die Angabe der Strukturformeln zum einen auf eine äußerst abstrakte und komplexe Weise und somit benutzerunfreundlich (Tarp 2004b: 315), zum anderen wird bei den BeiA der Kontext-Faktor durch den Einsatz der Alternanzen und Kondensationstechniken vielfach nachteilig beeinträchtigt (Lettner 2013: 45).

Eine einmalige Praxis von LGwDaF besteht des Weiteren in einer mikrostrukturell-positionalen Trennung zwischen KollA und BeiA, was Einblicke in das Angabephänomen der KollA bietet (4.1.3). Die Heranziehung von LGwDaF ermöglicht ferner die Berücksichtigung der vorhandenen metalexikographischen Reflexionen zu [1]LGwDaF, gegeben durch dessen Stellenwert als erstes einsprachiges Lernerwörterbuch für DaF. LGwDaF liegt auch als Online-Wörterbuch vor, jedoch handelt es sich um eine digitalisierte Umsetzung des Printwörterbuchs, was für die erste Generation der Lernerwörterbücher für DaF charakteristisch ist (Abel 2002: 148; 2002a: 413). LGwDaF erscheint deshalb auch in elektronischer Version im weiten Sinne printorientiert.

ELDIT ist ein konzeptionell einzigartiges lexikographisches Produkt, das – nicht zuletzt durch die Umsetzung im elektronischen Publikationsmedium – zwei bilingualisierte Lernerwörterbücher umfasst (Abel/Weber 2005: 83): eines für italienischsprachige Deutschlerner (mit italienischen Erweiterungen im Wörterbuchartikel (WbA)) und eines für deutschsprachige Italienischlerner (mit deutschen Erweiterungen im WbA) (Abel/Weber 2005: 79). In der vorliegenden Arbeit wird ELDIT jedoch als ein *einsprachiges* Lernerwörterbuch des Deutschen herangezogen, und zwar mit der Begründung, dass bilingualisierte Lernerwörterbücher keine eigenständige lexikographische Erscheinung darstellen, sondern vielmehr die Prinzipien der einsprachigen Lexikographie bei der Gestaltung des SK beibehalten (3.1.2), was auch für die BeiA entscheidend erscheint. Abel (2008: 179) charakterisiert ELDIT in diesem Zusammenhang wie folgt:

> ELDIT zeichnet sich dadurch aus, dass es eine Verbindung aus ein- und zweisprachigem Wörterbuch darstellt. Es enthält Informationen in der Zielsprache des Benutzers wie ein einsprachiges Wörterbuch (Bedeutungsangaben, Beispiele usw.), aber auch Informationen in der Ausgangssprache des Benutzers (Übersetzungen, metasprachliche Erklärungen usw.) [...]. In jedem Wörterbuchteil, im deutschen wie im italienischen, wird die jeweilige Sprache ‚von sich heraus' beschrieben

ELDIT bietet einen Grund- und Aufbauwortschatz von je 3000 bis 3500 Lemmata und richtet sich an Lerner „im Anfänger- bis Leicht-Fortgeschrittenen-Stadium" (Abel 2002: 148; vgl. Abel 2002a: 413). Eine besondere Relevanz kommt den BeiA in ELDIT zu: „ELDIT macht es sich zum besonderen didaktischen Prinzip, reiche Satzbeispiele zu bieten, die die Wörter in einem typischen, aktuellen Kontext aufzeigen, den Abstraktionsgrad des Wörterbuches verringern und die das Wörterbuch geradezu zu einem Lesebuch machen." (Abel 2002: 159; vgl. Abel 2000: 165). ELDIT arbeitet mit KBeiA (Abel 2000: 169), nichtsdestoweniger ist von grundlegender Relevanz, dass ELDIT von Grund auf für das elektronische Publikationsmedium konzipiert ist (Abel 2008: 179; 2002: 148), so dass dadurch die Möglichkeit der Erfassung der KBeiA in einem genuinen nichtprintorientierten Online-Wörterbuch entsteht. Des Weiteren ist in ELDIT ein einmaliges, durch das elektronische Medium gefördertes Zusammenspiel zwischen Strukturformeln und BeiA durch Farben-Markierungen und Verlinkungen gegeben, das eine Reflexion des Verhältnisses der beiden Angabetypen ermöglicht (4.3.1.2.2).

ViF aus dem Jahr 1986 gehört einer Phase vor $^1$LGwDaF an und spielt „eine Art Vorreiterrolle" (Zöfgen 1994: 11) in der pädagogischen Lexikographie für DaF seiner Zeit (vgl. Helbig 1987: 310). Das grundsätzliche Novum von ViF besteht darin, dass es ein Valenzwörterbuch auf semantischer Basis ist, dessen Konzeption „eine explizite und systematische Einbeziehung der Inhaltsseite in die Beschreibung ermöglicht" (Ballweg-Schramm/Schumacher 1979: 95; vgl. ViF: 1), was in KVL nicht der Fall ist (vgl. Zöfgen 1994: 239; 1989: 210; Schumacher 2006: 1401). ViF ist ausdrücklich für DaF konzipiert und orientiert sich an „Erfordernissen, wie sie für den

Fremdsprachenunterricht mit fortgeschrittenen Lernergruppen festgestellt wurden" (ViF: V), wobei als anvisierte Zielgruppe zum einen Lehrkräfte, die mit fortgeschrittenen DaF-Lernern arbeiten, zum anderen Fremdsprachenlerner, und zwar primär „ausländische[n] Studierende[n], die an einer deutschen Hochschule ein Fachstudium absolvieren wollen" (ViF: 3), deklariert werden. Die Thematik der lexikographischen Erfassung beläuft sich deshalb auf allgemeine Wissenschaftssprache (ViF: 7ff.; Schumacher 2006: 1401). ViF ist primär für die Textproduktion konzipiert (ViF: 1; Ballweg-Schramm/Schumacher 1979: 95), was auch mit der onomasiologischen Anlage des Wörterbuchs zusammenhängt. ViF ist ein stark selektives Valenzwörterbuch (ViF: 4; 8).

Ein Kennzeichen von ViF ist ein ausgeprägter Beispielreichtum; es wird vermerkt, dass „Lexikographen, die die Möglichkeit haben, ein ausführliches Wörterbuch zu schreiben, diese Chance auch im Demonstrationsteil nutzen sollen" (Ballweg et al. 1981: 56). Die Anzahl der BeiA beträgt von drei bis über zehn pro WbA und hängt mit der Beleglage im Corpus zusammen (ViF: 60). Zu BeiA wird programmatisch Folgendes festgehalten: „Die Beispiele sollen soweit wie möglich authentisch sein und die Bedeutung und die Verwendungsmöglichkeiten des Verbs veranschaulichen." (Ballweg-Schramm/Schumacher 1979: 105). Ein einmaliger und besonders wertvoller Sachverhalt an ViF besteht darin, dass dieses Valenzwörterbuch zwar corpusbasiert ist und mehrheitlich mit CorBeiA arbeitet (Schumacher 2006: 1404), jedoch in konzeptioneller Hinsicht kennzeichnenderweise *vor* der Einführung der Möglichkeit des Modifizierens der Corpusbelege (4.2.2.2) zu verorten ist, was mit dem Zeitpunkt der Entstehung von ViF zusammenhängt. Aus diesem Grunde bietet ViF wertvolle Einblicke in die Diskussion der Grundtypen des lexikographischen Beispiels (4.2.2.1). Dies ist etwa in E-VALBU nicht gleichermaßen möglich, da E-VALBU auf einer breiteren Corpusgrundlage beruht und u. a. mit modifizierten CorBeiA arbeitet, wobei für diese Praxis Folgendes gilt: „The distinction between so-called lexicographer's (made-up, invented, constructed) examples [...] and authentic (corpus) examples is not as clear now as when it was first made in the late 1980s.", so Adamska-Sałaciak (2006: 177). Die BeiA in ViF werden in der Wörterbuchkritik zudem als „überwiegend gut ausgewählt" (Heringer 1987: 315) charakterisiert.

E-VALBU basiert auf dem gedruckten VALBU von 2004 und stellt dessen Erweiterung dar, weist jedoch im Unterschied zu VALBU eine Reihe konzeptioneller Verschiedenheiten auf wie etwa ein neues einheitliches Artikelformat ohne Differenzierung in Lang- und Kurzartikeln oder die Einführung der *Strukturbeispiele* im Sinne von Strukturformeln.[5] In E-VALBU wird durch die Umsetzung im elektronischen Medium eine Vernetzung der Strukturbeispiele mit entsprechenden BeiA durch farbige Markierungen gewährleistet, was wie auch in ELDIT eine Grundlage für die Reflexion des Verhältnisses der beiden Angabetypen bietet (4.3.1.2.2). In puncto BeiA heißt es:

---

5 http://hypermedia2.ids-mannheim.de/evalbu/projekt.html (letzter Zugriff im Februar 2017)

„Beispiele wurden modernisiert" (ebd.), wobei das Charakteristikum „zahlreiche Verwendungsbeispiele" (ebd.) als eines der Merkmale von E-VALBU deklariert wird. Wie auch VALBU ist E-VALBU primär für Lehrkräfte und Lehrbuchautoren konzipiert (ebd.), richtet sich aber im Unterschied zur Printversion ausdrücklich an ein größeres Publikum. Die Lemmaliste ist von VALBU übernommen und wird zusätzlich erweitert, wobei sich die Thematik der lexikographischen Erfassung in VALBU auf die Bewältigung von Alltagssituationen beläuft (VALBU: 20).

In Hinsicht auf die mediale Beschaffenheit bietet die empirische Basis für die einsprachige Lexikographie somit eine heterogene Kombination aus zwei Printwörterbüchern bzw. printorientierten Wörterbüchern ViF und LGwDaF, dem nichtprintorientierten genuinen Online-Wörterbuch ELDIT und dem auf einem Printwörterbuch basierenden, jedoch konzeptionelle Besonderheiten aufweisenden Online-Wörterbuch E-VALBU.

Die Auswahl der empirischen Basis für die zweisprachige Lexikographie erscheint insofern etwas schwieriger, als zweisprachige Wörterbücher in der Fremdsprachendidaktik einen umstrittenen Status haben und charakteristischerweise nicht eingehend behandelt werden (Domínguez Vázquez et al. 2014: 1) sowie auch metalexikographisch weniger reflektiert werden. Zweisprachige Valenzwörterbücher erscheinen erst nach den einsprachigen (Schumacher 2006a: 1435f.); dieselbe Tendenz gilt auch für zweisprachige Lernerwörterbücher, wobei das zweisprachige Lernerwörterbuch nach einigen Ansichten nicht zum Lernerwörterbuch gerechnet wird (Dolezal/McCreary 1999: XIV). Steinbügl (2005: 1) liefert eine folgende Erklärung für das Schattendasein der zweisprachigen Lexikographie: „Vorbehalte gegen zweisprachige Nachschlagewerke rühren wohl in erster Linie daher, dass letztere angeblich nur derjenige benutzt, dem der Zugang zu einsprachigen Wörterbüchern aufgrund seiner begrenzten Kompetenz in der Fremdsprache versagt bleibt.". Nichtsdestoweniger wird in der Forschungsliteratur vermehrt der Befund festgehalten, dass Fremdsprachenlerner das zweisprachige Wörterbuch dem einsprachigen häufig vorziehen (etwa Domínguez Vázquez et al. 2013: 146ff.; Lü 2007: 117; Tarp 2013: 427f.; Gouws 2004: 272f.; Schierholz 2005: 86; Piotrowski 1994: 74; 1989: 73; Adamska-Sałaciak 2006: 25; Abel/Weber 2005: 74; Bielińska 2014a: 172; Herbst 1985: 310f.; Zöfgen 1991: 1888; Hartmann 1983: 197). Als ein schwerwiegender Kritikpunkt an das zweisprachige Wörterbuch gilt das Argument, dass durch die Angabe anderssprachiger Äquivalente in Form lexikographischer Gleichungen der Eindruck einer vermeintlichen Parallelität der Wortschatzstrukturen zweier Sprachen vermittelt wird: „Das traditionelle Vokabellernen in der Schule täuscht eine Parallelität vor, die nur teilweise gegeben ist." (Scholze-Stubenrecht 1995: 2f.; vgl. Al-Kasimi 1977: 103). Im Fremdsprachenunterricht ist dies insofern besonders nachteilhaft, als dadurch das Bewusstsein der einzelsprachlichen Konzeptualisierungs- und Versprachlichungskonventionen der Fremdsprache verloren gehen kann. Hinzu kommen weitere Kritikpunkte, wie etwa die Anführung einer begrenzten Anzahl an ÄA oder zu wenig lexikographische Daten für die Produktion in der Fremdsprache (Tarp 2013: 427; 430; Domínguez

Vázquez 2013a: 20). Nichtsdestoweniger können das einsprachige und das zweisprachige Wörterbuch nur in Bestimmung der Schwerpunkte und Prinzipien der lexikographischen Kodifikation sowie der Angabetypen im SK angemessen beurteilt werden (Kapitel 3). In der Forschungsliteratur finden sich zahlreiche Stimmen für die Betrachtung des einsprachigen und zweisprachigen Erwerbswörterbuchs als komplementäre lexikographische Hilfsmittel (Hartmann 1982: 76; Kromann 1995: 503f.; Herbst 1985a: 246; Piotrowski 1989: 81; vgl. Tarp 2005: 38); im Fremdsprachenerwerb können sie einander nicht ersetzen (Stein 1990: 402).

Als zweisprachige Lernerwörterbücher dienen in der vorliegenden Untersuchung das exemplarisch ausgewählte *PONS Wörterbuch für Schule und Studium 1 Englisch-Deutsch* (PONS E-D) in der Neubearbeitung von 2012 und *Langenscheidt Collins Großes Schul- und Studienwörterbuch Englisch-Deutsch* (LC E-D) von 2011, beide für das Sprachenpaar Englisch-Deutsch. Zusätzlich wird auch *PONS E-D online* herangezogen. PONS E-D online richtet sich nicht ausdrücklich an Fremdsprachenlerner; in Bezug auf das mikrostrukturelle Datenangebot können nur teilweise Übereinstimmungen zwischen PONS E-D und PONS E-D online festgehalten werden. Das Einmalige an PONS E-D online ist jedoch der Angabebereich *Beispiele aus dem Internet*, der unter einem Button in der Benutzeroberfläche zugänglich ist: Es handelt sich um das Phänomen des Parallelbeispiels (ParBei) in der zweisprachigen Lexikographie (5.2.2.2), das in den Printwörterbüchern nicht gegeben ist. Aus diesem Grunde wird dieser Angabebereich aus PONS E-D online in die vorliegende Untersuchung miteinbezogen. Als zweisprachiges Valenzwörterbuch fungiert *Diccionario de valencias verbales español-alemán* (DCVVEA) für das Sprachenpaar Spanisch-Deutsch.

Weder in PONS E-D noch in LC E-D wird im Wörterbuchvorwort oder in den Benutzungshinweisen explizit auf die konzeptionelle Ausrichtung oder die anvisierte Benutzergruppe eingegangen; in LC E-D erfolgt ein Vermerk, dass „das Schwergewicht ganz auf dem modernen Englisch und Deutsch [lag], wobei besondere Aufmerksamkeit der Alltagssprache galt" (LC E-D: 5). Auch zu lexikographischen BeiA erfolgen keine gezielten Ausführungen, was wiederum als eine Widerspiegelung der theoretischen Lage im Zusammenhang mit BeiA in der zweisprachigen Lexikographie aufgefasst werden kann. PONS E-D und LC E-D sind jedoch für eine Untersuchung der BeiA insofern wertvoll, als sie BeiA mit dem Zweck der Äquivalenzherstellung in der zweisprachigen Lexikographie bieten (5.3.1). Sowohl PONS E-D als auch LC E-D verwenden die Tilde innerhalb der BeiA, die für die lemmatisierte Form steht; bei der Wiedergabe in der vorliegenden Arbeit werden die so verdichteten BeiA ausgeschrieben. Die BeiA werden auch in PONS E-D online gänzlich ausgeschrieben.

DCVVEA ist ein zweisprachiges kontrastives Valenzwörterbuch, adressiert an spanische Deutschlernende auf dem Kompetenzniveau der Grund- und Mittelstufe (Domínguez Vázquez/Paredes Suárez 2010: 215; Domínquez Vázquez 2011: 273; 2013a: 24), das funktional primär auf die Sprachproduktion in der Fremdsprache ausgerichtet ist (Domínguez Vázquez 2013a: 24). DCVVEA ist ein genuines Online-Wörterbuch, das ca. 200 Lemmata darbieten soll, die die häufigsten Verben des

Spanischen darstellen (ebd.). Zurzeit ist der geplante Lemmabestand jedoch nur teilweise bearbeitet, indem 56 Lemmata mit WbA bearbeitet und zugänglich sind. Ein einmaliger Sachverhalt in Bezug auf die BeiA ist die Praxis der Übersetzung der BeiA in DCVVEA (5.2.2.1), wobei DCVVEA corpusbasiert ist. So gilt die Anführung zahlreicher BBeiA, versehen mit Übersetzungen, als ein charakteristisches Merkmal von DCVVEA (Domínguez Vázquez 2013a: 28). Dies hebt DCVVEA von zweisprachigen kontrastiven Valenzwörterbüchern älteren Datums ab: Zwar hat die Praxis der Übersetzung ausgangssprachlicher BeiA ihren Platz in der zweisprachigen Valenzlexikographie, die BeiA selbst werden typischerweise aus einsprachigen Wörterbüchern übernommen (Schumacher 2006a: 1440), was u. a. damit zusammenhängt, dass solche Projekte nicht corpusbasiert sind. In DCVVEA sind zudem vereinzelt auch übersetzte ausgangssprachliche KBeiA präsent (Domínguez Vázquez/Paredes Suárez 2010: 232).

Somit bietet die empirische Basis für die zweisprachige Lexikographie in Hinsicht auf die mediale Form eine ebenfalls heterogene Basis aus zwei Printwörterbüchern, einer elektronischen Umsetzung mit innovativen Erweiterungen und einem genuinen corpusbasierten Online-Wörterbuch. In Bezug auf die BeiA werden dadurch alle relevanten Erscheinungsformen erfasst.

## 1.4 Untersuchungsdesign

Aus den ausgewählten Wörterbüchern wird eine Stichprobe an WbA ermittelt, deren BeiA den empirischen Kern der Untersuchung bilden, an den Forschungsfragen appliziert werden.

Davon ausgehend, dass das Verb in der Valenzlexikographie traditionellerweise im Mittelpunkt steht und die herangezogenen Valenzwörterbücher alle Verbvalenzwörterbücher sind (1.3), werden auch in den Lernerwörterbüchern verbale Lemmata erhoben. In Bezug auf die Anführung der BeiA sind Unterschiede im lemmazeichentypspezifischen Angabeprogramm existent (vgl. Hermanns 1988: 163; Gorbačevič 1982[78]: 158; Kammerer 2000: 35), wie (a) das Weglassen der BeiA bei Substantiven-Konkreta (Prinsloo/Gouws 2000: 153; Fox 1987: 137f.; Adamska-Sałaciak 2006: 174; Neubauer 1998: 250; Stein 1999: 46); oder (b) die Bevorzugung bestimmter Beispieltypen für einen Lemmazeichentyp: So führt Gorbačevič (1982[78]: 158) aus, dass gekürzte Beispiele – im Original *Wortverbindungen* – insbesondere für adjektivische Lemmata geeignet erscheinen. Zur lexikographischen Bearbeitung der Verben führt Landau (2004: 173) Folgendes aus: „Verbs are often considered – justly, I think – the most difficult words to define, in part because many verbs have numerous senses that must be discriminated, and partly because of the complex relationship between verbs and their objects.". In der Forschungsliteratur wird der Befund formuliert, dass die Notwendigkeit an BeiA generell mit semantischer sowie grammatischer Komplexität des zu beschreibenden Lemmas zusammenhängt, indem

Beschreibung komplexer Sachverhalte die BeiA erforderlich macht (Toope 1996: 167f.; Vrbinc/Vrbinc 2016: 298). Im Einklang damit steht der in Heath (1982) festgehaltene Befund, dass in Hinsicht auf die Wortarten Verb, Substantiv und Adjektiv die meisten BeiA in den WbA zu verbalen Lemmata angeboten werden (vgl. auch Bergenholtz/Mugdan 1986: 126f.). Hinzu kommt ferner, dass verbale Lemmata typischerweise mit weiteren syntaktischen Angaben versehen sind (Bergenholtz 1984: 30). Somit bieten verbale Lemmata (a) WbA mit mehreren Lesarten und dadurch auch mehreren BeiA sowie auch (b) Angabephänomene, die einer Reflexion in Hinsicht auf ihre Zugehörigkeit zum lexikographischen Beispiel bedürfen. Des Weiteren besteht bei verbalen Lemmata die Möglichkeit der Erfassung der typologischen Ausprägung des Textbeispiels, das bei Verben ggf. als notwendig erachtet wird (4.2.1.2). Diese vorteilhaften Aspekte haben auch für die zweisprachige Lexikographie Geltung: Da sich Polysemiestrukturen in der interlingualen Perspektive nur selten decken, entsteht in WbA zu verbalen Lemmata Bedarf an BeiA sowie weiteren äquivalenzrelevanten Angaben (ÄrelA; Näheres dazu in 3.1.2.2.3).

Die Erhebung der Stichprobe erfolgt separat für die einsprachige und zweisprachige Lexikographie, und zwar jeweils in Teilschritten. Für die einsprachige Lexikographie werden 60 hochfrequente Verben des Deutschen ermittelt, die in allen vier Wörterbüchern als Lemmata bearbeitet sind (siehe 9.1). Zu diesem Zweck wird das *Häufigkeitswörterbuch Deutsch* (HwD) herangezogen. Unter Zuhilfenahme insbesondere der Liste der frequentesten 1000 Wörter des Deutschen (HwD: 25ff.) werden hochfrequente Verben identifiziert, die auf das Vorhandensein in den vier Wörterbüchern geprüft werden. Besondere Komplikationen bereitet dabei die Anlage von ViF, und zwar in mehrfacher Hinsicht:

(a) der stark selektive Charakter von ViF kommt dadurch zur Geltung, dass viele der hochfrequenten Verben in ViF nicht enthalten sind (etwa *finden, sehen, gehen, bieten, heißen, zeigen, tun, sagen, wissen, erwarten, erzählen, erreichen, arbeiten* u. v. m.).

(b) Einige Verben (etwa KOMMEN) sind zwar im Register verzeichnet, treten jedoch nur in einem thematischen Feldvorspann auf, bedingt durch die onomasiologische Anlage von ViF, ohne dass ihnen mikrostrukturelle Bearbeitung zukommt. Dies macht ihre Berücksichtigung unmöglich.

(c) Durch die onomasiologische und thematische Anlage von ViF ist der Sachverhalt bedingt, dass selbst „wesentliche Varianten" (Helbig 1987: 309) der aufgenommenen Verben nicht enthalten sind. Hinzu kommt ferner, dass einzelne Lesarten eines Verbs in ViF sehr zerstreut verzeichnet sind; so kommt etwa das Lemma MACHEN nach den Analysen von Zöfgen (1994: 236; 1989: 215) „nicht weniger als 28mal" in ViF vor. Vor diesem Hintergrund wird jeweils der erste im Register verzeichnete WbA zu einem Verb herangezogen (9.2). Dadurch stellen die WbA in ViF oft Einschränkungen im Vergleich zur unspezifischen lexikographischen Bearbeitung in anderen Wörterbüchern dar. Dies kommt bereits auf der Ebene der Lemmatisierung zum Vorschein: einer Reihe der Verben entsprechen in ViF nur einzelne Lesarten wie etwa DENKEN – DENKEN AN; KOMMEN – KOMMEN ZU; FÜHREN – FÜHREN ZU; BEFINDEN – SICH BEFINDEN; TRENNEN – TRENNEN ZWISCHEN; LASSEN – AUSSER ACHT LASSEN; STEHEN – ZUR VERFÜGUNG STEHEN u. a. (9.2). Solche Einschränkungen müssen angesichts der stark selektiven Anlage von ViF in Kauf genommen werden.

Einige Verben sind zwar in ViF und den Lernerwörterbüchern, jedoch nicht in E-VALBU enthalten (*besprechen, betreffen, befehlen, ansprechen, aufkommen, gestatten, hinzukommen* u. a.). So zeichnet sich generell die Tendenz ab, dass während den beiden Lernerwörterbüchern als Gesamtwörterbüchern der pädagogischen Lexikographie eine relativ unspezifische Lemmaselektion eigen ist, es bei den Valenzwörterbüchern als deren Spezialwörterbüchern zu Konflikten der Prinzipien der Lemmaselektion kommt. Dieser Sachverhalt ergibt sich auch aus der Divergenz der zugrunde gelegten Thematik der lexikographischen Erfassung: allgemeine Wissenschaftssprache in ViF versus Bewältigung von Alltagssituationen in E-VALBU (1.3).

In den Lernerwörterbüchern wird bei homonymen Lemmaansätzen jeweils der WbA zum ersten Lemmaansatz herangezogen: in LGwDaF sind dies die Lemmata BEKOMMEN[1], DÜRFEN[1], HABEN[1], HANDELN[1], KÖNNEN[1], MÜSSEN[1], SCHAFFEN[1], SEIN[1], SOLLEN[1], WERDEN[1], in ELDIT DÜRFEN[1], KÖNNEN[1], MÜSSEN[1], SCHAFFEN[1], SOLLEN[1]. In E-VALBU gilt dies für BEKOMMEN I.

Die so ermittelte Stichprobe aus 60 WbA bildet die empirische Basis für die einsprachige Lexikographie. Die miterfassten Unterschiede wie etwa Einschränkungen in ViF, *schaffen* als starkes oder schwaches Verb etc. sind jeweils auf wörterbuchspezifische konzeptionelle Besonderheiten zurückzuführen und erscheinen für eine gezielte Untersuchung der enthaltenen BeiA nicht weiter relevant. Eine annähernd gleiche Stichprobe bietet ferner eine Grundlage für die Reflexion der Beispielpolitik einzelner Wörterbücher (6.5.1).

Die Erhebung der Stichprobe für die zweisprachige Lexikographie erfolgt separat für die Lernerwörterbücher und für DCVVEA, da sie unterschiedliche Sprachenpaare erfassen. Ausgehend von (a) der Zweckmäßigkeit der Heranziehung aktiver oder bidirektionaler zweisprachiger Wörterbücher für die Untersuchung der BeiA (1.2) sowie (b) den konzeptionellen Anlagen einzelner Wörterbücher (1.3) bildet Deutsch die Wörterbuchzielsprache, während die Wörterbuchausgangssprache jeweils Englisch oder Spanisch ist. Da die Erhebung der Stichprobe in der Wörterbuchausgangssprache erfolgt, handelt es sich um die Ermittlung englischer oder spanischer Lemmata.

Bei der Ermittlung der Stichprobe für PONS E-D und LC E-D wird eine maximale Repräsentanz der Stichprobe für die einsprachige Lexikographie auf der wörterbuchzielsprachlichen Seite angestrebt, was ferner eine Grundlage für den Vergleich der Funktionalität der BeiA in der einsprachigen und zweisprachigen Lexikographie bildet. Dies ist jedoch nur annähernd erreichbar. Zum einen spielt die zwischensprachliche Anisomorphie insofern eine Rolle, als einige deutsche Verben jeweils demselben englischen Verb zugeordnet werden müssen: So fallen *essen* und *fressen* unter

EAT, *abnehmen* und *nehmen* unter TAKE, *stehen* und *stellen* unter STAND, *ändern* und *verändern* unter CHANGE, *stattfinden* und *vorkommen* unter HAPPEN, so dass sich die Stichprobe für PONS E-D und LC E-D verringert und im Konkreten auf 55 englische Lemmata beläuft (siehe 9.3). Zum anderen ist von grundlegender Relevanz, dass lexikographische Äquivalenz grundsätzlich unidirektional angelegt ist (3.1.2.2.1), so dass die Umkehrung der sprachlichen Richtung nicht in einer umfassenden Weise diejenigen ÄA erwarten lässt, die die Stichprobe zur einsprachigen Lexikographie bilden; vielmehr handelt es sich um eine maximal erreichbare Repräsentanz, wobei in diesem Zusammenhang auch die wörterbuchspezifische Bearbeitung eine Rolle spielt.

In den ermittelten WbA wird auf *phrasal verbs* zu englischen Lemmata verzichtet: Es handelt sich um feste Verbindungen aus Verb und Adverb oder Präposition im Englischen, die jeweils unter dem Grundverb lexikographisch kodifiziert sind (PONS E-D: 8; LC E-D: 17), wie in der ermittelten Stichprobe etwa zu GET, PUT, MAKE, LOSE, STAY, CHANGE, FEEL, LEAVE, PASS, EAT, SEPARATE, DRINK, SINK, LEAD, LEAVE, COUNT, HAPPEN, STAND, LIE, SELL, COME, TELL, GIVE, HAVE, TAKE, KEEP, PICK, START u. a. Phrasal verbs sind ein Phänomen der englischen Sprache, das nicht unmittelbar mit lexikographischen BeiA im Zusammenhang steht; vielmehr werden Einträge zu phrasal verbs nicht durchgehend mit BeiA versehen, was schließlich für ihre Ausgrenzung spricht.

Bei homonymen Lemmaansätzen wird jeweils der inhaltlich äquivalente Lemmaansatz herangezogen, so LIE$^2$ in PONS E-D wie auch LC E-D mit der ÄA *liegen*.

Die ermittelte Stichprobe hat auch für PONS E-D online uneingeschränkt Gültigkeit.

Anders gestaltet sich die Ermittlung der Stichprobe für DCVVEA. Da der geplante Lemmabestand von DCVVEA zurzeit noch nicht vollständig bearbeitet ist (1.3), lässt die Zielsetzung einer maximalen Repräsentanz der Stichprobe für die einsprachige Lexikographie die Ermittlung von nur 16 WbA zu: OBSERVAR, CAER, SEGUIR, EXISTIR, OFRECER, PERTENECER, OCURRI, COMPRAR, ESTUDIAR, CREAR, VESTIR, SENTAR, BEBER, VENDER, PERDER, OLER. Da dies jedoch ein verhältnismäßig kleiner Anteil ist, wird für DCVVEA der ganze aktuell bearbeitete Lemmabestand aus 56 Lemmata herangezogen (9.4). Dies lässt die Stichprobe für DCVVEA in quantitativer Hinsicht annähernd gleich mit der Stichprobe für die einsprachige Lexikographie wie auch für PONS E-D und LC E-D erscheinen, wobei die Zielsetzung einer maximalen Repräsentanz der Stichprobe für die einsprachige Lexikographie nicht in dem Maße wie für die Lernerwörterbücher erreichbar ist. In DCVVEA werden konzeptionell zusätzliche BeiA im WbA angeboten, die über den Button *Más ejemplos* in der Benutzeroberfläche zugänglich sind. Sie werden in die Stichprobe miteinbezogen.

Ausgehend von der Zielsetzung der vorliegenden Arbeit (Kapitel 1) werden an die so ermittelten Stichproben für die einsprachige und zweisprachige Lexikographie Forschungsfragen appliziert, die auch den Aufbau der Arbeit bestimmen. Forschungsleitende Fragen für eine zu entwerfende Theorie des lexikographischen Beispiels sind in der einschlägigen Literatur zur einsprachigen Lexikographie bereits vorgeschlagen worden, wenn auch umstritten bleibt, wer ihr Autor ist. Erstmals *explizit* formulierte Forschungsfragen gehen auf Hermanns (1988) zurück; sie sind mit dem Augenmerk auf *nur* seinen Beitrag zur Theorie des lexikographischen Beispiels wie folgt formuliert: (1) Was ist ein lexikographisches Beispiel? (2) Wozu dient ein lexikographisches Beispiel? (3) Was ist ein gutes lexikographisches Beispiel? (1988: 161). Diese Forschungsfragen lassen sich *implizit* in den Beiträgen von Zöfgen (1986), Harras (1989) und Abel (2000) verfolgen. In Zöfgen (1994: 183) werden die gleichen Forschungsfragen wieder in *expliziter* Form formuliert und als „im Zentrum einer Theorie des lexikographischen Beispiels stehende[n] Fragen" (ebd.) bestimmt. Im Zuge dieser Ausführungen erfolgt in Zöfgen (1994: 183, Fußnote 197) ein Vermerk, dass die Formulierung der gleichen Fragen in Hermanns (1988) „[e]igentümlicherweise" erfolgt ist, weil ohne Bezugnahme auf Zöfgen (1986). Ausgehend von den Beiträgen von Hermanns (1988) und Harras (1989) betrachtet Cramer (2011: 91) diese drei Fragen als Forschungsfragen in Bezug auf die von Wiegand (1977) geforderte Theorie des lexikographischen Beispiels schlechthin.

In der vorliegenden Arbeit werden diese Forschungsfragen aus den folgenden zwei Gründen übernommen: (a) aufgrund der Übereinstimmung der Forschungsfragen selbst bzw. der darunter implizierten Untersuchungsbereiche, (b) wegen eines vorteilhaft umfassenden Charakters der vorgeschlagenen Forschungsfragen, die für die einsprachige wie auch für die zweisprachige Lexikographie zweckmäßig erscheinen. Interessanterweise formulieren Jacobsen et al. (1991: 2783) gezielt für die zweisprachige Lexikographie leitende Forschungsfragen wie folgt: „what is an example? and how should examples be used?", wobei die zweite Forschungsfrage als eine Synthese der ursprünglich für die einsprachige Lexikographie vorgeschlagenen Forschungsfragen (2) und (3) interpretiert werden kann, so dass eine inhaltliche Übereinstimmung präsupponiert werden kann.

Unter den einzelnen Forschungsfragen werden folgende Untersuchungsbereiche verstanden: Die Forschungsfrage (1) beinhaltet die Aspekte des Wesens und der Typologien der BeiA, die Forschungsfrage (2) ist dem Zweck und der Funktionalität der BeiA in der einsprachigen wie auch zweisprachigen Lexikographie gewidmet, die Forschungsfrage (3) umfasst den Themenbereich der Qualität der BeiA. Von besonderer Relevanz erscheint ferner die Verteilung der Forschungsfragen auf die zwei Phasen des Theorieaufbaus bzw. Theoriekomponenten (1.1). Für die einsprachige Lexikographie macht Harras (1989: 607f.) den folgenden Vorschlag: Die deskriptive Theoriekomponente „besteht in der Darstellung und Erklärung des systematischen Zusammenhangs zwischen lexikographischen Beispielen und anderen Textbausteinen eines Wörterbuchartikels, allen voran dem Textbaustein, in dem etwas zur Bedeutung eines entsprechenden Lemmazeichens gesagt ist" (1989: 607); im Rahmen der normativen Theoriekomponente „soll – auch im Sinn einer praktischen Theorie – bestimmt werden, was ein gutes lexikographisches Beispiel ist. Die normative Komponente der Theorie wird also in einer Liste von Wünschbarkeiten bestehen" (ebd.). Von diesem Vorschlag ausgehend ist es naheliegend anzunehmen, dass die Forschungsfrage (2) – wie auch (1), was bei Harras (1989) nicht explizit miteinbezogen wird – der deskriptiven Theoriekomponente angehören soll, während die Forschungsfrage (3) die normative Theoriekomponente darstellen soll. Dieser Verteilungsvorschlag wird auch in Jesenšek (2013: 153f.) übernommen. Bei näherem Hinsehen greift dieser Ansatz jedoch zu kurz; er ist ferner einer der Gründe, warum der Aspekt der Qualität der BeiA vergleichsweise am wenigsten bearbeitet ist (4.4). Es gelten vielmehr die folgenden zwei Tendenzen: (a) die Forschungsfrage (2) erstreckt sich auf die deskriptive *und* normative bzw. konstruktive Theoriekomponente, indem durch das Erklären des Beziehungsgefüges des lexikographischen Beispiels auch zur Erarbeitung der konstruktiven bzw. normativen Theoriekomponente übergegangen wird, die sich mit Voraussetzungen für eine optimale Erfüllung der Zwecke des Untersuchungsgegenstandes beschäftigt (1.1); (b) bei der Zuordnung der Frage nach der Qualität der BeiA der normativen bzw. konstruktiven Theoriekomponente ist zu beachten, dass der Aspekt der Qualität sich nicht in einer Liste der isolierbaren Wünschbarkeiten (4.4.1) erschöpft, sondern vielmehr mehrere Faktoren und Faktorkombinationen in Bezug auf die BeiA umfasst. Solche Faktoren erstrecken sich teilweise zwangsläufig auf die Forschungsfragen (1) und (2): Ohne das Wissen, dass lexikographische BeiA (i) als objektsprachliche Syntagmen der De- und Rekontextualisierung unterliegen (Forschungsfrage (1)) oder (ii) in einem gefächerten Beziehungsgefüge zu anderen Elementen des SK stehen (Forschungsfrage (2)), kann man nicht ihre Qualität beurteilen. Hinzu kommen auch weitere, nicht primär lexikographische Faktoren in Bezug auf Inhalte der BeiA, die ebenfalls eine Rolle für die Qualität der BeiA spielen (4.4).

Vor diesem Hintergrund wird in der vorliegenden Untersuchung wie folgt vorgegangen: (a) die normative bzw. konstruktive Theoriekomponente umfasst nicht nur die Forschungsfrage nach der Qualität der BeiA, sondern in bestimmtem Umfang die Forschungsfrage (2) sowie mittelbar auch die Forschungsfrage (1); (b) die Forschungsfrage (3) umfasst Faktoren und Faktorkombinationen, die zu einem überwiegenden Teil mit den Forschungsfragen (1) und (2) zusammenhängen. Dieser Ansatz kommt dem Standpunkt von Hermanns (1988) besonders nahe, der Folgendes zu den Forschungsfragen ausführt: „Auf diese dritte Frage also zielt das Ganze ab; denn eine Theorie des lexikographischen Beispiels ist – so wird hier angenommen – vor allem eine Explikation dessen, was es sinnvollerweise heißen kann, wenn jemand sagt: ein lexikographisches Beispiel ist gut." (1988: 161). Ferner weist Hermanns (1988: 163) darauf hin, dass sich die Forschungsfrage (1) sinnvollerweise nur im Zusammenhang mit der Forschungsfrage (2) beantworten lässt:

> denn eigentlich ist diese Frage [was ein lexikographisches Beispiel ist, K.L.] nicht zu beantworten und ist eine Definition von *Beispiel* nicht zu geben, ohne daß man in die Definition die Antwort auf die nächste Frage – wozu ein Beispiel dient – miteinbeziehet; ein Beispiel ist ja immer ein Beispiel für etwas und zu etwas, ein Beispiel ohne Zweck wäre gar keins (ebd.)

Dieser Ansatz erscheint insbesondere in der zweisprachigen Lexikographie angemessen, da das Beispiel hier in ein komplexes Beziehungs- und Funktionsgefüge eingebunden ist (Kapitel 5).

Bei der Bearbeitung der Forschungsfragen bzw. der darunter verstandenen Untersuchungsbereiche wird mit einer kritisch-hermeneutischen Methode gearbeitet. Die Forschungsfragen finden ihre Widerspiegelung im Aufbau der Kapitel 4 und 5 der vorliegenden Arbeit, die der gezielten Untersuchung der BeiA im einsprachigen und zweisprachigen Wörterbuch gewidmet sind. Dadurch entsteht eine strukturelle Parallelität bei der Anlage dieser Kapitel, die des Weiteren in Kapitel 6 in einer unmittelbaren Beantwortung der Forschungsfragen zur Geltung kommt. Das Kapitel 6 versteht sich deshalb als eine übergeordnete Reflexion über die Reflexionen der BeiA, die zu einem Gesamtbild führt. In dieses Gesamtbild münden zudem Aspekte, die von den Forschungsfragen nicht erfasst sind (6.4). Vor dem Hintergrund des erarbeiteten Gesamtbildes wird in einem weiteren Schritt eine Reflexion der Beispielpolitik der herangezogenen Wörterbücher gewährleistet (6.5).

Die vorangehenden Kapitel 2 und 3 stellen den theoretischen Rahmen für die Untersuchung dar. Das Kapitel 2 umfasst eine interdisziplinäre Erweiterung mit Exkursen zum Wesen und Einsatz des Beispiels, die den Blick auf das lexikographische Beispiel wesentlich erweitern und in mehreren Punkten eine tragfähige Basis für dessen angemessene Reflexion bieten können. Das Kapitel 3 handelt vom SK in der einsprachigen und zweisprachigen Lexikographie, was erstens eine notwendige Grundvoraussetzung für eine eingehende Betrachtung und Einordnung der BeiA bietet und zweitens eine Grundlage für die Erklärung unterschiedlicher Zweckzuweisungen in Bezug auf die BeiA in der einsprachigen und zweisprachigen Lexikographie liefert (6.2.1).

# 2 Relevante Aspekte des Beispiels

Da das Beispiel nach Rettig (2014; 2012) eine fundamentale menschliche Denkbewegung darstellt und „unauflösbar mit dem Lernen, dem Prozess des Wissenserwerbs, des Aufbaus von Wissen und der Wissensvermittlung verknüpft [war und ist]" (2014: 130; 2012: 169), werden in diesem Kapitel interdisziplinäre Exkurse zum Wesen des Beispiels in der Philosophie, Rhetorik, Pädagogik/Didaktik und Lernpsychologie (2.1) sowie zum methodischen Stellenwert des Beispiels (2.2) präsentiert.[6] Diese über die Lexikographie hinausgehenden Befunde bieten an mehreren Stellen wesentliche theoretische Grundlagen für die Reflexion des lexikographischen Beispiels. Im weiteren Verlauf der Arbeit wird auf die Befunde in Kapitel 2 rekurriert.

## 2.1 Allgemeine Sätze über das Beispiel

Im Folgenden werden acht herausgearbeitete disziplinübergreifende Sätze präsentiert, die für das lexikographische Beispiel aufschlussreich erscheinen: (1) Umrisse des Begriffs und terminologische Klärungen; (2) Beispiel und Erfahrung; (3) konstitutive Widersprüchlichkeiten des Beispiels; (4) Perspektiven auf das Beispiel; (5) das Beispiel in der Philosophie; (6) die Logik des Beispiels als Fall; (7) Funktionstypologien; (8) die argumentative Verwendung des Beispiels in der Rhetorik.

### (1) Umrisse des Begriffs des Beispiels und terminologische Klärungen

Das Beispiel ist ein sehr differenziertes Phänomen; so vermerkt Kroß (1999: 180), dass „der Ausdruck ‚Beispiel' selbst zu jenen Begriffen gehört, deren Bedeutung schillernd ist und die daher nicht eindeutig werden können" (vgl. Scheibe/Henningsen 1970: 277). Als Grundleistung des Beispiels gilt *Veranschaulichung*: „Wenn wir am Beispiel stets die Grundleistung der ‚Veranschaulichung' herausheben, so meint das die Art,

---

[6] Gemäß den Konventionen des wissenschaftlichen Arbeitens in der Philosophie und Rhetorik ändert sich im Folgenden teilweise die Zitierweise: Bei der Berufung auf Werke einzelner Philosophen werden etablierte Siglen verwendet, die wie folgt gelten: ARISTOTELES: „Rhetorik. (Drei Bücher der Rhetorik)": Rhetorik; – KANT: „Die Metaphysik der Sitten": MS; „Kritik der Urteilskraft": KU; „Kritik der reinen Vernunft": KrV; „Prolegomena zu einer jeden künftigen Metaphysik [...]": Prolegomena; – WITTGENSTEIN: „Philosophische Untersuchungen": PU; „Philosophische Grammatik": PG; „Das Blaue Buch. Eine Philosophische Betrachtung. (Das Braune Buch)": BB; „Vorlesungen und Gespräche [...]": VG. Eine Ausnahme aus dieser Konvention stellt LIPPS dar, da seine Werke in der einschlägigen Literatur nach dem Erscheinungsjahr zitiert werden, was mutmaßlich auf den Bekanntheitsgrad des Gesamtwerks von Lipps zurückzuführen ist; so führt Buck (1989: 147f.) zu Lipps Werk Folgendes aus: „Lipps' bis jetzt noch kaum rezipierter Begriff der Konzeption ist für uns um so bedeutsamer, als er den Schlüssel enthält für eine Theorie des Beispiels, die ausdrücklich danach fragt, inwiefern das Beispiel eine Art der Verständigung ist.".

wie dadurch unmittelbar etwas vor Augen gestellt wird, so daß wir auf Grund dieses Gegebenseins dasjenige erst inhaltlich verstehen, wofür etwas Beispiel ist." (Buck 1989: 116; vgl. auch Lipps 1958: 40). Die Veranschaulichung durch das Beispiel ist immer *empirisch* angelegt. Das Beispiel ist grundsätzlich ein empirischer Einzelfall, an dem etwas Allgemein(er)es, typischerweise ein Begriff oder eine Regel, veranschaulicht wird. Das Beispiel gilt als eine Verständigungsform bzw. ein Verständigungsverfahren. Ein Definitionsversuch aus dem Bereich der Rhetorik lautet wie folgt: „Unter ‚B[eispiel]' versteht man einen einzelnen, meist durch Konkretheit oder Anschaulichkeit gekennzeichneten Fall, der als Beleg, Erläuterung oder Veranschaulichung eines allgemein(er)en Sachverhalts fungiert." (Klein 1992: 1432).

Aus dem Griff zum Empirischen im Dienst der Veranschaulichung entsteht ein grundlegendes Merkmal des Beispiels: Konstitutiv für das Beispiel ist die Verhältnisstiftung zwischen Besonderem und Allgemeinem (Lipps 1958: 39; Gabriel 1998: 243; Rettig 2014: 215). Das Beispiel weist über sich hinaus und gilt als ein Konnex zwischen diesen Kategorien:

> Die Beispielverwendung bedeutet den Vollzug einer fundamentalen Denkbewegung, die darin besteht, einen Konnex zwischen Besonderem und Allgemeinem zu konstituieren [...]. ‚Das Beispiel' lässt sich dementsprechend begrifflich fassen als eine zweistellige Relation aus Allgemeinem und Besonderem, bestehend aus dem auf der Äußerungsebene identifizierten Beispiel und dem, ‚wofür' das Beispiel ein Beispiel ist, und zu dem es in vielfältiger Weise in Bezug stehen kann [...]. (Rettig 2014: 215)

Daraus ergibt sich ferner ein anderes konstitutives Merkmal: Dem Beispiel liegt eine *relationale* Beziehung zugrunde in dem Sinne, dass „jedes Beispiel stets ein Beispiel *für* etwas ist, dessen Geltung wir im Akt der Beispielsetzung implizit oder, methodisch reflektiert, explizit mitkonstituieren oder modifizieren bzw. konterkarieren" (Kroß 1999: 185). Die grundlegende logische Struktur *Beispiel für etwas* schreibt auch Marcuschi (1976: 111ff.) dem Beispiel zu und führt des Weiteren aus, dass das Beispiel immer in einem Argumentationskontext (auch Beispielkontext) auftritt, der aus zwei Polen besteht: einem Beispielpol und einem Aussagepol. Das Beispielsein wird demnach als „ein zweistelliger Prädikator" im folgenden Sinne deklariert:

> Das Beispiel erweist sich so als ein zweistelliger Prädikator, der nur dann einem Sachverhalt zugesprochen werden kann, wenn dieser für etwas steht. Sagt man von einem Sachverhalt: ‚er ist ein Beispiel', heißt das grundsätzlich, daß er für irgendwas steht. Der Sachverhalt als solcher – der als Beispiel dient – hat noch keine zweistellige Beziehung, denn erst im Kontext der Prädikation entsteht die typische Struktur des Beispiels als Beispiel für... . (Marcuschi 1976: 111)

Marcuschi (1976: 115ff.) hält des Weiteren fest, dass Beispiel und Aussage prinzipiell nicht deckungsgleich sind: „zwischen ihm [dem Beispiel, K.L.] und der Aussage besteht keine symmetrische Beziehung; Beispiele und Aussagen stehen nicht eineindeutig zueinander" (1976: 115). So kann zum einen eine Aussage $A_1$ durch verschiedene Beispiele $B_1$ und $B_2$ exemplifiziert werden, zum anderen aber kann ein Beispiel

$B_1$ unterschiedliche Aussagen $A_1$ und $A_2$ exemplifizieren (1976: 116ff.). Der letztere Fall kommt dadurch zustande, dass dem Beispiel jeweils etwas anderes „entnommen" (1976: 115) wird: „'Entnehmen' ist hier im metaphorischen Sinn verwendet. Damit wird die Aufmerksamkeit auf die Aspekte des angeführten Sachverhaltes gelenkt, welche gerade gebraucht werden." (ebd., Fußnote 3).

Prinzipiell relevant erscheint in diesem Zusammenhang, dass objektiv gegebene Sachverhalte als Beispiele herangezogen und mit einer zu exemplifizierenden Aussage in Verbindung gebracht werden, d. h. *verbeispielt* werden. Dies ist in der Rhetorik bekannt: Hier zählt das Beispiel zu den technischen bzw. kunstgemäßen Beweisarten (Ueding/Steinbrink 2011: 239; Klein 1992: 1432) in dem Sinne, dass es vom Redner von außen hinzugezogen und in die Rede hineingebracht wird: „das *exemplum* [ist] von sich aus von der in der *causa* behandelten Tat völlig unabhängig. Die Inbezugsetzung des *exemplum* zur *causa* ist freie Schöpfung des Redners" (Lausberg 1990: 228). Die Verbeispielung eines hinzugezogenen Sachverhalts erfolgt dadurch, dass er in einem Kontext *aspektuiert* bzw. *perspektiviert* wird (Rettig 2014: 91). In diesem Zusammenhang hält Buck (1967: 159) fest, dass das Beispiel eine *aufweisende* Funktion hat, die damit zusammenhängt, dass ein verbeispielter Sachverhalt als ein Fall betrachtet wird, d. h. von dem Sachverhalt als Ganzem her gesehen auf einen Fall perspektiviert wird. Ausschlaggebend für eine korrekte Interpretation des Beispiels erscheint nach Buck (1989: 157) der „Kontext der Verständigung" bzw. der „Erwartungshorizont" in Bezug auf das Beispiel:

> Es steht einem Besonderen nicht einfach ins Gesicht geschrieben, woraufhin es als Beispiel verstanden werden soll. Dasselbe kann zum Beispiel für Verschiedenes werden. Beispiele werden immer in einem Kontext der Verständigung angeführt, und erst dieser Kontext entscheidet über die bestimmte Hinsicht, in der man das Beispiel ‚nehmen' soll. Dafür, was ein Beispiel überhaupt jeweils ‚soll', ist z. B. das in einer bestimmten Frage immer schon enthaltene Vorverständnis maßgebend. Beispiele stehen von vornherein in einem bestimmten Erwartungshorizont. (ebd.)

Das Verbeispielte hat an sich jedoch grundsätzlich *mehr* Potential: „Da das Beispiel keine symmetrische oder eineindeutige Beziehung zu dem hat, wofür es steht, ist es ersichtlich, daß es mehr enthält als das, wofür es steht." (Marcuschi 1976: 28, Fußnote 55).

Durch die Verhältnisstiftung und die aufweisende Funktion ist ein anderes Merkmal des Beispiels bedingt: Nach Buck (1989: 98) ist das Beispiel *implizit* angelegt in dem Sinne, dass etwas im Beispiel Enthaltenes auf etwas anderes, das Allgemeine, hinweist. Dies vollzieht sich dadurch, dass

> [...] zur Kenntnis des Einzelnen ein – nur eben unausdrücklicher und unbestimmter – Vorblick auf das Allgemeine und Prinzipielle gehört. Von eben diesem impliziten Wissen macht das Beispiel Gebrauch. Es stellt ein Besonderes mit der Aufforderung vor Augen, es unter dem Blickwinkel des Allgemeinen zu betrachten. Es gibt dieses Allgemeine nicht geradezu, sondern es bringt einen darauf, indem es auf ein im Kennen der Beispielsmaterie wirksames Vorwissen anspielt, das man nun selbst explizieren kann. (ebd.)

Zusammenfassend weist Buck (1989: 140) darauf hin, dass die Veranschaulichungsleistung des Beispiels darin ihre Besonderheit hat, dass das Beispiel „einen lediglich ‚auf etwas bringt', d. h. ein Verständnis anbahnt, jedoch nichts geradezu vorführt" im Unterschied zu Modellen, die etwas explizit vorführen: „Die Absicht von Modellen ist es, etwas *ablesbar* zu machen." (ebd.). Buck (1989: 159) betrachtet das Beispiel ferner als „eine Weise der indirekten Mitteilung" im folgenden Sinne: „Wer dem anderen ein Beispiel anführt, der teilt ihm nicht direkt etwas mit [...]. Die Verständigung durch Beispiele ist eine Weise der indirekten Mitteilung. Der Mitteilende beschränkt sich darauf, dem anderen eine [...] Verstehenssituation zu vergegenwärtigen und ihm so eine Orientierungshilfe zu geben." (ebd.). Diese Befunde haben eine unmittelbare Widerspiegelung in den lexikographischen Zusammenhängen: Das lexikographische Beispiel stellt eine implizite Angabe dar und erfüllt insbesondere in der einsprachigen Lexikographie den Zweck der Demonstration, inden in den BeiA der Sprachgebrauch gezeigt wird (Näheres dazu in 4.3).

Terminologische Klärungen in Bezug auf das Beispiel sind in zwei Zusammenhängen notwendig: (a) zwischen *Beispiel* und *Exempel* und (b) zwischen *Illustration* und *Demonstration*. Zu (a): *Beispiel* und *Exempel* unterscheiden sich primär in Bezug auf ihre Etymologie, da *Exempel* dem lat. *exemplum* entstammt, während *Beispiel* sich aus der germ. Ausgangsform *\*spella* durch die Bildung des ahd. und mhd. *bîspel/bîspil* mit der Bedeutung „das ‚Hinzu-Erzählte', die ‚Bei-Rede', die eine Moral verdeutlicht, oder auch [...] ‚Erzählung', bei der noch etwas anderes mitzuverstehen ist" (Klein 1992: 1430f.) entwickelt. *Exempel* bringt ursprünglich eine weitere Lesart *Vorbild* bzw. *Muster* mit, die auch *Beispiel* übernimmt:

> [...] unter dem Einfluß von lateinisch ‚exemplum' (und des im 13. Jh. erscheinenden mittelhochdeutschen ‚exempel') erweitert sich die Bedeutung um das Moment ‚Muster', ‚durch die Tat gegebenes Vorbild'; ‚B[eispiel]' und ‚Exempel' werden bis ins 18. Jh. noch unterschieden, vielfach jedoch schon gleichgesetzt mit dem Sinn: besonderer Fall, der einen allgemeinen Satz veranschaulicht und belegt. (Buck 1971: 818f.; vgl. Macho 2003: 84; Haß 1991: 543)

*Beispiel* und *Exempel* gelten typischerweise als synonym (Klein 1992: 1431); seit dem Ende des 18. Jh. hat sich in der Fach- wie auch Standardsprache das *Beispiel* durchgesetzt (Klein 1996: 69; vgl. Klein 1992: 1431). Das Exempel hat hingegen seinen Platz als eine literarische Gattung (Klein 1996: 66ff.). Für die vorliegende Arbeit spielt die Differenzierung zwischen *Beispiel* und *Exempel* eine nur marginale Rolle: (i) sie wird von Kant aufgegriffen (2.2.1); (ii) in der Forschungsliteratur kommt *Exempel* im Sinne von *Beispiel* wie auch *Exemplifikation* bzw. *Exemplifizierung* im Sinne von *Beispielgeben* oder *-sein* vor.

Zu (b): Je nachdem, ob man vom Beispiel als einem *Illustrations-* oder aber *Demonstrations*mittel spricht, impliziert dies eine von Grund auf unterschiedliche Leistung des Beispiels. Die Termini *Illustration* und *Demonstration* beinhalten nämlich unterschiedliche Auffassungen des Beispiels: Die *Illustration* entstammt einer primär in den Naturwissenschaften geprägten Logik des Beispiels als Fall eines umfassenden

Allgemeinen (Satz 6); das Beispiel wird als „ein beiläufiges didaktisches Mittel" (Buck 1989: 122) mit einer eingeschränkten Funktionalität verstanden. Das Beispiel als *Demonstration* ist hingegen seit Kant diejenige Art der empirischen Anschauung, die eine *erkenntnismäßige* Leistung beinhaltet; das Beispiel tritt im Zeichen der Demonstration als eine in den Prozessen der Erkenntnisgewinnung und -vermittlung notwendige Figur auf (2.2.1). In den genuin lexikographischen Zusammenhängen bietet diese Unterscheidung eine Grundlage für die Festlegung des übergeordneten genuinen Zweckes der BeiA (3.3.2.3).

**(2) Beispiel und Erfahrung**
Durch die Verankerung im Bereich des Empirischen sowie durch die Verhältnisstiftung zwischen Besonderem und Allgemeinem bietet das Beispiel eine grundsätzliche Möglichkeit der Erfahrung dar (Marcuschi 1976: 132). So sprechen Willer et al. (2007: 32) die Zugehörigkeit des Beispiels „zur Sphäre der Empirie, der Wirklichkeit, der konkreten Erfahrbarkeit" an. Nach Buck (1967: 153) ist das Beispiel eine *Erfahrungsinstanz*; des Weiteren führt Buck (1989: 4) zur Rolle des Beispiels im Zusammenhang mit Lernen und Erfahrung Folgendes aus: „Der Ausdruck ‚Beispiel' bedeutet herkömmlicherweise mit gutem Grund soviel wie ‚Erfahrungsbeispiel', und auch diejenigen Beispiele, die bloß ‚ausgedachte', konstruierte Beispiele sind, erhalten ihre Verständlichkeit dadurch, daß sie auf eine mögliche Erfahrung rekurrieren.".

Der Charakter des Beispiels als Erfahrungsinstanz ist in der Didaktik und Pädagogik bekannt und gilt als der grundlegende didaktische Wert des Beispiels: „es [das Beispiel, K.L.] stellt im erworbenen Wissenszusammenhang des Informationsadressaten, in seiner sprachlich erschlossenen Erfahrung, Verknüpfungen her [...]; es stellt bereit, ‚von woher' neue Erfahrung möglich wird." (Scheibe/Henningsen 1970: 277). In pädagogischen und didaktischen Zusammenhängen wird dem Beispiel eine nachhaltige Wirkung im Lernprozess zuerkannt (Scheibe/Henningsen 1970: 276); der Einsatz der empirischen Veranschaulichung gewährleistet in der Didaktik einen optimalen Lernerfolg, und zwar „im Gegensatz zu einem bloß vom Wort getragenen Unterricht" (Friedrich 1970: 112). Ferner wird eine „*elementarisierende Veranschaulichung* schwer durchschaubarer Sachstrukturen und komplizierter Vorgänge" (ebd.) gefordert. Dies steht im Einklang mit einer einhelligen Einsicht in der Lernpsychologie, dass der Einsatz des Beispiels eine positive Auswirkung auf den Lernerfolg hat und einen Wissenszuwachs liefert (Thußbas/Chourdakis 2002: 117f.; Rettig 2014: 128), und zwar aus dem Grund, dass das Beispiel eine Erfahrung beim Lernprozess bietet. Darüber hinaus ist in der Psychologie generell die Veranlagung des Menschen zum beispielbezogenen Denken bekannt. Beispiele als konkrete Einzelfälle sind leichter abrufbar als abstrakte Informationen (Rettig 2014: 137; 2012: 180).

Für die Reflexion des lexikographischen Beispiels bietet diese Funktionalität die Basis für die Absonderung der Funktionalitätsart der BeiA als Situationen des Spracherwerbs: Durch die Demonstration des Sprachgebrauchs fungieren lexikographische

BeiA als Situationen der Sprachverwendung und dadurch auch des Spracherwerbs (4.3.2.1).

### (3) Konstitutive Widersprüchlichkeiten des Beispiels

Dem Beispiel sind zwei Widersprüchlichkeiten immanent: eine innewohnende und eine operative. Eine innewohnende Widersprüchlichkeit beruht darauf, dass das Beispiel hinzugezogen und in Verbindung mit einer Aussage gebracht wird: In der Rhetorik ist eine Unterscheidung zwischen *autonomer* und *intentioneller* Bedeutung des Beispiels bekannt (Ueding/Steinbrink 1986: 249f.). Unter *autonomer* Bedeutung wird „die dem Exempel-Stoff eigene Beziehungs- und Zusammenhangssphäre verstanden; autonom also nur insofern, als er nicht auf die Bindung an die Rede, in der er verwendet wird, angewiesen ist" (Ueding/Steinbrink 1986: 249, Fußnote). Die *intentionelle* Bedeutung ist hingegen diejenige, die dem verbeispielten Sachverhalt in einem neuen Zusammenhang zukommt. Aufschlussreich sind die folgenden Ausführungen zum Wesen des Beispiels in Hinsicht auf diese differenzierten Bedeutungen:

> Die autonome Bedeutung des Beispiels – vom Belegenden her betrachtet ist sie als die an ihm primäre Qualität zu bezeichnen – wird zu einer nur noch sekundären Qualität aufgrund des Rahmens (Rede, Dichtung o.a.), welcher Träger der intentionellen Bedeutung ist: Er rückt als zeitlich später liegender Bewertungsmaßstab eine (oder mehrere) Komponente(n) aus der autonomen Bedeutung des *zeitlich vorausgegangenen Belegenden* in den Vordergrund, *indem* er den außerhalb seiner selbst liegenden Beleg nach einer Eignungsprüfung als Beispiel einbezieht. (Man könnte es auch umgekehrt ausdrücken: *um* den außerhalb des Redestoffs liegenden Beleg einbeziehen zu *können*, müssen die Komponenten der autonomen Bedeutung des Exempel-Gegenstandes bewertet und ausgewählt werden.) Bei diesem Vorgang erhält der eine Teil der Komponenten (nämlich der positiv bewertete) eine neue Gegenwart, während der andere Teil in der Vergangenheit verbleibt. Die Verbindung zwischen Rahmen und Beispiel ist von daher dem Belegenden bloß *äußerlich*, wenn man seine autonome Bedeutung vor Augen hat, – sie trifft jedoch sein *inneres Wesen*, wenn man sich die Intention des Rahmens vergegenwärtigt, aufgrund welcher der Exempel-Gegenstand ja erst einbezogen wurde. Aus diesem Widerspruch ergibt sich die Oszillation eines Beispiels zwischen autonomer und intentioneller Bedeutung. (ebd.: 249)

Die intentionelle Bedeutung wirkt der Wahrnehmung der autonomen Bedeutung entgegen. Was die klassische persuasive Rede anstrebt, ist dass die intentionelle Bedeutung des Beispiels die autonome überlagert und abschwächt, so dass dadurch die Oszillation des Beispiels unterdrückt wird: „Denn um Überzeugung bewirken zu können, muß sie [die Rede, K.L.] den Anschein erwecken, bei der Verwendung des Beispiels dessen autonome Bedeutung unverfälscht erhalten zu haben." (Ueding/ Steinbrink 1986: 250); andernfalls kann das Beispiel seine argumentative Leistung nicht erbringen. Dieselbe Unterscheidung in Bezug auf die innewohnende Widersprüchlichkeit trifft auch Lausberg (1990: 231f.), wenn auch in anderen Termini: Lausberg (ebd.) verzeichnet eine Doppelschichtigkeit der semantischen *voluntas* des Beispiels, bestehend aus *Eigenbedeutung* und *Ernstbedeutung*. Die Ernstbedeutung des Beispiels hängt nach Lausberg (ebd.) mit der semantischen Intention des

Sprechers zusammen: „das *exemplum* wird als Träger einer gültig gemeinten Ernstbedeutung in den Dienst der *causa* genommen: die Eigenbedeutung des *exemplum* ist ein spielerisches Mittel zur Erreichung des Zieles der Ernstbedeutung." (1990: 232). Besonders ausgeprägt ist die Doppelschichtigkeit bei Zitaten als Beispielen, da sie eine doppelte Kontextbindung aufweisen (Willer 2004: 58): „im Hinblick auf den Text, dem das Zitierte entnommen ist, und im Hinblick auf den neuen Aggregatzustand, den es im Text gewonnen hat, in den es hineinzitiert worden ist. Beim Zitat geht es grundsätzlich um Dekontextualisierung *und* Rekontextualisierung [...]" (ebd.). Diese Befunde sind von besonderer Relevanz für das lexikographische Beispiel: Es fungiert nämlich als ein Zitat im weiten Sinne und unterliegt den Prozessen der De- und Rekontextualisierung (Näheres dazu in 4.2.2.1.1).

Eine operative Widersprüchlichkeit des Beispiels wird je nach Zusammenhängen in unterschiedlichen Termini angesprochen. Nach Willer et al. (2007: 44) kommen dem Beispiel, vor allem dem Belegbeispiel in ihrem Verständnis, d. h. dem nachgestellten Beispiel (Satz 7), zwei Eigenschaften zu, die zusammen betrachtet als eine Art „operative Paradoxie" (ebd.) gelten: Einerseits ist das Beispiel ein prinzipiell *beliebig herausgegriffener Einzelfall*, andererseits jedoch ein *typischer Einzelfall*. Die operative Widersprüchlichkeit schlägt sich auch in Flatschers (2002: 102) Ausführungen zu „einer merkwürdigen Zwischenstellung" des Beispiels unter Rekurs auf die Rhetorik nieder: „Es [das Beispiel, K.L.] ist zwar ein Teil des Partikulären, aber nicht ein beliebiger, da es durch seine Bekanntheit und Evidenz auch auf andere Fälle schließen lässt." (ebd.). Aus der operativen Widersprüchlichkeit entsteht das Grundcharakteristikum der *exemplarischen Prägnanz*, die das Beispiel im Dienst der Veranschaulichung dazu befähigt, repräsentativ und stellvertretend auftreten zu können: „für den Gang einer Darstellung hat das B[eispiel] die Funktion, unerreichbare Vollständigkeit durch exemplarische Prägnanz zu ersetzen: ein B[eispiel] steht stellvertretend." (Scheibe/Henningsen 1970: 277). Dies bedeutet, dass das Beispiel als ein beliebig herausgegriffener Einzelfall zugleich ein typischer Vertreter einer Menge ist, und zwar in dem Sinne, „dass es als eines von vielen verstehbar sein muss, nicht als vollständige Aufzählung, sondern als Bestandteil einer größeren Menge, als *ein* Fall eines bestimmten Typus, als *ein* Exemplar einer Kategorie, als *eine* mögliche Verwendungsweise eines Begriffs" (Rettig 2014: 216). Im Zeichen dieses Grundcharakteristikums werden auch didaktische Anforderungen an das Beispiel formuliert: „Didaktisch gesehen, ist zu prüfen, ob und inwiefern das B[eispiel] repräsentativ, ‚exemplarisch' stehen kann für einen Inhalt, welche Verknüpfungsmöglichkeiten es bietet und erfordert, in welcher Richtung es einen Inhalt akzentuiert und damit auslegt." (Scheibe/Henningsen 1970: 278).

Dieses Grundcharakteristikum des Beispiels spielt in den lexikographischen Zusammenhängen eine Rolle bei der Betrachtung der Textstellen bzw. Belege in der empirischen Wörterbuchbasis als Beispiele (Näheres dazu in 3.3) und kommt insbesondere in der einsprachigen Lexikographie im genuinen Zweck der Demonstration des Typischen durch die BeiA zur Geltung (Kapitel 4).

**(4) Perspektiven auf das Beispiel**

Aus der innewohnenden Widersprüchlichkeit ergibt sich ein weiterer konstitutiver Aspekt des Beispiels, nämlich seine Zwischenstellung, die Kroß (1999: 169) wie folgt formuliert:

> Das Beispiel ist [...] eine Partikularität, wenn auch schon je eine ausgezeichnete. Zunächst gilt: Das Anführen von Beispielen gehört dem Reich des Bedingten, Vergänglichen und Kontingenten an. Zugleich aber weist seine Erzählung (der konkrete Fall) oder seine Anführung (als Partikuläres gegenüber dem Allgemeinen) über sich hinaus auf dieses Allgemeine. Das Beispiel besitzt daher eine Zwischenstellung; je nach Kontext kann es dem Partikularen oder aber dem Allgemeinen zugeordnet werden. Das Beispiel bleibt an seinen Kontext gebunden, auch wenn es eine Öffnung auf etwas Allgemeines, über das Beispiel Hinausgehendes bedeutet.

Diese Zwischenstellung lässt sich nach Kroß (1999) in zwei Perspektiven auf das Beispiel aufschlüsseln. Die herkömmliche Betrachtungsweise des Beispiels erfolgt durch das Allgemeine; das Beispiel steht im Dienst der Veranschaulichung des Allgemeinen (Kroß 1999: 169f.). Symptomatisch für diese Perspektive ist die Arbeitsdefinition des Beispiels von Lyons (1989: X), die unter den Prämissen der Höherwertigkeit des Allgemeinen und der Unterordnung des Beispiels erfolgt:

> An example is a dependent statement qualifying a more general and independent statement by naming a member of the class established by the general statement. An example cannot exist without (a) a general statement and (b) an indication of this subordinate status. Moreover, examples are most frequently used to (c) provide clarification of the general statement and (d) demonstrate the truth of the general statement. (ebd.)

Die zweite Perspektive ist hingegen auf die immanente Konkretion des Beispiels ausgerichtet und impliziert einen Eigensinn des Beispiels: „Wäre es [das Beispiel, K.L.] eine bloße Illustration, hätte es allenfalls eine mäeutische, eine pädagogische Funktion. Doch es ist mehr. Könnte man das Allgemeine als Allgemeines ausweisen, bedürfte es des Beispiels nicht." (Kroß 1999: 170; vgl. Munz 2007: 320). Im Zeichen der Epistemologie des Exemplarischen führen Willer et al. (2007: 8) Folgendes zur Funktionalität des Beispiels aus:

> Die zunächst offensichtlichste Funktion von Beispielen besteht darin, abstrakte Theoriekomplexe oder generelle Regeln zu illustrieren, also unmittelbare Evidenz für komplexe Zusammenhänge zu erzeugen. Gerade darauf richtet sich oft der Vorwurf der Digression und Trivialität. Demgegenüber sind auch diejenigen Prozesse zu berücksichtigen, in denen Beispiele die ihnen vermeintlich übergeordnete Regel unterlaufen. Diese Eigendynamik wird dort kenntlich, wo ein Beispiel als Platzhalter für einen Sachverhalt einsteht, der ohne diesen Platzhalter gar nicht vorstellbar ist. So bilden sich Epistemologien des Exemplarischen heraus, die eben nicht einen beliebigen Fall als Beispiel zulassen, sondern spezifische Anforderungen an Beispielhaftigkeit stellen. Es ergibt sich der merkwürdige Befund, dass Beispiele immer dort zum Einsatz kommen, wo Wissen fehlt bzw. zu komplex ist – was sich auch so deuten lässt, dass sie einzig für diese Lücke bzw. Komplexität einstehen.

Weitreichend sind die hier umrissenen Funktionsweisen des Beispiels: (a) das Veranschaulichen von komplexen Theorien oder Regeln, und (b) eine Eigendynamik; das Beispiel als Platzhalter. Diese Funktionsweisen decken sich mit den Befunden aus der Lernpsychologie, indem zwei Traditionen in Bezug auf die Rolle des Beispiels in den Prozessen des Wissenserwerbs unterschieden werden: (a) das Beispiel als untergeordneter Einzelfall und (b) das Beispiel als Detail bzw. Instanz. Zu (a): Das Beispiel als untergeordneter Einzelfall fungiert als Ausgangspunkt für induktive Generalisierungsprozesse und dient als Fallwissen der Ableitung des *kontextunabhängigen* konzeptuellen Wissens. In diesem Sinne wird das Beispiel als eine didaktische Beihilfe zum Aufbau abstrakter Wissensstrukturen betrachtet. Ferner gilt in dieser Tradition ein ausgeprägtes Hierarchieverhältnis: Die abgeleitete Generalisierung wird höher als konkretes Fallwissen geschätzt (Reimann 1997: 4). Nach Reimann (1997: 188) ist diese Sichtweise zu einseitig, wenn auch vorwiegend in der psychologischen Lernforschung vertreten. Zu (b): Das Beispiel als Detail tritt als *kontextabhängiges* spezifisches Fallwissen für sich auf; das Beispiel gilt als konkreter episodischer Fall, als Detail im Sinne fallbasierten und -bezogenen Wissens. Nach Reimann (1997: 184) ist eine solche Sichtweise und Akzeptanz der Kontextabhängigkeit mit einem Paradigmenwechsel in der Forschung verbunden. Lernpsychologische Untersuchungen halten fest, dass gespeichertes Wissen trotz der verbreiteten Annahme des Vorranges des allgemeinen konzeptuellen Wissens nichtsdestoweniger stark kontextabhängig angelegt ist (Reimann 1997: 183ff.). Des Weiteren stellen auch andere Forschungsstränge der psychologischen Forschung fest, dass eine Bezugnahme auf Beispiele als konkrete Fälle bzw. Details – das beispielbezogene exemplarische Denken – ein Grundprinzip des menschlichen Lernens und Handelns bildet (Rettig 2014: 130ff.; 2012: 169ff.). Das beispielbezogene Denken führt dabei nicht zur Generalisierung und Ableitung allgemeiner Regeln, sondern vielmehr zur Analogiebildung. Das Beispiel gilt in diesem Sinne als eine Instanz für sich (Rettig 2014: 131f.; 2012: 171f.). Bezugnehmend auf die grundlegende Struktur des Beispiels als *Beispiel für etwas* lässt sich die Eigendynamik durch eine Gleichsetzung der beiden Größen deuten: einerseits des verbeispielten Sachverhalts und andererseits dessen, wofür dieser Sachverhalt als Beispiel stehen soll. Im Zeichen der Eigendynamik gewinnt das Beispiel auf dem Gebiet der Sprache einen besonderen Stellenwert (2.2.2) und lässt sich ferner auch auf dem Gebiet der Lexikographie identifizieren (5.3.1).

**(5) Das Beispiel in der Philosophie**
Das Beispiel ist in der Philosophie eine nicht unproblematische Figur. Der Kern der Problematik besteht darin, dass die Wissenschaft, die *scienta*, seit der Antike auf den Gewinn der Erkenntnisse über allgemeine Prinzipien und Gesetze ausgerichtet ist, während das Beispiel als Einzelfall a priori nicht im Fokus steht (Kroß 1999: 169ff.; Flatscher 2002: 101; vgl. Macho 2003: 84). Hinzu kommt, dass die Wissenschaft mit

einem konstitutiven Allgemeinheitsanspruch typischerweise *deduktiv* vorgeht (Buck 1989: 103), was dem Beispiel eine untergeordnete Rolle zukommen lässt:

> Der Vorrang der deduktiven Methode in der Didaktik der Wissenschaft gründet [...] in einem wissenschaftstheoretischen Apriorismus, für den es [...] kein Problem mehr ist, wie man zu den ersten Prinzipien, aus denen abgeleitet wird, überhaupt *kommt*. Mit dem Vorrang der Frage nach der *Erforschung* der Prinzipien [...] ist auch das Bewußtsein davon, daß das Beispiel nicht nur eine didaktische Hilfsfunktion, sondern eine ursprünglich Erkenntnis stiftende Funktion hat, weggefallen. Seither gilt das Beispiel als eine bloße didaktische Form, und auch so ist es nur ein zusätzliches Mittel innerhalb eines Verständigungsverfahrens, bei dem die Frage, wie man denn dazu kommt, überhaupt etwas zu verstehen, immer schon übersprungen ist. (Buck 1989: 103f.)

Nach Flatscher (2002: 101) hat sich die Philosophie mit dem Beispiel *en passant* beschäftigt; seinen Platz hat es hingegen z. T. in der Rhetorik gefunden (vgl. Kroß 1999: 170). Zwei Bereiche der Philosophie, in denen das Beispiel theoretische Behandlung erfährt, sind (1) die Moralphilosophie und die ethische Didaktik und (2) die Methodenlehre der Erkenntnis (Buck 1967: 153f.). Zu (1): Für die Moralphilosophie ist das Beispiel ein in didaktischer Hinsicht notwendiger Ausgangspunkt der Nachahmung und Nachfolge (des tugendhaften Handelns); grundlegend für diesen Bereich ist der Zusammenhang von *exemplum* und *imitatio* (vgl. Buck 1989: 154). In diesem Sinne ist das Beispiel ein systematisches Mittel der moralphilosophischen Begriffsbildung und Belehrung und erhält einen moralpädagogischen Wert. Das Beispiel als eine moralische Instanz tritt als *Vorbild* auf (Marcuschi 1976: 16). Zu (2): Innerhalb der Methodenlehre der Erkenntnis werden zwei funktionale Grundtypen des Beispiels unterschieden: (a) das induktive und (b) das veranschaulichende Beispiel. (a) Das induktive Beispiel erbringt eine *erkenntnisstiftende* und *begriffsbildende* Leistung und fungiert als Hinführung zum Allgemeinen. Dabei wird das Allgemeine typischerweise als das eigentliche Ziel angesehen, während Beispiele als Einzelfälle als eine Grundlage für Abstraktion des Allgemeinen dienen (vgl. Marcuschi 1976: 20f.). Das induktive Beispiel hat seinen Platz in der Dialektik. (b) Das veranschaulichende Beispiel erbringt eine *erkenntnisvermittelnde*, und ggf. *begriffserschließende* Leistung (Näheres dazu in 2.2); es tritt als ein Verständigungsverfahren auf. Die Schwerpunkte der Veranschaulichung durch das Beispiel sind (i) Konkretisierung im Sinne von Vor-Augen-Bringen des Empirischen, oder (ii) der Aspekt der Glaubwürdigkeit. Während der Schwerpunkt (i) dem Beispiel generell einen grundlegenden didaktischen Stellenwert zukommen lässt, wird der Schwerpunkt (ii) insbesondere in der Rhetorik thematisiert (Satz 8).

Die zwei funktionalen Grundtypen des Beispiels stehen in unterschiedlichen Zusammenhängen des Erkenntnis- und Verstehensprozesses. Das induktive Beispiel ist das Primäre, wenn auch hierarchisch Untergeordnete; induktive Beispiele treten als „Anfangsgründe" (Buck 1989: 97) auf. Das veranschaulichende Beispiel folgt hingegen einem Begriff und erfüllt seine veranschaulichende Leistung nachträglich in Bezug auf den Begriff. Als vorherrschend hat sich in der Philosophie die Funktionalität des Beispiels als nachträgliche Veranschaulichung etabliert. Die induktive Funktionalität gerät seit der Neuzeit in Vergessenheit, was Buck (1989: 98f.) durch das Absterben der rhetorischen Tradition erklärt, die seit Aristoteles der Ort der Behandlung der Verständigungspraxis gewesen ist. Einen besonderen Strang der veranschaulichenden Funktionalität des Beispiels bildet eine verengte Auffassung des Beispiels als Fall eines Gesetzes bzw. Begriffes (Satz 6).

**(6) Die Logik des Beispiels als Fall**
Die Auffassung des Beispiels als Fall hat sich primär unter dem Einfluss der Begrifflichkeiten der Naturwissenschaften, insbesondere des Vorrangs der deduktiven Methode, etabliert, nach denen „etwas insofern und nur insofern ein Beispiel ist, als es im prägnanten Sinn Fall [...], und d. h. hinsichtlich aller Besonderheit gleichgültiger Fall eines exakten, zum Zwecke wissenschaftlicher Erkenntnis geschaffenen und unter einem Terminus veröffentlichten Begriffs ist" (Buck 1989: 135f.). Im Bereich der Naturwissenschaften entstanden, stellt diese Beispielauffassung jedoch „eine noch heute fortdauernde Tradition in der Philosophie" (Marcuschi 1976: 23; vgl. Buck 1989: 136) dar und ist im alltäglichen Sprachgebrauch in Bezug auf die Rolle des Beispiels verankert (Buck 1989: 105; vgl. Eggers 2002: 122). Unter Rekurs auf die operative Widersprüchlichkeit des Beispiels ist zu verzeichnen, dass das Beispiel im Rahmen dieser Auffassung das Grundcharakteristikum verliert, ein typischer und repräsentativer Einzelfall im Sinne der exemplarischen Prägnanz zu sein. Dies ist auf das Wesen des vorangehenden umfassenden Allgemeinen in den Naturwissenschaften zurückzuführen: „Nur unter Zugrundelegung eines bestimmten Naturgesetzes z. B., das festlegt, inwiefern etwas ,der Fall' ist, fungiert es als Beispiel." (Buck 1967: 159). In diesen Zusammenhängen hat das Beispiel eine sehr eingeschränkte Funktionalität: „Besonderes aber ist es, sofern es in einem prägnanten Sinne Fall, d. h. innerhalb eines systematischen Zusammenhangs als solcher *bestimmt* ist. Als Beispiel setzt es voraus, daß demjenigen, dem man es gibt, die Bedingungen dieses Bestimmtseins schon bekannt sind." (Buck 1989: 114; vgl. Marcuschi 1976: 25; Buck 1967: 160; 1971: 820). Der definierte Begriff hängt nicht von den Beispielen ab; die Beispiele sind in Hinsicht auf ihre Leistung lediglich dessen direkte Darstellungen (wie bspw. Gießkanne als ein Beispiel für den Begriff der verbundenen Gefäße in der Physik) oder Repräsentanten wie etwa eine biologische Art. Damit hängt das Leistungspotential des Beispiels zusammen: Die Beispiele erbringen keine erkenntnismäßige Leistung. Eine solche unwesentliche Leistung des Beispiels wird als *Illustration* bezeichnet (Buck 1989: 108; Marcuschi 1976: 25f.). Marcuschi (1976: 25f.) charakterisiert sie wie folgt: „An dem Beispiel können wir lediglich das Gemeinte ablesen, aber nicht zum Begriff gelangen; das Beispiel vermittelt bloß die ,anschauliche Erkenntnis'.". Die Illustration ist nach Marcuschi (1976: 26) eine „didaktische Angelegenheit"; Buck (1967: 149) bezeichnet sie als „die banale Illustrations-Theorie [...], die so tut, als ob das Beispiel nur ein

ebenso brauchbares wie beiläufiges didaktisches Mittel wäre". Die Logik des Beispiels als Fall stellt grundsätzlich eine starke Verarmung des Beispiels dar.

**(7) Funktionstypologien**

Im Folgenden werden zwei Funktionstypologien des Beispiels vorgestellt: von Willer et al. (2007) und von Marcuschi (1976); diese Funktionstypologien heben jeweils unterschiedliche Schwerpunkte in Hinsicht auf die Funktionalität des Beispiels hervor.

Willer et al. (2007: 8ff.) unterscheiden vier idealtypische Funktionslogiken des Beispiels im Sinne von „Formen und Dynamiken der Wissensproduktion mittels Beispielen" (ebd.: 8): *rhetorische, wissensabbildende, wissensbildende* und *normative* Funktionslogik. Darauf beruhen vier Funktionstypen des Beispiels: (a) das rhetorische Beispiel, (b) das Belegbeispiel, (c) das Ausgangsbeispiel, (d) das normative Beispiel. Im Rahmen des Funktionstyps (a) wird das Beispiel im Verhältnis zu anderen Tropen, insbesondere zur Metapher, thematisiert, was für die Zusammenhänge der vorliegenden Arbeit nicht weiter von Belang erscheint. Das Belegbeispiel (b) als eine *wissensabbildende* Funktionslogik des Beispiels ist von seiner Stellung im Argumentationskontext her zu verstehen: Belegbeispiele in diesem Verständnis bieten eine nachträgliche Veranschaulichung. Belegbeispiele gelten typischerweise als „Teil einer deduktiv argumentierenden Methodik und Wissenschaftsrhetorik" (Willer et al. 2007: 9) und treten als Komplemente (ebd.: 33) auf; sie weisen ein folgendes Leistungspotential auf: „Beispiele garantieren nun Evidenz und Anschaulichkeit auf der einen Seite, Merkbarkeit und Popularisierung von Wissen auf der anderen." (ebd.: 9). Beim Ausgangsbeispiel (c) wird die Leistung als spiegelsymmetrisch zum Belegbeispiel aufgefasst (2007: 31): „Führt dort der Weg vom Allgemeinen zum Besonderen, geht es im Ausgangsbeispiel genau umgekehrt darum, ein gegebenes Besonderes zu verallgemeinern – es also einem Allgemeinen zu unterlegen oder einzufügen, dessen Inhalt und Ausdehnung noch nicht einmal bekannt sein muss." (ebd.). Dementsprechend ist die Nähe zur logischen Operation der Induktion beim Ausgangsbeispiel besonders hoch, da das Beispiel zu einem Allgemeinen hinführt (2007: 32). Die Besonderheit des Ausgangsbeispiels besteht darin, dass es diejenige Art der Anschauung ist, die „einen Begriff füllt und ihn durch diese Füllung überhaupt erst als Begriff *greif*bar macht" (ebd.).

Besonders aufschlussreich ist in Willer et al. (2007: 41f.) die Position, das normative Beispiel (d) nicht als ein anderes Wesen des Beispiels im Vergleich zu Beleg- und Ausgangsbeispiel zu betrachten. Eine solche differenzierende Tradition von *Beispiel als Veranschaulichung* und *Beispiel als Vorbild* ist seit Kant existent und beruht auf dem Versuch einer begrifflichen Unterscheidung zwischen *Beispiel* und *Exempel* (2.2.1). Willer et al. (2007: 41) weisen auf eine „fundamentale Gemeinsamkeit beider Arten von Beispielhaftigkeit" hin, plädieren für die Verlagerung der auf Kant zurückgehenden Differenzierung auf eine *begriffsinterne* Ebene (ebd.) und berufen sich dabei interessanterweise auf Duden, wo dem BEISPIEL zwei Lesarten zukommen:

1. beliebig herausgegriffener, typischer Einzelfall (als Erklärung für eine bestimmte Erscheinung oder einen bestimmten Vorgang); Exempel
2. Vorbild, [einmaliges] Muster ‹Duden›

Diese Position begründen Willer et al. (2007: 42) wie folgt: „Beispielhaftigkeit beruht auch im Fall des normativen Beispiels darauf, einen Fall mit einer Regel zu koppeln, also Besonderes und Allgemeines aufeinander zu beziehen.". Der Unterschied etabliert sich jedoch in der Art der Regel: „Ausgangs- und Belegbeispiel zielen demnach auf *deskriptive*, das normative Beispiel auf *präskriptive* Regeln." (ebd.). Es wird davon ausgegangen, dass normative Beispiele durch zwei Merkmale – (a) Konkretion und (b) Weglassen der Explikation einer Regel – leichter zur Nachahmung führen; Willer et al. (2007: 55) bezeichnen dies als eine „komplexitätsreduzierende Funktion des konkreten Exempels". Das Beispiel als Vorbild hat seinen festen Platz in der Pädagogik und Didaktik: „Für Erziehung durch Beispiele sprechen nicht nur die vermeintlich geringeren kognitiven Anforderungen, die generell zugunsten exemplarischer Wissensvermittlung angeführt werden, sondern ebenso der zur Nachahmung ‚anreizende' (oder auch abschreckende) Impetus." (Willer et al. 2007: 43). Im Zusammenhang mit der Wirkung des Beispiels als Vorbild wird in der Pädagogik und Didaktik eine Unterscheidung in *positive* Beispiele, die zur Nachahmung anregen, und *negative*, *schlechte* Beispiele, die warnen oder abschrecken sollen, vollzogen (Scheibe/Henningsen 1970: 276). Die gleiche Unterscheidung ist auch in der Rhetorik etabliert (Klein 1992: 1432). Interessant ist in diesem Zusammenhang der Befund, dass die *negativen* Beispiele in der Pädagogik und Didaktik unverkennbar in den Hintergrund geraten sind (Scheibe/Henningsen 1970: 276f.). Die gleiche Tendenz lässt sich bei der metalexikographischen Reflexion der BeiA verfolgen (Kapitel 7).

Marcuschi (1976: 129ff.) unterscheidet drei Funktionen des Beispiels in der Philosophie: (a) Erläuterungs- und Veranschaulichungsfunktion, (b) Beleg- und Beweisfunktion, (c) Einführungsfunktion, und vermerkt dazu, dass die Funktionen (a) und (b) zusammenhängen. Die Funktion (c) ist hingegen anderer Natur, weil sie „einen vornehmlich methodologischen Charakter mit heuristischen Zügen [hat] und oft auch eine normative [...] Funktion [erfüllt]" (ebd.: 130). Marcuschi (ebd.) führt ferner aus, dass die Funktion (a) „vor allem einen praktisch-pragmatischen Charakter auf[weist], mit besonderem Gewicht auf dem didaktischen Aspekt". Die Funktion (b) „zeichnet sich insbesondere durch erkenntnistheoretische oder argumentative Leistung aus" (ebd.). Es ist naheliegend anzunehmen, dass die Grenzziehung zwischen den Funktionen (a) und (b) einerseits und (c) andererseits darauf beruht, dass es sich bei (a) und (b) bei näherem Hinsehen jeweils um nachgestellte Beispiele handelt, d. h. Belegbeispiele im weiten Sinne von Willer et al. (2007).

Zu (a): Erläuterung durch Beispiel wird als „Illustrationen und Darstellungen eines Sachverhaltes in anderen Termini, in Beispielen (Erläuterungsbeispiele)" (Marcuschi 1976: 131) verstanden. Die Erläuterungsfunktion, die durch Veranschaulichung erfolgt, wird als eine grundlegende *didaktische* Funktion des Beispiels aufgefasst (ebd.: 132); im Sinne von „Herstellung von Klarheit und Anschaulichkeit" (ebd.: 133) ist sie des Weiteren prinzipiell auch bei den anderen zwei differenzierten Funktionen des Beispiels präsent: „In einem gewissen Sinne kann man sogar sagen, daß alle Beispiele Erläuterungen sind; auch die Beispiele mit der Funktion (B) und (C) erfüllen neben ihrer eigenen ebenfalls eine didaktische Funktion." (ebd.).

Ein weiterer relevanter Aspekt ist in Marcuschi (1976: 135) die Thematisierung der Problematik, ob man Definitionen[7] exemplifizieren kann. Marcuschi (ebd.) kommt zu dem folgenden Befund: „Sicherlich kann man Definitionen nicht exemplifizieren, aber wenn man von Exemplifizierung von Definitionen spricht, bringt man dann das Beispiel nicht für das Definiens sondern für das Definiendum, d.h. für das, was definiert werden soll.". Ein Beispiel für eine Definition ist bei näherem Hinsehen „ein direkter Bezug auf das Definiendum" (ebd.). Ferner betont Marcuschi (ebd.) ein folgendes Moment: „Fälle für die Anwendung einer Definition sind außerdem kein Beweis oder eine Begründung der Richtigkeit der Definition, sondern nur die Vorführung von dem, was der Verfasser sich dabei vorgestellt hat und wie er die Termini gebraucht.". Diese Überlegungen werden in Bezug auf das lexikographische Beispiel im Zusammenhang mit der Reflexion des Verhältnisses zur BPA (4.3.1.1) relevant.

Zu (b): *Belegen* ist grundsätzlich nicht gleich mit *Beweisen*: „‚Beweis' wird hier für das Resultat der Entwicklung einer Argumentation gebraucht, die in verschiedenen Schritten, nach gewissen Regeln und nach einer Methode vollzogen, die Statthaftigkeit einer Behauptung demonstriert." (Marcuschi 1976: 140). Die Belegbeispiele sind grundsätzlich keine Beweisbeispiele, weil „die Kraft eines Beweises entschieden höher als die eines Beleges [ist]" (1976: 142). Deshalb ist ein bewiesener Satz prinzipiell immer ein belegter (und begründeter) Satz, jedoch nicht jeder belegte Satz ist bewiesen (1976: 143). Belegbeispiele weisen nach Marcuschi (1976: 142) jedoch ein grundsätzlich breiteres Leistungspotential auf: „Belegbeispiele bringen vor allem eine dokumentarische und heuristische Leistung hervor. Sie sind eine Wiederholung der Aussage auf einem anderen Niveau und deshalb mehr als eine bloße Wiederholung. Typische Belegbeispiele sind die Zitate, welche eine Behauptung bekräftigen." (ebd.). Eine belegende Instanz kann eine Aussage *untermauern* (Marcuschi 1976: 144). Diese Ausführungen werden im Zusammenhang mit dem lexikographischen Beispiel in Bezug auf die Reflexion des Verhältnisses zu anderen Elementen des SK, insbesondere der BPA, aufschlussreich (4.3.1.1).

Zu (c): Die Einführungsfunktion des Beispiels bei Marcuschi (1976) ist etwas grundsätzlich anderes als das Ausgangsbeispiel bei Willer et al. (2007). Die von

---

7 Für ein adäquates Verständnis dieser Ausführungen ist darauf hinzuweisen, dass *Definition* bei Marcuschi (1976: 134f.) nicht im Sinne einer fachlichen Definition, sondern vielmehr im Zusammenhang mit „verschiedenen Bedeutungen eines Begriffs" (ebd.: 134) auftritt. Hier entsteht eine unverkennbare Parallele zu einem tradierten metalexikographischen Problem der Auffassung der lexikographischen BPA als Definitionen (Näheres dazu in 4.3.1.1).

Marcuschi (1976: 158ff.) herausgearbeitete Einführungsfunktion richtet sich auf längere Ausführungen in der Philosophie; in diesen Zusammenhängen tritt das Beispiel am Anfang einer Argumentation auf und fungiert als „eine Normierungsmethode, die uns zeigt, <u>wie</u> wir die Wörter einer Sprache handhaben sollen" (ebd.: 160). Diese Methode bezeichnet Marcuschi (1976: 158) als „exemplarische Einführung", vermerkt jedoch, dass sie nicht universell gültig erscheint, denn „[e]s ist ein Irrtum, durch Beispiele die Bedeutung von <u>allen</u> Wörtern eindeutig festlegen zu wollen. Es gibt Wörter, für die auch eine ganze ‚Familie' von Beispielen nicht genügt, um <u>die</u> ‚Bedeutung' herauszukristallisieren" (1976: 164). Aufschlussreich erscheint zudem der Hinweis, dass man Wörter, die abstrakte Begriffe darstellen, – Marcuschi (1976: 159) führt *Gerechtigkeit* und *Erfahrung* an – sinnvollerweise *nur* durch Beispiele vermitteln kann. Damit nähert sich Marcuschi (1976: 159) dem Ansatz Wittgensteins, der gezielt für den Bereich der Sprache herausgearbeitet ist (Näheres in 2.2.2.2).

## (8) Die argumentative Verwendung des Beispiels in der Rhetorik

Wie in der Philosophie wird auch in der Rhetorik zwischen einem voranstehenden induktiven und einem nachstehenden veranschaulichenden Beispiel unterschieden, diese Unterscheidung erfährt jedoch eine fachspezifische Deutung: Die Betrachtung des Beispiels wird in der Rhetorik primär in argumentativen Zusammenhängen durchgeführt. Die Rhetorik liefert zudem eine Erklärung dafür, warum das Beispiel in Argumentationen überwiegend nachgestellt auftritt.

Den Kern der rhetorischen Auseinandersetzungen mit der argumentativen Kraft des Beispiels bildet dessen *beweisendes* und *belegendes* Leistungspotential. Ausschlaggebend erscheint in diesem Zusammenhang die Tatsache, dass das Beispiel streng genommen nicht beweisen kann: „In logischer Hinsicht ist die Beweiskraft des B[eispiels] insofern eng begrenzt, als es – ausgenommen im Fall ‚vollständiger Induktion' – All-Sätze nicht beweisen, sondern nur widerlegen kann." (Klein 1992: 1432; vgl. Willer et al. 2007: 24). Die Erklärung hierfür liegt darin, dass Beweisen nicht unmittelbar in der Grundleistung der Veranschaulichung verankert ist: „Das Demonstrieren ist ein Verständigungsverfahren, und zwar ein ursprünglicheres als Beweisen.", so Buck (1989: 119). Das Beweisen ist deshalb eine genuin rhetorische Zuspitzung des Belegens durch das Beispiel, die das Beispiel jedoch nicht vollständig erfüllen kann. Unter Rekurs auf Marcuschis (1976: 140ff.) Ausführungen zu *Beweisen* und *Belegen* durch das Beispiel ist festzuhalten, dass Belegbeispiele an sich keine Beweisbeispiele sind, da die Kraft eines Beweises prinzipiell höher ist.

In der Rhetorik unterscheiden Ueding/Steinbrink (2011: 268) generell zwischen der Beweisfunktion und den didaktischen Funktionen des Beispiels; im letzteren Fall kann das Beispiel „einen allgemeinen oder unbekannten Sachverhalt beleuchten" oder „einen schwierigen, undurchsichtigen Fall erklären" (ebd.). Diese beiden didaktischen Funktionen können mit der Beweisfunktion in Kombination auftreten (ebd.). Ähnlich unterscheidet auch Klein (1992: 1432) die Beweis-, Erklärungs- und

Illustrationsfunktion des Beispiels und bezeichnet das Beispiel in der Beweisfunktion als *Belegbeispiel*, in Erklärungs- und Illustrationsfunktion als *Demonstrationsbeispiel*.

Das rhetorische induktive Beispiel gilt als ein Argumentationsverfahren im Rahmen der Beweisführung. Es ist somit etwas anderes als das induktive Beispiel in der Dialektik, darauf macht Aristoteles aufmerksam (Rhetorik: I.1354a.1; auch I.1356b.8); an anderer Stelle wird ausgeführt, dass das Beispiel „der Induktion [ähnelt]" (Rhetorik: II.1393b.2). Das rhetorische induktive Beispiel ist ein in logischer Hinsicht nicht streng durchgeführter Induktionsschluss: „Es [das Beispiel, K.L.] ist Bestandteil einer rhetorischen Induktion: Vom Einzelbeispiel wird induktiv auf eine allgemeine Regel geschlossen, die dann auf andere Einzelfälle übertragen werden kann." (Eggers 2002: 121). Lausberg (1990: 230) formuliert die Leistung des rhetorischen induktiven Beispiels wie folgt: „Die Basis [...] des Glaubwürdigkeitsbeweises durch Induktion bildet ein außerhalb der *causa* stehender unbezweifelter Sachverhalt.". So fungiert das Beispiel als Anfangspunkt einer Argumentation und dient als ein Analogieschluss für eine nachfolgende Konklusion (vgl. Marcuschi 1976: 12ff.; Klein 1992: 1433; Ottmers 2007: 83). Das rhetorische induktive Beispiel ist für Aristoteles von seiner Beweis- und Überzeugungskraft her schwächer als ein Enthymem, eine deduktive Schlussregel; dies liegt am singulären Charakter des Beispiels als Einzelfall (Ottmers 2007: 85; vgl. Marcuschi 1976: 14; Klein 1992: 1432). Induktive Beispiele lassen eine Argumentation zwar plausibel erscheinen, aus quantitativ begrenzten Einzelfällen kann jedoch nicht eine allgemeingültige Gesetzmäßigkeit abgeleitet werden (Ottmers 2007: 86), da Beispiele an sich nicht beweisen können. Deshalb ist ein induktives Beispiel nur mangels eines Enthymems als Argumentationsverfahren zu verwenden. Wenn ein Enthymem jedoch möglich ist, so sind Beispiele nach Aristoteles als eine Art *Zeugnis* bzw. *Zeuge* im Sinne von *Schlusswort* (d. h. Belegbeispiele im weiten Sinne von Willer et al. 2007 sowie Klein 1992: 1432) zu einem Enthymem einzusetzen:

> Wenn man über keine Enthymeme verfügt, muß man Beispiele wie Beweise heranziehen (denn Glaubwürdigkeit erlangt man durch diese), hat man aber Enthymeme, soll man sie wie Zeugnisse als Schlußwort nach den Enthymemen verwenden. Vorangestellt nämlich erwecken sie den Eindruck einer Induktion, von wenigen Ausnahmen abgesehen, hat aber die Induktion in der Rhetorik nichts verloren. Nachgestellt indes erwecken sie den Anschein von Zeugnissen, ein Zeuge aber findet allseits Glauben. Daher muß derjenige, der eingangs Zeugnisse geltend macht, sie in großer Zahl vorbringen, am Schluß allerdings genügt eines, denn schon ein Zeuge erfüllt seinen Zweck, wenn er glaubwürdig ist. (Rhetorik: II.1394a.9)

Die Belegbeispiele im weiten Sinne erbringen eine in der Rhetorik hochgeschätzte argumentative Leistung: „In der umgekehrten Richtung, vom Allgemeinen zum Konkreten, wird die (allgemeine) Ebene der theoretisch-logischen Abstraktion verlassen, um durch die Empirie des Beispiels, das an die konkrete Erfahrung des einzelnen Lesers oder Zuhörers angeschlossen werden kann, eine Legitimation zu erhalten." (Eggers 2002: 123). Das nachstehende Beispiel ist zwar kein eigenständiges

Argumentationsverfahren, es trägt jedoch im entscheidenden Maße zur Erzeugung der Glaubwürdigkeit bei (Ottmers 2007: 85; vgl. Klein 1992: 1433). Dies erfolgt dadurch, dass die nachgestellten Beispiele im weiten Sinne *belegend* auftreten.

Diese Befunde aus dem Bereich der Rhetorik haben auch in der metalexikographischen Reflexion ihren Platz, und zwar insbesonderen im Zusammenhang mit der Reflexion der Funktionalität der BeiA in der einsprachigen Lexikographie (4.3.).

Die Anforderungen an die Qualität des Beispiels sind in der Rhetorik beim induktiven und veranschaulichenden Beispiel gleich (Ottmers 2007: 86): „die eingesetzten Beispiele müssen passen, sie müssen ‚typisch' und ‚treffend' sein. Es kommt [...] auf **die qualitative Eignung eines Beispiels** an, nicht auf die Quantität der beigebrachten Beispiele" (ebd.).

## 2.2 Der inhaltliche und methodische Stellenwert des Beispiels

Da das Leistungspotential des Beispiels je nach Zusammenhängen variieren kann, macht dies eine Systematisierung notwendig. Eine solche Systematisierung bietet Wittgenstein, indem in seinem Spätwerk eine Gradation in Bezug auf die Beschaffenheit des Allgemeinen, in Beziehung zu dem das Beispiel steht, und dem methodischen und inhaltlichen Stellenwert des Beispiels entworfen wird, die drei Bereiche umfasst: (1) das Beispiel in der Mathematik und Logik, (2) das Beispiel in den Naturwissenschaften, (3) das Beispiel in der Sprache (Kroß 1999: 180f.; Munz 2007: 331f.; Marcuschi 1976: 211ff.; Flatscher 2002: 105f.). Zu (1): Es gehört zum Wesen der Mathematik und Logik als Disziplinen, dass ihre Begriffe umfassend definiert werden, und zwar prinzipiell *vor* deren Anwendung. Deshalb tritt das Beispiel als ein „Anwendungsfall für eine begrifflich-logische Allgemeinheit" (Kroß 1999: 180) auf, es „illustriert damit als (problemlos austauschbarer) Anwendungsfall schon klar umrissene Regelhaftigkeiten; es steht als das Besondere für das Allgemeine, führt allerdings nicht zu einer Allgemeinheit" (Munz 2007: 331; vgl. Kroß 1999: 180). Zu (2): Ähnlich ist die Beschaffenheit des Allgemeinen in den Naturwissenschaften. Hier steht das Beispiel für eine „extensionale Allgemeinheit im Sinne naturwissenschaftlicher (vorzugsweise physikalischer) Aussagen" (Kroß 1999: 181), wobei eine solche Allgemeinheit wie etwa ein naturwissenschaftliches Gesetz ebenfalls *vor* dem Einsatz des Beispiels erarbeitet ist: „In diesem Falle wird aus dem Beispiel (bzw. dem Experiment) nicht eine Regel oder Allgemeinheit erschlossen; diese *ist* vielmehr dem besonderen Anwendungsfall *vorausgesetzt.*" (ebd.). Der Stellenwert des Beispiels in diesen Zusammenhängen ist die Auffassung des Beispiels als Fall (2.1; Satz 6). Zu (3): Grundsätzlich anders verhält es sich in der Sprache. Das Spätwerk Wittgensteins ist von der Einsicht geprägt, dass der tatsächliche, alltägliche Sprachgebrauch sich einem Postulat der Exaktheit und Definierbarkeit prinzipiell entzieht: „die Sprache spielt uns völlig neue Streiche", so Wittgenstein (VG: 9). Im Bereich der Sprache entsteht die

„sprachkritische und innovative Dimension von Wittgensteins Denken mit Beispielen" (Munz 2007: 332), die als eine Methode des Beispiels fungiert.

In den Bereichen (1) und (2) setzt Kant mit den Überlegungen zum Stellenwert des Beispiels an (2.2.1). Auf die Rolle des Beispiels auf dem Gebiet der Sprache wird aufgrund einer besonderen Relevanz für die lexikographischen Zusammenhänge eigens in 2.2.2 eingegangen.

### 2.2.1 Kant und das Beispiel

Kants Auffassung des Beispiels ist widersprüchlich und teilweise inkonsequent. Auf der einen Seite erfolgt bei Kant eine Begriffsverengung und Abwertung des Beispiels, die mit einer nachhaltigen Resonanz in der Philosophie sowie auch disziplinübergreifend verbunden ist, auf der anderen Seite finden sich bei Kant Ausführungen, dass Beispiele in bestimmten Zusammenhängen erforderlich sind. Im Rahmen der ersten Perspektive ist Kant an der Logik des Beispiels als Fall orientiert (Kroß 1999: 180f.). Das Beispiel ist für Kant ein unter einem umfassenden Allgemeinen subsumierbarer Fall, an dem die Bedingungen seines Fall-Seins sichtbar werden (Buck 1967: 160; 1989: 114; Marcuschi 1976: 28f.). Ausschlaggebend für diese Auffassung sind zwei Merkmale: (a) eine Vorstellung von der Höherwertigkeit des Allgemeinen, die des Weiteren mit der deduktiven Darstellungsweise verbunden ist; (b) ein eingeschränkter Stellenwert des Beispiels, indem es grundsätzlich der Bestimmtheit durch einen vorangehenden Begriff unterliegt. Im Rahmen dieser Auffassung nimmt Kant (1) eine Begriffsverengung sowie (2) eine Abwertung des Beispiels vor. Zu (1): Die theoretische Begriffsverengung des Beispiels erfolgt beim Versuch des Auseinanderhaltens von *Beispiel* und *Exempel* und beruht darauf, dass dem Beispiel die Vorbild-Funktionalität aberkannt wird:

> Beispiel, ein deutsches Wort, was man gemeiniglich für Exempel als ihm gleichgeltend braucht, ist mit diesem nicht von einerlei Bedeutung. Woran ein Exempel nehmen und zur Verständlichkeit eines Ausdrucks ein Beispiel anführen, sind ganz verschiedene Begriffe. Das Exempel ist ein besonderer Fall von einer praktischen Regel, sofern diese die Thunlichkeit oder Unthunlichkeit einer Handlung vorstellt. Hingegen ein Beispiel ist nur das Besondere (*concretum*), als unter dem Allgemeinen nach Begriffen (*abstractum*) enthalten vorgestellt, und blos theoretische Darstellung eines Begriffs. (MS: 479f., Fußnote)

Demnach wäre das Exempel das positive oder negative Beispiel im Sinne von Vorbild und somit der Gegenstand der Nachahmung bzw. Nachfolge oder Warnung (vgl. Buck 1989: 123ff.). Das Beispiel selbst wäre Kant zufolge nichts anderes als eine bloße Darstellung eines Begriffs und hätte demnach keinen Platz in der Moralphilosophie.

Für diese Behauptung Kants sind zwei Tendenzen kennzeichnend: (1) diese Unterscheidung wird von Kant selbst in seinem späteren Werk bzw. Sprachgebrauch nicht eingehalten (Buck 1989: 123; 1967: 150f.); (2) dieser Versuch des

Auseinanderhaltens „bleibt sprach- und terminologiegeschichtlich eine Singularität. Danach tritt – mit dem Sieg der Nationalsprachlichkeit in den Wissenschaften – im deutschen Sprachraum ‚B[eispiel]' auch im wissenschaftlichen Sprachgebrauch uneingeschränkt die Nachfolge von lat. *exemplum* an." (Klein 1992: 1431; vgl. Klein 1996: 69).

Die postulierte Begriffsverengung des Beispiels ist jedoch ein sprechendes Zeugnis für die Verarmung des Leistungspotentials des Beispiels, die im Rahmen der Auffassung des Beispiels als Fall gegeben ist. Willer et al. (2007: 27) fassen dies wie folgt zusammen:

> Die Partikeln ‚nur' und ‚bloß' zeigen deutlich den nachgeordneten Stellenwert an, den die Abbildbarkeit des Allgemeinen im Besonderen immer dann besitzt, wenn das eigentliche Erkenntnis- und Darstellungsinteresse sich weitgehend oder exklusiv auf das Allgemeine richtet. [...] Unter solchen Bedingungen ist es fast notwendig, dass das Besondere erkenntnistheoretisch unter Verdacht gerät. Dass sich dieser Verdacht mit der ‚kopernikanischen Wende' der Philosophiegeschichte in der Kantschen Erkenntniskritik so deutlich manifestiert, ist eigentlich merkwürdig – beruht doch diese Wende gerade auf der systematischen Theoretisierung der jeweiligen Möglichkeitsbedingungen allgemeiner Wahrheitserkenntnis. Umso mehr wird so aber die Unterscheidung von Allgemeinem und Besonderem als epistemologisch fundamentale Operation verankert. Damit gilt dann das Belegbeispiel als letztlich fraglos deduktive Demonstration bereits feststehenden Wissens und wird als ‚bloß' veranschaulichend oder ‚bloß' populär angreifbar.

Dies bedeutet, dass das Beispiel als Fall unter der Zugrundelegung der Fokussierung auf das Allgemeine auch keine erkenntnismäßige Leistung erbringen kann; wie Marcuschi (1976: 29f.) anmerkt, ist das Beispiel nach Kants Auffassung „immer ein interpretierter Fall, d.h. ein korrespondierender Fall (wobei man den Begriff schon verstanden haben muß)" (vgl. auch Buck 1989: 115; 1967: 158). Eine solche von Grund auf verarmte illustrative Funktionalität des Beispiels als Fall darf jedoch nicht uneingeschränkt als Leistungspotential des Beispiels an sich aufgefasst werden.

Zu (2): Die Abwertung des Beispiels erfolgt im Rahmen der Ausführungen zum einzig positiven Nutzen des Beispiels, der Übung oder Schärfung der bestimmenden Urteilskraft (KrV: 132). Dieser Nutzen besteht nach Kant darin, dass Beispiele als Übungsmaterial dazu dienen, zu erkennen, ob ein Fall unter eine Regel fällt. Diese Leistung des Beispiels steht ebenfalls im Zeichen der Höherwertigkeit und Vorgängigkeit des Allgemeinen, denn wie Kant es formuliert, muss man „das Allgemeine *in abstracto* einsehen", um beurteilen zu können, „ob ein Fall *in concreto* darunter gehöre" (ebd.). Im Zuge der Ausführungen dazu bemängelt Kant die Fähigkeit des Beispiels, das Allgemeine einsichtig machen zu können: Der Mangel des Beispiels sei eine Kontamination durch seine Konkretheit und die daraus entstehenden „besonderen Umstände der Erfahrung":

> Dieses ist auch der einige und große Nutzen der Beispiele: daß sie die Urtheilskraft schärfen. Denn was die Richtigkeit und Präcision der Verstandeseinsicht betrifft, so thun sie derselben vielmehr gemeiniglich einigen Abbruch, weil sie nur selten die Bedingung der Regel adäquat

erfüllen (als *casus in terminis*) und überdem diejenige Anstrengung des Verstandes oftmals schwächen, Regeln im allgemeinen, und unabhängig von den besonderen Umständen der Erfahrung, nach ihrer Zulänglichkeit, einzusehen, und sie daher zuletzt mehr wie Formeln, als Grundsätze, zu gebrauchen angewöhnen. So sind Beispiele der Gängelwagen der Urtheilskraft, welchen derjenige, dem es am natürlichen Talent desselben mangelt, niemals entbehren kann. (ebd.)

Orientiert an der Höherwertigkeit des Allgemeinen, betrachtet Kant das Beispiel als ein unzulängliches Mittel für dessen Vermittlung. Dieses Postulat Kants wird generell als eine „Herabstufung des Beispiels" (Willer et al. 2007: 26) aufgefasst. Für Kant ist das Beispiel – hier allerdings das Beispiel als Fall, was Kant jedoch nicht expliziert, – in philosophischen Zusammenhängen nicht relevant; Beispiele können lediglich das Verständnis erleichtern, erscheinen jedoch keinesfalls konstitutiv für den Erkenntnisvorgang (Kroß 1999: 172; Marcuschi 1976: 30). Dies gilt sowohl für die Erkenntnisgewinnung, wie in der Dialektik, als auch für die Erkenntnisvermittlung, die sich laut der Logik, an der Kant orientiert ist, deduktiv vollzieht. Erschwerend kommt hinzu, dass Kants Postulate in Bezug auf das Beispiel, auch wenn sie an mathematischen und naturwissenschaftlichen Begrifflichkeiten orientiert sind, ohne Einschränkungen in Hinsicht auf andere Bereiche aufgestellt sind, was einen weitreichenden Einfluss auf den theoretischen Status des Beispiels hat: Kant hat das Beispiel aus der Dialektik verbannt; dies ist eine tradierte illustrativ-didaktische wie auch allgemeinsprachliche Auffassung des Beispiels.

Nichtsdestoweniger ist das Beispiel auch für Kant selbst eine notwendige Figur, und zwar innerhalb der Transzendentalphilosophie. Hier erhält das Beispiel eine systematische Funktion, und zwar als Erweis der objektiven Realität der Begriffe:

> Verstandesbegriffe müssen als solche jederzeit demonstrabel sein [...]; d. i. der ihnen correspondirende Gegenstand muß jederzeit in der Anschauung [...] gegeben werden können: denn dadurch allein können sie Erkenntnisse werden. Der Begriff der Größe kann in der Raumesanschauung a priori, z. B. einer geraden Linie u. s. w., gegeben werden; der Begriff der Ursache an der Undurchdringlichkeit, dem Stoße der Körper u. s. w.. Mithin können beide durch eine empirische Anschauung belegt, d. i. der Gedanke davon an einem Beispiele gewiesen (demonstrirt, aufgezeigt) werden; und dieses muß geschehen können: widrigenfalls man nicht gewiß ist, ob der Gedanke nicht leer, d. i. ohne alles Object sei. (KU: 342f.)

Kant erklärt sein Verständnis von *demonstrieren*, indem er ausführt, dass „demonstriren (*ostendere, exhibere*) so viel heißt, als (es sei im Beweisen oder auch bloß im Definiren) seinen Begriff zugleich in der Anschauung darstellen" (ebd.: 343); empirische Anschauung ist ferner „gleichwohl die Vorzeigung des Objects [...], durch welche dem Begriffe die objective Realität gesichert wird" (ebd.).[8] In der KrV finden sich weitere aufschlussreiche Ausführungen:

---

8 „Kant macht sich hier einen Sprachgebrauch zu eigen, der ursprünglich in den Bereich der Rhetorik gehört und wie die verwandten Ausdrücke illustratio und evidentia das unmittelbare Vor-Augen-

Gedanken ohne Inhalt sind leer, Anschauungen ohne Begriffe sind blind. Daher ist es ebenso nothwendig, seine Begriffe sinnlich zu machen (d. i. ihnen den Gegenstand in der Anschauung beizufügen), als seine Anschauungen sich verständlich zu machen (d. i. sie unter Begriffe zu bringen). Beide Vermögen oder Fähigkeiten können auch ihre Functionen nicht vertauschen. [...] Nur daraus, daß sie sich vereinigen, kann Erkenntniß entspringen. (KrV: 75)

In diesen Zusammenhängen kommt dem Beispiel eine andere Funktionalität zu als im Rahmen der Logik als Fall eines vorangehenden Allgemeinen in der Mathematik und den Naturwissenschaften (Buck 1967: 165; 1989: 132ff.). Buck (1989: 116) bezeichnet diese Funktionalität als eine *ursprünglichere* Leistung des Beispiels, da sie mit einer *erkenntnismäßigen* Relevanz verbunden ist. Das Veranschaulichen durch das Beispiel erfolgt hier auf die Weise, dass „dadurch unmittelbar etwas vor Augen gestellt wird, so daß wir auf Grund dieses Gegebenseins dasjenige erst inhaltlich verstehen, wofür etwas Beispiel ist" (ebd.). Das Beispiel ist weiterhin an einen Begriff gebunden, erhält aber eine konstitutive *begriffserschließende* Rolle. Dies erklärt Buck (1967: 163) des Weiteren dadurch, dass Verstandesbegriffe wie auch empirische Begriffe im Unterschied zu apriorischen Begriffen in der Mathematik lediglich auf der Erfahrung beruhen und von daher stets auf Beispiele als Erfahrungsfälle – Buck spricht auch von *Erfahrungsbeispielen* (ebd.) – für ihre adäquate Erschließung angewiesen sind: „Die Möglichkeit, empirische Begriffe an Erfahrungsfällen auszuweisen, gründet darin, daß diese Begriffe aus der Erfahrung gewonnen werden. Erfahrung ist für sie konstitutiv, d. h. sie müssen immer aufs neue an der Erfahrung bewährt werden." (ebd.).

Einen anderen relevanten Aspekt dieses Sachverhalts hebt Marcuschi (1976: 33) heraus und weist auf Kants Überlegungen zur Beschaffenheit der Definitionen in verschiedenen Wissenschaftsbereichen hin (II Methodenlehre in KrV). Kant stellt fest, dass Definitionen nur in der Mathematik vertreten sind (KrV: 478): Die Begriffe der Mathematik werden durch Definitionen geschaffen; es gibt folglich keine Begriffe vor Definitionen wie auch keine undefinierbaren Begriffe. Kant formuliert dies wie folgt: „Mathematische Definitionen können niemals irren. Denn, weil der Begriff durch die Definition zuerst gegeben wird, so enthält er gerade nur das, was die Definition durch ihn gedacht haben will." (ebd.: 479f.). In Zusammenhang damit bringt Marcuschi (1976: 33) den Fakt, dass in der Mathematik die Beispiele im Grunde genommen belanglos, weil lediglich Anwendungsfälle definierter Begriffe sind. Grundsätzlich anders ist hingegen die Lage bei den nichtmathematischen, analytischen Definitionen der Philosophie: Sie sind keine Definitionen im strikten Sinne; Kant plädiert dafür, den philosophischen Erklärungen „den Ehrennamen der Definition" zu verweigern (KrV: 479) und sie stattdessen als *Explikationen* oder *Expositionen* im Sinne

---

Bringen der Sache meint. [...] Verständigend weist man hier einen Begriff aus, den man schon gebildet hat. Man wiederholt den Prozeß der Begriffsbildung, indem man eigens zeigt, daß und wie den gewonnenen Begriffen eine Sache entspricht." (Buck 1989: 119)

unvollständiger Definitionen (ebd.) zu bezeichnen. Die Begründung hierfür besteht darin, dass

> philosophische Definitionen nur als Expositionen gegebener, mathematische aber als Construktionen ursprünglich gemachter Begriffe, jene nur analytisch durch Zergliederung (deren Vollständigkeit nicht apodiktisch gewiß ist), diese synthetisch zustande gebracht werden, und also den Begriff selbst machen, dagegen die ersteren ihn nur erklären. (ebd.)

Aus diesen Überlegungen Kants zieht Marcuschi (1976: 33f.) den Schluss, dass „man in den nicht mathematischen Begriffen auf die sinnliche oder empirische Exposition verwiesen ist. Daraus folgt, daß die Philosophie unbedingt Symbole, Schemata und Beispiele braucht, um ihre Begriffe adäquat darzustellen, angesichts der mangelnden Hilfe durch Definitionen".

Diese Überlegungen werden in den lexikographischen Zusammenhängen in puncto Funktionalität der BeiA innerhalb des SK (4.3) relevant.

## 2.2.2 Der Einsatz des Beispiels auf dem Gebiet der Sprache

Auch in der Sprachphilosophie ist das verankerte Denkschema *Allgemeines* und *Besonderes* präsent (Stenzel 1964[34]: 73); zugleich merkt Stenzel (ebd.) jedoch Folgendes an: „Ein Blick auf die [...] Beispiele zeigt, wie mannigfach die Allgemeinheit, die mit jedem Worte gegeben ist, abgestuft ist. Die Sprache stellt viele Mittel des Ausdrucks zur Verfügung [...]". Damit wird ein Charakteristikum des Allgemeinen in der Sprache umrissen: Es ist nicht definierbar. Im Zusammenhang damit steht die Rolle der Veranschaulichung: Sie ist (a) konstitutiv sowie (b) erkenntnismäßig relevant bei der Bedeutungserklärung und -vermittlung. Buck (1989: 147) betrachtet diesen Sachverhalt als „die tatsächliche Praxis der Sprache"; ähnlich vermerkt Wittgenstein, dass das Sprachhandeln eine Tätigkeit oder eine Lebensform ist (PU: §23). Buck (1989: 146) spricht ferner von „der praktischen Natur der umgangssprachlichen Begriffe" im Sinne ihrer konstitutiven Undefinierbarkeit:

> Der Rekurs auf eine Praxis hängt hier ganz offensichtlich damit zusammen, daß solche Begriffe, die man nur mit Hilfe von Beispielen verdeutlichen kann, selbst praktischer Natur sind. Von daher muß ihre ‚Unexaktheit' verstanden werden. Es sind ja [...] vornehmlich die vagen und unbestimmten Begriffe des alltäglichen Welt- und Selbstverständnisses, über die man sich an Hand von Beispielen verständigt, Begriffe also, die nicht in der Absicht auf Eindeutigkeit methodisch geschaffen sind. Durch sie soll nicht etwas zum Zweck theoretischer Erkenntnis bestimmt werden. Ihre Unexaktheit ist daher auch kein Mangel [...] Beispiele sind deshalb kein indirektes Mittel zur Erklärung eines Begriffs, weil einen Begriff zu wissen primär gar nicht heißt, ihn als einen klar umrissenen Bestand irgendwelcher Vorstellungen für sich zu haben und vorführen zu können, sondern sich auf seinen Gebrauch zu verstehen, d. h. aber sich hinsichtlich der möglichen Beispiele seiner Anwendung und Verdeutlichung auszukennen. (1989: 145f.)

Nach Bucks Analysen (1989: 134) ist die Einsicht, dass man das Allgemeine in der Sprache nicht definieren kann und deshalb auf Beispiele in besonderer Weise angewiesen ist, in der Philosophiegeschichte bereits zu Kants Zeiten vereinzelt vertreten, wenn auch marginal geblieben. Wittgenstein liefert eine Erklärung für die herkömmliche Überbetonung des Allgemeinen: Sie liegt (a) an einer unkritischen Verabsolutierung der Auffassung des Allgemeinen, wie sie in der Mathematik, Logik und den Naturwissenschaften vertreten ist, sowie (b) an einer damit einhergehenden Universalisierung der Methoden dieser Disziplinen (Flatscher 2002: 104f.).

Zwei Philosophen, die ein grundsätzlich anderes Wesen der Sprache anerkennen sowie im Zusammenhang damit die Rolle des Beispiels für diesen Bereich neu etablieren, sind Lipps und Wittgenstein. In ihrem Werk sind ähnliche Grundgedanken und Parallelen feststellbar, zwischen Lipps und Wittgenstein gibt es jedoch keine direkte Verbindung (Rettig 2014: 74). Der grundlegende Unterschied zwischen Lipps und Wittgenstein besteht in dem folgenden Aspekt: Lipps' Ansatz beruht auf der Zugrundelegung eines Allgemeinen in der Sprache, nämlich der Konzeptionen, deren *Erfüllungen* sowie *Erfühlungen* die Beispiele des Gebrauchs sind (2.2.2.1), d. h. bei Lipps ist das tradierte Denkschema Allgemeines und Beispiel als dessen Veranschaulichung immer noch präsent. Wittgenstein hingegen verwirft eine solche Vorstellung: In seinem Spätwerk gewinnt das Beispiel eine ausgeprägte Eigendynamik und wird zu einer Methode der Sprachreflexion (2.2.2.2).

### 2.2.2.1 Das Beispiel bei Lipps

Lipps (1938: 53ff.) unterscheidet zwei Arten von Begriffen: (a) theoretische Begriffe und (b) operative Begriffe, genannt *Konzeptionen*. Diese Unterscheidung beruht auf einer Gegenüberstellung der wissenschaftlichen Begriffe einerseits, die definiert und unter einem Terminus erfasst sind, und der Begriffe der Allgemeinsprache andererseits. Zu (a): Theoretische Begriffe sind für wissenschaftliche Zwecke methodisch gebildete, und deshalb eindeutige Begriffe; nach Lipps (1938: 64) sind sie *rational*, und zwar „als a u s g e d a c h t e, d. i. freikonstruierte V o r s t e l l u n g e n, bei denen eine endliche Zahl von Prinzipien in Ansatz gebracht wird" (ebd.). Theoretische Begriffe sind grundsätzlich abstrahiert, indem sie eine „abstrakte Allgemeinheit" beinhalten: „Im Umfang des Begriffes zeigte sich seine abstrakte Allgemeinheit. Denn durch das Abziehen des Gemeinsamen von Gegenständen sollte er gebildet sein. Wobei deren Verschiedenheit draußen blieb." (ebd.). Ihre Domäne ist die Wissenschaft: „Begriffe werden als allgemein gültig, d. i. als verbindlich für wissenschaftliche Darstellung, definierend geschaffen und unter einem Terminus veröffentlicht." (ebd.: 54). Zum Wesen des theoretischen Begriffs führt Lipps (ebd.) Folgendes aus: „In seine Darstellung ist in der Vorstellung deren Gegenstand übersetzt, somit dem Kontext der Wirklichkeit entrückt worden. Vorstellungen lassen sich in den einfachen Zügen eines Modells illustrieren. Man braucht hier keine Veranschaulichung.". Zu (b): Die Konzeptionen als operative Begriffe sind hingegen durch ihren unmittelbaren Situationsbezug gekennzeichnet, sie entstammen der tatsächlichen Sprachpraxis und sind eine „Sichtung der Praxis" (Lipps 1938: 64). Die Konzeptionen sind somit eine ausdrückliche Hinwendung zum tatsächlichen Sprachgebrauch; nach Lipps (1938: 95) „zeigt sich die Sprache geradezu als der Ursprung von Konzeptionen". Die Praxis der Konzeptionen ist als „im Vollzug als Griff" zu verstehen:

> Diese Konzeptionen gibt es nur im Vollzug als Griff. Deshalb können sie allenfalls wohl veranschaulicht, aber nicht wie die vorstellungsmäßigen Begriffe [...] bestandhaft vorgeführt werden. Nur Beispiele können in die Aufnahme solcher Konzeptionen versetzen: dadurch, daß sie – durch die einsinnige Ausrichtung ihrer Konkretion – unter der Hand die Hinsicht aufnehmen lassen, die hier leitend wird für das Zusammensehen, allgemein für die Aktivierung der Bezüglichkeiten, die konstitutiv sind für ... (Lipps 1938: 56f.)

Die Konzeptionen sind nicht definierbar; vielmehr steht die Situationsgebundenheit und je eine konkrete Realisierung bei den Konzeptionen im Fokus:

> Die Begriffe des alltäglichen Lebens wollen keineswegs Bestimmungen sein. Sie können nicht an deren Ziel bemessen werden. Wie man an die Dinge herangeht, von woher man dabei kommt, was sich von daher in den Griff bringt, wobei man es – vorläufig – bewenden lassen kann, wechselt. Das läßlich-Flüchtige dieser Konzeptionen gilt es zu bemerken. (Lipps 1938: 58)

Die Basis einer Konzeption ist das Wort selbst. Da eine vorgreifende Definierbarkeit oder sachliche Allgemeinheit grundsätzlich nicht gegeben ist, fungieren einzig und allein die Gebrauchsbeispiele des Wortes als (a) *(Verstehens)Vollzüge* sowie (b) *Erfüllungen* der Konzeption: „Die verschiedenen Wendungen, in denen [...] Wörter vollzogen werden, sind die gegebenen Beispiele, es zu veranschaulichen, was sie zu erkennen geben." (Lipps 1938: 95). Zu einzelnen Konzeptionen stellt Lipps (1938: 92) die folgenden Überlegungen an:

> Man spricht von *Kanten des Tisches*, von *Abkanten*, und auch ein Mensch kann seine *Kanten* haben. Man *spielt* Klavier und Karten, aber auch mit den anderen, oder um Geld; es gibt *Spielräume* von Möglichkeiten usw. Was heißt aber so, nämlich *spielen*? Keines von all den Beispielen ist bloß *spielen* und keines ist das auch ganz. Was eigentlich *spielen* ‚ist', ist nur im Durchlaufen seiner konkreten Abwandlungen zu erfühlen. In der verbalen Wurzel ist hier eine sprachliche Möglichkeit beigestellt worden, um Verschiedenstes fassen zu können. Es zeigt sich im Lichte der Sprache. Es wird hier etwas eingedeutet. Die Sprache wirkt verordnend, sofern i h r e Artikulation den Kontext der Wirklichkeit gliedert. In der Sprache werden hier Griffe vorgestaltet [...]. Verschiedenstes bekommt das G e s i c h t des *Spiels*. [...] Hier liegt die erkenntnismäßige Leistung der Sprache. Hierauf bezieht sich ihr Reichtum, und hier liegt das Gewicht in der Verschiedenheit der Sprachen.

Buck (1989: 155) kommentiert Lipps' Ansatz der Konzeptionen wie folgt: „Was zum ausdrücklichen Beispiel wird, ist nichts anderes als die jeweilige konkrete Erfüllung, in der die Konzeption überhaupt erst faßbar ist. [...] Beispiele veranschaulichen die Konzeption, deren Erfüllung sie sind.". Die Bedeutung des Wortes ist in den konkreten Vollzügen durch Beispiele erkennbar, sie „vollzieht sich ganz eigentlich, d. i. in der Rückstrahlung seiner [des Wortes, K.L.] Erfüllung erfühlt sich hier gerade allererst, was als Sicht eingedeutet wurde" (Lipps 1938: 93). Die Beispiele zu Konzeptionen sind deren Verstehensvollzüge, Erfüllungen und Realisierungen, da eine Konzeption nur an ein Wort gebunden und deshalb abstrakt ist: „Weil sich die Bedeutung einer Konzeption erst im konkreten Zusammenhang vollzieht, kann sie *nur* durch Beispiele vergegenwärtigt werden. Die Notwendigkeit eines ‚induktiven' Verstehensganges ist durch die Struktur der Konzeption selbst gegeben." (Buck 1989: 156). Dies hebt auch Lipps (1958: 44) hervor: „N u r durch Beispiele kann es einem anderen vermittelt werden, was Eigenschaft, Stoff usw. ‚meint'. Durch das Beispiel soll er in die Bewegtheit einer Einstellung versetzt werden.". Man versteht die Konzeptionen dadurch, dass man sich anhand der Beispiele über eine Hinsicht (Lipps 1938: 57; 1958: 42) bzw. „Motive[n] der Einstellung, in deren Bewegtheit man durch das Beispiel versetzt wird" (Lipps 1958: 45) bewusst wird; Lipps (1938: 57) formuliert dies wie folgt: „Einen Begriff wie *Weg* versteht man, sofern man die Hinsicht gewinnt, unter der *ein Weg* auch dort entdeckt werden kann, wo jegliches äußere Merkmal dafür fehlt. [...] man findet die Richtung, durch die die Variationsmöglichkeiten irgendwelcher Bestimmungen zusammengehalten werden.". Relevant erscheint ferner, dass die Konzeptionen grundsätzlich einzelsprachenspezifisch angelegt sind (Lipps 1938: 95).

Der präsentierte Ansatz lässt eine einmalige methodisch-heuristische Wichtigkeit des Beispiels bei der Bedeutungsbeschreibung und -vermittlung erkennen, indem die Bedeutung eines Wortes in der Sprache *nur* durch Beispiele erklärbar und greifbar erscheint. Diese Tendenz kommt auch bei Wittgenstein zur Geltung.

### 2.2.2.2 Das Beispiel bei Wittgenstein

Die Spätphilosophie Wittgensteins ist durch eine einmalige innovative Beispielbetrachtung gekennzeichnet: „Beispiele sind für Wittgenstein weniger zusätzliche Verständigungsreservoirs als vielmehr heuristische Instrumente." (Munz 2007: 320). Für die Zusammenhänge der vorliegenden Arbeit ist Wittgensteins Spätwerk in zweifacher Hinsicht relevant: Zum einen als eine heuristische Methode des Beispiels – laut Kroß (1999: 174) hat Wittgenstein „eine überzeugende, vielleicht sogar unwiderstehliche Antwort auf das *obstinate Problem* des Exemplarischen gegeben", – zum anderen im Hinblick auf den Stellenwert dieser Methode für den Bereich der Sprache. Da der Schwerpunkt von Wittgensteins Spätwerk auf deskriptiver Reflexion über die Sprache liegt, wird dieses oft als eine (alternative) *Bedeutungstheorie* (Wiegand 2000c[1999]; Rettig 2014: 97ff.) oder *Gebrauchstheorie der Bedeutung* (Püschel 1981; Rettig 2014: 74; Storjohann 2005: 184) aufgefasst. Als Basis dieser Sichtweise, ein *locus classicus* nach Wiegand (2000c[1999]: 1514), gilt die folgende Aussage in PU: §43: „Die Bedeutung eines Wortes ist sein Gebrauch in der Sprache. Und die B e d e u tu n g eines Namens erklärt man manchmal dadurch, daß man auf seinen T r ä g e r zeigt.".⁹ Gegen solche Interpretationen spricht sich Ohler (1990: 23) aus: „[d]ie Auffassung der Bedeutung als Gebrauch ist keine Theorie der Bedeutung, sondern eine Handlungsanweisung, Wortgebräuche zu studieren, wenn wir Probleme mit ihnen haben". Wittgensteins Spätwerk ist vielmehr durch den Ansatz gekennzeichnet, die Bedeutung vom Gebrauch her zu vermitteln (vgl. Macho 2003: 94). Nach Ohler (1990: 24) stellt dies „eine Art *Praktische Semantik*, die ihren Sinn, d. h. ihren Zweck, aus einem Konflikt bezieht" dar; ferner führt Ohler (ebd.) Folgendes aus: „Wenn man nun fragt, was mit Wittgenstein ‚positiv' zu machen ist, auch für Linguisten, so meine ich: eben diese Art Praktische Semantik.". In diesem Zusammenhang dürften Berührungspunkte zur Lexikographie naheliegend erscheinen; so stellt Henne (1985[76]: 241) die These auf, dass „Lexikographen in der Bestimmung von Bedeutung Wittgenstein dergestalt gefolgt sind, daß sie die Bedeutung von Wörtern einfach erklären", und zwar durch *sekundäre Sprachspiele*:

> Lexikographen als Lexikographen gebrauchen nicht Sprache, vielmehr zeichnen sie deren möglichen Gebrauch nach: Die Bedeutung eines Wortes ist sein möglicher Gebrauch in der Sprache. Um im Zusammenhang Wittgensteinscher Bestimmungen zu bleiben: Indem die Lexikographen den möglichen Gebrauch der Wörter erklären, vollführen sie sekundäre Sprachspiele. Diese sekundäre Tätigkeit besteht darin, den Gebrauch lexikalischer Elemente in primären Sprachspielen, in Texten-in-Funktion, versuchsweise und notwendig unvollständig nachzuzeichnen [...] (ebd.)

Wittgensteins Spätwerk ist von einer Abkehr von der philosophischen Tradition und somit von der Suche nach Allgemeinem gekennzeichnet: Wittgenstein verwirft „die in der europäischen Denktradition beliebte Lehre von der Höherwertigkeit des Allgemeinen vor dem je spezifisch Besonderen" (Munz 2007: 321) und kommt zu der Erkenntnis, dass ein solcher Methodenuniversalismus für die Sprache sowie für die Philosophie generell unangemessen erscheint (BB: 39). Im Rahmen solcher Auffassung des Allgemeinen wird nämlich eine Exaktheit und Allgemeingültigkeit präsupponiert. In einem unmittelbaren Zusammenhang damit steht die traditionelle Rolle des Beispiels: „Anstelle von ‚Streben nach Allgemeinheit' hätte ich auch sagen können ‚die verächtliche Haltung gegenüber dem Einzelfall'." (BB: 39); sowie weiter:

> Die Vorstellung, daß man, um sich über die Bedeutung einer allgemeinen Bezeichnung klar zu werden, das gemeinsame Element in all ihren Anwendungen finden muß, hat hemmend auf philosophische Untersuchungen gewirkt; denn diese Vorstellung hat nicht nur zu keinem Ergebnis geführt, sondern darüber hinaus den Philosophen veranlaßt, über konkrete Fälle als irrelevant

---

9 Nach Marcuschi (1976: 177ff.) kann Wittgenstein wegen seines unsystematischen, weil aphoristischen und sprunghaften Schreibstils – seine Schriften sind nicht in Absicht des Publizierens verfasst worden (ebd.: 178f.) – besonders leicht zitiert, aber auch missverstanden und missinterpretiert werden (vgl. dazu auch Püschel 1981: 123).

hinwegzugehen; Fälle, die allein ihm hätten helfen können, den Gebrauch der allgemeinen Bezeichnung zu verstehen. (BB: 40f.)

Die grundlegende Innovation Wittgensteins ist die Einsicht, dass in der Sprache eine ausgeprägte Pluralität gilt, die man nicht verallgemeinern oder definieren kann (Flatscher 2002: 108f.). Als einen der originellsten Beiträge Wittgensteins deklariert Marcuschi (1976: 176) seine „Befreiung des Denkens von dem metaphysischen Sprachgebäude". Im Spätwerk Wittgensteins werden zwei Aspekte verworfen: (1) die Existenz eines umfassenden Allgemeinen im Bereich der Sprache sowie (2) ein früher vertretenes Konzept einer Idealsprache, das auf der Annahme einer Isomorphiebeziehung zwischen der Logik, Welt und Sprache beruht (PU: §81; vgl. Kroß 1999: 175). Diese Wende gilt als eine Abkehr von der tradierten logisch-analytischen Philosophie (und ferner auch von der Frühphilosophie Wittgensteins) und etabliert eine Zuwendung der deskriptiven, phänomenologischen Herangehensweise. Im Spätwerk Wittgensteins erfolgt ein grundsätzlicher Perspektiven- und Paradigmenwechsel, der die folgenden drei zusammenhängenden Neuerungen beinhaltet:

(1) Fokussierung auf die Reflexion des *tatsächlichen* Sprachgebrauchs, die einen Pluralismus anerkennt. Dies geht mit einer neuen Auffassung der Position und Rolle der Philosophie einher; programmatisch gilt in diesem Zusammenhang die in PU: §124 formulierte Prämisse: „Die Philosophie darf den tatsächlichen Gebrauch der Sprache in keiner Weise antasten, sie kann ihn am Ende also nur beschreiben. Denn sie kann ihn auch nicht begründen. Sie läßt alles wie es ist.". Dieser Perspektivenwechsel gilt als eine Hinwendung zur Deskription. Der Sprachgebrauch wird dabei als eine Praxis, eine Lebensform aufgefasst, was ferner ein Umdenken des Wesens der Bedeutung mit sich bringt: „Jedes Zeichen scheint a l l e i n tot. W a s gibt ihm Leben? – Im Gebrauch l e b t es. Hat es da den lebenden Atem in sich? – Oder ist der G e b r a u c h sein Atem?" (PU: §432).

(2) Verzicht auf eine vermeintlich umfassende Metaebene, eine übergeordnete Sphäre der Essenzen; Munz (2007: 324) spricht in diesem Zusammenhang von einer „methodisch antidogmatischen Grundhaltung". Dies ist u. a. von Wittgensteins Einsicht bedingt, dass „Definitheit der Bedeutung sprachlicher Ausdrücke eine Illusion ist" (Franck 1996: 1333). Diese Position steht ferner im Einklang mit dem deskriptiven Ansatz. Kroß (1999: 177) spricht in diesem Zusammenhang von der Umwandlung einer Allgemeinheit in „das *nicht-absolute, sondern kontextabhängige* Allgemeine".

(3) Eine einmalige Neubewertung des Beispiels; das Beispiel fungiert bei Wittgenstein als ein „elementarer Bestandteil des Beschreibungsprogramms" (Munz 2007: 325); Kroß (1999: 180) formuliert den Status des Beispiels in diesem Zusammenhang wie folgt:

Wenn an die Stelle generalisierender Aussagen oder gar des Gangs an die Grenze *der* Sprache das Verfahren tritt, mittels der Deskription von Sprachhandeln den Wortgebrauch in die Vielfalt seiner Nuancen aufzugliedern und zu Sprachspielen und der sie steuernden Regeln zusammenzustellen, dann ist dieser Weg über die Beschreibung von Einzelfällen, der Angabe von *Beispielen* gangbar.

Die Realisierung dieser Neuerungen verkörpert das Konzept der *Sprachspiele*: Wittgenstein zieht eine programmatische Analogie zwischen Sprache und Spiel (PU: §83). Den Begriff *Spiel* kann man nicht definieren, denn eine Pluralität der Merkmale und Momente bei den Erscheinungsformen der Spiele erscheint schlichtweg konstitutiv: Es herrscht kein durchgehender Grundzug für alle möglichen Spiele, hingegen gibt es nur partielle Überlappungen, Ähnlichkeiten, Verwandtschaftsbeziehungen, die ineinander übergehen.[10] Die Pluralität der Spiele ist grundsätzlich irreduzibel (Flatscher 2002: 111), der Begriff *Spiel* ist somit ein „offener Begriff" (ebd.).

Für die Erklärung der Verwandtschaftsbeziehungen und Ähnlichkeiten unter den Spielen zieht Wittgenstein eine weitere programmatische Analogie: Spiele als eine Familie, deren Familienmitglieder – und demnach auch Fälle des Sprachgebrauchs, – ein Geflecht von *Familienähnlichkeiten* aufweisen (BB: 37f.). Diese Betrachtungsweise liefert für Wittgenstein ferner einen Beweis dafür, dass man keine Definition braucht, um sein Wissen zu vermitteln. Wittgenstein setzt hingegen auf die Art der Bedeutungsvermittlung, der man sich tatsächlich bedient, nämlich indem man einzelne Spiele beschreibt. In Analogie zu grundsätzlich verschieden gearteten Spielen mit immanenten Familienähnlichkeiten betrachtet Wittgenstein einzelne Bedeutungen des Wortes als eine *Familie von Bedeutungen*; so lautet seine Aufforderung in PU: §77 bei der Suche nach Definitionen für unscharfe Begriffe: „Frage dich in dieser Schwierigkeit immer: Wie haben wir denn die Bedeutung dieses Wortes (‚gut' z. B.) g e l e r n t ? An was für Beispielen; in welchen Sprachspielen? Du wirst dann leichter sehen, daß das Wort eine Familie von Bedeutungen haben muß.". Die Art der Wissens- und Bedeutungsvermittlung durch Einzelfälle, durch Beispiele, ist für Wittgenstein prinzipiell kein Ausdruck einer vermeintlichen Unwissenheit: „Wir kennen die Grenzen nicht, weil keine gezogen sind. […] wir können – für einen besondern Zweck

---

**10** Dies wird in PU: §66 postuliert: „Wie gesagt: denk nicht, sondern schau! – Schau z.B. die Brettspiele an, mit ihren mannigfachen Verwandtschaften. Nun geh zu den Kartenspielen über: hier findest du viele Entsprechungen zu jener ersten Klasse, aber viele gemeinsame Züge verschwinden, andere treten auf. Wenn wir nun zu den Ballspielen übergehen, so bleibt manches Gemeinsame erhalten, aber vieles geht verloren. – Sind sie alle ‚u n t e r h a l t e n d '? Vergleiche Schach mit dem Mühlfahren. Oder gibt es überall ein Gewinnen und Verlieren, oder eine Konkurrenz der Spielenden? Denk an die Patiencen. In den Ballspielen gibt es Gewinnen und Verlieren; aber wenn ein Kind den Ball an die Wand wirft und wieder auffängt, so ist dieser Zug verschwunden. Schau, welche Rolle Geschick und Glück spielen. Und wie verschieden ist Geschick im Schachspiel und Geschick im Tennisspiel. Denk nun an die Reigenspiele: Hier ist das Element der Unterhaltung, aber wie viele der anderen Charakterzüge sind verschwunden! Und so können wir durch die vielen, vielen anderen Gruppen von Spielen gehen. Ähnlichkeiten auftauchen und verschwinden sehen. Und das Ergebnis dieser Betrachtung lautet nun: Wir sehen ein kompliziertes Netz von Ähnlichkeiten, die einander übergreifen und kreuzen. Ähnlichkeiten im Großen und Kleinen."

– eine Grenze ziehen. Machen wir dadurch den Begriff erst brauchbar? Durchaus nicht!" (PU: §69). Ein *Sprachspiel* ist für Wittgenstein ein Handeln mit sprachlichen Zeichen: „Das Wort ‚Sprachspiel' soll hier hervorheben, daß das S p r e c h e n der Sprache ein Teil ist einer Tätigkeit, oder einer Lebensform." (PU: §23). Während sich die Sprache der Definierbarkeit generell entzieht, so fungiert ein Sprachspiel jedoch als ein singulärer Kalkül des Sprachgebrauchs. Leitend ist dabei der Grundsatz, dass „die kalkülisierte Sprachverwendung nicht mit dem Ideal- oder dem freilich nicht augenfälligen Allgemeinfall des Sprachgebrauchs gleichzusetzen ist, sondern nur *einen* Gebrauchstyp der Sprache neben anderen vorführt" (Kroß 1999: 178). Einzelne Sprachspiele sind grundsätzlich „weder hintergehbar noch verbesserbar" (Franck 1996: 1333); sie entstammen dem tatsächlichen Sprachgebrauch, d. h. „einem Sprachgebrauch, der ein Muster bereitstellt für das Sprachhandeln in weiteren Situationen, die diesem Muster zugeordnet werden, ohne daß damit begriffliche Allgemeinheit oder sprachlicher Essentialismus vorausgesetzt werden müßten" (Kroß 1999: 184). Was für ein Sprachspiel als einen singulären Kalkül bzw. ein Muster für das Sprachhandeln konstitutiv erscheint, sind die ihm – wie auch einem singulären Spiel – innewohnenden Regeln, denen man folgt, indem man ein konkretes Spiel spielt; das Einzelspiel ist ein Kalkül nach bestimmten Regeln (vgl. PU: §81).

Für das Konzept der Sprachspiele sind zwei Charakteristika konstitutiv: (1) die Sprachspiele spiegeln den Pluralismus des tatsächlichen Sprachgebrauchs wider; Flatscher (2002: 109) formuliert dies wie folgt: „Es gibt folglich eine variable Zahl von Fällen des Sprechens, die jeweils als Sprachspiele für sich ein autonomes Gefüge mit eigenen Regeln bilden und an den Kontext einer konkreten Lebensform gebunden sind, ohne dass ihre Heterogenität in eine allgemeine Einheit überführt werden könnte.". (2) Die Sprachspiele vermeiden Hierarchisierung (Kroß 1999: 179).

Das Ziel der Methode Wittgensteins ist eine beschreibende Reflexion über den tatsächlichen Sprachgebrauch. Die erkenntnisstiftende Funktion dieser Methode vollzieht sich durch einzelne Beispiele, und zwar auf eine eigentümliche Weise, wie dies Munz (2007: 322) verzeichnet:

> Die erkenntnisstiftende Funktion ist zuerst als eine negative formuliert: Beispiele sollen Grundüberzeugungen, das schon immer Gewusste, erschüttern, und nach diesem kritischen Geschäft die Partikularität der mit ihrer Hilfe gewonnenen Erkenntnisse erläutern. Sie können, statt Allgemeinheit zu konstruieren und zu belegen, auf ‚Familienähnlichkeiten' zwischen den gewählten Beispielen und dem zu ihnen in Beziehung Gesetzten aufmerksam machen und so eine bedingte, für einen gewissen Geltungsbereich zutreffende Allgemeinheit anzeigen. Wittgensteins Denken in Beispielen ist darauf ausgerichtet, dieses Arbeiten der Beispiele als antiessentialistische Grundbewegung deutlich werden zu lassen.

Darin lässt sich ein Berührungspunkt zu der in der Rhetorik angesiedelten Einsicht feststellen, dass das Beispiel einen vorerst als allgemeingültig aufgestellten Satz *widerlegen* kann (jedoch nicht beweisen kann, was in der Rhetorik als ausschlaggebend fungiert). Dieses antiessentialistische Arbeiten des Beispiels ist von seinem Wesen her eine Restriktion bzw. Erschütterung von etwas, was vorher den Anschein der Allgemeingültigkeit gehabt hat. Auf diese restriktive Weise wird durch die Singularität des Beispiels ein Geltungsbereich umrissen, der auf einem metasprachlichen Wege sonst nur äußerst schwerlich bis zu unmöglich explizierbar wäre.

Die Beispiele des Sprachgebrauchs sind für Wittgenstein Realisierungs- und Darstellungsformen einzelner Sprachspiele (Munz 2007: 326; Rettig 2014: 97; Willer 2004: 54f.). Die Beispiele erscheinen für Wittgenstein ein einzig angemessenes Verfahren der Wissens- und Bedeutungsvermittlung unter Verzicht auf umfassende allgemeine Begriffe (vgl. PG: §69), das dem im Sprachgebrauch herrschenden Pluralismus gerecht wird; so heißt es in PU: §208 Folgendes:

> Wie erkläre ich jemandem die Bedeutung von ‚regelmäßig', ‚gleichförmig', ‚gleich'? — Einem der, sagen wir, nur Französisch spricht, werde ich diese Wörter durch die entsprechenden französischen erklären. Wer aber diese B e g r i f f e noch nicht besitzt, den werde ich die Worte durch B e i s p i e l e und durch Ü b u n g gebrauchen lehren. — Und dabei teile ich ihm nicht weniger mit, als ich selber weiß.

Das Beispiel ist durch seine Konkretion und eine unmittelbare Verankerung im tatsächlichen Sprachgebrauch grundsätzlich sehr flexibel: „Die Verwendungsmöglichkeiten des Beispiels sind – philosophisch betrachtet – ebenso mannigfaltig wie die Mannigfaltigkeit der Sprachspiele und Lebensformen, zu deren Darstellung sie dienen." (Kroß 1999: 182; vgl. Flatscher 2002: 108). Außerdem sind die Beispiele zugleich „Zentren der Variation" (BB: 190): Sie sind notwendig, um den Referenzrahmen des Intendierten herzustellen, indem die mögliche Mehrdeutigkeit einer Aussage durch den Kontext und die Konkretion des Beispiels aufgehoben wird (vgl. PU: §79).

Das Beispiel wird für Wittgenstein zu einer kritischen heuristischen Methode der Sprachbeschreibung; so führt Gabriel (1998: 242) aus, dass Beispiele bei Wittgenstein „zur eigentlich erkenntnisvermittelnden Instanz aufsteigen". Munz (2007: 321) formuliert dies wie folgt:

> Beispiele sind die materiale Basis Wittgensteinschen Denkens, da sie die Konkretheit der Reflexion gewährleisten. Dadurch, dass Beispiele Partikularität und Besonderheit markieren, ohne aber in ihrer Gesamtheit auf etwas Allgemeines hinzuweisen, charakterisieren sie eine eigentümliche methodische Vorgehensweise. Weniger die exemplifizierende Funktion, die Beispiele im pädagogischen Kontext so bedeutend erscheinen lässt, als deren heuristische Qualität wird für Wittgenstein wichtig.

Diese kritisch-heuristische Funktionalität des Beispiels ist das Innovative, was Wittgenstein etabliert: Das Beispiel gewinnt eine *Eigendynamik*, die sich durch eine Gleichsetzung der beiden Größen innerhalb der zweistelligen Struktur des Beispiels, des Verbeispielten selbst und dessen, wofür es stehen soll (2.1; Satz 1), manifestiert. Für die Entstehung der Eigendynamik des Beispiels sind zwei Voraussetzungen notwendig: (1) der deskriptive Ansatz, der für Wittgensteins Spätwerk generell kennzeichnend ist, sowie (2) der Verzicht auf eine übergeordnete Sphäre der Essenzen:

„Mit der Ablehnung von allgemeinen Begrifflichkeiten sind gleichzeitig auch die immer durch das spezifische Umfeld begrenzten einzelnen Exempel ihrer Defizienz enthoben", so Flatscher (2002: 112).

Der Zweck der Beispiele im Zeichen der Eigendynamik besteht darin, dass sie „das Arbeiten der Sprache zur Darstellung [bringen]" (Munz 2007: 326). Diese kritisch-heuristische Bestimmung ist grundlegend für die Eigendynamik des Beispiels: „Ohne diese methodische Zielsetzung liefe das Beispiel ‚leer' – es bewegte sich in den traditionellen Bahnen der Exemplifizierung eines bereits vorausgesetzten Allgemeinen", so Kroß (1999: 182f.). Den Status des Beispiels bei Wittgenstein fasst Flatscher (2002: 107f.) wie folgt zusammen:

> Das Beispiel, das bis dato als bloß illustrativer Zusatz angesehen wurde, torpediert die Vorstellung eines vollständigen Allgemeinen, indem sich die mannigfaltigen Anwendungsbereiche nicht mehr auf einen gemeinsamen Nenner bringen lassen. [...] Die stets kontextrelativen Beispiele veranschlagen folglich keine umfassende Generalisierung, denn in ihnen werden genau die jeweiligen Differenzen der inhomogenen Fälle mitbetont und der Reichtum des jeweiligen Bezugsrahmens mitbedacht. [...] Mit der Zurückweisung der Sphäre der Essenzen hat Wittgenstein offensichtlich die bloß additiv-illustrative Beispielgebung auch dahingehend rehabilitiert, dass sie der Weg eines Denkens ist, das die tatsächlichen Gegebenheiten zu berücksichtigen sucht [...].

Das Beispiel im Zeichen der Eigendynamik hat Berührungspunkte mit (a) dem induktiven Beispiel und (b) dem Beispiel in der Einführungsfunktion innerhalb der Funktionstypologie von Marcuschi (1976) (2.1; Satz 7). Mit dem induktiven Beispiel teilt es die vorgängige Stellung; der ausschlaggebende Unterschied ist jedoch das Merkmal der Eigendynamik: Es ist nicht auf den Gewinn des Allgemeinen gerichtet, sondern steht für sich selbst. Seine Leistung ist deshalb nicht begriffsbildend, sondern *begriffsvermittelnd*, wobei es nicht um den Begriff im engeren Sinne, sondern vielmehr um das Verbeispielte an sich geht. Im Zeichen der Eigendynamik spricht Kroß (1999: 185) vom Beispiel als einem *Konstitutivum*; in gleicher Weise bezeichnet Flatscher (2002: 102) die Eigendynamik als eine *konstitutiv-vorgängige* Funktion des Beispiels. Die Eigendynamik ist ferner auch das Unterscheidungsmerkmal zu Marcuschis (1976) Beispiel mit der Einführungsfunktion: Während das Letztere als eine methodisch-normierende „exemplarische Einführung" (Marcuschi 1976: 158) für die darauffolgenden Argumentationen und Ausführungen dient, steht das Beispiel im Zeichen der Eigendynamik für sich selbst ein und wird so zu einem heuristischen Instrumentarium. Das normierende Moment ist präsent, jedoch grundsätzlich anders geartet: Das Beispiel im Zeichen der Eigendynamik ist Ausdruck und Realisierung der Regel; es ist im Unterschied zum Einführungsbeispiel nicht normierend in Bezug auf etwas Darauffolgendes.

Zur Bedeutungsvermittlung durch Beispiele gehört das Ableiten aus den gegebenen Beispielen: „Es wird aus dem Beispiel heraus wieder kalkuliert." (PG: 273). Das Ableiten erfolgt prinzipiell nicht im Zeichen der Suche nach Allgemeinem (BB: 179;

vgl. Munz 2007: 325f.; Flatscher 2002: 100), vielmehr treten einzelne Beispiele als *Vergleichsobjekte* auf (PU: §130).

Im Rahmen des Ableitens aus den Beispielen findet sich ein weiterer innovativer und aufschlussreicher Aspekt der Methode des Beispiels bei Wittgenstein, nämlich das Beispiel als Ausdruck der Regel (PG: 272). Das Moment einer zugrundeliegenden Regelgeleitetheit ergibt sich aus dem Konzept der Sprachspiele: Einem singulären Sprachgebrauch, wie auch einem singulären Spiel, liegen gewisse Regeln zugrunde. So wird am Beispiel eine Verbindung zwischen der Regel und ihrer Anwendung hergestellt, indem die Regularität der Regel *an* ihrer Anwendung ersichtlich wird (Kroß 1999: 180). Das Beispiel kann in zweifacher Weise als Ausdruck und Realisierung der Regel betrachtet werden: zum einen als ein singuläres Sprachspiel, das als ein paradigmatisches Muster für weiteres Sprachhandeln fungiert, zum anderen lassen sich auch innerhalb einer Sequenz von Beispielen als Instanzen der tatsächlichen Sprachpraxis – *Vergleichsobjekten* (PU: §130), – im größeren Maßstab Regeln erkennen. Willer (2004: 54) verzeichnet in diesem Zusammenhang „ein völliges Aussetzen der Regel im Beispiel" bei Wittgenstein und führt dazu Folgendes aus: „Regeln sind als solche schlechthin unbegründbar, sie können nur über die Progression von Beispielreihen induktiv ermittelt werden." (ebd.; vgl. auch Macho 2003: 92).

Wittgensteins Dezentralisierung eines Allgemeinen in einzelne Sprachspiele liefert generell eine Lösung des theoretischen Problems der Regel, die vor Wittgenstein einen festen Platz in der Sprachphilosophie gehabt hat: Einen Strang der philosophischen Suche nach Allgemeinem in der Sprache hat die Annahme der verborgenen Regeln gebildet, denen die Sprecher unbewusst folgen und die u. a. einen Zusammenhang zwischen explizit formulierten Regeln und Intuitionen darstellen sollen (Ohler 1990: 26ff.). Der Paradigmenwechsel Wittgensteins und die Betrachtung des Beispiels als Ausdruck der Regel eröffnen neue Lösungen dieser Problematik. Abgesehen von einer philosophiegeschichtlichen „Fiktion der ‚verborgenen Regel'" (Ohler 1990: 34) erscheint der Begriff der Regel in theoretischer Hinsicht auf zweifache Weise problematisch, wie es Ohler (1990: 28ff.) ausführt: Zum einen ist die Form, d. h. die Formulierung der Regel nicht objektiv gegeben:

> Eine Regel ist allerdings nicht identisch mit ihrer Form oder Formulierung. Es ist also relativ unerheblich, auf welche Form wir uns beziehen, einen Regelsatz oder gar ‚nur' ein Beispiel. Was macht die verschiedenen Formen zur selben Regel? [...] Nicht eine schattenhaft dahinter verborgene, ‚eigentliche' Regel, sondern die Tatsache, daß die verschiedenen Formen mit derselben Anwendung intern verbunden sind [...]. (Ohler 1990: 28)

Während die Regel auf dem metasprachlichen Wege oft nur schwerlich umfassend angegeben werden kann, stellt das Beispiel ihre fassbare Realisierung dar. Willer et al. (2007: 25) formulieren in diesem Zusammenhang den Kern der Regel-Problematik wie folgt: „Ohne Beispiele sind Regeln demnach schlechthin nicht explizierbar.". Wittgenstein selbst führt zur Vermittlung durch Beispiele Folgendes aus: „Das Exemplifizieren ist hier nicht ein indirektes Mittel der Erklärung, – in

Ermangelung eines Bessern. Denn, mißverstanden kann auch jede allgemeine Erklärung werden." (PU: §71). Zum anderen ist das Konzept der *Regelbefolgung* bei theoretischen Erklärungsversuchen mit erheblichen Schwierigkeiten und Begriffsverwirrungen verbunden (Ohler 1990: 30ff.). Wittgenstein ist bewusst, dass die traditionellen Ansätze, die unter einem Oberbegriff der *Deutung* zusammengefasst werden können, nicht stichhaltig erscheinen (PU: §201)[11] und lediglich zu deutungstheoretischen Scheinerklärungen führen (PU: §217). Wittgenstein löst dieses theoretische Problem dadurch, dass die Regelbefolgung als eine Praxis (PU: §202) aufgefasst wird (vgl. Ohler 1990: 33), was im größeren Zusammenhang wiederum als ein Rekurs auf den tatsächlichen, etablierten Sprachgebrauch zu betrachten ist. Was diese Praxis ausmacht, ist Gepflogenheit im Sprachhandeln (vgl. PU: §199), die zugleich eine Norm für Richtigkeit ist. Ohler (1990: 34) weist in diesem Zusammenhang darauf hin, dass diese Auffassung grundsätzlich auch die Möglichkeit offen hält, Fehler zu korrigieren: „Die Möglichkeit, einen Fehler zu korrigieren, schließt ein, daß die Norm für Richtigkeit bekannt ist, auch wenn der Ausdruck der Norm nur darin besteht, Beispiele zu geben und zu sagen: *So* machen wir's. Und dieses *So* ist dann [...] ein *Beispiel, das bindet!*". In diesem Punkt bewegt man sich im Bereich des normativen Beispiels, das zugleich Ausdruck und Realisierung der Regel ist.

Die Methode des Beispiels bei Wittgenstein bietet mehrere aufschlussreiche Anknüpfungspunkte für das lexikographische Beispiel. Insbesondere in der zweisprachigen Lexikographie stellt sie eine tragfähige theoretische Grundlage dar für die Erklärung der Funktionalität des lexikographischen Beispiels bei der zwischensprachlichen Äquivalenzherstellung (5.3.1). Auch in der Forschungsliteratur zur einsprachigen Lexikographie ist der Rekurs auf Wittgenstein bei den Reflexionen der BeiA punktuell vertreten (etwa Anderson et al. 1981: 29; Hermanns 1988: 175; Harras 1989). Das Wissen um den Stellenwert des methodisch-heuristischen Beispieleinsatzes auf dem Gebiet der Sprache liefert eine Basis für die Identifizierung der Funktionalitätsart der lexikographischen BeiA als Situationen des Spracherwerbs in der pädagogischen Lexikographie (Näheres dazu in 4.3.2.1).

Generell legt der Stellenwert des Beispiels auf dem Gebiet der Sprache eine besondere Relevanz des Beispiels für die Sprachlexikographie nahe.

---

11 „Unser Paradox war dies: eine Regel könnte keine Handlungsweise bestimmen, da jede Handlungsweise mit der Regel in Übereinstimmung zu bringen sei. Die Antwort war: Ist jede mit der Regel in Übereinstimmung zu bringen, dann auch zum Widerspruch. Daher gäbe es hier weder Übereinstimmung noch Widerspruch. Daß da ein Mißverständnis ist, zeigt sich schon darin, daß wir in diesem Gedankengang Deutung hinter Deutung setzen; als beruhige uns eine jede wenigstens für einen Augenblick, bis wir an eine Deutung denken, die wieder hinter dieser liegt. Dadurch zeigen wir nämlich, daß es eine Auffassung einer Regel gibt, die nicht eine D e u t u n g ist; sondern sich, von Fall zu Fall der Anwendung, in dem äußert, was wir ‚Regel folgen', und was wir ‚ihr entgegenhandeln' nennen." (PU: §201)

# 3 Der semantische Kommentar in der einsprachigen und zweisprachigen Lexikographie

Die Unterschiede zwischen dem einsprachigen und dem zweisprachigen Wörterbuch im Bereich des SK können nicht in eine umfassende Formel gebracht werden, und zwar primär aus dem Grund, dass das Wesen des zweisprachigen Wörterbuchs nicht in eine Formel gebracht werden kann. Zweisprachige Wörterbücher stellen konzeptionell sowie funktional eine sehr heterogene Wörterbuchlandschaft dar (Kromann et al. 1991a: 2713; vgl. Zgusta 1971: 326); erschwerend tritt ferner eine mangelhafte theoretische Lage für die zweisprachige Lexikographie hinzu:

> It is evident that most people has [sic!] an intuitive idea of what is meant by 'bilingual dictionary'. But science-based lexicographic theory – at least if it wants to be considered as such – must go beyond intuition and furnish precise definitions of the concepts used in the framework of this theory. Surprisingly, this is not the case. (Tarp 2005: 27; vgl. Tarp 2004: 25; 2013: 426)

Es gibt keine einheitliche und umfassende metalexikographische Betrachtungsweise des Phänomens des zweisprachigen Wörterbuchs (Tarp 2005: 27f.; vgl. Tarp 2004: 24f.). Paradoxerweise erscheint selbst die Bezeichnung *zweisprachiges Wörterbuch* in theoretischer Hinsicht äußerst unpräzise (Gouws 2004: 267; Tarp 2005: 30; 2013: 426), da darunter sehr unterschiedliche Phänomene subsumiert werden können. Gouws (2004: 266f.) formuliert dies wie folgt:

> When dealing with dictionary typology one should be careful that the nature and extent of traditional typological categories do not impede the successful implementation of user-determined functions. To illustrate this: working only with a broad and general typological category like *bilingual dictionary* says very little about the needs of e.g. primary school learners or professional translators. Neither does it say anything about text reception or text production or about native or foreign language users. A mere typological classification like *monolongual dictionary* or *bilingual dictionary* is actually a very blunt instrument which has a limited value when it comes to the functions of the dictionary.

Wenn man das einsprachige und das zweisprachige Wörterbuch aufgrund des Sprachenkriteriums und der Angabetypen im SK auseinanderzuhalten versucht, wie dies Hartmann/James (1998) tun, – das zweisprachige Wörterbuch gilt nach Hartmann/James (1998: 14) als „[a] type of DICTIONARY which relates the vocabularies of two languages together by means of translation EQUIVALENTS, in contrast to the MONOLINGUAL DICTIONARY, in which explanations are provided in one language" und für das einsprachige Wörterbuch ist kennzeichnend, dass „words of a language are explained by means of that same language, in contrast to INTERLINGUAL DICTIONARIES" (1998: 95), – dann entsteht ein nichterfasster Raum von interlingualen Wörterbüchern: „The whole grey area of dictionaries that neither comprise translation equivalents nor explanations in the same language as the lemmata is not at all included in these definitions.", so Tarp (2005: 31). Dies sind etwa zweisprachige Wörterbücher, die mit der BPA in der Muttersprache der Benutzer arbeiten (ebd.), oder bilingualisierte zweisprachige Wörterbücher, die beide Angabetypen zu kombinieren versuchen.

In Bezug auf die metalexikographische Reflexion des zweisprachigen Wörterbuchs können zwei Ansätze auseinandergehalten werden, die jedoch beide in Hinsicht auf die Vielfalt der zweisprachigen Wörterbücher zu kurz greifen und deshalb nicht die ganze heterogene Wörterbuchlandschaft umfassen können: (1) das Primat der ÄA und (2) das Primat zweier Sprachen im Wörterbuchgegenstandsbereich, häufig *Objektsprachen* genannt (vgl. Tarp 2005: 30). Zu (1): Geht man davon aus, dass die Angabe der Äquivalente das Wesen des zweisprachigen Wörterbuchs konstituiert, dann ist einzusehen, dass der Aspekt zweier Sprachen, der sich aus der Benennung *zweisprachiges Wörterbuch* ableiten lässt, nicht im Sinne zweier Einzelsprachen verstanden werden kann. Die Wörterbücher, in deren Wörterbuchgegenstandsbereich eine Sprachvariation wie Soziolekt, Dialekt oder Chronolekt als eine der zwei lexikographisch erfassten Sprachen auftritt, arbeiten mit Prinzipien und Strukturen der zweisprachigen Lexikographie. Ihr Zweck ist die Angabe der Äquivalente, weshalb sie auch als zweisprachige Wörterbücher zu gelten haben (Tarp 2005: 30; Kromann et al. 1991a: 2712; vgl. Benson 2004: 42). Eine Sprachvariation liegt jedoch unterhalb der Grenze der Zweisprachigkeit im linguistischen Sinne.[12] Zu (2): Wenn man das Primat zweier Sprachen im Wörterbuchgegenstandsbereich zugrunde legt, dann ergibt sich daraus, dass die Angabe der Äquivalente als kein umfassendes Merkmal der zweisprachigen Wörterbücher fungieren kann, denn es gibt zweisprachige Wörterbücher, die nicht mit ÄA, sondern mit der Anführung der BPA arbeiten (vgl. Steiner 1986: 86); ihr Schwerpunkt ist somit „meaning, not translation" (ebd.).

Als Lösungsvorschlag plädiert Tarp (2005: 27) für eine Betrachtung des zweisprachigen Wörterbuchs in Relation zum einsprachigen und kommt ferner zu dem Befund, dass in Hinsicht auf die Konzeptionen des zweisprachigen Wörterbuchs, insbesondere die Konstellation zweier Sprachen im Wörterbuchgegenstandsbereich, die zu ziehende Demarkationslinie zwischen dem einsprachigen und dem zweisprachigen Wörterbuch keine gerade Linie, sondern eine Kurve ist (2005: 33ff.). Dies betrachtet Tarp (2005: 35) des Weiteren als eine Antwort auf die Frage, warum man das zweisprachige Wörterbuch generell nicht in eine Formel bringen kann (ebd.) und plädiert für eine *graduelle* Betrachtung der Zweisprachigkeit im Sinne der möglichen Konzeptionen zweisprachiger Wörterbücher: „[...] bilinguality in terms of

---

[12] Nach Tarp (2005: 30) ist das Sprachenkriterium für die Lexikographie nur unzureichend geeignet: „the term *bilingual* appears as something imposed from outside the sphere of lexicography, from the sphere of another scientific discipline, i. e. linguistics. The concept of bilinguality may be necessary to distinguish some secondary or superficial characteristics of dictionaries, but it should not be considered an intrinsic or basic principle of lexicography." (vgl. Tarp 2013: 426).

dictionaries should be understood as a gradual phenomenon. It is absolutely possible to speak about a ‚pure monolingual dictionary', but it would be nonsense to speak about a ‚pure bilingual dictionary' as one dictionary may always be more or less bilingual than the other." (ebd.; vgl. auch Tarp 2013: 426). Angesichts der Vielfalt an konzeptionellen und funktionalen Profilen zweisprachiger Wörterbücher spricht sich Tarp (2005: 36ff.) für eine Entgrenzung des Begriffs des zweisprachigen Wörterbuchs und die Positionierung intendierter Wörterbuchfunktionen im Fokus metalexikographischer Überlegungen aus:

> Dictionaries are utility products. They are not – or should not be – planned and made primarily for the purpose of being monolingual or bilingual, but in order to satisfy certain human needs. [...] Whether the dictionary is monolingual or bilingual is, thus, a secondary question whereas the function(s) of the dictionary should always be given priority. (2005: 36)

Des Weiteren plädiert Tarp (2005: 39) für die Unzweckmäßigkeit der Bezeichnung *zweisprachiges Wörterbuch*:

> There is hardly any doubt that the term ‚bilingual dictionary' has come to stay. And neither is there any doubt that the general public will continue with an intuitive interpretation of this term whatever the definition given by lexicographic theory. But it would be highly deplorable if the professional lexicographers continued using the term without giving it a second thought."

Der prototypische Kern der Wörterbuchlandschaft der zweisprachigen Lexikographie sind zweisprachige Wörterbücher, die ÄA bieten; wie es Rettig (1985: 94) formuliert, ist es „die Angabe von Äquivalenten, die die Gattung konstituiert" (vgl. Adamska-Sałaciak 2006: 102; Kromann 1994: 36; Lew 2015: 296; Hausmann 1985a: 377). In solchen klassischen zweisprachigen Wörterbüchern sind ÄA der zentrale Angabetyp im SK: „In einem zweisprachigen Wörterbuch kommt es wesentlich darauf an, daß wenigstens eine Äquivalenzbeziehung vom Lemmazeichen der lexikographischen Ausgangssprache [...] zu einer (möglichst lexikalisierten) Einheit der lexikographischen Zielsprache etabliert wird." (Wiegand 2000: 60f.; vgl. Wiegand 2011: 140; Kromann 1994: 36; 1983: 334). In der vorliegenden Arbeit werden nur zweisprachige Wörterbücher herangezogen, die mit ÄA arbeiten, und zwar weil dies die folgenden Rahmenbedingungen bietet: (a) die Erfassung der lexikographischen Äquivalenz im engen Sinne (3.1.2.2), (b) die Betrachtung der ÄA in der Gegenüberstellung zur BPA als zwei Grundtypen der semantischen Angabe im SK (3.2); (c) eine erstrebenswerte Behandlung der BeiA in Relation zu diesen Angabetypen. Die Festlegung auf zweisprachige Wörterbücher mit ÄA deckt nicht das ganze Spektrum an Erscheinungsformen der zweisprachigen Lexikographie ab; die Systematisierung und Typologisierung der Wörterbuchlandschaft ist einer der Punkte der zweisprachigen Lexikographie, in dem weiterer Forschungsbedarf besteht (7).

Die typische Betrachtungsweise des einsprachigen und des zweisprachigen Wörterbuchs ist demnach wie folgt: Das einsprachige Wörterbuch bietet BPA im SK, während das zweisprachige Wörterbuch anderssprachige ÄÄ liefert und deshalb mit dem Einsatz bei der Übersetzungstätigkeit assoziiert wird (Abel/Weber 2005: 76). In diesem Zusammenhang ist eine weitere programmatische Festlegung für die vorliegende Arbeit zu treffen: Für das zweisprachige Wörterbuch wird die Übersetzungsfunktion nicht ausgegrenzt. Dies wird in mehreren Zusammenhängen relevant: (a) bei einer kritischen Behandlung des Aktiv-Passiv-Prinzips (3.1.2.1.1) und der lexikographischen Äquivalenz im engen Sinne (3.1.2.2), (b) für eine angemessene Betrachtung des Status der ÄÄ im SK (3.1.2.1.2), sowie (c) für eine korrekte Identifizierung der Funktionalität der BeiA im zweisprachigen Wörterbuch. Eine Begründung für diese Festlegung findet sich in den grundlegenden Einsatzbereichen des zweisprachigen Wörterbuchs: Es fungiert als ein Hilfsmittel bei übereinzelsprachlichen Sprachtätigkeiten (vgl. Wiegand 2002a: 99; 2005a: 17; Gouws 1996a: 16; Hannay 2003: 145; Scholze-Stubenrecht 1995: 1). Hartmann/James (1998: 14) umreißen den Aufgabenbereich des zweisprachigen Wörterbuchs wie folgt: „By providing lexical equivalents, the bilingual dictionary helps language learners and translators to read or create texts in a foreign language.". Zwei Einsatzbereiche des zweisprachigen Wörterbuchs sind (1) die Übersetzung, und zwar generell im Sinne einer interkulturellen Vermittlungstätigkeit (vgl. Wiegand 2008: 3; Burkhanov 2004: 20; Kromann et al. 1991a: 2717), und (2) das Fremdsprachenlernen. Die Tradition des Einsatzes des zweisprachigen Wörterbuchs bei der Übersetzung ist darauf zurückzuführen, dass die Übersetzungstätigkeit und die dadurch motivierte Herstellung interlingualer Wörterbücher seit jeher eine Rolle bei der interlingualen Verständigung gespielt hat (vgl. Abel/Weber 2005: 74; Kromann et al. 1991a: 2712; Kromann 1994: 36; Klotz 2001: 77). Nach Kromann et al. (1991a: 2725; 1984: 177f.) ist die Übersetzungsfunktion ein konstitutives Merkmal des zweisprachigen Wörterbuchs gegenüber anderen mehrsprachigen Wörterbüchern, die aufgrund ihrer Strukturen nur die Textrezeptionsfunktion in einer angemessenen Weise erfüllen können (1.2). Des Weiteren betrachtet Kromann (1989: 58) die Übersetzungsfunktion als den genuinen Zweck des zweisprachigen Wörterbuchs:

> Die zweisprachigen Wörterbücher haben einen und nur einen genuinen Zweck: Sie dienen der interlingualen Kommunikation und vor allem dem Übersetzen aus einer Sprache in eine andere Sprache. Zu diesem Zweck schlägt der Benutzer unter einer ausgangssprachlichen lexikalischen Einheit nach. Zu diesem Zweck bietet der Lexikograph Äquivalente und die dazugehörigen Informationen dar [...] (vgl. Kromann 1994: 36)

Beim Nichtausgrenzen der Übersetzungsfunktion ist darauf hinzuweisen, dass sich der lexikographische Äquivalenzbegriff von dem der Übersetzungswissenschaft unterscheidet (3.1.2.2.1).

Vor dem Hintergrund dieser Festlegungen in Bezug auf das zweisprachige Wörterbuch werden im Folgenden grundlegende Schwerpunkte und Prinzipien des einsprachigen und des zweisprachigen Wörterbuchs dargelegt (3.1). Auf dieser Basis werden die BPA und die ÄA als Angabetypen gegenübergestellt (3.2), im Anschluss daran wird das Wesen der BeiA reflektiert (3.3).

## 3.1 Prinzipien der lexikographischen Kodifikation

Beim Vergleich der Prinzipien und Schwerpunkte des einsprachigen und des zweisprachigen Wörterbuchs sind die folgenden zwei Aspekte von Relevanz:
(1) eine grundlegende Perspektive bei der lexikographischen Arbeit: Für das einsprachige Wörterbuch ist eine *intralinguale* Perspektive kennzeichnend (3.1.1), während das zweisprachige Wörterbuch auf einer *interlingualen* Perspektive beruht (3.1.2). Dies ist der grundlegende Unterschied, dessen Folge unterschiedliche Prinzipien bei der Anlage des SK sind;
(2) der Angabetyp an erster Stelle des SK; dies ist ein in der Forschungsliteratur verhältnismäßig am häufigsten aufgegriffenes Unterscheidungsmerkmal zwischen dem einsprachigen und dem zweisprachigen Wörterbuch, wobei die BPA und die ÄA als erster Teil des SK im Fokus der Reflexion des einsprachigen und des zweisprachigen Wörterbuchs stehen:

> The main difference between these two typological categories lies in the comment on semantics where one can identify the core focus of the respective articles as texts. Although the comment of semantics in both these dictionary types makes provision for an article slot accommodating illustrative examples the main focus in the comment on semantics is on two different types of data categories. In a general monolingual dictionary the focus is on the paraphrase of meaning, presented as a lexicographic definition. In a general bilingual dictionary the focus is on the items presenting translation equivalents for the word represented by the lemma sign. (Gouws/Prinsloo 2005: 151; vgl. Gouws 2004: 269 für das einsprachige und zweisprachige Lernerwörterbuch)

Die Fokussierung auf diese Angabetypen hat nach Landau (2004: 8f.) einen Vorrang vor dem Sprachenkriterium selbst:

> The difference between a monolingual dictionary and a bilingual one consists not only in the number of languages in which they are written but in their essential purpose. [...] Thus, whereas bilingual dictionaries provide equivalents of their entry words in another language, monolingual dictionaries provide periphrastic definitions in the same language. (Landau 2004: 8f.)[13]

---

[13] In diesem Zusammenhang weist Adamska-Sałaciak (2006: 27) auf die Überlegungen von Ščerba (1940) – in der vorliegenden Arbeit als Ščerba (1982[40]) erfasst – hin, die als einer der ersten Versuche der Typologisierung der Wörterbuchlandschaft gelten: Unter den von Ščerba (1982[40]) vorgeschlagenen sechs Dichotomien der Wörterbuchtypen gibt es keine Gegenüberstellung des einsprachigen und des zweisprachigen Wörterbuchs. Adamska-Sałaciak (2006: 27) deutet das Fehlen einer Gegenüberstellung aufgrund des Sprachenkriteriums als „a clear indication that he did not

In diesem Sinne beschreibt das einsprachige Wörterbuch die Bedeutung der Wörter in derselben Sprache, und zwar typischerweise mittels einer ausformulierten Bedeutungserklärung, der BPA. Das zweisprachige Wörterbuch bietet ÄA in einer anderen Sprache: „Das Äquivalent des zweisprachigen Wörterbuchs hingegen etabliert den Brückenschlag zwischen der Fremdsprache und der Muttersprache." (Kromann 1986: 180; vgl. Benson 2004: 39).

In diesem Zusammenhang gilt es zwei Arten der Äquivalenz für die Wörterbuchforschung zu unterscheiden: (1) Äquivalenz im weiten Sinne und (2) lexikographische Äquivalenz im engen Sinne. Zu (1): Die Äquivalenz im weiten Sinne gilt im gleichen Maße für die einsprachige wie für die zweisprachige Lexikographie und ist eine Grundvoraussetzung für die Ansetzung des SK. Duval (2008[1991]: 273) charakterisiert diese Art der Äquivalenz wie folgt:

> All lexicographical reference books, such as monolingual dictionaries, bilingual dictionaries, multilingual glossaries or encyclopaedias, aim at creating bridges between what users know and what users do not know. Their goal is to show that there is equivalence between the entry word in the headword list from which the search starts and the body of the entry.

Zu (2): Die lexikographische Äquivalenz im engen Sinne gilt nur für das zweisprachige Wörterbuch und kommt im Kriterium der Einsetzbarkeit der ÄA zur Geltung (3.1.2.2.2). Dieses Kriterium scheint zwar selbstverständlich in Hinsicht auf das Wesen der ÄA zu sein, wird in der zweisprachigen Lexikographie jedoch nicht konsequent praktiziert, was auch in der kontroversen Forschungslage zur zweisprachigen Lexikographie eine Widerspiegelung findet. Aufschlussreich sind in diesem Zusammenhang folgende Ausführungen von Kromann (1983: 333):

> die Lexikographen von zweisprachigen Wörterbüchern müssen mit der Forderung leben, daß die Äquivalente möglichst ohne Verlust an oder Zutaten von Informationen in konkrete zielsprachliche Texte einsetzbar sein sollten – eine Forderung, die in gleicher Weise nicht an die einsprachige Lexikographie gestellt wird und die in der praktischen zweisprachigen Lexikographie auch nicht ganz erfüllt zu werden scheint.

Die Unterscheidung zwischen diesen zwei Arten der Äquivalenz ist vor allem bei der Behandlung der lexikographischen Äquivalenz im engen Sinne relevant (3.1.2.2), ferner bietet sie eine Grundlage für eine gezielte Gegenüberstellung der BPA und ÄA als Angabetypen (3.2).

---

consider the number of a dictionary's object languages important enough to qualify as a typological criterion." Naheliegend zu einer solchen ausbleibenden typologischen Dichotomie erscheint bei Ščerba (1982[40]: 49ff.) die fünfte Gegenüberstellung *erklärendes Wörterbuch* vs. *Übersetzungswörterbuch*. Sie ist jedoch nicht an das Sprachekriterium gebunden, denn Ščerba (1982[40]: 53) schlägt ein Modell des zweisprachigen Wörterbuchs vor, das fremdsprachige Lemmata durch BPA in der Muttersprache der Wörterbuchbenutzer erklärt. Ein solches Wörterbuch ist zwar ein interlinguales Wörterbuch, nichtsdestoweniger jedoch ein *erklärendes Wörterbuch*.

## 3.1.1 Das einsprachige Wörterbuch

Das einsprachige Wörterbuch – auch als *Bedeutungswörterbuch* (etwa Töpel 2014; Möhrs 2016; Kühn 1998: 34; Harras 1989: 608; Haß 1991a: 214; Domínguez Vázquez/ Paredes Suárez 2010: 216 passim; Porsch 2005; Lerchner 1996: 131; Viehweger 1982) oder *Definitionswörterbuch*[14] (etwa Gouws 1998; Pöll 2002; Hausmann 1977; Kühn 1998; Model 2010: 55; Heid 2008a: 97; Schafroth 2011: 69) bezeichnet – beruht auf einer *intralingualen* bzw. *sprachimmanenten* (vom System einer Sprache aus gesehenen) Perspektive: Vor dem Hintergrund dessen, dass „jede Sprache die Welt auf eine unikale Weise in Fragmente aufteilt, die ihre Benennungen bekommen und erst dadurch als selbständige Entitäten konzeptualisiert werden" (Dobrovol'skij 2002: 60), kann der Zweck des einsprachigen Wörterbuchs darin gesehen werden, eine einzelsprachliche Konzeptualisierungsweise zu kodifizieren: „eine sprachinterne semantische Beschreibung" (ebd.) findet statt. Das einsprachige Wörterbuch kodifiziert lexikographische Aussagen über lexikalische Einheiten einer Sprache durch andere lexikalische Einheiten dieser Sprache (vgl. Viehweger 1982: 144); es umfasst somit nur eine Sprache im Wörterbuchgegenstandsbereich. Der Schwerpunkt der lexikographischen Bearbeitung liegt auf der Bedeutungsbeschreibung: „the analysis of meaning remains the core task of monolingual lexicography" (Rundell 1998: 321; vgl. Winter 1993: 41; Viehweger 1982: 145); das einsprachige Wörterbuch ist grundsätzlich auf die Beschreibung von Bedeutung und Verwendung lemmatisierter Einheiten ausgerichtet (vgl. Klosa et al. 2012: 82; Lenz 1998: 43; vgl. Viehweger 1982: 150; 152). Bei der Anlage des SK gilt für das einsprachige Wörterbuch das Prinzip der semantischen Kommentierung (WLWF-1: 311, ALLGEMEINES EINSPRACHIGES WÖRTERBUCH; vgl. WLWF-1: 648, BEDEUTUNGSPARAPHRASEANGABE), nach welchem der SK eine beschreibende Kodifizierung einzelner Lesarten der lemmatisierten Einheit umfasst, deren Disambiguierung auf semantischen Analysen beruht:

> EXISTIEREN ... 1 da sein, vorhanden sein | *Diese Bedrohung existiert nur in deiner Einbildung* | *Für diese Theorie existieren keine Beweise*
> 2 genügend Geld zum Leben haben
> <mit/von etwas existieren können, müssen, sollen>
> *Von 400 Euro im Monat kann man nicht existieren* ‹LGwDaF›

---

**14** Die Bezeichnung *Definitionswörterbuch* gründet auf der Annahme, dass die lexikographische BPA eine *Definition* ist. Dass diese Annahme nicht unproblematisch erscheint, wird in 4.3.1.1 näher thematisiert. An dieser Stelle sei festgehalten, dass der Begriff *Definitionswörterbuch* nicht einwandfrei erscheint.

**Abb. 1:** EXISTIEREN in ELDIT

Bei den als polysem bearbeiteten Lemmata entsteht die Problematik der Anordnung einzelner disambiguierter Lesarten, die für synchrone einsprachige Wörterbücher meistens nach dem logischen Kriterium erfolgt (Model 2010: 55f.).

In Hinsicht auf die Angabetypen im SK wird das einsprachige Wörterbuch primär mit der BPA assoziiert: „It provides many kinds of information about its entry words but most importantly gives definitions; that is, each of the entry words or expressions is rephrased in words of the same language as the entry word." (Landau 2004: 8). Die BPA steht traditionellerweise im Mittelpunkt der lexikographischen Bedeutungsbeschreibung und gilt als zentraler Bauteil des WbA im einsprachigen Wörterbuch (Gouws 1998: 73; Zöfgen 1985: 38; Kromann 1995: 504; Kühn 1998: 35; Cramer 2011: 39). Die BPA sind generell „die zentralen, aber nicht isoliert zu betrachtenden Angaben in allen Wörterbüchern, für die das Prinzip der semantischen Kommentierung gilt, mithin vor allem in allgemeinen einsprachigen Wörterbüchern, [...] in Lernerwörterbüchern und in zahlreichen Spezialwörterbüchern" (WLWF-1: 648, BEDEUTUNGSPARAPHRASEANGABE). Die BPA stellt von Grund auf eine semantische Angabe dar und wird auch als *semantische Paraphrase* (Töpel 2011; Storjohann 2005: 183), *lexikalische Paraphrase* (Wiegand 1977; Harras 1989: 609), *Bedeutungserläuterung* (Töpel 2011; 2014: 292; Storjohann 2005: 183; Wiegand 1982: 125) wie auch *Bedeutungserklärung* (WLWF-1: 649, BEDEUTUNGSPARAPHRASEANGABE) bezeichnet. Alternativ wird die BPA auch (*lexikographische*) *Definition* oder *Wörterbuchdefinition* genannt (etwa Cramer 2011: 36; Schlaefer 2009; Herbst/Klotz 2003: 32ff.; Domínguez Vázquez/Paredes Suárez 2010: 223f.; Domínguez Vázquez 2013a: 27; Hermanns 1988; Viehweger 1982).

Die BPA kann unterschiedliche Formen aufweisen wie etwa die Form einer infinitivischen Phrase, eines vollständigen Satzes (*Ganzsatzparaphrasen* nach Töpel 2011: 32f.), oder in Form von Synonym- oder Antonymangabe(n) erfolgen (vgl. Rundell 2006; Töpel 2011: 32f.; Moon 2016: 128ff.). Einzelne Formen können in Kombination auftreten:

> KAUFEN ... 1.a) *Kaufen* bedeutet, dass man für eine Sache Geld gibt und sie dafür bekommt. ‹ELDIT›
> 1 etwas dadurch bekommen, dass man Geld dafür zahlt ‹LGwDaF›
> 1 jemand erwirbt etwas von jemandem gegen Zahlung von irgendwieviel ‹E-VALBU›

> VORKOMMEN ... 1 ... etwas geschieht; sich ereignen, auftreten, *[ugs]* passieren
> 4 ... jemand/etwas macht auf jemanden den Eindruck, so zu sein; erscheinen, wirken ‹E-VALBU›

> GEBEN ... 3 ... jemand lässt etwas für irgendwieviel oder kostenlos in den Besitz oder in den Genuss von jemandem kommen; zur Verfügung stellen, schenken, leihen
> 5 ... etwas bewirkt, dass etwas vorhanden ist; erzeugen, produzieren, hervorbringen ‹E-VALBU›

Die BPA kann auch aus mehreren Sätzen bestehen:

> AUFHEBEN ... 2.) *Aufheben* bedeutet, dass man einen Gegenstand oder eine Sache aufbewahrt. Man will ihn/sie nicht wegwerfen. Meist braucht man selbst oder eine andere Person ihn/sie noch. ‹ELDIT›

> VERLIEREN ... 4.) *Verlieren* bedeutet, dass ein Gegenstand nicht dicht ist und deshalb ein Stoff austreten kann. Meist ist es eine Flüssigkeit oder Luft.
> 5.) *Verlieren* bedeutet, dass man durch das eigene Verhalten oder durch negative Umstände etwas plötzlich nicht mehr hat. Meist ist es etwas Wichtiges und Gutes.
> 7.) *Verlieren* bedeutet, dass man in einem Wettbewerb oder in einem Spiel oder in einem Kampf nicht gewinnt. Man hat eine schlechtere Leistung und/oder ist schwächer als der Gegner. ‹ELDIT›

In der englischsprachigen metalexikographischen Tradition ist die Bezeichnung „monolingual descriptive dictionary" existent (etwa Gouws 2004: 267; Prinsloo/Gouws 2000); sie kann in dreierlei Hinsicht ausgelegt werden: in Bezug auf (a) eine zugrunde gelegte sprachimmanente Perspektive, (b) das Prinzip der semantischen Kommentierung, (c) das Wesen der BPA als eine kommentierende semantische Angabe. Insbesondere durch das Prinzip der semantischen Kommentierung sowie durch die Arbeit mit der BPA stellt das einsprachige Wörterbuch eine *analytische* Art der Informationsvermittlung dar (vgl. Piotrowski 2000: 21; 1989: 78): Es bietet eine Beschreibung semantischer Merkmale der lemmatisierten Einheit, die seitens des Wörterbuchbenutzers erschlossen und zu einem Gesamtbild über die Bedeutung sowie Verwendung des Lemmazeichens zusammengefügt werden sollen (vgl. Adamska-Sałaciak 2006: 153; Piotrowski 1989: 78).

Im Rahmen der pädagogischen Lexikographie für den Fremdsprachenunterricht bieten die im einsprachigen Wörterbuch eingenommene sprachimmanente Perspektive sowie das Prinzip der semantischen Kommentierung eine grundsätzliche Möglichkeit der Behandlung fremdsprachiger lexikalischer Einheiten unabhängig von den Äquivalenzrelationen in Bezug auf die Muttersprache der Fremdsprachenlerner. Dies erlaubt eine konsequente Einführung des Benutzers in die individuellen Versprachlichungskonventionen der Fremdsprache als Zielsprache, die in der Fremdsprachendidaktik angestrebt wird (Lü 2007: 116f.; Adamska-Sałaciak 2006: 23; Neubert 1986: 14). Aus diesem Grunde wird fremdsprachendidaktisch von einer höheren Nützlichkeit des einsprachigen Lernerwörterbuchs im Vergleich zum zweisprachigen Wörterbuch ausgegangen: „To explain meaning monolingually for non-native speakers is inherently problematic, yet explanations can show meaning in context and explain nuances and structures in ways that purely bilingual dictionaries cannot." (Moon 2016: 141). Eine notwendige Grundvoraussetzung für eine erfolgreiche Benutzung des einsprachigen Wörterbuchs ist jedoch eine hinreichende Kompetenz in der Fremdsprache (Herbst/Klotz 2003: 20; Tarp 2013: 428; Kromann 1994: 36).

Das einsprachige Wörterbuch ist somit in sich abgeschlossen in dem Sinne, dass es eine Sprache im Wörterbuchgegenstandsbereich aufweist und sie im SK einsetzt (vgl. Wiegand 1977: 64). Es ist ferner weniger komplex in Bezug auf seine Strukturen, weil unabhängig von der Kontrastierung mit einer anderen Einzelsprache. So stellt sich für das einsprachige Wörterbuch keine Problematik der Nulläquivalenz oder des Einsatzes der ÄreIA, wie dies im zweisprachigen Wörterbuch der Fall ist.

### 3.1.2 Das zweisprachige Wörterbuch

Die nachfolgenden Ausführungen zum zweisprachigen Wörterbuch sind wie folgt aufgebaut: Als erstes werden der Zweck und die Prinzipien des zweisprachigen Wörterbuchs dargelegt, mit denen im Folgenden gearbeitet wird. Im Anschluss daran wird das Wesen der bilingualisierten Lernerwörterbücher angerissen und in diesem Zusammenhang begründet, warum diese Nachschlagewerke „keine bahnbrechenden Erfolge erzielt haben" (Herbst/Klotz 2003: 155) sowie warum sie in Hinsicht auf die BeiA keine eigenständige lexikographische Erscheinung darstellen. Danach werden in Bezug auf das zweisprachige Wörterbuch ältere Ansätze gegen neuere abgegrenzt, was wegen einer kontroversen Forschungslage notwendig ist. Ältere Ansätze werden teilweise aufgrund des Zwecks und der Prinzipien des zweisprachigen Wörterbuchs als nicht stichhaltig dargestellt und teilweise bei der Behandlung des lexikographischen Äquivalenzbegriffes (3.1.2.2) relativiert.

Das zweisprachige Wörterbuch beruht auf einer *interlingualen, sprachkontrastiven* Perspektive und ist daher ein interlinguales Wörterbuch (1.2). Der Wörterbuchgegenstandsbereich des zweisprachigen Wörterbuchs umfasst zwei Sprachen; es werden lexikographische Aussagen über Einheiten einer Sprache durch Einheiten einer anderen Sprache kodifiziert. Der genuine Zweck des zweisprachigen Wörterbuchs besteht darin, Äquivalenzrelationen zwischen den lexikalischen Einheiten zweier Sprachen herzustellen: „Das zweisprachige Wörterbuch hat die Aufgabe, die Wortschatzkodifikation zweier Sprachsysteme so zu korrelieren, daß seine Benutzer unmißverständliche Entsprechungen herstellen können." (Hartmann 1982: 74; vgl. Dobrovol'skij 2002: 60; Kromann et al. 1984: 187; Gouws/Prinsloo 2005: 161). Bei der Anlage des SK gilt für das zweisprachige Wörterbuch das Äquivalenzprinzip, das in der Anführung anderssprachiger ÄA resultiert:

> EXIST ... *vi* 1 (*be*) existieren, bestehen;
> **I will find it, if such a thing exists** wenn es so etwas gibt, dann finde ich es
> **the realities of poverty exist for a great many people across the globe** Armut ist weltweit für sehr viele Menschen Realität
> **there still exists a shadow of doubt** es bestehen immer noch kleine Zweifel
> 2 (*live*) leben, existieren; (*survive*) überleben
> **to exist on sth** von etw *dat* leben
> **few people can exist without water for long** nur wenige Menschen können längere Zeit ohne Wasser auskommen
> 3 (*occur*) vorkommen
> **some species only exist in this area of forest** einige Tierarten finden sich nur in diesem Waldgebiet ‹PONS E-D›

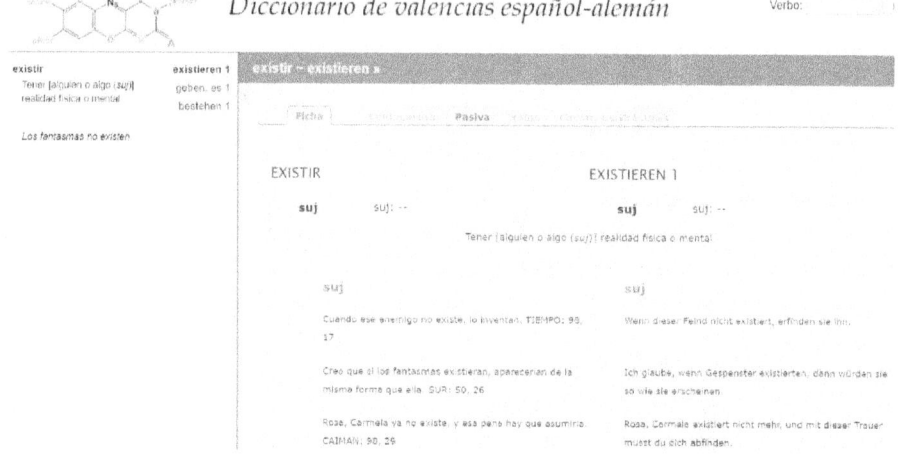

**Abb. 2:** EXISTIR in DCVVEA

Grundlegend ist die Feststellung, dass „die zweisprachigen Wörterbücher per definitionem die Aufgabe haben, die semantische Struktur der betreffenden L₁-Einheit nicht in sich zu beschreiben, sondern mit der semantischen Struktur der korrespondierenden L₂-Einheit(en) in Beziehung zu setzen" (Dobrovol'skij 2002: 50). Daraus entsteht ein weiteres Charakteristikum: Bei der Äquivalenzherstellung findet keine

Bedeutungsexplikation statt. Dies ist ein grundlegender Unterschied zum einsprachigen Wörterbuch:

> [...] the nature of the core entries in a bilingual dictionary differs from that of the entries in a monolingual dictionary. Translation equivalents may not be regarded as entries giving the meaning of the lemma but they should be seen as target language lexical items that may be used to substitute the source language item in a specific situation. (Gouws/Prinsloo 2005: 153; vgl. auch Gouws 1996a: 16; Mongwe 2013: 128; Piotrowski 1989: 78)

Im zweisprachigen Wörterbuch ist die Bedeutung *implizit*, als ein *tertium comparationis* im Sinne der lexikalsemantischen Äquivalenz präsent, auf deren Grundlage die lexikographische Äquivalenz beruht (3.1.2.2.2.2). Die Bedeutung selbst wird jedoch – von den Fällen der Nulläquivalenz abgesehen, in denen eine BPA als ein Surrogatäquivalent die einzig mögliche Lösung ist (3.1.2.2.2.3), – nicht explizit. Davon zeugen auch die angestellten metalexikographischen Vergleiche zum Wesen des zweisprachigen Wörterbuchs: (a) Das zweisprachige Wörterbuch wird in Bezug auf zweisprachige Bearbeitungseinheiten mit einem interlingualen Synonymwörterbuch verglichen (Model 2010: 16f.): Es führt paradigmatische Äquivalente an, die als Synonyme betrachtet werden können, die einem anderen Sprachsystem angehören. (b) Aktive zweisprachige Wörterbücher werden mit onomasiologisch angelegten Wörterbüchern verglichen: „Im Grunde könnte man ja durchaus der Auffassung sein, dass es sich beim zweisprachigen Wörterbuch, soweit es für die Produktion in der Fremdsprache eingesetzt wird, um ein onomasiologisches Wörterbuch der L2 handelt, bei dem die Inhalte über die lexikalischen Einheiten der L1 geordnet sind." (Herbst/Klotz 2003: 155; vgl. Model 2010: 44; Hausmann/Werner 1991: 2745). In diesem Zusammenhang fungiert die lemmatisierte muttersprachliche Einheit als Ausgangspunkt des Zugriffs auf einen zielsprachlichen Ausdruck (Kromann et al. 1984: 172). Diese Sichtweise deutet auch Tarp (2005: 29) an, indem die Muttersprache als „an auxiliary language that gives access to the foreign language (in case of $L_2$ production)" charakterisiert wird.

Die ÄA des zweisprachigen Wörterbuchs weisen einen *parole*-Status auf. Zweisprachige Bearbeitungseinheiten, bestehend aus dem Lemma und der anderssprachigen ÄA, – *bilingual item* nach Hausmann/Werner (1991: 2729) – sind das Kernelement zweisprachiger Wörterbücher (Wiegand 2000: 62; Kromann 1994: 36f.; Hausmann/Werner 1991: 2729; vgl. Model 2010: 30). Aufgrund der Arbeit mit anderssprachigen ÄA auf der *parole*-Ebene stellt das zweisprachige Wörterbuch eine *synthetische* Art der Informationsvermittlung dar (vgl. Piotrowski 1989: 78).

Das zweisprachige Wörterbuch ist in vielerlei Hinsicht ein komplexes Gebilde. So vertritt Kromann (1989: 55ff.) die Auffassung, dass die Erstellung des zweisprachigen Wörterbuchs viel komplexer als die des einsprachigen Wörterbuchs ist, und führt die folgenden Argumente an: (1) es werden zwei Sprachsysteme beschrieben, wobei das Beschreibungsinventar nicht immer an zwei Einzelsprachen anwendbar erscheint; (2) die Anisomorphie zweier Sprachsysteme; (3) der Wortschatz einer

Sprache umfasst Realien, die bei der Kontrastierung mit einer anderen Sprache übersetzt werden sollen, d. h. das zweisprachige Wörterbuch ist in größerem Maße mit kulturellen Informationen und deren Übersetzung in die andere Sprache behaftet (1989: 57).

Auch in Hinsicht auf die Gestaltung des SK ist das zweisprachige Wörterbuch viel komplexer als das einsprachige (Hausmann 1986: 106; Hartmann 1982: 77; Manley 1983; Al-Kasimi 1977: 58), da die deskriptive Leistung des zweisprachigen Wörterbuchs vielschichtig ist. Aus der grundlegenden sprachkontrastiven Perspektive ergibt sich der Sachverhalt, dass die Ausgangssprache eine onomasiologische Perspektive auf die Zielsprache verursacht (Baldinger 1971: 392f.), obwohl die Zielsprache eine eigene einzelsprachenspezifische Bedeutungsorganisation aufweist. In diesem Zusammenhang schlüsselt Baldinger (1971) die sprachkontrastive Perspektive in semasiologische und onomasiologische Komponenten auf und kommt zu dem Befund, dass

> das einsprachige Wörterbuch semasiologisch orientiert ist und dank seiner Definitionen (mehrgliedrige Äquivalente) Einblick in die Sememanalysen gibt. Das zweisprachige Wörterbuch hat einen theoretisch sehr viel komplexeren Status: die semasiologische Analyse der Ausgangssprache führt zu einer onomasiologischen Blickrichtung auf die Zielsprache, die jedoch ihrerseits eine Reihe von semasiologischen Analysen der Zielsprache voraussetzt. Dort wo beide semasiologischen Analysen eine Sememidentität (tertium comparationis) ergeben, finden sich eingliedrige Äquivalente (Synonyme) in der Zielsprache. (1971: 395)

Im SK des zweisprachigen Wörterbuchs wird eine *sprachenpaarspezifische Äquivalenzstruktur* kodifiziert: „Die Anordnung und Darbietung der Äquivalente im zweisprachigen Wörterbuch müssen von den Äquivalenzrelationen zwischen Lemma und Äquivalent(en) und nicht, wie im einsprachigen Wörterbuch, von der Bedeutungsstruktur des Stichworts ausgehen." (Baunebjerg Hansen 1990: 97; vgl. Model 2010: 41; Alsina/DeCesaris 2002: 227). Das Äquivalenzprinzip bei der Anlage des SK führt dazu, dass infolge der Sprachkontrastierung einzelspracheninterne Gegebenheiten relativiert werden können: „Die Gestaltung des Artikels über die Äquivalenzbeziehungen als oberstes Gebot kann es [...] notwendig machen, dass einerseits mehrere ausgangssprachliche Lesarten zusammengelegt werden und dass andererseits eine ausgangssprachliche Lesart aufgeteilt wird." (Model 2010: 57f.; vgl. Lew 2015: 289f.). Zwei Phänomene, die das Äquivalenzprinzip bei der Gestaltung des SK des zweisprachigen Wörterbuchs im Gegensatz zum Prinzip der semantischen Kommentierung im einsprachigen Wörterbuch mit sich bringt, sind

(1) der Zusammenfall der Polysemie, auch *Polysemiereduktion* (Baunebjerg Hansen 1990: 9, Fußnote) oder *polysemische Isomorphie* (Kromann et al. 1984: 196) genannt, der dann vorliegt, wenn sich semantische Strukturen des Lemmas und der ÄA decken. In diesem Zusammenhang plädiert Dobrovol'skij (2002: 59) für „die sprachenpaarbezogene Darstellung der lexikalischen Polysemie" (vgl. Dobrovol'skij/Šarandin 2006: 527f.; Kromann 1983: 339). Für die lexikographi-

sche Kodifikation bedeutet der Zusammenfall der Polysemie Folgendes: „solche lexikalisch-semantischen Parallelen können als monoseme Lexikoneinheiten behandelt werden" (Dobrovol'skij/Šarandin 2006: 528; vgl. dazu auch Alsina/ DeCesaris 2002: 221). Dies erscheint (a) benutzerfreundlich sowie (b) ökonomisch (Lew 2015: 289);
(2) die Deklarierung einer sprachintern als monosem erachteten lexikalischen Einheit durch die Kontrastierung mit einer anderen Sprache mit ihren individuellen Konzeptualisierungskonventionen als polysem (Dobrovol'skij 2002: 49f.); in diesem Fall gilt Folgendes: „Dem L1-Wort wird somit die Mehrdeutigkeit von außen aufgezwungen." (Dobrovol'skij/Šarandin 2006: 528).

Die Äquivalenzstrukturen, die im SK des zweisprachigen Wörterbuchs kodifiziert werden, sind grundsätzlich *sprachenpaarspezifisch*, da sich für ein konkretes Sprachenpaar jeweils individuelle Äquivalenzrelationen ergeben (vgl. Kromann et al. 1991b: 2773). Daraus ergibt sich ein weiteres grundlegendes Prinzip des zweisprachigen Wörterbuchs: die *Sprachenpaarbezogenheit*. Im Zusammenhang mit der pädagogischen Lexikographie für den Fremdsprachenunterricht beinhaltet dies den Vorteil, dass zweisprachige Wörterbücher gezielt den Bedürfnissen der Lerner mit einer Muttersprache wie etwa Interferenzerscheinungen oder kulturellen Unterschieden zwischen zwei Sprachgemeinschaften begegnen können (vgl. Moon 2016: 124; Herbst 1985: 312). Im zweisprachigen Wörterbuch erfolgt die Informationsvermittlung wegen der Arbeit mit zwei Sprachen *kontrastiv*, was im einsprachigen Wörterbuch hingegen nicht gleichermaßen möglich ist (Werner 1990: 273; Tarp 1995: 27; Kromann 1989: 58; vgl. Herbst/Klotz 2003: 138). So spricht Bielińska (2003: 248) in diesem Zusammenhang von einem größeren Gebrauchswert zweisprachiger Valenzwörterbücher gegenüber den einsprachigen aus der Sicht der Fremdsprachenlerner. Jedoch wird gerade im Bereich des Fremdsprachenunterrichts die Sprachenpaarbezogenheit des zweisprachigen Wörterbuchs als ein schwerwiegender Nachteil angesehen, und zwar in dem folgenden Zusammenhang: In der zweisprachigen Lexikographie bildet die Ausgangssprache mit ihren Konzeptualisierungskonventionen den Ausgangspunkt der Äquivalenzherstellung, was eine sprachimmanente Sicht auf die jeweils andere Sprache als Einzelsprache zwangsläufig beeinträchtigt (vgl. Piotrowski 1994: 65). So sieht Klotz (2001: 67) als ein Grundcharakteristikum zweisprachiger Wörterbücher den Sachverhalt an, dass „die Darstellung der Zielsprache wesentlich durch die Gegebenheiten der Ausgangssprache beeinflusst [wird]." Dies erlaubt jeweils nur Teilansichten der Eigenschaften der zielsprachlichen Äquivalente an sich (ebd.). Hausmann (1977: 60) formuliert dies in einer metaphorischen Weise wie folgt: „Zweisprachige Wörterbücher analysieren immer eine Sprache durch die Brille der anderen." (vgl. zur Brille-Metapher auch Klotz 2001: 67; Cop 1990: 43; Kromann 1989: 56). Cop (1990) verfolgt diesen Grundsatz anhand der KollA und stellt fest, dass im aktiven zweisprachigen Wörterbuch nur solche zielsprachlichen KollA verzeichnet werden können, die Pendants in der Ausgangssprache haben:

> In English, a building is ablaze or in flames. In German, it is possible to say, das Gebäude brennt, or das Gebäude steht in Flammen. But much more idiomatic and thus more colorful is das Gebäude brennt lichterloh or das Gebäude steht in hellen Flammen; there is no English word corresponding to lichterloh and hell under which one could list these collocations in an English-German dictionary. These collocations are thus not accessible via the net of the English language. We are confronted with the age-old problem resulting from filtering the target language through the lenses of the source language. (1990: 43)

In einer aufschlussreichen Weise schildert Neubert (1996: 149) das Problem: „Das zweisprachige Wörterbuch ist ja seiner Zweckstruktur nach eine Widerspiegelung der Semantik der Ausgangssprache mit den Mitteln der Zielsprache." (vgl. Neubert 1986: 5; 1992: 30). Dadurch findet eine *Projektion* auf die jeweils andere Sprache statt: „What the bilingual dictionary puts up for meanings are usually projections of $L_1$ ‚semantic content' onto $L_2$ ‚lexical material' with the latter getting immensely diversified to catch the context-bound sense ramifications." (Neubert 1992: 38). Dies verhindert eine sprachimmanente Sicht der Fremdsprache.

Einen Versuch, die Prinzipien des einsprachigen und des zweisprachigen Wörterbuchs in einem Produkt zu vereinen, stellen bilingualisierte Lernerwörterbücher dar, die eine vergleichsweise neuere lexikographische Erscheinung sind (Lü 2007: 108f.; Abel/Weber 2005; Moon 2016: 141). Sie basieren auf den einsprachigen Lernerwörterbüchern, in die zusätzlich eine zweisprachige Dimension eingearbeitet wird, sei es durch (a) die Hinzufügung der anderssprachigen, typischerweise muttersprachlichen ÄA oder (b) die Übersetzung einzelner Artikelbauteile, vor allem der BPA (Lü 2007: 111; Abel/Weber 2005: 78; Hannay 2003: 152 Hartmann/James 1998: 14; Moon 2016: 141). Solche lexikographischen Produkte gelten somit als typologische Hybride bzw. Zwischenformen (vgl. Hartmann/James 1998: 14; Herbst/Klotz 2003: 155; Abel/Weber 2005: 74ff.).[15] Grundlegend für eine angemessene metalexikographische Betrachtung der bilingualisierten Wörterbücher ist die Tatsache, dass sie keine original konzipierten Produkte sind (Abel/Weber 2005: 75), sondern als Erweiterung existierender einsprachiger Lernerwörterbücher entstehen und das Prinzip der semantischen Kommentierung bei der Anlage des SK beibehalten (vgl. Lew 2015: 290). Die sprachkontrastive Perspektive sowie die Kodifikation der sprachenpaarspezifischen Äquivalenzrelationen bleiben in den bilingualisierten Wörterbüchern aus: „A good bilingual dictionary tries to emphasize the differences between the language pair through its microstructure. This is not possible in a bilin-

---

**15** Abel/Weber (2005: 74ff.) verwenden *hybrid dictionary* als einen Oberbegriff für die bilingualisierten Nachschlagewerke und bieten einen Überblick über weitere Bezeichnungen sowie unterschiedliche Grade der *bilingualisation*.

gualised dictionary because its basis is a monolingual dictionary which is addressed to speakers with different mother tongues." (Abel/Weber 2005: 76). In diesem Zusammenhang spricht Lew (2015: 294) von „(often superficial) adaptations of monolingual dictionaries". Vor diesem Hintergrund fungieren die hinzugefügten muttersprachlichen ÄA lediglich als eine zusätzliche Semantisierungshilfe für den Wörterbuchbenutzer (Piotrowski 2000: 18; Adamska-Sałaciak 2006: 35; vgl. Moon 2016: 141): Die ÄA in ELDIT „[sind] als Hilfen zu verstehen und [sollen] keineswegs eine 1:1-Entsprechung zwischen den beiden Sprachen vortäuschen", so Abel (2000: 165; vgl. auch Abel 2002: 159, Fußnote 9). Da bilingualisierte Wörterbücher grundsätzlich auf Sprachrezeption ausgerichtet (Abel/Weber 2005: 78f.; Adamska-Sałaciak 2006: 34f.) und unidirektional angelegt sind (Moon 2016: 141), gelten die ÄA als eine Art Bestätigung für die richtige Erfassung der angesetzten Lesart (Abel/Weber 2005: 78).[16] Die ÄA treten nicht mit dem Zweck der zwischensprachlichen Äquivalenzherstellung auf; bilingualisierte Wörterbücher gehören deshalb nicht dem prototypischen Kern der zweisprachigen Lexikographie an: „they do not differ from monolingual dictionaries, i.e. they are not centred around equivalence", so Piotrowski (2000: 18; vgl. Adamska-Sałaciak 2006: 68). So führen auch Abel/Weber (2005: 81) zu ELDIT aus: „The language system is described from an internal perspective, as in monolingual dictionaries, and not in constant symmetry with another language system. The translations and explanations in the student's source language are then added.".

Angesichts eines solchen hybriden Wesens können bilingualisierte Produkte keineswegs als eine optimale Kombination des einsprachigen und zweisprachigen Wörterbuchs angesehen werden: „It thus juxtaposes two very different things – L2 explanation of meaning and L1 equivalents – without taking any steps to ease the inevitable tension between them." (Adamska-Sałaciak 2010: 142). Vielmehr sind bilingualisierte Nachschlagewerke mit schwerwiegenden Widersprüchen behaftet und führen beim Wörterbuchbenutzer ggf. zu Irritationen (ebd.: 141ff.).

In Hinsicht auf die BeiA ist für bilingualisierte Wörterbücher kennzeichnend, dass sie wie in der einsprachigen Lexikographie dem Zweck der Demonstration der Eigenschaftsausprägungen des Lemmas dienen: „examples are used exactly as they are in the monolingual dictionary, i.e. they provide additional information about the headword, not about the equivalent" (Piotrowski 2000: 18). Vor diesem Hintergrund wird ELDIT als ein einsprachiges Lernerwörterbuch behandelt (1.3).

In Bezug auf das zweisprachige Wörterbuch selbst resultiert die mangelhafte theoretische Lage daraus, dass unterschiedliche, teilweise kontroverse theoretische

---

[16] So ist in Hueber DaF von „pragmatic bilingual support" (Hueber DaF: 7) die Rede: „Our innovative concept combines features of traditional monolingual dictionaries (German example sentences [...]) with pragmatic bilingual support: English translations of German headwords and vice versa." (ebd.).

Ansätze existent sind. Im Folgenden wird zwischen neueren und älteren Ansätzen differenziert und dargestellt, wie sie in fünf Punkten auseinandergehen. Der erste Punkt bezieht sich auf das grundlegende Prinzip bei der Anlage des SK, die nachfolgenden vier betreffen die lexikographische Äquivalenz. In diesem Zusammenhang ist für ältere Ansätze kennzeichnend, dass sie nicht davon ausgehen, dass die Wörterbuchforschung einen eigenen fachspezifischen systematisch ausgearbeiteten Äquivalenzbegriff braucht, was schließlich in mehreren Punkten eingeschränkte Sichtweisen herbeiführt.

(1) Bei der Anlage des SK des zweisprachigen Wörterbuchs arbeiten ältere Ansätze entweder (a) mit der semantischen Struktur der Wörterbuchsausgangssprache oder (b) unterscheiden zwischen der semantischen Struktur und der Äquivalenzstruktur, die oft ohne Weiteres an die Wörterbuchausgangssprache und -zielsprache angebunden werden, während neuere Ansätze eindeutig von der Äquivalenzstruktur ausgehen. Als eine Voraussetzung für diese divergierenden Ansätze gilt die Tatsache, dass im Wörterbuchgegenstandsbereich des zweisprachigen Wörterbuchs zwei Sprachen erfasst sind: „In bilingual dictionaries, the issue of sense division is more complex, as it involves, not one, but two lexical systems." (Lew 2015: 289). Den Ansatz der semantischen Struktur der Ausgangssprache begünstigt zudem der Umstand, dass bei der Erstellung des zweisprachigen Wörterbuchs das einsprachige Wörterbuch der Ausgangssprache oft als Basis herangezogen wird (Manley et al. 1988: 301; Lew 2015: 290; Hausmann 1985a: 378). Manley et al. (1988: 298ff.) betrachten die Zugrundelegung der semantischen Struktur der Ausgangssprache als Folge einer unkritischen Übernahme der Prinzipien der einsprachigen Lexikographie sowie des Weiteren als Ausdruck der Vernachlässigung einer angemessenen Behandlung der zweisprachigen Lexikographie. Zu (a): Verfechter der semantischen Struktur sind Iannucci (1957) und Zgusta (1971). Iannucci (1957: 278ff.) plädiert für die Zugrundelegung eines einsprachigen Wörterbuchs der Ausgangssprache bei der Erstellung eines zweisprachigen Wörterbuchs, und zwar in dem Sinne, dass die im SK des einsprachigen Wörterbuchs angesetzten Lesarten ohne Modifikationen unter Beibehalten der Nummerierung in den SK des zweisprachigen Wörterbuchs übernommen werden sollen. Als Vorteil dieses Modells sieht Iannucci (ebd.) die Tatsache an, dass die BPA im einsprachigen Wörterbuch als ÄUntA – *meaning dicrimination* nach Iannucci (1957) – für das zweisprachige Wörterbuch dienen können (1957: 278). Dies beinhaltet ferner das Positivum, dass

> the system of reference to the [source language] dictionary makes much fuller and more precise information available. Here, every target word has a complete definition available in the correct language – a luxury which no bilingual dictionary [...] could afford because of the demands of space. Furthermore, the same definition in one monolingual dictionary can serve as a meaning discrimination in any number of bilingual dictionaries, thus multiplying both efficiency and economy. (1957: 280)

Der Vorschlag von Iannucci (1957: 278ff.) erscheint aus zwei Gründen nicht stichhaltig. Zum einen wird das Prinzip der Sprachenpaarbezogenheit und die sich daraus ergebenden sprachenpaarspezifischen Äquivalenzrelationen nicht berücksichtigt. Dies führt einerseits zur Anführung derselben ÄA zu unterschiedlichen ausgangssprachlichen Lesarten und andererseits zu einem vom Standpunkt der semantischen Struktur der Ausgangssprache aus unverständlichen Zusammenfall mehrerer ausgangssprachlichen Lesarten, wenn ihnen eine gemeinsame ÄA in der Wörterbuchzielsprache zukommt: beides Tendenzen, die in Iannuccis eigenen entworfenen Beispielen auffällig sind (1957: 279). Zum anderen werden keine ÄUntA angeboten, wenn pro ausgangssprachliche Lesart mehrere ÄA angesetzt werden. Dies ist der ausschlaggebende Nachteil des Modells, da Iannuccis (1957) Beitrag im Zeichen der Wichtigkeit der ÄUntA erfolgt.

Zgusta (1971: 327) plädiert für die Zugrundelegung der semantischen Struktur der Ausgangssprache bei der Gestaltung des SK zweisprachiger Wörterbücher im Zusammenhang mit der Erfassung der Polysemie:

> Just as in the monolingual dictionary, the multiple meaning of the majority of entry-words will cause considerable difficulties in the construction of a bilingual entry. [...] The bigger the dictionary and the more thoroughly it intends to describe the source language, [...] the more will the structure of the bilingual entry have to resemble that of a monolingual dictionary of the source language, even if it implies the repetition of the same equivalent in different senses of the entry-word, but with different examples and phraseology. (ebd.)

Neben der Nichterkennung des genuinen Zwecks des zweisprachigen Wörterbuchs ist für Zgustas (ebd.) Vorschlag symptomatisch, dass lediglich die Größe des zweisprachigen Wörterbuchs und die Beschreibung der Ausgangssprache als tragende Parameter angesetzt werden, jedoch nicht die funktionale Ausgerichtetheit bzw. der Benutzerbezug.

Zu (b): Manley et al. (1988) und Adamska-Sałaciak (2006: 66ff.) unterscheiden zwischen der semantischen Struktur und der Äquivalenzstruktur, wenn auch in abweichenden Termini. Manley et al. (1988: 296) differenzieren zwischen *meaning structure* als dem von der einsprachigen Lexikographie abgeleiteten semantischen Anordnungsprinzip der Ausgangssprache und *equivalence structure* (ebd.) als Anordnungsprinzip nach ermittelten sprachenpaarspezifischen Äquivalenzrelationen. Adamska-Sałaciak (2006: 66f.) übernimmt dieses Begriffspaar von Manley et al. (1988), spricht parallel dazu jedoch auch von *source-language structure* und *target-language structure*, wobei unter der letzteren Bezeichnung die Äquivalenzstruktur verstanden wird (2006: 67).[17] Für die *source-language structure* ist kennzeichnend,

---

17 Ähnlich plädiert auch Manley (1983) dafür, dass „in the bilingual dictionary the target-language system becomes more of a determining factor" (1983: 123) im folgenden Sinne: „In the bilingual dictionary it is primarily the target language that forces us to observe nuances of meaning in the

dass „an entry for item X in a bilingual SL-TL dictionary will feature the same senses, arranged in the same order, as an entry for X in a monolingual dictionary of SL; this will be true for all, or at least most, entries of the SL-TL dictionary in question" (2006: 66), während die *target-language structure* wie folgt charakterisiert wird: „TL-based structure reflects facts about two languages at once or, more precisely, facts regarding the distribution of meanings among such items of the source and the target language which, under specific conditions, can act as one another's equivalents." (2006: 74). Adamska-Sałaciak (2006) äußert sich für die Anlage des SK zweisprachiger Wörterbücher nach dem Prinzip der Äquivalenzstruktur: Es wird argumentiert, dass „describing the source language is not the main task of a bilingual dictionary" (2006: 81; 89). Auch Manley et al. (1988: 296ff.) plädieren für die Äquivalenzstruktur als ein angemessenes Anordnungsprinzip für das zweisprachige Wörterbuch: „We believe that meaning structure is a relic from the monolingual dictionary, and that the more we can approach equivalence structure, the closer we will get to the ideal form of the bilingual dictionary entry." (1988: 296). Nur die Äquivalenzstruktur kann der Individualität der sprachenpaarspezifischen Äquivalenzrelationen Rechnung tragen: „It is also why no two bilingual dictionaries with the same source language should include exactly the same source-language words or have entries with the same microstructure." (1988: 301). Dies gilt auch für die Ansetzung der Mehrworteinheiten als ÄA; ihr Zweck ist die Angabe von korrekten zielsprachlichen Formulierungen, nicht ihr Status in der Ausgangssprache: „the ‚idiomaticity' of the target-language equivalent is a more important criterion for the inclusion of a sub-lemma than the status of the source-language item itself" (1988: 293).

Der aktuelle Forschungsstand zur zweisprachigen Lexikographie besagt eindeutig, dass die Äquivalenzstruktur im SK des zweisprachigen Wörterbuchs das einzig angemessene Anordnungsprinzip ist (Lew 2015: 289ff.), das zudem auch verhältnismäßig objektiv erscheint (ebd.: 289). Dies bestätigen auch die Ergebnisse der Wörterbuchbenutzungsforschung: Hier kommt es zu den Feststellungen, dass die Anordnung nach Äquivalenzrelationen im zweisprachigen Wörterbuch grundsätzlich angemessen, weil benutzerfreundlich erscheint (Lew et al. 2013: 250f.; vgl. Lew 2015: 289ff.). Die Zugrundelegung der *source-language structure* führt nämlich zur wiederholten Anführung derselben ÄA auf der zielsprachlichen Seite, was für die Wörterbuchbenutzer irrtümlicherweise ein Grund für die Annahme ist, die wiederholten ÄA seien insgesamt so viel wie allgemeingültig, während andere singuläre ÄA von den Benutzern leicht übersehen bzw. ignoriert werden (Lew et al. 2013: 250f.). So besagt ein aufschlussreiches Ergebnis der Studie von Lew et al. (2013),

---

source-language words. One consequence of this is that one must be very careful about using existing monolingual dictionaries or bilingual dictionaries with other target languages as the basis for one's own bilingual dictionary." (1983: 124). Es ist deshalb naheliegend anzunehmen, dass *target-language structure* ein terminologischer Vorgänger der *Äquivalenzstruktur* ist.

dass ÄA innerhalb des WbA des zweisprachigen Wörterbuchs nicht wiederholt werden sollen: „the same equivalent should not be repeated too many times, if only there is a way to group lexicographic data so as to avoid such repetition" (2013: 252).

Vor diesem Hintergrund wird in der vorliegenden Arbeit von der Äquivalenzstruktur für das zweisprachige Wörterbuch ausgegangen. Dies ermöglicht eine angemessene Behandlung der lexikographischen Äquivalenz sowie ferner eine korrekte Identifizierung der Funktionalität der BeiA.

(2) In Bezug auf die lexikographische Äquivalenz gehen neuere Ansätze vom Kriterium der Einsetzbarkeit in zielsprachliche Texte als konstitutiv für lexikographische ÄA aus (3.1.2.2.2), was älteren Ansätzen fremd ist und die deshalb auch die BPA auf der zielsprachlichen Seite ohne Einschränkungen für Äquivalente halten (Adamska-Sałaciak 2006: 101ff.; 2013: 336f.). Im Rahmen älterer Ansätze kommt es des Weiteren zu den Feststellungen, dass der lexikographische Äquivalenzbegriff trotz der zahlreichen Publikationen zu diesem Problembereich nicht eingehend untersucht ist (Burkhanov 2004: 21; Adamska-Sałaciak 2010a; 2011: 19). Burkhanov (2004: 21) formuliert die Problemlage wie folgt:

> The greater majority of metalexicographers and practicing lexicographers assume that this basic category of bilingual lexicography [the notion of equivalence, K.L.] is self-explanatory, or superficially formulate it in terms of translation equivalence understood as cross-linguistic correlations between lexical items, or ignore the problem altogether. (vgl. dazu auch Piotrowski 1994: 104f.)

An anderer Stelle urteilt Burkhanov (2004: 23) über die Ausrichtung der Forschungsbemühungen – im Rahmen älterer Ansätze – unter der Bezugnahme auf Hartmann/James (1998) folgendermaßen:

> References to linguistic and cultural anisomorphism (discrepancies between a pair of languages arising due to their semantic, pragmatic, grammatical and cultural differences), which leads to the fact that 'translation equivalents are typically partial, approximative, non-literal and asymmetrical (rather than full, direct, word-for-word and bidirectional)' (Hartmann and James 1998: 51), are usually made to pay the tribute to practicing lexicographers' efforts and to illustrate the difficulties they face rather than to draw conclusions that have far-reaching metalexicographic consequences and may lead to constructive solutions in bilingual lexicography.

Der ausgearbeitete lexikographische Äquivalenzbegriff wird in 3.1.2.2 dargestellt.

(3) Ältere Ansätze akzeptieren nur Wort-Äquivalente auf der zielsprachlichen Seite im SK, dabei allerdings mit vereinzelten Vermerken, dass BeiA den ÄA ähneln: „What is interesting, however, is that examples in a bilingual dictionary work in the same way as equivalence, and unlike definitions in monolingual dictionaries." (Piotrowski 2000: 20). Neuere Ansätze arbeiten hingegen mit Wort- und Syntagmen-Äquivalenz sowie rangstufenverschiedenen Mischformen, wodurch grundsätzlich auch Syntagmen akzeptiert und anerkannt werden (3.1.2.2.2).

(4) Mit besonders weitreichenden Folgen ist die Sichtweise der Typen der zwischensprachlichen Äquivalenzrelationen behaftet: Ältere Ansätze arbeiten mit einer Trichotomie *Volläquivalenz – Teiläquivalenz – Nulläquivalenz* (3.1.2.2.3). Das Überwiegen der sog. Teiläquivalenz, bedingt durch die zwischensprachliche Anisomorphie, führt jedoch dazu, dass das zweisprachige Wörterbuch an sich als ein unerreichbares Ziel angesehen wird: „due to interlingual anisomorphism a bilingual dictionary is, strictly speaking, an impossibility: all we can hope to produce are better or worse approximations", so Adamska-Sałaciak (2006: 99). Neuere Ansätze verwerfen diese Sichtweise; sie sind durch eine Fokussierung auf die *Kodifikation* der existierenden Äquivalenzrelationen in Hinsicht auf den Kotext und Kontext als entscheidende Parameter gekennzeichnet.

(5) Im Rahmen neuerer Ansätze wird bei der Kodifikation der Äquivalenzrelationen zwischen *äquivalenzrelevanten* Angaben (ÄrelA) und *äquivalentunterscheidenden* Angaben bzw. Äquivalentunterscheidungsangaben (ÄUntA) als deren Teilmenge differenziert, während die ältere Tradition verallgemeinernd von *Äquivalenzdifferenzierung* handelt (3.1.2.2.3). Die ältere Sichtweise ist im Zusammenhang mit den lexikographischen BeiA insofern mit gravierenden Nachteilen verbunden, als dass sie in Bezug auf die Funktionalität der BeiA keine weiteren relevanten Differenzierungen ermöglicht: Die BeiA können in der zweisprachigen Lexikographie als ÄrelA auftreten, jedoch nur bedingt als ÄUntA (Näheres dazu in 5.3.2.2).

### 3.1.2.1 Funktionale Ausgerichtetheit

Die Behandlung der funktionalen Ausgerichtetheit zweisprachiger Wörterbücher stellt eine Rahmenbedingung für die Erfassung charakteristischer Merkmale des aktiven zweisprachigen Wörterbuchs dar (3.1.2.1.1) und bietet ferner eine Basis für eine kritische Betrachtung des theoretischen Status der ÄA je nach Wörterbuchtyp (3.1.2.1.2).

### 3.1.2.1.1 Das Aktiv-Passiv-Prinzip

Als ein Versuch der Typologisierung der Wörterbuchlandschaft der zweisprachigen Lexikographie nach funktionalen Gesichtspunkten gilt das Aktiv-Passiv-Prinzip: Es stellt eine fundamentale theoretische Unterscheidung dar und fungiert als Allgemeingut der Reflexion der zweisprachigen Lexikographie (Mugdan 1992: 25; 1992a: 17; Werner 1990: 270; Hannay 2003: 145; Karpinska 2015: 19). Die Umsetzung des Aktiv-Passiv-Prinzips dürfte jedoch als eines der ungelösten bzw. gar unlösbaren Probleme der Printlexikographie erachtet werden.

Theoretisch ausgearbeitet ist das Aktiv-Passiv-Prinzip größtenteils von Kromann (1983; 1989; 1994) und Kromann et al. (1984; 1984a; 1991a) (vgl. zu dieser Feststellung Mugdan 1992: 25; 1992a: 17; Tarp 1995; Baunebjerg Hansen 1988: 186; Gouws 2006a: 171; Wiegand 1988: 527f.), wobei das Prinzip selbst auf den sowjetrussischen Lexikographen Ščerba zurückgeführt wird, der bereits in den 30er bis Anfang 40er Jahren des 20. Jh. für (a) die Berücksichtigung der Benutzerbedürfnisse in Hinsicht auf die Fremdsprache und Muttersprache sowie die Übersetzungsrichtung bei der Erstellung zweisprachiger Wörterbücher und (b) die Postulierung der Notwendigkeit an vier zweisprachigen Wörterbücher je Sprachenpaar plädiert hat (vgl. Gouws 2006: 51; 2006a: 171). Ščerbas Überlegungen sollen aufgrund der damaligen politischen Situation keine Verbreitung gefunden haben (Kromann 1983; Kromann et al. 1991a: 2715).

Das Aktiv-Passiv-Prinzip beruht auf dem Benutzerbezug und den Wörterbuchfunktionen (Baunebjerg Hansen 1990: 5), weswegen es oft als die Anerkennung der Wörterbuchfunktionen schlechthin angesehen wird (Tarp 2004b: 302; Gouws 2006a: 171; Mugdan 1992: 25). Die dem Aktiv-Passiv-Prinzip zugrunde gelegten Parameter sind wie folgt: (1) präsupponierte Sprachkompetenz der Wörterbuchbenutzer: Muttersprache ($L_1$) vs. Fremdsprache ($L_2$); (2) Sprachtätigkeit, bei der das zweisprachige Wörterbuch eine Hilfestellung bieten soll: Textrezeption vs. Textproduktion; (3) Übersetzungsrichtung: Übersetzen aus der Muttersprache in die Fremdsprache (Hinübersetzen) vs. Übersetzen aus der Fremdsprache in die Muttersprache (Herübersetzen) (vgl. Kromann 1994: 35f.). Darauf basierend wird ferner das Ökonomieprinzip angewandt (Kromann et al. 1991a: 2720).

Das Begriffspaar Muttersprache und Fremdsprache ist grundsätzlich weit gefasst; so betrachten Duda et al. (1986: 4) die *Muttersprache* in diesem Zusammenhang verallgemeinernd als „die Sprache, die ein Wörterbuchbenutzer (mehr oder minder) perfekt beherrscht", im Unterschied zur *Fremdsprache*, „die der Benutzer eines zweisprachigen Wörterbuches nur unvollkommen beherrscht und über die er Informationen im Wörterbuch sucht" (ebd.; vgl. Hausmann/Werner 1991: 2741; Model 2010: 43; Wiegand 1996: 44; Kromann et al. 1984: 185; Kromann 1989: 59). Ausgehend davon, dass eine Sprache des Sprachenpaares, die als Muttersprache ($L_1$) eines Benutzerkreises fungiert, jeweils entweder die Wörterbuchausgangs- oder Zielsprache sein kann, ergeben sich zwei Wörterbuchtypen für die Wörterbuchbenutzer mit $L_1$ als Muttersprache: ein *aktives* ($L_1$–$L_2$) und ein *passives* ($L_2$–$L_1$) zweisprachiges Wörterbuch. Da die andere Sprache des Sprachenpaares ebenfalls als die Muttersprache eines Benutzerkreises fungiert, gilt das Gleiche auch für sie. Daraus ergibt sich für ein Sprachenpaar ein Inventar von vier *monoskopalen monodirektionalen* zweisprachigen Wörterbüchern: zwei aktive und zwei passive Wörterbücher; nach Kromann (1983) sind dies zwei Haupttypen (1983: 342) oder Hauptfunktionen (1983: 330; vgl. Kromann 1989) von zweisprachigen Wörterbüchern.[18] Der Skopus

---

**18** Es handelt sich dabei nicht um *monofunktionale* zweisprachige Wörterbücher, wie es (Wiegand 1988: 528) ausführt: „Jeder dieser vier Wörterbuchtypen ist monofunktional, d.h.: er hat nur eine zentrale Wörterbuchfunktion; diese besteht darin, daß eine Klasse von Typen von Wörterbuchbenutzungssituationen abgedeckt wird, in der ein potentieller Benutzer steht, der zu einer der beiden Klassen von potentiellen Benutzern gehört, die durch die Sprachkompetenz festgelegt ist.". Eine Typologisierung nach den Wörterbuchfunktionen selbst ergibt hingegen ein Inventar von acht

des zweisprachigen Wörterbuchs hängt unmittelbar mit Wörterbuchfunktionen zusammen: „Der Skopus mit der Muttersprache als Ausgangssprache erfüllt in einem monodirektionalen Wörterbuch ausschließlich aktive Funktionen, der Skopus mit der Zielsprache als Muttersprache erfüllt in einem solchen Wörterbuch vor allem passive Funktionen." (Model 2010: 35). Grundsätzlich werden den zweisprachigen Wörterbüchern vier Wörterbuchfunktionen zugewiesen (Tarp 1995: 32; Werner 1999: 1858ff.; Wiegand 2005: 32ff.): (1) Hinübersetzen, (2) Herübersetzen, (3) Rezeption der Fremdsprache und (4) (Hin)Produktion[19] in der Fremdsprache, die wie folgt auf den Wörterbuchskopus verteilt werden: Hinübersetzen und (Hin)Produktion unterstützt das *aktive* zweisprachige Wörterbuch mit dem Skopus $L_1 \rightarrow L_2$; Herübersetzen und Rezeption der Fremdsprache hingegen das *passive* zweisprachige Wörterbuch mit dem Skopus $L_2 \rightarrow L_1$. Dies bildet den Kern des Aktiv-Passiv-Prinzips. Korrespondierende, jedoch terminologisch abweichende Typologisierungsvorschläge bieten (a) Hausmann (1977; 1985a: 377) mit einer Unterscheidung in *Hinübersetzungs-* und *Herübersetzungswörterbuch* sowie (b) Manley et al. (1988) mit einer Unterteilung in *encoding* und *decoding* bzw. *reencoding dictionary*.

Das Aktiv-Passiv-Prinzip kann zusätzlich ausgeweitet werden, indem man nach einzelnen Wörterbuchfunktionen vorgeht, d. h. jeweils die Übersetzungsfunktion, sei es Hin- oder Herübersetzen, von der Rezeptions- und Produktionsfunktion ausgrenzt, wie dies Werner (1990: 270ff.) vorschlägt (vgl. auch Hausmann 1985a: 377). Daraus ergibt sich eine weitere Differenzierung aktiver und passiver zweisprachiger Wörterbücher in jeweils *übersetzungsbezogene* und *übersetzungsunabhängige*, was eine theoretische Etablierung der Notwendigkeit an acht zweisprachigen Wörterbüchern je Sprachenpaar herbeiführt. Werner (1990: 270f.) thematisiert die Unterschiede zwischen übersetzungsbezogenen und -unabhängigen Varianten aktiver und passiver zweisprachiger Wörterbücher, räumt jedoch ein, dass übersetzungsunabhängige Funktionen partiell oder vollständig von einsprachigen Wörterbüchern abgedeckt werden können (1990: 272f.). In Bezug auf die übersetzungsbezogene und -unabhängige Varianten des aktiven zweisprachigen Wörterbuchs stellen Werner (1999: 1865f.) und Wiegand (2005: 35f.) fest, dass es keine relevanten Unterschiede bei der Gestaltung des SK gibt: „In beiden Fällen geht es um Äquivalente, die als Bausteine in zielsprachlichen Texten eingesetzt werden können." (Werner 1999: 1865). Hausmann (1985a: 377) hält expressis verbis fest, dass für das Hinübersetzungswörterbuch bzw. das aktive Wörterbuch eine solche Unterscheidung entfällt. Des Weiteren weist Werner (1990: 273) auf die Möglichkeit einer praktischen Umsetzung mehrerer Funktionen in *einem* zweisprachigen Wörterbuch hin, was

---

zweisprachigen Wörterbüchern je Sprachenpaar und stellt eine Ausweitung des klassischen Aktiv-Passiv-Prinzips dar.

**19** Der Terminus (*Hin*)*Produktion* wird von Wiegand (2005: 35) analog zum Terminus *Hinübersetzung* eingeführt.

eine solche erweiterte Differenzierung als unzweckmäßig erscheinen lässt. Sie hat jedoch Einfluss auf einen je nach Ansatz divergierenden theoretischen Status der ÄA im SK des zweisprachigen Wörterbuchs (3.1.2.1.2).

Die Differenzierung nach dem Aktiv-Passiv-Prinzip beeinflusst mehrere Bereiche der lexikographischen Arbeit (Wiegand 1988: 529): (a) die für ein Wörterbuchprojekt zu wählende Wörterbuchbasis; (b) makrostrukturelle Lemmaselektion; (c) die Intensität der mikrostrukturellen Bearbeitung sowie (d) die Wahl der mikrostrukturellen Beschreibungsmethoden sowie der Beschreibungssprache. In besonderem Maße wird dabei die Gestaltung des SK beeinflusst: „Die signifikanten Unterschiede zwischen aktiven und passiven Wörterbüchern lassen sich an der Darbietung aller wesentlichen Informationen in der Mikrostruktur nachweisen." (Kromann et al. 1984: 195). In Bezug auf die Unterschiede zwischen passiven und aktiven zweisprachigen Wörterbüchern gilt die folgende These von Hausmann (1977: 58) als programmatisch: „Das herübersetzende Wörterbuch braucht eine möglichst extensive Makrostruktur, das Hinübersetzende eine möglichst intensive Mikrostruktur." (vgl. dazu Prinsloo 2013: 515; Hannay 2003).[20] Da im Skopus eines passiven zweisprachigen Wörterbuchs die Fremdsprache als die Wörterbuchausgangssprache auftritt, müssen weitere Synonyme, Regionalismen u. a. Varianten in die Makrostruktur aufgenommen werden; während man im aktiven Wörterbuch infolge der präsupponierten muttersprachlichen Kompetenz auf der ausgangssprachlichen Seite auch unter einem Synonym nachschlagen kann (Tarp 1995: 24).

Bei der Gestaltung des SK des passiven Wörterbuchs spielen die folgenden zwei Faktoren eine Rolle: (a) die Tatsache, dass bei Rezeption und Herübersetzung die lexikalische Einheit bereits in einem Kotext und Kontext, bedingt durch den fremdsprachigen Text, vorgefunden wird (Werner 1999: 1860; Wiegand 2005: 33; Iannucci 1957: 272ff.; Steiner 1986: 88; Hausmann 1985a: 377; vgl. Kromann et al. 1984: 197), was die Bedeutungserschließung unterstützt; (b) es wird auf der präsupponierten muttersprachlichen Kompetenz auf der zielsprachlichen Seite aufgebaut. Der Zweck der ÄA besteht im passiven Wörterbuch in der Bedeutungserschließung des Lemmas: „Der Wörterbuchbenutzer benötigt nicht das Wissen über möglichst viele nach verschiedenen Faktorenkonstellationen in Frage kommende Äquivalenzen, sondern nur so viele Äquivalente, daß ihm die Bedeutung des ausgangssprachlichen Zeichens in einem bestimmten Kontext und Kotext klar wird.", so Werner (1999: 1860; vgl. Wiegand 2005: 33). Darauf basierend wird das Ökonomieprinzip bei der Gestaltung der SK befolgt: Es wird davon ausgegangen, dass der Wörterbuchbenutzer bei der Anführung mehrerer muttersprachlicher ÄA von selbst zwischen ihnen zu un-

---

[20] Für diese These gilt der Vorbehalt, dass in die Mikrostruktur eines passiven zweisprachigen Wörterbuchs auch alle idiomatischen Wendungen gehören, die semantisch undurchsichtig sind und von daher für den Wörterbuchbenutzer expliziert werden müssen, so eine spätere Selbstkorrektur von Hausmann (1988: 138ff.).

terscheiden vermag; die ÄA können deshalb als eine kumulative Aufreihung ohne ÄUntA präsentiert werden (Kromann et al. 1984: 197; Jacobsen et al. 1991: 2788). Dies gilt auch für einen als nicht notwendig erachteten Einsatz der BeiA (Steiner 1986: 88; Karl 1982: 77; Marello 1987: 229; vgl. Jacobsen et al. 1991: 2786; Vrbinc/Vrbinc 2016: 300). Des Weiteren erlaubt diese Zweckbestimmung u. U. auch den Einsatz der BPA als Äquivalentsurrogat (3.1.2.2.3), was im aktiven Wörterbuch nicht in Frage kommt.

Durch den Skopus und die Funktionen des aktiven Wörterbuchs bedingt ist der Zweck der ÄA in diesem Wörterbuchtyp: „Der genuine Zweck der Äquivalentangaben besteht hier ausschließlich darin, solche sprachlichen Ausdrücke der Wörterbuchzielsprache (die für den Wörterbuchbenutzer die Fremdsprache ist) zu nennen, die als Kandidaten für die Verwendung in den zu erarbeitenden Satzkonstruktionen der Übersetzung infrage kommen." (Wiegand 2005: 35; vgl. Werner 1999: 1865). Aus diesem Grunde sind ÄA durch keine alternativen Angabetypen wie BPA als Äquivalenzsurrogat ersetzbar (Wiegand 2005: 35; Werner 1999: 1865; Zgusta 1971: 320; Mugdan 1992: 35); dies gilt auch für bidirektionale zweisprachige Wörterbücher (Schnorr 1986: 54). Des Weiteren werden im aktiven zweisprachigen Wörterbuch *quantitativ* möglichst viele ÄA sowie *qualitativ* motivierte weitere Angaben angesetzt, was zu dem von Hausmann (1977: 58) angesprochenen intensiven Ausbau der Mikrostruktur führt (vgl. Prinsloo 2013: 515). Für ÄA des aktiven Wörterbuchs sind zwei Arten der an sie adressierten Angaben von besonderer Wichtigkeit: (a) ÄUntA (3.1.2.2.3), sowie (b) weitere ko- und kontextuelle Angaben, die dem Wörterbuchbenutzer Informationen zu den Eigenschaftsausprägungen einzelner ÄA bieten (Werner 1999: 1865; vgl. Beunebjerg Hansen 1990: 16). Für die Produktion in der Fremdsprache sind semantische, grammatische, pragmatische etc. Angaben für einen korrekten Einsatz einzelner ÄA äußerst relevant (Tarp 2004b: 313ff.; vgl. Model 2010: 17).

Das Aktiv-Passiv-Prinzip hat einen ausgesprochenen theoretischen Wert, es wird jedoch in mehreren Punkten der Kritik unterzogen, die wie folgt gruppiert werden können: (1) Unumsetzbarkeit und Unzweckmäßigkeit des Aktiv-Passiv-Prinzips generell; (2) Berufung auf Ščerba; (3) die Bezeichnungen *aktiv-passiv*.

Zu (1): Die Unumsetzbarkeit des Aktiv-Passiv-Prinzips in Bezug auf die Praxis besteht darin, dass die Forderung nach vier oder acht zweisprachigen Wörterbüchern pro Sprachenpaar grundsätzlich praxisfremd bis utopisch erscheint: „Mit solchen Forderungen manövriert sich die Wörterbuchforschung ins praxisferne Abseits.", so Wiegand (1996: 42; vgl. Prinsloo/Gouws 2000: 152; Piotrowski 2000: 20; Vrbinc/Vrbinc 2016: 298). In diesem Zusammenhang hält Gouws (2006a: 171) programmatisch Folgendes fest: „Die lexikographische Theorie sollte nie so ausgearbeitet werden, dass sie in einen grundsätzlichen Gegensatz zur lexikographischen Praxis gerät.". Diese Diskrepanz ist die zentrale Schwäche des Aktiv-Passiv-Prinzips. Für die Printlexikographie kommt die Unumsetzbarkeit des Aktiv-Passiv-Prinzips in zwei Aspekten zur Geltung: (a) bei kommerziellen Überlegungen bei der Wörterbucherstellung, und zwar in der Hinsicht, dass den beiden Sprachen nur selten ein gleicher Status als Fremdsprachen zukommt. Für Sprachenpaare mit wenigen potentiellen Benutzern ist es annähernd unrealistisch, vier oder acht Wörterbücher zu erstellen, weil sie durch die Beschränkung auf ein Sprachenpaar zugleich auf einen entsprechenden Markt beschränkt sind (Gouws 2006: 51; 2006a: 171; Adamska-Sałaciak 2006: 38; Tarp 2004b: 317; Manley 1983: 121). (b) Eine Umsetzung des Aktiv-Passiv-Prinzips erscheint kontraproduktiv in Bezug auf die Benutzerfreundlichkeit: „Auch aus der Sicht des Benutzers ist eine solche Forderung unrealistisch, ja sogar benutzerunfreundlich. Denn in diesem Fall müsste dieser jeweils zunächst eine Wörterbuchauswahl treffen und zuerst fragen, nach welchem der acht Wörterbücher er greifen soll!" (Gouws 2006a: 171; vgl. Prinsloo/Gouws 2000: 152). Im Einklang mit der Unumsetzbarkeit des Aktiv-Passiv-Prinzips steht auch die metalexikographische Reflexion existierender zweisprachiger Wörterbücher: Eine mangelnde Gerichtetheit zweisprachiger Wörterbücher wird vermehrt festgestellt und thematisiert (Tarp 2013: 427; Wiegand 2011: 149; Herbst/Klotz 2003: 104f.; Hannay 2003: 149; Mugdan 1992: 43f.; Kromann 1989: 61; 1994: 37; Hausmann 1988: 152 und 1985a: 378; Albi Aparicio 2013: 225; Iannucci 1957: 272f.).

Bei der Suche nach Lösungsmöglichkeiten dieses Dilemmas finden sich Überlegungen zur Kombination mehrerer Wörterbuchfunktionen (Wiegand 1996; 1995a: IX; Tarp 1995: 41), die polyfunktionale bidirektionale zweisprachige Wörterbücher entwerfen. So stellt Wiegand (1996: 67) die Behauptung auf, dass die Differenzierung in aktive und passive Wörterbuchfunktionen auf den Bereich der Mikrostruktur verlagert werden kann, indem im Fokus der Ermittlung des Benutzerbezugs mikrostrukturelle Angaben stehen sollen. Darauf basierend entwickelt Wiegand (1996) das Modell, nach dem einzelne Wörterbuchfunktionen in *einem* zweisprachigen Wörterbuch kombinierbar sind, wenn dieses mit (a) gemischt semiintegrierten Mikrostrukturen und (b) einem Register für die Zielsprache oder beide Wörterbuchsprachen arbeitet. Dies ist jedoch unumgänglich mit Komplikationen in Aspekten der Wörterbuchartikellänge sowie Komplexität der Artikelstrukturen behaftet (vgl. Wiegand 1988: 529). Auch wenn bidirektionale zweisprachige Wörterbücher mehr Angaben enthalten, werden sie aus der Sicht der Wörterbuchbenutzer keineswegs als besser bewertet (Model 2010: 36); vielmehr ist die Bidirektionalität mit Verlusten an der Qualität der lexikographischen Bearbeitung für beide anvisierten Benutzergruppen behaftet (Tarp 2013: 427; vgl. Manley 1983: 121). Grundsätzlich wird zu bidirektionalen zweisprachigen Wörterbüchern ausgeführt, dass sie größtenteils die Merkmale des aktiven Wörterbuchs beibehalten müssen, denn ein aktives Wörterbuch erscheint u. U. auch als passives Wörterbuch einsetzbar, das passive Wörterbuch hingegen nicht als aktives (Baunebjerg Hansen 1988: 187; Wiegand 1988: 529).

Ferner wird die Unzweckmäßigkeit des Aktiv-Passiv-Prinzips an sich thematisiert, wobei in diesem Zusammenhang primär das Konzept des aktiven zweisprachigen Wörterbuchs im Fokus steht. So stellen Tarp (2004b), Mugdan (1992; 1992a) und Hannay (2003: 147) Überlegungen an, dass eine konsequente Umsetzung des aktiven Wörterbuchs weder praktikabel noch sinnvoll erscheint (vgl. Hausmann 1985a: 378). Diesen Überlegungen liegen folgende zwei Aspekte zugrunde: (a) in Hinsicht auf die Wörterbuchfunktionen generell der Fakt, dass die Produktion in der Fremdsprache ab einem bestimmten Kompetenzniveau über fremdsprachliche Einheiten erfolgt (vgl. Mugdan 1992: 42; 1992a: 21), während ein aktives zweisprachiges Wörterbuch zwangsläufig nur Teilansichten auf zielsprachliche Einheiten bieten kann (vgl. Tarp 2004b: 308), sowie (b) annähernd unüberwindbare Schwierigkeiten beim Aufbau des SK des aktiven Wörterbuchs.

Nach Mugdan (1992) ist das beste lexikographische Hilfsmittel für die Produktion in der Fremdsprache das einsprachige $L_2$-Wörterbuch: "Für das freie Produzieren in der Fremdsprache ist das optimale Hilfsmittel zweifellos ein einsprachiges Wörterbuch, das neben orthographischen, phonologischen und semantischen Auskünften vor allem ausgiebige Informationen zu Flexion und Syntax sowie zahlreiche Anwendungsbeispiele liefert." (1992: 32). Diese Funktion kann jedoch auch ein zweisprachiges Wörterbuch mit dem Skopus $L_2$-$L_1$, d. h. ein passives Wörterbuch im klassischen Sinne, erfüllen: In einem $L_2$-$L_1$-Teil stellen die muttersprachlichen ÄA nach Mugdan (1992: 42) eine zusätzliche Verifizierungsmöglichkeit dar; sie bieten nämlich „in begrenztem Umfang – vor allem bei Kollokationen und Beispielen – die Möglichkeit zu verifizieren, ob die geplante Formulierung die vorgesehene Bedeutung hat" (ebd.). In dieser Funktionsbestimmung tendieren sie unverkennbar zu bilingualisierten zweisprachigen Wörterbüchern.

Zum konsequenten Aufbau des SK des aktiven zweisprachigen Wörterbuchs führt Hannay (2003: 146f.) Folgendes aus: Angesichts der Notwendigkeit nicht nur an ÄUntA sondern auch an Angaben zur ko- und kontextuellen Charakterisierung einzelner ÄA bedeutet seine Umsetzung entweder (a) „repeating essential information about a target-language word in every entry where the word was given as a transation option" (2003: 147), oder (b) „providing a great number of cross references to the one place where the information is given" (ebd.). Vor diesem Hintergrund kommt Hannay (ebd.) zur folgenden Behauptung:

> In fact, the obvious place for such information is either a monolingual target language dictionary or else a reception-oriented bilingual dictionary [...] It is precisely for this reason that for production tasks in particular, the L1-L2 and L2-L1 dictionaries that make up a language pair need to be used in tandem, with the reception dictionary fulfilling a clear role in the production process. [...] This is also what is behind the claim that monolingual dictionaries, in particular learner's dictionaries, are much better suited for language learning purposes than bilingual ones; indeed, learner's dictionaries arguably offer an even better complement to the bilingual dictionary in an L2-production environment (ebd.; vgl. Tarp 2004b: 309)

Hinzu kommt die Notwendigkeit der Ansetzung nicht nur der Wortäquivalente, sondern auch der Syntagmenäquivalente etwa für Kollokationen im aktiven Wörterbuch (Tarp 2004b: 309; vgl. Hausmann 1985a: 378).

Tarp (2004b: 310ff.) schlägt ein lexikographisches Modell vor, das aus zwei Teilprodukten besteht: (1) einem mikrostrukturell nicht weiter ausgebauten $L_1$-$L_2$-Teil, der als eine Art Brücke fungiert und lediglich den Zugriff auf den zweiten Teil ermöglicht: „The L1–L2 word list barely functions as part of the outer access structure guiding the user first to the word list and then to the article where these data are placed according to the distribution structure chosen for the dictionary. In this specific case, it has no other function." (2004b: 310); sowie (2) einem $L_2$- oder $L_2$-$L_1$-Teil, der eine ausführliche mikrostrukturelle Bearbeitung aufweist, erforderlich für die Sprachproduktion (vgl. dazu auch Hausmann 1985a: 378). Darüber hinaus erscheint ein solcher $L_2$-Teil auch in der Rezeptionsfunktion einsetzbar: „it is fairly easy to combine foreign-language text production with foreign-language text reception within the framework of one and the same dictionary. Actually, a well-conceived production dictionary already contains most of the data necessary to satisfy users' needs in terms of text reception." (Tarp 2004b: 317). Vor diesem Hintergrund erscheint das klassische Aktiv-Passiv-Prinzip in Hinsicht auf übergreifende Funktionen grundsätzlich unzweckmäßig.

Als ein weiteres Argument für die Unzweckmäßigkeit des Aktiv-Passiv-Prinzip sei am Rande erwähnt, dass das Aktiv-Passiv-Prinzip für die Fachlexikographie keine Gültigkeit beanspruchen kann. Die Kritik bezieht sich in diesem Bereich primär auf das passive zweisprachige Wörterbuch, und zwar auf den Fakt, dass die muttersprachliche Kompetenz auf der zielsprachlichen Seite im Fall der Fachterminologien keine entscheidende Rolle spielen kann (Rossenbeck 2006: 189). Rossenbeck (ebd.) plädiert ferner für einen sinnvollen Verzicht auf die Unterscheidung der Rezeptions- und Produktionsfunktionen für die Fachwörterbücher.

Zu (2): Die Berufung auf Ščerba ist ein weiterer Kritikpunkt an das Aktiv-Passiv-Prinzip. Ščerbas 1982[40] Verdienst ist ein erster Entwurf der Typologie der zweisprachigen Wörterbücher (Kromann 1983: 330; Tarp 2004b: 301); es ist jedoch nachgewiesen, dass eine Berufung auf Ščerba bei dem revidierten Aktiv-Passiv-Prinzip nur zu Unrecht erfolgt, denn Ščerba hat ein anderes Modell vorgestellt und ferner auch die Bezeichnungen aktives und passives Wörterbuch selbst nicht gebraucht (Mikkelsen 1992: 35; Tarp 1995: 26; Mugdan 1992; 1992a; Adamska-Sałaciak 2006: 27). Was die Aufteilung in aktive und passive zweisprachige Wörterbücher mit dem Modell von Ščerba gemeinsam hat, ist die Unterscheidung von vier zweisprachigen Wörterbüchern je Sprachenpaar (Mikkelsen 1992: 29), es ist jedoch festgestellt, dass nur das Konzept des aktiven Wörterbuchs mit den Überlegungen Ščerbas vergleichbar ist (Duda et al. 1986: 11; Mikkelsen 1992: 31), aber keineswegs das des passiven. Als erschwerende Umstände der Klärung dieses Sachverhalts fungieren folgende zwei Aspekte: (a) eine abweichende Terminologie der ursprünglichen Ausführungen im Rahmen der sowjetrussischen lexikographischen Tradition; sowie (b) die Tatsache, dass die vorgeschlagenen Wörterbuchtypen nie in Ščerbas Wörterbuchtypologie eingebunden worden sind (Tarp 2004b: 307f.; Duda et al. 1986: 11). Dies lässt unumgänglich einen Spielraumraum für weitere Interpretationen offen (Tarp

2004b: 310f.); wie Duda et al. (1986: 11) es formulieren, ergibt sich daraus eine „Ščerba-Exegese".

Zu (3): Es wird Kritik an den Bezeichnungen *aktiv* und *passiv* geübt (Wiegand 1988: 528; 1996: 42; Manley et al. 1988: 283f.); einzelne Kritikpunkte sind wie folgt: (a) diese Bezeichnungen können eine unerwünschte Bewertung in Bezug auf Aktivität oder Passivität des Wörterbuchbenutzers herbeiführen (Wiegand 1988; 528; Manley et al. 1988: 283f.). So erscheint *aktiv* nach Wiegand (1988: 528) „nicht sprechend", *passiv* „[befördert] gar das Vorurteil, die Textrezeption sei etwas Passives" (ebd.) sowie legt ferner eine falsche Schlussfolgerung nahe, die Herübersetzung benötigt keine sprachliche Aktivität. Nichtsdestoweniger fungiert Übersetzung als die komplexeste Sprachtätigkeit, „eine aus De- und Enkodierung zusammengesetzte Transkodierung" (Mugdan 1992: 31). In dieser Hinsicht erscheinen die von Hausmann (1977) vorgeschlagenen Termini *Hinübersetzungs-* und *Herübersetzungswörterbuch* oder aber *produktiv* und *rezeptiv* in Anlehnung an *encoding* und *decoding/reencoding dictionaries* von Manley et al. (1988) geeigneter, weil motiviert und unmissverständlich. (b) In Bezug auf das *passive* Wörterbuch schlagen Manley et al. (1988: 283f.) vor, eine weitere Unterscheidung in *decoding* und *re-encoding* dictionary vorzunehmen: Während die erstere Bezeichnung für reine Rezeption fremdsprachiger Texte reserviert bleibt, beinhaltet die zweite die Herübersetzungsfunktion. (c) Schließlich wird darauf hingewiesen, dass das Begriffspaar *aktiv-passiv* bereits in benachbarten Disziplinen wie der Linguistik (für das Genus verbi) sowie der Sprachdidaktik (in Hinsicht auf den Wortschatz) gebraucht wird (Manley et al. 1988: 283), was ggf. zu ungewünschten Übertragungen führen kann.

In der vorliegenden Arbeit wird in Anlehnung an Model (2010: 43) „das Sprachenpaar *aktiv-passiv* als Oberbegriff für freie Sprachproduktion und Hinübersetzung einerseits sowie bloßes Textverständnis und Herübersetzung andererseits" verwendet, d. h. ohne weitere Implikationen.

Bei den Problemen der Unumsetzbarkeit und Unzweckmäßigkeit des Aktiv-Passiv-Prinzips für die Printlexikographie eröffnet die Entwicklung der elektronischen Lexikographie neue Möglichkeiten; das elektronische Medium bietet nämlich „neue praktikable Lösungen für viele alte Probleme", so Gouws (2006: 53; vgl. Wiegand 2008: 37; Herbst/Klotz 2003: 155; Adamska-Sałaciak 2006: 173). Dies gilt gleichermaßen für die Aspekte der Typologisierung wie auch der Optimierung zweisprachiger Wörterbücher. So wird in Gouws (2014) und Gouws (2006) ein Entwurf eines zweisprachigen lexikographischen Projektes für das Sprachenpaar Deutsch-Afrikaans präsentiert, das mit der Extraktion eines personalisierten benutzeradaptierbaren lexikographischen Datenangebots je nach einem vorher angegebenen Benutzerprofil arbeitet und somit eine Serie optimierter zweisprachiger Wörterbücher bieten kann. Solche personalisierten zweisprachigen Wörterbücher werden aus einem gemeinsamen polytypologischen „Mutterwörterbuch" (Gouws 2006: 51ff.; 2014: 18) extrahiert, das anhand einer Datenbank aufgebaut wird. Nach Gouws (2006: 54) kann „ein solches integriertes Mutterwörterbuch als ein polyfunktionales, polytypologisches und polyinformatives Produkt betrachtet werden, das sich an verschiedene Benutzer- und Benutzungssituationen richtet". Das identifizierte Benutzerprofil ist mit Optimierungen des lexikographischen Datenangebots in zweifacher Hinsicht verbunden: „An early identification of the users resides in determining the direction of the required dictionary and their language proficiency in a specific language." (Gouws 2014: 19). Dieses Projekt beinhaltet „[i]nnovative and transformative planning" (Gouws 2014: 16) gegenüber den Grenzen des Aktiv-Passiv-Prinzips für die Printlexikographie sowie eine Optimierung durch Sensibilisierung in Bezug auf die Vielfalt an Benutzerbedürfnissen: „One of the significant features of a process where different dictionaries are extracted from a single database lies in the potential of extracting user-specific and even personalized dictionaries. This is done by means of the setting up of a profile that determines the selection of specific items for a given dictionary." (Gouws 2014: 18f.). Darüber hinaus impliziert ein solches Projekt eine Ablösung von kommerziellen Aspekten: „Within a database-linked dictionary series the extent of the market has no significant role to play. If the planning and marking-up of the database is done in a proper way it could lead to a range of dictionaries of which some may be retrieved very seldom – but they are there to be called on when needed." (Gouws 2014: 18).

Auch wenn der Entwurf in Gouws (2014) und Gouws (2006) für das Sprachenpaar Deutsch-Afrikaans ausgearbeitet ist, weist er Applikationsmöglichkeiten für weitere Sprachenpaare und deshalb für die zweisprachige Lexikographie generell auf:

> There is no chance of having four to eight bilingual dictionaries with Afrikaans and German as language pair printed by any publishing house. Even the chances of a single decent printed polyfunctional dictionary that could suffice the needs of the majority of potential users are rather slim. Lexicographers need to embark on electronic dictionaries (e-dictionaries) but on a project where a single database can be employed in such a way that a number of dictionaries, directed at different target user groups, can be extracted from such a database. (Gouws 2014: 16; vgl. Gouws 2006: 51ff.)

Darüber hinaus werden an die elektronische Lexikographie auch Erwartungen in Bezug auf die Kombination zweisprachiger und einsprachiger lexikographischer Produkte gestellt, die für den Bereich der pädagogischen Lexikographie sehr gewinnbringend sein kann (Hannay 2003: 153; Adamska-Sałaciak 2010: 133).

### 3.1.2.1.2 Der Status der Äquivalentangabe(n)

Aus der Ausgrenzung der Übersetzungsfunktion aus dem funktionalen Profil des zweisprachigen Wörterbuchs entstehen weitreichende Folgen für die Interpretation des theoretischen Status der ÄA und bisweilen auch des Lemmas selbst (Hausmann/Werner 1991: 2744f.; Werner/Chuchuy 1992: 102ff.; Model 2010: 43ff.; Werner 1999: 1858). Stellvertretend werden in diesem Zusammenhang die Ausführungen

von Model (2010: 43ff.) referiert, da sie zusätzlich auf das Begriffspaar *Objektsprache* und *Metasprache* als Typologisierungsmerkmal projiziert sind. So unterscheidet Model (2010: 44f.) folgende drei variierende typologische Fälle:
(a) im monofunktionalen passiven Wörterbuch mit übersetzungsunabhängiger Rezeptionsfunktion wird das Lemma der Objektsprache und das Äquivalent der Metasprache zugeordnet: Die ÄA wird nicht primär als ein in Texte einsetzbares lexikalisches Element betrachtet, vielmehr „erfüllt das Äquivalent die gleiche Funktion wie eine Definition in einem einsprachigen Wörterbuch. [...] Die Äquivalente werden also nicht selbst als sprachliche Einheiten thematisiert und erfüllen somit nur metasprachliche Funktion." (2010: 44; vgl. Hausmann/Werner 1991: 2744). Dabei räumt Model (ebd.) ein, dass „die hiesige Gleichsetzung Lemma = Objektsprache und Äquivalent = Metasprache an den entsprechenden Wörterbuchtyp gebunden und nicht die einzig mögliche ist".
(b) Im monofunktionalen aktiven zweisprachigen Wörterbuch mit übersetzungsunabhängiger (Hin)Produktionsfunktion wird das Lemma als der Metasprache und das Äquivalent als der Objektsprache angehörig betrachtet:

> Das Äquivalent gehört [...] eindeutig der Objektsprache an. Das Lemma hingegen ist ein metasprachliches Element. Es liegt als sprachliches Zeichen außerhalb des Wörterbuchs für den Benutzer nicht vor und ermöglicht ihm bloß den Zugang zu dem Abschnitt des Wörterbuchs, der zu seiner Idee und der damit verbundenen außersprachlichen Referenz zielsprachliche lexikalische Einheiten bereithält. Das Lemma schafft also einen onomasiologischen Zugang: es führt von einem Konzept zu einem Zeichen. (2010: 44)

Hausmann/Werner (1991: 2745) sprechen in diesem Fall expressis verbis über „eine Analogie zum onomasiologischen Wörterbuch".
(c) Im zweisprachigen Wörterbuch mit Übersetzungsfunktion gehören sowohl das Lemma als auch die ÄA der Objektsprache an, weil sie beide als sprachliche Zeichen aufgefasst werden (Model 2010: 45). In diesem Fall werden ÄA ohne Weiteres als *Äquivalentangaben* deklariert (Hausmann/Werner 1991: 2745; Werner/ Chuchuy 1992: 103). Nach Hausmann/Werner (1991: 2745) handelt es sich dabei um „Angaben mittels wörterbuchzielsprachlicher Wortschatzeinheiten in der Eigenschaft von Äquivalenten in einem vorlexikographischen Sinn", nämlich „in einem linguistischen Sinne, den das Wort außerhalb der Lexikographie hat" (ebd.).

Aus dieser Differenzierung resultiert die Unterteilung der ÄA in *semantische Angaben* (Fall a), *onomasiologische Angaben* (Fall b) und *Äquivalentangaben* (Fall c) (Model 2010: 45; Werner/ Chuchuy 1992: 102ff.; Hausmann/Werner 1991: 2745).

Diese Sichtweise erweist sich aus folgenden Gründen als nicht stichhaltig:
(1) sie beruht ausschließlich auf einer strikt monofunktionalen Anlage zweisprachiger Wörterbücher, die eine Ausweitung des Aktiv-Passiv-Prinzips darstellt und eine Ausgrenzung der Übersetzungsfunktion beinhaltet. In Hinsicht auf das

klassische Aktiv-Passiv-Prinzip, das auch nur als ein theoretischer Idealfall fungiert, kann sie keine Gültigkeit beanspruchen. Dies stellt auch Tarp (2005: 30) fest, wenn auch im Fokus diesbezüglicher Überlegungen primär ein Versuch der objektiven Ermittlung des Begriffs der *Objektsprache* steht. Tart (ebd.) führt dazu Folgendes aus:

> The object language cannot be deduced directly from the lexicographic data of a dictionary, but depends on the function(s) of this dictionary. If the function is to describe or explicate the foreign language ($L_2$ reception), then $L_2$ is the object language whether or not this is done by means of $L_1$ explanations or equivalents. On the contrary, if the function is to translate from $L_2$ to $L_1$, then both $L_2$ and $L_1$ will have to be considered object languages. But, and this is the interesting question, if the functions of the dictionary, as it frequently happens, is a combination of $L_2$ reception and $L_2$-$L_1$ translation, what would then be the object language? Would it be $L_2$ when the user consults the dictionary with a reception problem, and both $L_2$ and $L_1$ when he or she consults it in order to get assistance in $L_2$-$L_1$ translation? This would be rather a schizophrenic and weak criterion for an objective definition.

In Bezug auf die bei Model (2010) verwendeten Begriffe der *Objektsprache* und *Metasprache* gelten folgende Vorbehalte, die die Sichtweise entkräften:

(2) Das Lemma gilt nach Wiegand (2000b[1983]: 485f.) als ein Zeichen, nämlich das Lemmazeichen, das sich einer derartigen Zuordnung der Objekt- bzw. Metasprache grundsätzlich entzieht: „Das Lemmazeichen ist dasjenige Zeichen, um das es in einem Wörterbuchartikel geht bzw. zu dessen Repräsentation das Lemma angesetzt wird, d.h.: das Lemmazeichen ist dasjenige Zeichen, das lexikographisch bearbeitet ist." (ebd.: 485). Des Weiteren ist das Lemmazeichen ein erwähntes Languezeichen im Sinne eines kollektiv-virtuellen Teilbereichs der Sprache (ebd., Fußnote 60). In diesem Sinne führt Wiegand (2000b[1983]: 486) zum Wesen des Lemmas in der einsprachigen Lexikographie Folgendes aus: "Das Lemma in einem einsprachigen [...] Sprachwörterbuch gehört als erwähntes Languezeichen zu der in diesem Wörterbuch beschriebenen Sprache und somit zum lexikographischen Diskurs, es gehört aber nicht zur lexikographischen Beschreibungssprache, in der über das Lemma geschrieben wird.". Der Zeichencharakter des Lemmas gilt auch für die zweisprachige Lexikographie.

(3) Der verwendete Begriff der *Metasprache* ist in Bezug auf den Status der ÄÄ deshalb unangemessen, weil er konsequent gedacht dem Begriff der lexikographischen Äquivalenz im engen Sinne zuwiderläuft: Geht man davon aus, dass die Relation der Äquivalenz im engen Sinne nur unter gleichrangigen Entitäten möglich ist (3.1.2.2.1), dann erscheint sie bei monofunktionalen Varianten zweisprachiger Wörterbücher ohne Übersetzungsfunktion unmöglich. Dies vermerkt tatsächlich Werner (1999: 1866) und plädiert für eine Relativierung des Äquivalenzverhältnisses im Zeichen des onomasiologischen Aufbaus des monofunktionalen Hinproduktionswörterbuchs: Unter der Prämisse, die ausgangssprachlichen Elemente seien außersprachliche Referenzen, die dem Zugriff auf

zielsprachliche lexikalische Elemente dienen, kann nicht von lexikographischer Äquivalenz im engen Sinne die Rede sein. Dies gilt gleichermaßen für monofunktional rezeptive zweisprachige Wörterbücher. Da die Ausweitung des klassischen Aktiv-Passiv-Prinzips jedoch an sich unzweckmäßig ist (3.1.2.1.1) und beim Vorliegen der Übersetzungsfunktion denselben ÄA ein anderer theoretischer Status zugeschrieben wird, erscheint die ganze Sichtweise revisionsbedürftig.

(4) Aufgrund der Entkräftigung der *Metasprache* gewinnt auch die *Objektsprache* im Zusammenhang mit der Reflexion des zweisprachigen Wörterbuchs eine andere Bedeutung: Fällt die *Metasprache* weg, sind die beiden lexikographisch erfassten Sprachen im Wörterbuchgegenstandsbereich des zweisprachigen Wörterbuchs *Objektsprachen* wie im oben referierten Fall (c) von Model (2010: 45), was nicht weiter gewinnbringend erscheint (vgl. dazu Tarp 2005: 30). Das Begriffspaar *Metasprache* und *Objektsprache* kann vielmehr in Bezug auf die Beschaffenheit einzelner Angabetypen im SK angewendet werden, jedoch nicht generell auf die im Wörterbuchgegenstandsbereich des zweisprachigen Wörterbuchs erfassten Sprachen.

Angesichts dieser Argumente sowie insbesondere aufgrund einer im Vorigen getroffenen Festlegung der Nichtausgrenzung der Übersetzungsfunktion aus dem Wesen des zweisprachigen Wörterbuchs wird in der vorliegenden Arbeit die oben geschilderte differenzierende Sichtweise des Status der ÄA verworfen. Dahingegen wird die ÄA als eine objektsprachliche Angabe mit dem *parole*-Status behandelt; es wird an die folgende Aussage von Hausmann (1986: 106) angeknüpft: „The definition may remain on the level of *langue*, whereas equivalence will always be situated on the level of *parole*.". Dies bietet eine tragfähige Grundlage für die Behandlung der lexikographischen Äquivalenz im engen Sinne, d. h. der genuin lexikographischen Äquivalenz, und nicht der Äquivalenz in einem fragwürdigen „vorlexikographischen Sinn" von Hausmann/Werner (1991: 2745), sowie dadurch ferner der Funktionalität der BeiA in der zweisprachigen Lexikographie.

### 3.1.2.2 Der lexikographische Äquivalenzbegriff

Ein grundlegendes Charakteristikum der Äquivalenz besteht darin, dass sie ein Relationsbegriff ist, der die Relation der *Gleichwertigkeit* und nicht etwa der *Gleichheit* beinhaltet (Wiegand 2002a: 94; 2005a: 18f.; Koller 2004: 343). Die *Gleichheit* würde voraussetzen, dass zwei oder mehr Entitäten in *allen* ihren jeweils unterscheidbaren Eigenschaftsausprägungen identisch sind, während *Gleichwertigkeit* hingegen auf der Übereinstimmung von mindestens einer Eigenschaftsausprägung dieser Entitäten beruht: Zwei Elemente erscheinen „gleichwertig, wenn sie aufgrund mindestens einer gleichen Eigenschaftsausprägung in einem Denk- und/oder Handlungszusammenhang den gleichen Zweck erfüllen" (Wiegand 2002a: 94). Eine solche Eigenschaftsausprägung fungiert als Äquivalenzkriterium, und dieses muss ebenfalls angegeben werden: „Der Begriff Äquivalenz sagt dabei noch nichts über die Art der Beziehung aus: diese muss zusätzlich definiert werden.", so Koller (1978: 80). Dies macht verständlich, warum der Begriff der Äquivalenz (i) in verschiedenen Disziplinen (Mathematik, Physik, Logik etc.), (ii) in sprachwissenschaftlichen Disziplinen sowie auch (iii) innerhalb einer Disziplin, wie in der Übersetzungswissenschaft, in unterschiedlichen theoriespezifischen Auffassungen und somit in verschiedenem Sinne gebraucht wird (Wiegand 2002a: 94; Werner 1999: 1853). Dies erlaubt auch die oben getroffene Unterscheidung zwischen Äquivalenz im weiten und im engen Sinne für die Wörterbuchforschung.

Davon, wie grundlegend der Aspekt der Äquivalenz in der zweisprachigen Lexikographie ist, zeugen selbst alternative Bezeichnungen des zweisprachigen Wörterbuchs als *Äquivalenzwörterbuch* (etwa Hausmann 1977: 46ff.; Model 2010: 43; 57; Schafroth 2011: 76) oder *Äquivalentwörterbuch* (Karl 1982: 3; vgl. WLWF-1: 552, ÄQUIVALENTWÖRTERBUCH) sowie der zweisprachigen Lexikographie als *Äquivalenzlexikographie* (Model 2010: 52). Der Kern der Äquivalenzproblematik hängt mit dem Zweck des zweisprachigen Wörterbuchs und dadurch mit dem Phänomen der Anisomorphie zusammen; Wiegand (2002a: 93) formuliert dies wie folgt:

> Die Äquivalenzproblematik hat ihre Grundlage in einem sprachlichen Sachverhalt, über den interdisziplinär Konsens besteht: Die lexikalsemantischen Strukturen der Lexik einer Einzelsprache sind einzelsprachenspezifisch und damit z.T. unikal. Daraus folgt, daß die lexikalsemantischen Strukturen zweier (oder mehrerer) Sprachen nicht isomorph sind. (vgl. dazu Dobrovol'skij 2002: 56; Werner 1999: 1856; Landau 2004: 11; Adamska-Sałaciak 2011: 2ff.)

Dies gilt auch für die Verwendungscharakteristika einzelner Wortschatzelemente innerhalb der Wortschätze zweier Sprachen (Werner 1999: 1856; Winter 1993: 45).

Im Einklang mit dem Theoriedefizit für die zweisprachige Lexikographie sowie der kontroversen Forschungslage steht der Fakt, dass der Begriff der Äquivalenz in der Metalexikographie erst in neueren Arbeiten systematisch behandelt wird (Wiegand 2002a; 2002b; 2005; 2005a; 2005b; 2011; Werner 1999), auch wenn einzelne Aspekte der Äquivalenzproblematik seit langem sporadisch thematisiert worden sind (zur Übersicht siehe Wiegand 2002a: 99). Grundlegend und richtungsweisend erscheint in diesem Zusammenhang die Einsicht, dass die Metalexikographie einen eigenen forschungsbezogenen Äquivalenzbegriff braucht (Wiegand 2002a; 2005a), der ferner auch Aufschluss über die Anlage des SK im zweisprachigen Wörterbuch geben kann.

### 3.1.2.2.1 Grundlegende Charakteristika

Die lexikographische Äquivalenz soll vor dem Hintergrund der Äquivalenzbegriffe der benachbarten Disziplinen charakterisiert werden, die ebenfalls mit der Sprachkontrastierung und zwischensprachlicher Anisomorphie zu tun haben und zu denen die Lexikographie Berührungspunkte aufweist, nämlich (1) der kontrastiven Lexikologie und (2) der Übersetzungswissenschaft.

Zu (1): Die kontrastive oder konfrontative Lexikologie als Teil der kontrastiven Sprachwissenschaft arbeitet mit *strukturell-semantischer Äquivalenz* im Sinne des Vergleichs von Sprachsystemen und semantischen Strukturen dieser Systeme. Der Äquivalenzbegriff der kontrastiven Lexikologie ist sprachsystembezogen, d. h. *langue*-bezogen (Wiegand 2002a: 95; 2005a: 17; Werner 1999: 1855; Koller 1978: 77; 2004: 350). Als Grundlage der kontrastivlexikologischen Untersuchungen fungiert die Auffassung des bilateralen polysemistischen Sprachzeichenbegriffs. Als ein Äquivalenzkriterium auf der Sprachsystemebene fungiert die Übereinstimmung der semantischen Strukturen der Lexeme zweier Sprachsysteme (vgl. Koller 2004: 350) in der Auffassung als bilaterale Sprachzeichen mit einer Option der Polysemie (Wiegand 2005a: 22). Die semantischen Strukturen einzelner Sprachzeichen werden durch Identifizierung ihrer Sememe ermittelt. Die Sememe eines Lexems werden in der Ausgangssprache differenziert und es wird anschließend nach Lexemen der Zielsprache gesucht, deren Sememstrukturen sich mit den Sememen der ausgangssprachlichen Elemente möglichst weitgehend decken: „Die Suche der 1:1-Entsprechungen ist die Hauptaufgabe der kontrastiven Lexikologie." (Hausmann 1995: 20). So führt Karl (1982: 34f.), auf die Perspektive des Sprachsystems bezogen, Folgendes aus:

> Lexikalische Einheiten zweier (oder mehrerer) Sprachen sind semantisch äquivalent, wenn ihre semantischen Strukturen identisch sind, d.h. in der Art, Anzahl und Anordnung der Bedeutungselemente sowie der einzelnen Bedeutungsstrukturen (Sememe) übereinstimmen. Semantisch äquivalente WE-Paare [Wortschatzelement-Paare, K.L.] kommen in einer sehr geringen Anzahl vor.

Eine grundlegende Schwäche des Ansatzes der kontrastiven Lexikologie besteht darin, dass bei *langue*-bezogenen Vergleichen die Denotationsrelation der sprachlichen Einheiten prinzipiell als deckungsgleich betrachtet und als Vergleichsbasis genommen wird (Wiegand 2002a: 95). Dies ist als eine Folge dessen aufzufassen, dass es sich bei der Identifizierung einzelner Sememe aus der *langue*-Perspektive lediglich um systemmögliche Kapazitäten der Sprachzeichen handelt. Einzelne Sememe werden in Hinsicht auf die Denotation als „denotativ äquivalent" (Wiegand 2002a: 96; vgl. Herbst/Klotz 2003: 112f.) angesehen, was in der Tat jedoch nicht immer gegeben ist. Da sprachliche Einheiten „gar keine semantischen Einheiten, sondern bilaterale Sprachzeichen" (Wiegand 2002a: 96) sind, können Unterschiede zwischen Einzelsprachen nicht nur in der Benennung der Konzepte (Ausdrucksseite), sondern auch in der Inhaltsseite, d. h. in den bezeichneten Konzepten bzw. im einzelsprachlichen Inventar an Konzepten selbst bestehen (vgl. Zgusta 1971: 296), was die Perspektive der kontrastiven Lexikologie nicht berücksichtigen kann. Des Weiteren wird beim kontrastivlexikologischen Ansatz nicht auf Bedingungen der Realisierung einzelner Sememe eingegangen, da sie zur Ebene des Sprachgebrauchs, der *parole*-Ebene, gehören: „Kontrastive Lexikologie setzt kontextunabhängige Konzeptualisierungen voraus.", so Hausmann (1995: 20).

Vor dem Hintergrund solcher Charakteristika der *langue*-bezogenen Äquivalenz der kontrastiven Lexikologie finden sich Stimmen dafür, diese Art der Äquivalenz als *Korrespondenz* im Sinne der Strukturübereinstimmungen zu bezeichnen (Koller 1978: 78; 2004: 350; 2011: 225; Wiegand 2002a: 106). Die Relation der Korrespondenz lässt sich mit einem dreistelligen Relationsterm *x korrespondiert mit y bezüglich z* (Wiegand 2002a: 106) erfassen, in dem *x* und *y* als Variablen für Lexeme der Ausgangs- und der Zielsprache und *z* als Variable für das Korrespondenzkriterium fungieren, so dass der Term insgesamt als *x ist die Systemsprechung für y* zu lesen ist (ebd.). Die Bezeichnung *Äquivalenz* wird hingegen für die Gleichwertigkeitsrelationen auf der *parole*-Ebene reserviert, in denen es um die Aspekte (a) der Überwindung der zwischensprachlichen Anisomorphie sowie (b) der Berücksichtigung der dafür relevanten Äquivalenzbedingungen geht.

Der Arbeitsbereich der kontrastiven Lexikologie ist in mehreren Hinsichten eingeschränkt:

(1) im Hinblick auf die Herangehensweise selbst: Die Berücksichtigung der Korrespondenz*bedingungen* bleibt zwangsläufig aus (Koller 2011: 225; 2004: 350), indem keine ggf. existenten denotativen Differenzen sowie objektsprachlichen Bedingungen berücksichtigt werden können;

(2) in Hinsicht auf den Untersuchungsgegenstand: (a) die kontrastive Lexikologie arbeitet nur mit lexikalisierten, d. h. *lexik-* bzw. *lexikonspezifischen* Wortschatzeinheiten (Wiegand 2005a: 26) und ist auf Lexeme festgelegt; (b) wegen der Ausblendung der Korrespondenzbedingungen ist der Ansatz der kontrastiven Lexikologie nur für Autosemantika sinnvoll, in erster Linie für Substantive, in kleinerem Umfang für Verben und Adjektive (Hausmann 1995: 20f.); (c) Hausmann (1995: 23) weist darauf hin, dass die kontrastive Lexikologie „nur in kleinen Bereichen der Sprache möglich [ist], nämlich da, wo man Autosemantika vergleichen kann. Darüber hinaus wird die kontrastive Lexikologie zur kontrastiven Phraseologie und darüber hinaus zur kontrastiven Textologie.";

(3) schließlich spielt die Erfassung aller möglichen sprachlichen Varianten für den Ausdruck eines Sachverhaltes keine primäre Rolle in der kontrastiven Lexikologie:

> Sie hat nicht die Aufgabe, alle möglichen bezeichnungsgleichen ZS-Varianten zu beschreiben, wie sie unter unterschiedlichen sprachlichen, textuellen und situativen Bedingungen möglich sind und etwa in Übersetzungen vorliegen können oder von bilingualen Sprechern geliefert werden, sondern nur diejenigen, die strukturell mit den AS-Ausdrücken aufgrund des Korrespondenzkriteriums vergleichbar sind. (Koller 2011: 225f.; vgl. Koller 2004: 350)

Auf ein anderes Wesen der Äquivalenz in der Lexikographie weist Wiegand (2002a: 99) hin:

> Der langue-bezogene Äquivalenzbegriff der kontrastiven Lexikologie ist für die zweisprachige Lexikographie ungeeignet. Denn zweisprachige Wörterbücher sind nicht als Hilfsmittel für vergleichende Untersuchungen von Sprachsystemen konzipiert (auch wenn einige Vertreter der kontrastiven Lexikologie sie dazu benutzen). Vielmehr sind sie in erster Linie als Hilfsmittel gedacht, um fremdsprachliche Texte zu verstehen und zu produzieren sowie Übersetzungen in beiden Richtungen anzufertigen. (vgl. auch Wiegand 2005a: 17)

Die Sprachtätigkeiten sind grundsätzlich auf der *parole*-Ebene angesiedelt. Es gehört zum Wesen der *parole*-Ebene, dass beim Sprachgebrauch jeweils *ein* Semem bzw. *eine* Lesart realisiert wird, und zwar typischerweise durch textuelle Faktoren wie Kontext und Kotext: Das Semem auf der *parole*-Ebene ist eine „aktuelle, kontextuale Bedeutung" (Bielińska 2014: 233). Diese textinhärenten Faktoren sorgen für Monosemierung polysemer sprachlicher Einheiten, so Zgusta (1971: 69):

> the context adds very substantially to the meaning of the word in question, or it is only the context which conveys the concrete information. In a case of polysemy, the context eliminates out of the whole meaning of the word those senses which do not apply. By such an elimination of those senses which do not apply the meaning of the polysemous word (lexical unit) can be said to be disambiguated.

Dies postuliert auch Bondzio (1982: 140): "Der Kontext ermöglicht [...] in erster Linie eine Präzisierung der Bedeutung als monosemierende Eingrenzung." (vgl. dazu auch Moon 1987: 87; Hanks 1987: 127; Kromann 1986: 179; Manley et al. 1988: 281; Reder 2006: 84; Bielińska 2014: 233; Gullvåg/Nœss 1996: 1410; Pinkal 1985: 31; Szende 1999: 221; LSW: 368, Kontext). In Bezug auf die Unterscheidung zwischen Kotext und Kontext wird unter *Kotext* üblicherweise die syntagmatische Umgebung verstanden, während *Kontext* hingegen für den situativen Kontext steht (vgl. Bielińska 2014: 233; Pinkal 1985: 34).

Die *parole*-Beschaffenheit ist für die Übersetzungswissenschaft und die zweisprachige Lexikographie charakteristisch (Wiegand 2002a: 100). Insbesondere für die zweisprachige Lexikographie determiniert dieser Sachverhalt die Notwendigkeit der Einbeziehung der ko- und kontextuellen Bedingungen für (a) die Realisierung einer Bedeutung sowie (b) die Herstellung der zwischensprachlichen Äquivalenzrelation für einzelne Bedeutungen. Die *langue*-Perspektive kann ein solches auf der Gebrauchsebene existierendes Bedingungsgefüge nicht erfassen: „Der Sprachsystemvergleich funktioniert ja genau auf der Basis, daß bestimmte Faktoren und Faktorenkombinationen der Verwendung lexikalischer Einheiten als tertium comparationis angenommen werden." (Werner 1999: 1856); eine Ansiedelung des Äquivalenzbegriffes auf der Ebene des Sprachsystems wäre folglich zu statisch für die zweisprachige Lexikographie (ebd.: 1855f.). Die Anführung ausschließlich der Systemäquivalente im zweisprachigen Wörterbuch wäre wenig hilfreich für dessen Einsatz bei konfliktbedingten Benutzungshandlungen, die im Laufe der Sprachtätigkeiten entstehen.

Ein weiterer grundlegender Unterschied zwischen der Äquivalenz in der kontrastiven Lexikologie und der zweisprachigen Lexikographie ergibt sich aus dem Untersuchungsbereich für die Äquivalenzherstellung: Während der Äquivalenzbegriff der kontrastiven Lexikologie lexik- bzw. lexikonspezifisch angelegt ist, erscheint eine solche Festlegung für die zweisprachige Lexikographie fremd. Für lexikographische Äquivalente gelten keine Lexikalisierungsbedingungen; die lexikographische Äquivalenz ist lexikontranszendierend (Wiegand 2002a: 103; 2005a: 42; vgl. Rettig 1985: 96f.). Für die Postulierung lexikographischer Äquivalentpaare bedeutet dies eine Zulassung nicht nur der Wortäquivalente, sondern ggf. auch nichtlexikalisierter Syntagmenäquivalente (3.1.2.2.2).[21] Sie treten vorrangig im zielsprachlichen Bereich auf, denn bei ihrem Einsatz auf der ausgangssprachlichen Seite entstehen Probleme ihrer Lemmatisierung sowie ferner auch der Auffindung durch den Benutzer (Petkov 2001: 77).

Eine kontrastivlexikologische Ermittlung der Äquivalenzrelationen findet in der Vorbereitungsphase der lexikographischen Arbeit statt. Kontrastive Lexikologie fungiert vor diesem Hintergrund als eine Grundlage für die Unternehmungen der zweisprachigen Lexikographie (Wiegand 2005a: 17). In der zweisprachigen Lexikographie kommen jedoch genuin lexikographische Zielsetzungen hinzu: Die Äquivalenzrelationen werden kodifiziert, um als Informationen dem Benutzer zugänglich gemacht zu werden, so dass sie anhand der Artikeltexte korrekt erschlossen werden können (Wiegand 2005b: 52).

Zu (2): Davon, dass zwischen der Übersetzungswissenschaft und der zweisprachigen Lexikographie Verwandtschaft besteht, zeugt die verbreitete Bezeichnung des zweisprachigen Wörterbuchs als *Übersetzungswörterbuch* (etwa Neubert 1986; Bielińska 2014: 215; 2014a: 173; Klotz 2001: 77; Mugdan 1992; Kromann 1983; Hartmann 1982: 81) und lexikographischer ÄA als *Übersetzungsäquivalente* (etwa Baunebjerg Hansen 1990; Domínguez Vázquez 2011; Bielińska 2014: 215; Mugdan 1992). Die Übersetzungsfunktion wird als ein Charakteristikum des zweisprachigen Wörterbuchs angesehen (Kromann et al. 1984: 185; 1991a: 2712; Piotrowski 2000: 17).

Auch wenn die zweisprachige Lexikographie und die Übersetzungswissenschaft die Gemeinsamkeit der *parole*-Beschaffenheit ihrer Äquivalenz teilen, gelten die ÄA im zweisprachigen Wörterbuch aus der Sicht der Übersetzungswissenschaft jedoch

---

21 Vgl. in diesem Zusammenhang die folgende Aussage von Wiegand (2005a: 42) zum Verhältnis der kontrastiven Lexikologie und der zweisprachigen Lexikographie: „Was ich für das Verhältnis von einsprachiger Lexikographie und Lexikologie dargelegt habe, dass nämlich die Lexikologie nicht die allein maßgebliche ‚Mutterwissenschaft' für die einsprachige Lexikographie als wissenschaftlicher [sic!] Praxis ist [...], gilt *mutatis mutandis* für das Verhältnis von zweisprachiger Lexikographie und kontrastiver Lexikologie: Denn der Zuständigkeitsbereich der kontrastiven Lexikologie ist überschritten, wenn im Vor-und Nachbereich von Relationen, die zum Typ der lexikographischen Äquivalenzrelation gehören, Formangaben zugelassen werden, mit denen freie Syntagmen erwähnt werden.".

lediglich als Anregungen in dem Sinne, dass „diese keine Patentlösungen sind, sondern als Informationen zur Entscheidungshilfe verstanden werden sollten" (Snell-Hornby 1999: 182). Die Erwartung direkt einsetzbarer Übersetzungsäquivalente vom zweisprachigen Wörterbuch bezeichnet Neubert (1996: 149) als „Mißbrauch des zweisprachigen Wörterbuchs als **Übersetzungswörterbuch**".

Für die Äquivalenz in der Übersetzungswissenschaft gelten folgende Charakteristika:

(a) auch wenn es in der Übersetzungswissenschaft keinen einheitlichen und allgemein akzeptierten Äquivalenzbegriff gibt (Werner 1999: 1854; Stolze 2011: 101ff.; Reiß/Vermeer 1991: 124f.; Koller 2004), sondern vielmehr mehrere konkurrierende Begriffsmodelle existieren, ist für die Auffassung der Äquivalenz in der Übersetzungswissenschaft charakteristisch, dass sie grundsätzlich *textbezogen* ist (Wiegand 2002a: 100; Herbst/Klotz 2003: 111; Werner 1999: 1855; Reiß/Vermeer 1991: 124; Koller 2011: 218; Burkhanov 2004: 21; vgl. Teubert 2002: 203). Der Text fungiert als „Aktionsraum" (Paepcke 1971: 614), und dabei charakteristischerweise der Gesamttext, der als ein Textganzes betrachtet wird, d. h. man geht von einer Äquivalenzbeziehung zwischen dem Ausgangs- und dem Zieltext aus und nicht von der Äquivalenz auf der Ebene der Textelemente oder Einzelwörter (Wotjak 1982: 114; Kromann 1994: 38f.; Burkhanov 2004: 21). Dass Wörter in den Zusammenhängen der Übersetzungswissenschaft nicht als Arbeitseinheiten fungieren, führt Coseriu (1978: 19f.) mit der folgenden Begründung aus:

> Es geht [...] nicht einfach darum, dass ‚Wörter' nicht übersetzt werden. Man muss vielmehr sagen dass einzelsprachliche Inhalte als solche nicht ‚übersetzt' werden; mehr noch: dass die Uebersetzung überhaupt nicht die Ebene der Einzelsprachen, sondern die Ebene der Texte betrifft [...]. Nur Texte werden übersetzt; und die Texte werden nicht mit sprachlichen Mitteln allein erzeugt, sondern zugleich, in verschiedenem Mass, auch mit Hilfe von aussersprachlichen Mitteln. Dies ist das Grundprinzip, von dem alles Uebrige bei der Uebersetzung (und daher auch in der Uebersetzungstheorie) abhängt. (1978: 20)

Es wird von der Prämisse der inhaltlichen Invarianz der Texte ausgegangen; einzelsprachliche Ausdrucksmittel erscheinen dabei grundsätzlich variabel (Wotjak 1982: 114; Neubert 1994; Burkhanov 2004: 21; vgl. Teubert 2002: 200ff.). Die Übersetzung ist als eine Umcodierung eines durch die Ausdrucksmittel einer Sprache codierten Textes in eine andere Sprache aufzufassen. Dies impliziert eine Abstraktion von der *Wörtlichkeit* des Ausgangstextes. Im Rahmen der Übersetzungswissenschaft spricht man vielmehr vom *Translat* als Arbeitseinheit (Neubert 1994; 1996; Vermeer 1989; vgl. Bielińska 2014). Wörter fungieren im Zusammenhang der Texteinheiten lediglich als Verkörperungen der Inhalte, wie es Neubert (1991: 8) formuliert: „Sie [Wörter, K.L.] ordnen sich den Satz- und vor allem den makrostrukturellen Textbedeutungen unter.". Den Wörtern werden in Textzusammenhängen konkrete (z. T. auch situative) kommunikative Werte zugewiesen; sie dienen im Ausgangstext einer Sinnerschließung. Bei der Übersetzung kommt es auf die Übertragung der textuellen

Funktionen an, die im Zieltext nachgeschaffen werden sollen (Neubert 1991: 28); Neubert (1994: 100) formuliert diesen Grundsatz wie folgt: „Bezugspunkte sind nicht mehr einzelne Wörter der QS, sondern der propositionale Gehalt einer Passage. Dieser wird zu einem neuen grammatisch-lexikalischen Muster kodiert.". Der Gesamttext ist diejenige Größe, die für den Einsatz konkreter sprachlicher Mittel bei der Übersetzung maßgebend erscheint:

> Offensichtlich wirkt also der Gesamttext auf die grammatisch-lexikalische Auswahl ein. Er ist es, der die Äquivalente der unteren Ebene, wie sie die Kontrastive Linguistik postuliert, *relativiert*. Damit wird die ZS-Zeichensequenz, die der Übersetzer zum Repräsentant der angestrebten Invarianz erwählt, eine Funktion globaler Zusammenhänge. (Neubert 1994: 89; vgl. dazu auch Burkhanov 2004: 21)

Vor diesem Hintergrund stellt Neubert (1996: 159) die These auf, dass „es vielleicht überhaupt müßig [ist], von einem **Übersetzungswörterbuch** zu sprechen. Es kann es deshalb nicht geben, weil nicht Wörter, sondern immer nur Texte bzw. Wörter in Texten, also Textwörter übersetzt werden".

(b) Wie es Werner (1999: 1854) festhält, wird der Begriff der Äquivalenz in der Übersetzungswissenschaft insbesondere in den neueren Arbeiten unverkennbar relativiert, indem ein Pluralismus der durch die Übersetzung entstehenden Zieltexte immer mehr an Akzeptanz gewinnt (vgl. Piotrowski 2015: 311). In einer ähnlichen Weise spricht Neubert (1991: 29) von *translatorischer Relativität* in dem Sinne, dass „es niemals nur **eine** oder **die** Übersetzung geben kann" (vgl. Neubert 1994); Piotrowski (1994: 94) spricht von einer prinzipiellen Unbegrenztheit der übersetzerischen Äquivalenz. Ferner ist auch der Begriff der Äquivalenz selbst in einzelnen Übersetzungstheorien umstritten (Koller 2004; Burkhanov 2004: 20f.); er geht in eine eher abstrakte Forderung über, die mit den Bezeichnungen wie *Angemessenheit der Übersetzung, Adäquatheit, Wirkungsgleichheit* der Ausgangs- und Zieltexteinheiten zum Ausdruck gebracht wird (Stolze 2011: 103). Als Gründe für eine solche Relativität fungieren folgende Tendenzen: (i) eine unvermeidliche Subjektivität bei der Interpretation des Ausgangstextes (besonders ausgeprägt im Bereich der schöngeistigen Literatur), (ii) Individualität des Übersetzers bei der Gestaltung des Zieltextes, (iii) die Tatsache, dass ein übersetzter Zieltext im Vergleich zum Ausgangstext grundsätzlich unter veränderten Kommunikationsbedingungen entsteht (Werner 1999: 1854; Wotjak 1982: 113f.; vgl. Franck 1996: 1325).

Eine grundlegende Gemeinsamkeit der Aufgabenstellungen des Übersetzers und des Lexikographen der zweisprachigen Lexikographie besteht darin, dass beide eine sprachmittlerische Leistung erbringen. Ihre gemeinsamen Ziele sind (a) die existierende zwischensprachliche Anisomorphie zu überwinden und Äquivalenz auf der sprachlichen *parole*-Ebene herzustellen sowie (b) Informationsverluste im Laufe der Sprachmittlung zu vermeiden (vgl. Kromann et al. 1984: 189; Bielińska 2014: 215). Ein prinzipieller Unterschied ist jedoch wie folgt: Der Übersetzer arbeitet im größeren Maßstab, und zwar auf der Ebene des Textes, der Lexikograph hingegen mit Wort- und Syntagmenäquivalenten (3.1.2.2.2). Der übersetzungswissenschaftliche Äquivalenzbegriff erscheint für die zweisprachige Lexikographie deshalb unzweckmäßig, weil Äquivalenz auf der Text-Ebene nicht automatisch Äquivalenz der enthaltenen Wort- bzw. Mehrworteinheiten bedeutet (Werner 1999: 1855; Bielińska 2014: 227; Reiß/Vermeer 1991: 131; Teubert 2002: 200ff.). Der Übersetzer und der Lexikograph gehen auf eine unterschiedliche Weise mit der zwischensprachlichen Anisomorphie um. In der Übersetzungswissenschaft wird dieser Sachverhalt dadurch bewältigt, dass im Mittelpunkt inhaltliche und kommunikative Äquivalenz der Texteinheiten steht, d. h. es wird eine Distanz von der Perspektive des Sprachsystems eingenommen. So führt Neubert (1994: 88) aus, dass die Invarianz in der Übersetzungswissenschaft im Unterschied zur Invarianz in der kontrastiven Linguistik, die „mit dem Vergleich von Zeichenpotentialen zu tun [hat]", durch „eine bemerkenswerte Dynamik gekennzeichnet [ist]" (ebd.) im folgenden Sinne:

> Was ein Übersetzer für sein Translat als ZS-Einheit und in welcher Verknüpfung mit anderen ZS-Einheiten auswählt, muß durchaus nicht die von der Kontrastiven Linguistik für eine QS-Erscheinung beschriebene ZS-Variante sein. Sie kann es, aber braucht es nicht zu sein. Und meistens ist sie es auch nicht. (ebd.; vgl. Koller 2004: 350f.)

Hinzu kommt, dass textuelle Zusammenhänge für ko- und kontextuelle Faktoren sorgen: „‚Kontext' ist dem Begriff ‚Text' zugeordnet, aber nicht als gleichrangiger sondern als abgeleiteter Begriff: Kon-Text: was mit einem Text mit-kommt.", so Franck (1996: 1324). Der so aufgefasste Kontext kann grundsätzlich sprachliche wie auch nicht- bzw. außersprachliche, situative Züge aufweisen (Franck 1996: 1325). So betrachtet Franck (1996) den *Kontext* als Oberbegriff für diese beiden Ausprägungen, und zwar „im ursprünglichen, den Kotext nicht ausgrenzenden Sinn" (1996: 1324). Der Äquivalenz der Übersetzungswissenschaft sind diese Faktoren von Grund auf inhärent; der Text kann deshalb als eine selbstgenügende abgeschlossene Arbeitseinheit betrachtet werden.

Anders ist die Lage in der zweisprachigen Lexikographie. Der Ansatz der Arbeit mit Wort- und Syntagma-Einheiten impliziert eine vergleichsweise kleinere Entfernung von der Perspektive des Sprachsystems und kann nicht selbstgenügend für die Präsenz der ko- und kontextuellen Faktoren sorgen. Auch wenn zwei Sprachen konzeptuell die ganze Welt abdecken (vgl. Petkov 2001: 80; Al-Kasimi 1977: 62) – an dieser Stelle von eventuellen soziokulturellen Unterschieden in zwei Sprachgemeinschaften abgesehen, – tut dies jede Sprache mit ihren eigenen, ggf. unikalen Mitteln und Strukturen. Dabei entsteht ein einzelsprachliches kommunikatives Kontinuum. Was im zweisprachigen Wörterbuch kodifiziert wird, sind Fragmente aus einem einzelsprachlichen Kontinuum: „Das Wörterbuch bricht aus diesen Kontinua, wo ein Element das andere abstützt, einzelne Bedeutungsblöcke heraus.", so Neubert (1986: 5; vgl. Neubert 1992: 30). Des Weiteren werden solche ‚Bedeutungsblöcke' durch die Äquivalenzherstellung jeweils mit ‚Bedeutungsblöcken' des kommunikativen Kontinuums einer anderen Sprache kontrastiert: „Es [das zweisprachige Wörterbuch, K.L.] stellt gegenüber, was in Wirklichkeit niemals zusammengehört, weil es nicht zusammen in der Kommunikation vorkommt." (Neubert 1986: 5; vgl. Piotrowski 2000: 21). Was in der realen Kommunikation stattdessen vorkommt, ist Übersetzung im Rahmen der Texte. Daraus ergibt sich eine grundlegende Diskrepanz zwischen den lexikographischen ÄA und konkreten Übersetzungsäquivalenten, die in Texten eingesetzt werden. Die Übersetzung ist immer durch textimmanente ko- und kontextuelle Faktoren determiniert, dementsprechend ist die Wahl eines Übersetzungsäquivalentes textintern motiviert.[22] Der Ko- und Kontext-Umfang im SK des zweisprachigen Wörterbuchs ist jedoch vergleichsweise eingeschränkt. Dies führt zu einem zwangsläufig hohen Grad an Abstraktion der lexikographischen ÄA; Herbst/Klotz (2003: 112) formulieren dies wie folgt: „Die Angemessenheit einer Übersetzung für eine lexikalische Einheit ist [...] oft eine Frage, die sich nur aus dem weiteren (Kon-)Text des zu übersetzenden Wortes beantworten lässt. Das zweisprachige Wörterbuch, welches ja in Abstraktion vom konkreten Text operiert, stößt hier an seine Grenzen.". Dies bedeutet ferner, dass auch wenn für lexikographische ÄA das Kriterium der Einsetzbarkeit in zielsprachige Texte als ein konstitutives Merkmal formuliert wird (3.1.2.2.2), sie in Übersetzungsvorgängen nicht als bedingungslos einsetzbare Fertigprodukte auftreten, sondern vielmehr als *potentielle* Äquivalente im Sinne richtungsweisender Anregungen fungieren. Sie sind „translatorische Ausgangspositionen, von denen aus die Äquivalente für den konkreten Fall gefunden werden können, die aber das Wörterbuch nicht mehr enthält", so Neubert (1986: 11; vgl. Neubert 1996: 150; 1994: 99ff.). Aus der ko- und kontextuellen Bedingtheit der zu wählenden Äquivalente ergibt sich ferner eine prinzipielle Unvollständigkeit der ÄA im zweisprachigen Wörterbuch im Hinblick auf mögliche textuelle kontextsensitive Gegebenheiten; Hausmann (1995: 20) formuliert dies wie folgt: „Wir wissen nicht, wieviele französische Äquivalente ein deutsches Wort hat. Denn die Äquivalenz ist kontextabhängig und die Kontexte sind unendlich. Die zweisprachigen Wörterbücher bieten immer nur eine Äquivalentauswahl und eine Kontextauswahl." (vgl. dazu Werner 1999: 1857; Domínguez Vázquez 2011: 279; Bielińska 2014: 228). An anderer Stelle spricht Hausmann (1985a: 378) vom „Gesetz der textlichen Unendlichkeit der Äquivalenz".

---

**22** „Übersetzt werden nie Wörter, sondern Wörter in bestimmten Kontexten. Dort haben Wörter, vermittelt durch die *langue*-Bedeutung, eine Redebedeutung oder ‚Meinung', die von Satz zu Satz variieren und neue Äquivalenzen verlangen kann. Vollständigkeit der möglichen und notwendigen Entsprechungen ist deshalb ausgeschlossen." (Hausmann 1977: 55f.). Pinkal (1985: 31) spricht von einem kontextspezifischen semantischen Wert innerhalb eines Äußerungszusammenhangs und bezeichnet eine in diesem Sinne „'kontextspezifische Bedeutung'" als *Sinn* vom engl. *sense*. Ferner spricht Pinkal (1985: 35) von „Sinnzuweisung vom Äußerungskontext" und von einer konstitutiven Kontextabhängigkeit: „Kontextabhängig in irgendeiner Form ist, kurz gesagt, fast der gesamte Wortschatz." (ebd.)

Eine solche immanente Abstraktion lexikographischer ÄA im Vergleich zu textintern motivierten Übersetzungsäquivalenten kann des Weiteren als eine Ausprägung eines Sonderstatus der lexikographischen ÄA in Hinsicht auf die Äquivalenz bzw. Korrespondenz auf der sprachlichen Systemebene einerseits und die übersetzungswissenschaftliche Äquivalenz andererseits erachtet werden. So stellt Berkov (1990) in diesem Zusammenhang die These auf, dass lexikographische ÄA im Verhältnis zu den konkret-kontextuellen Übersetzungsäquivalenten einen *langue*-Status haben, während die Letzteren einen *parole*-Status aufweisen (vgl. dazu auch Piotrowski 1994: 95; Wiegand 2008: 37; Bielińska 2014: 227). Dies sei des Weiteren der Grund für eine eventuelle Nichtübereinstimmung der beiden Äquivalenttypen:

> it is evident that a dictionary can only give *langue* correspondences while in reality one often has to translate *parole*, which frequently demands the substitution of another less accurate item for the exact equivalent, less accurate from the point of view of equivalence but more adequate from the point of view of its function in the translated text. (Berkov 1990: 103)

Diese Betrachtungsweise ist mit terminologischen Problemen behaftet, denn die zweisprachige Lexikographie arbeitet wie auch die Übersetzungswissenschaft mit der Äquivalenz auf der *parole*-Ebene, während die sprachliche *langue*-Ebene eine Domäne der kontrastiven Lexikologie ist. Es ist jedoch einzusehen, dass die Äquivalenz der zweisprachigen Lexikographie eine Zwischenstellung zwischen diesen zwei Ebenen einnimmt: Einerseits ist sie im Unterschied zur Perspektive des Sprachsystems *parole*-bezogen, sie weist aber andererseits einen eingeschränkten Ko- und Kontext-Umfang auf, weswegen ihr eine Abstraktion im Vergleich zur textintern motivierten Äquivalenz der Übersetzungswissenschaft eigen ist. Für die Zwischenstellung des lexikographischen Äquivalenzbegriffes hat die folgende Feststellung von Manley (1983: 119) Gültigkeit: „The linguist studies *langue*, the user of the dictionary moves in the world of *parole*, and the lexicographer is expected to bridge that gap.". Terminologisch kann diesem Sachverhalt mit der Unterscheidung zwischen *Äquivalentangabe* (ÄA), für die zweisprachige Lexikographie reserviert, und *Übersetzungsäquivalent*, das in einem Text existiert und somit einzig und allein dem Bereich der Übersetzungswissenschaft angehört, begegnet werden. Wie Bielińska (2014: 227f.) festhält, können beide Äquivalenttypen übereinstimmen, dies ist aber nicht immer der Fall wie auch keine Notwendigkeit:

> Äquivalente, die in Form der Äquivalentangaben in Wörterbüchern auftreten, bezeichnet man mitunter als Übersetzungsaquivalente, was nicht ohne Weiteres akzeptabel scheint. Der Unterschied zwischen dem Übersetzungsaquivalent und Wörterbuchäquivalent besteht in ihrem Status, ihrer Funktion und Leistung. Beiden ist gemeinsam, dass sie äquivalent zu einer ausgangssprachlichen Einheit sind. Während das Wörterbuchäquivalent ein potentiell in einem Text einzusetzendes Äquivalent (d. h. ein potentielles Übersetzungsäquivalent) ist, dessen Form und Stelle im Wörterbuchartikel von der lexikographischen Konzeption und Konvention bestimmt wird, ist das Übersetzungsäquivalent ein aktuelles, in einem konkreten Text realisiertes, in der Form und Position den Bedürfnissen des Textes (unter Wahrung der Sprach- und

> Textnormen) angepasstes Äquivalent, bezieht sich doch das translatorische Äquivalent eindeutig auf die parole-Ebene. Langue-Äquivalente, die als Wörterbuchäquivalente fungieren, [...] und parole-Äquivalente bilden – betrachtet man nicht die Typen, sondern konkrete Paare der lexikalsemantischen Einheiten zweier Sprachen – keine vollkommen disjunkten Gruppen. Aus den Wörterbuchäquivalenten lassen sich ja in vielen Fällen solche auswählen, die im Translat eingesetzt werden, folglich also Übersetzungsaquivalente sind. (2014: 227)

Lexikographische ÄA sind von ihrem Wesen her vielmehr *Verallgemeinerungen*, die mit den in einem konkreten übersetzten Zieltext eingesetzten Übersetzungsäquivalenten weder identisch sein müssen noch meistens können. Dies macht ihren Status aus:

> Die Antwort liegt im Charakter des zweisprachigen Wörterbuches, der sich wiederum aus der Zweckbestimmung dieser speziellen Art Nachschlagewerk ableitet. Seine Anordnung präsentiert Ausschnitte aus dem lexikalischen System zweier Sprachen und eben nicht aus Textgegenüberstellungen. Die Eintragungen sind Verallgemeinerungen aus den vielfältigen Diskurswelten der Ausgangs- und der Zielsprache. (Neubert 1996: 150; vgl. auch Bielińska 2014: 228)

Die fachspezifische lexikographische Auffassung der Äquivalenz ist somit weder mit der der kontrastiven Lexikologie noch mit der der Übersetzungswissenschaft identisch, hat jedoch Berührungspunkte mit den Ansätzen der beiden Disziplinen. Mit der Übersetzungswissenschaft hat die lexikographische Äquivalenz die Arbeit mit *parole*-Gegebenheiten gemeinsam, die Berücksichtigung objektsprachlicher Bedingungen für die Realisierung der Einzelbedeutungen und die Äquivalenzherstellung verursacht. Mit der kontrastiven Lexikologie hat die zweisprachige Lexikographie den Ansatzpunkt gemeinsam, mit Wort- und Syntagma-Einheiten zu arbeiten, auch wenn für die zweisprachige Lexikographie grundsätzlich keine Lexikalisierungsrestriktionen gelten. Für lexikographische Aufgabenstellungen sind vorangehende kontrastivlexikologische semantische Analysen notwendig, die eine strukturelle Zerlegung der Wörter in Einzelbedeutungen bieten. Im Unterschied zur kontrastiven Lexikologie werden lexikalische Einheiten jedoch jeweils in ihren Einzelbedeutungen und nicht in systemmöglichen Kapazitäten betrachtet, und zwar wegen der *parole*-Perspektive. Ein ausschlaggebender Unterschied zur Übersetzungswissenschaft besteht dabei darin, dass die zweisprachige Lexikographie auf dem Rang der Wort- und Syntagma-Einheiten arbeitet und somit nicht vom Begriff einer in Textzusammenhängen konstituierten Invarianz ausgeht, die durch variable sprachliche Ausdrucksmittel umcodiert wird. Der Ko- und Kontext-Umfang im zweisprachigen Wörterbuch ist grundsätzlich kleiner, weshalb zweisprachige Wörterbücher keine uneingeschränkt einsetzbaren Fertigprodukte für Übersetzungsvorgänge bieten können.

Ein anderes grundlegendes Charakteristikum der lexikographischen Äquivalenz ist ihr *relativer* Charakter: Auch wenn die Äquivalenzrelationen im zweisprachigen Wörterbuch in Form von lexikographischen Gleichungen kodifiziert werden (3.1.2.2.2), sind solche Gleichungen nicht wie etwa die Äquivalenz in exakten Wissenschaften absolut symmetrisch, spiegelbildlich und umkehrbar. Vielmehr ist die Herstellung der lexikographischen Äquivalenz angesichts des Prinzips der Sprachenpaarbezogenheit grundsätzlich *in eine Richtung* vorgenommen (Werner 1999: 1857; vgl. Rossenbeck 2006: 191), und somit *unidirektional*: „Die Äquivalenz im zweisprachigen Wörterbuch ist unidirektional, sie ist nur in einer Richtung gewährleistet, nämlich von der Ausgangssprache zur Zielsprache, und sie ist nicht, wie bei mathematischen Gleichungen, jederzeit umkehrbar." (Scholze-Stubenrecht 1995: 4; vgl. Domínguez Vázquez 2011: 280). Nach Kromann (1987: 145) sind zweisprachige Wörterbücher *unidirektional kontrastiv*.

Aus der oben geschilderten Notwendigkeit der Kodifikation der ko- und kontextuellen Faktoren für die Realisierung einer Einzelbedeutung und die Äquivalenzherstellung sowie angesichts des relativen Charakters der lexikographischen Äquivalenz entsteht Bedarf an weiteren äquivalenzrelevanten Angaben (ÄrelA) im SK, die die Äquivalenzbedingungen erfassen und dadurch dem Wörterbuchbenutzer kenntlich machen sollen.

### 3.1.2.2.2 Strukturen und Typen der lexikographischen Äquivalenz

Da die lexikographische Äquivalenz nicht auf einem bilateralen polysemistischen Sprachzeichenbegriff beruht, bezeichnet Wiegand (2005a: 20; 2005b: 50) die Arbeitseinheit der zweisprachigen Lexikographie als *lexikalsemantische Einheit* im folgenden Sinne: Eine lexikalsemantische Einheit besteht aus einer lexikalischen Form, nach der alle zugehörigen Formen des Flexionsparadigmas realisiert werden, und *einem* Semem. Die Arbeit mit lexikalsemantischen Einheiten ist als eine Ausprägung der *parole*-Bezogenheit der lexikographischen Äquivalenz aufzufassen.[23] Für die Identifizierung der Einzelbedeutungen und somit einzelner lexikalsemantischer Einheiten spielen auf der *parole*-Ebene Kotext- und Kontext-Faktoren eine tragende Rolle; so führt Wiegand (2002a: 94) für die lexikographische Äquivalenz programmatisch Folgendes aus: „Äquivalente sind [...] verschiedene Entitäten, die hinsichtlich mindestens einer anderen Entität gleichwertig sind. Diese andere Entität kann jeweils etwas Verschiedenes sein und wird durch den Ko- und/oder den Kontext bestimmt.". Die ko- und kontextuellen Faktoren realisieren in diesem Zusammenhang diejenigen Bedingungen für die Äquivalenzherstellung, die auf der *parole*-Ebene in Bezug auf lexikalsemantische Einheiten gegeben sein müssen (Wiegand 2000: 62; 2002b: 160).

Angesichts der Notwendigkeit der Angabe des Äquivalenzkriteriums für die Herstellung der Äquivalenz existiert für die Lexikographie eine Hierarchie der Äquivalenzkriterien. Da die lexikographische Äquivalenz auf lexikalsemantischen Ein-

---

23 Vgl. dazu Wiegand (2011: 140): „Da die Äquivalentbeziehung ein besonderer Typ der semantischen Beziehung ist, stehen Ausdrücke – falls auf der Basis eines polysemistischen Sprachzeichenbegriffs argumentiert wird – nur mit einer ihrer Bedeutungen in der Äquivalentbeziehung."

heiten aufgebaut wird, spielt das Vorliegen der *lexikalsemantischen* Äquivalenz eine primäre und entscheidende Rolle: „Von *lexikographischen Äquivalenten* wird [...] im Bereich der Nennlexik nur gesprochen, wenn semantische Äquivalenz gegeben ist." (Wiegand 2002a: 101; vgl. Scholze-Stubenrecht 1995: 2; Karl 1982: 37; Wiegand 2005a: 22f.). Ein der lexikalsemantischen Äquivalenz vom Rang her nachgeordnetes Äquivalenzkriterium ist die *lexikalpragmatische* Äquivalenz: Sie ist wünschenswert, jedoch nicht obligatorisch.[24] Die Relevanz der lexikalpragmatischen Äquivalenz ist darauf zurückzuführen, dass in der zweisprachigen Lexikographie aufgrund der sprachmittlerischen Aufgabenstellungen generell die Gewährleistung der kommunikativen Äquivalenz angestrebt wird: „The main aim of the dictionary should not only be the establishment of a relation of semantic equivalence between source and target language. Instead, a lexicographer has to endeavour to reach communicative equivalence.", so Gouws (1996a: 16; vgl. Gouws 2000: 102; 2002: 206; Kromann 1994). Das Vorliegen der lexikalsemantischen Äquivalenz allein impliziert jedoch nicht automatisch das Vorliegen der kommunikativen Äquivalenz; vor diesem Hintergrund wird in der zweisprachigen Lexikographie eine „kotextrelative semantisch-pragmatische Äquivalenz" (Wiegand 2002a: 101; 2005a: 25f.) in usuellen Verwendungen angestrebt. Nach der semantischen und pragmatischen Ebene kommt eine syntaktisch-grammatische Ebene (Domínguez Vázquez 2011: 276; Kromann 1994: 39), die insbesondere in der Valenzlexikographie im Fokus steht: Aus kontrastiver Sicht kann es zu Valenzverringerung, -erweiterung und -abweichung kommen, die lexikographisch zu kodifizieren ist (Domínguez Vázquez 2011: 280ff.).

Was die impliziten Strukturen der beiden wichtigsten Äquivalenzrelationen angeht, so handelt es sich jeweils um vierstellige Relationsterme, wie sie Wiegand (2005b: 50f.; 2005: 25ff.) formuliert: (1) *x ist lexikalsemantisch äquivalent mit y bezüglich z relativ zur Kotextklasse k* für die lexikalsemantische Äquivalenzrelation sowie (2) *x ist lexikalpragmatisch äquivalent mit y bezüglich u relativ zur Kotextklasse k* für die lexikalpragmatische Äquivalenzrelation, mit einer folgenden Bedeutungszuweisung der Variablen: $x$ und $y$ sind lexikalsemantische Einheiten der Ausgangs- und der Zielsprache; $z$ und $u$ fungieren als Äquivalenzkriterien: $z$ steht für die bezugssemantische Äquivalenz im Sinne der Gleichheit der Bezugsobjekte in usuellen Verwendungen (Wiegand 2005a: 22); $u$ steht für Markierungen in der pragmatischen Dimension; $k$ steht für die Kotextklasse, die eine kotextuelle Äquivalenzbedingung auf der *parole*-Ebene realisiert. In Bezug auf Kotext unterscheidet Wiegand (2002a: 106f.) zwischen *kotextunabhängiger* und *kotextspezifischer* Äquivalenz; diese Unterscheidung repräsentiert die Notwendigkeit der Identifizierung einer Einzelbedeutung vor dem Hintergrund der systemmöglichen Polysemie: Im Fall der kotextunabhängigen Äquivalenz ist sie nicht gegeben, im Fall der kotextspezifischen Äqui-

---

[24] Beim Nicht-Vorliegen der lexikalpragmatischen Äquivalenz spricht Karl (1982: 40f.) von *Quasiäquivalenten*.

valenz besteht sie jedoch grundsätzlich (Näheres dazu im Zusammenhang mit den Typen der Äquivalenzrelationen in 3.1.2.2.3).

Im Unterschied zu den Strukturen der Relationsterme der lexikalsemantischen und lexikalpragmatischen Äquivalenz sind lexikographische Gleichungen im SK des zweisprachigen Wörterbuchs zweistellig (Wiegand 2005b: 53), bestehend aus einem ausgangssprachlichen Vorbereich und einem zielsprachlichen Nachbereich. Die lexikographische Äquivalenzrelation weist somit zwei Argumentstellen auf; der entsprechende Relationsterm hat die Form *x ist lexikographisch äquivalent mit y* (Wiegand 2005a: 28; 2005b: 54), wobei die Variablen *x* und *y* ausgangs- und zielsprachliche lexikalsemantische Einheiten repräsentieren. Sie bilden die zweisprachige Bearbeitungseinheit, den Kern der Kodifikation der zwischensprachlichen Äquivalenzrelation. Im Fall der kotextspezifischen Äquivalenz müssen jedoch ko- und kontextuelle Äquivalenzbedingungen ebenfalls kodifiziert werden, und zwar mittels äquivalenzrelevanter Angaben (ÄrelA), die durch mehrere Angabetypen realisiert werden können. Der genuine Zweck der ÄrelA besteht darin, dass sie zur lexikographischen Erfassung der im Wörterbuchgegenstandsbereich existierenden Äquivalenzbedingungen beitragen (vgl. Wiegand 2005a: 28) und somit den Geltungsbereich der Äquivalenzrelation spezifizieren bzw. eingrenzen, was schließlich dem Wörterbuchbenutzer eine eindeutige und korrekte Informationserschließung ermöglichen soll. Werner (1999: 1857) spricht in diesem Zusammenhang von zugrundeliegenden *Verwendungsparametern* für die Äquivalenzrelationen.

Je nach der Rangstufe der die Argumentstellen *x* und *y* der lexikographischen Gleichung besetzenden Elemente können lexikographische Äquivalenztypen unterschieden werden. Da die Elemente entweder (a) Wörter oder (b) Mehrworteinheiten bzw. Syntagmen sind, wird zwischen den Grundtypen der lexikographischen *Wortäquivalenz* (Äquivalenz auf dem Wortrang) und *Syntagmenäquivalenz* (Äquivalenz auf dem Syntagmenrang) unterschieden (Wiegand 2002a: 103), was auch für die empirische Basis der vorliegenden Untersuchung Gültigkeit hat:

> OCCUR ... V/I a (= *take place*) (*event*) geschehen, sich ereignen, vorkommen; (*difficulty*) sich ergeben; (*change*) stattfinden;
> **that doesn't occur very often** das kommt nicht oft vor, das gibt es nicht oft;
> **don't let it occur again** lassen Sie das nicht wieder vorkommen, dass das nicht wieder passiert!;
> **should a fault occur** sollte ein Fehler auftreten;
> **if the opportunity occurs** wenn sich die Gelegenheit bietet *or* ergibt ‹LC E-D›

> STAND ... *vi* 1 stehen;
> **stand against the wall** stell dich an die Wand;
> **stand in front of the house** stell dich vor das Haus;
> **stand in a straight line!** stellen Sie sich in einer Reihe auf!;
> **the team will stand or fall by the success of their new model** das Team steht und fällt mit dem Erfolg seines neuen Modells;
> **stand and deliver!** (dated) Hände hoch und Geld her! [...]

**to stand guard** [*or* **watch**] [**over sb/sth**] [bei jdm/etw] Wache halten;
**he felt it necessary to stand watch over the cash box** er hielt es für nötig, die Kasse im Auge zu behalten;
**to stand on one's hands/head** einen Hand-/Kopfstand machen [...]
**to stand erect** [*or* **tall**] aufrecht [*o* gerade] stehen;
**to stand motionless** regungslos dastehen ‹PONS E-D›

Die Wortäquivalenz und die Syntagmenäquivalenz sind Typen der *rangstufengleichen* lexikographischen Äquivalenz (Wiegand 2002a: 103). Die lexikographische Äquivalenz kann jedoch auch *rangstufenverschieden* sein: Wort-Syntagma-Äquivalenz sowie Syntagma-Wort-Äquivalenz (ebd.):

COME ... *vi* 1 ... **coming!** Ich komme! ‹PONS E-D›

TELL ... I. *vt* 1 ... **to tell a lie** lügen
4 ... **to tell fortunes** wahrsagen ‹PONS E-D›

ORGANIZE ...V/T ... b ... **organizing committee** Organisationskomitee *nt* ‹LC E-D›

Die Äquivalenztypen lassen sich wie folgt darstellen:

**Tab. 1:** Lexikographische Äquivalenztypen

| Lexikographische Äquivalenztypen | |
|---|---|
| *rangstufengleich* | *rangstufenverschieden* |
| (a) Wortäquivalenz (Wort-Wort-Äquivalenz) | (c) Wort-Syntagma-Äquivalenz |
| (b) Syntagmenäquivalenz (Syntagma-Syntagma-Äquivalenz) | (d) Syntagma-Wort-Äquivalenz |

Der Typ der Wortäquivalenz (Wort-Wort-Äquivalenz) ist eine Ausprägung *lexikinterner* bzw. *lexikonspezifischer* Äquivalenz (Wiegand 2005b: 51), da beide Elemente der lexikographischen Äquivalenzrelation in den zwei Einzelsprachen lexikalisiert sind. In Bezug auf die Syntagmen spricht Wiegand (2002a: 100) von „bedeutungstragenden Einheiten unterhalb des Satzranges" (vgl. Wiegand 2005a: 17; Kromann 1989: 62; 1994: 38f.). Ausgehend von der empirischen Basis der vorliegenden Arbeit muss dieser Ansatz jedoch entgrenzt werden, da Syntagmen mit dem Zweck der Äquivalenzherstellung nicht ausschließlich unterhalb der Satzgrenze angelegt sind:

MAY ... aux vb 1 (indicating possibility) können
**I may see you at the party later** vielleicht sehe ich dich später bei der Party
**are you going to Neil's party? – I may, I don't know yet** gehst du zu Neils Party? – vielleicht, ich weiß es noch nicht

**there may be side effects from the new drug** das neue Medikament kann Nebenwirkungen haben
**you may well get lost here** es kann gut sein, dass du dich hier verirrst
**what time will we arrive? – you may well ask!** wann werden wir denn ankommen? – das ist eine gute Frage!
**if George is going to be that late we may as well start dinner without him** wenn George so spät dran ist, können wir auch genauso gut schon ohne ihn mit dem Essen anfangen
**I may be overreacting to the letter but I think we should let the police see it** mag sein, dass ich den Brief überbewerte, aber ich glaube, wir sollten ihn der Polizei zeigen
**that's as may be** *esp* BRIT das mag schon sein
**be that as it may** wie dem auch [immer] sei ‹PONS E-D›

LAST ... I. *vi* 1 (*go on for*) [an]dauern
**it was only a short trip, but very enjoyable while it lasted** die Reise war zwar nur kurz, aber insgesamt sehr angenehm
**to last [for] a month/week** einen Monat/eine Woche dauern
**the rain is expected to last all weekend** der Regen soll das gesamte Wochenende anhalten
2 (endure) halten; enthusiasm, intentions anhalten
**this is too good to last** das ist zu gut, um wahr zu sein
**it's the only battery we've got, so make it last** wir habe [sic!] nur diese eine Batterie – verwende sie also sparsam
**her previous secretary only lasted a month** ihre vorige Sekretärin blieb nur einen Monat
**you won't last long in this job if ...** du wirst diesen Job nicht lange behalten, wenn ...
**he wouldn't last five minutes in the army!** er würde keine fünf Minuten beim Militär überstehen!
**built to last** für die Ewigkeit gebaut ‹PONS E-D›

Aus diesem Grund werden unter Syntagmen auch satzwertige sowie satzübergreifende Einheiten aufgefasst. Die Syntagmen als Elemente lexikographischer Gleichungen können entweder lexikalisiert (wie Phraseme, ggf. Kollokationen) oder nichtlexikalisiert, d. h. lexiktranszendierend (freie Syntagmen) sein. Für lexikographische ÄA gilt programmatisch das Kriterium der Einsetzbarkeit in zielsprachige Konstruktionen: „Die Einsetzbarkeit ist [...] ein kriteriales Merkmal für einen Begriff des sprachlichen Äquivalents, der für die Lexikographie brauchbar ist.", so Wiegand (2005a: 45; vgl. Wiegand 2005b: 70; 2005: 27).[25] Des Weiteren wird in Wiegand (2005a: 46) und Wiegand (2005b: 70) der Terminus *einsetzbarer Nominationsausdruck* für lexikographische ÄA im Bereich der Nennlexik vorgeschlagen im Sinne der folgenden Definition: „alle in ausgangs- und zielsprachliche Satzkonstruktionen einsetzbaren sprachlichen Ausdrücke, mit denen referiert und prädiziert werden

---

**25** Interessanterweise ist das Kriterium der Einsetzbarkeit für ÄA bereits früher vereinzelt formuliert worden, so etwa in Zgusta (1984: 147): „„the dictionary should offer not explanatory paraphrases or definitions, but real lexical units of the target language which, when inserted into the context, produce a smooth translation. This is a perfectly natural requirement.". In gleicher Weise vermerken Kromann et al. (1984: 172), das zweisprachige Wörterbuch liefert „'Fertigwörter', deren Einsetzbarkeit in zielsprachliche Texte als vornehmstes Ziel betrachtet werden darf".

kann, sind einsetzbare Nominationsausdrücke; diese sind also entweder lexikalisiert oder nicht lexikalisiert" (Wiegand 2005a: 46). Das Kriterium der Einsetzbarkeit der lexikographischen ÄA gewährleistet eine Abgrenzung gegen ggf. vorliegende BPA im SK des zweisprachigen Wörterbuchs: Zwar hat sich in einigen Forschungsbeiträgen die Tradition einer Unterscheidung zwischen *translational* bzw. *insertable equivalent* und *explanatory* bzw. *descriptive equivalent* in Bezug auf Phänomene der ÄA und der BPA im SK zweisprachiger Wörterbücher etabliert (Al-Kasimi 1977: 60; Schnorr 1986: 54; Zgusta 1971: 319 und 1984: 147), sie wird in neueren Arbeiten jedoch grundsätzlich abgelehnt (Wiegand 2002a: 103; 2005: 27). Den paraphrasierenden Angaben wird der Status der ÄA wegen ihrer Nicht-Einsetzbarkeit abgesprochen; die BPA kann im SK des zweisprachigen Wörterbuchs nur als *Surrogatäquivalent* in den Fällen der Nulläquivalenz auftreten (3.1.2.2.3).

Zum Aufbau des SK des zweisprachigen Wörterbuchs stellen Herbst/Klotz (2003: 153f.) die These auf, es liegt eine *Serie von Einschränkungen* vor in dem Sinne, dass „zwar nicht alle, aber doch viele Einträge in zweisprachigen Wörterbüchern weniger als Explikation eines Lemmas zu lesen sind denn als Serie von Einschränkungen" (2003: 153). Solche Einschränkungen erfolgen entweder durch (a) ÄreIA, Herbst/Klotz (ebd.) sprechen von „Äquivalenzspezifizierungen", oder durch (b) Angabe der Syntagmenäquivalenz, wodurch „eine Übersetzungsmöglichkeit angegeben [wird], in der das [Wort-Äquivalent] nicht möglich ist" (2003: 154).

Prinzipiell relevant für ein angemessenes Verständnis der lexikographischen Äquivalenz ist die Einbeziehung des Typs der Syntagmenäquivalenz. So unterscheidet Vlachov (1990: 77f.) zwei Arten, wie ÄA im SK des zweisprachigen Wörterbuchs angegeben werden können: (a) durch ein Wort-Äquivalent oder (b) durch objektsprachliche Syntagmen. Während ein Wort-Äquivalent zwangsläufig abstrakt, weil verallgemeinernd angelegt ist, sind Syntagmen-Äquivalente im größeren Maße kontextuell bezogen. Dabei fungiert die Anführung der Syntagmen-Äquivalente als ein Ausgleich gegen die Abstraktheit des Wort-Äquivalentes. Wenn beim Syntagmen-Äquivalent das vorangehende Wort-Äquivalent selbst nicht auftritt, ergibt sich nach Vlachov (1990: 78) ein scheinbarer Widerspruch; er erklärt sich aber dadurch, dass es in der Praxis keine universellen ÄA gibt bzw. geben kann, die in allen Kontexten einsetzbar erscheinen können (ebd.). Implizit lässt sich eine Gegenüberstellung dieser zwei Typen der lexikographischen Äquivalenz auch in Adamska-Sałaciak (2006) verfolgen: Einerseits ist von „context-independent single-word equivalent" (2006: 26; 70) die Rede, andererseits wird die Anführung von „contextually appropriate translations" (2006: 37) im Sinne von Syntagmen-Äquivalenten als ein konstitutives Merkmal des aktiven zweisprachigen Wörterbuchs betrachtet (ebd.). Des Weiteren geht aus den in Adamska-Sałaciak (2006) angestellten Überlegungen hervor, dass das Nicht-Anführen von „isolated equivalents" (2006: 70) im Sinne der Wort-Äquivalente als „absence of equivalents" (ebd.) aufgefasst wird, was jedoch keine Generalisierung über die Übersetzbarkeit des Lemmazeichens im Allgemeinen zulässt (ebd.). Dies lässt darauf schließen, dass gerade Wort-Äquivalente als primäre lexikographische ÄA angesehen werden. Zu den Syntagmen-Äquivalenten wird ausgeführt, dass die Vollständigkeit der Anführung aller Phrasen mit dem Lemmazeichen ungeachtet des Umfangs des Wörterbuchs ausgeschlossen ist (ebd.; vgl. Toope 1996: 98f.; Vrbinc/Vrbinc 2016: 307). Solche Syntagmen stellen lexikographische BeiA mit dem Zweck der zwischensprachlichen Äquivalenzherstellung dar (Näheres dazu in 5.3.1).

Die Anordnung der ÄA im SK erfolgt auf die Weise, dass Wort-Äquivalente zuerst angeführt werden und kontextabhängige Syntagma-Äquivalente erst danach. Dadurch wird eine Gradation von unspezifischen und möglichst umfassenden ÄA zu spezifischeren ÄA angestrebt (vgl. Wiegand 2002a: 102), deren Vorteil in der Überschaubarkeit für den Wörterbuchbenutzer besteht, indem die ÄA mit einer höheren Einsetzungswahrscheinlichkeit am Anfang auftreten, was ferner ggf. eine Reduktion der Suchdauer impliziert (Model 2010: 58; vgl. Domínguez Vázquez 2011: 278; Lew 2015: 294). Dies bestätigen auch die Befunde der Wörterbuchbenutzungsforschung: So stellen Lew et al. (2013) fest, dass die Wörterbuchbenutzer dazu tendieren, die erste angesetzte ÄA zu nehmen. Daraus leiten Lew et al. (2013: 252) die folgende Schlussfolgerung ab: „To maximize success, lexicographers should try to place a translation equivalent with the broadest possible range of application in the first sense of a bilingual dictionary entry.".

Der Typ der rangstufenverschiedenen lexikographischen Äquivalenz kann als eine Erscheinungsform der zwischensprachlichen Anisomorphie betrachtet werden, und zwar in Hinsicht auf den Charakter und die Größe der sprachlichen Einheiten, zwischen denen Äquivalenzrelationen bestehen. Fälle der rangstufenverschiedenen Äquivalenz verlangen eine Reflexion im Hinblick auf ihre Zugehörigkeit zu BeiA in der zweisprachigen Lexikographie (5.1.1.3).

### 3.1.2.2.3 Typen der zwischensprachlichen Äquivalenzrelationen und deren Kodifikation

Eine in Bezug auf zwischensprachliche Äquivalenzrelationen tradierte Betrachtungsweise arbeitet mit einer Typologisierung in (1) vollständige Äquivalenz bzw. Volläquivalenz, genannt *Kongruenz*, (2) partielle oder unvollständige Äquivalenz bzw. Teiläquivalenz und (3) Nulläquivalenz (etwa Gouws 2002: 196; Gouws/Prinsloo 2008: 869; Kromann et al. 1984: 188f.; 1991a: 2717f.; Kromann 1983; 1994: 39ff.; Hausmann 1977: 54ff.; Piotrowski 1994: 142ff.; Baunebjerg Hansen 1990: 13f.; Domínquez Vázquez 2011: 275f.; Bielińska 2014: 229; 2014a: 183ff.; Adamska-Sałaciak 2013: 336; Karpinska 2015: 81; Mongwe 2013: 137ff.; Svensén 2009: 258ff.; Reder 2006: 93ff.). Dazu finden sich Einsichten aus der Seite der lexikographischen Praxis, dass diese Trichotomie nur wenig gewinnbringend für lexikographische Aufgabenstellungen erscheint (Adamska-Sałaciak 2006: 117; 2013: 336). Auch Winter (1993: 43) weist auf das grundsätzliche Problem hin, dass die meisten ÄA in zweisprachigen Wörterbüchern partielle Äquivalente sind.

Während die auf diese Weise differenzierten Typen der Volläquivalenz bzw. Kongruenz (der Übereinstimmung der Bedeutungsstrukturen) und Nulläquivalenz (des Fehlens eines zielsprachlichen Äquivalentes) theoretisch vergleichsweise unproblematisch, weil hinreichend umrissen sind, weist Wiegand (2002a: 104f.) darauf hin, dass der Typ der sog. Teiläquivalenz bzw. partiellen oder unvollständigen Äquivalenz mit begrifflichen und methodischen Unstimmigkeiten behaftet ist. Die sog. Teiläquivalenz ist durch das Vorliegen mehrerer Äquivalenzrelationen gekennzeichnet, und zwar je nach Ausgangs- und Zielsprache ist dies entweder das Modell der zwischensprachlichen Eins-zu-viele-Entsprechung, genannt *Divergenz* – Hausmann/Werner (1991: 2730) sprechen von *Polyäquivalenz*, – oder das Model der Viele-zu-eins-Entsprechung, genannt *Konvergenz*, oder eine Kombination der beiden. Infolge dessen, dass solche mehrgliedrigen Äquivalenzrelationen üblicherweise als *eine* Äquivalenzrelation aufgefasst werden, wird für die Identifizierung der eigentlich übereinstimmenden Komponenten, demnach *Teil*äquivalenzen, zwischen den Elementen zweier Sprachen mit *Sub-, Teil-, Einzel-* oder *Unterbedeutungen* (etwa Kromann et al. 1991a: 2718; Kromann 1994: 39ff.; Hausmann 1977: 60; Adamska-Sałaciak 2006: 80; vgl. Domínguez Vázquez 2011: 285) oder *Bedeutungsvarianten* (Domínguez Vázquez/Paredes Suárez 2010) gearbeitet, deren Wesen jedoch nicht fundiert erscheint: Die sog. Teiläquivalenz ist auf eine unzureichende Differenzierung zwischen den sprachlichen Ebenen der *langue* und *parole* in der interlingualen Perspektive zurückzuführen (Wiegand 2002a: 105f.). Es ist jedoch mit Wiegand (2002a: 106) einzusehen, dass es sich bei diesen mehrgliedrigen Äquivalenzmodellen eindeutig um „Gebilde auf Systemebene" (ebd.) handelt, und somit auf der *langue*-Ebene, mit der die kontrastive Lexikologie arbeitet. Da für die Äquivalenz der kontrastiven Lexikologie der Terminus *Korrespondenz* im Sinne der Systementsprechung als angemessen erachtet wird, wird in Wiegand (ebd.) vorgeschlagen, die Phänomene der Divergenz und Konvergenz als *Typen von Korrespondenznetzen* zu bezeichnen; in ähnlicher Weise spricht Koller (2011: 230ff.) von *Entsprechungstypen*. Als Äquivalenzrelationen haben hingegen Relationen zwischen einzelnen Elementen des Korrespondenznetzes auf der *parole*-Ebene zu gelten. Daraus entstehen mehrere *parole*-bezogene Äquivalenzrelationen, die lexikographisch in Bezug auf den Ko- und Kontext zu kodifizieren sind.

Das Vorliegen der Korrespondenznetze ist auf das Phänomen der zwischensprachlichen Anisomorphie zurückzuführen; als Gründe für ihre Entstehung fungieren (a) einzelsprachliche Hyponym- bzw. Hyperonymlücken als Fälle, in denen „kognitive Distinktionen nicht mehr als sprachliche nachvollzogen werden" (Neubert 1986: 19), oder (b) Fälle, in denen das Sememinventar des in Frage kommenden Äquivalentes nicht mit dem der ausgangssprachlichen Einheit übereinstimmt, so dass aus der kontrastiven Perspektive Missverhältnisse im Aufbau semantischer

Strukturen lexikalischer Einheiten feststellbar sind.[26] Dabei kann es auch zu Kombinationen der Korrespondenznetze der Divergenz und Konvergenz kommen; solche komplexen zwischensprachlichen Korrespondenznetzgefüge bezeichnet Rettig (1985: 94f.) als *Multivergenz*.

Als eine Applikation solcher auf der *langue*-Ebene existierenden komplexen Sachverhalte auf die *parole*-Ebene gilt die von Wiegand (2002a: 106f.) vorgeschlagene Unterscheidung in *kotextunabhängige* und *kotextspezifische* semantische Äquivalenz, die für die lexikographische Kodifikation relevant ist. Eine kotextunabhängige Äquivalenz ist in den Fällen der Korrespondenznetze nur dann gegeben, wenn einzelne Elemente einer Argumentstelle unter sich synonym erscheinen. Ist dies nicht der Fall, so müssen kotextuelle Äquivalenzbedingungen angegeben werden.[27] Des Weiteren schlägt Wiegand (ebd.) vor, in lexikographischen Zusammenhängen die Bezeichnung *kotextspezifische semantische Äquivalenz* bzw. *semantische Kotextäquivalenz* als eine terminologisch verbesserte Alternative zur *Teiläquivalenz* zu etablieren.

Die Differenzierung der Typen der Äquivalenzrelationen ist bei der lexikographischen Arbeit insofern relevant, als sie einen konstitutiven Einfluss auf die Intensität der lexikographischen Bearbeitung sowie insbesondere auf den Einsatz weiterer ÄrelA hat. So liegen in den Fällen der kotextunabhängigen semantischen Äquivalenz, – sei es der Fall der Kongruenz, in dem sich die Bedeutungsstruktur des Lemmas und des Äquivalents deckt, oder der Fall des Korrespondenznetzes der Divergenz, in dem mehrere Äquivalente unter sich zielsprachenintern synonym erscheinen (die *lexikalische Divergenz* nach Gouws 2000; 2002), – keine *parole*-bezogenen Äquivalenzbedingungen im Wörterbuchgegenstandsbereich vor, so dass eine *unbedingte* Äquivalenzrelation sowie eine *unbedingte* Adressierung der ÄA an das Lemma vorliegt (Wiegand 2005a: 48). Dies impliziert keinen Bedarf an ÄrelA, und zwar im Sinne einer Nullangabe: Das Fehlen eines Zeichens in einem Zeichensystem hat auch eine Bedeutung; in diesem Fall diejenige, dass für die lexikogra-

---

26 „Polysemy is a language specific phenomenon and the chances are minimal that a single target language item will have the same semantic load as the polysemous source language item.", so Gouws (2002: 198; vgl. Nied Curcio 2013: 132f.)

27 In einer korrespondierenden Weise unterscheidet Gouws (2000: 103; 2002: 197ff.) zwischen *lexikalischer* und *semantischer* Divergenz. Die lexikalische Divergenz liegt vor, wenn auf der zielsprachlichen Seite mehrere synonyme Einheiten äquivalent zu einer ausgangssprachlichen Einheit erscheinen. In diesem Fall existiert Divergenz lediglich im lexikalischen Bereich, so dass ferner auch keine zusätzlichen Angaben zum Kotext im SK erforderlich sind. Die semantische Divergenz besteht hingegen bei der Nicht-Übereinstimmung semantischer Strukturen der Elemente zweier Sprachen, so dass hier die Angaben zum Ko- und Kontext zwecks der Identifizierung der Übereinstimmungen sowie auch des Einsatzbereiches einzelner zielsprachiger Äquivalente notwendig erscheinen. Eine Kombination der beiden Typen der Divergenz wird als *Polydivergenz* (Gouws 2000: 103; 2002: 199) bezeichnet; sie erfordert einen systematischen Einsatz der Angaben zum Ko- und Kontext.

phisch postulierte Äquivalenzrelation keine Bedingungen bzw. Einschränkungen vorliegen. Anders ist hingegen die Lage beim Vorliegen der kotextspezifischen semantischen Äquivalenz: „In Wörterbuchartikeln müssen *wenn-dann*-Beziehungen, die im Wörterbuchgegenstandsbereich gegeben sind, lexikographisch vertextet werden. Dies bedeutet für die Wörterbuchartikel: Bestimmte Angaben gelten nur dann, wenn andere Angaben gelten." (Wiegand 2005a: 48; vgl. Wiegand 2005b: 65; 2002b: 159; 2000: 63). Im SK werden sie durch den Einsatz der ÄrelA kodifiziert. Die Adressierungsbeziehung zwischen dem Lemma und der ÄA als tragender zweisprachiger Bearbeitungseinheit einerseits und einer ÄrelA andererseits gilt als *bedingend*, während die Adressierungsbeziehung einer ÄA an das Lemma demgegenüber *bedingt* ist (Wiegand 2005a: 49). In Bezug auf die Kodifikation der *wenn-dann*-Beziehungen, die für die Äquivalenzrelation relevant erscheinen, realisieren ÄrelA die bedingende *wenn*-Komponente, während die bedingte *dann*-Komponente in der Postulierung der lexikographischen Äquivalenz resultiert. ÄrelA selbst können entweder ausgangssprachenintern lemmatisch oder nichtlemmatisch adressiert sein, oder zielsprachenintern nichtlemmatisch adressiert sein (Wiegand 2002b: 159). In bestimmten Fällen können ÄrelA gleichzeitig an das Lemma und ÄA adressiert sein, wie Fachgebietsangaben oder Bezugsobjektangaben, dann liegt eine Doppeladressierung vor (vgl. Wiegand 2011: 149). Einen Teil der ÄrelA bilden die Äquivaletunterscheidungsangaben (ÄUntA)[28]:

> Äquivalentunterscheidungsangaben, die durch verschiedene Angaben in äquivalentunterscheidender Funktion realisiert sein können, werden immer dann nötig, wenn es zu einem ausgangssprachlichen Äquivalent n zielsprachliche Äquivalente gibt (mit n ≥ 2), so daß n Äquivalentangaben auftreten. Wenn die mit den Äquivalentangaben genannten zielsprachlichen Äquivalente für den Benutzer differenziert werden sollen, so daß keine benutzerunfreundliche Äquivalentreihung gegeben ist, müssen bei n Äquivalentangaben mindestens n-1 Äquivalentunterscheidungsangaben gemacht werden. (Wiegand 2002b: 163f.; vgl. Wiegand 2011: 147)

---

**28** Es ist auch eine konkurrierende Bezeichnung *Bedeutungsdifferenzierung* existent (etwa Baunebjerg Hansen 1990: 15f.; Kromann et al. 1984: 192ff.; Kromann 1994), die vermutlich von *meaning discrimination* (Iannucci 1957) abgeleitet ist: Als ein Indiz dafür gilt die Feststellung von Kromann et al. (1984: 192), dass sich in der deutschsprachigen metalexikographischen Tradition kein fester Terminus für dieses Phänomen eingespielt hat (vgl. Baunebjerg Hansen 1990: 15). Auch wenn es bei der Äquivalentdifferenzierung oft um Monosemierung geht, werden *meaning discrimination* (seltener auch *sense discrimination* (Adamska-Sałaciak 2006: 82)) und *Bedeutungsdifferenzierung* im Sinne der Äquivalentunterscheidung als unpassend empfunden (vgl. Hausmann/Werner 1991: 2730; Manley et al. 1988: 284; Adamska-Sałaciak 2006: 82). Zum einen entsteht dadurch eine unerwünschte Überlappung mit dem Begriff der *Bedeutungsdifferenzierung* bzw. *-disambiguierung* in der einsprachigen Lexikographie, zum anderen auch ein vermeintlicher Fokus auf die Ausgangssprache (Manley et al. 1988: 284). Es gilt jedoch Folgendes: „Discrimination between equivalents, not between meanings, is one of the main functions of the bilingual dictionary.", so Manley et al. (1988: 284).

Der Zweck der ÄUntA besteht darin, dass sie (a) wie die ÄrelA generell den Geltungsbereich einer Äquivalenzrelation identifizieren sowie (b) die angegebenen ÄA näher charakterisieren, so dass dem Wörterbuchbenutzer eine motivierte Äquivalentwahl ermöglicht wird. Die ÄUntA werden lediglich aufgrund ihrer äquivalentunterscheidenden Funktion definiert; da diese durch mehrere Angabetypen realisiert werden kann, bilden die ÄUntA eine sehr breite Kategorie (Wiegand 2005a: 49; 2002b: 164; 2011: 147f.; Baunebjerg Hansen 1990: 15; Iannucci 1957: 272ff.): Die ÄUntA können durch Synonym-, Antonym-, Bezugsbereichs- und Bezugsobjektangaben, syntagmatische Subjekt- oder Objektkollokatoren, kurze paraphrasierende Angaben, pragmatische Markierungsangaben etc. realisiert werden. Die ÄUntA treten im SK als kommentierende Hinweise auf; ein häufiges Medium der Präsentation der ÄUntA sind Glossen als ein Angabephänomen der zweisprachigen Lexikographie (5.1.2). Der Einsatz der ÄUntA dient im großen Zusammenhang der Gewährleistung der angestrebten kommunikativen Äquivalenz:

> Communicative equivalence can only be achieved if the treatment is not restricted to a listing of equivalents but if these equivalents are complemented by context and cotext entries that can help the user to choose the correct equivalent for a given occurrence of the source language item and to use this equivalent in a proper way. (Gouws/Prinsloo 2005: 162; vgl. Gouws 1996a: 17; 2002: 206)

Die ÄUntA sind beim Vorliegen der kotextspezifischen semantischen Äquivalenz somit unabdingbar. Ihr Fehlen bei diesem Typ der Äquivalenzrelationen lässt beim Wörterbuchbenutzer einen falschen Eindruck entstehen, es liegt eine unbedingte Äquivalenzrelation vor (vgl. Wiegand 2002b: 158; 1996: 60), was die angestrebte kommunikative Äquivalenz bei der Durchführung der Sprachtätigkeit in entscheidendem Maße beeinträchtigen kann.

Eine ältere metalexikographische Tradition (Hausmann 1977: 58ff.; Hausmann/Werner 1991: 2732ff.), an die auch Model (2010: 48) anknüpft, spricht von den Mitteln der *Äquivalenzunterscheidung* ohne nähere Unterteilung in ÄrelA und ÄUntA: „Als Äquivalenzdifferenzierer gilt also jede Angabe, die das Lemmazeichen auf eine bestimmte Lesart monosemiert.", so Model (2010: 48). Dieser Ansatz hat mehrere Nachteile: (a) es ist generell eine eingeschränkte Sichtweise, die eine feinere funktionale Differenzierung unterschlägt, (b) dadurch bedingt sind Probleme bei der Betrachtung der Adressierungsrelationen der ÄrelA (vgl. Hausmann/Werner 1991: 2732f.), (c) die Frage, in welcher der beiden Sprachen die sog. Äquivalenzdifferenzierer anzugeben sind, bleibt im Abstrakten angesiedelt: Bei den Lösungsversuchen wird meistens nach der Muttersprache als die dem Benutzer bekannte Sprache zurückgegriffen. Für die vorliegende Arbeit besteht der entscheidende Nachteil darin, dass im Rahmen dieses Ansatzes keine weiteren relevanten Differenzierungen in Hinsicht auf die Funktionalität der BeiA im zweisprachigen Wörterbuch möglich wären (Näheres dazu in 5.3.2.2).

Ein besonderer Typ der zwischensprachlichen Äquivalenzrelationen ist die Nulläquivalenz. Sie liegt vor, wenn in einer der Sprachen, typischerweise der Zielsprache, kein Wort- oder Syntagma-Äquivalent gefunden werden kann, das zumindest lexikalsemantisch äquivalent mit der ausgangssprachlichen Einheit ist (Wiegand 2002a: 103). Das Vorliegen einer solchen *lexikalischen Lücke* (Gouws 2002: 199; Gouws/Prinsloo 2008: 870; Landau 2004: 10; Kromann et al. 1984: 191) macht somit die Etablierung der lexikographischen Gleichungen unmöglich. Die Nulläquivalenz kommt insbesondere bei kulturspezifischen Phänomenen soziokultureller, politischer, institutioneller, religiöser etc. Art zum Vorschein (vgl. Bielińska 2014: 237f.; Kromann 1983: 333), die für die Kultur einer Sprachgemeinschaft typisch erscheinen und deshalb auch in der Sprache vertreten sind. Gouws (2002: 200f.) sowie Gouws/Prinsloo (2008) unterschieden zwischen Nulläquivalenz (a) *linguistischer* bzw. *lexikalischer* und (b) *referentieller* Natur (vgl. auch Petkov 2001: 77). Im ersten Fall ist eine bestimmte Erscheinung in der jeweils anderen Kultur zwar bekannt, jedoch nicht versprachlicht, im zweiten Fall ist das Phänomen in der anderen Kultur nicht vertreten.

Die Nulläquivalenz ist im zweisprachigen Wörterbuch nur im Zusammenhang mit den Wörterbuchfunktionen angemessen zu bearbeiten (vgl. dazu Gouws/Prinsloo 2008). Grundsätzlich können in Anlehnung an Gouws (2002: 200f.) zwei methodische Vorgehensweisen unterschieden werden: (1) der Einsatz eines noch nicht ganz etablierten Äquivalentes der Zielsprache, sei es eine Lehnübersetzung oder Erweiterung des semantischen Potentials eines existierenden Wortes; dabei ggf. unter Hinzufügung einer kurzen paraphrasierenden Angabe (einer semantischen Glosse) oder (2) die Anführung einer längeren BPA, die das spezifische kulturgebundene Phänomen erklärt. Im letzteren Fall handelt es sich um *Surrogatäquivalente* (Gouws 2002: 201; vgl. Mongwe 2013: 138f.; Gouws/Prinsloo 2008); Baunebjerg Hansen (1990: 27) bezeichnet dieses Phänomen als *Äquivalentsurrogate* im Sinne „erklärende[r] Übersetzungen bei Nulläquivalenz" (ebd.). Die beiden Vorgehensweisen stehen mit dem Typ der festgehaltenen Äquivalent-Lücke im Zusammenhang: Im Fall einer lexikalischen Lücke kommen noch nicht etablierte ÄA mit kurzen erklärenden Angaben in Frage, im Fall eines unbekannten Phänomens muss dieses ausführlich erklärt werden. Kromann et al. (1984: 191f.; 1991a: 2718), Kromann (1994: 40f.) und Bielińska (2014: 237f.) sprechen von *Äquivalentsurrogaten*, subsumieren darunter jedoch alle Angabetypen beim Vorliegen der Nulläquivalenz, d. h. sowohl (1) als auch (2) im Sinne von Gouws (2002). Kromann (1994: 41) fasst das *Äquivalentsurrogat* wie folgt auf: „Bei der Nulläquivalenz sprechen wir von Äquivalentsurrogaten, die unterschiedliche Formen annehmen können, alle in der Übersetzungstheorie bekannt: Lehnwort [...], Lehnübersetzung [...], lexikalische Paraphrasen in der Zielsprache [...], analogisierende lexikalische Einheiten in der Zielsprache [...].". Des Weiteren führt Kromann (ebd.: 41f.) aus, dass Äquivalentsurrogate zu vollständigen Äquivalenten werden können.

## 3.2 Bedeutungsparaphraseangabe und anderssprachige Äquivalentangabe als Angabetypen

Als eine Voraussetzung für die Gegenüberstellung der BPA und der ÄA als Angabetypen fungiert die Unterscheidung der lexikographischen Äquivalenz im weiten und im engen Sinne. Im Rahmen der lexikographischen Äquivalenz im weiten Sinne bilden die BPA und die ÄA die erste Komponente des SK in der einsprachigen und zweisprachigen Lexikographie. In diesem Zusammenhang spricht Zöfgen (1985: 38; 1982: 46) von einer klassischen lexikographischen Trias: In der einsprachigen Lexikographie besteht sie aus (i) dem Lemma, (ii) einem Explikationsteil und (iii) einem Demonstrations- oder Beispielteil (vgl. dazu auch Kromann et al. 1984: 163), in der zweisprachigen Lexikographie aus (i) dem Lemma, (ii) ÄA und (iii) einem Demonstrations- oder Beispielteil. Während das Lemma ein Zeichen, nämlich das Lemmazeichen ist (3.1.2.1.2), bilden die BPA und die ÄA die erste Komponente des SK, gefolgt von den BeiA als seiner zweiten Komponente.

Ein alternativer älterer Ansatz beruht auf der Ausgrenzung der BeiA aus dem SK, indem für die einsprachige Lexikographie zwischen dem SK und dem Beispielteil unterschieden wird (Wiegand 1982: 125f.). Kennzeichnend dafür ist die Auffassung, dass den BeiA eine *Hilfsfunktion* in Bezug auf die Erläuterung der Bedeutung des Lemmas zugesprochen wird (ebd.: 126). Dieser ältere Ansatz wird in der Forschungsliteratur eindeutig relativiert: „Die Beispiele sollen selbst als Teil des semantischen Kommentars aufgefaßt werden", so Harras (1989: 609). Hinzu kommen die folgenden Stellungnahmen: „The examples included in the entry should not be treated by the lexicographer as some additional material but as an integral part of the entry." (Zgusta 1971: 265; vgl. Gorbačevič 1982[78]: 148). Gouws/Prinsloo (2005: 129) vermerken Folgendes zu BeiA: „The supporting examples play an important role in both bilingual and monolingual dictionaries and they have to be selected in such a way that they complement the meaning paraphrase or translation equivalent." (vgl. Prinsloo/Gouws (2000: 139; Prinsloo 2013: 510). Aufschlussreich sind in diesem Zusammenhang die folgenden Ausführungen von Adamska-Sałaciak (2006: 153):

> there is a sense in which meaning *is* use, or, put somewhat more cautiously, *is actualised* through use. Consequently, drawing a sharp boundary between the functions performed by the different sections of a dictionary entry – with definitions (in a monolingual dictionary) or equivalents (in a bilingual dictionary) being thought of as providing information on meaning, and examples as showing usage – appears to be an oversimplification.

Die BeiA werden generell als dem SK zugehörig betrachtet (vgl. Herbst/Klotz 2003: 32; Engelberg/Lemnitzer 2009: 161; Prinsloo 2013: 509). Der Ansatz der Ausgrenzung der BeiA aus dem SK ist angesichts der Funktionalität der BeiA in der einsprachigen (4.3) wie auch in der zweisprachigen Lexikographie (5.3) nicht stichhaltig. Besonders deutlich lässt sich dies in der zweisprachigen Lexikographie verfolgen, da BeiA hier in die Äquivalenzherstellung involviert sind (5.3.1).

Die Angabetypen BPA und ÄA, dabei typischerweise Wort-Äquivalente, stehen traditionellerweise im Fokus der Reflexion des einsprachigen und des zweisprachigen Wörterbuchs:

> In a monolingual dictionary the lexicographic definition is the item dominating the comment or subcomment on semantics and the definition is the only entry that will appear in every default article of such a dictionary. In many articles the comment on semantics will include only a single entry, i.e. the paraphrase of meaning presented as the lexicographic definition [...] In a bilingual dictionary the presentation of translation equivalents dominates the comment on semantics and in some articles the comment on semantics will include a single translation equivalent as its only entry [...]. (Gouws/Prinsloo 2005: 127; vgl. Werner 1991: 2796)

Diese Angabetypen gelten für die Wörterbuchtypen als konstitutiv: So wird zwischen *Definitionswörterbuch* und *Äquivalenzwörterbuch* unterschieden (Hausmann 1977; vgl. Bielińska 2014); Neubert (1986) spricht von *Definitionswörterbuch* und *Übersetzungswörterbuch*. Prinsloo/Gouws (2000: 141ff. passim) stellen *descriptive dictionary* und *translation dictionary* gegenüber.

Im Rahmen der Auffassung der lexikographischen Äquivalenz im weiten Sinne können sowohl die BPA als auch die ÄA als Äquivalente angesehen werden, an dieser Stelle abgesehen von der zweiten Komponente des SK. Al-Kasimi (1977: 59) formuliert dies wie folgt: „Whereas a monolingual lexicographer deals with defining equivalents, his bilingual counterpart is specifically concerned with translation equivalents.". Den gleichen Ansatz vertritt Piotrowski (1994: 81f.) vor dem Hintergrund einer semiotischen Sichtweise: „A sign can be translated either into a complex of other signs, by which it is more fully developed, or into a more condensed, terser sign." (vgl. auch Benson 2004: 45; Viehweger 1982: 147f.). Hinzu kommt ferner die Anforderung an die BPA, dass sie austauschbar mit dem Lemmazeichen sein soll: „Indeed, it is a principle of dictionary definition that the definition should be semantically (if not pragmatically) substitutable for the word defined and *vice versa*." (Benson 2004: 40; vgl. Hanks 2016: 97). Die BPA ist jedoch (a) analytisch sowie (b) meta- bzw. kommentarsprachlich angelegt; so führt Benson (2004: 40) aus, dass Lemmata im einsprachigen Wörterbuch

> are defined rather than translated, and there is in principle no restriction on the defining words, other than the widely accepted premise that they should also appear in the list of headwords and that they should not include the word that is being defined. In a bilingual dictionary, on the other hand, the headwords and the defining vocabulary belong to different language systems. [...] In other words, bilingual dictionaries describe headwords through translation equivalents [...]. In this sense, metalinguistic definition as an attempt to delimit the range of meaning of a word in relation to other words appears to be unique to the monolingual dictionary.

Mit der These der *Einsetzbarkeit* der BPA, die sich in der Anforderung der Austauschbarkeit oder Substituierbarkeit in Bezug auf das Lemmazeichen niederschlägt, setzt sich Wiegand (1989a: 563ff.; 1992: 206ff.) auseinander und kommt zu den Befunden, dass (a) nicht alle BPA einsetzbar sein können (1989a: 568f.; 1992: 209ff.; vgl. Wiegand 1982: 125; Hanks 2016: 96f.) sowie (b) wenn die BPA in einem Kotext – interessanterweise in den BeiA – adäquat einsetzbar erscheint, sind morphosyntaktische Anpassungen notwendig (Wiegand 1989a: 568; 1992: 211). Diese Befunde zeugen von der analytischen und meta- bzw. kommentarsprachlichen Anlage der BPA. Rundell (2006: 325) konstatiert in diesem Zusammenhang „misconceived insistence on substitutability" (vgl. Wiegand 1992: 214; Hanks 1987: 119f.; Piotrowski 1989: 75), was die Relativierung der Anforderung der Einsetzbarkeit der BPA beinhaltet (vgl. auch Wiegand/Kučera 1981: 171). Besonders deutlich kommt diese Relativierung zur Geltung, wenn die BPA in Form eines Satzes oder satzübergreifender Einheiten angelegt ist (vgl. dazu Moon 2016: 129; Piotrowski 1989: 75). Insgesamt gilt die Anforderung der Einsetzbarkeit für die BPA im Unterschied zu ÄA im zweisprachigen Wörterbuch nicht. Einen grundlegenden Unterschied zwischen dem einsprachigen und dem zweisprachigen Wörterbuch formulieren Kromann et al. (1984: 171) wie folgt:

> Während das zweisprachigen Wörterbuch ein Äquivalent, das im Prinzip ohne Informationsverlust in zielsprachliche Texte einsetzbar sein sollte, liefert, ist die Bedeutungserläuterung der Bedeutungswörterbücher üblicherweise nicht ohne einen gewissen Informationsverlust in Texte einsetzbar, gleichgültig ob es sich um ein Synonym oder eine lexikographische Definition handelt. Metasprachliche Kommentare zum Lemma sind sowieso nicht einsetzbar.

Die BPA ist grundsätzlich metasprachlich angelegt, da sie eine Reflexion innerhalb einer Sprache (eine Paraphrasierung) auf einer Metaebene gewährleistet: „Die Eigenschaft der Reflexivität sowie die Möglichkeit des sprachreflexiven Sprechens/ Schreibens über Sprache ist eine der wichtigsten Voraussetzungen dafür, daß einsprachige Wörterbücher überhaupt gemacht werden können." (Wiegand 2000b [1983]: 482; vgl. Wiegand 1977: 63f.; Benson 2004: 39f.).

In Hinsicht auf die lexikographische Äquivalenz im engen Sinne fungiert nur die ÄA in der zweisprachigen Lexikographie als eine *objektsprachliche* Angabe auf einer *parole*-Ebene. Daraus ergibt sich ein grundlegendes Unterscheidungsmerkmal zwischen den beiden Angabetypen: Die BPA bezieht sich auf die *langue*-Ebene der lexikographischen Sprachbeschreibung, eine anderssprachige ÄA gehört jedoch der *parole*-Ebene an (vgl. dazu Hausmann 1986: 106). Im Rahmen des Prinzips der semantischen Kommentierung bei der Anlage des SK in der einsprachigen Lexikographie (3.1.1) stellt die BPA als eine metasprachliche Angabe eine semantische Explikation der Einzelbedeutungen des Lemmazeichens dar, bei der analytisch vorgegangen wird. Eine anderssprachige ÄA ist jedoch aufgrund des *parole*-Status synthetisch angelegt (vgl. Adamska-Sałaciak 2006: 153f.). Dieses Charakteristikum ergibt sich aus dem genuinen Zweck der Äquivalenzherstellung im zweisprachigen

Wörterbuch: „Der Gegenpol des Definitionswörterbuchs ist das Übersetzungswörterbuch, das alle diese expliziten Erklärungen wieder im impliziten kommunikativen Äquivalent aufhebt.", so Neubert (1986: 8; vgl. Baldinger 1971: 387). Dieser Sachverhalt ist für Piotrowski (2000: 20) die Basis für die folgende These:

> One of the differences between a monolingual dictionary and a bilingual one is that the equivalent shows (identifies) meaning polyfunctionally, synthetically, i.e. all the features of the word in question are shown at once (of course, equivalents also contain a good deal of features that do not belong to the semantics of the item from the other language), while a definition does that monofunctionally, analytically [...].

Auch Baldinger (1971: 385f.) konstatiert ein unterschiedliches Wesen der BPA und der ÄA als Angabetypen: Die ÄA als ein interlinguales Synonym bildet nach Baldinger (ebd.) eine *eingliedrige* symbolbegriffliche Äquivalenz, die BPA – im Original als *Definition* bezeichnet – hingegen eine *mehrgliedrige* symbolbegriffliche Äquivalenz im Sinne der Anzahl der enthaltenen Wort-Elemente (vgl. Bondzio 1982: 136). Dies hat Auswirkungen auf die Kapazitäten der beiden Angabetypen:

> Theoretisch können somit Definitionen (mehrgliedrige Äquivalenzen) alle Faktoren berücksichtigen, Synonyma nur symbolbegriffliche Äquivalenzen. Anders ausgedrückt: Definitionen können totale Äquivalenzen geben, Synonyma nur partielle. [...] Aus diesen Überlegungen ergeben sich grundsätzliche Unterschiede für das ein- und das zweisprachige Wörterbuch. Das einsprachige Wörterbuch gibt – abgesehen von den relativ seltenen Fällen von symbolbegrifflichen Synonyma – grundsätzliche Definitionen, d.h. symbolbegriffliche Sememanalysen. Das zweisprachige Wörterbuch gibt grundsätzlich Synonyma in einer anderen Sprache. (Baldinger 1971: 385)

Des Weiteren haben diese Charakteristika einen konstitutiven Einfluss auf den Aufbau des SK in der einsprachigen und zweisprachigen Lexikographie:

> One can say metaphorically that acquisition of knowledge (about language) through the monolingual dictionary is like traditional education, when everything is explained separately in different classes in an abstract way, a bilingual dictionary is like illumination, when knowledge is acquired through an insight, based on a concrete linguistic shape. This psychological process is echoed in the examples. (Piotrowski 2000: 21)

Nach Bondzio (1982: 136) handelt es sich bei der Bedeutungsvermittlung mittels der BPA um „ein natürliches Verfahren der Kommunikation und in ihr sich vollziehende Sprachlernprozesse, in deren Verlauf einem Kommunikationspartner unbekannte Bedeutungen umschreibend erklärt werden". In diesem Zusammenhang stellen Herbst/Klotz (2003: 153ff.) die These auf, dass für die einsprachige Lexikographie generell eine positive Darstellungsweise beim Aufbau des SK charakteristisch ist in dem Sinne, dass der Fokus eher auf „die Darlegung als auf die Einschränkung von Informationen" (2003: 154) gelegt wird. Vor diesem Hintergrund führen Herbst/Klotz (2003: 155) Folgendes zur Gestaltung des SK in der einsprachigen Lexikographie aus: „Im Unterschied zu den Einträgen in zweisprachigen Wörterbüchern erfolgt hier beim Lesen eine Verdeutlichung und Konkretisierung von Information, die nicht die ständige Überprüfung in Hinblick auf mögliche Einschränkungen oder gar die Revidierung soeben verarbeiteter Information impliziert.". Der SK des zweisprachigen Wörterbuchs kann hingegen als eine ständig einschränkende Darstellungsweise betrachtet werden; so wird der Geltungsbereich eines Wort-Äquivalentes ggf. durch darauffolgende Syntagma-Äquivalente eingeschränkt (Herbst/Klotz 2003: 153f.). Dieser Sachverhalt ergibt sich aus dem genuinen Zweck des zweisprachigen Wörterbuchs und dadurch aus der „Komplexität des Unterfangens der Darstellung zweier Sprachen", so Herbst/Klotz (2003: 155).

Diese Befunde haben einen unmittelbaren Einfluss auf die Funktionalität der zweiten Komponente des SK, die BeiA, in der einsprachigen und zweisprachigen Lexikographie.

Einen Versuch, die Zuordnung der BPA und der ÄA dem einsprachigen und dem zweisprachigen Wörterbuch anzufechten und die Unterschiedlichkeit der beiden Angabetypen zu relativieren, unternimmt Burkhanov (2004: 23ff.). Die zentralen Argumente dieses Beitrags können wie folgt wiedergegeben werden: (1) im einsprachigen Wörterbuch erfolgt die Bedeutungserklärung nicht ausschließlich mittels einer ausformulierten BPA, sondern ggf. auch durch Synonymangaben und/oder Angabe negierter Antonyme. Dies betrachtet Burkhanov (2004: 23) als „intralingual lexical-semantic equivalence" und ferner als Grundlage für die folgende These:

> It is evident that a definition on the basis of intralingual equivalence does not explicate the meaning of a lexical item, as much as periphrastic and/or explanatory definitions do, and in this respect is not very much different from a typical bilingual dictionary definition based on interlingual lexical semantic-pragmatic equivalence. (ebd.; vgl. dazu auch Adamska-Sałaciak 2010a: 387);

(2) das zweisprachige Wörterbuch kann nach Burkhanov (2004: 24f.) auch ausformulierte BPA enthalten, sei es (a) im Fall zweisprachiger Lernerwörterbücher, die nicht mit ÄA arbeiten, sondern die Bedeutung der Wortschatzeinheiten der Fremdsprache durch die BPA in der Muttersprache der anvisierten Benutzergruppe erklären, oder (b) beim Vorliegen der Nulläquivalenz. Diese Befunde betrachtet Burkhanov (2004) als Grund für die folgende Behauptung: „the very existence of the technique of lexicographic specification [...] is tell-tale evidence that all bilingual dictionaries not only provide interlingual equivalents, but may, and do define." (2004: 25).

Ein solcher Relativierungsversuch weist bei näherem Hinsehen einige Schwächen auf: (1) Die grundlegende Perspektive bei der lexikographischen Arbeit (3.1) wird nicht berücksichtigt, was das Wesen der beiden Angabetypen, betrachtet relativ zu den Zwecken des einsprachigen und des zweisprachigen Wörterbuchs, zunichtemacht: Auch wenn die BPA mittels Synonymangaben erfolgen kann (an dieser Stelle werden unter Synonymangaben auch negierte Antonymangaben subsumiert), so ist ihr genuiner Zweck jedoch eine Explikation der Eigenschaftsausprägungen, vor allem der Bedeutung des Lemmazeichens. Die mehrfachen Synonymangaben werden dabei zwecks der Identifizierung ihrer Gemeinsamkeiten, die der Bedeutung des Lemmazeichens entsprechen, angeführt; sie stehen im Zeichen einer meta- bzw. kommentarsprachlichen Explikation der Bedeutung des Lemmazeichens. Dies geht auch aus den Ausführungen von Lew (2015: 298) hervor, der ebenfalls eine Ähnlichkeit der Bedeutungserklärung durch Synonymangaben und den ÄA des zweisprachigen Wörterbuchs vermerkt, jedoch im Fall der Bedeutungserklärung der in pragmatischer Dimension markierten Lemmata durch nichtmarkierte allgemeinsprachliche Synonyma:

> Interestingly, such a defining strategy bears affinity to the methods of bilingual lexicography: a synonym can be thought of as a special type of (near-)equivalent. While a bilingual dictionary provides equivalents in another language, synonym definitions may represent a different regional variety [...] or register [...]. Whenever a lemma represents a non-neutral item [...] and is rendered with a synonym in general use, the use of a synonym as a definition is generally accepted. Otherwise, it is frowned upon as a lexicographer's easy way out.

Den Sachverhalt der Bedeutungserklärung markierter Lemmata durch die Angabe allgemeinsprachlicher Synonyme spricht auch Benson (2004: 43f.) an und vermerkt dazu, dass das Lemma „is not defined, but glossed by its translation equivalent in the core vocabulary" (2004: 43).

Grundsätzlich anders ist die Lage bei den ÄA im zweisprachigen Wörterbuch. Sie gehören einem anderen Sprachsystem an. Da der Zweck des zweisprachigen Wörterbuchs die Angabe der *einsetzbaren* ÄA ist, kommt es auf den Einsatzbereich und Gebrauch einzelner ÄA an. Die ÄA gehören der *parole*-Ebene an; sie werden nicht dazu angeführt, um das Gemeinsame aus einer Reihung herauszukristallisieren. Davon zeugt auch der Einsatz der ÄUntA.

(2) In Burkhanov (2004) wird nicht zwischen der Äquivalenz im weiten und im engen Sinne differenziert, weshalb auch grundlegende Unterschiede zwischen einer ausformulierten BPA und einer zielsprachlichen ÄA übergangen werden.

(3) In den Fällen der Nulläquivalenz tritt die BPA lediglich als ein Surrogatäquivalent auf (3.1.2.2.3), fungiert aber angesichts des Kriteriums der Einsetzbarkeit für ÄA nicht als eine ÄA (3.1.2.2.2). Die BPA als Surrogatäquivalent ist ferner nur im passiven zweisprachigen Wörterbuch möglich. In diesem Zusammenhang hat die folgende Aussage von Kromann (1983: 334) Gültigkeit:

> Während die lexikographische Definition in den einsprachigen Bedeutungswörterbüchern als ein Hauptanliegen bezeichnet werden darf, ist die Definition, wenn einmal von den Äquivalentlücken abstrahiert wird, im zweisprachigen Wörterbuch für den Benutzer überflüssig und deshalb in der lexikographischen Darbietung zu eliminieren. In der zweisprachigen Lexikographie ist das Hauptanliegen das zielsprachliche Äquivalent.

Aus diesen Gründen erscheint die Sichtweise von Burkhanov (2004) nicht stichhaltig. Darüber hinaus wäre sie keine tragfähige Grundlage für eine angemessene Betrachtung der Zweckzuweisungen in Bezug auf die BeiA in der einsprachigen und zweisprachigen Lexikographie.

## 3.3 Lexikographische Beispielangaben

Unterscheidet man unter Rekurs auf die Ausführungen in Kapitel 2 drei funktionale Grundtypen des Beispiels, (a) das vorangehende induktive Beispiel, (b) das nachträgliche veranschaulichende Beispiel und (c) das Beispiel im Zeichen der Eigendynamik, so sind alle Grundtypen in der Lexikographie vertreten. Das vorangehende induktive Beispiel hat in der empirischen Wörterbuchbasis, typischerweise einem Textcorpus, seinen Platz. In diesem Zusammenhang sprechen Atkins/Rundell (2008: 453) von „the principle that languages should be described on the basis of objective evidence of their use – and this, in a sense, is the primary function of examples of usage: as a source of data from which lexicographers construct their entries. Attaching examples to definitions is a separate process" (vgl. Dolezal 2000: 1; Minaeva 1992: 77f.). In Atkins/Rundell (2008: 453) wird jedoch nur das letztgenannte Phänomen als BeiA angesehen; zu den Textstellen bzw. Belegen in der empirischen Wörterbuchbasis wird in einer charakterisierenden Weise Folgendes ausgeführt:

> Their function in the database is to support and illustrate every linguistic fact recorded there, and to provide editors at the ‚synthesis' stage with the raw materials for constructing a dictionary entry [...]. Space isn't an issue at this point, and database examples will typically be complete sentences taken from the corpus. In the finished dictionary, however, the examples have somewhat different functions, and these vary according to the type and level of dictionary. (2008: 452; vgl. auch Simpson 2003: 267)

Lenz (1998) unterscheidet nach funktionalen Gesichtspunkten zwischen Beispielen *in der Materialsammlung* (1998: 50ff.) und Beispielen *im Darstellungsverfahren* (1998: 55ff.). Dieselbe theoretisch relevante Unterscheidung trifft Wiegand (2006: 269f.) in Hinsicht auf kotextuelle Angaben mit einer genuin *wörterbuchbasisbezogenen* Angabefunktion und solche mit einer *wörterbuchgegenstandsbezogenen* Angabefunktion:

> Hier lassen sich die Beispielangaben, mit denen Kotexte (meistens für das Lemmazeichen und seine Formen) genannt werden, von den Angaben unterscheiden, die die genannten Kotexte mit der Wörterbuchbasis als der Menge aller Quellen eines Wörterbuches in eine Beziehung setzen, die von recht unterschiedlicher Art sein kann. Die Letztgenannten sind die Angaben zur Wörterbuchbasis. Die Beispielangaben weisen eine genuine wörterbuchgegenstandsbezogene Angabefunktion auf, während den Angaben zur Wörterbuchbasis eine genuine wörterbuchbasisbezogene Angabefunktion zukommt. (2006: 269)

Aus den Ausführungen von Wiegand (2006: 269) geht hervor, dass nur die Angabephänomene mit der wörterbuchgegenstandsbezogenen Angabefunktion als BeiA bezeichnet werden. Dies ist der funktionale Grundtyp des nachträglichen veranschaulichenden Beispiels, das in den lexikographischen Zusammenhängen an zweiter Stelle im SK auftritt und als eine klassische, in der metalexikographischen Forschungsliteratur am meisten aufgegriffene Erscheinungsform des lexikographischen Beispiels fungiert.

Wenn man keine terminologische Unterscheidung zwischen diesen funktionalen Grundtypen vornimmt und die Textstellen in der empirischen Wörterbuchbasis als Beispiele ansieht (etwa Jesenšek 2013; Lenz 1998; Simpson 2003), dann kommt es zu einer Zirkularität des Beispiels im lexikographischen Prozess: So führt Jesenšek (2013: 163f.) aus, dass das lexikographische Beispiel

> in der Zeit der korpusempirischen Lexikographie seinen Status geändert hat: Von der primären und tradierten dokumentierend-illustrativen Funktion und somit der Unterstützung der individuellen Sprachkompetenz des Lexikographen wird es zum Ausgangs- und Mittelpunkt der lexikographischen Arbeitsprozesse. Es wird zur empirischen Datenbasis für die lexikographische Erfassung sprachlicher Phänomene [...] erklärt und es kann zugleich in Korrelation mit dem jeweilig aktuellen Mikrostrukturenprogramm seine tradierte dokumentierend-illustrative Funktion systematisch realisieren.

In weiteren Überlegungen vermerkt Jesenšek (2013: 166, Endnote 10) jedoch, dass dieser Ansatz lexikographiegeschichtlich nicht neu sei.

Das Beispiel im Zeichen der Eigendynamik kommt in der zweisprachigen Lexikographie mit dem Zweck der Äquivalenzherstellung zur Geltung, auch wenn seine Reflexion in der Forschungsliteratur äußerst kontrovers erscheint (Näheres dazu in 5.3.1).

Die Identifikation der Textstellen bzw. Belege in der empirischen Wörterbuchbasis als BeiA beruht auf der Sicht des Beispiels lediglich als ein (Einzel)Fall, der zur Erarbeitung des Allgemeinen hinführt. Dies wird aus den folgenden Überlegungen von Ballweg et al. (1981: 49f.) zur Funktionalität der Beispiele in der *heuristischen* Arbeitsphase ersichtlich:

> Für den Lexikographen haben Beispiele in der heuristischen Phase eine wichtige Funktion bei der Bildung und Überprüfung linguistischer Hypothesen; sie dienen dazu, seine Intuitionen über die Sprache und die darauf basierenden Aussagen des Explikationsteils zu überprüfen. Wird anhand von sprachlichen Beispielen deutlich, daß ein Explikationsentwurf unzureichend oder falsch ist, so kann er unter Berücksichtigung [sic!] der aus den Beispielen ableitbaren Regeln ergänzt bzw. korrigiert werden.

Für das Beispiel ist an sich das Grundcharakteristikum der exemplarischen Prägnanz kennzeichnend (2.1, Satz 3), das in den lexikographischen Zusammenhängen im Zweck der objektsprachlichen Demonstration zur Geltung kommt (Näheres dazu in 4.3). Die konstitutiven Charakteristika der BeiA im SK sind somit wie folgt:

(1) der wörterbuchgegenstandsbezogene Status, wie ihn Wiegand (2006: 269) formuliert.
(2) Die Zweckbestimmung der Demonstration des Typischen, die insbesondere in der einsprachigen Lexikographie als eine zentrale Anforderung an die BeiA im SK formuliert wird (Kapitel 4).
(3) Damit zusammenhängend spielt für die BeiA im SK der Parameter der Qualität eine Rolle, geleitet durch die Aspekte der Typzugehörigkeit und des Benutzerbezugs des Wörterbuchs (1.1). Dies gilt jedoch nicht für Belege mit dem wörterbuchbasisbezogenen Status, wie Piotrowski (2015: 315) vermerkt: „while it is true that for practical lexicography the user perspective acts as a filter in presentation of lexicographic data, it does not have to be as important for collection and storage of the data". Diesen Befund formuliert Lenz (1998: 54) in Bezug auf die BeiA im SK wie folgt:

> Die für das Darstellungsverfahren formulierten Qualitätskriterien lassen sich zum Teil auf die lexikographischen Beispiele der Materialsammlung übertragen, doch kommen in der Basis erfahrungsgemäß lexikographische Beispiele vor, die über ein beschränktes oder den konzeptionellen Bestimmungen des Wörterbuchs nicht ganz entsprechendes Informationspotential verfügen. Sie sind wenig informativ oder zeigen nicht die von der Wörterbuchkonzeption definierten wesentlichen Charakteristika des Objektbereichs. Stattdessen können sie vielmehr das Absonderliche oder Schwerverständliche, das Banale oder Nichtssagende dokumentieren. Gerade deshalb besteht die Notwendigkeit, für die Wiedergabe im Wörterbuchartikel eine Auswahl aus der Materialsammlung zu treffen.

Der Parameter der Qualität spielt deshalb bei der Verbeispielung eine Rolle.
(4) Der Bezug zur empirischen Wörterbuchbasis ist nicht für alle Beispieltypen kennzeichnend (4.2.2). Die Textstellen in der empirischen Wörterbuchbasis sind vielmehr lediglich *Belege*: „In der metalexikographischen Diskussion wird mit *Beleg* [...] eine Material- oder Korpuseinheit als Gegenstand des lexikographischen Analyseverfahrens bezeichnet, ganz unabhängig von dessen eventuellem Abdruck im Wörterbuch.", so (Haß 1991: 539). Auch Wiegand (2006: 270) unterscheidet in Bezug auf die Textstellen in der Wörterbuchbasis verschiedene Arten der *Beleg*angaben.
(5) Bei näherem Hinsehen ist ferner festzuhalten, dass die Behandlung der Belege mit dem wörterbuchbasisbezogenen Status einer anderen Teiltheorie der Allgemeinen Theorie der Lexikographie angehört, nämlich der *Theorie der lexikographischen Spracherforschung* (nach Wiegand 1983a: 44ff.; 1983b: 102ff.; 1984a:

15f.), die generell von der Wörterbuchbasis und deren lexikographischer Verarbeitung handelt (Wiegand 1983a: 46; 1983b: 103f.; 1984a: 16).[29]

Aus diesen Gründen werden im Folgenden die Textstellen in der empirischen Wörterbuchbasis programmatisch nicht als lexikographische BeiA angesehen. Einen weiteren Beispieltyp, der nicht berücksichtigt wird, bilden die Beispiele mit einer *Introduktionsfunktion* in ViF (Ballweg et al. 1981: 50), die mit der onomasiologischen Anlage von ViF (1.3) im Zusammenhang stehen und im Feldvorspann auftreten. Die Introduktionsfunktion dieser Beispiele besteht darin, dass sie den Wörterbuchbenutzer in das thematische Verbfeld einführen (ebd.) und korrespondiert deshalb mit dem Ausgangsbeispiel innerhalb der Beispieltypologien (2.1, Satz 7). Solche lexikographischen Beispiele werden deshalb nicht berücksichtigt, weil sie nicht in den WbA auftreten und somit kein Verhältnis zu anderen Elementen des SK (Forschungsfrage (2) in 1.4) aufweisen.

In Bezug auf die Grundtypen des vorangehenden induktiven Beispiels und des nachträglichen veranschaulichenden Beispiels ist in der Lexikographie eine funktionale Überlappung existent, und zwar in dem Zusammenhang, dass bei der Erstellung eines zweisprachigen Wörterbuchs die BeiA aus dem einsprachigen Wörterbuch der Wörterbuchausgangssprache übersetzt werden, um ÄA zu ermitteln (Domínguez Vázquez/Paredes Suárez 2010: 219f. und 2010a: 242; Domínquez Vázquez 2011: 274; 2013: 55; Adamsla-Sałaciak 2006: 81).[30] Diese funktionale Überlappung lässt sich durch grundlegende Merkmale der BeiA im SK erklären: Lexikographische BeiA sind (a) Syntagmen sowie (b) objektsprachliche Angaben. Konstitutiv für die BeiA ist ferner (c) der wörterbuchgegenstandsbezogene Status. Diese Merkmale dienen des Weiteren auch als Abgrenzungskriterien gegen lexikographische Angabetexte, die als mikrostrukturelle funktionale Textsegmente mit einer vollständigen syntaktischen Struktur in nichtkondensierten oder partiell kondensierten WbA auftreten (WLWF-1: 474f., ANGABETEXT). Zwar können BeiA in Hinsicht

---

**29** Vor diesem Hintergrund erscheint die Aussage in Jesenšek (2013: 153), die deskriptive Theoriekomponente einer Theorie des lexikographischen Beispiels (1.1) beinhaltet „die Korrelation des LB [lexikographischen Beispiels, K.L.] zu anderen Elementen einer konkreten Wörterbuchartikel- oder Datenbankeintragsstruktur" deshalb nicht unproblematisch, weil nicht nach zwei separaten Teiltheorien differenziert wird.

**30** Symptomatisch für diese Vorgehensweise ist die Tatsache, dass durch die Übersetzung der BeiA in der Regel zahlreiche Übersetzungsäquivalente in Frage kommen, was eine weitere Auswahl für die Ansetzung lexikographischer ÄA erforderlich macht (Domínguez Vázquez/Paredes Suárez 2010a: 242ff.). Domínguez Vázquez/Paredes Suárez (2010a: 244, Fußnote 3) formulieren die Notwendigkeit der Auswahl wie folgt: „Die Beschreibung all dieser möglichen Übersetzungen erschien uns nicht nützlich für den Aufbau des Wörterbuchs, da es sich meist um sehr spezifische Verben bzw. Ausdrücke handelt, die in einem sehr konkreten Kontext auftreten.". Dies hängt mit grundlegenden Unterschieden der Äquivalenzbegriffe in der Übersetzungswissenschaft und der Lexikographie (3.1.2.2.1) zusammen.

auf ihre Gestaltung als Satz- oder Textbeispiele auftreten (4.2.1.1; 5.2.1.1) und somit natürlichsprachliche Textsegmente mit einer vollständig realisierten syntaktischen Struktur darstellen, sie gehören jedoch grundsätzlich zur lexikographischen Bearbeitung des Wörterbuchgegenstandes und beziehen sich somit auf die Ebene des Wörterbuchgegenstandes und nicht die der Wörterbuchform (Wiegand 2011: 123; 2005b: 44). Während lexikographische Angabetexte auf einer Metaebene *sprachreflexiv* den jeweiligen Wörterbuchgegenstand beschreiben (Wiegand 2005b: 44), repräsentieren die BeiA eine lexikographische *Objektebene* (im Unterschied zur Metaebene) und sind *objektsprachliche* Syntagmen. Daraus entsteht ein weiteres grundlegendes Charakteristikum: Das lexikographische Beispiel ist unabhängig von seiner Entstehung und Herkunft ein Zitat im weiten Sinne (4.2.2.1.1). Damit zusammenhängend sind lexikographische BeiA implizite Angaben (4.3).

### 3.3.1 Überblick über die Forschungslage

Metalexikographisches Interesse an BeiA ist charakteristischerweise erst in den letzten Jahrzehnten feststellbar (vgl. dazu Jesenšek 2013: 151f.; 153; Haß 1991a: 272; Cramer 2011: 91), wobei als Ausgangspunkt vieler Auseinandersetzungen die von Wiegand (1977: 102) formulierte Forderung nach einer Theorie des lexikographischen Beispiels aufgefasst wird (etwa Anderson et al. 1981: 30; Zöfgen 1994: 183; Hermanns 1988: 161; Harras 1989: 607; Neubauer 1998: 247; Bergenholtz 1994: 424; Jesenšek 2013: 150). Lenz (1998: 44, Fußnote 153) hält zum Forschungsinteresse an den lexikographischen BeiA Folgendes fest:

> In der jüngsten umfassenden Veröffentlichung zum Thema Wörterbücher (Wiegand 1998) schlägt sich die spätere Auseinandersetzung mit diesem Aufruf kaum nutzbringend nieder; auch hier wird den lexikographischen Beispielen ein hoher Stellenwert zugemessen, die Darlegungen führen jedoch in ihrer ausufernden Differenzierung kaum zu klaren Aussagen über die Funktionen und Leistungsmöglichkeiten von Beispielen und Belegen für die Informationsvermittlung.

Diese in Lenz (ebd.) festgehaltene Tendenz behält bis dato Gültigkeit. Die Forschungsliteratur zur Thematik des lexikographischen Beispiels in der einsprachigen wie auch in der zweisprachigen Lexikographie erscheint überschaubar. In der germanistischen Lexikographie bilden die Überlegungen von Anderson et al. (1981: 30ff.) zur Typologie des lexikographischen Beispiels eine erste Annäherung zum Themenbereich (Wiegand 1981a: 5), sie beziehen sich jedoch auf die historische Lexikographie und handeln deshalb nur von BBeiA (Anderson et al. 1981: 30). Nur wenige Überlegungen sind *vor* der Formulierung einer Aufforderung zur Theorie des lexikographischen Beispiels erfolgt (etwa Gove 1985[61]: 64ff.); die Ausführungen von Gove (1985[61]: 64ff.) beziehen sich jedoch weder auf die germanistische Lexikographie noch auf den Bereich der pädagogischen Lexikographie. So halten Bergenholtz/Mugdan (1986: 130) generell fest, dass „die von WIEGAND erhobene Forderung nach einer Theorie der Beispiele (1977, 102) unter praktizierenden Lexikographen und lexikographisch interessierten Linguisten noch kaum Widerhall gefunden hat".

Für die Arbeiten, die sich *gezielt* mit dem lexikographischen Beispiel auseinandersetzen, sind zwei Tendenzen kennzeichnend: zum einen sind dies Abhandlungen kleineren Umfangs, zum anderen, damit zusammenhängend, verstehen sie sich als *Beitrag* zu einer Theorie des lexikographischen Beispiels (Hermanns 1988; Nikula 1986; Hausmann 1985; Abel 2000; Jesenšek 2013: 150); in Zöfgen (1986: 219) ist in einer vergleichbaren Weise im Untertitel über „Anmerkungen zur Theorie und Praxis des lexikographischen Beispiels" die Rede. In Zöfgen (1994: 183) werden die in Zöfgen (1986) angestellten Überlegungen als ein „erste[r] bescheidene[r] Vorstoß in dieser Richtung" charakterisiert. Die Überlegungen in Zöfgen (1986) und Zöfgen (1994: 184ff.) beziehen sich jedoch primär auf die französische Lexikographie. Versuche der Erfassung der Thematik des lexikographischen Beispiels existieren für die englisch- und französischsprachige Lexikographie. Dies sind (a) die Beiträge im Rahmen des thematischen Teils *Examples of Examples/Beispiele über Beispiele* in *Lexicographica 16* (Dolezal 2000 und 2000a; Newell 2000; Piotrowski 2000; Goebel 2000; Algeo 2000; Schreyer 2000), die sich größtenteils auf die englische lexikographische Tradition beziehen, sowie (b) die Beiträge in *Lexicographica. Series Maior 128* (Hausmann 2005; Heinz 2005 und 2005a; Rey-Debove 2005; Gaillard 2005; Pruvost 2005; Mercier 2005; Rézeau 2005; Thibault 2005; Francard/Geron 2005; Corbin 2005; Radermacher 2005; Tetet 2005; Coutier 2005; Lehmann 2005), angelegt aus der Perspektive der französischen Lexikographie. Bezeichnend für die Ausrichtung dieser Beiträge ist die Tatsache, dass es sich um Erfahrungsberichte handelt, die ausdrücklich nicht auf die Ausarbeitung einer *Theorie* des lexikographischen Beispiels abzielen.[31]

Die Forschungsliteratur zur Thematik des lexikographischen Beispiels kann insgesamt wie folgt klassifiziert werden:

(1) thematische Abschnitte innerhalb umfassender angelegter Abhandlungen wie in Zöfgen (1994: 155ff. und 1985: 48ff.); Haß-Zumkehr (2001: 35ff.); Svensén (2009: 281ff.); Herbst/Klotz (2003: 55ff. und 142ff.); Atkins/Rundell (2008: 452ff. und

---

31 „Mehr als die Hälfte der Referenten (und somit der Beiträger dieser Akten) sind erfahrene Lexikographen. Das bedeutet, daß sie eine andere, pragmatischere, Herangehensweise hinsichtlich der gestellten Thematik zeigen als es reine Metalexikographen tun würden. Das bedeutet auch, daß eine Problematisierung dessen, was unter ‚Wörterbuchbeispiel' zu verstehen ist, nicht das Hauptanliegen dieser Veröffentlichung ist. Man wird hier also weniger eine Antwort auf die Frage ‚Was ist ein lexikographisches Beispiel?' finden als vielmehr Antworten auf Fragen wie ‚Was ist ein gutes Beispiel?', ‚Was ist ein nützliches Beispiel?', ‚Wie können die Wörterbuchbeispiele optimiert werden?'. Was nicht heißen soll, daß ein Kolloquium zur Theorie des lexikographischen Beispiels nicht notwendig wäre." (Heinz 2005: 9, Fußnote)

506ff.); Jehle (1990: 112ff. und 265ff.); Zgusta (1971: 263ff. und 336ff.); Schlaefer (2009: 92ff.); Rothe (2001: 176ff.); Model (2010: 51ff.); Adamska-Sałaciak (2006: 153ff.); Karpinska (2015: 82ff.); Baunebjerg Hansen (1990: 19ff.); Al-Kasimi (1977: 88ff.); Hausmann (1977: 82ff.); Schaeder (1981: 107f.); Bergenholtz/Tarp (1995: 137ff.); Cramer (2011: 90ff.);

(2) Beiträge, die (a) theoretische Überlegungen allgemeinen Charakters ohne eine eingehende Anbindung an einen Wörterbuchtyp (Hermanns 1988; Harras 1989; Nikula 1986; Prinsloo 2013; Prinsloo/Gouws 2000; Martin 1989; Jacobsen et al. 1991), (b) empirische Analysen bestehender Wörterbücher (Neubauer 1998; Köster/Neubauer 2002; Lehr 1998; Stein 1999; Drysdale 1987; Marello 1987; Bergenholtz/Mugdan 1986: 125ff.; Palasaki 2007; Bergenholtz 1994; Dolezal 2000a; Schreyer 2000; Pruvost 2005; Mercier 2005; Müller 1984: 382f.) oder (c) Erfahrungsberichte bzw. Überlegungen, die aus konkreten Wörterbuchprojekten hervorgehen (Haß 1991 und 1991a: 272ff.; Klosa 2005; Szende 1999; Mugdan 1985: 220f.; Fox 1987; Ballweg et al. 1981: 49ff; Reichmann 1988 und 1989; Schlaefer 1990; Anderson et al. 1981; Abel 2000; Gorbačevič 1982[78]; Saphou-Bivigat 2013; Newell 2000; Piotrowski 2000; Goebel 2000; Algeo 2000; Rézeau 2005; Thibault 2005; Francard/Geron 2005; Radermacher 2005; Tetet 2005; Coutier 2005; Lehmann 2005; Lovatt 1984) darstellen;

(3) aspektuell ausgerichtete Abhandlungen größeren Umfangs (Lenz 1998; Segler 2007) wie auch kleineren Umfangs (Siepmann 2007; Vrbinc/Vrbinc 2016; Adamska-Sałaciak 2006a; Nielsen 2014; Potgieter 2012; Katzaros 2004; Mafela 2014; Hiles 2011; Morris 2013; Minaeva 1992; Pöll 2002; Potter 1998; Simpson 2003; Al-Ajmi 2008; Laufer 1992; Nesi 1996; Neubauer 1989; Frankenberg-Garcia 2012; 2015; Pusch 1983; Porsch 2005; Whitcut 1984; 1995; Pasch 1992; Humble 1998; Bergenholtz 1994; Jesenšek 2013; Breiteneder 1996; Lembeg 1996; Cowie 1989; Hausmann 1985 und 2005; Rey-Debove 2005; Gaillard 2005; Gaillard 2005). Dazu gehören auch die Auseinandersetzungen mit den Möglichkeiten einer automatisierten Vorselektion der Belege aus dem Corpus (Didakowski et al. 2012; Kilgarriff et al. 2008);

(4) Abschlussarbeiten oder aus den Abschlussarbeiten hervorgehende Publikationen (Toope 1996; Mittmann 1995; Lettner 2013).

In Hinsicht auf lexikographische Bereiche ist festzuhalten, dass sich viele Auseinandersetzungen mit dem lexikographischen Beispiel auf die historische Lexikographie beziehen (Haß 1991; Reichmann 1988; 1989; Schlaefer 1990; Lenz 1998; Anderson et al. 1981), einige auf den Bereich der Fachlexikographie (Bergenholtz 1994; Bergenholtz/Tarp 1995: 137ff.; 1994) und nur vereinzelt auf weitere Bereiche wie etwa Sprichwortlexikographie (Jesenšek 2013). Jesenšek (2013: 165, Endnote 5) hält fest, dass „das Thema vorrangig im Rahmen der pädagogischen Lexikographie" reflektiert wird, was sich durch den besonderen Stellenwert des BeiA für diesen Bereich erklären lässt (1.3). Nichtsdestoweniger ist im großen Zusammenhang der

Feststellung in Zöfgen (1994: 191) zuzustimmen, dass „es kaum Untersuchungen gibt, die den Beispielen endlich die Schlüsselstellung einräumen, die ihnen nun einmal im L2-Wörterbuch zukommt" (vgl. Zöfgen 1986: 229).

Vor diesem Hintergrund ist festzuhalten, dass auch für die germanistische Lexikographie die Tendenz Geltung hat, die bei Zöfgen (1986: 220) für die französische Lexikographie festgehalten wird, nämlich dass dem Demonstrationsteil „in der metalexikographischen Literatur nicht die gebührende Aufmerksamkeit geschenkt [wird]" sowie dass die Behandlung oft in Form einer Randbemerkung erfolgt (ebd.). Die Form der Randbemerkung ist insbesondere für die Überlegungen zu den BeiA in der Valenzlexikographie charakteristisch (Heringer 1984: 59ff., Juhász 1985: 143f.; Zöfgen 1982). In diesem Bereich stellen die Ausführungen von Ballweg et al. (1981: 49ff.) einen Grundstein dar, wobei sie expressis verbis aus dem Grund der Vernachlässigung der Thematisierung des lexikographischen Beispiels ausführlich angelegt sind (Ballweg et al. 1981: 49). Des Weiteren lässt der Überblick über die Forschungslage erkennen, dass in der Forschungsliteratur nur sehr punktuell wie auch sehr oberflächlich Vergleiche zwischen den BeiA in der einsprachigen und in der zweisprachigen Lexikographie angestellt werden (Zöfgen 1982: 46; Prinsloo 2013: 509; Bielińska 2014a: 178), so dass ein umfassendes theoretisches Gesamtbild zu den BeiA im einsprachigen und zweisprachigen Wörterbuch nicht existent ist. Es zeichnet sich insgesamt die Tendenz ab, dass einzelne Überlegungen zu lexikographischen BeiA charakteristischerweise unsystematisch sowie exemplarisch angelegt sind in dem Sinne, dass sie in unterschiedlichen Problemstellungen und Zusammenhängen im Rahmen der Thematik zu verorten sind. Aus diesem Grund werden sie im Verlauf der vorliegenden Arbeit jeweils an entsprechenden Stellen, strukturiert nach den Forschungsfragen (1.4), eingebunden und in den jeweiligen Zusammenhängen vorgestellt.

### 3.3.2 Ansätze zur metalexikographischen Behandlung der Beispielangaben

Versucht man die vorhandene Forschungsliteratur nach den vertretenen Ansätzen zu ordnen, so ist festzuhalten, dass viele Abhandlungen auf keinem klar umrissenen Ansatz beruhen. Vielmehr werden lexikographische BeiA oft als selbstverständlich präsupponiert, charakteristischerweise jedoch mit Feststellungen, dass BeiA nicht in allen WbA enthalten sind (etwa Neubauer 1998: 249; Drysdale 1987: 219; Stein 1999). An der Problematik des lexikographischen Beispiels werden ferner jeweils unterschiedliche Teilbereiche aufgegriffen (vgl. zu dieser Feststellung Lenz 1998: 43), wie etwa Aspekte der Thematik der BeiA, morphosyntaktische Sachverhalte in den BeiA etc. (etwa Neubauer 1998; Köster/Neubauer 2002), was wiederum mit der eingangs präsentierten These im Einklang steht, dass die BeiA zum einen wenig, zum anderen wenig systematisch untersucht und reflektiert sind (Kapitel 1). Das Fehlen eines systematischen Ansatzes führt ferner dazu, dass der Begriff des lexikographischen Beispiels in Hinsicht auf einzelne Angabephänomene unterschiedlich aufgefasst wird, so dass daraus für die einsprachige wie auch für die zweisprachige Lexikographie die Notwendigkeit einer Abgrenzung entsteht (4.1 und 5.1).

Die Ansätze der metalexikographischen Betrachtung der BeiA, die sich differenzieren lassen, erfolgen entweder aus der Sicht der Syntagmatik (3.3.2.1) oder aus der Perspektive der Ko- oder Kontextualisierung (3.3.2.2).

### 3.3.2.1 Beispielangaben aus der Sicht der Syntagmatik

Der syntagmatisch orientierte Ansatz ist bei der Behandlung der BeiA in einer besonderen Weise naheliegend, bedingt durch das Charakteristikum des syntagmatischen Wesens der BeiA an sich (3.3). In diesem Sinne gelten die BeiA als ein wichtiger Angabetyp zur Vermittlung der Syntagmatik im WbA: „Eine in der Lexikographie besonders wichtige syntagmatische Angabe sind Beispielsätze.", so Model (2010: 23). Der syntagmatische Ansatz ist eine verbreitete metalexikographische Herangehensweise an die BeiA (etwa Zöfgen 1985; 1986; 1994: 147; Kühn 1998: 54f.; Kempcke 1996: 116; 120f.; vgl. Hausmann/Wiegand 1989: 341f.); in Zöfgen (1986: 221) werden die BeiA expressis verbis als „'Demonstrationen' der Syntagmatik des Lemmas" deklariert (vgl. Zöfgen 1994: 157). Im Rahmen dieses Ansatzes erfolgt eine Schwerpunktsetzung auf die Demonstration der Kombinierbarkeit der lemmatisierten Einheit mit anderen sprachlichen Einheiten, die durch die Einbettung in objektsprachliche Syntagmen gegeben ist: "From a linguistic perspective examples play an important role because they ensure that the word represented by the lemma sign is not only seen in isolation but as part of the language system.", so Gows/Prinsloo (2005: 129). In gleicher Weise hält dies auch Zgusta (1971: 263) fest: „The purpose of the e x a m p l e s is to show how the entry-word functions in combination with other lexical units.".

Der syntagmatisch orientierte Ansatz weist jedoch grundsätzliche Grenzen auf. Zum einen kann er nicht alle Sachverhalte in Bezug auf das lexikographische Beispiel fundiert erklären: Er bietet keine erschöpfende Erklärung der Polyfunktionalität der BeiA (4.3.2). Syntagmatisch motivierte Aufgabenstellungen gehören zwar zum Wesen der BeiA, sie sind jedoch nicht die einzigen, so dass infolge der ausschließlich syntagmatisch orientierten Sichtweise andere Funktionen der BeiA außer Acht gelassen werden oder nicht eingehend erklärt werden können. Zum anderen sind die BeiA nicht die einzigen Angaben zur Syntagmatik (vgl. Model 2010: 23; Zöfgen 1986: 221; 1994: 147), so dass insbesondere in der einsprachigen Lexikographie die Abgrenzung gegen naheliegende Angabephänomene (4.1) größtenteils weitere Angaben zur Syntagmatik beinhaltet (vgl. dazu Zöfgen 1986: 221; 1994: 147). Aus diesen Gründen erscheint der syntagmatisch orientierte Ansatz nicht eingehend für die Untersuchung der BeiA.

## 3.3.2.2 Kontext, Kotext und Beispielangaben

Ein anderer verbreiteter Ansatz ist die Behandlung der lexikographischen BeiA aus der Perspektive des Kontextes oder des Kotextes. So schlägt Hermanns (1988) eine Definition des lexikographischen Beispiels in der einsprachigen Lexikographie vor, die den Kontext-Aspekt hervorhebt:

> Ein lexikographisches Beispiel ist ein Textfragment oder Text; und zwar ein Textfragment oder Text – dann typischerweise ein Minitext – das oder der in einem Wörterbuchartikel erscheint und von dem das Lemma-Zeichen dieses Artikels ein Teil ist. Ein Text oder Textfragment also, der oder das zum Lemma-Zeichen einen Kontext bietet. (1988: 163)

In einer ähnlichen Weise charakterisieren Bergenholtz/Tarp (1995: 137) lexikographische BeiA als „an independent microstructural component illustrating the use of a word in context". Schmidt (1986: 72) betrachtet lexikographische BeiA als Kontextbeispiele sowie als beispielhafte Kontexte; Manley et al. (1988: 290) bezeichnen BeiA als „illustrative contexts". Zöfgen (1994: 184) vermerkt, dass in den BeiA „das Lemma-Zeichen in einem semantisch relevanten, beispielhaften Kontextzusammenhang ‚gezeigt' wird". Der Schwerpunkt dieses Ansatzes wird generell auf die kontextuelle Verwendung des Lemmas gelegt, die in der BeiA demonstriert wird (Gove 1985[61]: 64; Harras 1989: 609; Bergenholtz/Tarp 1995: 137; vgl. Abel 2000: 163); Katzaros (2004: 490) formuliert dies wie folgt: „As in actual language words are not isolated but exist in context, the first function of illustrative examples is to show situations in which the headword is usually used, taking into account the reader's age and needs.".

In anderen angestellten Überlegungen zeichnet sich die Tradition der Identifizierung der BeiA aus der Perspektive des Kotextes. So betrachtet Henne (1985[76]: 243) lexikographische BeiA als Kotexte, ferner spricht Henne (ebd.) von *usuellen Kotexten* für die Lexikographie. Auch Wiegand (2006: 269ff.) sieht die BeiA in allen Ausprägungen als kotextuelle Angaben an, „mit denen Kotexte (meistens für das Lemmazeichen und seine Formen) genannt werden" (2006: 269). Ebenfalls als Kotextangaben werden u. a. Konstruktionsangaben im Sinne der Strukturformeln (4.1.2) und KollA eingestuft (Wiegand 2006: 270). Der Ansatz der Identifizierung der BeiA durch den Kotext bzw. in der englischen metalexikographischen Tradition als *cotext* oder *cotextual entries* bezeichnet, lässt sich auch in Gouws (2015; 2014: 25; 2006: 52; 2006a: 166), Prinsloo/Gouws (2000) und Gouws/Prinsloo (2005: 127) verfolgen.

Ein Desideratum dieser Ansätze ist eine hinreichend umrissene Identifizierung davon, was jeweils unter *Kontext* und *Kotext* aufgefasst wird, und zwar bezogen auf die BeiA. Ein Vorschlag des Auseinanderhaltens findet sich in Gouws/Prinsloo (2005: 127f.), er ist jedoch auf die Eigenschaften des Lemmas und deren lexikographische Bearbeitung bezogen, d. h. auf die Angabetypen im SK, die kotextuelle und kontextuelle Angaben darstellen:

The *context* of a given word can be regarded as the pragmatic environment in which it is typically used. The context is usually indicated by means of glosses, i.e. a single word indication something about the usage of the word, or by means of lexicographic labels. The *cotext* refers to the syntactic environment in which it is typically used. This is usually indicated by means of illustrative example material like collocations and example phrases and sentences. Context and cotext entries play an important role in both monolingual and bilingual dictionaries (Gouws/Prinsloo 2005: 127)

Dass BeiA sowohl Kontext als auch Kotext realisieren können, wird in Prinsloo/Gouws (2000) angedeutet, und zwar bei der Aufzählung der Charakteristika der erstrebenswerten *guten* lexikographischen BeiA; so lauten die formulierten Merkmale: „place the word in context" (2000: 145) sowie darauf folgend: „place the word in cotext" (ebd.). Es erfolgen in diesem Zusammenhang jedoch keine weiteren Differenzierungen zwischen Kontext und Kotext in Bezug auf BeiA. Eine solche Differenzierung ist somit einer der Punkte, in denen Festlegungen erforderlich sind.

### 3.3.2.3 Eigene Festlegungen

Festlegungen für eine systematische Untersuchung der BeiA sind in den folgenden Zusammenhängen zu treffen: (1) der Begriff des Syntagmas, (2) der übergeordnete genuine Zweck der BeiA, (3) der Ansatz zur Behandlung der BeiA.

Zu (1): Der Begriff des *Syntagmas* wird im Zusammenhang mit den BeiA zweckmäßig weit gefasst und in Anlehnung an LSW als eine „Folge von sprachlichen Ausdrücken, die aus [...] Wörtern, Wortgruppen, Teilsätzen oder ganzen Sätzen bestehen kann" (LSW: 709, SYNTAGMA) aufgefasst. Somit werden alle BeiA, unabhängig von ihrer Gestaltung und Struktur in der einsprachigen und zweisprachigen Lexikographie (4.2.1; 5.2.1), als Syntagmen, d. h. generell als *Beispielsyntagmen*, angesehen. Dieser Ansatz wird dem syntagmatischen Wesen der BeiA (3.3) gerecht und trägt der Pluralität an typologischen Erscheinungsformen des lexikographischen Beispiels Rechnung. Ferner ist er für die Behandlung infralemmatischer Bearbeitungseinheiten in der zweisprachigen Lexikographie im Sinne der Syntagmen-Äquivalenz angemessen, die von ihrer Anlage her unterschiedliche Gestaltung aufweisen (5.3.1), jedoch in Bezug auf die Typen der lexikographischen Äquivalenz alle als Syntagmen-Äquivalente gelten (3.1.2.2.2). Diese Festlegung wird ferner bei der Behandlung der Typologie der BeiA nach dem Kriterium der Gestaltung in der einsprachigen Lexikographie relevant, da gekürzte Beispiele u. a. als *Syntagmen* bezeichnet werden (4.2.1.1), jedoch bezeichnenderweise im engen Sinne der Ansetzung unterhalb der Satzgrenze.

Zu (2): Als übergeordneter genuiner Zweck der BeiA wird in der vorliegenden Arbeit die objektsprachliche *Demonstration* und nicht etwa *Illustration* festgelegt, da die Illustration unter Rekurs auf die Ausführungen in Kapitel 2 eine von Grund auf reduktionistische Sichtweise des lexikographischen Beispiels impliziert. In der Forschungsliteratur lässt sich keine einheitliche Unterscheidung zwischen *Illustration* und *Demonstration* verfolgen. Häufig treten Doppelformen auf (Haß 1991a: 272 passim; Jesenšek 2013), so heißt etwa die Kapitelüberschrift in Zöfgen (1994: 155) „Der Illustrations- bzw. Demonstrationsteil". Interessanterweise sind in diesem Punkt selbst Variationen innerhalb eines Beitrags feststellbar; so ist in Jesenšek (2013) *demonstrierend-illustrierende Funktionalität* wie auch *illustrierende Demonstration* ohne weitere Unterscheidungen vorzufinden. Alternativ ist auch von *Veranschaulichung* als Zweck der BeiA die Rede (Klosa 2005; Reichmann 1988; vgl. Kromann et al. 1984: 217).

Die Demonstration als erkenntnismäßig relevante Art der Veranschaulichung (Kapitel 2) ist diejenige Leistung des Beispiels, die dem lexikographischen Beispiel gerecht wird. Der übergeordnete genuine Zweck der Demonstration wird weit gefasst und umfasst Funktionalitätsaspekte einzelner Beispieltypen wie etwa die *Dokumentation* (Näheres dazu in 4.2.2). Ein alternativer Ansatz beruht auf der Gegenüberstellung des KBei und des BBei als unterschiedliche Arten des lexikographischen Beispiels (etwa Haß 1991a: 272f.; Haß-Zumkehr 2001: 35ff.; Lenz 1998; Schaeder 1981: 107; vgl. Landau 2004: 207) in dem Sinne, dass „*Beispiel* und *Beleg* in der Literatur als Antonyme verwendet [werden]" (Hermanns 1988: 186, Endnote 7). In der vorliegenden Arbeit wird der Funktionalitätsaspekt der Dokumentation hingegen als dem Zweck der objektsprachlichen Demonstration untergeordnet eingestuft. Das BBei gilt somit nicht als eine grundsätzlich andere Art des lexikographischen Beispiels, sondern vielmehr als eine seiner typologischen Ausprägungen (4.2.2). Für diese Sichtweise sprechen folgende Aspekte:

(a) die Dokumentation erfolgt durch Demonstration, d. h. durch den Griff zum objektsprachlichen Bereich bei der lexikographischen Beschreibung, wobei unter Rekurs auf die Rhetorik (2.1, Satz 1) die Belegfunktion nur als eine der funktionalen Schwerpunktsetzungen des Beispiels fungiert;

(b) insbesondere im Bereich der pädagogischen Lexikographie erscheint eine Reduktion des BBeiA auf den Funktionalitätsaspekt der Dokumentation ungerechtfertigt (Näheres dazu in 4.2.2);

(c) beim Ansatz der Gegenüberstellung des BBei und des KBei weist Hermanns (1988: 186, Endnote 7) zu Recht darauf hin, dass „dann allerdings ein Oberbegriff fehlt, man könnte etwa nach angelsächsischem Vorbild, von ‚illustrativem Material' reden". In der vorliegenden Arbeit ist ein solcher Oberbegriff das lexikographische Beispiel an sich;

(d) der Ansatz der Gegenüberstellung ist insbesondere beim CorBei unzweckmäßig, da das CorBei viele Relativierungen der tradierten Gegenüberstellung darstellt (4.2.2.2.2).

Bei der Ansetzung der objektsprachlichen Demonstration als übergeordneter genuiner Zweck der BeiA ist darauf hinzuweisen, dass im Bereich der zweisprachigen Lexikographie die BeiA zusätzlich auch den Zweck der Äquivalenzherstellung erfüllen können (5.3.1).

Zu (3): Für die metalexikographische Behandlung der BeiA ist eine konsequente Unterscheidung zwischen einem Kotext-Faktor und einem Kontext-Faktor ein besonders geeigneter Ansatz. In der Linguistik finden sich folgende Vorschläge zur Differenzierung zwischen *Kotext* und *Kontext*: Pinkal (1985: 34f.) betrachtet sie als „zwei unterschiedliche Teilbereiche von Kontext (sprachlicher und situativer Kontext)" (1985: 35), wobei sich der *Kontext* auf außersprachliche bzw. situative Kontextelemente bezieht, während unter *Kotext* der sprachliche Kontext verstanden wird (1985: 34). Eine gleiche begriffliche Differenzierung ist auch in LSW (LSW: 368, KONTEXT) festgehalten: Der *Kontext* umfasst „alle Elemente einer Kommunikationssituation, die systematisch die Produktion und das Verständnis einer Äußerung bestimmen", wohingegen der *Kotext* enger gefasst ist: „Im speziellen Sinn von ‚sprachliche Umgebung' wird neben K[ontext] auch der Terminus ‚Kotext' [...] verwendet, der dann vom nichtsprachlichen ‚Kontext' unterschieden wird." (ebd.). Dies hält auch Reder (2006: 22, Fußnote 11) fest: „Ko-Text wird der sprachliche Kontext in Abgrenzung zum situativen und kulturellen Kontext genannt." (vgl. auch Hausmann 1997: 172, Fußnote; Szende 1999: 198; Henne 1977a: 14; Franck 1996: 1324; Möhrs 2016: 18).

Auf die lexikographischen Zusammenhänge und die BeiA übertragen, bezieht sich der *Kontext* auf den situativen Bereich, der in den BeiA evoziert wird, während der *Kotext* den unmittelbaren sprachlichen Bereich um die zu demonstrierende Einheit innerhalb des Beispielsyntagmas beinhaltet. Interessanterweise wird eine solche Unterscheidung punktuell in der Forschungsliteratur angedeutet wie etwa in Zöfgen (1986: 228) mit der Benennung „des engeren syntagmatischen Umfeldes" (ebd.) im Gegensatz zu „semantischer Relevanz des weiteren Kontextes" (ebd.) in den BeiA (vgl. Zöfgen 1994: 189); Zöfgen (1985: 46) spricht vom *semantisch relevanten Kontext* und *lexikographisch relevanten Kotext*. Lenz (1998: 36, Fußnote 130) vermerkt Folgendes: „Die mit dem Stichwort in Verbindung stehenden objektsprachlichen Elemente, welche die unmittelbare Umgebung des Stichwortes der originalen Textstelle bilden, wird [...] als Kotext bezeichnet." (vgl. auch Lenz 1998: 77f.). Dies ist ferner eine programmatische Unterscheidung zum Kontext, der in Lenz (1998: 77) in Bezug auf den Belegschnitt, d. h. die Exzerption eines BBei aus einem originalen Text (4.2.2), wie folgt definiert wird: „Mit dem **Kontext** eines Belegs wird der Sinnzusammenhang des originalen Textes angesprochen, aus dem der Textausschnitt herausgelöst ist. Der Beleg im Wörterbuchartikel ist also ‚dekontextualisiert' [...]" (ebd.). Dieser Standpunkt kommt dem Ansatz der Unterscheidung zwischen dem Kotext-Faktor und dem Kontext-Faktor, bezogen auf die BeiA selbst, nahe.

Dieser Ansatz ist im Vergleich zur ausschließlich syntagmatisch orientierten Sichtweise bei der Behandlung der BeiA grundsätzlich breiter angelegt. Der Kotext-Faktor allein ist dem syntagmatischen Ansatz annähernd gleichzusetzen; der Kontext-Faktor kommt hinzu und erweitert so den Blick auf lexikographische BeiA. Zum Aspekt der Gleichsetzung des Kotext-Faktors mit dem syntagmatischen Ansatz sind Überlegungen von Henne (1985[76]: 242f.) aufschlussreich, in denen „die syntagmatische Potenz" (1985[76]: 242) mit „Kotextselektion" (1985[76]: 243) identifiziert und auf den Aufgabenbereich der lexikographischen BeiA bezogen wird. So führt Henne (1985[76]: 242f.) aus, dass

> Wörterbuchverfasser die syntagmatische Potenz oder anders ausgedrückt: die Kotextselektion der jeweiligen paradigmatisch erklärten lexikalischen Elemente entweder zitieren oder beschreiben möchten. Hinsichtlich der Zitierung von Kotexten sind ihnen Grenzen gesetzt, weil es eine zumindest nicht angebbare Zahl möglicher Kotexte gibt. Bliebe das Rezept: ‚Gib die usuellen Kotexte an'. Wenn einer *bellen* paradigmatisch erklärt, wird er anschließend einen Kotext mit *Hund* zitieren, weil ‚Hund' als semantisches Merkmal in *bellen* enthalten sein soll. Aber auch *Füchse*, *Schakale* und *Wölfe* bellen; dennoch wäre: *Der Hund bellt* in Mitteleuropa sicher der ‚usuellere' Kotext.

Des Weiteren ist in Henne (1985[76]: 243) an anderer Stelle von „syntagmatischen oder Kotextmerkmale[n]" die Rede, was wiederum von der Gleichsetzung der beiden Begriffe zeugt. In Henne (1977a: 14) erfolgt eine explizite Gleichsetzung *syntagmatischer* und *kotextueller* Merkmale, es kommen jedoch auch weitere *situationelle* Merkmale hinzu, die als *kontextuelle* Merkmale bezeichnet werden: „Erst das zu beschreibende Zusammenspiel paradigmatischer wie syntagmatischer (k o t e x t u ‑ e l l e r !) und ggf. situationeller (k o n t e x t u e l l e r !) Merkmale konstituiert die Bedeutung eines Wortes als Möglichkeit seines Gebrauchs." (ebd.). Dieser Ansatz wird in besonderer Weise dem Wesen und dem Zweck der lexikographischen BeiA gerecht.

Der Ansatz einer Unterscheidung zwischen dem Kotext-Faktor und dem Kontext-Faktor bildet in mehreren Zusammenhängen eine tragfähige Grundlage für die Behandlung der BeiA: (a) in Hinsicht auf die Abgrenzung gegen konkurrierende Angabephänomene in der einsprachigen und zweisprachigen Lexikographie, (b) in Bezug auf die Funktionalität der BeiA wie auch einzelner Beispieltypen sowie (c) bei der Behandlung des Teilbereichs der Qualität der BeiA.

# 4 Beispielangaben im einsprachigen Wörterbuch

Da für das einsprachige Wörterbuch bei der Gestaltung des SK das Prinzip der semantischen Kommentierung gilt (3.1.1), hat dies folgende Auswirkungen auf den Demonstrationsteil: In der einsprachigen Lexikographie sind die BeiA „neben der Bedeutungsangabe in irgendeiner ihrer Formen wohl die wichtigste und eigenständig wahrgenommene Angabeart" (Haß-Zumkehr 2001: 35); die BeiA sind von ihrem genuinen Zweck her auf die Demonstration der Eigenschaftsausprägungen des Lemmazeichens und/oder anderer Elemente des SK ausgerichtet (4.3.1). Vor diesem Hintergrund besagt eine in der Forschungsliteratur vermehrt formulierte Anforderung, dass die BeiA im einsprachigen Wörterbuch *typisch* (etwa Töpel 2014: 315; Abel 2000: 165; Lenz 1998: 56f.; Atkins/Rundell 2008: 454; 456; Simpson 2003: 269; Gove 1985[61]: 66; Laufer 1992: 72; vgl. ¹LGwDaF: VIII) oder *prototypisch* sein sollen (etwa Binon/Verlinde 2013: 1039; Cramer 2011: 93; Zöfgen 1994: 198; Nikula 1986: 189; Hermanns 1988: 178; Reichmann 1988: 413; Kühn 1998: 54f.; Klosa 2005: 96; Siepmann 2007: 248) im folgenden Sinne: „Our first and foremost requirement for examples is typicality: that they should show the way in which people actually use the word they are exemplifying.", so Fox (1987: 138). In einer ähnlichen Weise führt Zöfgen (1994: 192) aus, dass die BeiA „das Lemma-Zeichen in einer Kontextualisierung vor[führen], die den Benutzer in eine spezifische und typische (nicht lexikographische) Kommunikationssituation versetzt" (vgl. Zöfgen 1982: 48; 1986: 227).

## 4.1 Abgrenzung gegen naheliegende Angabephänomene

Im Einklang mit dem Forschungsdefizit für die BeiA generell sowie mit deren unsystematischer Erforschung steht die Tatsache, dass der Begriff des lexikographischen Beispiels in der einsprachigen Lexikographie unterschiedlich definiert wird (vgl. dazu Rothe 2001: 176f.). Zu unterscheiden ist in diesem Zusammenhang zwischen weiten und engen Beispielauffassungen. Einen sehr weit gefassten Definitionsversuch präsentiert Siepmann (2007: 242): „[a]n example can be usefully defined as any stretch of text that contains an occurrence of the entry term or phrase" (vgl. auch Stein 1999: 45; Martin 1989: 600). Eine ebenfalls weite Fassung des lexikographischen Beispiels, nach einzelnen Angabephänomenen spezifiziert, bietet Harras (1989: 608):

> Zu den lexikographischen Beispielen gehören die folgenden Arten von Angaben:
> (1) Angaben, mit denen etwas zur Syntax eines Lemmazeichens gesagt wird, z. B. zu *ängstigen*: sich vor jmdm., etw., um jmdn. ä. (HWGD).
> (2) Angaben, mit denen etwas über typische Verknüpfungen des Lemmazeichens mit anderen Lexemen gesagt wird, z. B. zu *Vogel*: Der Vogel fliegt, flattert, hüpft, singt, zwitschert, wird flügge, nistet, brütet, mausert sich (DUW). Zu dieser Art von Angaben gehören sowohl Zweier-

kombinationen wie die hier angeführten Kollokationen als auch komplexere Verknüpfungen wie idiomatische Wendungen bzw. Phraseologismen.

(3) Verwendungsbeispiele in Form ganzer Sätze, die (a) entweder Sätze darstellen, die vom Lexikographen zu Beispielzwecken gemacht worden sind, wie z. B. zu *schütter: auf diesem kargen Boden wachsen nur schüttere Kiefernbestände* (HWDG); (b) oder Sätze sind, die aus authentischen Texten stammen, d. h. Zitate. Diese werden üblicherweise auch B e l e g e genannt.

Für eine weite Beispielauffassung äußert sich auch Hermanns (1988); sie ist jedoch mit der Beispielauffassung von Harras (1989) nicht identisch, sondern verläuft bei näherem Hinsehen wesentlich anders. Der Definitionsversuch des lexikographischen Beispiels von Hermanns (1988) gründet auf dem Kontext-Faktor (3.3.2.2); das lexikographische Beispiel ist für Hermanns (1988: 163) „[e]in Text oder Textfragment [...], der oder das zum Lemma-Zeichen einen Kontext bietet.". Weiter heißt es bei Hermanns (1988: 164):

> So w e i t soll die Definition hier gefaßt werden, damit dann insbesondere auch normierte, normalisierte Textfragmente als Beispiele gelten können, wie sie z.B. vorliegen in beispielhafter Angabe von Valenzen durch Wendungen wie: *sich, jmdn. (jmdm.) vorstellen* (HWDG, s.v. *vorstellen*), *jmdn. über etw. ... informieren* (DUW, s.v. *informieren*), oder in einfachster Angabe von typischen, häufigen Wortverbindungen, wie sie etwa vorliegt in dem Beispiel (HWDG, s.v. *Hund*): *ein junger, großer, rassenreiner, scharfer, treuer, kluger, herrenloser Hund.*

Die Begründung für diesen Ansatz lautet wie folgt:

> Auch bei solchen Beispielen trifft zu, daß hier ein Kontext gegeben wird zum Artikel-Wort, wenn auch der Kontext ein standardisierter und konstruierter ist und also etwa in Form von Indefinitpronomen erscheint und wenn auch solche Texte wie die so durch Normierung entstehenden kaum jemals geäußert werden dürften, außer vielleicht im absurden Theater: *Jemand stellt jemanden jemandem vor.* (ebd.)

Ferner spricht Hermanns (1988: 164) zwei weitere Sonderfälle des lexikographischen Beispiels an. Der erste Sonderfall bezieht sich auf die Gestaltung der BeiA: Ein Textfragment ist auch dann ein Beispiel, „wenn es noch so kurz ist" (ebd.) mit der folgenden Begründung:

> Das kürzeste, das der Verfasser dieses Beitrags bisher gefunden hat, steht im ‚Handwörterbuch der deutschen Gegenwartssprache' s.v. *abhauen* und heißt: *Hau ab!* Das ist in der Tat auch ein Beispiel, insofern es einen Kontext für das Lexem *abhauen* gibt, wenn auch hier der Kontext nur aus einem Ausrufungszeichen besteht; und zwar sogar ein gutes Beispiel, das nämlich zugleich einen oft gehörten Phraseologismus darstellt und also eine Doppelfunktion hat. (ebd.)

In diesem Zusammenhang geht Hermanns (1988: 164f.) zum weiteren Sonderfall über, nämlich dem Status der Phraseologismen als lexikographische Beispiele. Bei Hermanns (1988: 164) heißt es zunächst allusiv: „ein Phraseologismus kann ein Beispiel sein"; wie aus dem oben Zitierten zu erschließen ist, ist in diesem Fall von einer Doppelfunktion die Rede. In einer darauf bezogenen Endnote (1988: 186, Endnote 6) folgen weitere aufschlussreiche Ausführungen:

> Beispieltheoretisch ist bei Phraseologismen zu unterscheiden, ob sie idiomatisch sind oder nicht-idiomatisch, in welchem Fall sie für den in ihnen enthaltenen Lemma-Ausdruck als Beispiel fungieren können (so auch Anderson/Goebel/Reichmann 1981, S. 32); dann dient also die Angabe des Phraseologismus einem doppelten Zweck, nämlich, wie gesagt, der Beispielgebung für den Lemma-Ausdruck, und weiter der Dokumentation des Phraseologismus selbst, der allerdings immer als Phraseologismus kenntlich gemacht werden sollte. (ebd.)

Daraus lässt sich ableiten, dass für Hermanns (1988) nur nicht- bzw. teilidiomatisierte Phraseologismen als lexikographische BeiA gelten, was sich wiederum mit dem Kontext-Faktor als Parameter im Definitionsversuch (1988: 163) in Verbindung bringen ließe. Mit dieser Einschränkung in puncto Phraseologismen als BeiA entsteht ein grundlegender Unterschied zur Beispielauffassung von Harras (1989), im Rahmen derer „komplexere Verknüpfungen wie idiomatische Wendungen bzw. Phraseologismen" (1989: 608) als lexikographische BeiA zu gelten haben.

Diesen weiten Beispielauffassungen kann ein eng gefasster Beispielbegriff entgegengesetzt werden, nach dem ausschließlich realisierte Satz- und Textbeispiele als lexikographische BeiA zu gelten haben und den etwa Zöfgen (1994), Mugdan (1985) und Abel (2000) vertreten. Zöfgen (1994: 184) spricht von lexikographischen BeiA nur „wenn es sich um objektsprachliche, eindeutig auf der *parole*-Ebene angesiedelte Äußerungen handelt, bei denen das monosemierte Lemma-Zeichen in einem semantisch relevanten Kontext gezeigt wird". Ferner findet sich bei Zöfgen (ebd.) ein Vermerk zum Status der KollA im Verhältnis zu BeiA: „Damit ist zugleich klargestellt, daß Kollokationen zum Demonstrationsteil des lexikographischen Artikels gehören, aber keine Beispiele im Sinne dieser Definition sind." (ebd.). In einer korrespondierenden Weise ist für Mugdan (1985: 221) nur das Satzbeispiel ein „Beispiel im eigentlichen Sinn [...], nämlich eine konkrete (belegte oder vom Lexikographen gebildete) Äußerung, die keine Variablen wie *etw.* usw. enthält".

Angesichts solcher Unterschiede bei den Beispielauffassungen werden im Folgenden einzelne Angabephänomene, die aus der Gegenüberstellung der weit und eng gefassten Beispielbegriffe einen strittigen Status haben, auf ihre Zugehörigkeit zum lexikographischen Beispiel hin behandelt. Dies sind im Konkreten sublemmatische Redewendungen und Phraseme (4.1.1), valenzbedingte Strukturformeln (4.1.2) sowie KollA (4.1.3). Nach Zöfgen (1986: 221 und 1994: 147) stellen alle diese Angabephänomene Angaben zur Syntagmatik dar.

### 4.1.1 Sublemmatische Redewendungen und Phraseme

Im Rahmen weit gefasster Beispielauffassungen werden sublemmatisch kodifizierte Redewendungen und Phraseme oft uneingeschränkt zu den BeiA gerechnet (etwa

Harras 1989; Palasaki 2007; Svensén 2009: 281f.). In der empirischen Basis der vorliegenden Untersuchung sind solche Elemente in allen herangezogenen Wörterbüchern präsent. In LGwDaF und in ViF werden sublemmatische Redewendungen und Phraseme in einem Postkommentar zur Phraseologie angeführt, eingeleitet durch die Phrasemidentifizierungsangabe ▓ ID in LGwDaF und *Wend* (als Abkürzung für *Wendungen*) in ViF. Laut LGwDaF handelt es sich dabei um feste bzw. idiomatische Wendungen, die aus mehreren Wörtern bestehen, seien es Sprichwörter, Redensarten oder Idiome (LGwDaF: 10f.). In ViF wird Folgendes zu *Wendungen* ausgeführt: „Diesen Einträgen liegt keine ausgearbeitete Theorie der Idiomatik zugrunde. Es werden hier komplexe Ausdrücke verzeichnet, deren Bestandteile mehr oder weniger lexikalisiert sind." (ViF: 61; vgl. auch Ballweg-Schramm/Schumacher 1979: 105), was wiederum eine Heterogenität solcher Elemente signalisiert. In einer ähnlichen Weise spricht Gouws (2010) im Rahmen der englischsprachigen Terminologie pauschal von *fixed expressions* als „a superordinate term for among others idioms and proverbs" (2010: 51). In ELDIT werden Redewendungen und Phraseme in einem modular abgesonderten Angabebereich *Redewendungen/modi di dire* präsentiert. In E-VALBU wird hingegen differenzierter vorgegangen, indem solche Elemente entweder (a) innerhalb lesartenübergreifender Angaben, und zwar im Angabebereich *Generelle Anmerkungen* angeführt werden, wie etwa zu DENKEN:

> DENKEN ... • *denken* wird auch in vielen idiomatischen Wendungen verwendet wie z.B. *etwas gibt (jemandem) zu denken* i.S.v. 'etwas macht jemanden nachdenklich/misstrauisch'; *an etwas ist (überhaupt) nicht zu denken* i.S.v. 'für etwas besteht gegenwärtig nicht die geringste Aussicht'; *als jemand/etwas gedacht sein* i.S.v. 'als jemand/etwas vorgesehen sein'; *für jemanden gedacht sein* i.S.v. 'für jemanden/etwas vorgesehen sein' [u.v.m.] (vgl. auch etwa VERKAUFEN, ZÄHLEN; VERBIETEN; VERLIEREN) ‹E-VALBU›

oder (b) innerhalb lesartenspezifischer Angaben im Angabebereich *Anmerkungen* auftreten; im letzteren Fall werden sie mit weiteren BeiA versehen, in denen die entsprechenden Elemente kennzeichnenderweise typographisch durch Fettdruck hervorgehoben werden:

> ESSEN ... 1 ... • Der Umfang der Nahrungsaufnahme wird gelegentlich in Ausdrücken spezifiziert wie: *[ugs] wie ein Spatz essen* i.S.v. ‚sehr wenig essen'; *[ugs] wie ein Wolf essen* i.S.v. ‚sehr viel essen'; *schlecht essen* i.S.v. ‚zu wenig essen'; *gut essen* i.S.v. ‚ausreichend essen'.
> (15) Es gibt Kinder, die **gut essen** und welche, die **schlecht essen**. ‹E-VALBU›

Eine solche positionale Trennung lässt eine Klassifikation einzelner Elemente nach dem Grad ihrer Idiomatizität annehmen, indem stärker idiomatisierte Elemente zu lesartenübergreifenden Angaben angeführt werden, weniger idiomatisierte hingegen einzelnen disambiguierten Lesarten zugeordnet, und somit innerhalb lesartenspezifischer Angaben untergebracht werden.

In LGwDaF und ViF werden an sublemmatische Elemente jeweils semantische Subkommentare (SSK) adressiert, bestehend aus einer BPA und seltener auch einer BeiA:

> LASSEN ... ▓ ID **Das muss man ihm/ihr lassen!** *gesprochen* Das muss man bei ihm/ihr anerkennen (obwohl vieles an ihm/ihr schlecht ist) ‹LGwDaF›

> KÖNNEN ... ▓ ID **Man kann nie wissen** *gesprochen* man weiß nicht, ob sich etwas nicht als gut, richtig oder nötig erweisen wird | *Ich nehme die Spielkarten auf alle Fälle mit. Man kann ja nie wissen* ‹LGwDaF›

> KAUFEN ... Wend | *Dafür kann ich mir nichts kaufen.* i.S.v. *Das nützt mir nichts.*; *die Katze im Sack kaufen* i.S.v. *etw. ohne vorherige Prüfung erwerben* ‹ViF›

> ESSEN ... Wend | *wie ein Spatz essen* i.S.v. *sehr wenig essen: Sie ißt nur noch wie ein Spatz, ist entsetzlich schwach und hat dabei ständig Schmerzen.* (Normann, Tagebuch, S. 144); *wie ein Wolf essen* i.S.v. *sehr viel essen*; *schlecht essen* i.S.v. *wenig essen*; *essen gehen* i.S.v. *zum Essen in ein Restaurant gehen* ‹ViF›

In ELDIT werden Redewendungen durchgehend mit BeiA demonstriert; innerhalb der BeiA werden Redewendungen und Phraseme typographisch hervorgehoben:

> ESSEN ... **essen wie ein Spatz** - *umgangssprachlich*
> Meine Schwägerin **isst** wirklich **wie ein Spatz**. Sie nimmt einen halben Löffel hiervon, nascht einmal davon, und schon ist sie satt.
> **es wird nicht so heiß gegessen, wie es gekocht wird**
> Ich bin schon so schrecklich aufgeregt wegen meiner neuen Stelle an der Abendschule! Mach dir keine Sorgen, **nichts wird so heiß gegessen, wie es gekocht wird**. Das schaffst du bestimmt ohne Probleme.
> **etw. ist (bereits) gegessen** – *umgangssprachlich*
> Kannst du mir noch einmal die Unterlagen von dem Auftrag für die französische Firma geben?
> **Das ist** schon **gegessen**. Ich habe heute Morgen alles vorbereitet und losgeschickt.
> ‹ELDIT›

In E-VALBU werden alle kodifizierten Redewendungen und Phraseme mit BPA versehen, jedoch nur diejenigen unter lesartenspezifischen Angaben in einer systematischen Weise auch mit BeiA. Die unter lesartenunabhängigen Angaben kodifizierten Elemente werden nur vereinzelt mit BeiA versehen (vgl. VERKAUFEN).

Im Zusammenhang mit der Frage nach der Zugehörigkeit solcher Elemente zum lexikographischen Beispiel vertritt Palasaki (2007: 124) in Anlehnung an Harras (1989) den Standpunkt, dass Phraseologismen zu lexikographischen BeiA zu rechnen sind. Dabei vermerkt Palasaki (2007: 127), es handelt sich in diesem Fall um „idiomatische Wendungen, die durch Fettdruck hervorgehoben und deren Bedeutung dann kursiv und in Klammern angegeben wird", hinterfragt die Notwendigkeit einer solchen Bedeutungsangabe (BA) jedoch nicht und erkennt somit den besonderen Status solcher Elemente nicht. Des Weiteren wird ebenfalls nicht hinterfragt, warum solche idiomatischen Einheiten in manchen Fällen eigens lemmatisiert sind (Palasaki 2007: 128). Auch lexikographisch kodifizierte Redewendungen – im Original: „sogenannte Sprüche, die der Sprache besondere Lebendigkeit und Anschaulichkeit verleihen" (ebd.) – werden „sozusagen als Beispiele unter dem dazugehörigen Lemma" (ebd.) identifiziert.

Besonders aufschlussreich erscheinen in diesem Zusammenhang Ausführungen von Svensén (2009: 281f.). Svensén (2009: 281) vertritt eine weite Beispielauffassung, wenn auch zugleich Bedenken an ihrer Angemessenheit geäußert werden,[32] und unterscheidet in einem ersten Schritt zwischen kommentierten Beispielen (*commented examples*) und unkommentierten Beispielen (*uncommented examples*) (2009: 281). Kommentierte Beispiele sind nach Svensén (ebd.) durch das Charakteristikum „with indication of meaning" gekennzeichnet, während den unkommentierten Beispielen das Charakteristikum „with no indication of meaning" (ebd.) zukommt. In einem zweiten Schritt werden kommentierte Beispiele nach der einsprachigen und zweisprachigen Lexikographie wie folgt differenziert: „Commented examples are of two kinds: **DEFINED EXAMPLES** (in monolingual dictionaries) and **TRANSLATED EXAMPLES** (in bilingual dictionaries)" (ebd.), wobei unter *defined examples* primär sublemmatische lexikalisierte Redewendungen und Phraseme verstanden werden (ebd.). An späterer Stelle erfolgt eine Erweiterung, indem von „constructions and idioms" (2009: 282) als kommentierten Beispielen die Rede ist, was die Einbeziehung der Strukturformeln beinhaltet (4.1.2). Zu den so differenzierten kommentierten Beispielen wird Folgendes ausgeführt:

> A defined/translated example differs from the uncommented example in that the paraphrase/translation normally cannot be produced solely on the basis of information previously given; instead, the defined/translated example has been entered in the dictionary precisely because it needs to be explained. It is not there in order to support previously given information; on the contrary, it implies an expansion of, or even a deviation from that information. [...] A defined/translated example should rather be considered as being addressed to the lemma and has a more independent position within the entry than an uncommented example; this is evident primarily from the fact that the commented example is often presented as a unit of meaning in its own right (2009: 282)

---

[32] „In metalexicographic literature, the term **EXAMPLE** has a very wide range of meaning. It usually comprises all types of indications consisting of word combinations (phrases, clauses, sentences) that contain a form of the lemma sign, irrespective of whether they are provided with an indication of meaning or not. From a terminological point of view, this is less appropriate since the function of a word combination provided with an indication of meaning is actually not to exemplify; it is there simply because it needs to be explained (Jacobsen et al. 1991: 2783-7, on bilingual dictionaries). However, in order not to deviate too much from what seems to be prevailing terminological practice in metalexicography, the term 'example' is used throughout this book in the broad sense indicated above." (Svensén 2009: 281)

Als ein weiteres Argument für den autonomen Status der kommentierten Beispiele im Sinne von Svensén (2009) wird auf ihre Position bei nichtintegrierter Mikrostruktur hingewiesen: „A further indication of the more independent position of defined/translated examples in relation to the rest of the entry is that, in an unintegrated microstructure, they are brought together in a syntagmatic block without being assigned to the respective numbered senses" (2009: 282). Dies ist in LGwDaF wie auch in ViF der Fall. Zu den unkommentierten Beispielen wird Folgendes ausgeführt:

> An uncommented example is often addressed to an indication of meaning, a construction or an idiom, and as a rule it is immediately preceded by its address. It is usually possible to paraphrase or translate such an example solely on the basis of previously given information. An uncommented example supports the information previously given and does not normally contain anything that is incompatible with that information. (Svensén 2009: 282)

Ferner wird das Verhältnis zwischen kommentierten und unkommentierten BeiA angesprochen:

> Since constructions and idioms are often presented in the form of defined/translated examples, it often occurs that uncommented examples are addressed to such items [...] However, it is quite natural that the opposite case never occurs, i.e. that a defined/translated example is addressed to an uncommented example. On the whole, the uncommented example can be described as a kind of 'concluding indication', which is hardly ever the address of another indication (2009: 282f.)

Diese Ausführungen deuten einen grundsätzlichen Unterschied zwischen kommentierten und unkommentierten Beispielen im Sinne von Svensén (2009) an, der bei den sublemmatischen Redewendungen und Phrasemen unmittelbar mit ihrem Status zusammenhängt: Sie sind *sublemmatische* Kotextangaben (Wiegand 2010a: 177); nach Gouws (2010: 51) sind sie „fully-fledged lexical items" und fungieren als „second level treatment units in dictionaries" (ebd.). Als Sublemmata haben sie einen besonderen Status in Hinsicht auf die Makro- und Mikrostruktur:

> Die fettgedruckten Ausdrücke, mit denen Phraseme mit dem Leitelement [...] im Postkommentar [...] genannt werden, sind als Elemente der Makrostruktur artikelinterne Sublemmata [...]. Zugleich sind sie als Elemente der Trägermenge der Artikelmikrostruktur sublemmatische Phrasemangaben, mit denen ein Phrasem erwähnt und damit angegeben wird. An jede Phrasemangabe ist jeweils eine Bedeutungsparaphraseangabe adjazent linksadressiert. (Wiegand 2010a: 173f.)

Bielińska (2014a) setzt sich mit der Demonstration der Phraseologismen auseinander und führt in diesem Zusammenhang Folgendes zum Status der Phraseologismen innerhalb des WbA aus:

> Phraseologismen (genauer: Phrasemangaben) haben einen doppelten Status im allgemeinen Wörterbuch. Einerseits sind sie Elemente der lexikographischen Beschreibung der Einzelle-

xeme, andererseits sind sie selbst – als sublemmatische Adressen – Objekte der lexikographischen Beschreibung. Daher können sie, und manchmal sollten sie sogar, mit Verwendungsbeispielen versehen werden, die den Benutzer bei der Textproduktion und – als Lernkomponente – beim Spracherwerb unterstützen. (2014a: 173)

Als Motivation für die Kodifikation der Redewendungen und Phraseme als Sublemmata fungiert ihre semantische Entfernung vom Lemma (Herbst/Klotz 2003: 148f.); Phraseme stellen per definitionem eigenständige Lexeme dar (ebd.; Gouws 1996: 59). Deshalb sind sie nicht Elemente der Explikation der Eigenschaftsausprägungen des Lemmas, sondern vielmehr selbst Explikationsobjekte als Leitelemente der lexikographischen Beschreibung, wovon auch ihr sublemmatischer Status zeugt: „as fully-fledged lexical items they are not part of the treatment of a given lemma sign and they are, albeit in the article with another lemma as reduced guiding element, non-addressing dictionary entries" (Gouws 2010: 55; vgl. Gouws 2000: 109; Hausmann/Wiegand 1989: 350). Ferner ist ein Postkommentar zur Phraseologie nach Gouws (2010: 55) eine makrostrukturelle Komponente: „It has to be quite clear that this is not an article slot or a microstructural slot but a macrostructural slot and that the fixed expressions included in this slot are actually lemmatised entries." (ebd.; vgl. Wiegand 2010a: 173f.).

Den sublemmatischen Redewendungen und Phrasemen kommen somit zwei Besonderheiten zu: Zum einen sind sie infolge der im Wörterbuchgegenstandsbereich existierenden Eigenschaften nicht variabel und deshalb als Einheiten, als *ein* Zeichen zu betrachten (vgl. Jesenšek 2013: 152; Hausmann 1984: 398; Steinbügl 2005: 23). So führt Hausmann (2007: 219) aus, dass Phraseme „durch Block-Verfügbarkeit und Block-Bedeutung gekennzeichnet sind", wobei unter Phrasemen in weitem Sinne Idiome, Redewendungen, Sprichwörter, Pragmateme, Probabeme, berühmte Zitate und Titel etc. subsumiert werden (ebd.). Zum anderen – damit zusammenhängend – treten solche Einheiten in den lexikographischen Zusammenhängen als sublemmatische Zeichen als Leitelemente – vergleichbar wie das Lemma*zeichen* selbst – auf, an die SSK adressiert sind. Der Zeichencharakter ist ein grundsätzliches Unterscheidungsmerkmal zu den BeiA: „Eine ganz entscheidende [...] Voraussetzung für das Vorliegen eines Beispiels, i. e. die implizite Information über das lemmatisierte Zeichen durch Einbettung in einen Verwendungskontext, fehlt ihnen somit.", so Zöfgen (1986: 221; vgl. Zöfgen 1994: 156f.). Infolge des Zeichencharakters bieten sublemmatische Redewendungen und Phraseme weder Kotext noch Kontext; ihr Zweck ist nicht die objektsprachliche Demonstration der Eigenschaftsausprägungen des Lemmas.

An den oben wiedergegebenen Einträgen ist zudem auffällig, dass einzelnen Einheiten unter den kodifizierten Redewendungen und Phrasemen für sich genommen ein unterschiedlicher Status in Hinsicht auf ihre Festigkeit und Idiomatizität zukommt. Dies vermerkt bei anderer Gelegenheit Wiegand (2010a: 174) und führt in diesem Zusammenhang aus, dass linguistische Klassifikationen derjenigen sprachlichen Einheiten, die „anhand eines oder mehrerer Merkmale als ‚idiomatikverdächtig' gelten" (ebd.) für die Lexikographie jedoch „relativ bedeutungslos sind. Denn jede Lösung für die mikrostrukturelle Präsentation, die benutzerfreundlich ist, kommt weitestgehend ohne solche Klassifikationen aus." (ebd.; vgl. Bergenholtz 2008: 18; Burger 1989: 594). Dieser Befund wird insbesondere im folgenden Zusammenhang relevant: Nach Harras (1989: 608) weisen idiomatische Wendungen und Phraseme – neben Strukturformeln und KollA – einen *langue*-Status auf, und zwar mit der Begründung, dass „[m]it den Angaben zu typischen Verknüpfungen des Lemmazeichens gleichfalls auf langue-bezogene Regelhaftigkeiten verwiesen [wird]" (ebd.). Es ist jedoch einzusehen, dass diese These größtenteils vom linguistischen Standpunkt aus erfolgt. In den lexikographischen Zusammenhängen fungieren sublemmatische Redewendungen und Phraseme als sublemmatische Zeichen in Anlehnung an Wiegand (2000b[1983]: 485f.) vielmehr als ein erwähntes Languezeichen im Sinne eines kollektiv-virtuellen Teilbereichs der Sprache, das lexikographisch bearbeitet wird. Davon zeugt schließlich die Notwendigkeit der Ansetzung eines SSK.

Somit werden Redewendungen und Phraseme aus zwei entscheidenden Gründen nicht zum lexikographischen Beispiel gerechnet: (1) Sie weisen einen Zeichencharakter auf, der in der autonomen lexikographischen Bearbeitung durch die Ansetzung eines SSK resultiert, sowie (2) sie bieten keine objektsprachliche Demonstration der Eigenschaftsausprägungen des Lemmas sowie folglich auch keine Realisierung vom Kotext oder Kontext. Dies kommt dem eingangs referierten Standpunkt von Hermanns (1988) nahe, laut dem Phraseologismen in den BeiA auftreten können. Redewendungen und Phraseme können durch BeiA demonstriert werden (4.3.1.2.1).

### 4.1.2 Valenzbedingte Strukturformeln

Die Strukturformeln, auch Konstruktionsformeln, Konstruktionsangaben, Konstruktionsmuster (Zöfgen 1986: 221), Valenzformeln, Gebrauchsmuster (nach Dentschewa 2006), Satzbaumuster (LGwDaF: 23), Strukturmuster (ELDIT; Abel 2002; 2002a), Strukturbeispiele (ViF; E-VALBU) oder Patternillustrationen (Herbst 1985: 320; 1998: 24; vgl. Klotz 2001) genannt, sind eine der lexikographischen Kodifikationsformen der relevanten Valenzinformationen. Die Notwendigkeit der Valenzdarstellung ist grundsätzlich durch die anvisierte Zielgruppe bedingt: Die Valenz des Verbs ist einer der besonders fehlerträchtigen Bereiche beim Fremdsprachenerwerb, insbesondere bei der Sprachproduktion (Abel 2002: 149f.; 2002a: 413f.; Zöfgen 1982: 19; 1985a: 137; Herbst 1985: 318; Engelberg 2003: 51; Dentschewa 2006: 121). Im Unterschied zu anderen Kodifikationsformen der Valenzinformationen – wie arbiträre grammatische Nummerncodes, die im Wörterbuchaußentext aufgeschlüsselt werden, oder Valenzcodes, die mit Abkürzungen für einzelne grammatische Kategorien arbeiten (Engelberg 2003: 54; Herbst 1998: 24; 1996: 329ff.; vgl. Abel 2002: 156; Schafroth 2002: 65f.) und insbesondere in der britischen Lernerlexikographie ihren Platz haben (Herbst 1998: 24; 1996: 329ff.; Rundell 1998: 329f.; vgl. Cowie 1989a: 589f.) – sind Strukturformeln „verdichtete objektsprachliche Syntagmen mit pronominalisierten Ergänzungen" (Engelberg 2003: 54). Aufgrund dieser Beschaffenheit werden die Strukturformeln gegenüber den konkurrierenden Kodifikationsformen generell als benutzerfreundlicher und besonders lernergerecht erachtet (Herbst 1998: 24; Rothenhöfer 2013: 419; Abel 2002), und zwar weil sie (a) transparent erscheinen, (b) keine oder ggf. nur wenige linguistische Termini verwenden sowie (c) ein Syntagma als ein Muster bzw. eine Formel darstellen, was zudem als lernfördernd angesehen wird. So führt Engel (1982: 52) aus, dass die Strukturformeln „die Objektsprache zur Metasprache machen und so dem Laien verständlicher sind". Ähnlich vermerkt Abel (2002: 161), dass „sich der Benutzer sicher nicht für die hinter den Strukturmustern stehende Valenztheorie interessiert, sondern in einem aktuellen Moment der Textproduktion nach einer Lösung sucht bzw. in einem Moment, in dem er Wortschatz lernt bzw. erweitert.".

In der pädagogischen Lexikographie für DaF gilt der Einsatz der Strukturformeln in ¹LGwDaF als ein innovativer Versuch der Kodifikation der Valenzinformationen, der eine positive Resonanz erfahren hat (Gouws 1998: 75; Schierholz 1998: 101; Dentschewa 2006: 127): „Mit Strukturformeln hat der Lexikograph ein mächtiges Instrument, mit dem er viel dazu beitragen kann, daß eine explizite Wissensrepräsentation erreicht wird.", so Gouws (1998: 75). In ELDIT wird der Einsatz der Strukturformeln von ¹LGwDaF übernommen (Abel 2000: 166). Die Strukturformeln werden in allen vier herangezogenen Wörterbüchern angeführt, wenn auch mit konzeptionellen Abweichungen bei der Gestaltung und Präsentationsweise:

(1) LGwDaF:

BEGINNEN ... (etwas/mit etwas) beginnen
MITTEILEN ... jemandem etwas mitteilen
PRÜFEN ... jemanden/etwas prüfen

(2) ViF:

BEGINNEN ... Der $x_{NomE}$ beginnt (an dem $y_{AdvE}$).
MITTEILEN ... Der $a_{NomE}$ teilt (dem $x_{AdvE}$) den $z_{AkkE}$ (mit dem $k_{AdvE}$) mit.
PRÜFEN ... Der $a_{NomE}$ prüft den $y_{AkkE}$ (auf $z_{AdvE}$).

(3) E-VALBU:

BEGINNEN ... jemand/etwas beginnt etwas bzw. mit etwas
MITTEILEN ... jemand teilt etwas mit
PRÜFEN ... jemand/etwas prüft jemanden/etwas

(4) ELDIT:

> BEGINNEN ... jemand beginnt (irgendwann) etwas
> MITTEILEN ... jemand teilt (jemandem) etwas mit
> PRÜFEN ... jemand prüft etwas (auf etwas (hin))
>     jemand prüft, ob + *Indikativ* / wie + *Indikativ*

LGwDaF – wie auch ¹LGwDaF – arbeitet überwiegend mit Strukturformeln in Form der Infinitivkonstruktionen. Alle anderen Wörterbücher, vereinzelt auch LGwDaF (etwa zu DISKUTIEREN) bieten Strukturformeln in einer syntaktisch realisierten Form. In Bezug auf ELDIT wird diese methodische Entscheidung wie folgt begründet:

> Für die Darstellung der Strukturmuster ist entschieden worden, auf Infinitivkonstruktionen zu verzichten und dafür Muster mit Satzcharakter anzuführen sowie so weit wie möglich keine Abkürzungen zu verwenden. Gegen die Angabe der Strukturmuster in Form von Infinitivkonstruktionen sprechen im Wesentlichen zwei Gründe: Erstens kann das Subjekt nicht berücksichtig werden und zweitens wird die Reihenfolge des Satzes/der Satzglieder nicht ersichtlich; das heißt der besonders für italienischsprachige Deutschlerner wichtige Aspekt der Stellung des Verbs in einem (minimalen) Satz kann nicht berücksichtigt werden. Die gewählte Art der Darstellung soll es dem Lerner ermöglichen, das Muster möglichst direkt auf ein aktuelles Satzbeispiel zu übertragen; somit soll es ihm erleichtert werden, direkt vom (bedingt) Abstrakten auf das Konkrete überzugehen und ihm dadurch diesen Sprung erleichtern. (Abel 2002: 160; vgl. Abel 2002a: 415f.)

Die Nicht-Erfassung des Subjektes als eine valenzbedingte Ergänzung in infinitivischen Strukturformeln wird bereits an ¹LGwDaF kritisiert (Bergenholtz/Mogensen 1998: 82). Ein weiterer grundlegender Vorteil der Angabe der Strukturformeln in grammatisch realisierter Form besteht darin, dass dadurch Infinitiv- und Satzergänzungen problemlos erfasst werden können, während dies ein Kritikpunkt von Herbst (1998: 24) in Bezug auf ¹LGwDaF ist. In ELDIT werden solche Angaben explizit innerhalb der Strukturformeln angeführt:

> BEGINNEN ... jemand beginnt (irgendwann) zu + *Infinitiv* ‹ELDIT›
> MITTEILEN ... jemand teilt (jemandem) mit, dass + *Indikativ/Konjunktiv* ‹ELDIT›

Im Gegensatz dazu werden in ViF Variablen innerhalb der Strukturformeln eingesetzt, die Referenzen für Ergänzungen darstellen (ViF: 52); als Indizes zu den Variablen gelten einzelne Ergänzungsklassen (ebd.). Dieselben Variablen werden in ViF auch in der BPA eingesetzt (4.3.1.1).

Die Berührungspunkte zwischen Strukturformeln und BeiA sind wie folgt:
(a) sowohl Strukturformeln als auch BeiA stellen objektsprachliche Syntagmen dar;
(b) beide Angabetypen bieten grammatische Angaben zu syntaktischen Valenzeigenschaften des Lemmazeichens (Heath 1982: 98; Engelberg 2003: 54; Herbst 1998: 24 und 1985: 320; Bergenholtz/Mogensen 1998: 83; Dentschewa 2006: 120; vgl. Abel 2002: 155);

(c) beide Angabetypen fungieren als Konnex zwischen Besonderem und Allgemeinem und weisen somit über sich hinaus: Sowohl Strukturformeln als auch BeiA gelten als Muster, was insbesondere bei der Sprachproduktion oder Kompetenzerweiterung zur Geltung kommt.

Vor diesem Hintergrund ist es nicht überraschend, dass sich in der Forschungsliteratur Stimmen für die Einbeziehung der Strukturformeln zum lexikographischen Beispiel finden (etwa Hermanns 1988; Harras 1989; Svensén 2009; vgl. Wiegand/Kučera 1981: 167; 169). Nach Svensén (2009: 281f.) fallen Strukturformeln unter die Kategorie der kommentierten Beispiele. Bei Bergenholtz (1984: 8) werden Strukturformeln als *grammatisches Beispiel* identifiziert sowie als eine halbexplizite (grammatische) Angabe eingestuft (1984: 9; 12).

Der Standpunkt der Einbeziehung der Strukturformeln zum lexikographischen Beispiel wird bei Hermanns (1988) besonders expliziert: Nach Hermanns (1988: 164) handelt es sich bei den Strukturformeln um „beispielhafte[r] Angabe von Valenzen" in Form „des normierten, generalisierten Kurzbeispiels bzw. Konstruktionsmusters (besonders zu einem Verbum)" (1988: 185, Endnote 5); es liegen „Beispiele oder Muster" (ebd.) in einer kanonischen Form vor, für die das Auftreten von Infinitiven und Indefinitpronomina kennzeichnend ist (ebd.). Vor diesem Hintergrund spricht Hermanns (ebd.) von Strukturformeln als infinitivisch-indefiniten Beispielen, auch als syntaktischen Beispielen (ebd.). Die diesbezüglichen Argumente von Herrmanns (1988) können wie folgt zusammengefasst werden: (1) Hermanns (1988: 164) spricht von „ihrer funktionalen Verwandtschaft mit den Beispielen in einem engeren Sinn des Wortes", die an anderer Stelle wie folgt näher erläutert wird:

> Was [...] die Funktion dieser infinitivisch-indefiniten Beispiele betrifft, so ist sie keine andere als die anderer Beispiele auch – weshalb sie hier auch als Beispiele, wenn auch als extrem artifizielle, angesehen werden: Der Wörterbuchbenutzer soll in ihnen ein Muster haben, nach dem er andere, vor allem finite, sprachliche Formen verstehen und bilden kann. Das Bestreben ist hier sicherlich, eine syntaktische Struktur gewissermaßen r e i n darzustellen, ohne Beimischung störend-konkreter, bloß kontingenter Details, um dem Benutzer eines Wörterbuchs die Sache leichter zu machen, der dann von diesen irrelevanten Details nicht mehr erst zu abstrahieren braucht. (1988: 185, Endnote 5)

Interessanterweise vermerkt Hermanns (1988: 185f., Endnote 5) in weiterführenden Überlegungen, dass auch die Valenzcodes wie „*S + Vb + AkkO + Adl/lok*" (1988: 186, Endnote 5), die im Vergleich zu Strukturformeln „sozusagen eine Flucht nach vorn, aus der Abstraktheit der infinitivisch-indefiniten Konstruktionen heraus in eine noch größere Abstraktheit hinein" (ebd.) darstellen, ebenfalls „Musterbeispiele" (ebd.) sind. Die Begründung dafür lautet wie folgt: „Denn auch diese Strukturformeln sind [...] für den Wörterbuchbenutzer nichts anderes als – allerdings hochgradig stilisierte – Muster, Modelle, kurz: Beispiele.". Gorbačevič (1982[78]: 157) spricht in diesem Zusammenhang expressis verbis über „Modell-Beispiele". (2) Ein zweites Argument ist eher ökonomischer Natur und besteht in der Überlegung, dass

> die Theorie dieser normierten, stilisierten Beispiele [...] in der lexikographischen Theorie insgesamt ihren Ort finden kann, nämlich eben unter dem allgemeinen Rubrum ‚Theorie des lexikographischen Beispiels', man müßte sonst eigens – und im Widerspruch zur Praxis der Wörterbücher – eine neue, besondere Theorie solcher Beispiele postulieren (1988: 164)

Zum ersten Argument von Hermanns (1988) ist zu vermerken, dass sowohl Strukturformeln als auch BeiA tatsächlich syntaktische Muster darstellen; das Merkmal *Muster* kommt dem Beispiel ursprünglich durch eine Bedeutungserweiterung unter dem Einfluss von *Exempel* zu (2.1, Satz 1). Auch wenn sich in Hinsicht auf die Funktionalität als Muster weitere Differenzen zwischen Strukturformeln und den BeiA ergeben (4.3.1.2.2), sind sie im großen Zusammenhang nicht der entscheidende Unterschied zwischen den beiden Angabetypen, d. h. sie können nicht in puncto Muster hinreichend auseinandergehalten werden. Davon zeugt schließlich die Praxis von ViF sowie E-VALBU: Strukturformeln werden expressis verbis als *Strukturbeispiel* bezeichnet.

Der in diesem Zusammenhang entscheidende Unterschied ist bereits außerhalb der Lexikographie formuliert: Der oben zitierten Aussage von Hermanns (1988: 186, Endnote 5), die Strukturformeln, und zwar sowohl Strukturformeln selbst als auch Valenzcodes, seien „nichts anderes als – allerdings hochgradig stilisierte – Muster, Modelle, kurz: Beispiele" ist der in Kapitel 2.1, Satz 1 festgehaltene Befund aus der Philosophie entgegenzuhalten, dass die Veranschaulichungsleistung durch Modelle darin besteht, „etwas *ablesbar* zu machen" (Buck 1989: 140), während das Beispiel „einen lediglich ‚auf etwas bringt', d. h. ein Verständnis anbahnt, jedoch nichts geradezu vorführt" (ebd.) sowie dadurch nach Buck (1989: 159) als „eine Weise der indirekten Mitteilung" fungiert. Die Modelle sind aufgrund der Beschaffenheit ihrer Veranschaulichungsleistung den Beispielen nicht gleichzusetzen. Bei anderer Gelegenheit führt Lipps (1958: 40) aus, dass Modelle „nackt" sind; in ähnlicher Weise spricht Hermanns (1988: 185, Endnote 5) im oben angeführten Zitat davon, dass Strukturformeln *rein* im Sinne von abstrahiert sind. Dieser Befund aus der Philosophie hat eine direkte Widerspiegelung in der Lexikographie: Die Strukturformeln sind explizite Angaben (WLWF-1: 34; vgl. Dentschewa 2006: 120; Bergenholtz 1994: 424f.; Tarp 2004b: 314; Zöfgen 1994: 157), während die BeiA wegen ihrer kontextuellen und objektsprachlichen Beschaffenheit implizit angelegt sind (4.3). Hinzu kommen weitere, damit zusammenhängende Unterscheidungsmerkmale. Die Strukturformeln sind grundsätzlich abstrahiert, und zwar durch (a) die Verwendung pronominalisierter Ausdrücke sowie abstrahierter semantischer Kategorien, (b) den Einsatz linguistischer Termini (*Akkusativ*, *Infinitiv*), besonders ausgeprägt in den Indizes zu einzelnen Variablen in ViF, (c) die Anführung (i) fakultativer Elemente in Klammern innerhalb der Strukturformel (LGwDaF; ViF; ELDIT; vgl. dazu Abel 2002: 157; 2002a: 416) wie auch (ii) die Angabe paralleler Belegungsmöglichkeiten wie *jemand/etwas* oder paralleler Konstruktionsmöglichkeiten wie *etwas* bzw. *über etwas* (E-VALBU). Svensén (2009: 283) bezeichnet die Strukturformeln aufgrund ihrer Abstrahiertheit und des Einsatzes von Pronominalausdrücken als *dead examples*, wohingegen *live examples* wie folgt charakterisiert werden: „A LIVE EXAMPLE is an example where personal pronouns or typical noun phrases are used instead of proforms, and finite forms of verbs are used instead of infinitives." (ebd.). Ferner enthalten *dead examples* nach Svensén (ebd.) ausschließlich solche Elemente, die zur Vermittlung der intendierten grammatischen Information notwendig sind.

Nach Haß (1991: 539) sind Strukturformeln wegen der enthaltenen Pronominalausdrücke „auf einer der Beschreibungssprache angenäherten Abstraktionsstufe angesiedelt" und nehmen eine „Mittelstellung zwischen Beschreibung- und beschriebener Sprache" (ebd.) ein. Aufschlussreich sind in diesem Zusammenhang folgende Ausführungen zu den Strukturformeln in ELDIT: „Zur Darstellung der Satzglieder werden eine Reihe grobsemantischer Kategorien verwendet, die zwar abstrahieren, aber immer noch direkt ohne größeres grammatisch-linguistisches Wissen erfassbar sind (z.B. *jemand, jemandem, ein Tier, etwas, einer Sache, irgendwo...*)." (Abel 2002a: 416; vgl. Abel 2002: 161f.). Die Verwendung der linguistischen Termini wie *Infinitiv* oder *Indikativ* erfolgt in ELDIT bei den Nebensätzen (Abel 2002: 162), und zwar weil „eine generalisierende Angabe durch objektsprachliche Bezeichnungen in diesen Fällen oft schwer möglich ist bzw. in der Interpretation unter Umständen verwirrend sein kann" (ebd.). Durch eine Hervorhebung wird zudem angezeigt, dass es sich um linguistische Termini innerhalb der Strukturformel handelt (ebd.).

Klotz (2001: 68) zählt Strukturformeln – in Anlehnung an Herbst (1985) *Patternillustrationen* genannt – als eine der Kodifikationsformen der Valenzinformation im Unterschied zu den BeiA zu „abstrahierende[n] Darstellungsarten". Des Weiteren wird in Bezug auf die *Patternillustrationen* in der englischen lexikographischen Tradition Folgendes ausgeführt: „Von den Beispielen unterscheiden sie sich durch die fehlende lexikalische Füllung der Ergänzungsstellen. Durch die Verwendung von semantisch leeren Platzhaltern wie *do* und *sth.* machen sie deutlich, dass das Pattern allgemeine Gültigkeit besitzt und auf verschiedene Weise lexikalisch gefüllt werden kann." (Klotz 2001: 71; vgl. Herbst (1985: 320). Auch Dentschewa (2006: 116) führt zu Strukturformeln aus, dass solche syntaktischen Formeln bei der Textproduktion lexikalisch gefüllt werden.

Aus den konstitutiven Merkmalen, dass die Strukturformeln explizite Angaben darstellen und von ihrer Natur her abstrahiert angelegt sind, entsteht ein anderes Charakteristikum, das zugleich als ein weiteres Unterscheidungsmerkmal zu BeiA gilt. Die Demonstration durch explizite Strukturformeln ist metasprachlich (im Sinne von sprachreflexiv) angelegt; die Angaben in den Strukturformeln selbst beziehen sich auf die *langue*-Ebene: „Mit den syntaktischen Angaben wird auf sprachliche Strukturmuster verwiesen, sie repräsentieren langue-Einheiten.", so Harras (1989: 608). Des Weiteren demonstrieren Strukturformeln primär syntaktische Eigenschaften des Lemmas. Nach LGwDaF ist die Strukturformel expressis verbis „eine Angabe darüber, wie das Stichwort grammatisch konstruiert wird" (LGwDaF: 23). Hinzu kommen ggf. weitere Aspekte: (a) die Einbeziehung semantischer Charakterisierungen der syntaktischen Aktanten, wobei die Strukturformel selbst nicht semantisierend erscheint. Dies hebt Zöfgen (1986: 221) wie folgt hervor: „So wenig die Konstruktionsmuster von der genauen Kenntnis der Bedeutung eines Wortes aus vorhersagbar sind, so wenig sagt umgekehrt die Beschreibung des syntaktischen Verhaltens über die normgerechte Verwendung eines Lemmas aus." (vgl. Zöfgen 1994: 156); (b) die Demonstration morphologischer Sachverhalte, wenn die Strukturformeln in einer grammatisch realisierten Form dargeboten werden; so ist in ViF in Bezug auf die Funktion der Strukturformeln von *morphosyntaktischen* Informationen die Rede (ViF: 53). Die BeiA stellen hingegen eine objektsprachliche Demonstration auf der *parole*-Ebene dar; die BeiA sind im Unterschied zu Strukturformeln polyfunktional (4.3.2).

Ferner liefern die Strukturformeln nur Kotextangaben zum Lemmazeichen, – Zöfgen (1994: 157; 184) spricht expressis verbis von *Verbkotexten* – jedoch aufgrund ihrer abstrahierten Beschaffenheit keine Kontextualisierung. Anders sieht dies allerdings Hermanns (1988: 164), der ausführt, dass auch bei den Strukturformeln ein Kontext zum Lemmazeichen gegeben wird, auch wenn „der Kontext ein standardisierter und konstruierter ist und also etwa in Form von Indefinitpronomen erscheint" (ebd.). Ein standardisierter Kontext durch Indefinitpronomina ist jedoch kein Kontext im Sinne der vorliegenden Arbeit, sondern vielmehr der Kotext (3.3.2.3). Da bei Hermanns (1988) keine Unterscheidung zwischen Kontext und Kotext vorgenommen wird, wird vom *Kontext* gesprochen, was jedoch bei näherem Hinsehen nicht stichhaltig erscheint. Ähnlich heißt es in LGwDaF: „Strukturformeln: Stichwörter im sprachlichen Kontext" (LGwDaF: 23). Die Strukturformeln liefern jedoch lediglich Kotextangaben, während die BeiA Kotext und Kontext realisieren können. Des Weiteren kommen die Strukturformeln zum Einsatz, wenn der SK nach Kotextklassen des Lemmas organisiert wird; aufschlussreich ist in diesem Zusammenhang die Praxis von ELDIT: „Das Strukturmuster wird anschließend an die Definition, graphisch von dieser sowie vom Satzbeispiel [...] abgehoben, dargestellt. Dabei werden untereinander in verschiedenen Kontexten ersetzbare Elemente (z.B. belebtes vs. unbelebtes Subjekt oder Objekt) durch Schrägstrich getrennt dargestellt *(jemand/eine Einrichtung/ein Tier baut etwas* [...]." (Abel 2002: 160). Die Ermittlung solcher je nach Kontexten ersetzbaren Elemente führt zur Erarbeitung einer Kotextklasse, auf deren Grundlage eine Lesart angesetzt wird (4.3.1.1).

In allen vier herangezogenen Wörterbüchern werden die Strukturformeln vom Demonstrationsteil abgegrenzt, indem der Strukturformel eine separate mikrostrukturelle Position zukommt. In ViF gehören die Strukturformeln zum *metasprachlichen* Explikationsteil des WbA, während die BeiA, jeweils in einem Beispielblock abgehoben, den Demonstrationsteil bilden. Zu dieser Praxis wird Folgendes ausgeführt: „Die Trennung von [...] Textbeispielen trägt der Erfahrung Rechnung, daß es nur selten glückt, mit ein und demselben Beispiel sowohl die syntaktische Struktur der spezifischen Verbumgebung deutlich zu machen als auch die Verwendung eines Verbs in Texten zu illustrieren." (ViF: 53). Der genuine Zweck der Strukturformeln besteht in ViF darin, dass sie den Satzbauplan explizieren (ViF: 53). An anderer Stelle wird ferner ausgeführt, die Strukturbeispiele seien „weitgehend inhaltsleer" (Ballweg et al. 1981: 55).

Aus den oben geschilderten Gründen – die Strukturformeln sind (1) explizite Angaben, die von ihrer Natur her (2) abstrahiert angelegt sind; ihre Demonstrationsleistung ist (3) metasprachlich, bezieht sich auf die *langue*-Ebene und beinhaltet primär nur syntaktische Eigenschaften des Lemmas; (4) die Strukturformeln liefern nur Kotext, jedoch keinen Kontext – werden sie nicht zum lexikographischen Beispiel gerechnet. Diese Unterscheidungsmerkmale verursachen die Notwendigkeit einer eigenständigen metalexikographischen Reflexion dieses Angabephänomens. Dies ist zugleich ein Gegenargument gegen das zweite oben wiedergegebene Argument von Hermanns (1988: 164), die Theorie der Strukturformeln aus ökonomischen Überlegungen unter der Theorie des lexikographischen Beispiels zu platzieren.

Mugdan (1985: 221) betrachtet Strukturformeln als *Pseudobeispiele* und zählt sie nicht zum lexikographischen Beispiel. Weitere Angabephänomene, die bei Mugdan (ebd.) ebenfalls als Pseudobeispiele deklariert werden, sind (a) KollA sowie (b) Übergangsfälle zwischen Strukturformeln und KollA. Die Argumente für diese Betrachtungsweise sind wie folgt: Zum einen erscheint es sinnvoll, „klar zwischen expliziten Angaben verschiedener Typen und ergänzenden Beispielen zu trennen" (ebd.), zum anderen wird bemängelt, dass Pseudobeispiele in diesem Sinne „mit ihren lästigen Kürzeln (z.B. den leicht verwechselbaren ‚jmdm.' und ‚jmdn.' oder dem kasusindifferenten ‚etw.') unangenehm zu lesen und, schlimmer noch, oft nicht eindeutig zu interpretieren sind" (ebd.; vgl. Bergenholtz/Mugdan 1986: 129). Der Begriff des Pseudobeispiels wird in der vorliegenden Arbeit nach funktionalen Gesichtspunkten festgelegt (4.3.3); die Strukturformeln werden jedoch in Übereinstimmung mit dem Standpunkt von Mugdan (1985: 221) nicht zu BeiA gezählt.

Die Strukturformeln werden ferner durch BeiA demonstriert (4.3.1.2.2), was Einblicke in das Verhältnis zwischen den BeiA und Strukturformeln in funktionaler Hinsicht ermöglicht.

### 4.1.3 Problematik der Kollokationsangaben

Bei der Behandlung der KollA aus lexikographischer Sicht bereiten die folgenden zwei Aspekte grundlegende Schwierigkeiten: (a) Kollokationen sind ein primär linguistisches und nicht ein genuin lexikographisches Phänomen, so dass der Begriff der Kollokation sich nicht in einer eindeutigen oder disjunktiven Weise auf lexikographische Angabephänomene applizieren lässt, (b) den Kollokationen wird oft ein gesonderter Status zugesprochen, und zwar ein *langue*-Status (Hausmann

1985: 118; 1995: 21f.; Harras 1989: 608; Reder 2006: 79; Zöfgen 1986: 223; 1994: 189), ggf. auch im Sinne der Norm (Hausmann 1985; 1977: 75; vgl. Kromann 1995: 506; Schafroth 2002: 68). Insbesondere aufgrund des letztgenannten Aspektes wird die Frage unterschiedlich beantwortet, ob KollA zum lexikographischen Beispiel gehören. Als ein ausdrücklicher Befürworter der Aufnahme der KollA in die Theorie des lexikographischen Beispiels gilt Hausmann (1985: 118):

> In einer Theorie des lexikographischen Beispiels wird man den Kollokationen unter allen Beispieltypen den vordersten Rang zuerkennen müssen. Anders als etwa der Beispielsatz, der in der Saussureschen Dichotomie *langue/parole* eindeutig der *parole* zuzuordnen ist, gehört die Kollokation als typische, spezifische und charakteristische Zweierkombination von Wörtern zur *langue*. Kollokationen des Typs *eingefleischter Junggeselle, schütteres Haar, heikles Thema, ausgelassene Stimmung, penetranter Geruch* oder *Geld abheben, Haß schüren, Rechnung begleichen, Unfall bauen* usw. sind, wenn nicht Fertigprodukte, so wenigstens Halbfertigprodukte der Sprache, zwar nicht der Sprache als System, aber im Sinne Coserius der Sprache als Norm. (vgl. Hausmann 1988: 139)

Auch laut Zöfgen (1986: 222) „tut man gut daran, den Kollokationen im Sinne spezifischer Zweierkombinationen unter allen Beispielformen einen der vordersten Ränge zuzuerkennen und ihnen namentlich im L2-Wörterbuch breitesten Raum zu gewähren".

Diesem Standpunkt kann die Auffassung von Bergenholtz/Tarp (1995: 138f.) und Bergenholtz (1994: 424f.) entgegengesetzt werden, nach der KollA nicht zum lexikographischen Beispiel gerechnet werden, da sie – wie auch Strukturformeln – explizite Angaben darstellen (vgl. Zöfgen 1985a: 150; 1991: 2898). Aus diesem Grund werden KollA von BeiA grundsätzlich getrennt: „a distinction should be made between examples, which provide implicit information, on the one hand, and encyclopedic notes, grammar notes and collocations, which provide explicit information, on the other" (Bergenholtz/Tarp 1995: 138f.; vgl. Bergenholtz 1994: 425), sowie auch: "collocations are not examples, which again implies that examples are always in the form of whole sentences, never just parts of sentences" (Bergenholtz/Tarp 1995: 139). Bei Zöfgen (1986: 222) erfolgt ein Vermerk, dass KollA an sich keine expliziten Angaben darstellen, vielmehr gilt Folgendes: „Erst eine exhaustive Liste aller lexikographisch relevanten Zweierverbindungen könnte *in toto* den Charakter einer expliziten Aussage über die Kompatibilitäten des Lemmas/der Inhaltseinheit annehmen." (ebd.), was eine Relativierung darstellt. Zwischen diesen Standpunkten sind weniger umrissene Auffassungen zu platzieren; so vermerken Herbst/Klotz (2003: 56), dass KollA „in gewisser Weise auch als Beispiele fungieren".

Kollokationen als typische usuelle affine Wortkombinationen (Hausmann 1984: 398f.) gehören bei der lexikographischen Bearbeitung zu syntagmatischen Eigenschaften des Lemmas; sie sind „Angaben, mit denen etwas über typische Verknüpfungen des Lemmazeichens mit anderen Lexemen gesagt wird", so Harras (1989: 608; vgl. Lehr 1998: 257). KollA treten in den beiden herangezogenen Lernerwörterbüchern auf, ihnen kommt sowohl in LGwDaF als auch in ELDIT eine eigene mikrostrukturelle Position zu:

> BLEIBEN ... 2 ... in Bewegung, in Form bleiben ... 3 ... hängen, liegen, sitzen, stehen bleiben ... 4 ... bei einer Ansicht, einer Aussage, einem Entschluss, einer Meinung bleiben ‹LGwDaF›
> 1 ... zu Hause bleiben; im Bett bleiben; an/auf seinem Platz bleiben; hier, draußen, dort ... bleiben; bleiben Sie/bleib doch noch!; bleiben Sie am Apparat ... 2 ... anständig, ehrlich, höflich, konsequent ... bleiben; der/die Alte, derselbe/dieselbe bleiben; eine Frage bleibt offen ... in Verbindung bleiben ... 3 ... bei seiner Ansicht, seiner Aussage, seinem Entschluss, seiner Meinung ... bleiben; bei der Wahrheit bleiben; bei der Sache bleiben; es bleibt dabei (, dass ...) ‹ELDIT›

> ERHALTEN ... 1 ... ein Schreiben, eine Antwort, einen Bescheid erhalten; einen Auftrag, einen Befehl erhalten; einen Orden erhalten ... 2 ... eine Ohrfeige, ein Lob, eine Rüge, eine Strafe, einen Tadel, einen Verweis erhalten ‹LGwDaF›
> 1 ... einen Brief, ein Paket, ein Päckchen, eine Nachricht ... erhalten; einen Auftrag, einen Bescheid, einen Befehl ... erhalten ... 2 ... ein Gebäude, ein Haus, das historische Zentrum ... erhalten; Gemüse, Obst, Fleisch ... (frisch) erhalten; die Gesundheit, den Frieden ... erhalten ... 3 ... sich schlank, gesund, fit ... erhalten ‹ELDIT›

Grundsätzlich erschwerend für die Behandlung der Kollokationen wirkt die Tatsache, dass „der Terminus *Kollokation* bis heute in den unterschiedlichsten Weisen verwendet wird", so Lehr (1998: 257; vgl. Bergenholtz 2008: 10; Herbst/Götz-Votteler 2007: 211f.; Herbst/Klotz 2003: 83) sowie in unterschiedlichen Fachbereichen – etwa Linguistik, Fremdsprachendidaktik, Lexikographie, Übersetzung, maschinelle Sprachverarbeitung etc. – in unterschiedlichen Auffassungen existent ist. Eine Vielfalt an Kollokationsauffassungen ist auch für die Linguistik kennzeichnend (Hausmann 2004: 320f.; Bahns 1993: 142; Herbst/Götz-Votteler 2007; Markus/Korhonen 2005: 327). Es lassen sich drei wesentliche Ansätze zur Betrachtung der Kollokationen unterscheiden:
(a) eine von Hausmann (1985; 1984: 401f.; 1995; 2004; 2007: 218) vorgeschlagene hierarchisch angelegte Aufteilung in Basis und Kollokator. Der Vorteil dieser Kollokationsauffassung ist ihre Applizierbarkeit im Fremdsprachenunterricht, da die Sprachproduktion laut Hausmann (1985; 1984; 1988; 2004; 2007) konsequent von der Basis zum Kollokator erfolgt. Dies hat folglich Konsequenzen für die Lexikographie in Bezug auf die Erfassung der Kollokationspartner in den WbA zu Basen und Kollokatoren (vgl. dazu Bahns 1993: 144; Lehr 1998: 270; Herbst/Klotz 2003: 85). Die Schwächen dieses Ansatzes sind (i) die ursprüngliche Festlegung auf Zweierkombinationen; in diesem Zusammenhang plädieren Bergenholtz/Tarp (1994: 407f.) sowie Bergenholtz (2008: 15f.) für eine Entgrenzung auch auf mehrere lexikalische Elemente bis hin zu mehreren Phrasen. Eine solche Entgrenzung deutet auch Hausmann (2004; 2007) an, indem von komplexen Kollokationen oder von einer „Ausweitung des Kollokationsbegriffs" (2007: 229) die Rede ist. (ii) Eine Unterscheidung in Basis und Kollokator

ist nicht immer möglich (Bergenholtz 2008: 16), was nicht zuletzt mit der Entgrenzung der Anzahl der Elemente zu tun hat.

(b) Formale bzw. statistische Vorkommenshäufigkeit als ein Identifikationskriterium der Bindlichkeit bzw. Affinität der Kollokationspartner. Innerhalb dieses Ansatzes fungieren Kollokationen als *signifikante* Wortverbindungen auf der Grundlage der relativen Häufigkeitsverteilung des gemeinsamen Auftretens ihrer Komponenten im Textcorpus (Lehr 1998: 260). Hausmann (2004: 320f.) bezeichnet diesen Ansatz als computerlinguistischen Kollokationsbegriff (vgl. dazu auch Herbst/Klotz 2003: 83).

(c) Ein sprachkontrastiver Ansatz, nach dem „diejenigen Wortverbindungen einer Einzelsprache Kollokationen sind, die im Lichte des Vergleichs mit einer zweiten Sprache irregulär gebildet werden" (Lehr 1998: 258; vgl. Herbst/Klotz 2003: 84). Zu diesem Ansatz merkt Lehr (1998: 258) an, dass er für die *einsprachige* pädagogische Lexikographie ungeeignet erscheint.

Mit einem besonderen Augenmerk auf die Fremdsprachendidaktik und Lexikographie unterscheidet Lehr (1998: 258f.) zwei relevante Merkmale der Kollokationen: Zum einen sind Kollokationen (a) analysierbar, und zwar in dem Sinne, dass „ihre Gesamtbedeutung unter Berücksichtigung der syntaktischen Regeln aus den Bedeutungen der einzelnen Komponenten erschlossen werden [kann]" (1988: 258), d. h. Kollokationen sind generell nicht idiomatisiert, zum anderen jedoch (b) asynthetisierbar: „sie können nicht unter gleichzeitigem Ausschluß anderer fehlerhafter oder ungebräuchlicher Wortkombinationen, deren Elemente mit den ihren nach syntaktischen und semantischen Regeln synonym sind, gebildet werden" (ebd.). Im letzteren Fall kommt ein eingeschränktes syntagmatisches Kombinierungspotential im Charakteristikum der kollokativen Restriktionen zur Geltung. Aufgrund dieser Merkmale wird das Phänomen der Kollokationen in der Linguistik unterschiedlich verortet (Reder 2006: 43): Einerseits kann man sie als eine selbständige Kategorie syntagmatischer lexikalischer Wortverbindungen auffassen, für die nach Bindlichkeit der Elemente eine Zwischenstellung zwischen freien Wortverbindungen und Phraseologismen charakteristisch ist (Cop 1991: 2775; Hausmann 1984; vgl. Reder 2006: 87f.; Bahns 1993: 142); andererseits kann man die Kollokationen als eine Subkategorie der Phraseologismen ansehen (Hausmann 2007); in diesem Fall sind Kollokationen ein Untersuchungsgegenstand der Phraseologieforschung (vgl. Bergeholtz 2008: 11). Hinzu kommt, dass der linguistische Begriff der Kollokationen fließende Grenzen aufweist: „Kollokationen als lexikalische Einheiten bilden [...] eine Kategorie mit unscharfen Grenzen, und bereiten bei ihrer Zuordnung nicht selten Schwierigkeiten." (Reder 2006: 46; vgl. Bahns 1993: 142 und 1993a: 33; Hausmann 2007: 218).

Unbestritten ist die Relevanz der Kollokationen im Fremdsprachenerwerb, auch wenn der Begriff selbst in der DaF-Didaktik eine verhältnismäßig kurze Tradition hat sowie von einer terminologischen Vielfalt geprägt ist (Reder 2006: 76f.; vgl.

Köster/Neubauer 2002: 285). Während das Merkmal der Analysierbarkeit die Kollokationen bei der Sprachrezeption generell als transparent, weil nichtidiomatisiert, und somit als unauffällig erscheinen lässt, verursacht das Charakteristikum der kollokativen Restriktionen ihre besondere Relevanz bei der Sprachproduktion in der Fremdsprache sowie ferner im Fremdsprachenerwerb an sich (Reder 2006: 58; Lehr 1998: 256; Cop 1991: 2776; Hausmann 2007: 218; Bahns 1993: 143). Zwei Aspekte spielen in diesem Zusammenhang eine Rolle: Zum einen sind kollokative Restriktionen in der Fremdsprache nicht vorhersagbar (Herbst/Klotz 2003: 84; 141; Tarp 2004b: 315; Schafroth 2011: 72), weil einzelsprachlich konventionsbedingt, und deshalb aus der Sicht einer anderen Einzelsprache idiosynkratisch angelegt (Reder 2006: 68; 82; vgl. Hausmann 2007: 229; Hollós 2004: 70); zum anderen stellen Kollokationen Versatzstücke oder Halbfertigprodukte der Sprache dar (Hausmann 1985: 118; 1984: 398f.; Zöfgen 1986: 223; Bahns 1993: 142; Rothe 2001: 195; Kühn 1998: 54; Holderbaum/Kornelius 2001: 534; vgl. Szende 1999: 210) und müssen aus diesem Grunde in der Wortschatzdidaktik als vorgefertigte Formulierungen bzw. kombinatorisch gebundene Wortkombinationen als zusammengehörige begriffliche Einheiten gelernt werden (Hausmann 1984: 400; Reder 2006: 47f.; Szende 1999: 210; Schafroth 2011: 72). Als Versatzstücke sind sie solche Wortkombinationen, die „der Sprecher nicht kreativ zusammensetzt, sondern als Ganzes aus der Erinnerung holt und der Hörer als bekannt empfindet" (Hausmann 1984: 398f.; vgl. Zöfgen 1986: 223). Das Phänomen der Kollokation wird deshalb als ein Sprachlernproblem aufgefasst (Reder 2006: 9; 19). Die Kollokationen bilden einen besonders fehlerträchtigen Bereich bei der Sprachproduktion (vgl. Abel 2002: 149; Hausmann 1984: 400; Hollós 2004: 70), weil sie eine häufige Interferenzfehlerquelle darstellen (vgl. dazu Bahns 1993: 143; Reder 2006: 167; Baschewa 2010:10).[33]

Angesichts der Relevanz der Kollokationen im Fremdsprachenunterricht stellt Lehr (1998: 260) die These auf, dass einzelne linguistische Ansätze der Betrachtung der Kollokationen für die Lexikographie im großen Zusammenhang relativ unerheblich erscheinen:

> Grundsätzlich [...] gilt, daß ein wörterbuchrelevanter Kollokationsbestand, der nach inhaltlichen Kriterien *Analysierbarkeit* und *Asynthetisierbarkeit* sowie unter klarem Ausschluß sprachkontrastiver Aspekte identifiziert wurde, sich nicht von einem Kollokationsbestand unterscheiden muß, der nach den formalen Kriterien *absolute Häufigkeit* und *relative Häufigkeit* ermittelt wurde [...].

---

[33] Die Kollokationsfehler sind spezifischer Natur, indem sie zur Entstehung nichtusueller Wortkombinationen führen und als Normverstöße fungieren: „Es handelt sich hier vielfach um einen Grenzbereich in Bezug auf die Normtoleranz: Wenn man ein Wort in bestimmten Verbindungen verwendet, verstößt man oft zwar nicht gegen Richtigkeitsnormen, aber die Kombinationen fallen auf bzw. wirken unnatürlich, denn sie sind nicht usuell." (Abel 2000: 165f.; vgl. Lehr 1998: 259).

Dieser Standpunkt wird noch stärker bei Bergenholtz (2008) vertreten, indem *Kollokation* als „kein geeigneter lexikographischer Terminus" (2008: 10) eingestuft wird: „Der Terminus Kollokation war ursprünglich ein genuin linguistischer Term und ist m.E. auch in lexikographischen Theorien ein solcher geblieben. Als solcher könnte er, muss aber nicht notwendigerweise, für die Lexikographie von Nutzen sein." (ebd.). In diesem Zusammenhang hält Bergenholtz (ebd.) ferner fest, dass in puncto Kollokationen „die metalexikographische Diskussion in Wirklichkeit eine linguistische Auseinandersetzung geblieben ist". Vor diesem Hintergrund spricht sich Bergenholtz (2008: 18) dafür aus, „den Terminus ‚Kollokation' zu vermeiden, um sich unnötige und zeitraubende Diskussionen mit Lexikologen zu ersparen" und plädiert ferner dafür, anstatt von *Kollokation* in lexikographischen wie metalexikographischen Zusammenhängen generell von *Wortverbindung* zu sprechen (ebd.). Gegen den Terminus *Kollokation* in der Lexikographie führt Bergenholtz (ebd., Fußnote 1) zwei Argumente an: „(1) Die Benutzer verstehen ihn nicht. (2) Die Lexikographen, die ihn benutzen, können von der genuin linguistischen Diskussion nicht los kommen, die dann den reellen funktionsbezogenen lexikographischen Überlegungen im Wege stehen.". Zum Vorschlag der *Wortverbindung* führt Bergenholtz (2008: 18) des Weiteren aus, dass der Unterschied zu den lexikographischen BeiA die Satzwertigkeit der Letzteren ist; die Abgrenzung zu Phrasemen (im Original: Idiomen) ist dem Wörterbuchbenutzer hingegen in den Benutzungshinweisen zu erklären (ebd.).

Hinzu kommt, dass in der Forschungsliteratur oft eine Gleichsetzung der KollA mit Strukturformeln erfolgt. So bezeichnet Bergenholtz (2008: 11 passim) die Strukturformeln als „grammatische Kollokationen durch Aktantenangaben". Die Gemeinsamkeiten der beiden Angabephänomene lassen sich wie folgt erfassen: (a) der *langue*-Status; (b) es handelt sich beide Male um explizite Angaben; (c) den beiden Angabephänomenen kommt der formelhafte Charakter als Muster zu. Interessanterweise werden Strukturformeln aus der Sicht der Kollokationsforschung jedoch als *grammatische Kollokationen* eindeutig ausgegrenzt, und zwar aufgrund des Merkmals der *Lexikalität* der Kollokationen (Reder 2006: 79); ähnlich heißt es bei Hausmann (2007: 219): „Valenz ist Kollokation der Leere.". Kollokationen sind aufgrund ihrer Lexikalität auf der lexikalisch-semantischen Ebene angesiedelt sowie stellen ferner objektsprachliche Ausschnitte aus dem Wörterbuchgegenstandsbereich dar. Aufschlussreich erscheinen in diesem Zusammenhang die folgenden Ausführungen von Bahns (1993: 139): Bahns (ebd.) hält fest, dass für den Wörterbuchbenutzer Informationen über Konstruktionsmöglichkeiten in der Fremdsprache erforderlich sind, und zwar sowohl morphologisch-syntaktische als auch lexikalisch-semantische Informationen. Diese werden wie folgt realisiert: „a) durch Strukturformeln (morphologisch-syntaktische Informationen); b) durch Beispielsätze (morphologisch-syntaktische und lexikalisch-semantische Informationen); c) durch Kollokationsangaben (lexikalisch-semantische Informationen)" (ebd.). Das Charakteristikum der lexikalisch-semantischen Informationen ist somit den KollA wie auch den Beispielsätzen immanent; an späterer Stelle heiß es bei Bahns (1993: 141) im Rahmen der Analysen zu ¹LGwDaF: „Sowohl Kollokationen wie Verwendungsbeispiele helfen bei der Bedeutungserschließung.". Zugleich ist den Ausführungen von Bahns (1993: 139) zu entnehmen, dass Beispielsätze ein grundsätzlich weiteres Funktionspotential aufweisen.

Im Zusammenhang mit den BeiA ist ferner festzuhalten, dass KollA sowohl Kotext als auch Kontext realisieren, wenn auch der Kontext in einem kleineren Umfang ausgeprägt ist. Die Kollokationen liefern primär Kotext zum Lemmazeichen: So werden KollA als „signifikante Kotexte" (Heid 2008a: 111) bezeichnet; nach der Unterscheidung in Basis und Kollokator nach Hausmann (2007: 218) wird die Basis folgendermaßen charakterisiert: „Die Basis ist ein Wort, das ohne Kotext definiert, gelernt und übersetzt werden kann", wobei unter *Kotext* der Kollokator verstanden wird (ebd.). Der Kontext-Faktor ist bei den KollA jedoch ebenfalls gegeben; so hält Reder (2006: 80f.) fest, dass im Fall der semantischen Abhängigkeitsbeziehung der Bestandteile der Kollokation der Kollokator einen Kontext schafft: „Der Kollokator bekommt zwar von der Basis die Bedeutung zugewiesen, ist aber nicht funktionslos, sondern bietet [...] einen Kontext für die Basis, der sie ggf. monosemiert." (2006: 81). Das Vorhandensein des Kotext- und Kontext-Faktors spricht für die Zugehörigkeit der KollA zum lexikographischen Beispiel. Dafür spricht ferner auch der Muster-Charakter der KollA, der auch dem Beispiel generell zukommt (2.1, Satz 1). Der grundlegende Unterschied zum Muster-Charakter der Strukturformeln besteht darin, dass den KollA keine Abstrahiertheit in Form der Pronominalisierungen als Platzhalter immanent ist.

Für die Einbeziehung der KollA zum lexikographischen Beispiel sprechen auch folgende Befunde von Lehr (1998: 261f.). Aufgrund einer mikrostrukturellen Trennung der KollA von den BeiA in ¹LGwDaF setzt sich Lehr (ebd.) mit dem inhaltlichen Verhältnis zwischen KollA und BeiA auseinander. Die Ausgangslage wird wie folgt formuliert: „Unklar bleibt dabei, was Kollokationen von Beispielen und Beispielsätzen unterscheidet. Die in der Forschung übliche Unterscheidung wäre, Kollokationsangaben und Beispielangaben den Terminipaaren *langue und parole, Kompetenz und Performanz* oder *System- und Gebrauchsebene* zuzuordnen." (1998: 261). Auf der Basis empirischer Analysen kommt Lehr (1998: 262) jedoch zu dem Befund, dass

> der Unterschied zwischen Kollokationsangaben und Beispielangaben im LGwDaF weder mit *langue vs. parole, Kompetenz vs. Performanz* oder *System- vs. Gebrauchsebene* noch mit dem Unterscheidungskriterium *Satzwertigkeit* erfaßt werden kann. Folglich müssen wir uns mit der Feststellung begnügen, daß Beispiel- und Kollokationsangaben nicht in allen Fällen inhaltlich voneinander unterschieden werden können, da jede Kollokation auch als Beispiel angeführt werden könnte und auch das Umgekehrte in manchen Fällen denkbar wäre. Lediglich eine formale, an der Anführungsart ausgerichtete Unterscheidung ist [...] in allen Fällen möglich.

Auch Rothe (2001: 195) hält fest, dass „kollokationsartige Verbindungen im Beispielteil sowohl in ‚Reinform' als auch über infinitivische Kontextualisierungen [im Sinne gekürzter Beispiele, K.L.] oder über ganze Sätze vermittelt werden können" (vgl.

dazu auch LGwDaF: 27; Markus/Korhonen 2005: 328). Ferner weist Siepmann (2007: 244) auf Folgendes hin: „it is almost impossible not to use collocations in examples since language is predominantly collocational".

Zusammenfassend ist somit festzuhalten, dass KollA wie auch BeiA generell (a) objektsprachliche Syntagmen ohne abstrahierende metasprachliche Platzhalter sind, die (b) sowohl Kotext- als auch im geringeren Maße Kontext-Faktoren realisieren, (c) einen Muster-Charakter aufweisen sowie (d) in inhaltlicher Hinsicht nicht disjunktiv von den BeiA getrennt werden können. Vor dem Hintergrund dieser Merkmale werden KollA im Folgenden zum lexikographischen Beispiel gerechnet. Im großen Zusammenhang lässt sich die Sichtweise der KollA als dem lexikographischen Beispiel zugehörig mit der für Wittgenstein (2.2.2.2) relevanten Eigenschaft des Beispiels in Verbindung bringen, dass das Beispiel wie auch Fälle des Sprachgebrauchs selbst sehr mannigfaltig sein kann und gerade dadurch der Darstellung der sprachlichen Gegebenheiten in besonderer Weise gerecht wird (vgl. dazu Flatscher 2002: 103). Auch in genuin lexikographischen Zusammenhängen vermerkt Zöfgen (1986: 227) eine ausgeprägte Beispielvielfalt. Die Betrachtung der KollA als lexikographische BeiA steht schließlich mit der Tatsache im Einklang, dass KollA lexikographiegeschichtlich unter das lexikographische Beispiel fallen (Hausmann 2007: 224). In diesem Zusammenhang vermerkt Hausmann (ebd.), dass der Begriff des lexikographischen Beispiels „einen sehr allgemeinen Begriff" (ebd.) darstellt, so dass gerade dadurch der vergleichsweise viel engere Kollokationsbegriff an Bewusstsein verliert (ebd.).

Die Betrachtung der KollA als dem lexikographischen Beispiel zugehörig hängt mit der Beispieltypologie nach dem Kriterium der Gestaltung (4.2.1) zusammen: Da KollA „lexikalische Einheiten unterhalb der Satzebene" (Bahns 1993a: 31) sind, fallen sie, wenn eigens präsentiert, unter gekürzte Beispiele (4.2.1.1).

Somit ist in puncto Abgrenzung des lexikographischen Beispiels in der einsprachigen Lexikographie zusammenfassend festzuhalten, dass weder sublemmatische Redewendungen und Phraseme (4.1.1) noch valenzbedingte Strukturformeln (4.1.2) zum lexikographischen Beispiel gerechnet werden, jedoch aber KollA (4.1.3).

## 4.2 Typologien der Beispielangaben in der einsprachigen Lexikographie

In einer richtungsweisenden Weise bezeichnet Haß (1991a: 273) lexikographische BeiA als „Syntagmen gleich welchen Umfangs und gleich welcher Herkunft". Diese zwei Aspekte können als Parameter für Beispieltypologien dienen; dadurch entsteht eine Typologie nach der Gestaltung der BeiA (4.2.1) und eine Typologie nach der Herkunft der BeiA (4.2.2) (vgl. dazu auch Rothe 2001: 191; Lenz 1998: 49). Insbesondere die Typologie nach der Gestaltung der BeiA lässt sich mit den den BeiA zukommenden Ko- und Kontext-Faktoren in Verbindung bringen; zwischen den beiden Beispieltypologien bestehen Zusammenhänge.

### 4.2.1 Typologie nach der Gestaltung im Wörterbuchartikel

Da lexikographische BeiA objektsprachliche Syntagmen darstellen, gilt in Hinsicht auf ihre Gestaltung[34] die Satzgrenze als ein Typologisierungskriterium: „Prinzipiell ist zu unterscheiden zwischen Beispielen, die ganze Sätze umfassen und solchen, die nur aus Wortgruppen (einzelnen Kollokationen oder Phrasen in einem nicht näher definierten Sinn) bestehen", so Herbst/Klotz (2003: 56; vgl. Bondzio 1982: 140; Rothe 2001: 191f.). Die Überschreitung der Satzgrenze führt zur Entstehung der Textbeispiele. Somit sind die BeiA in Hinsicht auf ihre Gestaltung in drei Typen zu unterteilen: (1) gekürzte Beispiele (4.2.1.1), (2) Satzbeispiele und (3) Textbeispiele, wobei zwischen Satz- und Textbeispielen eine ausgeprägte funktionale Verwandtschaft besteht (4.2.1.2).

### 4.2.1.1 Gekürzte Beispiele

Gekürzte Beispiele, auch *Wortgruppenbeispiele* (Herbst/Klotz 2003: 57), *typisierte Wortverbindungen* sowie *Wortfügungen* (Gorbačevič 1982[78]), *Phrasenbeispiele* (Drysdale 1987: 218; Stein 1999), *Konstruktionsbeispiele*, *Satzfragmente* (Baunebjerg Hansen 1990: 27; Lenz 1998: 49), *kurze Fragmente* (Atkins/Rundell 2008: 455 passim), *Kontextbeispiele* (Baunebjerg Hansen 1990: 20) genannt, sind unterhalb des Satzranges platziert. Alternativ werden gekürzte Beispiele auch *Syntagmen* genannt (etwa Heinz 2005: 9; Köster/Neubauer 2002: 283; Heid 2008: 142; Juhász 1985: 143; Lerchner 1996: 141; Szende 1999: 199; Bergenholtz 1994: 424; vgl. Reichmann 1989: 133; 1988: 414). Dies erfolgt jedoch im engen Sinne der Ansetzung unterhalb des Satzranges, was aus der Gegenüberstellung der so aufgefassten *Syntagmen* zu Satzbeispielen hervorgeht.

Gekürzte Beispiele sind „kurze Syntagmen, die vor allem die unmittelbaren syntaktischen Anschlussmöglichkeiten und Kollokationen eines Wortes vorführen" (Haß-Zumkehr 2001: 36). Rothe (2001: 191ff.) bezeichnet gekürzte Beispiele als *Kontextualisierung* sowie *Kurzkontextualisierung* mit dem charakterisierenden Vermerk, dass dieser Beispieltyp „sich besonders für die Vermittlung von Informationen über Kollokationen eignet" (2001: 195). Zöfgen (1994: 185; 1986: 221 passim) bezeichnet diesen Beispieltyp als *infitivische Kontextualisierung*.

---

[34] Rothe (2001: 191) spricht über eine *formale* Beispieltypologie in Bezug auf die materielle Form der BeiA; Lenz (1998: 49) spricht über eine Typologie „nach formalen und inhaltlichen Kriterien".

Gekürzte Beispiele sind in den beiden herangezogenen Lernerwörterbüchern LGwDaF und ELDIT vertreten. Die in der empirischen Basis vorhandenen gekürzten Beispiele bestehen in formaler Hinsicht in einer überwiegenden Mehrheit aus infinitiven Phrasen. In inhaltlicher Hinsicht ist festzuhalten, dass darunter bei weitem nicht nur KollA, sondern vielmehr auch freie Wortverbindungen, weitere Phrasen (vgl. Herbst/Klotz 2003: 56), vorzufinden sind:[35]

> PRÜFEN ... 1 ... prüfen, ob eine Rechnung stimmt | mit dem Finger die Temperatur des Wassers prüfen | prüfen, wie stark jemand ist | jemanden auf seine Zuverlässigkeit (hin) prüfen ‹LGwDaF›
> 1 ... etw. prüfend anfassen | einen prüfenden Blick auf etw. werfen
> 2 ... ein Angebot, einen Antrag, eine Möglichkeit ... prüfen
> 3 ... einen Schüler (eine Schülerin), einen Studenten (eine Studentin) prüfen | jemdn. in Latein, in Mathematik, in Biologie ... prüfen | jemdn. mündlich/schriftlich prüfen | jemdn. streng prüfen ‹ELDIT›

> KAUFEN ... 1 ... mit dem Taschengeld Bonbons kaufen ‹LGwDaF›
> etw. auf Raten kaufen | etw. für x Euro, Dollar ... kaufen ‹ELDIT›

> NEHMEN ... 1 ... eine Tasse aus dem Schrank nehmen | eine Katze auf den Schoß nehmen | ein Glas in die Hand nehmen | ein Stück Kuchen von Teller nehmen
> 9 ... ‹Drogen, Gift, Hustensaft, die Pille, Tabletten nehmen›
> 10 ... einen kleinen Imbiss zu sich nehmen
> 12 ... einem anderen Auto die Vorfahrt nehmen
> 13 ... ‹die Angst, die Last, die Sorge von jemandem nehmen›
> 14 ... eine Sendung aus dem Programm nehmen | die Suppe vom Herd nehmen | die Mütze vom Kopf nehmen | eine Ware vom Markt nehmen ‹LGwDaF›

> NEHMEN ... 2 ... (sich) eine Wohnung nehmen
> 3 ... die Pille, Hustensaft, Tabletten ... nehmen | etw. einmal, zweimal ... täglich nehmen | etw. auf nüchternen Magen nehmen ‹ELDIT›

Gekürzte Beispiele, die in Form von nicht-infinitiven Phrasen präsentiert werden, treten nur vereinzelt auf und haben somit keinen systematischen Charakter:

> ZÄHLEN ... 1 ... ein Gerät, das die vorbeifahrenden Autos zählt ‹LGwDaF›
> STEHEN ... 17 ... Länder, die vor enormen wirtschaftlichen Schwierigkeiten stehen ‹LGwDaF›
> PRÜFEN ... 4 ... ein staatlich geprüfter Dolmetscher ‹LGwDaF›

Eine Besonderheit von LGwDaF besteht bei gekürzten Beispielen darin, dass mikrostrukturell-positional zwischen KollA, angeführt zwischen der BPA und dem De-

---

[35] Bei der Wiedergabe gekürzter Beispiele wird im Folgenden der Strukturanzeiger „|" verwendet: In LGwDaF wird er als ein nichttypologischer Strukturanzeiger eingesetzt und somit in der vorliegenden Arbeit lediglich abgebildet, in ELDIT werden gekürzte Beispiele jeweils abgesetzt angeführt.

monstrationsteil, versehen mit einer Kennzeichnung in Form spitzer Klammern, und weiteren gekürzten Beispielen, die unmittelbar dem Demonstrationsteil angehören, unterschieden wird:

> FÜHREN ... 1 ... ein Kind an/bei der Hand (über die Straße) führen | ein Pferd am Zügel aus dem Stall führen
> 2 ... Touristen durch die Stadt/durch eine Ausstellung führen
> 3 ... die Freundin in ein Restaurant führen
> 5 ... <einen Ausweis, Gepäck, Bargeld, eine Waffe bei/mit sich (*Dativ*) führen>
> 8 ... <einen Betrieb, eine Firma, ein Unternehmen führen>
> 9 ... <Aufsicht, den Befehl, das Kommando über jemanden/etwas führen; die Geschäfte, den Haushalt (für jemanden) führen; Regie führen; den Vorsitz über etwas (*Akkusativ*) führen; Krieg, einen Prozess (gegen jemanden/etwas führen)>
> 11 ... <einen Geigenbogen, eine Kamera, eine Nadel, einen Pinsel, eine Säge geschickt, ruhig, sicher führen>
> 16 ... <(über etwas (*Akkusativ*)) Buch, eine Liste, eine Kartei führen; ein Konto (für jemanden) führen>
> 17 ... auf jemandes Gehaltsliste/als vermisst geführt werden
> 19 ... einen Künstlernamen/den Doktortitel führen ‹LGwDaF›

Interessanterweise wird jedoch festgestellt, dass selbst unter den auf diese Weise positional abgesonderten KollA sowohl Kollokationen mit kollokativen Restriktionen als auch freie Wortverbindungen ohne nachweisliche Restriktionen auftreten (vgl. Lehr 1998: 274ff. zu ¹LGwDaF). Dass diese Praxis für die pädagogische Lexikographie für den Fremdsprachenunterricht unangemessen erscheint, da sie den besonderen Status der Kollokationen nicht erkennen lässt, hält Lehr (1998: 277) wie folgt fest: „Ein solches Vorgehen ist für ein Lerner(innen)wörterbuch inakzeptabel, da es entweder zur Bildung inkorrekter Wortverbindungen oder zu unnötigen Beschränkungen der Wortkombinationsmöglichkeit führt." (ebd.). Dies gilt in gleichem Maße für die Fälle, in denen kollokative Restriktionen jeglicher Art – Lehr (1998: 267) spricht von Kollokationsgrenzen – nicht in erforderlicher Deutlichkeit sowie nicht einheitlich kodifiziert werden: „Diese Nichtbeachtung der eigentlichen Kollokationsgrenzen im lexikographischen Arbeiten mündet letztlich in eine zu starke oder falsche Reglementierung der Textproduktion." (ebd.). Die grundsätzliche Problemstellung besteht darin, dass dem Wörterbuchbenutzer „keinerlei Hilfestellung geboten [wird], die Verbindlichkeit oder Unverbindlichkeit der aus den jeweiligen Angaben zu erschließenden Kollokationen richtig zu beurteilen" (Lehr 1998: 278).

Auch in ELDIT wird nicht zwischen KollA und weiteren Phrasen innerhalb gekürzter Beispiele differenziert; gekürzte Beispiele sind im Angabebereich *Verwendung/combinazioni* angeführt (vgl. Abel 2008: 181) und durch weitere Satz- oder Textbeispiele demonstriert.

Es ist somit generell festzuhalten, dass gekürzte Beispiele zwar für die Vermittlung der KollA besonders geeignet sind, sich aber keineswegs nur auf die KollA beschränken, sondern sich lediglich aufgrund des Kriteriums der Anlage unterhalb des Satzranges charakterisieren lassen. Des Weiteren ist dieser Befund ein weiterer Ausdruck der Tatsache, dass Kollokationen kein genuin lexikographisches Phänomen darstellen (4.1.3).

In Hinsicht auf die den BeiA immanenten Ko- und Kontext-Faktoren ist festzuhalten, dass gekürzte Beispiele vorrangig den Kotext-Faktor realisieren und sich deshalb für die Vermittlung der Kollokationen oder anderer syntagmatischer Charakteristika des Lemmas eignen. Die Unterrepräsentation des Kontext-Faktors hängt (a) mit der Länge, d. h. mit der Anlage solcher Beispielsyntagmen unterhalb des Satzranges, sowie (b) mit dem charakteristischen Anführen der infiniten Verbformen zusammen. Heath (1982: 99) betrachtet gekürzte Beispiele als BeiA „with nonfinite verb forms" und führt aus, dass der Kontext bei solchen BeiA nicht hinreichend gegeben ist: „These entries point up a further aspect of the use of examples which the dictionary-maker neglects to the detriment of his dictionary, examples for which a context can easily be reconstructed" (ebd.).

In dieser konstitutiven Besonderheit der vorrangigen Realisierung des Kotext-Faktors sind gekürzte Beispiele zu betrachten. Diesen Befund deuten Herbst/Klotz (2003: 57) mit folgenden Überlegungen an: „Je nachdem, ob ein Beispiel allein zur Illustration einer Kollokation dienen oder andere Funktionen erfüllen soll, lassen sich Wortgruppenbeispiele rechtfertigen oder nicht. Dabei ist vollkommen klar, dass die Evozierung eines typischen Verwendungskontextes viel eher durch Satzbeispiele gelingen kann". Gekürzte Beispiele bieten primär lexikalisch-semantische Informationen (vgl. Bahns 1993: 139), und dienen in der pädagogischen Lexikographie der Wortschatzerweiterung. Deshalb fungieren sie als ein charakteristisches Merkmal der Lernerwörterbücher.

Der grundsätzliche Unterschied zwischen gekürzten Beispielen und Satz- und Textbeispielen besteht im Potential zur Realisierung des Kontext-Faktors. So vermerkt Zöfgen (1982: 47), dass Zweifel berechtigt sind, „[o]b hingegen verkürzte Beispiele über die Normen der Verwendung prinzipiell lernergerecht informieren" (ebd.), da solche Normen erst durch Einbettung in einen determinierenden Kontext angegeben werden können (ebd.). Aufschlussreich erscheinen in diesem Zusammenhang auch die folgenden Ausführungen von Hausmann (1977: 85f.) zum Funktionspotential längerer BeiA: „Wichtig ist allerdings, wenn Konstruktionen und Kollokationen hinreichend belegt sind, daß vom Beispiel auch landeskundliches Kolorit ausgeht und daß es das Wort in eine typische Lebenssituation stellt, und das ist in der Tat fast nur mit vollständigen Sätzen – eventuell auch mit Satzgefügen – zu erreichen." (ebd.). In einer korrespondierenden Weise heißt es bei Hausmann (1985a: 376): „Ganze Sätze als Beispiele brauchen viel Platz, können aber mehr landeseigenes Kolorit und Sprachwirklichkeit vermitteln, was auch didaktisch von Bedeutung ist.". Dieser Sachverhalt fungiert als Grund dafür, dass gekürzte Beispiele durch weitere Satz- oder Textbeispiele demonstriert werden können (4.3.1.2.3).

Zu den gekürzten Beispielen ist festzuhalten, dass ihre Präsentationsweise sowohl in LGwDaF als auch in ELDIT Verdichtungen unterschiedlicher Art aufweisen kann, die sich wie folgt systematisieren lassen:
(1) Verdichtungen *mehrerer* gekürzter Beispiele:

> FÜHREN ... 8 ... <einen Betrieb, eine Firma, ein Unternehmen führen> ... 17 ... auf jemandes Gehaltsliste/als vermisst geführt werden ... 19 ... einen Künstlernamen/den Doktortitel führen ‹LGwDaF›
> 2... eine Firma, einen Betrieb, ein Unternehmen ... führen ‹ELDIT›

> HALTEN ... 1 ... <etwas in der Hand, in den Händen, mit beiden Händen halten; jemanden an/bei der Hand, im Arm, in den Armen halten> ... 21 ... jemanden bei Laune/am Leben halten | etwas in Gang/in Ordnung halten ‹LGwDaF›
> 4 ... eine Rede, ein Referat, einen Vortrag, eine Unterrichtsstunde ... halten ... 5 ... etw. für angebracht, zweckmäßig, wahrscheinlich ... halten | jemdn. für einen Könner, für ein Genie ... halten ... 8 ... sich an eine Abmachung, eine Vereinbarung, einen Vertrag ... halten ‹ELDIT›

(2) Anführung der Formulierungsalternanzen innerhalb *eines* gekürzten Beispielsyntagmas, gekennzeichnet durch Klammern oder Schrägstrich:

> FÜHREN ... 4 ... mit 1: 0 (Toren)... führen | mit Abstand, (ganz) klar, eindeutig, mit (großem) Vorsprung ... führen | in der ersten (zweiten) Halbzeit, von Beginn an, während der (ganzen) Meisterschaft... führen ‹ELDIT›
> HABEN ... 31 ... Geld auf der Bank (liegen) haben | eine Flasche Wasser am Bett (stehen) haben ‹LGwDaF›
> HALTEN ... 2 ... die Hand an/vor den Mund halten ‹LGwDaF›

Für LGwDaF ist zudem kennzeichnend, dass solche Formulierungsalternanzen ggf. mit dem oben unter dem Punkt (1) festgehaltenen Merkmal kombiniert auftreten, so dass dadurch eine doppelt verdichtete Präsentationsweise entsteht:

> BEFINDEN ... 1 ... <jemanden als/für (un)schuldig befinden> ‹LGwDaF›
> SINKEN ... 1 ... <(erschöpft, getroffen) zu Boden/auf den Boden sinken> ‹LGwDaF›
> PRÜFEN ... 2 ... <ein Angebot, einen Antrag (eingehend) prüfen> ‹LGwDaF›

Lehr (1998: 268f.) betrachtet eine solche verdichtete Präsentationsweise in ¹LGwDaF als einen Nachteil für die anvisierte Benutzergruppe, da dadurch mehrere Möglichkeiten der Erschließung einzelner KollA für den Benutzer entstehen, was mit Unsicherheit für den Letzteren verbunden ist. Lehr (1998: 269) formuliert vor diesem Hintergrund eine folgende grundsätzliche Forderung:

> Von einem Lerner(innen)wörterbuch steht zu erwarten, daß es die Kollokationen zu einem Lemma in einer Form auflistet, die zum einen Kollokationsgrenzen eindeutig aufzeigt und zum anderen keinen Zweifel darüber läßt, welche der angeführten Komponenten zur Bildung einer Kollokation und welche zur Bildung verschiedener Kollokationen heranzuziehen sind.

Diese Forderung wird in ELDIT realisiert: In ELDIT werden keine doppelten Verdichtungen innerhalb gekürzter Beispiele praktiziert; darüber hinaus findet sich in ELDIT auch eine unverdichtete Präsentationsweise einzelner Komponenten innerhalb gekürzter Beispiele, so etwa zu PRÜFEN 1: *Wie man prüfen kann*: gut | genau | gründlich | sorgfältig | oberflächlich | kritisch ‹ELDIT› (vgl. dazu auch etwa KAUFEN, NEHMEN 4, STEHEN 1, ABNEHMEN 3, SINKEN 3 u. v. m.). Diese Präsentationsweise wird grundsätzlich durch das digitale Publikationsmedium und die damit verbundene Befreiung von strikten Platzrestriktionen unterstützt.

(3) Ersetzungen durch „..." oder Variablen:

> FÜHREN ... 13 ... ein aufregendes/ruhiges/... Leben führen [ein darauf bezogenes Glossat: aufregend, ruhig usw. leben] | den Nachweis führen, dass ... [ein darauf bezogenes Glossat: nachweisen, dass ...] ‹LGwDaF›
> 
> NEHMEN ... 18 ... ‹das Beispiel, den Fall nehmen, dass ...› ‹LGwDaF›

In ELDIT wird die Anführung der „..." bei gekürzten Beispielen durchgehend praktiziert; vereinzelt tritt zudem die Variable „x" innerhalb gekürzter Beispiele auf:

> KAUFEN ... etw. für x Euro, Dollar ... kaufen ‹ELDIT›
> VERKAUFEN ... etw. für (um) x Euro, Dollar ... verkaufen ‹ELDIT›
> STEIGEN ... 3 ... um x Euro/Prozent steigen ‹ELDIT›

Zu den oben systematisierten Verdichtungen ist zu verzeichnen, dass man ihren Ursprung berechtigterweise in der Printlexikographie sehen kann, für die bei der Anführung der BeiA der Platz-Faktor als entscheidender Grund für eine verdichtete Präsentationsweise fungiert; symptomatisch erscheinen in diesem Zusammenhang folgende Ausführungen in Zöfgen (1994: 185): „Zur Ökonomie des (extensiven) einbändigen Wörterbuchs gehört neben der [...] platzsparenden Aufzählung von Kollokationen häufig auch der Verzicht auf vollständige Beispielsätze." (vgl. Zöfgen 1986: 224). In diesem Zusammenhang sprechen sich Bergenholtz/Mugdan (1986: 128) gegen das Phänomen der „Infinitivitis" (ebd.) in Bezug auf die lexikographischen BeiA aus, worunter verdichtete gekürzte Beispiele – „ein vom Drang zum Platzsparen geprägter Lexikographenjargon" (ebd.) – subsumiert werden (vgl. Bergenholtz 1994a: 56).

In Hinsicht auf das Charakteristikum der vorrangigen Realisierung des Kotext-Faktors in gekürzten Beispielen ist festzuhalten, dass solche Verdichtungen – bis auf die Fälle einer doppelten Verdichtung in oben geschilderten Punkten (1) und (2), die mit grundsätzlichen Interpretationsschwierigkeiten für den Wörterbuchbenutzer verbunden ist, – jedoch auch vertretbar sind, da sie bei den gekürzten Beispielen nicht den Kontext-Faktor beeinträchtigen und somit nicht die Erschließung eines Beispielsyntagmas als lexikographisches Beispiel erschweren. Den gekürzten Beispielen ist grundsätzlich eine Abstraktion vom realisierten objektsprachlichen Bereich immanent, bedingt durch zwei grundlegende Charakteristika: zum einen durch die charakteristische Anführung der infiniten Formen, zum anderen durch die vorrangige Realisierung des Kotext-Faktors. Atkins/Rundell (2008: 456) vermerken zu gekürzten Beispielen, dass für sie „no claim to replicate actual performance" charakteristisch erscheint.

### 4.2.1.2 Satz- und Textbeispiele

Satz- und Textbeispiele sind syntaktisch realisierte BeiA; Textbeispiele werden im Folgenden als eine zusammenhängende Sequenz von Sätzen, d. h. als satzübergreifende Einheiten verstanden. Satz- und Textbeispiele sind in allen vier herangezogenen Wörterbüchern gegeben:

> MITTEILEN ... Norbert hatte ihnen längst den wahren Sachverhalt persönlich mitgeteilt. (Zuckmayer, Herr, S. 46) ‹ViF›
> 1 ... Er teilte uns mit, dass er verreisen würde ‹LGwDaF›
> 1 ... (5) Die Stadträte Sponagel und Grundmann teilten ihren Rückzug aus dem Aufsichtsrat mit. (nach Mannheimer Morgen, 31.03.1998) ‹E-VALBU›
> Die Staatsanwaltschaft teilte mit, dass die Hauptverhandlung übermorgen mit der Verlesung der Anklageschrift beginnen wird. ‹ELDIT›

> GEBEN ... „Ich bin im Moment nicht sehr flüssig", sagte Jachmann. „Aber achtzig, vielleicht neunzig Mark würde ich Ihnen gern geben." Er verbesserte sich. „Leihen, pumpen, meine ich." (Fallada, Kleiner Mann, S. 243) ‹ViF›
> 21 ... Er hat versucht, mich zu ärgern. Aber dem habe ich es ordentlich gegeben! ‹LGwDaF›
> 3 ... (10) Die Gebühren, die nach einem Monat bei Nichtausgeben fällig werden, sollen nicht dem Förderverein zugehen. „Wir wollen die Einnahmen an gemeinnützige Vereine und Einrichtungen geben." (Rhein-Zeitung, 08.11.2003; Eine Chance für den Sieg-Taler?) ‹E-VALBU›
> 3.b) ... Nächste Woche sind wir zu einer Hochzeit eingeladen. Du solltest deinen Anzug schleunigst zur Reinigung geben. Er hat einige Weinflecken. ‹ELDIT›

Den Satz- und Textbeispielen kommen im Vergleich zu gekürzten Beispielen zwei vorteilhafte Charakteristika zu: (a) Zum einen können sie durch ihre syntaktisch realisierte Struktur neben lexikalisch-semantischen auch morphologisch-syntaktische Sachverhalte in Bezug auf das Lemmazeichen demonstrieren (vgl. Bahns 1993: 139). Insbesondere das Charakteristikum der Demonstration syntaktischer Sachverhalte kann als der entscheidende Grund dafür angesehen werden, dass in den Valenzwörterbüchern ausschließlich Satz- und Textbeispiele auftreten. (b) Zum anderen wird in Satz- und Textbeispielen auch der Kontext-Faktor realisiert, was durch syntaktisch realisierte Formen wie auch durch die Länge solcher Beispielsyntagmen ermöglicht wird. Auf dieser Grundlage entsteht das grundlegende Charakteristikum, dass Satz- und Textbeispiele grundsätzlich *mehr* als nur kotextuelle Sachverhalte in Bezug auf die Eigenschaften des Lemmazeichens demonstrieren können (Näheres dazu in 4.3.2.2). So weist Zöfgen (1994: 186) darauf hin, dass der vollständige Satz selbstverständlich mehr leisten sollte als eine Kollokation oder eine infinitivische Kontextualisierung. Anders gewendet: die über den Satz implizit vermittelten Informationen sollten ein gutes Stück über das hinausgehen, was über eine explizite Valenzangabe, eine Kollokation oder eine Kontextualisierung ohne Schwierigkeiten abgefragt werden kann. (vgl. Zöfgen 1986: 225)

Die Satzbeispiele bilden eine heterogene Kategorie, und zwar (1) in Hinsicht auf die Präsentationsweise im WbA wie auch (2) in Bezug auf die interne Struktur. Zu (1): In Hinsicht auf die Präsentationsweise können Satzbeispielen auftreten als (i) eine elementare einteilige Angabe, als (ii) eine nichtelementare zweiteilige Angabe, bestehend aus einer Belegsyntagmaangabe und einer dazugehörigen Belegstellenangabe (BStellA), oder als (iii) eine nichtelementare erweiterte zweiteilige Angabe, erweitert durch das Element *nach* vor der BStellA:

Zu (i):

BEACHTEN ... 1 ... Wenn man im Straßenverkehr die Vorfahrt nicht beachtet, gefährdet man andere Verkehrsteilnehmer und kann sich strafbar machen. ‹ELDIT›
2 ... Beachten Sie bitte, dass wir unser Geschäft heute früher schließen! ‹LGwDaF›
Die Tarifverhandlungen zwischen IG Metall und Gesamtmetall beachteten die speziellen Probleme der Stahlindustrie. ‹ViF›
2 ... (5) Beachten Sie aber, dass man die Insel während der Brutzeit der Vögel nicht betreten darf. ‹E-VALBU›

Zu (ii):

BEACHTEN ... 2 ... (4) An der Einmündung zur Dammstraße soll er die Vorfahrt des Honda-Fahrers nicht beachtet haben, sodass es zum Zusammenstoß kam. (Rhein-Zeitung, 16.04.2012, S. 11)
(6) Das bedeutet weiterhin Badeverbote an den Südständen, die allerdings wenig beachtet werden. (Zeit, 15.11.1985, S. 88)
(7) Irving muss seit Anfang November ein Einreiseverbot für Deutschland beachten, das Münchner Behörden verhängt haben. (Spiegel, 49/93, S. 63)
(8) Das Fernmeldegeheimnis der Beschäftigten ist zu beachten, heißt es im Datenschutz-Wegweiser. (Nürnberger Nachrichten, 07.05.2005; „Tendenz zur Überwachung") ‹E-VALBU›

Zu (iii):

BEACHTEN ... 1 ... (4) Die deutschen Medien haben die Nominierung nicht beachtet, da der Film zunächst nicht als deutsche Produktion erkannt worden war. (nach die tageszeitung, 20.02.2004, S. 23)
(5) Die jungen Paviane beachten den jungen Bock gar nicht. (nach Grzimek, S. 207)
2 ... (10) Die Bewohner erkundigten sich beim Ordnungsamt nach Auflagen oder Vorschriften, die beim Aufstellen der Blumenkübel zu beachten sind. (nach Mannheimer Morgen, 02.09.1987, S. 13)
3 ... (11) Außerdem muss beachtet werden, dass die Genfer Konventionen keinen Unter-

schied machen, ob ein Arzt freiwillig oder auf Grund der Wehrpflicht dient. (nach Zeit, 19.09.1986, S. 45)
(12) Die Belange des Rentners sind in dem Gerichtsurteil beachtet. (nach Mannheimer Morgen, 16.03.1985, S. 48)
(18) Die beiden Politiker hatten den grundlegenden Wandel der französischen Gesellschaft seit den Fünfzigerjahren nicht beachtet. (nach Zeit, 15.02.1985, S. 2) ‹E-VALBU›

Solche Variationen bei der Präsentationsweise hängen mit der Typologie nach der Herkunft zusammen: In Bezug auf die Herkunft sind die unter (i) angeführten Satzbeispiele KBeiA, diejenigen unter (ii) BBeiA und die Satzbeispiele unter (iii) modifizierte CorBeiA (4.2.2). Mit der Typologie nach der Herkunft hängt auch der andere Aspekt der Heterogenität der Satzbeispiele: (2) In Hinsicht auf die interne Struktur einer BeiA sind bei den Satzbeispielen folgende Variationen gegeben:
(a) Anführung der Alternanzen in Form von Verdichtung einzelner gleichartiger Satzglieder. Besonders ausgeprägt ist diese Praxis in LGwDaF:

HABEN ... 13 ... Er hat viele/keine/kaum Freunde unter den Kollegen
18 ... Bei dem Streit hatte ich meine Freunde und Familie für mich/hinter mir ‹LGwDaF›

NEHMEN ... 3 ... Er nahm sich das Recht/die Freiheit, seinen Chef zu kritisieren
11 ... Der Tod hat mir mein Kind/das Liebste genommen
12 ... Das nimmt der ganzen Sache den Reiz/den Spaß/die Spannung
19 ... Das solltest du nicht so wichtig/tragisch nehmen ‹LGwDaF›

KOMMEN ... 2 ... Um wie viel Uhr kommt sie aus der Arbeit/nach Hause?
9 ... Mein Sohn kommt bald in die Schule/aufs Gymnasium/an die Uni
14 ... Das kommt mir gerade gelegen/recht
17 ... Woher/Wie kommt es, dass wir uns so selten sehen?
30 ... Ein Gefühl der Verzweiflung/Ohnmacht/Hilflosigkeit kam über sie
34 ... Wir kommen nun zum letzten Punkt auf der Tagesordnung/zum nächsten Thema ‹LGwDaF›

Vereinzelt ist die Anführung der Alternanzen innerhalb der Satzbeispiele in E-VALBU präsent:

LIEGEN ... 17 ... (1) Die Temperatur liegt über/unter Null. ‹E-VALBU›
HABEN ... 15 ... (1) Wilhelm II. hatte die Engländer zum Feind/zu Feinden. ‹E-VALBU›
HALTEN ... 3 ... (6) Das kleine Mädchen saß auf dem Stuhl und hielt seine Puppe auf dem Schoß/im Schoß.
14 ... (1) Der Vater hielt das Kind an/bei der Hand.
(3) Der Mann hielt den Dieb am/beim Ärmel und rief um Hilfe.
15 ... (2) Daniel ist sehr kurzsichtig und hält sich daher beim Lesen die Zeitung dicht ans/vors Gesicht. ‹E-VALBU›

Einen systematischen Charakter hat die Anführung der Alternanzen innerhalb der Satzbeispiele im Angabebereich *Anmerkungen* unter lesartenspezifischen Angaben in E-VALBU. Kennzeichnend für solche Fälle ist, dass dem Satzbeispiel jeweils eine metasprachliche Erklärung, kombiniert mit Elementen der Strukturformeln, vorangeht. Einzelne Realisierungen der Elemente der Strukturformeln werden im darauffolgenden Satzbeispiel als Alternanzen präsentiert, zusätzlich typographisch durch Fettdruck hervorgehoben:

> MITTEILEN ... 2 ... • Gelegentlich wird eine AdvP oder eine PräpP [*durch* +Akk/*in* +Dat/*mit* +Dat/*per* +Akk/...] hinzugefügt, mit der auf das Mittel Bezug genommen wird, mit dem jemandem etwas zur Kenntnis gegeben wird:
> (22) Der Reiseleiter hat dem Hotel den Ankunftstermin der Gruppe **telefonisch/schriftlich/durch ein Fax/in einem Brief/mit einer E-Mail/per Telegramm** mitgeteilt. ‹E-VALBU›

> SCHLAFEN ... 1 ... • Häufig wird eine temporale AdvP, NP im Akk bzw. PräpP [*seit* +Dat/*(von* +Dat) *bis*-Gruppe/...] hinzugefügt, mit der auf die Dauer des Schlafzustandes Bezug genommen wird:
> (8) Der Junge hat lange/den ganzen Tag/seit neun Uhr/bis zehn Uhr/von neun Uhr abends bis neun Uhr morgens/den ganzen Tag geschlafen.
> • Häufig wird mit einer modalen AdjP auf die Art und Weise des Schlafens Bezug genommen:
> (9) Der Patient hat in der vergangenen Nacht **fest/schlecht** geschlafen. ‹E-VALBU›

(b) Anführung optionaler Formulierungsalternativen innerhalb eines Satzbeispiels, in besonderem Maße ausgeprägt in LGwDaF:

> MACHEN ... 4 ... Er macht nur (das), was ihm gefällt
> 19 ... Rad fahren macht (ihm) großen Spaß ‹LGwDaF›
> FÜHREN ... 21 ... Der F. C. Bayern führt (mit fünf Punkten Vorsprung) ‹LGwDaF›
> GEBEN ... 17 ... Die Ärzte geben ihr noch ein Jahr (zu leben) ‹LGwDaF›
> BEKOMMEN ... 19 ... Ich habe (von ihm) Blumen geschenkt bekommen ‹LGwDaF›
> TRINKEN ... 1 ... Er trank sein Glas (in einem Zug) leer ‹LGwDaF›
> LASSEN ... 13 ... Lass die Koffer einfach im Flur (stehen)
> 14 ... Komm, lass jetzt die Arbeit (sein), wir gehen ins Kino!
> 15 ... Bei dir lässt sich (gut) leben ‹LGwDaF›

Vereinzelt lässt sich die Anführung von Formulierungsalternativen innerhalb der Satzbeispiele auch in E-VALBU festhalten. Zum einen ist dies (i) das optionale Element *es* innerhalb der Satzbeispiele, gekennzeichnet durch Klammern:

> VERBIETEN ... 2 ... (4) Die erneut aufgetretenen technischen Probleme verbieten (es), dass wir mit den Tests aufhören.
> (8) Der Mangel an Nahrung und Trinkwasser verbot (es), die Expedition noch länger fortzusetzen. ‹E-VALBU›

> BEHALTEN ... 2 ... (6) Ich habe (es) nicht behalten, ob wir morgen oder übermorgen Sitzung haben. ‹E-VALBU›

> BRINGEN ... 6 ... (7) Unglück hat (es) mir gebracht, dass ich vor meiner Prüfung eine schwarze Katze auf der Straße gesehen habe!

> 8 ... (6) Auf ein paar neue Gedanken könnte (es) dich bringen, mit anderen über den Artikel zu reden.
> 9 ... (8) Bedauerlicherweise hat (es) den Sänger aus dem Takt gebracht, dass ich versucht habe, das Lied mitzusingen.
> 11 ... (7) Den Skispringer hat (es) um eine Medaille bei den Olympischen Spielen gebracht, dass er bei seinem letzten Sprung gestürzt ist.
> 12 ... (8) Klar bringt (es) die Kinderschar zum Quieken, dass der Kasper sich so dumm anstellt. ‹E-VALBU›

Zum anderen sind dies in E-VALBU (ii) Formulierungsalternativen in der Position *Passivkonstruktionen*, typischerweise handelt es sich um die Alternativen zwischen *bekommen/kriegen*, die – im Unterschied zum Punkt (i) oben – im Satzbeispiel typographisch nicht hervorgehoben werden:

> KAUFEN ... 1 ... (11) Zum Geburtstag bekommt/kriegt Jan von seinem Onkel ein Paar Sportschuhe gekauft. ‹E-VALBU›
> ÄNDERN ... 2 ... (6) Ich bekomme/kriege mein Kleid von meiner Nachbarin geändert, sie kann viel besser nähen als ich. ‹E-VALBU›
> MIETEN ... (21) Die Mitarbeiter bekommen/kriegen von der Firma Wohnungen in Fabriknähe gemietet. ‹E-VALBU›

In LGwDaF sind zudem Fälle der Kombination der unter den Punkten (a) und (b) formulierten Merkmale gegeben:

> TRINKEN ... 3 ... (Wir trinken) auf die Gastgeber/auf ein gutes neues Jahr! ‹LGwDaF›
> LASSEN ... 14 ... Mensch, lass das (bleiben/sein), du weißt, dass es mich ärgert! ‹LGwDaF›

(c) In LGwDaF weisen einige Satzbeispiele Formelhaftigkeit modellhaften Charakters auf, die durch syntaktische Unvollständigkeit des Satzes bedingt ist, indem einzelne Teile des Satzbeispiels nicht realisiert sind, sondern lediglich durch „..." angegeben werden:

> LIEGEN ... 10 ... Der Schwerpunkt unserer Arbeit liegt auf ... ‹LGwDaF›
> BLEIBEN ... 4 ... Er blieb dabei, dass ... ‹LGwDaF›
> GESCHEHEN ... 1 ... Es geschieht immer wieder, dass ... ‹LGwDaF›

(d) Eine Formelhaftigkeit anderer Art ist bei den Satzbeispielen feststellbar, die eine strukturelle Knappheit aufweisen:

> HABEN ... 2 ... Peter hat Mut ... 5 ... Er hat Probleme ‹LGwDaF›
> SEIN ... 16 ... Dafür ist es noch zu früh ‹LGwDaF›
> GEBEN ... 15 ... Der Ofen gibt Wärme | Die Kuh gibt Milch | Die Hühner geben Eier ‹LGwDaF›
> KÖNNEN ... 6 ... Sie kann einem leidtun ‹LGwDaF›
> Das kann hier jeder. ‹ViF›

In Hinsicht auf das unter (1) behandelte Kriterium der Präsentationsweise ist festzuhalten, dass solche Variationen in Bezug auf die interne Struktur charakteristischerweise nur bei KBeiA vorgenommen werden. Dies hängt ferner mit der Wörterbuchkonzeption zusammen: In ELDIT, das nur mit KBeiA arbeitet (1.3), werden keine Eingriffe vorgenommen; dies ist auch in ViF bei den KBeiA der Fall.

In puncto Anführung der Alternanzen durch Verdichtung einzelner Satzteile innerhalb des Satzbeispiels liegt es nahe anzunehmen, dass diese Praxis ihren Ursprung in der Printlexikographie hat und durch die Relevanz des Platz-Faktors bedingt ist. In den Reflexionen zur Printlexikographie geht das Satzbeispiel immer mit den Überlegungen zum Platz-Faktor einher (Zöfgen 1994: 185; 1986: 224; Hausmann 1977: 83f.; vgl. Rundell 2015: 318). So spricht Hausmann (1977: 83) in einer für die Printlexikographie symptomatischen Weise über „das Prestige des Satzbeispiels", das ferner als „eine Art Luxus" (1977: 84) eingestuft wird. Bei Gove (1985[61]: 64) werden lexikographische BeiA als „phrase or clause, less often a sentence" identifiziert. Ein grundlegender Unterschied zu den gekürzten Beispielen besteht bei den Satzbeispielen jedoch darin, dass bei den Letzteren der Kontext-Faktor gegeben ist und durch die Anführung der Alternanzen in Form der Verdichtung einzelner gleichartiger Satzglieder nachteigig beeinträchtigt wird (4.4.2.2). Durch die Verdichtung einzelner Satzteile muss der Kontext für den jeweils einzelnen potentiellen Satz mit je einem realisierten Satzteil neu evoziert werden; dies kommt besonders deutlich zum Vorschein, wenn einzelne verdichtete Satzteile in Hinsicht auf den Kontext nicht situationsverwandt sind oder gegensätzliche Inhalte aufweisen, vgl. etwa:

    STEHEN ... 1 ... Sie stand am Fenster/in der Tür/unter der Dusche
       20 ... Sie steht auf große, schlanke Männer/auf französische Chansons ‹LGwDaF›
    SEIN ... 8 ... Diese Tomaten sind aus Holland/aus unserem eigenen Garten ‹LGwDaF›
    LIEGEN ... 7 ... Ein paar schöne Tage liegen hinter/vor uns
       9 ... Ihre Leistungen liegen über/unter dem Durchschnitt ‹LGwDaF›

Durch diese Verdichtungspraxis wird das Satzbeispiel weniger zu einer realisierten objektsprachlichen Verwendungsinstanz, sondern vielmehr zu einer abstrahierten Einheit, die erst erschlossen werden muss. Wird der Kontext-Faktor beeinträchtigt, so tendieren solche Satzbeispiele dazu, eher den Kotext-Faktor zu realisieren, und somit zu gekürzten Beispielen. Die Anführung optionaler Formulierungsalternanzen, im Punkt (b) behandelt, beeinträchtigt den Kontext-Faktor nicht im entscheidenden Maße. Kritischer ist dies jedoch bei der Kombination der Punkte (a) und (b) in LGwDaF, was wiederum wie bei den gekürzten Beispielen mit Unsicherheit bei der Erschließung einzelner möglicher BeiA verbunden ist.

Die Formelhaftigkeiten der Satzbeispiele in den Fällen (c) und (d) führen dazu, dass der Kontext-Faktor nicht hinreichend realisiert wird. Solche Satzbeispiele weisen eine ausgeprägte Tendenz zur Realisierung des Kotext-Faktors und somit zu gekürzten Beispielen auf. Insbesondere die Formelhaftigkeit der unter (d) behandelten Satzbeispiele wird in der Forschungsliteratur als ein Argument dafür aufgegriffen, dass die Satzform an sich kein entscheidendes Kriterium für die Qualität des

Beispiels ist (Hausmann 1977: 84; Zöfgen 1994: 185; 1986: 225; 1982: 47). So vermerken Bergenholtz/Mugdan (1986: 128) Folgendes: „Solche Sätze [kurze Hauptsätze, K.L.] sind zwar etwas wirklichkeitsnäher als die entsprechenden Infinitivkonstruktionen oder sonstigen Phrasen (*ein wackerer Esser, sich wacker halten, weiß wie Wachs* usw.), aber der Unterschied ist oft geringfügig.". An späterer Stelle heißt es, dass solche kurzen Beispielsätze „extrem vereinfacht" (1986: 131) sind. Interessanterweise werden im Angabebereich *Verwendung/combinazioni* in ELDIT vereinzelt auch KollA in syntaktisch realisierter Form, d. h. in Form minimaler Satzbeispiele angegeben. Diese Praxis entspricht dem, was in Zöfgen (1986: 228 und 1994: 189) als *kollokationsäquivalenter* vollständiger Satz eingestuft wird; solche minimalen Satzbeispiele unter typischen Verwendungen in ELDIT werden durch weitere Satz- oder Textbeispiele demonstriert (4.3.1.2.3). Dies zeugt zusätzlich von einer ausgeprägten Tendenz solcher minimalen Satzbeispiele zu gekürzten Beispielen. Einen eindeutig größeren Kontext-Umfang können hingegen die Textbeispiele bieten.

Die Textbeispiele stellen satzübergreifende Einheiten im Sinne einer Sequenz von Sätzen dar, für die charakteristisch ist, dass das Lemmazeichen jedoch nur einmal innerhalb des Beispielsyntagmas auftritt. Der funktionale Schwerpunkt der Textbeispiele liegt darin, dass sie den Kontext-Faktor in einem größeren Umfang gewährleisten können, wenn dies für die Demonstration der Eigenschaftsausprägungen des Lemmazeichens als notwendig erachtet wird (vgl. Ballweg et al. 1981: 55; Fox 1987: 148f.). So weist Zöfgen (1982: 48) darauf hin, dass „semantische Eindeutigkeit und Kontextdeterminiertheit bei einer Reihe von Verben [...] nur über ein längeres Textbeispiel zu erreichen sind"; vgl. dazu etwa folgende Fälle:

HABEN ... ID ... **Das habe ich/Das hast du** *usw.* **nun davon/von** ...! ... Jetzt ist der Bus schon weg. Das haben wir nun davon, dass du immer so trödelst! ⟨LGwDaF⟩

FRESSEN ... 1 ... Mein Hund ist krank. Er frisst nichts, was man ihm anbietet und schläft den ganzen Tag. ⟨ELDIT⟩

GEBEN ... 6 ... (1) Er war der erste Mensch gewesen, der ihr Liebe gegeben hatte. An ihre Eltern hatte sie keine Erinnerung. (de Groot, S. 55) ⟨E-VALBU⟩

FEHLEN ... 2 ... (3) Peter ist traurig. Ihm fehlt seine Katze.
  4 ... (4) Die Grippewelle rollt. Die Hälfte der Angestellten fehlt.
  5 ... (6) Der Sieg ist näher gerückt. Drei Punkte fehlen noch. ⟨E-VALBU⟩

KÖNNEN ... 1 ... (7) Das Brennen erfordert viel Fingerspitzengefühl; Erfahrung und Experimentiergeist sind Voraussetzungen für gutes Gelingen. Das Ritual des Feuermachens will gekonnt sein. (Tiroler Tageszeitung, 03.10.2000; Geheimnisvolle Tradition) ⟨E-VALBU⟩

In Bezug auf einen lexikographisch notwendigen Kontext-Umfang vermerkt Nikula (1986: 190) in einer programmatischen Weise Folgendes: „Wie groß soll der Kontext des betreffenden Lexems sein? Ganz allgemein kann gesagt werden, daß das Beispiel genau so groß sein sollte, daß es die [...] prototypenerzeugende Funktion im Wörterbuchkontext erfüllen kann." (ebd.).

Das Textbeispiel ist ein relativ jüngeres Phänomen der pädagogischen Lexikographie, was in der Printlexikographie wiederum mit dem Platz-Faktor zu tun hat. Da Textbeispiele in der Printlexikographie traditionellerweise nicht verbreitet sind (vgl. dazu Juhász 1985: 143 für die Valenzlexikographie), hat dies auch Auswirkungen auf den Forschungsstand zum Textbeispiel, was Zöfgen (1994: 195) wie folgt formuliert:

> Die Beschränkung auf den Satz hat ja nicht nur einen quantitativen, sondern auch einen qualitativen Aspekt. Sie wird nicht nur deshalb gewählt, weil der Umfang des Wörterbuchs keine satzübergreifenden Einheiten zuläßt, sondern auch deshalb, weil der Stand der Forschung die lexikographisch relevante Einbeziehung des Textes nicht gestattet. (vgl. Zöfgen 1986: 232f.; Juhász 1985: 144)

Nichtsdestoweniger finden sich in der Forschungsliteratur vereinzelte Stimmen für den Einsatz der Textbeispiele; so fordert bereits Weinrich (1976: 362f.) „für ein modernes Wörterbuch möglichst viele, möglichst lange, möglichst aufschlußreiche und selbstverständlich immer genau belegte Beispielsätze, besser: Beispieltexte".

In der empirischen Basis der vorliegenden Untersuchung sind Textbeispiele insbesondere in ELDIT in einer überwiegenden Mehrheit gegeben, in einem kleineren Umfang in E-VALBU und in ViF, in LGwDaF hingegen nur vereinzelt. Die Textbeispiele in LGwDaF erscheinen verhältnismäßig oft im Dialogstil:

> VERLIEREN ... 6 ... Hier hast du den Schlüssel! Verlier ihn nicht! ‹LGwDaF›
> SEIN ... 18 ... „Warum hast du das nur getan?" – „Ach, mir war eben danach." ‹LGwDaF›
> HABEN ... 21 ... „Was hast du denn gegen sie?" – „Sie ist mir zu arrogant." ‹LGwDaF›
> ZÄHLEN ... 5 ... Der Wurf zählt nicht! Der Würfel ist auf den Boden gefallen ‹LGwDaF›

In Hinsicht auf die Präsentationsweise im WbA weisen Textbeispiele – wie auch Satzbeispiele – Variationen auf: Die Textbeispiele sind entweder elementare einteilige Angaben, d. h. in Hinsicht auf ihre Herkunft KBeiA, oder nichtelementare zweiteilige Angaben, d. h. BBeiA:

> MIETEN ... (14) Deshalb bietet die Wohnungsbaugesellschaft ihren Mietern jetzt sogenannte „Trennungswohnungen" an – Domizile auf Zeit für frisch Getrennte. Eine Drei- und eine Ein-Zimmer-Wohnung, die möbliert sind und bis zu drei Monate lang gemietet werden können. (Berliner Zeitung, 27.02.2008, S. 21) ‹E-VALBU›
> Für dieses Wochenende hat Frauke ein großes Auto gemietet. Sie will umziehen und braucht ein geeignetes Transportmittel. ‹ELDIT›

> BEGINNEN ... 9 ... (3) Beethovens opus 80 bleibt ein Kuriosum, aber ein schönes. Es beginnt wie eine Klaviersonate, entwickelt sich dann zum Konzert und endet als Hymnus, der unverkennbar den Archetyp für die spätere „Ode an die Freude" abgab. (Nürnberger Nachrichten, 13.04.2010, S. 7) ‹E-VALBU›

ÄNDERN ... 2 ... (2) Der Rock sitzt doch ausgezeichnet. Ich würde nichts ändern.
(3) Hier ist dein Manuskript. Ich habe die Stellen angestrichen, die man vielleicht ändern könnte.
4 ... (8) Die Kassenärztliche Vereinigung hat zwar eine Koordinierungsstelle eingerichtet, die Therapeuten vermittelt. Daran, dass es wenige gibt, kann sie aber nichts ändern. (Nürnberger Nachrichten, 18.01.2006) ‹E-VALBU›

Als erweiterte zweiteilige Angaben treten Textbeispiele nur vereinzelt auf:

AUFHEBEN ... 1 ... (4) Der Mann in dem Kiosk-Häuschen weiß, welche Zeitung die ergraute Dame möchte. Wenn sie einmal nicht vorbeikommt, hebt er die Zeitung gern bis zum nächsten Tag auf. (nach Berliner Zeitung, 31.03.1999, S. XX) ‹E-VALBU›

MACHEN ... 19 ... (4) Die Angst der Eltern, die ständig über mögliche Gefahren reden, hat sich längst auf die Kinder übertragen. Viele trauen sich nicht mehr allein zu schlafen. Manche machen wieder ins Bett. (nach Spiegel, 48/1994, S. 83) ‹E-VALBU›

MITTEILEN ... (1) Andere Forscher hatten die Töne stets als Ausdruck von Aggression oder Pein verkannt. Panksepp ist sich jedoch sicher, dass die Tiere mit diesen Lauten Vergnügen mitteilen. (nach Berliner Zeitung, 02.09.1998, S. III) ‹E-VALBU›

Da die Präsentationsweise als eine erweiterte zweiteilige Angabe eine Kennzeichnung der modifizierten CorBeiA ist (4.2.2), lässt dies darauf schließen, dass Textbeispiele nur selten bei der Aufnahme in den WbA modifiziert werden.

Auch in Hinsicht auf die interne Struktur ist festzuhalten, dass den Textbeispielen nur äußerst selten Eingriffe oder ein formelhafter Charakter zukommen, wie sie für die Satzbeispiele teilweise praktiziert werden. In der Stichprobe zu LGwDaF sind dies nur folgende Fälle:

DENKEN ... 2 ... „Ob sie wohl noch kommt?" – „Ich denke schon/nicht!‹LGwDaF›
SOLLEN ... 9 ..."Er will noch 50 Euro haben." – „Dann soll er's (von mir aus) haben!" ‹LGwDaF›
SEIN ... ID ... **Wie dem auch sei** ... War das 1950 oder 51? Wie dem auch sei, sie heirateten also und dann ... ‹LGwDaF›

Auch in E-VALBU sind Eingriffe in die Textbeispiele nicht verbreitet und haben keinen systematischen Charakter; wie auch bei den Satzbeispielen ist für Textbeispiele mit Eingriffen festzuhalten, dass es sich um KBeiA handelt:

ORGANISIEREN 3 ... (7) Die Sängerin musste noch dringend zum Frisör. Eine Mitarbeiterin des Theaters organisierte (es), dass sie fünf Minuten später auf dem Frisörstuhl saß. ‹E-VALBU›

BEHALTEN ... 2 ... (5) Kannst du (es) behalten, dass ich morgen um 9 Uhr zum Arzt muss? Ich vergesse doch immer alles. ‹E-VALBU›

Der Befund einer nur selten vorgenommenen Modifizierung der Textbeispiele in Hinsicht auf die Präsentationsweise wie auch seltener Eingriffe in Textbeispiele in Bezug auf die interne Struktur lässt sich durch einen den Textbeispielen immanenten größeren Kontext-Umfang erklären. Da bei den Textbeispielen der Kontext-Umfang als (a) funktionaler Schwerpunkt sowie im Zusammenhang damit auch als (b) ihre lexikographische Zweckbestimmung erachtet werden kann, wird er nicht durch Eingriffe beeinträchtigt.

Somit sind im Hinblick auf die Praxis der Eingriffe und Verdichtungen in einzelnen Beispieltypen nach Gestaltung folgende Tendenzen festzuhalten:

(a) bei gekürzten Beispielen werden Eingriffe und Verdichtungen generell uneingeschränkt praktiziert, und zwar sowohl in LGwDaF als auch in ELDIT;
(b) bei Satzbeispielen werden solche Techniken nur teilweise eingesetzt, zusätzlich begleitet durch die Spezifik der jeweiligen Wörterbuchkonzeption: So ist dies in LGwDaF im großen Stil gegeben, in E-VALBU nur in bestimmten Fällen, in ViF und in ELDIT ist dies hingegen nicht der Fall. Die Satzbeispiele, bei denen Eingriffe und Verdichtungen vorgenommen werden, sind kennzeichnenderweise KBeiA;
(c) bei Textbeispielen werden Eingriffe und Verdichtungen nur vereinzelt praktiziert; sie sind vergleichsweise öfter in LGwDaF feststellbar, nur äußerst vereinzelt in E-VALBU. In ViF wie auch in ELDIT wird von solchen Techniken bei den Textbeispielen abgesehen. Die Textbeispiele mit Eingriffen und Verdichtungen sind – wie auch bei den Satzbeispielen – nur KBeiA.

Die Erklärung für diese Befunde liefern die folgenden drei Aspekte: (1) funktionale Zweckbestimmungen einzelner Beispieltypen in Bezug auf den Kotext- und Kontext-Faktor; (2) Überschneidungen mit der Beispieltypologie nach der Herkunft; (3) eine *langue-/parole*-Ebenen-Zugehörigkeit einzelner Beispieltypen nach der Gestaltung.

Zu (1): Wie im Laufe der Behandlung einzelner Beispieltypen geschildert, liefern gekürzte Beispiele primär den Kotext zum Lemmazeichen, jedoch nur bedingt den Kontext. Damit zusammenhängend werden gerade gekürzte Beispiele uneingeschränkt verdichtet präsentiert. Bei Satz- und Textbeispielen können Eingriffe und Verdichtungen jedoch den Kontext-Faktor beeinträchtigen, der diesen Beispieltypen immanent ist. Dabei ist zugleich zu verzeichnen, dass Satzbeispiele eine heterogene Kategorie bilden und der Kontext-Faktor nicht allein durch die Satzform optimal realisiert wird.

Zu (2): Diejenigen Satz- und Textbeispiele, in denen Eingriffe und Modifizierungen vorgenommen werden, sind in Bezug auf ihre Herkunft kennzeichnenderweise KBeiA. Eine Überschneidung mit der Typologie nach der Herkunft entfällt für gekürzte Beispiele, da sie von ihrer Natur aus Abstraktion vom realisierten objektsprachlichen Bereich aufweisen (4.2.1.1). Damit hängt auch der Status einzelner Beispieltypen nach der Gestaltung in Hinsicht auf ihre Zugehörigkeit zu *langue-/parole*-Ebenen zusammen.

Zu (3): Die Betrachtung einzelner Beispieltypen nach der Gestaltung lässt eine Gradation ihres Status in Hinsicht auf *langue*- und *parole*-Ebenen erkennen. Für gekürzte Beispiele ist festzuhalten, dass sie aus einer genuin linguistischen Sicht entweder der *langue*-Ebene angehören, wie KollA (4.1.3), oder aber der *parole*-Ebene, wenn es sich um freie Wortverbindungen ohne kollokative Restriktionen handelt (vgl. dazu Hausmann 1985: 118). Aus einer genuin lexikographischen Perspektive ist jedoch festzuhalten, dass *alle* gekürzten Beispiele durch ihre charakteristischen Merkmale eine Abstraktion vom realisierten objektsprachlichen Bereich, und somit von der *parole*-Ebene aufweisen und dadurch eine Tendenz zur *langue*-Ebene zeigen. Dieser Sachverhalt ist der Grund dafür, dass im Rahmen enger Beispielauffassungen gekürzte Beispiele nicht zum lexikographischen Beispiel gezählt werden.

Bei den Satz- und Textbeispielen ist der Sachverhalt differenzierter, da bei diesen Beispieltypen Variationen in Bezug auf ihre Herkunft eine Rolle spielen. Dementsprechend wird der Status der Satz- und Textbeispiele in Hinsicht auf die Zugehörigkeit zur *langue*- oder *parole*-Ebene in der Forschungsliteratur unterschiedlich reflektiert. Nach Zöfgen (1994: 184) ist die entscheidende Voraussetzung für das Vorliegen eines lexikographischen Beispiels, dass „es sich um objektsprachliche, eindeutig auf der *parole*-Ebene angesiedelte Äußerungen handelt" (ebd.), wobei Zöfgen (1994: 185f.) darunter *alle* Satz- und Textbeispiele auffasst, d. h. unabhängig von ihrer Herkunft. In einer ähnlichen Weise heißt es bei Zöfgen (1986: 225): „Dennoch hat der eindeutig *parole*-bezogene (BELEG-)SATZ nicht ganz zu Unrecht seinen festen Platz im Wörterbuch.". Was den Status der *unbelegten* KBeiA anbetrifft, so werden bei Reichmann (1988: 413) grundsätzliche Variationsmöglichkeiten festgehalten: „Beispielbelege haben als ‚Ausschnitte aus originalen Texten' per definitionem Parole-Status. Sie sind theoretisch deshalb strikt vom sogenannten *Kompetenzbeispiel* [...] zu unterscheiden, dem man gerne Langue-Status zuschreibt, obwohl dieser (jedenfalls für mich) keineswegs ausgemacht ist.". Rothe (2001: 196) hält die Tendenz bei der Verteilung einzelner Beispieltypen in Hinsicht auf *langue*- und *parole*-Ebenen wie folgt fest:

> Zitierte Beispielsätze werden [...] meist als Manifestation von *parole* interpretiert, kurze Kontextualisierungen, die Aussagen über Kollokationen machen, werden als Repräsentanten der Norm betrachtet bzw. am Übergang zwischen *langue* und *parole* angesiedelt, und konstruierte Beispielsätze werden von manchen Autoren der *parole*, von anderen der Norm zugeordnet.

Die Sichtweise der eindeutigen Zuordnung des *parole*-Status den BBeiA teilt auch Harras (1989: 608) und nimmt Stellung zum Status der KBeiA, im Konkreten in Bezug auf Satzbeispiele:

> Diese Frage kann m. E. auch nicht ein für allemal geklärt werden, da solche Sätze hinsichtlich ihres Status in zweierlei Weisen interpretiert werden können. Sie können einmal als individuelle Äußerungen eines Lexikographen aufgefaßt und damit der parole zugeschlagen werden;

zum anderen können sie unter dem Gesichtspunkt ihrer Funktionstüchtigkeit als Namen für einen in der betreffenden Sprache typischen und frequenten Satz mit dem entsprechenden Lemmazeichen verstanden und der Sprachnorm zugeordnet werden. (ebd.)

Dies steht mit der oben festgehaltenen Praxis der Eingriffe durch Anführung der Alternanzen, Verdichtungen oder des formelhaften Charakters in Satz- und Textbeispielen, die KBeiA sind, in einem unmittelbaren Zusammenhang: Wenn eine solche Praxis gegeben ist, dann tendieren die BeiA zu gekürzten Beispielen, und somit zur *langue*-Ebene. Symptomatisch erscheint in diesem Zusammenhang zudem, dass in ELDIT manche KollA in Form minimaler Sätze präsentiert werden und des Weiteren durch Satz- und Textbeispiele, ohne jegliche Eingriffe oder Verdichtungen dargeboten, demonstriert werden: Solche Satz- und Texteinheiten ohne Verdichtungen sind der *parole*-Ebene zuzuordnen.

### 4.2.2 Typologie nach der Herkunft

Die Typologie nach dem Kriterium der Herkunft umfasst drei Beispieltypen: (1) das Kompetenzbeispiel (KBei), (2) das Belegbeispiel (BBei), (3) das Corpusbeispiel (CorBei) (vgl. WLWF-1: 660, BEISPIELANGABE). Das KBei und das BBei fungieren als Grundtypen des lexikographischen Beispiels, die sich lexikographiegeschichtlich mit jeweils charakteristischen Merkmalen herausgebildet haben; das CorBei gilt hingegen als ein Mischtyp.

Zu (1): Das Kompetenzbeispiel, alternativ auch als *Verwendungsbeispiel* (Schlaefer 2009: 94; Lenz 1998: 50) in Gegenüberstellung zum *Belegbeispiel* bezeichnet, ist dasjenige lexikographische Beispielsyntagma, das vom Lexikographen aus eigener Kompetenz gebildet ist, d. h. der Sprachkompetenz des Lexikographen entstammt. Für das KBei sind zwei Merkmale kennzeichnend: Es (a) entsteht beim Abfassen eines WbA und (b) hat keine direkten Entsprechungen in der empirischen Wörterbuchbasis, d. h. unter den Belegen mit der wörterbuchbasisbezogenen Angabefunktion (3.3). Damit hängt die charakteristische Präsentationsweise zusammen: Die KBeiA treten als *elementare einteilige* Angaben auf, bestehend nur aus einer Beispielsyntagmaangabe.

Das Kompetenzbeispiel ist lexikographiegeschichtlich der primäre Beispieltyp, wie es Haß (1991: 542f.) festhält: „Das Prinzip des Beispiele-Anführens geht dem Belegungsprinzip lange voraus; es hat seine Funktionen in vor- und außerlexikographischen Handlungszusammenhängen herausgebildet, in denen es allgemein um das Problem der Vermittlung, Tradierbarkeit von und der Anstiftung zu Erkenntnis geht.". Als eine kompetenzgestützte Behauptung ist das Kompetenzbeispiel ein Ergebnis des Einsatzes der Methode der Idiokompetenz bzw. Introspektion in der lexikographischen Arbeit (vgl. Bergenholtz/Mugdan 1990: 1613ff.; Bergenholtz 1994a: 49). Damit hängt die Funktionalität des Kompetenzbeispiels zusammen: Die KBeiA gewährleisten den Funktionalitätsaspekt der Demonstration, aber – im Unterschied zu BBeiA – nicht den der Dokumentation, und zwar aus dem Grunde, dass „intuitiv oder introspektiv gewonnene Urteile per se nicht dokumentierbar, sondern nur illustrierbar [sind]", so Haß (1991a: 234).

Zu (2): Das Belegbeispiel – alternativ *Beispielbeleg* (Haß 1991a; Reichmann 1988), *Textbeleg* (Schlaefer 1990; Henne 1977), *Belegtextangabe* (WLWF-1: 660, BEISPIELANGABE), *Belegsatz* oder *Belegäußerung* (Henne 1977a), *Belegzitat* (WLWF-1: 663, BELEGANGABE; Scholze-Stubenrecht 2001: 49; Lemberg 2001: 76), *zitierter Beleg* (Lenz 1998: 47), *Zitat* (Gorbačevič 1982[78]; Rothe 2001; vgl. Haß-Zumkehr 2001: 37; Zöfgen 1986: 234; 1994: 200), *Originalzitat* (Neubauer 1998: 247), *zitiertes Beispiel* (Rothe 2001), *Quellenzitat* (Scholze-Stubenrecht 2001: 49), auch *Originalbeispiel* (Ickler 1988: 380; Neubauer 1998: 247) oder *Originalbeleg* (VALBU: 23) genannt – ist ein exzerpierter Ausschnitt aus einem originalen Text (Reichmann 1988: 413; WLWF-1: 662, BELEG), der mindestens eine Verwendungsinstanz der lemmatisierten bzw. sublemmatisierten Einheit enthält und als eine BeiA im SK abgebildet, d. h. verbeispielt ist. Das BBei ist somit ein Zitat im engen Sinne. Durch dieses Charakteristikum wird dem BBei eindeutig ein *parole*-Status zugesprochen (4.2.1.2). Dem BBei kommen folgende charakteristische Merkmale zu:

(a) das Belegbeispiel hat eine Entsprechung in der empirischen Wörterbuchbasis (3.3), indem eine BBeiA eine Zitierung einer Textstelle – eines Belegs – aus der empirischen Wörterbuchbasis darstellt. In diesem Zusammenhang ist in der Forschungsliteratur vermehrt von einem doppelten Funktionieren der *Belege* in der lexikographischen Arbeit die Rede (etwa Lenz 1998: 46ff.; Haß 1991: 557ff. und 1991a: 272; Schlaefer 1990: 141ff.; 2009: 92f.; Bergenholtz/Schaeder 1985[77]: 281ff.; Al-Kasimi 1977: 89; vgl. Lemberg 1996: 86; Engelberg/Lemnitzer 2009: 263; Klosa 2005: 97; Klosa et al. 2012: 75ff.), und zwar von „Belegen mit Datenbasisstatus und Belegen mit Beispiel- und Nachweisstatus" (Haß 1991a: 272) bzw. von „Belegen im Wörterbuchkorpus und in der Wörterbuchdarstellung" (Haß 1991: 540), oder anders gewendet, von „Belegbeispielen als Informationsart und Belegen als Materialeinheit" (Haß 1991: 541). Nach Haß (ebd.) fungiert die Bezeichnung *Beleg* im Sinne der verbeispielten Einheiten im SK expressis verbis als eine Abkürzung von *Belegbeispiel* (vgl. auch Haß 1991a: 272). In theoretischer Hinsicht ist eine solche terminologische Gleichsetzung jedoch nicht unproblematisch: „In Wörterbucheinleitungen und auch in der metalexikographischen Literatur wird öfter nicht deutlich genug zwischen Belegen und Belegangaben unterschieden, was zur Folge hat, dass weitere wichtige Unterscheidungen nicht vorgenommen werden können." (WLWF-1: 662, BELEG). Bei der Verbeispielung im SK, d. h. bei der Abbildung eines Belegs, können geringfügige Modifizierungen innerhalb einer BBeiA vorgenommen werden, wie etwa (i) kenntlich gemachte Auslassungen (beleginterne Kürzung bzw. Belegkürzung nach Haß (1991a: 283f.) oder innerer Belegtextschnitt nach Breiteneder (1996)), (ii) Textverdichtung, (ii) typographische Modifikationen (WLWF-1: 662, BELEG). Terminologisch lässt sich diesem doppelten Funktionieren sowie ggf. vorhandenen

Modifizierungen durch eine Differenzierung zwischen *Beleg* im Sinne einer Textstelle in der empirischen Wörterbuchbasis und *Belegbeispielangabe* im Sinne einer BeiA im SK in einer angemessenen Weise begegnen. In Bezug auf den *Beleg* erscheint der mediale Charakter seines Trägers von Relevanz: Der Träger des Belegs kann entweder nichtdigital, wie eine Belegkarte oder ein Belegzettel im Rahmen einer Belegsammlung, oder ein digitaler Datenträger in Form eines Corpus sein (vgl. WLWF-1: 662, BELEG; Schierholz 2005: 86). Im letzteren Fall entstammt das BBei einem Corpus (vgl. WLWF-1: 660, BEISPIELANGABE); dieses Verständnis fungiert als eine erste, enge Auffassung des CorBei (4.2.2.2). Belegsammlungen können auch nachträglich digitalisiert werden (vgl. Engelberg/Lemnitzer 2009: 236; Klosa 2007: 108); zwischen der Belegsammlung und dem Textcorpus existieren jedoch wesentliche Unterschiede, die spezifische Charakteristika des CorBei im weiten Sinne ermöglichen (4.2.2.2).

(b) Mit der Herkunft des BBei hängt seine Präsentationsweise zusammen: Eine BBeiA tritt als eine *nichtelementare zweiteilige* Angabe auf, bestehend aus zwei Teilangaben: einer Belegsyntagmaangabe[36] und einer Belegstellenangabe (BStellA) (vgl. Wiegand 2006: 269; WLWF-1: 662, BELEGANGABE; Svensén 2009: 287; Haß 1991a: 273f.; Breiteneder 1996: 62; vgl. Reichmann 1989: 144). Die BStellA hat den Zweck, die Belegtheit und dadurch ferner auch die Auffindbarkeit bzw. Nachprüfbarkeit der BBeiA zu gewährleisten; er entspricht der außerlexikographischen Natur des Zitierens, indem ein Zitat an sich nachprüfbar ist (vgl. Al-Kasimi 1977: 94). Die BStellA besteht in der Regel aus einer Quellenangabe und einer Textstellenangabe (Wiegand 2006: 269; vgl. Svensén 2009: 287). Dadurch gewährleistet die BStellA primär eine wissenschaftliche Nachprüfbarkeit lexikographischer Aussagen, sie kann des Weiteren auch eine *pragmatische* Funktion erfüllen, indem sie darüber Auskunft gibt, welcher Textsorte die BBeiA, und dadurch ferner auch die belegte Verwendung der lemmatisierten oder sublemmatisierten Einheit, entstammt: „Die Quellenangabe soll nicht nur die eindeutige bibliographische Identifizierbarkeit sichern, sondern sie kann auch über die Zeit, die Textsorte und die kommunikative Funktion des Textexemplars informieren, wenn sie in diesen Hinsichten sprechend gewählt

---

36 In WLWF-1 (WLWF-1: 662, BELEGANGABE), bei Wiegand (2006: 269) und bei Breiteneder (1996) ist von *Belegtextangabe* die Rede; bei Wiegand (2006: 269) wird parallel dazu auch generell von einer *Belegbeispielangabe* im Sinne von einer Belegsyntagmaangabe gesprochen. Die Bezeichnung *Belegtextangabe* ist vermutlich auf *Belegtextangabe* (WLWF-1: 660, BEISPIELANGABE) im Sinne des BBei zurückzuführen; sie wird in der vorliegenden Arbeit aus den folgenden Gründen nicht übernommen: (a) lexikographische BeiA sind nicht Texte, sondern Syntagmen im weiten Sinne (3.3.2.3); (b) die *Beleg-* bzw. auch *Beispieltextangabe* würde eine unerwünschte Überlappung mit *Textbeispielen* in Bezug auf die Gestaltung der BeiA (4.2.1.2) nahelegen, obwohl das Textbeispiel nur einer der Beispieltypen ist, während alle BeiA – ohne Anbindung an ihre Gestaltung – Syntagmen darstellen; so heißt es bei Haß (1991a: 273) in einer programmatischen Weise Folgendes: „Beispielbelege bestehen aus einem Syntagma, das gewöhnlich mindestens ein Satzglied umfaßt und mehrere Sätze umfassen kann, und aus einer eventuell abgekürzten Quellenangabe.".

wird.", so Haß (1991a: 274; vgl. Palasaki 2007: 125; Wiegand 1981: 225ff.). Zwischen der pragmatischen Funktion des Beispielsyntagmas selbst und der pragmatischen Funktion der BStellA existieren jedoch wesentliche Unterschiede (Näheres dazu im Zusammenhang mit der Polyfunktionalität der BeiA in 4.3.2.2).

(c) Durch das Charakteristikum der Belegtheit kommt den BBeiA im Vergleich zu KBeiA eine breiter angelegte Funktionalität zu. Die BBeiA können zwei Funktionalitätsaspekte gewährleisten: zum einen den der Demonstration allgemein und zum anderen den der Dokumentation (vgl. Herbst/Klotz 2003: 272f.). Der Funktionalitätsaspekt der Dokumentation kommt den BBeiA durch das grundlegende Charakteristikum der Entnahme einem objektiv existierenden originalen Text; dadurch sind die BBeiA prinzipiell verifizierbar (Harras 1989: 608; Herbst/Klotz 2003: 272; Simpson 2003: 272; vgl. Svensén 2009: 287). Da die BBeiA Zitate im engen Sinne sind, sind sie somit „Äußerungen, mit denen in ihrem Originalkontext ein Geltungsanspruch erhoben wird", so Harras (1989: 608). Je nach Wörterbuchtyp werden einzelne Funktionalitätsaspekte der BBei unterschiedlich gewichtet. Insbesondere in den Bereichen der historischen, sprachvarietätenorientierten Lexikographie sowie Text- oder Autorenlexikographie steht der Funktionalitätsaspekt der Dokumentation im Fokus; die KBei sind in diesen Bereichen grundsätzlich unzulässig, da der Kompetenz des Lexikographen auf diesen Gebieten Grenzen gesetzt sind (Haß 1991a: 273; Reichmann 1988: 415f.; Palasaki 2007: 125; Lenz 1998: 52). Bergenholtz (1994: 431) formuliert diese Forderung auch für den Bereich der Fachlexikographie. Haß (1991a: 273) schränkt die Funktionalität der BBeiA ausschließlich auf den Funktionalitätsaspekt der Dokumentation ein sowie weist die Funktionalität der Demonstration ausdrücklich nur dem KBei zu: „Je nachdem, welche der beiden [...] Funktionen als die vorrangige angesehen wird, hat sich die Redeweise vom Beispiel (zur Demonstration/ Illustration) und vom Beleg (zur Dokumentation/ Begründung) eingebürgert." (ebd.). Für die pädagogische Lexikographie erscheint eine solche Einschränkung bzw. Ausgrenzung grundsätzlich unzweckmäßig, da auf diesem Gebiet vielmehr der Funktionalitätsaspekt der Demonstration bei allen BeiA unabhängig von ihrer Herkunft die primäre Rolle spielt (1.3). So betrachtet Neubauer (1998: 247) die Gegenüberstellung und Diskussion der Grundtypen des lexikographischen Beispiels „[a]ls wenig oder nicht relevant" für die pädagogische Lexikographie. Die zwei Funktionalitätsaspekte der BBei schließen sich nicht aus (vgl. Atkins/Rundell 2008: 453), sie können sich jedoch gegenseitig beeinflussen; dies lässt sich insbesondere in Hinsicht auf die Demonstrationsschwerpunkte der Grundtypen des lexikographischen Beispiels besonders deutlich verfolgen (4.2.2.1.3).

Die Tatsache, dass die BBeiA in der pädagogischen Lexikographie neben anderen Beispieltypen auftreten, spricht dafür, auf diesem Gebiet den Terminus *Belegbeispielangabe* und nicht *Belegangabe*, wie in WLWF-1 (WLWF-1: 662, BELEGANGABE) generell vorgeschlagen, zu verwenden. Dieser Ansatz kommt dem Standpunkt von Hermanns (1988) sowie Anderson et al. (1981) nahe. Bei Hermanns (1988: 165) heißt es: „Belege im Wörterbuch sind also [...] immer lexikographische Beispiele, aber es gibt auch Beispiele, die keine Belege sind, die nicht belegt sind, die also keine au-thentischen Beispiele sind, sondern vom Wörterbuch-Macher gemachte oder zurechtgemachte.". Anderson et al. (1981: 29) führen zu Funktionalitätsaspekten der BBeiA Folgendes aus:

> Die Belegposition macht den Lemmaansatz, die Formvarianten, die Angaben zur Morphologie, die Symptomwertangaben und vor allem die Bedeutungserläuterung wissenschaftlich nachprüfbar. Ihre eigentliche Funktion besteht aber darin, daß dem Wörterbuchbenutzer mit dem Belegmaterial Beispiele für die Verwendungsweise (= Bedeutung) von Wörtern vorgeführt werden, durch die er die Möglichkeit erhält, die jeweilige Bedeutung durch einen zusätzlichen Informationstyp zu lernen. Das Verb *lernen* wird hier in bewußter Anlehnung an L. WITTGENSTEIN [PU (3. Aufl. 1975): 340] gebraucht: ‚Wie ein Wort funktioniert, kann man nicht erraten. Man muß seine Anwendung *ansehen* und daraus lernen'.

In den weiteren Ausführungen wird in Anderson et al. (ebd.) vermerkt, dass BBeiA dem Wörterbuchbenutzer generell ermöglichen sollen, „Bedeutungen an Verwendungsbeispielen [...] zu lernen", und zwar mit dem Ziel der Sprachbeherrschung. Die Funktionalität als Situationen des Spracherwerbs kommt in der pädagogischen Lexikographie ebenfalls allen Beispieltypen zu (4.3.2.1), was wiederum als ein Argument für *Belegbeispielangabe* und nicht *Belegangabe* betrachtet werden kann.

(d) Durch das Vorhandensein zweier Funktionalitätsaspekte ist ein weiteres Merkmal dieses Beispieltyps bedingt. Lexikographiegeschichtlich unterliegen die BBei Veränderungen in Bezug auf den als primär erachteten Funktionalitätsaspekt: „Die Auffassung darüber, welche Funktionen Belegangaben haben, hat sich in der Geschichte der Lexikographie und Wörterbuchforschung im Zusammenhang mit Wandlungen in der Auffassung von der Rolle der Sprache beim Erwerb von Wissen und Bildung geändert." (WLWF-1: 662, BELEGANGABE). Haß (1991) spricht in diesem Zusammenhang von *Traditionen* und *Traditionslinien*. Die lexikographiegeschichtlich ursprüngliche Tradition der Anführung der BBeiA ist eine Vorbild-Imitatio-Tradition (Haß 1991: 542ff.). Im Rahmen dieser Tradition handelt es sich um die Belegung der Textausschnitte aus der schöngeistigen Literatur (vgl. Zöfgen 1986: 220; Hausmann 1977: 82f.), und zwar aus den Werken namhafter Autoren. In diesem Zusammenhang fungieren BBei als Vorbilder der Nachahmung (Imitatio) der Autoritäten und erfahren dadurch eine normative Funktion (Haß 1991: 543; WLWF-1: 662, BELEGANGABE; Engelberg/Lemnitzer 2009: 236; vgl. auch Herbst/Klotz 2003: 272f.):

> Den Beispielen in Form literarischer Zitate wird also die Funktion zugeschrieben, den Sprachgebrauch zu repräsentieren, der als präskriptive Norm im Wörterbuch gesetzt wird. Damit werden sie zum Modell für vorbildlichen Sprachgebrauch und können auch dazu dienen, die Korrektheit der Sprachbeschreibung durch Berufung auf anerkannte Autoritäten zu belegen. (Rothe 2001: 185)

In besonderer Weise kommt es in diesem Zusammenhang auf den Autoritätsanspruch der aus der schöngeistigen Literatur exzerpierten BBei durch die Berufung auf ihre Autoren an (vgl. Simpson 2003: 268). Die Autorität der Autoren verleiht den BBei Vorbildlichkeit und Mustergültigkeit:

> Die Lexikographen selbst waren, zumindest zu Beginn ihrer Tätigkeit, eher weniger berühmte Leute, sodass sie selbst und durch ihren eigenen Namen den Beispielen kaum den gewünschten Status verleihen konnten. Schon sehr früh ist man deshalb dazu übergegangen, die Beispiele mit Namen anerkannter Schriftsteller zu autorisieren. Damit wurde in etwa Folgendes ausgedrückt: ‚Seht her, so hat der berühmte XY dieses Wort verwendet, und ihr sollt es nun auch so machen.' (Haß-Zumkehr 2001: 36)

Mit der Philosophie der Aufklärung gewinnt eine andere Tradition an Bedeutung, nämlich die Illustratio-Tradition (Haß 1991: 551f.: WLWF-1: 662, BELEGANGABE). Im Rahmen dieser Tradition geht es zwar um den Funktionalitätsaspekt der Demonstration, jedoch typischerweise um die Demonstration – oder tatsächlich *Illustration* – einer vorangehenden Regel: „Für die Philosophie der Aufklärung liegt der Wert des Exempels im Veranschaulichen einer Regel, die unabhängig von Beispielen nach den Gesetzen der Vernunft aufgestellt worden ist." (Haß 1991: 551). Die darauffolgende Nachweis-Tradition (Haß 1991: 552ff.) setzt hingegen den funktionalen Schwerpunkt auf den Funktionalitätsaspekt der Dokumentation: „Es geht bei der Etablierung des begrifflichen Konzepts ‚Beleg' also zuerst um das Wahrsein einer Aussage." (Haß 1991: 553). Zwar ist dies nach Haß (1991: 552) die jüngste Traditionslinie, der Funktionalitätsaspekt der Dokumentation hat sich jedoch seit dem 19. Jahrhundert als der primäre etabliert: „Belegangaben dienen nun in erster Linie dazu, die lexikographischen Aussagen als richtig zu erweisen." (WLWF-1: 662, BELEGANGABE; Haß 1991: 553; Haß-Zumkehr 2001: 37). In diesem Sinne kommt den BBeiA eine „wissenschaftskommunikative Beweisfunktion" (Haß 1991: 557; vgl. Reichmann 1988: 417; 1989: 146) bzw. philologische Funktion (Wiegand 1981: 227; vgl. Heid 2008: 142f.) zu; mit den BBeiA wird der wissenschaftliche Anspruch des Wörterbuchs verbunden (Haß 1991: 553; Scholze-Stubenrecht 2001: 49). Die Nachweis-Tradition relativiert somit den tradierten Aspekt der Vorbildlichkeit (Haß 1991: 553); der wissenschaftliche Anspruch verursacht die Notwendigkeit der Genauigkeit bei der Anführung der BStellA beim Belegprinzip. Grundsätzlich gilt jedoch, dass einzelne lexikographiegeschichtliche Traditionen sich nicht zwangsläufig ausschließen (WLWF-1: 662, BELEGANGABE; vgl. Haß 1991: 554; Rothe 2001: 190). Hinzu kommt ferner die folgende Tendenz: „Was in den allgemeinen einsprachigen Wörterbüchern mit Belegangaben belegt werden soll, ist häufig wenig klar, weil die entsprechenden Metatexte hierzu zu wenig Auskunft geben." (WLWF-1: 662, BELEGANGABE; vgl. Wiegand 1981: 226ff.; Schlaefer 2009: 93).

Zu (3): Das CorBei ist ein chronologisch wie auch konzeptionell jüngerer Beispieltyp, dessen Entstehung mit dem Einsatz des Textcorpus als lexikographische Arbeitsgrundlage verbunden ist. Das CorBei bildet einen weit gefassten Begriff, der im engen und im weiten Sinne gebraucht werden kann. Das CorBei entstammt einem Textcorpus und beruht deshalb wie auch das BBei auf dem Belegprinzip (vgl.

WLWF-1: 750, CORPUSBEISPIELANGABE); im engen Sinne ist das CorBei ein dem Corpus entstammendes BBei. Bei der Präsentation der CorBeiA ergeben sich Variationen, die mit der Zugänglichkeit des Corpus zusammenhängen: (a) Ist das Corpus in elektronischer Form frei zugänglich, so können die CorBeiA als elementare Angaben, bestehend lediglich aus der Beispielsyntagmaangabe, – d. h. wie KBeiA, – präsentiert werden. Hierzu ist jedoch erforderlich, dass auf das Corpus in einem dazugehörigen Metatext verwiesen wird (WLWF-1: 750, CORPUSBEISPIELANGABE).[37] (b) Ist das Corpus nicht bzw. nicht komplett frei zugänglich, so werden die CorBeiA als nichtelementare zweiteilige Angaben, bestehend aus einer Beispielsyntagmaangabe und einer Corpussiglenangabe, in der die Angabe zur ursprünglichen Belegstelle erfasst ist, – d. h. wie klassische BBeiA – präsentiert.

Dem CorBei kommt ferner eine weitere Option zu, die dem klassischen BBei fremd ist: Beim CorBei sind Modifikationen der vorgefundenen Corpusbelege bei der Verbeispielung durch Lexikographen möglich. Modifizierte CorBei sind CorBei im weiten Sinne. Sie werden an ihrer Präsentationsweise kenntlich gemacht: Modifizierte CorBei treten als *erweiterte* zweiteilige Angaben auf, erweitert durch das Element *nach*, das zwischen der Beispielsyntagmaangabe und der Corpussiglenangabe, die die ursprüngliche Belegstelle angibt, auftritt:

BESTEHEN ... 1 ... (10) Unsere Schule wurde als Volksschule für die Klassen 1 bis 8 eingerichtet und bestand in dieser Form bis zum Jahr 1950. (nach Berliner Zeitung, 15.10.1997. S. 19) (12) Der Versicherungsschutz für das Fahrzeug bestehe nur zwischen 6 und 22 Uhr. (nach Berliner Zeitung, 05.06.2001, S. 33)
2 ... (6) Die Begleithundprüfung wurde mit Erfolg von folgenden Gespannen bestanden: Manuela mit „Gina", Nadine mit „Cassy", Ulrike mit „Sissi" und Sonja mit „Vestia". (nach Mannheimer Morgen, 13.03.1999) (12) 1971 hatte Christine ihre Prüfung als Frisörmeisterin vor der Mannheimer Handwerkskammer bestanden. (nach Mannheimer Morgen, 05.03.1999)
3 ... (1) Sie besteht auf einen Ehevertrag. (nach Berliner Zeitung, 17.02.2004, S. 21)
5 ... (7) Die Aktivitäten des Vereins bestehen überwiegend im Sammeln von Spenden. (nach Mannheimer Morgen 12.05.2000)
(8) Die auffälligste Änderung besteht darin, dass die bisherige Berufsbezeichnung „Zahnarzthelferin" verschwindet und ersetzt wird durch „Zahnmedizinische Fachangestellte". (nach Berliner Zeitung, 02.06.2001, S. 65)
(9) Die dritte und letzte Disziplin bestand darin, einen Ball in einen Eimer zu werfen. (nach Mannheimer Morgen, 04.08.1999) ‹E-VALBU›

In diesem Zusammenhang kommt das besondere Wesen des CorBei als ein Mischtyp des lexikographischen Beispiels zum Vorschein: Das CorBei vereinigt zum einen einige grundlegende Charakteristika der Grundtypen des lexikographischen Bei-

---

[37] Widrigenfalls kann nicht vom Belegprinzip, und somit nicht vom CorBei, gesprochen werden: „Ist das Corpus nicht zugänglich, sind Behauptungen in Metatexten, dass die Beispiele einem Corpus entstammen, kritisch zu betrachten und von einer Geltung des Belegprinzips kann nicht gesprochen werden." (WLWF-1: 750, CORPUSBEISPIELANGABE).

spiels, zum anderen relativiert es jedoch einige ihrer Merkmale (4.2.2.2.2). Für eine eingehende Behandlung des CorBei ist zum einen der Bezugsrahmen einer tradierten Gegenüberstellung der Grundtypen des lexikographischen Beispiels relevant (4.2.2.1), zum anderen spielen auch charakteristische Merkmale des Corpus eine entscheidende Rolle für die Erklärung des Mischtyp-Charakters des CorBei (4.2.2.2).

### 4.2.2.1 Grundtypen des lexikographischen Beispiels: Polarisierung und Diskussion

Die Gegenüberstellung des KBei und des BBei ist ein bezüglich des Themenbereichs des lexikographischen Beispiels am meisten aufgegriffener und diskutierter Aspekt (Pöll 2002: 138; Svensén 2009: 283; Zöfgen 1986: 220; 1994: 156; Jehle 1990: 112f.; 265; Nikula 1986: 188; Laufer 1992: 72; Minaeva 1992: 77; Stein 1999: 45; Drysdale 1987: 213; ¹LGwDaF: VIII); „ein Dauerbrenner der Lexikographie", so Rothe (2001: 178). Kennzeichnend für diese tradierte Gegenüberstellung ist ein ausgeprägter Dualismus und eine dadurch bedingte Dichotomie der Grundtypen des lexikographischen Beispiels. Die Diskussion gewinnt zusätzlich an neuer Aktualität im Zusammenhang mit dem Einsatz des Corpus in der lexikographischen Arbeit (Rothe 2001: 178; Herbst 1996: 326f.; Kilgarriff et al. 2008: 426; Prinsloo 2009: 184; Prinsloo/Gouws 2000: 146).

Die metalexikographische Diskussion der Grundtypen des lexikographischen Beispiels kann in vier Punkte unterteilt werden: (1) Authentizitätsanspruch (4.2.2.1.1), (2) Stilistik der Beispielsyntagmen (4.2.2.1.2), (3) Demonstrationsschwerpunkte einzelner Beispieltypen (4.2.2.1.3), (4) Untermauern anderer Angaben (4.2.2.1.4). Insbesondere zwischen den Punkten (1) und (2) besteht ein ausgeprägter Zusammenhang in der metalexikographischen Reflexion.

### 4.2.2.1.1 Authentizitätsanspruch

In der pädagogischen Lexikographie für den Fremdsprachenunterricht spielt der Parameter der Authentizität des lexikographischen Beispiels eine besonders wichtige Rolle; Fox (1987: 139) formuliert dies wie folgt: „It is [...] not sufficient for learners to be able to create sentences that are grammatically well-formed; they must also be helped to produce sentences that would be recognised as representative and ‚natural' by native speakers." (vgl. dazu Potter 1998; Sinclair 1984: 203). In puncto Authentizität erfolgt die Gegenüberstellung des KBei und des BBei aufgrund der Prädikationen *konstruiert* bzw. *erfunden* (auch *selbstgemacht*, *selbstgebildet* (Hausmann 1977: 86; Zöfgen 1986: 220; Haß-Zumkehr 2001: 35), *selbsterdacht* (Mugdan 1985: 224), *frei erdacht* (Bergenholtz/Mugdan 1990: 1615), *ausgedacht* (Haß-Zumkehr 2001: 35), *erzeugt* (Breiteneder 1996: 62), *fiktiv* (Hermanns 1988), *simuliert* (Siepmann 2007: 242)) versus *authentisch* (etwa Hermanns 1988; Nikula 1986; Rothe 2001: 178).

Von zentraler Relevanz für die Verfolgung dieser Gegenüberstellung und Diskussion ist die Frage, was unter *Authentizität* verstanden wird. Richtungsweisende Befunde liefert in diesem Zusammenhang die Fremdsprachendidaktik, die wie auch die pädagogische Lexikographie mit dem Begriff der Authentizität arbeitet. Buendgens-Kosten (2014: 457) hält Folgendes fest: „In its widest sense, 'authenticity' is related to notions of 'realness' or 'trueness to origin'". Diesem Ansatz kann eine enge Auffassung gegenübergestellt werden, die sich bezeichnenderweise auf das zweitgenannte Element im obigen Zitat beschränkt: „'Authentisch' wird häufig synonym mit ‚dokumentarisch', ‚real', ‚echt' gebraucht. Es soll den Gegensatz zu ‚gemacht', ‚fabriziert' und ‚unecht' bezeichnen.", so Edelhoff (1985: 7). Vor diesem Hintergrund ist einzusehen, dass die tradierte metalexikographische Gegenüberstellung auf der Auffassung der Authentizität im engen Sinne der *Belegtheit* bzw. *Zitation* aus einem objektiv existierenden Originaltext beruht (vgl. dazu Zöfgen 1994: 191f.; Jehle 1990: 115), die folgerichtig nur einem der Grundtypen des lexikographischen Beispiels, dem BBei, zukommt. In diesem engen Sinne wird die Gengenüberstellung des BBei und des KBei auf „seine vorhandene oder fehlende Authentizität" zurückgeführt, wie es Jesenšek (2013: 153) pointiert formuliert. Beim BBei fungiert das Merkmal seiner Belegtheit demnach als ein „Authentizitätsnachweis" (Pasch 1992: 284); die BBei werden in der Forschungsliteratur vermehrt expressis verbis als *authentische Beispiele* bezeichnet (etwa Ickler 1988: 380; Hermanns 1988; Lenz 1998; Svensén 2009; Fox 1987; Wiegand 1984b: VI; Bergenholtz 1994; 1994a: 49; Rothe 2001; Prinsloo/Gouws 2000; Prinsloo 2013; Engelberg/Lemnitzer 2009: 157; Atkins/Rundell 2008: 456 passim; Adamska-Sałaciak 2006: 177 passim; Didakowski et al. 2012: 343; Laufer 1992; Landau 2004: 208; Humble 1998; Rundell 1998: 334f.; Ballweg-Schramm 1978: 4). Für die KBei kommt neben der Aberkennung des Authentizitätsanspruches aufgrund der Nicht-Belegtheit des Weiteren auch eine mangelnde Autorität hinzu, und zwar weil „sie quasi am Schreibtisch außerhalb einer spezifischen Lebens- und Kommunikationssituation verfaßt wurden" (Jehle 1990: 113). In diesem Zusammenhang hinterfragen Bergenholtz/Mugdan (1990: 1615) die Aussagekraft bzw. Zuverlässigkeit der Kompetenz des Lexikographen *außerhalb* der Kommunikation:

> Während ein kompetenter Sprecher über die Fähigkeit verfügt, in seiner Sprache angemessen zu kommunizieren, gibt es keinen Grund zu der Annahme, daß er sein Sprachverhalten außerhalb einer realen Kommunikationssituation wirklichkeitsgetreu reproduzieren kann. Die Gleichsetzung konstruierter Äußerungen mit realen Texten ist daher äußerst fragwürdig, und in der Tat fallen selbstgebildete Beispielsätze oft recht sonderbar aus [...].

Diese Sichtweise wird noch deutlicher bei Bergenholtz (1994: 426): „Wir vertreten den Standpunkt, daß Linguisten ihre Kompetenz für die Textinterpretation benötigen, daß aber diese Kompetenz überfordert ist, wenn sie ohne Textvorlagen Beispiele erfinden.". Symptomatisch für die Überlegungen zu KBei in diesem Zusammenhang sind folgende Ausführungen zum Authentizitätsanspruch der KBei von

Mugdan (1985: 222ff.): Mugdan (1985: 222) setzt sich mit der These auseinander, „daß doch auch konstruierte Beispiele ‚authentisch' seien, weil sie der unfehlbaren Kompetenz eines kompetenten Sprechers entspringen", deren Formulierung selbst eine ironische Grundhaltung verrät. Zu dieser These führt Mugdan (ebd.) Folgendes aus: „Das ist jedoch bestenfalls eine Illusion und schlimmstenfalls eine Schutzbehauptung, denn offensichtlich ist damit zu rechnen, daß konstruierte Beispiele in dreifacher Hinsicht unrealistisch sind: (1) semantisch, (2) syntaktisch, (3) textlinguistisch/pragmatisch." (vgl. auch Bergenholtz 1994: 426). Weitere diesbezügliche Ausführungen zu einzelnen aufgelisteten Punkten sind wie folgt: Zu (1): „Das Beispielmaterial in Wörterbüchern, Grammatiken und linguistischen Abhandlungen ist in seinen Inhalten vielfach stereotyp bis hin zu bedenklichen Klischees." (Mugdan 1985: 222; vgl. dazu auch Römer 1973). Zu (2):

> Die syntaktische Komplexität konstruierter Beispiele bleibt im allgemeinen hinter der von Korpusbelegen zurück. [...] Der typische Beispielsatz ist ein einfacher aktiver Aussagesatz (sehr häufig im Präsens), in dem auf schmückendes Beiwerk wie Modalverben und Adverbiale in der Regel verzichtet wird und die Nominalphrasen meist nur aus einem Substantiv mit bestimmtem Artikel bestehen, bestenfalls durch ein Adjektiv erweitert. [...] Für tatsächliche Äußerungen ist das gänzlich untypisch. (Mugdan 1985: 223)

Zu (3):

> Weil konstruierte Beispiele nicht in kommunikativer Absicht entstehen, fehlt es ihnen an wesentlichen Merkmalen, die für reale Äußerungen charakteristisch sind. Das betrifft etwa die Verwendung sprachlicher Mittel, die satzübergreifende Textzusammenhänge stiften, und vor allem die kommunikativ angemessene Verteilung von gegebener und neuer Information. So fällt es mir doch recht schwer, mir eine plausible Situation vorzustellen, in der eine Äußerung wie *er ist Mitglied in einer Partei* (DUDEN-GWB s.v. *in*) sinnvoll wäre (wen interessiert schon, daß ‚er' ein Parteibuch hat, wenn man nicht erfährt, welches?). (ebd.)

Abschließend hält Mugdan (1985: 224) Folgendes fest: „Es hat also schon gute Gründe, wenn wir uns lieber an ein Korpus halten anstatt unserer Kompetenz zu vertrauen.". Die hier referierten Argumente von Mugdan (1985) werden zwar jeweils nach dem semantischen, syntaktischen und pragmatischen Aspekt differenziert, sie beziehen sich jedoch auf eine spezifische Ausprägung des KBei, die sich durch den Ansatz der Stilistik erklären lässt (Näheres in 4.2.2.1.2).

Des Weiteren wird der Aspekt der Authentizität des lexikographischen Beispiels bei Mugdan (1985) folgerichtig auf die Authentizität im Fremdsprachenunterricht generell übertragen. So erfolgen in Mugdan (1985: 222) folgende Ausführungen im Zusammenhang mit der Angemessenheit ausschließlich authentischer im Sinne belegter BeiA in der Lexikographie:

> Ich halte eben nicht so viel von der Vorstellung, daß man eine Sprache aus Lehrwerken lernen kann, und setze mehr auf die Konfrontation mit realen Texten in realen Kommunikationssituationen (z.B. Lektüre aus Interesse am Thema usw.). Darum betrachte ich ein Wörterbuch –

auch ein Lernerwörterbuch – ausschließlich als Nachschlagewerk, das die im aktuellen Umgang mit der Sprache auftretenden Fragen des Benutzers beantworten soll (und damit natürlich auch kompetenzerweiternd wirkt). Dieser Zielsetzung kann das Wörterbuch umso eher gerecht werden, je mehr authentisches Sprachmaterial es dem Benutzer vorstellt. (vgl. zu diesem Standpunkt auch Fox 1987: 149)

Mit der Auffassung der Authentizität der BBei im engen Sinne ihrer Belegtheit geht des Weiteren ein anderes Prinzip einher: Modifizierungen des ursprünglichen Belegs belaufen sich bei der Verbeispielung charakteristischerweise auf „schneiden und kürzen" (Haß-Zumkehr 2001: 38), sowie ferner die Möglichkeit des Kommentierens, die jedoch nur selten praktiziert wird (ebd.). Weitere Modifizierungen seitens des Lexikographen sind bei den klassischen BBei – d. h. vor dem Erscheinen des CorBei – untersagt: „Die Belege dürfen verkürzt, aber keine Wörter ersetzt werden.", so Bergenholtz (1990: 30). Diejenigen als notwendig erachteten verständnissichernden Maßnahmen wie etwa die Ersetzungen einzelner Elemente oder kommentarsprachliche Ergänzungen müssen – wie auch in der Zitationspraxis in außerlexikographischen Zusammenhängen generell – kenntlich gemacht werden (Haß 1991a: 274; 284f.). Des Weiteren werden selbst Kürzungen innerhalb der BBeiA aufgrund des *parole*-Status des BBei als äußerst unerwünscht erachtet:

> Nimmt man den Parole-Status von Beispielbelegen ernst, dann verbietet es sich zum mindesten unter theoretischen Aspekten, den Beleg nach der Abstrichmethode [...], d. h. durch Auslassung von fakultativen Satzgliedern und Satzgliedteilen, so zu kürzen, daß eine durch die linguale und linguistische Kompetenz des Lexikographen zurechtgestutzte Einheit zustandekommt, eine Einheit also, die sich proportional zu der Menge und Art der vorgenommenen Kürzungen dem Status des Kompetenzbeispiels nähern kann. (Reichmann 1988: 413f.; vgl. dazu auch Mugdan 1985: 224)

Diesem Postulat laufen jedoch andere praxisorientierte Aspekte zuwider: „Aus praktischen Gründen wird man allerdings immer wieder Zugeständnisse machen müssen, genannt sei nur die Notwendigkeit der Umfangsbegrenzung" (Reichmann 1988: 414; vgl. Mugdan 1985: 224).

In der Forschungsliteratur finden sich nur vereinzelte Beobachtungen, dass sowohl KBei als auch BBei in puncto Authentizität ihren Zweck nicht immer in angemessener Weise erfüllen (Jehle 1990: 265; Prinsloo 2013: 513; Zöfgen 1986: 230); bei den BBei spielen in diesem Zusammenhang eine oft unzureichende Kontextualisierung und Verständnisschwierigkeiten eine Rolle (Jehle 1990: 265; Atkins/Rundell 2008: 457). Atkins/Rundell (2008: 457) halten Folgendes fest: „The appeal to authenticity, as a sole guarantor of quality, may be missing the point.". Zöfgen (1994: 192) vertritt den Standpunkt, dass es äußerst fragwürdig ist, dem KBei „nur deshalb die kommunikative Relevanz streitig zu machen, weil es [...] nicht ‚belegt' ist". Auch Pasch (1992: 260) äußert sich dahingehend, dass „die Suggestivität der Beispiele ihrer korrekten Verwendung gegenüber ihrer Belegtheit in der Literatur im Vordergrund stehen [sollte]".

Ist die Auffassung der Authentizität im engen Sinne für die Belegtheit bzw. Zitation reserviert, so finden sich in der Forschungsliteratur vereinzelte Vorschläge der Behandlung der Problematik unter einem alternativen naheliegenden Begriff. So wird in Adamska-Sałaciak (2006: 182) das Konzept der *Natürlichkeit* vorgeschlagen, und zwar mit der folgenden Begründung: „If one treats as natural only examples that are authentic, then invented examples are, by definition, not natural. This is circular. If naturalness is to be invoked as an argument in the debate on the provenance of examples, we need a concept thereof which would not be co-extensive with that of authenticity.". In Ballweg-Schramm (1978: 4) heißt es: „Die beispiele sollten so gewählt werden, daß sie echt sein k ö n n t e n, ohne jedoch die nachteile authentischer sätze aufzuweisen.". Das Konzept der *Echtheit* ist noch deutlicher bei Hermanns (1988) vertreten, indem eine der aufgestellten Maximen im Zusammenhang mit der Qualität der BeiA (4.4.1) besagt: „Ein Beispiel soll echt sein." (1988: 177). Eine der darunter subsumierten Untermaximen hält fest: „Ein Beispiel soll authentisch sein." (1988: 181) mit der folgenden Erläuterung: „Sie besagt nichts anderes, als daß ein Beispiel möglichst ein Beleg sein soll" (ebd.). Eine andere Untermaxime besagt jedoch interessanterweise: „Ein Beispiel soll glaubwürdig sein." (1988: 182) mit der folgenden Erklärung:

> Denn daß konstruierte Beispiele unglaubwürdig sind, das muß nicht sein und sollte nicht sein und ist auch in der Lexikographie viel seltener der Fall als in der Grammatikographie bestimmter Schulen, wo solche konstruiert-künstlichen Beispiele noch heute grassieren und wo die Autoren sogar noch stolz sind auf die Absurdität ihrer Beispiele. Darum wird hier in der Formulierung der beiden Maximen ‚Ein Beispiel soll echt sein' und ‚Ein Beispiel soll authentisch sein' mit dem potentiellen Bedeutungsunterschied von *echt* und *authentisch* gespielt und wird hier dieser Bedeutungsunterschied ausgeschöpft, um betonen zu können, daß, auch wenn ein Beispiel nicht authentisch ist, es dennoch den Charakter des Echten, des Genuinen haben kann und soll in dem Sinn, daß ein Sprecher mit entwickeltem Sprachgefühl angesichts eines solchen Beispiels die Reaktion hat: ‚Ja, das ist eine typische Verwendung dieses Wortes, so drücken wir uns aus, so kann man sagen, so sagt man.' Auch fiktive Beispiele also sollten echt sein in diesem Sinn. (ebd.)

Die vorgeschlagenen Konzepte der *Natürlichkeit* oder *Echtheit* fallen bei näherem Hinsehen jedoch unter den Begriff der Authentizität im weiten Sinne; in aufschlussreicher Weise führt Cramer (2011: 93) Folgendes zur *Authentizität* der lexikographischen BeiA aus: „Bevorzugt werden Beispiele, die prototypische Merkmale benennen, typische Kommunikationssituationen darstellen, charakteristische Verwendungsweisen aufzeigen.". In einer vergleichbaren Weise heißt es bei Gove (1985[61]: 64): „A verbal illustration should simulate a genuine passage from verbalized communication.". Weiter heißt es: „A verbal illustration should be as easy and natural as possible and should seem to have come from living speech." (ebd.: 65).

Wenn man die enge Auffassung der Authentizität im Sinne der Belegtheit bzw. Zitation entgrenzt und die Authentizität vielmehr im weiten Sinne einer einzelsprachenspezifischen Sprachüblichkeit und Typikalität, der kommunikativen Echtheit und der normgerechten Verwendung auffasst, so dass sich diese Auffassung ferner mit dem Aspekt der Wiederverwendbarkeit des lexikographischen Beispiels (4.3.2.1) in Zusammenhang bringen lässt, dann entsteht ein anderes Bild, das folglich auch andere Aspekte relevant erscheinen lässt. So gewinnt der Sachverhalt an Relevanz, dass das lexikographische Beispiel grundsätzlich als ein Zitat im weiten Sinne fungiert. Diesen Befund formuliert Hermanns (1988: 165) wie folgt: „Ein lexikographisches Beispiel ist immer ein Zitat; und entweder ist dieses Zitat authentisch, oder es handelt sich um ein f i k t i v e s Zitat." Demnach fungieren auch die KBei als Zitate:

> Diese paradoxe – denn ein fiktives Zitat ist ja gerade kein Zitat im üblichen Sinn des Wortes – Redeweise wird hier vor allem deshalb gewählt und empfohlen, weil sie mit wünschenswerter Deutlichkeit zum Ausdruck bringt, daß j e d e s Beispiel, auch das nicht-authentische, als aus einem größeren Kontext herausgelöst zu verstehen ist, wobei der Unterschied zwischen authentischem und fiktivem Beispiel in dieser Hinsicht nur darin besteht, daß dieser Kontext beim fiktiven Beispiel ein bloß gedachter, imaginierter und dann im Gedankenexperiment als möglich beurteilter, ein ebenfalls fiktiver Kontext ist. (ebd.)

In ähnlicher Weise heißt es bei Henne (1985[76]: 242), der Lexikograph kann den Gebrauch eines Wortes „entweder zitieren oder beschreiben" (vgl. auch Henne 1977a: 14), und zwar kann er die „syntagmatischen Potenzen entweder beschreibend erklären oder durch mögliche oder zitierte Äußerungen belegen" (1985[76]: 242), wobei an späterer Stelle (1985[76]: 243) generell von „der Zitierung von Kotexten" in Bezug auf die BeiA ohne weitere Differenzierungen die Rede ist. Dies bedeutet, dass auch für Henne (1985[76]) das lexikographische Beispiel im großen Zusammenhang ein Zitat ist. Dieser Standpunkt wird auch bei Cramer (2011: 92) vertreten:

> Interessanterweise handelt es sich bei einem lexikographischen Beispiel unabhängig von Entstehung bzw. Quelle um ein aus dem Zusammenhang gerissenes Textsegment: Hat es sich beispielsweise ein Lexikograph ausgedacht, so gehört es zu einer – wenn auch möglicherweise nur in seinem Kopf existierenden – Situation, aus der es gelöst wurde. Offensichtlicher ist die Dekontextualisierung eines Belegs, also eines Beispiels, das einem Korpus oder einer Belegsammlung entnommen wurde. In jedem Fall muss der Rezipient die ursprüngliche Situation, den Ko- und Kontext zumindest teilweise rekonstruieren, um es [...] verstehen zu können.

Das Merkmal der *Dekontextualisiertheit* der BeiA halten Atkins/Rundell (2008: 457) wie folgt fest: „A dictionary example is an inherently unnatural object because it has been removed from the context which would (in real life) surround it – and clarify it.". Dass zur Erschließung einer BeiA ein weiterer Kontext notwendig ist, wird in Adamska-Sałaciak (2006: 182) wie folgt festgehalten: „How are we supposed to judge text-dependent well-formedness if, as is usual in a dictionary, example sentences appear in isolation? There seems to be no other way than to try and 'imagine' the rest of the text of which our sentence may originally have been a part.".

Der Begriff des fiktiven Kontextes wird in Nikula (1986) geprägt. Nikula (1986: 188) stellt die These auf, dass für das Verständnis und die Interpretation des lexikographischen Beispiels ein weiterer, nicht angegebener oder fiktiver Kontext notwendig erscheint:

> Der nichtangegebene Kontext besteht im weitesten Sinne aus allen sprachlichen und nichtsprachlichen Kenntnissen des Interpretierenden, im engeren Sinne geht es aber um denjenigen Kontext oder Kontexttyp, den der Interpretierende ausgehend von seinen Kenntnissen und von der semantischen Struktur des Satzes voraussetzt, also um eine Art ‚fiktiven' Kontext. Kontextlose Interpretationen sprachlicher Ausdrücke gibt es [...] nicht. (vgl. auch Weinrich 1975: 439)

Bezugnehmend auf die Überlegungen von Nikula (1986) fügt Hermanns (1988: 187, Endnote 8) Folgendes hinzu: „Einen solchen fiktiven Kontext setzt natürlich nicht erst der Leser, sondern auch schon der Autor eines ohne Kontext hingeschriebenen Satzes voraus.". Darauf basierend wird in Hermanns (1988: 166f.) ein weiterer Befund festgehalten: „Es handelt sich bei einem Beispiel typischerweise um ein **aus dem Zusammenhang gerissenes Zitat**." (1988: 166). Darauf beruht das grundlegende Charakteristikum des lexikographischen Beispiels, dass es den Prozessen der De- und Rekontextualisierung unterliegt:

> Aus dem Zusammenhang gerissen und in einen neuen Zusammenhang gestellt, de-kontextualisiert und re-kontextualisiert sind lexikographische Beispiele; dieser Befund ist wesentlich für die Theorie des lexikographischen Beispiels. Lexikographische Beispiele sind zunächst einmal disiecta membra oder ausgerenkte Glieder – ausgerenkt nämlich aus dem Text, aus dem sie stammen und in dem sie ihren primären Sinn haben – die dann der Lexikograph in seinem eigenen, neuen Text, den er daraus montiert, seinen eigenen Zwecken gemäß in allerlei Formen ganz neu arrangiert, so daß daraus ein neues Ganzes wird. (1988: 166f.)

Hermanns' (1988) Sichtweise der De- und Rekontextualisierung des lexikographischen Beispiels unabhängig von dessen Entstehung und Herkunft erscheint richtungsweisend; in der Forschungsliteratur werden diese Merkmale traditionellerweise nur in Bezug auf das BBei vertreten, so etwa in Haß (1991a: 282): „Beispielbelege stellen dekontextualisierte Äußerungen mit Sinnpotentialen dar, die nicht endgültig bestimmbar sind; sie werden durch lexikographische Manipulationen in neuer Weise und mehrfach rekontextualisiert." (vgl. Lemberg 2001: 76).

Aus der Sicht der De- und Rekontextualisierung betrachtet Hermanns (1988: 167) einzelne BeiA im WbA als „eine **Collage**, wo also die Elemente, die darin zusammengeklebt sind, einen neuen Sinn bekommen sollen. Einen neuen Sinn bekommen sollen, aber erst einmal, wenn man sie in ihrem Nebeneinander betrachtet, noch nicht haben.". Einzelne BeiA sind eine „sinnlose Kette verschiedenster Mini-Szenen [...], auf die sich unsere Einbildungskraft da einlassen muß, wenn wir die Beispiele verstehen wollen" (1988: 168). In Bezug auf die De- und Rekontextualisierung führt Hermanns (1988: 166) für das lexikographische Beispiel Folgendes aus:

Und da kommt es dann, für die Beurteilung der Qualität des Beispiels und seiner Präsentation, sehr darauf an, ob das Beispiel das verträgt. Ob der Wörterbuch-Benutzer sich einen möglichen Zusammenhang aus dem Beispiel und für das Beispiel rekonstruieren kann. Ob das Beispiel und sein Umfeld so beschaffen sind, daß er sich einen solchen Zusammenhang rekonstruieren kann. Ob das Beispiel etwa – für einen Wörterbuchbenutzer bestimmten Typs, für den das Wörterbuch bestimmt ist – einen geeigneten Zusammenhang e v o z i e r t, in dem es dann Sinn macht.

In korrespondierender Weise wird in Nikula (1986: 189) ausgeführt, dass das lexikographische Beispiel zwecks seiner Interpretation einen prototypischen Charakter haben soll:

> Das Beispiel muß einen ‚prototypischen' Charakter besitzen, es muß so konstruiert sein, daß der Benutzer des Wörterbuchs ausgehend von seinen Kenntnissen, von der lexikalischen Beschreibung und von der Struktur des Beispiels einen fiktiven Kontext bilden kann, wo das betreffende Lexem in einer Weise interpretierbar ist, die als prototypisch gelten kann. (ebd.)

Des Weiteren führt Nikula (1986: 190) aus, dass das lexikographische Beispiel eine „prototypenerzeugende Funktion im Wörterbuchkontext" hat.

Vor diesem Hintergrund hinterfragt Nikula (1986) ferner die traditionellerweise als gegeben erachtete Authentizität der BBei und kommt zu dem Befund, dass die BBei bei näherem Hinsehen jedoch „pseudoauthentisch" (1986: 192)[38] sind. Dafür führt Nikula (1986: 198) die folgenden zwei Argumente an: (1) Das BBei verliert seine ursprünglichen Referenzbeziehungen und gewinnt eine grundsätzlich neue Funktionalität, nämlich als eine lexikographisches BeiA. In diesem Zusammenhang wird bei Nikula (ebd.) die These aufgestellt, dass BBei

> eben deshalb nie wirklich authentisch sein können, weil sie eine andere Funktion haben, als in dem ursprünglichen Kontext. Dieselben Sprechakte werden nicht vollzogen und es ist im allgemeinen auch nicht möglich, mit Sicherheit festzustellen, welche Sprechakte im ursprünglichen Text vollzogen wurden, wie überhaupt nicht, welche pragmatischen Implikaturen usw. aktualisiert wurden. Die Referenzbeziehungen sind im allgemeinen, genau wie in konstruierten Beispielen, unbekannt, weshalb auch das sog. authentische Beispiel dadurch interpretiert

---

[38] Erwartungsgemäß läuft diese unkonventionelle Sichtweise der Authentizität der tradierten engen Auffassung zuwider, was am Gebrauch von *authentisch* in Nikula (1986) kritisiert wird. So merkt Hermanns (1988: 192, Endnote 29) Folgendes zu den Überlegungen von Nikula (1986) an: „Er interpretiert also, um es zu verwerfen, das Wort *authentisch* auf eine seine Bedeutung maximal ausschöpfende Weise; man müßte daher, wenn man seinem Sprachgebrauch folgen wollte, ein anderes Adjektiv finden, um *authentische* von *nicht-authentischen* Beispielen zu unterscheiden.". Diese Kritik zeugt im größeren Zusammenhang von (a) der Relevanz einer angemessenen Terminologie für die Theorie des lexikographischen Beispiels, denn *authentische* und *nichtauthentische Beispiele* im Sinne von BBei und KBei können nicht als geeignete Termini erachtet werden, allein wegen ihres wertenden Charakters, sowie ferner – damit zusammenhängend – (b) dem Revisionsbedarf der konventionellen, kennzeichnenderweise eng gefassten, Auffassungen. Die Tendenz (b) wird zusätzlich insbesondere im Zusammenhang mit der Behandlung des CorBei (4.2.2.2) relevant.

werden muß, daß es auf einen fiktiven Kontext bezogen wird, davon unabhängig, ob der ursprüngliche Text ein fiktiver (literarischer) Text war oder nicht. [...] Der Unterschied zwischen konstruierten und sog. authentischen Beispielen ist also bezüglich der Authentizität höchstens ein gradueller. (vgl. dazu Zöfgen 1994: 198; Gorbačevič 1982[78]: 154)

In ähnlicher Weise vermerkt auch Ickler (1988: 380), dass manche BBei – interessanterweise in Bezug auf ViF[39] – einen „zwar authentischen, aber ohne Kontext doch etwas surrealistisch wirkenden Satz" darstellen (vgl. dazu auch Rundell 1998: 335; Atkins/Rundell 2008: 459f.).

(2) In Hinsicht auf die neue Funktionalität als lexikographisches Beispiel stellt die Struktur des BBei ggf. als ein Hindernis dar; so führt Nikula (ebd.) aus, dass

> je ‚authentischer' ein Beispiel ist, desto schlechter erfüllt es seine Funktion als Beispiel [...]. Die Struktur des ‚authentischen' Beispiels ist nur zum Teil ausgehend von der Struktur des Beispiels selbst erklärbar und ist vor allem, z. B. was Wortwahl, Wortstellung, Pronominalisierungen usw. betrifft, von einem nicht vorhandenen Kontext abhängig. Die Struktur des konstruierten Beispiels ist dagegen von der Funktion des Beispiels als Beispiel abhängig. (vgl. dazu Zöfgen 1994: 198)

Der grundlegende Unterschied zwischen dem BBei und dem KBei besteht im Zusammenhang mit der De- und Rekontextualisierung also darin, dass das BBei aus einem objektiv existierenden Text und einem in diesem Text gegebenen Originalkontext herausgelöst wird (vgl. Breiteneder 1996: 65), während das KBei, vom Lexikographen gebildet, hingegen aus einem imaginären, fiktiven Originalkontext herausgelöst wird. Dies hat zur Folge, dass für das BBei die ursprünglichen Referenzbeziehungen in Bezug auf den Originalkontext und den Originaltext ggf. innerhalb des Belegs zwar erhalten bleiben, jedoch an denjenigen außerhalb des Belegs in dessen Originaltext existenten Bezügen verlieren. Der Beleg, der zum BBei wird, ist also grundsätzlich von dem Originaltext und -kontext abhängig. Beim KBei ist der Grad der Kontextbindung hingegen insofern variabel, als der Kontext imaginär ist und die Kontextabhängigkeit bei der Gestaltung eines KBei unterschiedlich stark ausgeprägt sein kann. Dieser Befund erscheint in zwei Zusammenhängen relevant: (a) bei der Rekontextualisierung im Sinne der Erschließung des Kontext-Faktors seitens des Wörterbuchbenutzers sowie (b) in Bezug auf die Demonstrationsschwerpunkte einzelner Beispieltypen (4.2.2.1.3).

Auf der Grundlage des Charakteristikums der De- und Rekontextualisierung hält Hermanns (1988: 168f.) ferner fest, dass das lexikographische Beispiel grundsätzlich *doppelt* zu lesen bzw. zu verstehen ist: „als Beispiel sowohl wie als ein Textfragment, das seinen eigenen ursprünglichen, tatsächlichen oder wahrscheinlichen

---

[39] Im Konkreten bezieht sich diese Kritik auf die folgende BeiA zum Lemma SCHENKEN, in der Stichprobe der vorliegenden Arbeit nicht enthalten: *Mein Mann wird Ihnen nachher seine Armbanduhr schenken. (Ott, Haie, S. 248).*

oder möglichen Kontext evoziert, in dem es seinen primären Sinn hat" (1988: 169). Doppelt zu lesen und zu verstehen sind lexikographische Beispiele nach Hermanns (1988: 168) „mit einer oszillierenden Aufmerksamkeit, die nämlich oszillieren muß zwischen dem metasprachlichen Sinn der Beispiele – wo sie nur Beispiele sind – und ihrem objektsprachlichen Sinn, dem primären Sinn, den sie außerhalb des Wörterbuchs hatten oder hätten". Dieser Befund lässt sich unmittelbar mit der in der Rhetorik bekannten innewohnenden Widersprüchlichkeit des Beispiels in Verbindung bringen, laut der zwischen autonomer und intentioneller Bedeutung bzw. zwischen Eigenbedeutung und Ernstbedeutung des Beispiels unterschieden wird (2.1, Satz 3). Ohne einen Bezug auf die Rhetorik unterscheidet Hermanns (1988: 168f.) zwischen einem *metasprachlichen* und einem *objektsprachlichen* Sinn des lexikographischen Beispiels. Der metasprachliche Sinn kommt dem Beispiel im SK zu; der objektsprachliche Sinn ist hingegen derjenige, der einem Beispielsyntagma in seinem ursprünglichen bzw. als ursprünglich gedachten kontextuellen Zusammenhang immanent ist. Dies gilt nach Hermanns (1988: 169) zudem als ein weiteres Argument für die Angemessenheit der Betrachtung des KBei als Zitat: „Denn auch das fiktive Zitat macht Sinn nur in dem Maß, wie sich der Wörterbuch-Benutzer einen Kontext denken kann, in dem das Beispiel eine Funktion haben würde." (ebd.). Selbst wenn die innewohnende Widersprüchlichkeit des Beispiels in der Rhetorik bereits bekannt ist, erscheint bei Hermanns (1988) ein anderer Aspekt in diesem Zusammenhang einmalig und richtungsweisend: Hermanns (1988: 169) hält in Bezug auf das lexikographische Beispiel fest, dass „niemand, auch ein Linguist nicht, einfach auf der metasprachlichen Ebene bleiben kann, wenn er ein Beispiel verstehen will" (ebd.); vielmehr findet ein „Hin-und-Her-Turnen zwischen den Ebenen des metasprachlichen und des sprachlichen Verstehens" (ebd.) statt. Damit ein lexikographisches Beispiel verstanden und als eine BeiA erschlossen werden kann, ist der ursprüngliche Kontext unabdingbar:

> Notwendig also ist, damit man ein Beispiel versteht, daß man, es wiederum de- und re-kontextualisierend, einen primären Kontext für es irgendwie re-konstruierend, es in seinem primären Sinn liest. Daß man also einen Moment lang den neuen Kontext vergißt, in dem es jetzt steht. Daß man sich einen Moment lang in das Beispiel v e r t i e f t, daß man einen Moment lang in die primäre Welt und Textwelt eintritt, aus der das Beispiel als Zitat herkommt. Damit das Beispiel seine Funktion erfüllen kann, m u ß man sich einen Moment lang in es vertiefen. (ebd.)

Daraus lässt sich ableiten, dass das lexikographische Beispiel als Zitat im weiten Sinne seinen ursprünglichen, objektsprachlichen Sinn beibehält, indem ihn der metasprachliche Sinn nach Hermanns (1988) nicht abschwächt bzw. überlagert, was in der Rhetorik in der persuasiven Rede angestrebt wird (2.1, Satz 3). Die Besonderheit des lexikographischen Beispiels ist seine doppelte Kontextbindung bzw. sein doppelter Sinn. Dies kommt zusätzlich beim Aspekt der Wiederverwendbarkeit der BeiA zur Geltung (4.3.2.1).

Vor diesem Hintergrund erscheinen zwei Aspekte von grundlegender Relevanz:

(1) der ursprüngliche Kontext und dadurch ferner auch der objektsprachliche Sinn muss hinreichend rekonstruierbar sein, widrigenfalls scheitert die Erschließung des Beispiels als eine lexikographische BeiA, d. h. in seinem metasprachlichen Sinn nach Hermanns (1988).

(2) In Bezug auf den weiterhin präsenten primären bzw. objektsprachlichen Sinn des Beispiels ist das hervorzuheben, was Hermanns (1988: 187, Endnote 10) an anderer Stelle vermerkt, nämlich dass BeiA auch „naiv gelesen werden" können, und zwar als Syntagmen für sich genommen. Dies hat zur Folge, dass bei der Behandlung der Qualität der BeiA auch relevante *außerlexikographische* Sachverhalte zu berücksichtigen sind, d. h. solche, die auf den objektsprachlichen Sinn der BeiA zurückzuführen sind (Näheres dazu in 4.4.3).

Diese Befunde bieten eine tragfähige Grundlage für die Beurteilung des Authentizitätsanspruches einzelner Beispieltypen. Die Authentizität im weiten Sinne der einzelsprachenspezifischen Sprachüblichkeit und Typikalität, der kommunikativen Echtheit und der normgerechten Verwendung bezieht sich auf den objektsprachlichen Sinn des lexikographischen Beispiels. In diesem Zusammenhang ist die Erschließbarkeit des Kontext-Faktors von grundlegender Relevanz, und zwar für die Rekontextualisierung, notwendig für das Verständnis des objektsprachlichen Sinnes, sowie dadurch für die Beurteilung der Authentizität der Beispielsyntagmen. Dieser Aspekt wird auch in Atkins/Rundell (2008: 459) angerissen: „Naturalness is also a function of the amount of context a sentence provides.". Unter diesem Ansatz zeichnet sich die Tendenz ab, dass sowohl unter BBei als auch unter KBei Beispielsyntagmen mit unterschiedlichem Authentizitätsanspruch festzuhalten sind. Es lässt sich folgende Gradation der Authentizität verfolgen:

(1) Bei den folgenden BeiA erscheint der Kontext-Faktor erschließbar, ferner sind auch die Parameter der Sprachüblichkeit, Echtheit und der normgerechten Verwendung einwandfrei erfüllt:

> DISKUTIEREN ... 1 ... (2) Der Verein will nun seine Vorschläge mit den Landtagsparteien diskutieren. (Mannheimer Morgen, 21.07.2012, S. 6)
> (3) Thomas ist ein leidenschaftlicher Diskutierer, mit dem man über alles diskutieren kann: über Kanzlerin Merkel, den Euro, das Ozonloch, die Fußball-WM, die Jugendkriminalität, die Rechtschreibreform und expressionistische Lyrik.
> (12) Wir hatten einen Geschichtslehrer, der den normalen Lehrplan ignorierte und mit uns darüber diskutierte, was im Land passiert. (die tageszeitung, 09.11.2004, S. 239)
> (16) Allerdings verstehe ich nun nicht, worüber hier so leidenschaftlich diskutiert wird. ‹E-VALBU›
> Über neue Kredite in Höhe von 12,6 Milliarden Dollar soll der Kongreß in dieser Woche diskutieren. (FAZ, 2.12.1965, S. 1)
> Der Bauausschuß hat heftig darüber diskutiert, welche Bauvorhaben auf die Prioritätenliste gesetzt werden sollen. ‹ViF›
> Ich habe sehr sachlich mit ihm über das Thema diskutiert, aber wir haben keinen gemeinsamen Standpunkt finden können. ‹ELDIT›

> LIEGEN ... 6 ... (4) Abwechslung liegt ihm. (Rhein-Zeitung, 16.01.2009; In der Orgelwelt zu Hause)
> (5) Den Journalisten beim Interview Tee zu servieren, liegt ihr offenbar mehr, als Fragen zu ihrem Leben zu beantworten. (Nürnberger Zeitung, 20.04.2009, S. 3)
> 7 ... (1) Die Last der Kindererziehung liegt auf den Eltern.
> 8 ... (3) Die Lohn-Preis-Spirale zu verhindern liegt bei den Tarifpartnern.
> 10 ... (3) In seiner Begründung des Antrags liegt etwas Widersprüchliches.
> 12 ... (2) Im Mittelalter lagen die Gefangenen in dunklen, feuchten Kerkern.
> (3) Unsere Großeltern liegen auf dem Friedhof in Schwetzingen.
> 18 ... (1) Ihr lag nichts an Geld, Schmuck und Karriere, dagegen viel an ihrer Katze, ihren Freundinnen, schönen Möbeln, Blumen, interessanten Reisen und guter Musik.
> (2) Dem Unternehmen liegt besonders viel an den landwirtschaftlichen Erzeugnissen aus der Region und den eigenen Produkten wie Eier, Erdbeeren und Zwiebeln. (Mannheimer Morgen, 13.04.2007) ‹E-VALBU›

(2) Sowohl unter BBei als auch unter KBei sind BeiA existent, die eine Tendenz zur Nichterschließbarkeit des dazugehörigen Kontext-Faktors aufweisen; dadurch entsteht eine kommunikative Unnatürlichkeit der Beispielsyntagmen, wie in den folgenden Fällen:

> SEIN ... Ungewißheit in den Regungen des Geistes ist etwas, was sich mit dem wahren Sinn nicht verträgt. (Heisenberg, Naturbild, S. 16) ‹ViF›

> AUFHEBEN ... 5 ... (5) Der Schluß eine Elegie auf dieses Deutschland, das in seinen Träumen, wie er selbstironisch sagte, einem „musischen Gymnasium" gleicht, wo alle „menschliche Aggression ... durch Liebe, Intelligenz, Vernunft und durch Musik aufgehoben ist". (Frankfurter Allgemeine, 1993) ‹E-VALBU›

> VERÄNDERN ... Allein, ich stelle zu meinem Bedauern fest, daß Sie Ihre Proportionen unvernünftig stark und unvorteilhaft verändert haben. (Grass, Blechtrommel, S. 462) ‹ViF›

> LIEGEN ... 1 ... Der Spieler blieb verletzt am Boden liegen ‹LGwDaF›
> 3 ... (6) Unsere Köpfe und Arme sind geschützt, Körper und Beine liegen unter einer Decke. (Grzimek, S. 331)
> 15 ... (5) Auf dem Gesicht der Frau liegt Asche. (Zeit, 11.04.1986, S. 51)
> 16 ... (6) Das Baby liegt nackt und friert. ‹E-VALBU›

> DAUERN ... 2 ... (1) „Die Liebe dauert oder dauert nicht, das gemeinsame und getrennte Leben von Eva Busch und Ernst Busch." (Berliner Zeitung, 08.06.2005, S. 25) ‹E-VALBU›

In Bezug auf die Nichterschließbarkeit des Kontext-Faktors bei BBei ist besonders problematisch, dass durch kenntlich gemachte Auslassungen und verständnissichernde Änderungen das Beispielsyntagma unvollständig erscheint, was zur Beeinträchtigung des Kontextes führt. Diese Tendenz geht wiederum mit einer kommunikativen Unnatürlichkeit einher, wie bei den folgenden BBeiA:

SEIN ... [...] ihre [der Muschel] Betrachtung ist noch nicht Selbstzweck, sondern ihr Studium erhält seinen Sinn durch den Zusammenhang des Ganzen. (Heisenberg, Naturbild, S. 8) ⟨ViF⟩

FRESSEN ... Die [...] [Küken] wissen vom ersten Lebenstage an, was sie zu tun haben: sie fressen und wachsen. (Strittmatter, Ole Bienkopp, S. 237)
Tagelang begleitete ihn ein herrenloser Hund, fraß ihm aus der Hand [...]. (Hesse, Narziß, S. 296)
[...] wie ein in tropisches Gewässer gefallenes Stück Fleisch, das von tausend kleinen Fischen augenblicklich gefressen wird. (Plievier, Stalingrag, S. 181) ⟨ViF⟩

ESSEN ... [...] er aß mechanisch; der Genuß, den er sich erhofft hatte, wollte sich nicht einstellen. (Feuchtwanger, Erfolg, S. 17)
Sie hätte dann am liebsten von allen vorhandenen Speisen auf einmal gegessen [...]. (Musil, Mann, S. 24)
Und man aß nicht aus der Hand, es gab Messer und Gabel [...]. (Plievier, Stalingrad, S. 207)
Von da an mußten wir [...] aus Töpfen essen. (Bild, 17.4.1967, S. 5) ⟨ViF⟩

Solche kenntlich gemachten Kürzungen sind auch am Ende eines Beispielsyntagmas ausgeprägt:

STELLEN ... Seeckt stellte sich nach 1932 dann geraume Zeit dem chinesischen Marschall Tschiang-kai-schek zur Herresreform zur Verfügung [...]. (Heuss, Erinnerungen, S. 370) ⟨ViF⟩

SCHAFFEN ... Auch aus diesen Zeugnissen der Kultur können wir die Vorstellungen und Gedanken, die Ängste und Hoffnungen derer rekonstruieren, die sie geschaffen haben [...]. (Studium Generale, 12/1966, S. 742)
„Diese Weltordnung, dieselbe für alle Wesen, hat kein Gott und kein Mensch geschaffen, sondern sie war immerdar und ist und wird sein": [...], lehrte Herakleitos aus Ephesos. (Urania, 1/1967, S. 72) ⟨ViF⟩

WERDEN ... Zone des Lebens, wie dünn sie eigentlich ist, ein paar hundert Meter, dann wird die Atmosphäre schon zu dünn, zu kalt, [...]. (Frisch, Homo Faber, S. 243) ⟨ViF⟩

Ein grundsätzlicher Nachteil dieser Praxis ist darin zu sehen, dass das Beispielsyntagma wegen der Unvollständigkeit nicht als eine abgeschlossene Einheit wahrgenommen werden kann sowie dadurch bedingt auch nicht als solche wiederverwendbar ist.

(3) Es gibt BeiA, bei denen der Kontext zwar hinreichend erschließbar erscheint, die jedoch in inhaltlicher Hinsicht eine kommunikative Unnatürlichkeit aufweisen, die bei BBei und KBei unterschiedlicher Natur ist. Bei BBei lässt sie sich typischerweise auf eine mangelhafte inhaltliche Prototypikalität des Beispielsyntagmas zurückführen, wie bei den folgenden BBeiA:

ORGANISIEREN ... Die Gemeinschaft der Vernünftigen läßt sich als solche nicht organisieren. (Jaspers, Atombombe, S. 308)

> Man kann nicht sagen, daß in der Phantasie des Mannes Tirpitz, der die deutsche Flotte organisiert hatte, das U-Boot eine große Rolle gespielt hatte [...]. (Heuss, Erinnerungen, S. 203)
> Die Vernunft ist als solche nicht organisiert, ist auch kein System des Denkens. (Jaspers, Atombombe, S. 340) ‹ViF›

> HALTEN ... Amerika, so fuhr Rush fort, hält sich nicht für einen „Welt-Gendarmen" und will auch nicht die Welt beaufsichtigen. (Welt, 25.1.1966)
> Der geographische Mittelpunkt der eigenen Tradition wurde dann, wie in Griechenland, China und anderwärts oft für den „Nabel der Welt" gehalten. (Studium Generale, 12/1966, S. 737)
> Investitionen zu nationalisieren, das heißt zu enteignen, halten sie für ihr souveränes Recht. (Jaspers, Atombombe, S. 133) ‹ViF›

> HABEN ... Wenn wir von dieser Seite her an die Probleme rangehen, dann kommen wir zu ganz anderen Aussagen, als wenn wir ständig so tun, als würden die Probleme [...] dadurch verursacht, daß ein paar Kleinunternehmer irgendwo ein Stück Boden haben, was sie verkaufen wollen. (FK, Eigentum, S. 60) ‹ViF›

Anders liegen die Gründe für die kommunikative Unnatürlichkeit bei KBei: Manche KBei weisen in inhaltlicher Hinsicht zu viel Information innerhalb des Beispielsyntagmas auf, wodurch eine Verteilung in Hinsicht auf das Thema-Rhema-Verhältnis verletzt wird, wie in den folgenden KBei:

> BRINGEN ... Der Hobbybastler brachte mit viel Mühe ein Küchenregal zustande.
> Die Vermittler brachten es nicht zustande, daß die verfeindeten Gruppierungen die Waffenruhe einhielten.
> Die verfeindeten Gruppen brachten es nicht zustande, die Waffenruhe einzuhalten. ‹ViF›
> 13 ... (7) Der Krankenwagen hat ein verletztes Kind ins Krankenhaus gebracht. ‹E-VALBU›

> HANDELN ... 8 ... (1) Der Kaufmann handelt mit seinem Kunden um einen höheren Preis. ‹E-VALBU›

> VERLIEREN ... 5 ... (1) Die Spekulanten haben viel Geld verloren. ‹E-VALBU›

> HABEN ... 11 ... (2) Die Polizei hat den Dieb. ‹E-VALBU›

Die kommunikative Unnatürlichkeit führt dazu, dass solche KBei nicht unproblematisch als Syntagmen in einen kommunikativen Diskurs einsetzbar sind, d. h. wiederverwendbar erscheinen (4.3.2.1). Als Grund für die Verletzung der Verteilung der Informationen in Hinsicht auf das Thema-Rhema-Verhältnis innerhalb des Syntagmas kann bei solchen KBei eine Übersättigung an Prototypikalität im Beispielsyntagma erachtet werden. Solche Tendenzen lassen sich eingehender vom Standpunkt der Stilistik der BeiA aus behandeln (4.2.2.1.2).

Der Befund der Gradation der Authentizität unter BBei wie auch unter KBei lässt darauf schließen, dass der entscheidende Unterschied zwischen den Grundtypen des lexikographischen Beispiels entgegen der konventionellen Sichtweise, die auf der Auffassung der Authentizität im engen Sinne der Belegtheit bzw. Zitation beruht, *nicht* im Aspekt der Authentizität im weiten Sinne liegt: Die Authentizität des BBei ist nicht ohne Weiteres gegeben; das KBei ist nicht von Grund auf nichtauthentisch aufgrund seines Entstehungshintergrundes. Dieser Befund wird in der Forschungsliteratur nur vereinzelt formuliert; so vermerkt Schaeder (1981: 108) Folgendes: „Selbstverständlich besitzt der Beleg nicht schon qua authentischer Text eine höhere Qualität als ein Beispiel.", wobei unter *Beispiel* das KBei verstanden wird (3.3.2.3). Auch Ballweg et al. (1981: 52) halten in Bezug auf das KBei fest: „Wenn der Lexikograph ein kompetenter Sprecher der Sprache ist, deren Lexik kodifiziert werden soll, läßt sich jedoch den von ihm gebildeten Beispielen die Authentizität nicht völlig absprechen, auch wenn die Beispiele nicht in einer ‚natürlichen' Kommunikationssituation entstanden sind." (vgl. dazu auch Pasch 1992: 260).

Bei der Entgrenzung des Authentizitätsanspruches des KBei sind vielmehr zwei weitere Tendenzen zu beachten: (a) die metalexikographische Kritik an das KBei lässt sich größtenteils über den Ansatz der Stilistik der Beispielsyntagmen erfassen und erklären (4.2.2.1.2); (b) der Parameter der Authentizität in der lexikographischen Arbeit ist generell auf die Authentizität des zugrunde gelegten Textcorpus (4.2.2.2.1) zu verlagern.

### 4.2.2.1.2 Stilistik der Beispielsyntagmen

Neben der konventionellen Auffassung der Authentizität im engen Sinne (4.2.2.1.1) fungiert der Aspekt der Stilistik der Beispielsyntagmen als ein weiterer tragender Parameter der Diskussion der Grundtypen des lexikographischen Beispiels in puncto Authentizitätsanspruch. Symptomatisch in diesem Zusammenhang erscheinen folgende Ausführungen von Mugdan (1985: 224):

> Und wer es immer noch nicht als Irrtum ansieht, konstruierten Beispielen Authentizität zuzusprechen, dem sei die Stilblüte empfohlen, die WDG unter *Irrtum* bietet: *wenn du meinst, das verhalte sich wirklich so, bist du sehr im Irrtum.* (Wer es lieber umgangssprachlich hat, darf statt *sehr* auch *ganz schön* oder *gewaltig* sagen – das paßt so gewaltig gut zum Konjunktiv I!)

Für die radikale Kritik an das KBei in Bezug auf die Stilistik ist jedoch festzuhalten, dass sie sich (a) lexikographiegeschichtlich eingrenzen sowie ferner (b) mit einer Diskussion des Beispiels in der Linguistik in Verbindung bringen lässt.

In Bezug auf die Aktualität der Kritik an das KBei ist davon auszugehen, dass solche radikalen Stellungnahmen nicht herausgelöst aus einem dazugehörigen lexikographiegeschichtlichen Zusammenhang zu betrachten sind, sondern vielmehr vor einem bestimmten qualitativen Hintergrund entstanden sind. Aufschlussreich sind in diesem Zusammenhang folgende Ausführungen in Henne (1977a: 7) zu KBeiA, indem das *Wörterbuch zur Valenz und Distribution deutscher Verben* (1973, 2.

Auflage) von G. Helbig und W. Schenkel – im Original als HuS abgekürzt – der folgenden Kritik unterzogen wird:

> Wer spricht oder schreibt, frage ich, solche Sätze – wenn es erlaubt ist, diese linguistischen Konstrukte einmal unter dem Aspekt realer Kommunikation, also als Einheiten eines Kommunikationsaktes, in den Blick zu nehmen: ‚*Die Textilien gehen ein*' (HuS 1973, 75), wobei dieser Sats [sic!] als homonym eingestuft wird. Wer sagt (oder schreibt): ‚*Das Tier nimmt das Medikament*' (HuS 1973, 317), wobei ich ergänze: ‚nachdem es die Tablette in heißem Wasser aufgelöst hat'. Wer spricht mit deutscher Zunge den Satz: ‚*Die Arbeit strengt den Ochsen an*' (HuS 1973, 195)? Wieso sind eigentlich nur präsentische Aussagesätze als Belege zugelassen? Sind aus ihnen z. B. Fragesätze abzuleiten? Wenn alles nur im Aussagepräsens erscheint: Wie wird die Kategorie Erinnerung des Fremdsprachenschülers in die f r e m d e Sprache umgesetzt? (1977a: 7f.; vgl. dazu Bergenholtz/Mugdan 1990: 1615)

In diesem Zusammenhang bietet ein exemplarischer Exkurs zur Praxis von KVL neue Einblicke in die angerissene Problematik.[40] KVL fällt zum einem in die Zeitspanne solcher metalexikographischen Befunde und arbeitet zum anderen ausschließlich mit KBeiA. Für die in KVL vorzufinden KBeiA lassen sich folgende Tendenzen festhalten:

(1) anstatt der Realisierung des Kontext-Faktors und eines dazugehörigen situationellen Zusammenhangs werden in den KBeiA in KVL stark verallgemeinerte Rollen bzw. Szenarien geschildert, begleitet mit einer kennzeichnenden Identifizierung der situationellen Protagonisten durch die Benennung ihrer sozialen Rollen oder allgemeiner Figuren:

> BEGINNEN ... Die Hausfrau beginnt ihre Arbeit. ... Die Hausfrau beginnt mit ihrer Arbeit. | Die Hausfrau beginnt <damit>, das Geschirr abzutrocknen. ‹KVL›
> TRENNEN ... Die Hausfrau trennt das Fleisch von den Knochen. | Die Mutter trennt die beiden streitenden Kinder (voneinander). | Der Ehemann trennte sich von seiner Frau. ‹KVL›
> DENKEN ... Er denkt schlecht über seine Frau. | Er denkt schlecht von seiner Frau. ‹KVL›
> ENTWICKELN ... Der Arbeiter entwickelt dem Chef einen Plan. ‹KVL›
> BEACHTEN ... Der Kranke beachtet die Ratschläge seines Arztes. ‹KVL›
> HALTEN ... Das Orchester hält den Takt. | Der Angestellte hält Ordnung [auf seinem Schreibtisch]. ‹KVL›

(2) In den KBeiA werden allgemein bekannte Sachverhalte dargestellt, ohne eine weitere kontextuelle Realisierung wie auch ohne eine kommunikativ angemessene Verteilung in Bezug auf das Thema-Rhema-Verhältnis innerhalb des Beispielsyntagmas:

---

40 Der nachfolgende Exkurs ist exemplarisch angelegt, da der Lemmabestand von KVL mit der für die vorliegende Untersuchung ermittelten Stichprobe nicht komplett kompatibel erscheint; so sind von den 60 Lemmata der Stichprobe (9.1) 14 Lemmata in KVL nicht präsent (BEFINDEN, DISKUTIEREN, DÜRFEN, EINSETZEN, ENTSTEHEN, ERHALTEN, EXISTIEREN, KÖNNEN, MÜSSEN, ORGANISIEREN, SCHAFFEN, SINKEN, SOLLEN, VORKOMMEN). Die restlichen 46 Lemmata bilden die Grundlage des Exkurses.

SEIN ... In der Bibliothek sind viele Bücher. ... Die Menschenmenge ist in Bewegung. ‹KVL›
GEHÖREN ... Fische gehören ins Wasser. ‹KVL›
BRINGEN ... Die Zeitung bringt Neues. ‹KVL›
TRINKEN ... Das Baby trinkt (Milch). ‹KVL›
BLEIBEN ... [Im Sommer] bleibt es [lange] Tag. | Es bleibt [im Winter länger] dunkel [als im Sommer]. ‹KVL›

(3) Durch die Schilderung der Szenarien enthalten die KBeiA zu viel Information in Hinsicht auf die Thema-Rhema-Verteilung, so dass eine inhaltliche Übersättigung und dadurch eine kommunikative Künstlichkeit entsteht, die wiederum mit der Verletzung des Kontext-Faktors einhergeht:

FEHLEN ... Der Lehrer fehlt (in der Schule). ‹KVL›
HANDELN ... Der Kaufmann handelt mit seinem Geschäftspartner. ‹KVL›
MITTEILEN ... Der Bundeskanzler teilt (den Ministern) die Entscheidung mit. ‹KVL›
KAUFEN ... Viele Leute kaufen das neue Buch. ‹KVL›
BRINGEN ... Hans bringt die Ware an den Mann. ... Der Mann brachte das Rad in Bewegung. ‹KVL›
STELLEN ... Der Sohn stellt seinen Vater zur Rede. | Der junge Mann stellt sein Wissen zur Schau. ‹KVL›

(4) Für viele der in KVL enthaltenen KBeiA ist eine inhaltliche sowie strukturelle Knappheit kennzeichnend, die zu einer in kommunikativer Hinsicht unnatürlichen Formelhaftigkeit oder Sterilität führt, begleitet von einer unzureichenden Realisierung des Kontext-Faktors:

BEKOMMEN ... Hans bekommt Arbeit. ‹KVL›
HALTEN ... Sein Freund hält Tiere. ‹KVL›
LASSEN ... Peter läßt das Trinken. | Er läßt die Bücher im Schrank. | Das läßt ihn kalt. ‹KVL›
STEIGEN ... Die Preise steigen. | Das Wasser steigt. | Die Straße steigt. ‹KVL›
SEIN ... Es ist mir kalt. ... Es ist Nacht. ... Sein Leben ist in Gefahr. ... Das Zimmer ist in Ordnung. ... Deine Kleidung ist in Ordnung. ‹KVL›

(5) Nichterschließbarkeit des Kontext-Faktors, begleitet mit einer kommunikativen Unnatürlichkeit bei den folgenden KBeiA:

BLEIBEN ... [Noch] bleibt er ruhig. ‹KVL›
MACHEN ... Der Bauer macht (aus Äpfeln) Wein. ‹KVL›
HALTEN ... Die Ärzte halten den Mann für tot. ... Die Eltern halten das Kind im Bett. ... Er hält ihm die Hand vor die Augen. ... Der Student hält ‹sich› diese Zeitung. ... Die Butter hält sich (frisch). ‹KVL›
BEKOMMEN ... Die Mutter bekommt das Geschirr sauber. ‹KVL›
WERDEN ... Er wurde [durch den Tod seiner Eltern] zum Dieb. ‹KVL›

(6) Kommunikative Unnatürlichkeit und Sprachunüblichkeit der KBeiA im weiten Sinne:

SEIN ... Die Reihe ist an dir. | Es ist an dir, über dieses Problem zu entscheiden. ... Ich bin dagegen, heute die Frage zu entscheiden. ... Es ist sehr die Frage, ob er noch kommt. ... Es ist anstrengend, in der Fabrik zu arbeiten. ... Es ist ein Übel mit ihm. ... Ich bin mit meiner Arbeit sehr im Druck. ‹KVL›
ESSEN ... Die Kinder essen (Kartoffeln). ... Die Kinder essen uns arm. ‹KVL›
ZÄHLEN ... Die Kinder zählen die Bücher. ... Der Makler zählte das Geld auf den Tisch. ... Wir zählen Eier (im Dutzend). ... Der Arzt zählt darauf, Hans zu sehen. ‹KVL›
LASSEN ... Der Junge ließ die Ameise am Leben. ... Hans und Fridolin lassen den Hamster Urmel in Frieden. | Karl-Gustav läßt seine Frau in Ruhe. ‹KVL›

Zöfgen (1986: 230; 1989: 217; 1994: 193) charakterisiert die KBeiA in KVL als (i) sprachunüblich sowie (ii) selbstentlarvend. Auf solche KBeiA bezieht sich die radikale Kritik an KBeiA in Bezug auf eine fehlende Authentizität, die in der metalexikographischen Diskussion vermehrt geäußert wird. So führen Bergenholtz/Mugdan (1986: 129) zu so gearteten KBeiA aus, dass sie „weitgehend auf stereotype Formen reduziert [sind]" sowie sprechen ferner von „einem so auffallenden Verzicht auf Authentizität" (ebd.). Solche KBeiA stuft Bergenholtz (2015: 8) als „Linguistic Poetry" ein.

Eine Übersättigung an Information, begleitet durch eine Verletzung von deren Verteilung in Bezug auf das Thema-Rhema-Verhältnis innerhalb des Beispielsatzes führen ferner dazu, dass solche KBeiA nicht problemlos als Diskursfragmente in objektsprachliche Texte eingebunden werden können (Fox 1987: 141f.; vgl. Potter 1998; Rundell 1998: 334; Landau 2004: 209). Als Erklärung für diesen Befund betrachtet Fox (1987: 141) ihre Entstehung in Isolation:

> One reason why dictionaries have not in the past helped learners to use natural language is that most of the examples given have been full sentences, prepared for being presented in isolation rather than being thought of as extracts from a text. For a sentence that is being looked at in isolation to make sense, it has to contain much more information than you are likely to find in real language where sentences do not occur alone but come before or after other sentences, and so are a small part of a longer text.

Dies wird auch in Prinsloo/Gouws (2000: 147) thematisiert: KBei „are often isolated, self-contained sentences because lexicographers tend to produce sentences with too much information in them". In Atkins/Rundell (2008: 457; 459) wird festgehalten, dass solche KBeiA *überkontextualisiert* („over-contextualized") sind. Dies beeinträchtigt ferner den Aspekt der Wiederverwendbarkeit (4.3.2.1). Den grundlegenden Nachteil für die pädagogische Lexikographie formuliert Fox (1987: 141) in diesem Zusammenhang wie folgt:

> The necessity for examples to fit into coherent text is important because language is not a series of isolated sentences, and students should not be encouraged to think that it is. We should be much more aware than we have been in the past of the pitfalls of giving these fully-formed isolated sentences as examples.

In der empirischen Basis der vorliegenden Untersuchung sind solche in Bezug auf ihre Stilistik auffälligen KBeiA nur sehr vereinzelt feststellbar und nicht in dem Ausmaß wie in KVL existent. Es lassen sich im Vergleich zu den für KVL festgehaltenen Tendenzen nur zwei Gruppen festhalten: (1) KBei, die zu viel Information in Hinsicht auf die Thema-Rhema-Verteilung enthalten sowie (2) KBei, die eine inhaltliche und strukturelle Knappheit aufweisen, die zur Formelhaftigkeit bzw. Sterilität führt:

Zu (1):

    BRINGEN ... Der Hobbybastler brachte mit viel Mühe ein Küchenregal zustande.
        Die Vermittler brachten es nicht zustande, daß die verfeindeten Gruppierungen die Waffenruhe einhielten.
        Die verfeindeten Gruppen brachten es nicht zustande, die Waffenruhe einzuhalten. ‹ViF›
    AUFHEBEN ... 2 ... (2) Die Mutter hebt tröstend das Kind auf. ‹E-VALBU›
    STEHEN ... 5 ... (16) Die Mutter steht stundenlang am Herd.
        6 ... (1) Im Wald stehen viele Bäume. ‹E-VALBU›
    LIEGEN ... 14 ... Ich glaube, das schlechte Bild des Fernsehers liegt am Wetter ‹LGwDaF›
        2 ... (3) Als der Arzt ins Zimmer kam, lag dort ein verletztes Kind. ‹E-VALBU›

Zu (2):

    GEBEN ... 15 ... Der Ofen gibt Wärme | Die Kuh gibt Milch | Die Hühner geben Eier ‹LGwDaF›
    VERLIEREN ... 11 ... Das Auto verliert Öl | Der Reifen verliert Luft ‹LGwDaF›
    HABEN ... 1 ... Sie hat ein Auto 2 ... Peter hat Mut ... 5 ... Er hat Probleme ‹LGwDaF›
    KÖNNEN ... Das kann hier jeder. ‹ViF›
    DÜRFEN ... Der darf das! ‹ViF›

In Hinsicht auf die Befunde der Gradation der Authentizität bei den KBei wie auch bei den BBei (4.2.2.1.1) ist jedoch festzuhalten, dass die radikale Aussage in Mugdan (1985: 222ff.), die KBeiA seien semantisch, syntaktisch und pragmatisch unrealistisch, sich nur auf solche stilistisch eigenartigen und dadurch sprachunüblichen KBeiA einschränken lässt, wie sie in KVL gegeben sind, aber nur sehr vereinzelt in der empirischen Basis der vorliegenden Untersuchung vertreten sind. Diese Aussage ist vor dem Hintergrund der Tendenzen der empirischen Stichprobe nicht weiter stichhaltig und ist deshalb zu revidieren.

Als Grundlage für die Entstehung solcher stilistisch auffälligen und generell sprachunüblichen KBeiA kann die folgende Aussage in KVL betrachtet werden: „Die Beispielsätze haben in erster Linie die Funktion, die angegebenen grammatischen Strukturen zu illustrieren." (KVL: 92). In korrespondierender Weise hält Zöfgen (1982: 46) im Zusammenhang mit sprachunüblichen KBeiA fest, dass „der Valenzlexikographie die Beispiele allein dazu dienen, den Satzbauplan zu illustrieren, gleichgültig, ob vom Satzkontext eine (bedeutungs-)determinierende Wirkung ausgeht oder nicht". Dies impliziert eine Verarmung des Leistungspotentials des lexikographischen Beispiels; seine Leistung erscheint in solchen Zusammenhängen rein *illustrativ* (2.1, Satz 1).

In Bezug auf die oben festgehaltenen Tendenzen zu den KBeiA in KVL lässt sich eine besonders ausgeprägte Verletzung des Kontext-Faktors – in den Fällen (1) bis (5) – beobachten. Dadurch kommt es zu einer Fokussierung auf den Kotext-Faktor in solchen KBeiA, und dadurch ferner auch zu einer Tendenz zu abstrahierten gekürzten Beispielen.

Als Ausgleich zur mangelnden Realisierung des Kontextes und dadurch als Gegentendenz zu solchen stilistisch auffälligen KBeiA kann ferner der Einsatz der Textbeispiele angesehen werden: In den Textbeispielen erfolgt die Verteilung des Kontextes über mehrere Satzeinheiten, so dass dadurch die charakteristische Isoliertheit der oben behandelten KBeiA relativiert werden kann:

> ABNEHMEN ... 3 ... Unsere Tochter war stark übergewichtig und hat eine Kur machen müssen. Sie hatte Erfolg. Sie hat enorm abgenommen.
> 4 ... Man merkt, dass es Herbst wird. Die Hitze nimmt abends schnell ab und die Nächste [sic!] sind schon empfindlich kühl. ⟨ELDIT⟩

> VORKOMMEN ... 2 ... Frau Berger, in diesem Brief sind einige Tippfehler. Entschuldigen Sie, solche Fehler kommen leider immer wieder vor.
> Es kommt im Straßenverkehr häufig vor, dass jemand noch schnell bei Rot über die Kreuzung läuft, um Bus oder Straßenbahn zu erwischen. Dabei passieren die meisten Unfälle. ⟨ELDIT⟩

> EXISTIEREN ... 1 ... Niemand weiß, ob Gott wirklich existiert. Man kann nur an ihn glauben oder aber das nicht tun.
> Heute existieren bereits zahlreiche Unternehmen und Institute, die im Bereich der Nanotechnik forschen. Noch vor wenigen Jahrzehnten galt dies als Hirngespinst. ⟨ELDIT⟩

Zu den Mängeln der in puncto Stilistik auffälligen KBeiA kommt des Weiteren ein anderer problematischer Aspekt hinzu, nämlich der ihrer Thematik. Solche auf Rollen, Szenarien und Formelhaftigkeiten reduzierten KBeiA sind problematisch in Hinsicht auf ihre Inhalte, wie dies Szende (1999: 216) formuliert: „The examples that we fabricate ourselves are the source of at least two problems: that of their acceptability, and that of the ideology which they convey.". Eine in der Forschungsliteratur verbreitete Ansicht besagt, dass die KBeiA in besonderer Weise davon betroffen sind, subjektive Vorstellungen des Lexikographen bis hin zu gesellschaftlichen Ideologien zu tragen (etwa Haß-Zumkehr 2001: 35f.; Bergenholtz/Tarp 1995: 139f.; Bergenholtz 1994: 426; Simpson 2003: 269; Adamska-Sałaciak 2006: 186; Römer 1973: 71; Potgieter 2012: 263). In diesem Zusammenhang werden solche KBeiA als *stereotypisch* eingestuft, da sie klischeehafte Rollenverteilungen oder Vorurteile demonstrieren (Bergenholtz/Tarp 1995: 139f.); in besonderer Weise bezieht sich dies auf den Themenbereich des Sexismus im Wörterbuch (4.4.3.3).

Diese verbreitete Ansicht liefert jedoch keine erschöpfende Sichtweise des Wesens des KBei. Einen richtungsweisenden Diskussionsimpuls zu diesem Problembereich bietet Bergenholtz (1994: 427) mit der folgenden Überlegung:

> Ich glaube nicht einmal, daß die Beispiele das wirkliche Weltbild der betreffenden Lexikographen wiedergeben, eher ist es so, daß es unmöglich ist, den gewöhnlichen Sprachgebrauch in textlosen Beispielen zu erfinden. Nach einer gewissen Zeit fällt der Lexikograph in eine Gewohnheit, in der die zuvor gebildeten Beispiele Pate stehen für weitere Beispiele. Man braucht mit anderen Worten richtige Textbeispiele, d.h. Belege oder Belegbeispiele, um das sprachlich Gewöhnliche demonstrieren zu können.

Diese Sichtweise deutet auch Landau (2004: 209) an: „To make sense of much real language, one needs to look at more than one sentence". Diese Überlegungen weisen auf eine grundsätzliche Tendenz der *Beeinflussbarkeit* der KBeiA hin. Diese Tendenz kommt in der einsprachigen Lexikographie im Zusammenhang mit dem Untermauern anderer Angaben im SK (4.2.2.1.4) sowie in der zweisprachigen Lexikographie im Zusammenhang mit der Problematik der Übersetzung der BeiA (5.2.2.1) zur Geltung; sie wird in 6.2.2 behandelt. Als Grundlage für die Entstehung der in KVL besonders ausgeprägten *thematischen Beeinflussbarkeit* der KBeiA kann die festgehaltene Zweckbestimmung der BeiA angesehen werden, primär „die angegebenen grammatischen Strukturen zu illustrieren" (KVL: 92): Wenn der Fokus auf grammatischen Sachverhalten liegt, lassen die angeführten KBeiA einen thematischen Schablonismus erkennen, indem in den BeiA dieselben Motive, Themen, Rollen, Szenarien wiederholt werden.

Der Befund der thematischen Beeinflussbarkeit der KBeiA und des thematischen Schablonismus lässt sich ferner mit der folgenden Anmerkung von Zöfgen (1982: 28) zur mangelnden Kreativität des Lexikographen bei der Gestaltung der KBeiA in Zusammenhang bringen: „Überhaupt fällt auf, daß viele der (ganz offensichtlich) selbst ‚kreierten' Beispiele von einer gewissen Einfallslosigkeit zeugen" (ebd.). Eine thematische Einfallslosigkeit der selbstgebildeten BeiA konstatiert auch Römer (1973: 71) in Bezug auf das Beispielmaterial in Grammatiken, sprachwissenschaftlichen Abhandlungen und Valenzwörterbüchern mit dem folgenden Vermerk: „Sobald die Verfasser ihre Beispiele poetischen oder expositorischen Texten entnehmen, sind die Sätze von ungeheurer Vielfalt der Thematik; sobald sie sich die Sätze selbst ausdenken, wird ein Weltbild offenbar, wie es sich grotesker nicht denken läßt". Die *Einfallslosigkeit* ist ferner das Stichwort einer Diskussion des Beispiels in der Linguistik. Interessanterweise lässt sich das lexikographiehistorisch gegebene Phänomen solcher KBeiA in einen anderen Diskurs einräumen, nämlich in die Diskussion kurzer Beispielsätze in der Linguistik (Wellershoff 1975; Fuhrmann 1975;

Weinrich 1975), die zur Zeit der Entstehung von KVL geführt wird.[41] So vermerkt Wellershoff (1975: 437) zu ausgeprägt kurzen und stark neutralisierten Beispielen in der Linguistik, dass sie „sehr simpel und vor allem isoliert von der wirklichen Sprechsituation" sind: „die Beispielsätze, die wir manchmal lesen, gehören einer Kunstsprache an, bewegen sich in einem wertfreien, interesselosen Raum" (ebd.). Die Isoliertheit solcher Konstrukte kommt nach Wellershoff (ebd.) darin besonders deutlich zum Vorschein, dass sie pragmatisch nicht realisiert sind. Die Sprechakte sind nach Wellershoff (ebd.) „nur im Rückgriff auf außersprachliches Situationsverständnis voll interpretierbar" (ebd.). Ein solches Situationsverständnis ist der situationelle Kontext – d. h. der Kontext im Sinne der vorliegenden Arbeit (3.3.2.3), – der für das Verständnis der Beispiele grundsätzlich notwendig ist, so Wellershoff (ebd.): „Erst dann ist es möglich, den Sinn des Satzes zu verstehen. Man muß durch das wörtlich Gesprochene auf die Intention des Sprechers durchblicken, und die erkennt man erst vom Situationsverständis her." (vgl. auch Weinrich 1975: 439). In der Tat trifft auch für die KBeiA in KVL zu, dass ihr Kontext-Faktor überwiegend nicht hinreichend realisiert ist.

Vor diesem Hintergrund ist naheliegend anzunehmen, dass die stilistische Beschaffenheit der KBeiA in KVL im Zeichen der Beschaffenheit der Beispiele in der Linguistik erfolgt. Hinzu kommt, dass sich diese Ausprägung des Beispiels geschichtlich eingrenzen lässt; sie darf deshalb nicht uneingeschränkt auf das Wesen des KBei an sich übertragen werden.

Was andererseits die Stilistik der BBei anbetrifft, so spielen die folgenden zwei Aspekte eine Rolle: (a) eine ggf. mangelnde Prototypikalität der BBei (4.2.2.1.3) sowie (b) ihre oft auffällig werdende literarische Herkunft; diese Problemstellung formuliert Siepmann (2007: 246) wie folgt:

> criticisms are mainly directed against manually collected examples culled from what must have been a fairly small corpus base (such as 'er jagte drei irre blickende klapperdürre Rinder' in Mugdan 1985, 213; an example which clearly betrays its literary origin). Such criticisms are rendered ineffectual by the ready availability of electronic text from the Internet and other sources; there is such an abundance of corpus examples these days that lexicographers can choose the most natural and lively ones while discarding those that savour of contrivedness or affectation.

---

**41** Eine Implikation der Problematik des Beispiels in der Linguistik lässt sich selbst in der Formulierung in Mugdan (1985: 222) im Rahmen der grundsätzlichen Kritik an die KBeiA in der Lexikographie verfolgen: „Das Beispielmaterial in Wörterbüchern, Grammatiken und linguistischen Abhandlungen ist in seinen Inhalten vielfach stereotyp bis hin zu bedenklichen Klischees." (ebd.). Dies lässt sich noch deutlicher im Beitrag von Römer (1973) verfolgen, indem das Beispielmaterial aus ausgewählten Grammatiken, linguistischen Abhandlungen und Valenzwörterbüchern *in seiner Gesamtheit* in Hinsicht auf die Thematik und Inhalte reflektiert wird.

Die literarische Herkunft der BBeiA ist in Hinsicht auf ihre Stilistik oft mit Auffälligkeiten behaftet, die sich aus dem Stil des belletristischen Originaltextes ergeben und etwa die Wortwahl, syntaktische Struktur etc. betreffen. Solche Auffälligkeiten münden wiederum in die mangelnde Typikalität der BBeiA ein, wie etwa in den folgenden BBeiA:

> NEHMEN ... Zudem nahm Gott dem Bienkopp-Bauer nach einem noch unerforschlicheren Ratschluß die Frau. (Strittmatter, Ole Bienkopp, S. 81)
> Dieses Sparbüchlein sollte mir allzubald zum Helfer in der Not werden, denn da kam der Tod, nahm uns den Wirt Ferdinand Schmuh, nahm uns Arbeit und Verdienst. (Grass, Blechtrommel, S. 447)
> Und es gibt es katholisches Lebewesen, das ich notwendig brauche: Marie – aber ausgerechnet die habt ihr mir genommen. (Böll, Ansichten, S. 115)
> Die letzten Kriegs- und Nachkriegsmonate hatten ihr jene Dauerwellen genommen, die Matherath noch bezahlt hatte. (Grass, Blechtrommel, S. 346) ‹ViF›

> LIEGEN ... So steht die Pfarrkirche von Großvernich im Kreise Euskirchen in einem fränkischen Gräberfeld, das – wie üblich – über der im Tal liegenden Siedlung lag. (Pörtner, Erben, S. 112)
> Einwandfrei ergab sich aber, daß unter der Morkener Martinskirche und dem altfränkischen Friedhof eine römische Villa lag – ein römischer Gutshof von imponierender Pracht und Größe. (Pörtner, Erben, S. 114)
> Links und rechts lag hinter den Deichen immer dasselbe, wenn nicht flache, dann gehügelte, schon abgeerntete Land (Grass, Blechtrommel, S. 21) ‹ViF›

Solche Tendenzen spielen des Weiteren im Zusammenhang der Demonstrationsschwerpunkte der BeiA eine Rolle (4.2.2.1.3).

### 4.2.2.1.3 Demonstrationsschwerpunkte

In Bezug auf den Zweck der Demonstration, der im Bereich der pädagogischen Lexikographie allen Beispieltypen gleichermaßen zukommt, ergeben sich Unterschiede in puncto Prototypikalität, die auf die Entstehungshintergründe der Grundtypen des lexikographischen Beispiels zurückzuführen sind. Schlaefer (2009: 94) formuliert diesen grundlegenden Befund wie folgt:

> In der Funktion sind Beleg und Verwendungsbeispiel ähnlich, insofern sie exemplarische Beispiele für einen bestimmten Sprachgebrauch liefern. Das Verwendungsbeispiel besitzt jedoch den Vorteil, daß es gezielt auf einen bestimmten Erklärungszweck hin gebildet werden kann. Die prototypische Funktion kann daher vom Verwendungsbeispiel ohne die im Beleg stets auch möglichen Variablen und Nebeninformationen wahrgenommen werden. (vgl. dazu auch Svensén 2009: 284; Haß-Zumkehr 2001: 38; Prinsloo/Gouws 2000: 148; Minaeva 1992: 77)

Während das KBei als „ein zur Veranschaulichung eines Wortgebrauchs vom Lexikographen selbst gebildetes, dem Sprachgebrauch typisierend nachempfundenes objektsprachliches Syntagma" (Schlaefer 2009: 94) von Grund auf Prototypikalität in Bezug auf das zu Demonstrierende aufweist, ist für das BBei hingegen ggf. eine nur mangelhafte Prototypikalität charakteristisch (vgl. Zöfgen 1986: 233; Gove 1985[61]: 68), was sich dadurch erklären lässt, dass das BBei (a) nicht für einen genuin lexikographischen Demonstrationszweck gebildet, sondern aus einem Originaltext exzerpiert ist, sowie (b) der Dekontextualisierung unterliegt (4.2.2.1.1). Diese Charakteristika haben des Weiteren mit einer breiter angelegten Funktionalität des BBei und dem Funktionalitätsaspekt der Dokumentation (4.2.2) zu tun. Hausmann (1985a: 376) formuliert dies wie folgt: „Belegte Zitate [...] haben größeren Dokumentationswert, in der Regel aber geringeren didaktischen Wert als selbstgefertigte Beispiele." (vgl. Palasaki 2007: 125). Mugdan (1985: 224) formuliert die grundsätzliche Problemstellung wie folgt: „Genau das, was echte Belege auszeichnet, bereitet aber bei ihrer Aufnahme ins Wörterbuch Kopfschmerzen." (vgl. Bergenholtz/Mugdan 1986: 128). Auch Gorbačevič (1982[78]: 152f.) vermerkt, dass „viele belletristische Zitate eine derart hohe Anzahl an überschüssiger Information in sich bergen, daß diese, die den größten Teil des nutzbaren Platzes einnimmt, nicht nur zu der Erklärung eines Wortes nicht beiträgt, sondern auch die Aufmerksamkeit des Lesers von dem Wesen der Sache ablenkt." (vgl. dazu Prinsloo/Gouws 2000: 148; Minaeva 1992: 78f.; Landau 2004: 208; Atkins/Rundell 2008: 461). Die Möglichkeit einer gezielten Anpassung an das Kompetenzniveau der anvisierten Zielgruppe fungiert hingegen als ein charakteristisches Merkmal des KBei. KBeiA erscheinen in diesem Zusammenhang „more useful because they seem to be less dependent on the learner's general lexical knowledge than authentic examples" (Prinsloo/Gouws 2000: 148; vgl. Humble 1998: 595). Demnach lässt sich in Hinsicht auf das zu Demonstrierende in Bezug auf die Eigenschaftsausprägungen der lemmatisierten oder sublemmatisierten Einheit eine unterschiedliche Informationsdichte bei KBei und BBei festhalten. In besonderer Weise ist die Tendenz einer mangelhaften Prototypikalität bei denjenigen BBei ausgeprägt, die eine literarische Herkunft aufweisen, wie in den folgenden Fällen:

> MIETEN ... (5) Die Universität hat zusätzliche Räume von der Stadt gemietet.
> (8) Das Theater hat für eine Vorstellung extra exotische Pflanzen gemietet.
> (10) Wir haben das Ferienhaus nur kurz, zwei Wochen, gemietet. ‹E-VALBU›
> Anfangs hatte er wohl nur ein recht dürftiges, ehemaliges Badezimmer gemietet, zahlte dann später, als seine Trommelkunst ihm Ansehen und Wohlstand brachte, für eine fensterlose Kammer, die er Schwester Dorotheas Kammer nannte, weitere Miete und scheute sich nicht, auch für ein drittes Zimmer, das zuvor ein gewisser Herr Münzer, Musiker und Kollege des Angeklagten, bewohnt hatte, ein Sündengeld auszugeben, denn jener Herr Zeidler, der Mietherr der Wohnung, trieb, da er um den Wohlstand des Herrn Matzerath wußte, die Mieten unverschämt in die Höhe. (Grass, Blechtrommel, S. 475) ‹ViF›

> MITTEILEN ... Er teilte uns mit, dass er verreisen würde | Es wurde mir nicht mitgeteilt, wann er fährt | Sie hat uns ihre neue Adresse noch nicht mitgeteilt ‹LGwDaF›
> 1 ... (1) Der Lehrer hat die Termine der Prüfungen mitgeteilt.
> (3) Die Tagesschau hat das vorläufige Wahlergebnis mitgeteilt. ‹E-VALBU›

Auf der Pressekonferenz hat der Regierungssprecher Näheres über die geplanten Gesetzesänderungen mitgeteilt. ‹ELDIT›
Er hat mir die Konversation auf seine kindlich korrekte Art mitgeteilt: „Lieber Bruder", schrieb er, „teile ich Dir hierdurch mit, daß ich nach reiflicher Überlegung zu dem Entschluß gekommen bin, zur katholischen Kirche überzutreten und mich auf den Priesterberuf vorzubereiten." (Böll, Ansichten, S. 84)
[...], und sie schrieb ihm Briefe, worin sie ihn ihrer Treue versicherte und ihm aufrichtig mitteilte, daß sie von Meingast noch einmal durch den Strumpf aufs Knie geküßt worden sei. (Musil, Mann, S. 830)
Ich teilte dem Briefeschreiber mit, sehr kühl, sehr bestimmt, meine Mitgliedschaft bestimme ich, nicht er. (Heuss, Erinnerungen, S. 34) ‹ViF›

Im Zusammenhang mit den BBei literarischer Herkunft kritisiert Nikula (1986: 198) eine mangelhafte Prototypikalität des BBei wie folgt:

Wenn ich Information über die Verwendung eines bestimmten Verbs erhalten möchte, kann ein langer, schön klingender Beleg aus einem Werk eines hervorragenden deutschen Schriftstellers häufig eher ein Ärgernis sein, [...] denn ich muß selber herauszufinden versuchen, was als prototypisch für das betreffende Verb anzusehen ist, d. h. ich muß in gewissem Sinne selbst ein prototypisches Beispiel aus dem vorliegenden Beleg abstrahieren. Die Formulierung von prototypischen Beispielen ausgehend von Belegen oder Belegsammlungen ist aber Aufgabe des Lexikographen, nicht des Wörterbuchbenutzers. (ebd.; vgl. dazu Zöfgen 1994: 199)

Des Weiteren führt Nikula (ebd.) in Hinsicht auf die Funktionalität des lexikographischen Beispiels aus, dass „'authentische' Beispiele also grundsätzlich keine geeigneten Beispiele im Sinne von ‚Instanzen allgemeiner Regeln' [sind]", unter Rekurs auf die These von Heringer (1984: 59), dass das Beispiel eine Instanz einer allgemeinen Regel sein soll (4.3). Abschließend hält Nikula (1986: 192) fest, dass BBei „aus kontextbedingten Gründen als Beispiele im engeren Sinne weniger geeignet sind als die konstruierten". An anderer Stelle vermerkt Nikula (1986: 189f., Fußnote 8) interessanterweise jedoch auch Folgendes: „Natürlich gibt es in der Praxis auch ‚authentische' Beispiele, die gut zur Unterstützung der Explikation dienen können.". Der letztgenannte Hinweis erscheint insofern relevant, als angedeutet wird, dass die Kritik an einer mangelhaften Prototypikalität und einer geringen Informationsdichte nicht gleichermaßen für alle BBeiA gilt. Dies steht ferner mit der Beschaffenheit der empirischen Wörterbuchbasis im Zusammenhang. Folgende BBeiA, die kennzeichnenderweise nicht literarischer Herkunft sind, weisen solche Mängel nicht auf:

ENTSTEHEN ... 1 ... (1) Anfang der 90er-Jahre entstanden an den deutsch-polnischen Grenzübergängen Märkte für deutsche Kunden. (Berliner Zeitung, 05.01.2000, S. 26)
(2) Das Projekt Kulturfabrik entstand 1991, als Künstler das Gebäude besetzten. (Berliner Zeitung, 06.01.2000, S. XX)
(5) Dort sollen Olympiastadion, große Sporthalle, Olympisches Dorf und Schwimmstadion entstehen. (die tageszeitung, 11.10.2002, S. 21) ‹E-VALBU›

SINKEN ... 2 ... (2) Eine Libelle flog auf, zog sirrend einen Kreis, sank wieder ins Gras. (Braunschweiger Zeitung, 14.02.2009; Eine Frau fällt aus der Welt)
(3) Ich zündete mir eine Zigarette an, sank in die Sofaecke und dachte nach. (Braunschweiger Zeitung, 15.05.2009)
(10) Der langwierige Zahlenvortrag ist monoton, einem Anwalt sinkt das Kinn auf die Brust und er nimmt sich ein kurzes Nickerchen als Auszeit. (Die Rheinpfalz, 11.03.2009, S. 15) ‹E-VALBU›

Wenn das zu Demonstrierende in BBei nur mangelhaft ausgeprägt ist, wird die Praxis der Anführung einer Reihe von BBeiA (auch *Belegreihe* genannt) als ein Ausgleich der Qualität auf Kosten der Quantität betrachtet: „several authentic examples will often be needed in order to cover a certain usage reasonably well", so Svensén (2009: 284; vgl. Nikula 1986: 190; Humble 1998: 596; Zöfgen 1986: 233; 1994: 195; Lenz 1998: 91). Diese Praxis weist jedoch zwei Nachteile auf: Zum einen in Bezug auf den Platz-Faktor, besonders relevant für die Printlexikographie (vgl. Zöfgen 1986: 233; 1994: 195f.), zum anderen in Hinsicht auf den Zeit- und Interpretationsaufwand für den Wörterbuchbenutzer: „the fact still remains that consultation will demand extra work from the user, irrespective of the medium of distribution, if the dictionary entry contains a great number of authentic examples" (Svensén 2009: 284).

Diese Befunde werden in der Forschungsliteratur als Argumente für die KBei angeführt; so etwa in Zöfgen (1991: 2898): „There is no need to stress that 'made-up examples' are clearly to be preferred to 'quoted examples', which are seldom prototypical and which are usually inappropriate as instances for generalization". Die Prototypikalität und eine ausgeprägte Informationsdichte sind somit Vorteile des KBei, das „so ideal ist oder sein soll, daß ein einziges je Einzelbedeutung ausreicht" (Haß 1991a: 273; vgl. Atkins/Rundell 2008: 456). Aus diesen Gründen haben die KBeiA eine Tradition in der pädagogischen Lexikographie und insbesondere in den Lernerwörterbüchern (Haß-Zumkehr 2001: 36).

Eine mangelhafte Prototypikalität der BBei kann extreme Maße annehmen, wenn die BBeiA für die Bedeutungserschließung des Lemmazeichens wertlos sind. Da die Authentizität in der metalexikographischen Literatur kennzeichnenderweise im engen Sinne der Belegtheit bzw. Zitation aufgefasst wird (4.2.2.1.1), wird die so verstandene Authentizität der BBei in solchen Fällen als eine *nichtssagende Authentizität* bezeichnet, so in Wiegand (1981: 252f., Endnote 120):

> Tausende von authentischen und mit Belegstellenangaben versehenen Beispielen in den nhd. Wörterbüchern sind vollkommen nichtssagend [...] N i c h t s s a g e n d e   A u t h e n t i z i t ä t   ist – so meine ich – kein ansprechendes Motto für den Umgang mit lexikographischen Beispielen. In manchen Fällen muß man auch einmal ein Beispiel k o n s t r u i e r e n ! Corpus-Treue ist ohne Zweifel eine der lexikographischen Tugenden; der Mut zur eigenen Kompetenz ist aber notwendig, denn sie spielt ja ohnehin bei der Corpus-Auswertung eine nicht zu unterschätzende Rolle.

Auch Zöfgen (1986: 228) konstatiert „(Beleg-)Sätze, die sich *bedeutungs-* und *angabeindifferent* verhalten" in dem Sinne, dass sie sich durch eine „völlige[r] Neutralität des Kontextes gegenüber dem Lemma" (1986: 228f.) charakterisieren lassen (vgl. Zöfgen 1994: 190). Eine solche *nichtssagende Authentizität* erscheint in besonderer Weise für den Bereich der pädagogischen Lexikographie unzweckmäßig (vgl. dazu Atkins/Rundell 2008: 457). Ickler (1988: 380) formuliert den Grundsatz wie folgt: „Vor allem aber: Beispiele müssen charakteristisch sein; es genügt nicht, i r g e n d e i n e n Beleg aufzutreiben." (vgl. Zöfgen 1994: 198). Atkins/Rundell (2008: 457) stellen in diesem Zusammenhang einen Vergleich zu den KBeiA mit Auffälligkeiten in Hinsicht auf ihre Stilistik an (4.2.2.1.2) und halten Folgendes fest: „Being too informative gives a false view of how language works, but not being informative enough is just as unhelpful." (ebd.).

Für die pädagogische Lexikographie für den Fremdsprachenunterricht erscheint das Charakteristikum der Prototypikalität der BeiA besonders relevant; dies ist zum einen auf den Zweck der Demonstration, der für alle Beispieltypen gilt, zum anderen auf die Spezifik der Bedürfnisse der anvisierten Zielgruppe zurückzuführen. Nach Zöfgen (1994: 194) ist

> im Demonstrationsteil von L2-Wörterbüchern eines immer zu bedenken: die Beispiele dürfen keine unüberwindbaren Verstehensbarrieren aufbauen. Deshalb muß der im Beispielsatz verwendete Wortschatz zum einen die Fähigkeiten des L2-Benutzers realistisch einschätzen; zum anderen ist dafür zu sorgen, daß das kontextuelle Umfeld nicht durch auffällige Unüblichkeit von dem zu illustrierenden Phänomen ablenkt.

Der in BBeiA enthaltene Wortschatz ist ein weiterer problematischer Aspekt: So weist Wiegand (1984b: VI) darauf hin, dass „die authentischen Beispiele aus dem Korpus teilweise periphäres [sic!] und semantisch schwieriges Wortmaterial enthalten [...]". Die in BBeiA dokumentierten sprachlichen Sachverhalte wie Wortschatz oder grammatische Strukturen können für den Wörterbuchbenutzer als Fremdsprachenlerner jedoch *kompetenzerweiternd* sein. Wenn man davon ausgeht, dass lexikographische BeiA für die anvisierte Zielgruppe entweder *kompetenzbestätigend* oder *kompetenzerweiternd* sein können (Ballweg et al. 1981: 51), so erscheinen KBeiA in der Regel kompetenzbestätigend: Sie „[enthalten] außer dem nachgeschlagenen Wort nur Wörter [...], deren Kenntnis bei der angestrebten Zielgruppe vorausgesetzt werden kann" (ebd.). BBeiA können hingegen kompetenzerweiternd wirken, dies jedoch ggf. auf Kosten der Typikalität und der semantischen Determiniertheit, wie in den folgenden BBeiA:

> MACHEN ... Vielleicht ließ sie sich wirklich von jedem Mann einladen, eine Vorstellung, die mich nicht entrüstete, aber eifersüchtig machte, geradezu sentimental. (Fisch, Homo Faber, S. 124) ‹ViF›

STEHEN ... 1 ... (5) Es war der winterliche Klassiker, aber er traf mich völlig ohne Vorwarnung, weil ich am Wochenende bei eisigen Temperaturen keinerlei Probleme mit meinem Auto gehabt hatte – obwohl der Wagen eine Woche gestanden hatte und dick eingeschneit war. (Braunschweiger Zeitung, 06.01.2009) ‹E-VALBU›

FÜHREN ... 9 ... (4) Der Zaurus ist ein Alleskönner. Er führt einen Terminkalender bis zum Jahr 2099, verwaltet eine Aufgabenliste, nimmt Hunderte von Adressen und Telefonnummern auf, weckt seinen Besitzer morgens mit Piepston oder erinnert ihn tagsüber an Termine, kann Tabellen erstellen, Texte speichern und Briefe formatieren. (Nürnberger Nachrichten, 05.11.1997, S. 34)
10 ... (2) Ich staunte, welchen Sinn für dramatische Effekte er hatte und wie er die zweihundert Bernburger Bürger anfeuern, begeistern und führen konnte, sodass sie täglich, ohne zu murren, stundenlang probten. (nach Grisebach, Frau)
13 ... (7) Scheinbar völlig unbeteiligt pickte Gerda konzentriert Krümel ihres Croissants mit der Spitze des rechten Zeigefingers auf, den sie immer wieder wie einen Schnuller zwischen ihre Lippen führte. (die tageszeitung, 07.03.1992, S. 40) ‹E-VALBU›

Vor diesem Hintergrund gilt die Praxis der Kombination der Anführung der KBei *und* der BBei als kompetenzbestätigendes und -erweiterndes Sprachmaterial als gerechtfertigt. Diese Praxis kann zusätzlich auf das Kompetenzniveau der Zielgruppe ausgerichtet sein: In der Forschungsliteratur finden sich Stimmen dafür, in der pädagogischen Lexikographie für die Grundstufe mit KBei und erst in den Nachschlagewerken für Benutzer mit einer höheren Kompetenzstufe in der Zielsprache mit BBei zu arbeiten (Humble 1998; vgl. Svensén 2009: 284; Potter 1998: 358).

Das Charakteristikum des kompetenzerweiternden Potentials der BBei bezieht sich jedoch grundsätzlich nicht auf mitdokumentierte lexikographisch irrelevante Einzelheiten sachlichen Charakters, wie etwa Abkürzungen, Fachausdrücke etc. (4.4.3.1). Wenn zu einer mangelhaften Prototypikalität eine unangemessene Überfrachtung mit irrelevanten Details kommt, dann entstehen funktionale Pseudobeispiele, die in einer überwiegenden Mehrheit BBeiA sind (4.3.3).

In Bezug auf das BBei, seine breiter angelegte Funktionalität und den immanenten Funktionalitätsaspekt der Dokumentation ist in der metalexikographischen Diskussion ein Ansatz existent, der besagt, dass das BBei sich für die Dokumentation sprachlicher Variationen oder generell des sprachlich Besonderen eignet (etwa Hausmann 1977: 83; Zöfgen 1994: 194; Gorbačevič 1982[78]: 160; vgl. Haß 1991: 563; Herbst/Klotz 2003: 272; Nikula 1986: 190). So schlägt Hausmann (1977: 83) für die gegenwartssprachlich ausgerichtete Lexikographie Folgendes vor:

> Der zitierende Lexikograph sucht bei dem zitierten Autor das stilistisch Schöne, Ungewöhnliche oder auch das inhaltlich Interessante. Für den banalen Satz [...] wird man keinen berühmten Namen bemühen, zitiert werden der Aphorismus [...], der metaphorische Gebrauch [...] oder ganz einfach der stilistisch eigenwillige Satz (vgl. dazu Zöfgen 1994: 194; 1986: 231; Bergenholtz/Mugdan 1990: 1618)

Ferner wird dieser Ansatz in Hinsicht auf die Zielgruppe näher spezifiziert:

Die beschriebene Zitatpraxis hat ihre Berechtigung für den gebildeten Muttersprachler, der das sprachlich Durchschnittliche und Anspruchslose besitzt und das höhere, literarische Vorbild sucht. Ganz anders für den Fremdsprachenlerner, der gerade das sprachlich Üblichste, Alltäglichste, Banale, das merkmallose Beispiel sucht, für das der Muttersprachler kein Wörterbuch aufschlägt! Für den L2-Lerner ist das Zitatverfahren wertlos, wenn nicht gar gefährlich, weil er allzuleicht für merkmallos und gebräuchlich hält, was doch gerade wegen seiner Merkmalhaltigkeit verzeichnet worden ist. (Hausmann 1977: 83; vgl. dazu Zöfgen 1994: 194; 1986: 231; Bergenholtz 1994: 427)

Dies lässt eine grundsätzliche Einschränkung je nach Wörterbuchtyp erkennen. Im Rahmen dieses Ansatzes hinterfragt Zöfgen (1994: 193) ferner, „welche Vorteile es mit sich bringt, wenn man für das Übliche, Alltägliche und Merkmallose einen Autor oder ein Textkorpus bemüht" bzw. wenn für inhaltlich banale Sätze Schriftsteller als „Kronzeugen" herangezogen werden (ebd.; vgl. Zöfgen 1982: 28; 1986: 231). Diesem Standpunkt schließt sich Abel (2000: 168) mit dem Argument an, dass ein Lernerwörterbuch auf dem Niveau des Grundwortschatzes „das geläufige Sprachmaterial einer Sprache und nichts Außergewöhnliches enthält" (ebd.). Tatsächlich sind in der empirischen Basis der vorliegenden Untersuchung BBeiA existent, die allgemeine Sachverhalte beinhalten sowie in Bezug auf ihre Struktur keine Auffälligkeiten aufweisen:

STEHEN ... 22 ... (2) Unsere Chancen stehen gut. (Mannheimer Morgen, 10.07.1995, S. 27) ‹E-VALBU›
DAUERN ... 1 ... (10) Wie lange wird die Party dauern? (Zeit, 11.01.1985, S. 9) ‹E-VALBU›
TRENNEN ... 3 ... (4) Kein Zaun trennt den Hof vom Wald. (Strittmatter, S. 86)
6 ... (8) Ich trenne zu Hause den Müll. (Mannheimer Morgen, 02.10.2000) ‹E-VALBU›
DENKEN ... Ich dachte nie daran, ihn zu verlassen. (Bild, 16.1.1967, S. 8) ‹ViF›

In diesem Zusammenhang spielt bei den BBeiA der Funktionalitätsaspekt der Demonstration im weiten Sinne eine für den Bereich der pädagogischen Lexikographie primäre Rolle. Der Funktionalitätsaspekt der Dokumentation, mit dem traditionellerweise eine philologische Funktion verbunden ist (4.2.2), ist in der Valenzlexikographie vertreten, und zwar im Zusammenhang mit der Kodifikation sprachlicher Variationen: So werden etwa sprachvarietätscharakteristische Variationen zur abweichenden Perfekt-Bildung im Angabebereich *Anmerkungen* in E-VALBU kennzeichnenderweise durchgehend mit BBeiA dokumentiert:

STEHEN ... 1 ... • Das Perfekt von **stehen** kann regional, besonders in Süddeutschland, Österreich und der Schweiz, mit *sein* gebildet werden:
(6) Beim Verlassen der Bank stieg er in einen Wagen, der seit dem Morgen vor der Filiale gestanden war. (Neue Kronen-Zeitung, 26.04.1994, S. 18)
(7) „Auf dem Platz ist noch teilweise das Wasser gestanden. Der Boden war sehr tief, den hätten wir umgeackert." (Burgenländische Volkszeitung, 11.03.2009, S. 67)
3 ... • Das Perfekt von **stehen** kann regional, besonders in Süddeutschland, Österreich und der Schweiz, mit *sein* gebildet werden:

> (8) Beide Verkehrsteilnehmer sagten aus, die Ampel sei auf „Grün" gestanden, als sie die Kreuzung hätten. (St. Galler Tagblatt, 09.06.2009, S. 38)
> 4 ... • Das Perfekt von **stehen** kann regional, besonders in Süddeutschland, Österreich und der Schweiz, mit *sein* gebildet werden:
> (15) Als einer von insgesamt 14 österreichischen Experten war auch Raab auf der Liste gestanden. (Die Presse, 22.04.1997; „Mister Euro")
> (vgl. ferner die auch Lesarten 5, 6, 7, 8, 9, 11, 12, 13, 14, 15, 16, 17, 18, 19, 21, 22) ‹E-VALBU›

In diesen Fällen kommt in der Valenzlexikographie der Funktionalitätsaspekt der Dokumentation bei BBei zur Geltung.

### 4.2.2.1.4 Untermauern anderer Angaben

Im Zusammenhang mit dem Untermauern anderer Angaben im SK ergeben sich grundlegende Unterschiede zwischen dem KBei und dem BBei, die auf die Entstehungshintergründe und insbesondere auf das Vorhandensein der Entsprechungen unter den Belegen in der empirischen Wörterbuchbasis zurückgehen. Unter Rekurs auf die Belege mit dem wörterbuchbasisbezogenen Status (3.3), deren Abbildung die BBei darstellen, ist einzusehen, dass das BBei ein *zweiseitiges* Verhältnis zu anderen Angaben im SK aufweist, indem es sie *untermauert* bzw. *stützt* (vgl. Klosa 2011: 291; Herbst/Klotz 2003: 272f.; Scholze-Stubenrecht 2001: 49; vgl. Haß 1991a: 275). Aufgrund der Belege der empirischen Wörterbuchbasis werden lexikographische Angaben erarbeitet, in einem weiteren Arbeitsschritt werden sie zum Zweck der objektsprachlichen Demonstration mit BBei versehen; Schaefer (1990: 152) formuliert diesen Vorgang wie folgt: „Der Lexikograph komprimiert im Beschreibungstext den Befund aus dem Gesamtmaterial und ordnet der Beschreibung dieses Befundes eine Belegauswahl zu". Anders verhält es sich beim KBei: Aufgrund seiner Entstehung erst beim Abfassen eines WbA und des Fehlens einer Entsprechung in der empirischen Wörterbuchbasis ergibt sich das grundsätzliche Charakteristikum seines *einseitigen* Verhältnisses zu anderen Elementen des SK. Das KBei kann andere Angaben im Zuge ihrer Erarbeitung nicht untermauern. Daraus ergeben sich weitere relevante Befunde.

Die erarbeiteten metasprachlichen Angaben, um deren Untermauern es geht, sind zum einen die BPA und zum anderen die Strukturformeln. In diesem Zusammenhang erhalten die BBeiA eine besondere Objektivierungsfunktion (Schaefer 1990: 152; vgl. Simpson 2003: 268; Lenz 1998: 6), indem aufgrund des Funktionalitätsaspektes der Dokumentation mit den BBeiA lexikographisch kodifizierte Befunde nachgewiesen werden können (vgl. Bergenholtz/Mugdan 1990: 1619); so kommt die Nachweis-Tradition des BBei nach Haß (1991) zur Geltung. Gorbačevič (1982[78]: 157) spricht in diesem Zusammenhang expressis verbis über „das bestätigende Zitat". Ferner kann anhand der angeführten BBeiA auch die Angemessenheit der lexikographischen Kodifikation der Befunde beurteilt werden.

Für die KBeiA, die ein *einseitiges* Verhältnis zur BPA aufweisen, und zwar das der Demonstration, birgt das Fehlen einer empirischen Entsprechung und der Möglichkeit des Untermauerns der Erarbeitung der BPA den potenziellen Nachteil, dass sie *beeinflussbar* erscheinen können. Das Vorhandensein einer bereits formulierten BPA kann zur Steuerung des KBei führen: „Es kann allerdings nicht geleugnet werden, daß das Interesse, eine bestimmte Explikation zu unterstützen, die Bildung des Beispiels stark beeinflussen kann.", so Ballweg et al. (1981: 52). Die Beeinflussbarkeit des KBei im Verhältnis zur BPA bringt Landau (2004: 210) in einer metaphorischen Weise wie folgt zum Ausdruck: „Using invented examples is like fixing a horse race: the lexicographer invents an example to justify his definition instead of devising a definition to fit the examples.".

Diese Tendenz wird in Schierholz (2001: 67) bei empirischen Analysen der Wörterbücher festgehalten: „Die Beispiele, die verwendet werden, haben jedoch fast nie prototypischen, sondern nur illustrativen Charakter, weil sie zu den Aussagen ausgesucht sind und nicht zur systematischen Überprüfung derselben dienen.".[42] Das ist dann der Fall, wenn das KBei nicht als ein repräsentatives, für einen objektiv existierenden Sprachgebrauch protototypisches Beispiel, sondern vielmehr als eine Fortsetzung der BPA auftritt. Dieser Sachverhalt wird in COBUILD (1987: XV) wie folgt charakterisiert: „invented examples are really part of the explanations. They have no independent authority [...], and they are constructed to refine the explanations and in many cases to clarify the explanations. [...] They do not say 'This is how the word is used', but rather 'This will help you to understand the sense'." (vgl. Prinsloo/Gouws 2000: 147; Cowie 1989: 59f.). Diese Tendenz hält Siepmann (2007: 253) bei empirischen Analysen fest und führt dazu Folgendes aus: „The examples given [...] might be referred to as 'defining' or 'explanatory'; the dictionary makers must have felt the definition to be lacking in concreteness and therefore made up examples that would clarify the meaning. Inevitably, this results in rather lengthy co-ordinate example sentences" (ebd.). Dies hält auch Müller (1984: 382f.) in Bezug auf „schlecht erfundene Beispielssätze" (1984: 382) fest: Manche KBeiA sind grundsätzlich sprachunüblich und deshalb auch anfechtbar, weil sie nachweislich zur BPA gebildet werden. Hinzu kommt, dass einige der BPA selbst in semantischer Hinsicht nicht einwandfrei erscheinen, was schließlich die Identifizierung der beeinflussten KBeiA erlaubt, so Müller (ebd.): „Der Grund für solche falsch erfundenen Beispielsätze liegt u. a. in der ungenügend differenzierten BE [Bedeutungserklärung, K.L.], die man als ungenügend selbst hätte falsifizieren können, wenn man

---

42 „[Die] Methode der Selektion passender Beispiele zur Stützung linguistischer Argumente bei gleichzeitiger Vernachlässigung unpassender Beispiele ist ziemlich fragwürdig. Sie ist auch aus der analytischen Sprachphilosophie bekannt und führt nur zu einer Scheinlegitimation; im Zeitalter digitaler Korpora ist sie ohnehin überholt.", so Wiegand (2010a: 167; vgl. dazu auch Schierholz 2008). Näheres zum Authentizitätskriterium bei der lexikographischen Arbeit auf der Corpusgrundlage folgt in 4.2.2.2.1.

die semantische Umkehrprobe vorgenommen hätte.". Solche sprachunüblichen KBeiA entsprechen zum einen nicht der Sprachwirklichkeit, was auschlaggebend erscheint, zum anderen sind sie auch in der Hinsicht auffällig, dass sie durch die Ausgerichtetheit auf die Unterstützung einer bereits formulierten BPA ggf. nur sehr wenig an impliziten Informationen bieten. In diesem Zusammenhang stellt Müller (1984: 383) die folgende Forderung an die BeiA auf: „Grundsätzlich ist in bezug auf die illustrierenden Beispiele zu sagen, daß sie nicht nur sprachüblich sein sollen, sondern daß sie zusätzliche Aussagen – z. B. zur Kollokation, zum präpositionalen Anschluß – enthalten sollen" sowie ferner dass bei mehreren SSK die BeiA zudem als „bedeutungsidentifizierend" (ebd.) fungieren sollen.

Den Befund der Beeinflussbarkeit des KBei hält Zöfgen (1982: 48) auch in Bezug auf das Verhältnis zu Strukturformeln fest: Nach Zöfgens (ebd.) Analysen „zielen die (bzw. einige) Beispielsätze schwerpunktmäßig auf die Anwendung der im Satzbauplan formulierten Konstruktionsregeln und erleichtern dem Benutzer das Verstehen dessen, was in den Strukturformeln nicht explizit gemacht wird".

Diese Befunde bilden einen zweiten Bereich der potentiellen Beeinflussbarkeit des KBei. Zwar sind die KBei von ihrer Natur aus in einer maximalen Weise auf die Demonstration des Prototypischen ausgerichtet (4.2.2.1.3), jedoch müssen die Inhalte selbst, die vom Lexikographen als prototypisch erarbeitet werden, anhand einer empirischen Basis systematisch untermauert bzw. abgesichert werden. Dies können die KBei aufgrund ihres einseitigen Verhältnisses zu anderen Elementen des SK nicht gewährleisten. Des Weiteren zeugen diese Befunde von der Notwendigkeit einer *systematischen* empirischen Wörterbuchbasis auch für die Objektivierung der KBei (Näheres dazu in 4.2.2.2.2). Das Untermauern und Objektivieren anderer Angaben kommt den BBei zu, was wiederum auf den ihnen immanenten Funktionalitätsaspekt der Dokumentation zurückgeht. Andererseits sind BBei, was den Funktionalitätsaspekt der Demonstration angeht, nicht ohne Weiteres auf die Demonstration des Prototypischen ausgerichtet (4.2.2.1.3). Aus diesem Grunde haben die KBeiA ihren besonderen Platz in der pädagogischen Lexikographie.

Somit ist zu der tradierten Gegenüberstellung und Diskussion der Grundtypen des lexikographischen Beispiels festzuhalten, dass die radikale Kritik an einzelnen Beispieltypen bei näherem Hinsehen nicht stichhaltig erscheint und zudem oft eine ideologische Komponente aufweist (vgl. dazu Svensén 2009: 285; Prinsloo/Gouws 2000; Prinsloo 2013: 513f.; Humble 1998: 593; Adamska-Sałaciak 2006: 179). Prinsloo/Gouws (2000: 146) halten in diesem Zusammenhang Folgendes fest: „It unfortunately became an ideological struggle resulting in loss of perspective where supporters of a strategy only emphasized the virtues of their strategy and highlighting the shortcomings of the alternative method rather than taking the best of both alternatives." (vgl. Kilgarriiff et al. 2008: 426; Atkins/Rundell 2008: 456). Hinzu kommt, dass die tradierte Gegenüberstellung oft lediglich auf der Anführung von Einzelbeispielen beruht (vgl. dazu Pöll 2002: 138). Die Argumentationen, die auf Einzelbeispielen aufgebaut sind, sind insbesondere in Mugdan (1985) und Zöfgen (1986: 231f.;

1994: 193ff.) ausgeprägt. Zugleich sieht Zöfgen (1994: 193; 1986: 230) den Standpunkt einer radikalen Kritik an das KBei, die etwa in Mugdan (1985) zum Ausdruck gebracht wird, im großen Zusammenhang als voreilige Schlüsse an. Auch Gorbačevič (1982[78]: 158) weist darauf hin, dass „die Kritik einzelner Beispiele überhaupt nicht bedeutet, daß eben dieses Verfahren der Illustration selbst unannehmbar ist".

Die hier durchgeführte Analyse der Gegenüberstellung und Diskussion der Grundtypen nach einzelnen Aspekten hat gezeigt, dass das KBei und das BBei einerseits grundsätzliche Gemeinsamkeiten teilen, wie etwa das Charakteristikum der Funktionalität als Zitat im weiten Sinne (4.2.2.1.1) wie auch das einer graduellen Abstufung der Authentizität im weiten Sinne (4.2.2.1.1), andererseits jedoch teilweise unterschiedliche Stärken und Schwächen aufweisen. So ist das KBei von seinem Wesen her in besonderer Weise auf die Demonstration des Typischen und Prototypischen ausgerichtet (4.2.2.1.3), das Typische und Prototypische selbst muss jedoch anhand der empirischen Grundlage erarbeitet werden, was die KBei aufgrund des einseitigen Verhältnisses zu anderen metasprachlichen Angaben im SK nicht gewährleisten können (4.2.2.1.4). Im Gegensatz dazu ist das BBei in Hinsicht auf die Demonstrationsschwerpunkte nicht ohne Weiteres auf die Demonstration des Typischen ausgelegt, sei es (a) durch eine ggf. mangelhafte Prototypikalität oder (b) durch die in den BBei enthaltenen sprachlichen wie auch nichtsprachlichen Sachverhalte (4.2.2.1.3). Dies lässt sich durch den immanenten Funktionalitätsaspekt der Dokumentation erklären (4.2.2). Nichtsdestoweniger kann das BBei aufgrund des Funktionalitätsaspektes der Dokumentation andere Angaben im SK untermauern.

Vor dem Hintergrund dieser Unterschiede kommt eine in der Forschungsliteratur punktuell festgehaltene „Komplementarität der beiden Beispieltypen" (Rothe 2001: 185; vgl. Gorbačevič 1982[78]; Lenz 1998: 71; Drysdale 1987: 213f.; Humble 1998: 593) zur Geltung. Eine solche Komplementarität und Relativierung manifestiert sich in besonderer Weise im Wesen des CorBei.

### 4.2.2.2 Das Corpusbeispiel als Mischtyp

In einem ersten, engen Sinne ist das CorBei ein BBei, das einem Corpus entstammt (vgl. WLWF-1: 660, BEISPIELANGABE; 750, CORPUSBEISPIELANGABE). Ein Corpus wird in Lemnitzer/Zinsmeister (2015: 13) wie folgt definiert:

> Ein Korpus ist eine Sammlung schriftlicher oder gesprochener Äußerungen. Die Daten des Korpus sind typischerweise digitalisiert, d.h. auf Rechnern gespeichert und maschinenlesbar. Die Bestandteile des Korpus bestehen aus den Daten selber sowie möglicherweise aus Metadaten, die diese Daten beschreiben, und aus linguistischen Annotationen, die diesen Daten zugeordnet sind. (vgl. auch WLWF-1: 749, CORPUS; Klosa 2007: 106f.)

Die Entstehung des CorBei ist auf die Zugrundelegung des Textcorpus als Arbeitsgrundlage sowie die Einbeziehung corpuslinguistischer Methoden in die Lexikographie zurückzuführen. Da die Corpuslinguistik generell einen relativ jungen Bereich der Linguistik darstellt (vgl. Schierholz 2008a: 1) und der Einsatz des Textcorpus in der Lexikographie eine vergleichsweise junge Tradition hat (Engelberg/Lemnitzer 2009: 238), fungiert das CorBei als ein chronologisch jüngerer Beispieltyp im Vergleich zu den Grundtypen des lexikographischen Beispiels (4.2.2).

Das Corpus – wie auch die Belegsammlung – beruht auf dem Belegprinzip; vor diesem Hintergrund gilt für das CorBei wie auch für das BBei generell das Belegprinzip. Zwischen dem Corpus und der Belegsammlung existieren jedoch relevante Unterschiede, die ferner auch das Wesen des CorBei beeinflussen:

(1) in Hinsicht auf die Zusammensetzung der Materialbasis ist ein grundlegendes Charakteristikum digitaler computerlesbarer Textcorpora ihre *Balanciertheit* bzw. *Ausgewogenheit* (Schierholz 2005: 87; 2008a: 8; 2012: 320; Mann/Schierholz 2014: 8; Prinsloo 2009: 183; Rundell/Atkins 2013: 1341f.; vgl. Heid 2008: 134): „Dabei ist gemeint, dass das Corpus nicht auf bestimmte Textsorten und Themen beschränkt ist, nicht nur Texte von einem Autor, nicht nur Texte einer knappen Zeitspanne, nicht nur Texte aus einer Region enthält." (Schierholz 2012: 320). In diesem Zusammenhang findet grundsätzlich „eine Öffnung gegenüber nichtliterarischen Textsorten" (Rothe 2001: 183) statt, da „die Bevorzugung der schöngeistigen Literatur zweifellos zu einem einseitigen Bild [führt]" (Bergenholtz/Mugdan 1990: 1619). Aufgrund des Charakteristikums der Balanciertheit bzw. Ausgewogenheit kommt dem Textcorpus der Anspruch zu, als „eine Stichprobe aus der Grundgesamtheit ‚Sprache'" (Schierholz 2008a: 7), eine „herausgehobene Teilmenge der Grundgesamtheit" (Haß 1991a: 226) zu gelten, so dass dadurch angenommen werden kann, dass das Corpus *repräsentativ* erscheint (vgl. Rundell/Atkins 2013: 1339; Herbst/Klotz 2003: 274; Schierholz 2008a: 7).[43] Dies ist ein grundlegender Unterschied im Vergleich zu Belegsammlungen:

> Gegenüber anderen Sammlungen linguistischer Daten werden Corpora in aller Regel mit dem Anspruch zusammengestellt, eine bestimmte Sprache oder Sprachvarietät, eine bestimmte Textsorte oder kommunikative Gattung oder bestimmte sprachliche [...] oder außersprachliche [...] Phänomene repräsentativ und mit Blick auf bestimmte (Recherche-, Analyse-)Zwecke zu dokumentieren. Die Auswahl und Zusammenstellung der Corpusdaten richtet sich nach diesen Zwecken. (WLWF-1: 749, CORPUS; Klosa 2007: 106)

---

[43] Allerdings kann die Arbeit mit Textcorpora nicht umfassend repräsentativ für die Sprache an sich erscheinen: „Jedes Corpus ist eine Stichprobe aus der Gesamtsprache, aber da man über diese Grundgesamtheit zu wenig weiß, kann man nicht festlegen, in welcher Zusammensetzung die Stichprobe repräsentativ für die Gesamtsprache ist. Daher kann man auf der Basis von Corpusanalysen nie zuverlässige Aussagen über die Gesamtsprache machen." (Schierholz 2012: 319; vgl. dazu Rundell/Atkins 2013: 1341; Herbst/Klotz 2003: 275). Aus diesem Grunde gilt Folgendes: "The goal, in other words, is 'balance' rather than 'representativeness'." (Rundell/Atkins 2013: 1341; vgl. Schierholz 2008a: 8).

Aufgrund der Balanciertheit bzw. Ausgewogenheit werden Textcorpora als *authentisch* angesehen, da sie das Sprachmaterial in seiner Originalität enthalten (Hundt 2008: 26; vgl. Schierholz 2008a: 9; Heid 2008: 134; Möhrs 2016: 35; Klosa 2007: 106; WLWF-1: 749, CORPUS). Die Belegsammlungen werden hingegen manuell zusammengestellt bzw. angesammelt und beruhen deshalb in Hinsicht auf ihre Zusammenstellung auf nichtnachprüfbaren Selektionskriterien (Bergenholtz/Schaeder 1985[77]: 285; Bergenholtz 1984: 17; Bergenholtz/Mugdan 1990: 1618f.; vgl. Rundell 1998: 320). Sie stellen aufgrund einer solchen immanenten Selektivität „eine willkürliche (und nicht im statistischen Sinn zufällige) Auswahl der einschlägigen Textstellen" dar (Bergenholtz/Mugdan 1990: 1619; vgl. Herbst/Klotz 2003: 273; Bergenholtz 1984: 17). Hundt (2008: 26) betrachtet Belegsammlungen als *nichtauthentische, elizitierte Corpora* und vermerkt ferner, dass sie den tatsächlichen Sprachgebrauch nicht widerspiegeln können: Nur authentische Corpora können statistisch ermittelte Befunde im Zusammenhang mit einem sprachlichen Phänomen liefern (ebd.; vgl. dazu Töpel 2014: 299; Bergenholtz/Mugdan 1990: 1620; Klosa 2007: 108).[44] Die Möglichkeit der Ermittlung statistischer Befunde beruht ferner auf einer viel größeren Größe des Corpus im Vergleich zu Belegsammlungen.

(2) Aufgrund der digitalen, computerlesbaren Speicherungsart bietet das Corpus die Möglichkeiten der maschinellen Datenverarbeitung und -auswertung großer Mengen an Sprachdaten. Dies eröffnet neue Dimensionen im Vergleich zu Belegsammlungen: „In der älteren Lexikographie war die Arbeit mit Zetteln die einzig mögliche, in der modernen Lexikographie können die Methoden der Datenverarbeitung genutzt werden." (Schierholz 2005: 86; vgl. Mann/Schierholz 2014: 15; Scholze-Stubenrecht 2001). Solche mit der Zugrundelegung des Corpus einhergehenden corpuslinguistischen Methoden umfassen insbesondere folgende Aspekte:

(a) Der Einsatz der Abfragesoftware und Abfragewerkzeuge, deren Existenz durch die Notwendigkeit der Bewältigung der Größe des Corpus bedingt ist: „[T]he availability of vast language corpora has moved the debate into the area of CQS [corpus query systems, K.L.] software, and its potential for maximizing the value of 'big data' while protecting lexicographers from information overload."

---

**44** Einen anderen Ansatz vertritt Scholze-Stubenrecht (2001: 43): „Der Begriff Korpus wird [...] sehr weit gefasst; die strukturellen Unterschiede, die etwa zwischen einem Zeitungsjahrgang auf CD-ROM und der Duden-Kartei oder einer Online-Datenbank oder einer Fachbibliothek bestehen, bleiben unberücksichtigt. Als Korpus gilt jede eine Einheit bildende Textmenge, in der durch wiederholbare, objektivierbare Suchoperationen Material für die lexikographische Arbeit gefunden werden kann." (vgl. auch Breiteneder 1996: 62f.). Eine solche weite Corpusauffassung macht zum einen die Erfassung grundlegender Unterschiede zwischen Corpus und Belegsammlung unmöglich, zum anderen, was im Zusammenhang mit dem lexikographischen Beispiel besonders relevant erscheint, kann sie das Wesen des *modifizierten* CorBei (4.2.2.2.2) nicht erklären. Die Möglichkeit des Modifizierens der Corpusbelege erfolgt jedoch auf der Grundlage eines Corpus und nicht einer Belegsammlung.

(Rundell/Atkins 2013: 1337; vgl. Herbst/Klotz 2003: 277; Rundell 1998: 322; Prinsloo 2009: 193ff.). Die Abfragemöglichkeiten bei der Auswertung der Sprachdaten sind wichtig für lexikographische Unternehmungen, da sie relevante Befunde aus den Corpora extrahieren und dem Lexikographen präsentieren (Lemnitzer/Zinsmeister 2015: 171; Kilgarriff et al. 2004).

(b) Die Aufbereitung bzw. Voranalyse des Textcorpus durch linguistische Annotation der enthaltenen Daten, wie die Berücksichtigung der Wortart (*part-of-speech-tagging*) bei der Corpussuche, oder das Lemmatisierungsverfahren, wenn einzelne flexionsmorphologische Formen der Ausgangsform zugordnet werden (Rundell/Atkins 2013: 1342; vgl. Prinsloo 2009: 190f.). Dies ermöglicht eine erstrebenswerte Präzision bei Corpusabfragen (vgl. Rundell/Atkins 2013: 1342), die in der lexikographischen Arbeit von grundlegender Relevanz erscheint, so Klosa et al. (2012: 75):

> Die Qualität der Textbelege, die für die lexikographische Bearbeitung zur Analyse zur Verfügung stehen, hängt nicht nur von der Korpuszusammensetzung, sondern auch von den Möglichkeiten, die die Korpusabfrage bietet, ab. Je gezielter ausschließlich Belege zu dem zu bearbeitenden Stichwort ermittelt werden können, desto zutreffender, vollständiger, gründlicher und ergebnisreicher kann die lexikographische Beschreibung werden. (vgl. Rundell 1998: 321)

(c) Die Möglichkeit der Ermittlung von Frequenzen anhand des Corpus: Aufgrund der Frequenzanalysen kann die Wörterbuchwürdigkeit bestimmter sprachlicher Phänomene und damit zusammenhängend auch bestimmter lexikographischer Angaben beurteilt werden (vgl. Schierholz 2005: 87; Mann/Schierholz 2014: 15; Lemnitzer/Zinsmeister 2015: 171; Herbst/Klotz 2003: 280; Rundell 1998: 322; Prinsloo 2009: 187f.). Corpora bieten somit fundierte statistische Einsichten in die Verbreitung sprachlicher Phänomene: „Für die Lexikografie haben Korpusanalysen [...] den enormen Vorteil, dass sie das in einer Sprache Übliche in hervorragender Weise beleuchten.", so Herbst/Klotz (2003: 275; vgl. Rundell 1998: 321; Atkins/Rundell 2008: 459). Dies hat ferner mit dem Aspekt der *Systematizität* zu tun: Anhand eines computerlesbaren Textcorpus kann der Lexikograph sprachliche Tendenzen fundiert und systematisch erfassen, während dies bei Belegsammlungen nicht im gleichen Maße möglich erscheint (vgl. Bergenholtz 1994a: 52). So vermerken Bergenholtz/Mugdan (1986: 132), dass die Arbeit mit „einer mehr oder minder willkürlich zusammengestellten Zitatensammlung" grundsätzlich „eine Trennung von Üblichem und Ungewöhnlichem nicht erlaubt" (ebd.).

(d) Die Verfügbarkeit eines größeren Kontextes bei den KWIC-Konkordanzen sowie ferner die Möglichkeit eines flexiblen Umgangs mit dem Kotext-Umfang:

> Another general problem of the lexicographic use of corpus data is the size of the relevant context. Many properties of words and word combinations can be explained by means of sentence-length contexts, but in some cases more context may be needed. In addition, the context may

contain numerous lexicographically relevant facts which may need to be recorded alongside a given phenomenon. (Heid 2008: 140; vgl. dazu Herbst/Klotz 2003: 278)

Insgesamt bezeichnet Heid (2008: 140) solche Sachverhalte als "'lexicographically relevant' context parameters". Ein elektronisch erfasstes Textcorpus bietet die grundsätzliche Möglichkeit der Verfügbarkeit eines ggf. als notwendig erachteten größeren Originalkontextes, der im Unterschied zu Belegsammlungen durch die Exzerption nicht endgültig festgelegt ist (vgl. Haß 1991a: 223ff.). Haß (1991a: 224) formuliert dies wie folgt:

> Der tatsächliche und wesentliche Unterschied zwischen Textkorpora und Belegsammlungen liegt m.E. in der Segmentierung der elementaren Einheiten (die bei Belegsammlungen traditionell eher weit unterhalb des Textranges vorgenommen wird) und der bei Textkorpora, vor allem wenn sie maschinell verfügbar sind, weitgehend uneingeschränkten Möglichkeit, den transphrastisch-textuellen Zusammenhang lexikalischer und syntaktischer Phänomene und komplexe Einheiten (Texte) in die Reihe der Erkenntnisziele mit aufzunehmen. (vgl. Scholze-Stubenrecht 2001: 46; Simpson 2003: 266)

Damit zusammenhängend können in einem computerlesbaren Corpus – im Unterschied zu Belegsammlungen – gezielte Suchoperationen durchgeführt werden (Scholze-Stubenrecht 2001: 46).

(e) Analytische Auswertungsmöglichkeiten syntagmatischer Charakteristika der lemmatisierten Einheit wie Kollokationspartner oder syntaktische Eigenschaften anhand der Kookkurenzanalysen, die automatisch aus den Corpusdaten ermittelt werden können und dem Lexikographen in Form von Kookkurenzlisten zur Verfügung gestellt werden (vgl. Möhrs 2011: 83). Bei den Kookkurenzanalysen spielt der Parameter der Frequenz eine entscheidende Rolle: „Tritt ein Muster statistisch signifikant auf, ist dies ein Indiz für Typizität.", so Möhrs (2011: 84). Durch die Möglichkeit der Auswertung syntagmatischer Charakteristika wird in besonderer Weise die syntagmatische Dimension in der lexikographischen Beschreibung gefördert (4.2.2.2.1).

Das Corpus als lexikographische Arbeitsgrundlage ermöglicht generell eine *systematische* und dadurch *objektivierte* Erfassung der zu beschreibenden Phänomene (Herbst/Klotz 2003: 274; Bergenholtz/Schaeder 1985[77]: 300; Rundell 1998: 320; Atkins/Rundell 2008: 459; Kilgarriff et al. 2004: 106; vgl. Schnörch/Storjohann 2012: 317). Die Art der Einbeziehung des Textcorpus beim lexikographischen Prozess kann variieren, indem die lexikographische Arbeit corpusgeleitet bzw. -gesteuert (*corpus-driven*) im Sinne von einer explorativen Auswertung des Corpus oder corpusbasiert oder -validierend (*corpus-based*) erfolgen kann, wenn die Einbeziehung des Textcorpus auf bestimmte vorhandene Vorannahmen und Entwürfe folgt (Klosa et al. 2012: 72f.; Klosa 2007: 111ff.; Schnörch/Storjohann 2012: 313; Heid 2008: 138f.). Einzelne Einsatzbereiche der Corpora für lexikographische Unternehmungen sind vielfältig (Heid 2008: 138ff.; Lemnitzer/Zinsmeister 2015: 170ff.; Engelberg/Lemnitzer 2009: 239f.; Kilgarriff 2015; Prinsloo 2009: 184f.); im Zusammenhang mit den BeiA sind folgende Aspekte relevant:

(1) Die Corpusdaten stellen eine Quelle für BeiA dar (Haß 1991a: 233; Lemnitzer/Zinsmeister 2015: 171; Engelberg/Lemnitzer 2009: 239; Heid 2008: 142f.; Kilgarriff 2015: 91; Scholze-Stubenrecht 2001: 49; Prinsloo 2009: 184; Gouws/Prinsloo 2005: 33f.; Bergenholtz/Schaeder 1985[77]: 281), indem die im Corpus enthaltenen Corpusbelege zu CorBeiA abgebildet werden können. So führt Svensén (2009: 284) dazu Folgendes aus: „The examples are already there, and corpora are now so large that good examples can be found for most words, even for those that are not very frequent." (vgl. Fox 1987: 147; Potter 1998: 358).

(2) Durch die Möglichkeit einer analytischen, frequenzbasierten Auswertung großer Mengen an Sprachdaten entsteht für die lexikographische Bearbeitung eine Evidenz des Usuellen und Typischen in Bezug auf die Eigenschaften der lemmatisierten Einheit, dessen Demonstration im lexikographischen Beispiel grundsätzlich angestrebt wird, so dass diese Eigenschaften und Charakteristika in besonderer Weise im CorBei zum Ausdruck kommen können (Näheres dazu in 4.2.2.2.1).

(3) Auf der Grundlage der Charakteristika der *Authentizität* in Hinsicht auf die Zusammensetzung des Corpus sowie der *Systematizität* bzw. *Objektivierung* der unter dem Einsatz corpuslinguistischer Methoden ermittelten Befunde erfolgt eine relevante Verlagerung der Authentizitätsauffassung auf das zugrunde gelegte Wörterbuchcorpus in der lexikographischen Arbeit (4.2.2.2.1). Dies hat einen weitreichenden Einfluss auf das Wesen des CorBei, da dadurch eine Entgrenzung der früheren Auffassung der Unmöglichkeit der Modifizierung der Belege bei der Verbeispielung (4.2.2.1.1) erfolgt. Das CorBei lässt Modifizierungen der Corpusbelege seitens des Lexikographen zu, so dass das CorBei in einem zweiten, weiten Sinne ein *modifiziertes Corpusbeispiel* beinhaltet. Dies stellt eine Relativierung der Gegenüberstellung der Grundtypen des lexikographischen Beispiels und somit ein konzeptionelles Novum dar (4.2.2.2.2).

### 4.2.2.2.1 Das Usuelle und Typische im Corpusbeispiel

Die Behandlung der Demonstration des Usuellen und Typischen im CorBei steht mit den folgenden zwei Aspekten im Zusammenhang: (1) mit der Verlagerung der Authentizitätsauffassung auf das zugrunde gelegte Wörterbuchcorpus sowie (2) mit dem Einsatz corpuslinguistischer Methoden für die Ermittlung der in Bezug auf die lemmatisierte Einheit als typisch erachteten Eigenschaften, die in den lexikographischen BeiA demonstriert werden sollen.

Zu (1): Die Zugrundelegung des Corpus als Arbeitsgrundlage im lexikographischen Prozess führt zur Authentizitätsauffassung des auf der Corpusgrundlage erarbeiteten Wörterbuchs: „Die Befolgung des Corpusprinzips gewährleistet die Authentizität eines Wörterbuchs." (WLWF-1: 751, CORPUSPRINZIP). Dies ist eine Verlagerung des Aspektes der Authentizität, der im Zusammenhang mit den BeiA von besonderer Relevanz erscheint (4.2.2.1.1). Diese Verlagerung wird bereits in Henne (1977a: 7) mit Überlegungen zu einer „corpusorientierten Authentizität" (ebd.) angedeutet, indem der Begriff der Authentizität in der lexikographischen Beschreibung generell an den Begriff der Repräsentativität des zugrunde gelegten Textcorpus angebunden wird. Ferner plädiert Nikula (1986: 190) – unter Verweis auf Henne (1977a) – dafür, dass der Aspekt der Authentizität vielmehr am Wörterbuchcorpus beurteilt werden soll. In diesem Zusammenhang führt Nikula (ebd.) Folgendes zu der traditionellerweise als gegeben erachteten Authentizität des BBei und der Authentizität der lexikographischen Beschreibung anhand eines Corpus aus:

> Wenn aber auch sog. authentische Beispiele, d. h. Belege, die Texten entnommen sind, grundsätzlich nicht als lexikalische Beispiele im angegebenen Sinne geeignet sind, muß natürlich authentisches Material, ein repräsentatives Corpus, bei der Ausarbeitung des Wörterbuchs verwendet werden, denn sonst kann das Wörterbuch den aktuellen Sprachgebrauch nicht spiegeln. Die Authentizität muß auf der Repräsentativität des Textcorpus bauen.

Auch Zöfgen (1994: 194) argumentiert, dass der Lexikograph „das Textkorpus allenfalls auf der Stufe des ‚Entdeckungszusammenhanges' zu Rate ziehen [wird]" (vgl. Zöfgen 1986: 231), und zwar als eine Gegenüberstellung zur Befolgung des Belegprinzips im Zusammenhang mit BeiA in der pädagogischen Lexikographie. In einer korrespondierenden Weise fordert dies auch Henne (1977: 48): „Die Wörterbuchwelt darf nicht nur erschaffen werden auf der Basis der Kenntnis eines Einzelnen, dessen Kompetenz gefiltert ist durch sein notwendiges besonderes Interesse und seine je besondere Lebensgeschichte; vielmehr muß die Authentizität der Texte seine semantische Interpretation der Wörter leiten.". Eine grundsätzliche Überlegenheit der Corpusgrundlage im Vergleich zum lediglich kompetenzgestützten Vorgehen im lexikographischen Prozess besteht darin, dass der Lexikograph als Einzelperson von Grund auf nicht fundiert und umfassend alle Variationen berücksichtigen kann, denn man beurteilt immer aufgrund seiner eigenen Kompetenz (vgl. dazu Haß 1991a: 230f.; Schierholz 2005: 86f.; 2008: 40; Prinsloo/Gouws 2000: 150; Humble 1998: 596; Schnörch/Storjohann 2012: 317). Steinbügl (2005: 4) formuliert dies wie folgt: „maschinell gewonnene Daten [beruhen] auf einer breiteren Grundlage und sind daher verlässlicher als die Intuition eines einzigen Muttersprachlers".

In Bezug auf die Corpusgrundlage in der Lexikographie halten Schnörch/Storjohann (2012: 311) jedoch fest, dass „zuverlässige und authentische Informationen nicht ausschließlich mit Korpusdaten lexikografisch benannt werden können"; vielmehr gelten als notwendige Voraussetzungen für die Auffassung der Authentizität des Wörterbuchs und lexikographischer Angaben (a) eine *explorative* Corpusauswertung im lexikographischen Prozess, indem die Erarbeitung des WbA corpusgeleitet bzw. -gesteuert erfolgt – *ab initio* nach Moon (2016: 131) – und nicht corpusbasiert (Schnörch/Storjohann 2012: 313); (b) die ermittelten Angaben dürfen nicht ausschließlich automatisiert aus dem Corpus extrahiert werden, sondern bedürfen einer Interpretation der extrahierten Daten seitens des Lexikographen (ebd.: 316f.). Eine corpusgesteuert erarbeitete *corpus based evidence* stellt eine grundlegende Verbesserung der Qualität der lexikographischen Beschreibung dar (vgl. Herbst/ Klotz 2003: 274; Kilgarriff 2015: 94; Rundell 1998: 320; Siepmann 2007: 235) und bildet eine Grundlage für die Authentizitätsauffassung des erarbeiteten Wörterbuchs. Die Notwendigkeit der Corpusgrundlage bei der Gestaltung des lexikographischen Prozesses gilt gemeinhin als Konsens (Heid 2008a: 99; Schnörch/ Storjohann 2012: 317; Engelberg/Lemnitzer 2009: 238; Rundell 2006: 323f.).

Zu (2): In Hinsicht auf den Einsatz corpuslinguistischer Methoden für die Gewinnung des angestrebten Usuellen und Typischen in Bezug auf die lemmatisierte bzw. sublemmatisierte Einheit spielen zwei Parameter eine grundlegende Rolle für das CorBei: (a) die Evidenz der corpusanalytisch ermittelten Befunde zur syntagmatischen bzw. kotextuellen Dimension der lemmatisierten Einheit, die in CorBei demonstriert werden soll, sowie (b) Verfahren zur automatisierten Gewinnung bzw. Vorselektion der Corpusbelege, die für die Verbeispielung geeignet sein können.

(a) Der Einsatz des Textcorpus und corpuslinguistischer Datenauswertungsmethoden hat in besonderer Weise die syntagmatische Dimension, d. h. Distributionscharakteristika der zu beschreibenden Einheiten präzisiert (vgl. Heid 2008: 144; Rundell 1998: 321) und dadurch die syntagmatischen Angaben gefördert (Heid 2008: 142; Lemnitzer/Zinsmeister 2015: 171). In diesem Zusammenhang können kotextuelle Charakteristika der lemmatisierten Einheit anhand der Corpusdaten fundiert ermittelt werden (vgl. Lemnitzer/Zinsmeister 2015: 171; Prinsloo 2013: 512; Kilgarriff 2015: 84ff.), gewährleistet durch die Nutzung frequenzbasierter Verfahren für ihre Bestimmung. Dies gilt für die Gewinnung der Kollokationspartner als statistisch signifikante Wortkombinationen (Herbst/Klotz 2003: 87; 278f.; Klosa et al. 2012: 81f.; Lemnitzer/Zinsmeister 2015: 177ff.) wie auch syntaktischer Konstruktionen sowie der als typisch identifizierten syntagmatischen Eigenschaften der lemmatisierten Einheit generell. Bei der Bestimmung der Kollokationspartner auf statistischem Wege spielt jedoch die Balanciertheit bzw. Ausgewogenheit des Wörterbuchcorpus eine entscheidende Rolle, weil eine ggf. gegebene Dominanz bestimmter Themenbereiche im Corpus negative Auswirkungen auf die Bestimmung der Kollokationspartner haben kann; dies gilt in besonderem Maße für eine große Präsenz politischer Diskurse in den Zeitungscorpora (Klosa et al. 2012: 81).

Solche anhand des Corpus ermittelten kotextuellen Charakteristika der lemmatisierten Einheit können gezielt in den CorBei demonstriert werden:

> There is no doubt that using corpora as a regular part of the compilation process has brought about great improvements in the usefulness and naturalness [...] of the examples published in learners' dictionaries. More often than not, the examples now include one or more useful collocations and, where appropriate, a range of grammatical patterns. (Potter 1998: 358; vgl. Landau 2004: 209)

Solche Charakteristika werden ferner mit dem angestrebten Usuellen und Typischen in den BeiA in Zusammenhang gebracht, so Atkins/Rundell (2008: 459): „'Typicality' is easy enough to recognize: for all but the rarest items, a large corpus will show the contexts, syntactic patterns, collocations, and multiword expressions in which a word is most frequently found, and these represent its typical forms of behavior.". Dadurch verringert sich ferner das Merkmal mangelnder Prototypikalität, das dem BBei zukommen kann (4.2.2.1.3) wie auch Auffälligkeiten in Hinsicht auf die Stilistik, bedingt durch die literarische Herkunft der BBei (4.2.2.1.2). Da die ermittelten Corpusbefunde auf frequenzbasierten Auswertungen beruhen, sind sie zuverlässig in Hinsicht auf die Ermittlung des Usuellen und Typischen: „By focusing on recurrent phenomena, contemporary corpus-querying tools tend to minimize the disruptive effects of the occasional ill-chosen text. So, provided the goal of a well-balanced and diverse body of texts is maintained, corpora should become more reliable as they grow larger." (Rundell/Atkins 2013: 1342). Dies ist ferner eine Gegentendenz im Hinblick auf die früher bemängelte *nichtssagende Authentizität* der BBei (4.2.2.1.3); dadurch steigt die Prototypikalität der CorBei generell.

(b) In Bezug auf den Einsatz der Verfahren zur automatisierten Gewinnung der Corpusbelege spielen in erster Linie Konkordanzen mit einem flexiblen Ko- und Kontext-Umfang eine primäre Rolle, indem sie Corpusbelege bereitstellen, die jedoch Sichtung und Interpretation seitens des Lexikographen benötigen (vgl. Kilgarriff et al. 2008: 426; Didakowski et al. 2012). Didakowski et al. (2012: 345) halten dies wie folgt fest: „The important lexicographic criteria [...] can be captured only partially and imperfectly by the methods that computational linguistics provides.". Generell gilt, dass Konkordanzen lexikographisch auszuwerten sind, da sich nicht alle Corpusbelege für die Verbeispielung eignen. So sollen etwa Überschriften nicht für das Abfassen eines WbA verwendet werden (Klosa et al. 2012: 75), damit nur die Verwendung der lemmatisierten Einheit in vollständigen Sätzen kodifiziert und demonstriert werden kann (vgl. auch Schierholz 2005: 88).

Die Auswertung der Konkordanzen bei der Selektion der BeiA gestaltet sich umso schwieriger und aufwendiger, je größer das Corpus ist (Haß 1991a: 274). Zur Selektion der Corpusbelege für die Verbeispielung führt Kilgarriff (2015: 91) Folgendes aus: „Finding good examples in a mass of corpus data is labour-intensive. For all sorts of reasons, a majority of corpus sentences will not be suitable as they stand, so the lexicographer must either search out the best ones or modify corpus sentences which are promising but in some way flawed." (vgl. Bergenholtz 2001a: 11; Kilgarriff et al. 2008: 425). Für diese Aufgabenstellung ist Corpusabfragesoftware entwickelt worden, welche gezielt Corpusbelege extrahiert, die als CorBeiA geeignet erscheinen können (Kilgarriff et al. 2008; Didakowski et al. 2012). Die Zielsetzung dieser Projekte ist eine automatisierte Vorselektion der Corpusbelege (Kilgarriff et al. 2008: 425; Didakowski et al. 2012: 343) sowie dadurch auch Reduktion der Sichtung der Konkordanzen. Auf diese Weise reduziert die Vorselektion den Arbeits- und Zeitaufwand (Kilgarriff 2015: 91). Die Kriterien für die Vorselektion sind in Kilgarriff et al. (2008: 426f.) wie folgt angesetzt: (a) die Satzlänge beträgt zwischen 10 und 25 Wörtern; (b) die enthaltenen Wörter gehören zu den 17.000 frequentesten Wörtern der Sprache; (c) das Vorhandensein anaphorischer Mittel der Textverflechtung wie etwa Pronomina ist unerwünscht, da solche Syntagmen ohne den dazugehörigen Originalkontext und -text nur schwer rekontextualisierbar erscheinen; (d) Satzgefüge, in denen die zu demonstrierende Einheit im Hauptsatz vorkommt, werden bevorzugt; (e) syntaktisch ganze Sätze werden bevorzugt etc. Im Wesentlichen dieselben Parameter werden auch in Didakowski et al. (2012: 343ff.) zugrunde gelegt, wobei sie als „an operational definition of goodness in the form of criteria which an example should meet" (2012: 343) aufgefasst werden: "The criteria must be operational in the sense that they can be matched by parameters of the extraction process and they can serve as guidelines for the intellectual assessment of the extracted examples." (ebd.).

Die Gewichtung einzelner Kriterien erfolgt in Kilgarriff et al. (2008) auf der Grundlage einer kompetenzgestützten Beurteilung der Qualität der Beispielsyntagmen, die den Kriterien der Länge und der Häufigkeit der enthaltenen Wörter die primäre Relevanz zuerkannt hat (2008: 427). Das Projekt hat sich als erfolgreich in Bezug auf die gesetzten Ziele erwiesen (ebd.); dennoch hat sich zugleich gezeigt, dass bei den vorselektierten Corpusbelegen oft Bedarf an Modifizierungen besteht: „Even in the very large corpora available today, it is hard to find whole sentences which perfectly meet all the relevant criteria, and some degree of editorial intervention is usually needed, perhaps to delete an irrelevant and distracting clause, or to change a complex name for a simple one." (Kilgarriff et al. 2008: 426). Wenn solche Modifizierungen bei der Verbeispielung vorgenommen werden, dann entsteht ein modifiziertes CorBei, d. h. ein CorBei im weiten Sinne, das eine frühere Polarisierung der Grundtypen des lexikographischen Beispiels relativiert.

### 4.2.2.2.2 Relativierung der Polarisierung der Grundtypen des Beispiels

Die Möglichkeit des Modifizierens der Corpusbelege bei der Verbeispielung sowie der dadurch entstehende weite Sinn des CorBei sind eine vergleichsweise späte Erscheinung. Vor der Möglichkeit des Modifizierens erfolgt in der metalexikographischen Diskussion eine Fortsetzung der tradierten Gegenüberstellung der Grundtypen des lexikographischen Beispiels mit der Änderung des *BBei* in *CorBei* als *authentisches* Beispiel; so wird sie in Prinsloo/Gouws (2000: 146ff.) expressis verbis unter dem Titel „Corpus examples versus constructed examples" (2000: 146) erfasst (vgl. dazu auch Prinsloo 2013: 511ff.; Gouws/Prinsloo 2005: 34; Zöfgen 1986: 229ff.; Laufer 1992; Ballweg et al. 1981: 51f.; Neubauer 1998: 247f.; Pöll 2002: 138). Mit dieser Änderung werden weiterhin dieselben Argumente in der Diskussion angeführt; so etwa in Zöfgen (1982: 47):

> Was die Herkunft der Beispiele angeht, so wird ein Lernwörterbuch ohne Corpusbeispiele auskommen müssen. Die Gründe, die ausschließlich konstruierte Beispiele sinnvoll erscheinen

lassen, sind schnell aufgezählt. Denn in aller Regel dürfte es dem Zufall zuzuschreiben sein, wenn ein Corpusbeispiel das Lemma mit Hilfe des Satzkontextes eindeutig determiniert und dabei gleichzeitig – immer bezogen auf die Zielgruppe – kompetenzbestätigenden und in angemessener Weise kompetenzerweiternden Wortschatz verwendet. (vgl. auch Zöfgen 1985a: 154; Haß-Zumkehr 2001: 38)

Gegen die Modifikation der Corpusbelege äußert sich in einer radikalen Weise Fox (1987: 148) im Rahmen der Ausführungen zur Beispielpolitik von COBUILD. Bemerkenswert erscheint dabei, dass das zentrale Argument bei Fox (1987: 148) auf der Auffassung der Authentizität im engen Sinne der Belegtheit und der Gefahr von deren Beeinträchtigung durch Modifikation beruht:

> as soon as we start playing around with examples, making them more ‚accessible' or more ‚regular', we are liable to take the life out of them, or worse, mislead the user of the dictionary. Something as simple as the changing of a present tense for a past, the substituting of one word for another, the adding of a proper name rather than a pronoun, can ruin the whole feel of an example and destroy its authenticity. (ebd.)[45]

Dieser Standpunkt wird auch in Mugdan (1985: 221f.) vertreten: Der einzige erlaubte Eingriff bei der Verbeispielung der Corpusbelege sind „gewisse Auslassungen" (1985: 221), jedoch ausdrücklich „nicht [...] lexikalische Ersetzungen oder syntaktische Umformungen" (1985: 221f.).

Das *modifizierte* CorBei, erkennbar an der Präsentationsweise als eine erweiterte zweiteilige Angabe mit dem Element *nach* zwischen der Beispielsyntagmaangabe und der Corpussiglenangabe, ist eine spätere lexikographische Erscheinung. Davon zeugt ein Vergleich zwischen ViF und E-VALBU. In ViF sind in der empirischen Stichprobe der vorliegenden Untersuchung insgesamt nur die folgenden fünf modifizierten CorBeiA existent:

PRODUZIEREN ... Das neue Werk in der Sowjetunion soll den Wagen des Typs „FIAT 124" produzieren. (nach: Urania, 11/1966, S. 30). ‹ViF›

ERHALTEN ... Durch völlige Einbettung in den Schlamm von Flüssen, Brunnen und Meeresbuchten wurde mancher wertvolle Fund erhalten. (nach: BdW, 3/1967, S. 209) ‹ViF›

DENKEN ... Wir verstanden uns sofort, ohne an Heiraten zu denken. (nach: Frisch, Homo Faber, S. 55)
Dabei wurde insbesondere an eine höhere Beteiligung der Gemeinden an der Mineralölsteuer des Bundes gedacht. (nach: FAZ, 8.12.1965, S. 1) ‹ViF›

PRÜFEN ... Die Sowjets weisen darauf hin, daß Moskau die Bonner Überlegungen prüfen wird. (nach: Bild, 30.1.1967, S. 1) ‹ViF›

---

[45] Interessanterweise wird dieser Ansatz in den weiteren Auflagen von COBUILD relativiert (Rundell 1998: 324; vgl. Atkins/Rundell 2008: 458, Fußnote 30); in diesem Zusammenhang spricht Rundell (1998: 324) von einem weniger dogmatischen Umgang mit dem Corpus.

In E-VALBU sind modifizierte CorBeiA hingegen im großen Stil vertreten; folgende modifizierte CorBeiA sind exemplarisch angeführt:

> ÄNDERN ... 5 ... (4) Als die Postleitzahlen von vier auf fünf Stellen geändert wurden und als die Rechtschreibung reformiert wurde, gab es fast eine Revolution. (nach die tageszeitung, 29.11.2003, S. IV–V) ‹E-VALBU›

> MIETEN ... (2) Klaus und Susanne Marth haben die Waller Traditionsbühne von der insolventen Waldau GmbH für zwei Jahre gemietet. (nach die tageszeitung, 27.10.2004, S. 23)
> (3) Miss Spoelmann ritt täglich mit ihrer Ehrendame spazieren, auf Pferden übrigens, die sie wochenweise gemietet hatten. (nach Th. Mann, Hoheit, S. 183) ‹E-VALBU›

> TRINKEN ... 1 ... (7) Die schöne Dame folgte ihm in seine Stube und trank von seinem Kaffee. (nach Zeit, 03.04.1987, S. 72)
> 2 ... (2) Der Mann wurde mit der Arbeitslosigkeit nicht fertig und hatte angefangen zu trinken. (nach Zeit, 22.03.1985, S. 83) ‹E-VALBU›

Modifizierte CorBei stellen ein konzeptuelles Novum des CorBei dar:

> Probably the most visible way in which dictionaries have changed under the impact of corpus data is the arrival of the corpus-derived dictionary example. There is a certain tension here between the desirability of showing authentic instances of language in use, and the need for examples that work as hard as possible for the user. (Rundell 1998: 334)

Humble (1998: 593) betrachtet modifizierte CorBei als einen *dritten* Beispieltyp. In der Forschungsliteratur werden sie alternativ als *Mischformen* und *-typen* (Ballweg et al. 1981: 51 passim), *adaptierte* (Svensén 2009: 284; Simpson 2003: 272; vgl. VALBU: 23) oder *kontrollierte* Beispiele (Humble 1998: 596) bezeichnet; die Modifizierung bzw. Adaptierung dient didaktischen Zwecken (VALBU: 23; vgl. Rundell 1998: 335).[46] In VALBU (S. 23) wird dazu Folgendes ausgeführt:

> Die Adaptierung soll einerseits die Herkunft des Belegs noch erkennen lassen, so dass der Benutzer Rückschlüsse auf die Textsorten ziehen kann, in denen das Verb verwendet wurde. Andererseits soll der Text so vereinfacht werden, dass für den Benutzer zusätzliche Verstehensprobleme, die nichts mit der grammatischen Struktur zu tun haben, die durch das Beispiel erhellt werden soll, möglichst weit reduziert werden.

---

[46] Ferner können Adaptierungen bzw. Modifizierungen auch auf das präsupponierte Kompetenzniveau der Zielgruppe ausgerichtet sein (Humble 1998; Svensén 2009: 284); in diesem Zusammenhang stellt Humble (1998: 598) die folgende These auf: „What I propose is a dictionary in which the examples are adapted to the audience. [...] Maybe we do not need a complete dictionary for every kind of learner. What we need is a dictionary that caters to the needs of each level by giving the right example for each sense of a word.", was eine Einbeziehung der Beispieltypen in die Überlegungen zur Wörterbuchkonzeption in Hinsicht auf die anvisierte Zielgruppe beinhaltet und dadurch auch bei der Entwicklung der benutzeradaptierbaren elektronischen Lexikographie relevant sein könnte.

Des Weiteren werden in VALBU (S. 24) die Arten der Eingriffe aufgelistet, die bei der Modifizierung bzw. Adaptierung bei der Verbeispielung der Corpusbelege vorgenommen werden können; sie lassen sich insgesamt in drei Gruppen klassifizieren:
(1) Adaptierungen, die auf den Beispielwert des zu verbeispielten Syntagmas generell abzielen, wie (a) die Kürzung um Attribute bzw. Attributsätze oder Angaben bzw. Angabesätze oder (b) das Weglassen bestimmter Elemente innerhalb einer Reihung gleichartiger Glieder;
(2) Ersetzungen einzelner enthaltener Elemente aufgrund ihres Schwierigkeitsgrades in Bezug auf das präsupponierte Kompetenzniveau der anvisierten Zielgruppe;
(3) Modifizierungen, die durch die Charakteristika der De- und Rekontextualisierung, die bei der Verbeispielung stattfinden, bedingt sind; dies sind (a) die Ersetzung der enthaltenen Pronomina durch Nomina aus dem weiteren Kontext des Originaltextes oder aber (b) die Ersetzung der enthaltenen Eigennamen durch Pronomina oder Funktionsbezeichnungen. Die Zielsetzung solcher Ersetzungen wird generell darin gesehen, dass „dadurch die Referenz geklärt wird" (VALBU: 24), d. h. die BeiA rekontextualisierbar erscheint (vgl. 4.2.2.1.1).

Als Modifizierungen, die nicht vorgenommen werden dürfen, fungieren nach VALBU (ebd.) folgende Arten von Eingriffen: (1) die Hinzufügung von Ergänzungen; (2) die Veränderungen des Satztenors (wie etwa ggf. vorliegende Negation) wie auch des Genus verbi; (3) der Austausch des Verbs gegen ein anderes wie auch die Veränderung der Struktur des Verbalkomplexes, hier mit der Ausnahme der Parameter des Tempus und Modus: „Tempus und Modus des Verbs wurden allerdings gelegentlich an die Standardformen Präsens und Indikativ angepasst" (VALBU: 24).

Interessanterweise wird auf das Wesen des modifizierten CorBei in ViF nicht eingegangen; die Möglichkeit des Modifizierens im Zusammenhang mit den BeiA wird lediglich allusiv als *andere Texteingriffe* ohne nähere Charakterisierung erwähnt:

> Auslassungen im laufenden Text werden durch [...] gekennzeichnet; Zusätze stehen in eckigen Klammern. Bei anderen Texteingriffen steht in der Quellenangabe: (nach: Verfasser, Kurztitel, Seite). Wenn kein Quellenhinweis gegeben wird, handelt es sich um ein konstruiertes Beispiel. Sonst folgt die Quellenangabe mit dem Kurztitel unmittelbar auf das Beispiel und wird in Rundklammern gesetzt. (ViF: 61)

Fehlende nähere Ausführungen zu *anderen Texteingriffen* sowie die Tatsache, dass in die empirischen Stichprobe in ViF insgesamt nur fünf modifizierte CorBeiA feststellbar sind, lässt darauf schließen, dass das modifizierte CorBei keinen systematischen Charakter in ViF erfährt.

Das modifizierte CorBei manifestiert das Wesen des CorBei im weiten Sinne als Mischtyp des lexikographischen Beispiels. Das modifizierte CorBei vereinigt in besonderer Weise charakteristische Merkmale der Grundtypen des Beispiels: Mit dem

BBei teilt es einerseits das grundlegende Merkmal der Belegtheit, mit dem KBei andererseits die Möglichkeit der Einbeziehung der Kompetenz des Lexikographen im Bereich der BeiA.

Als Grundlage dafür, dass Corpusbelege Modifikationen zulassen, gelten grundlegende Charakteristika des Textcorpus in Hinsicht auf die Zusammensetzung (4.2.2.2) sowie dadurch auch die Relativierung der normativen, literaturbedingten Vorbild-Tradition der BBei (4.2.2): „Als *evidence* haben die Beispiele durchaus autoritative Funktion, nur dient als Maßstab nicht der Sprachgebrauch einzelner zu Vorbildern erklärter Autoritäten, sondern der auf statistischem Wege ermittelte Sprachgebrauch der Mehrheit.", so Rothe (2001: 187). Die Ausrichtung auf die Ermittlung der *evidence* anhand eines Textcorpus impliziert jedoch nicht ohne Weiteres eine Quelle für erstrebenswerte *gute* lexikographische Beispiele; Atkins/Rundell (2008: 458) formulieren dies wie folgt: „In all types of dictionary, the primary function of the corpus is as a source of *evidence* rather than as a source of examples.". Mit der Möglichkeit bzw. Notwendigkeit der Modifizierung der Corpusbelege bei der Verbeispielung geht des Weiteren eine andere Tendenz einher, nämlich eine Revidierung der Aussagekraft der Kompetenz des Lexikographen (4.2.2.1.1). Henne (1977a: 7) formuliert diese grundsätzlichen Veränderungen wie folgt:

> Heute – so könnte man boshaft aus der Sicht des 18. Jahrhunderts hinzufügen – will jeder sein eigener Schriftsteller sein. Daß ein Authentizität garantierendes Corpus h e u t z u t a g e sich nicht nur auf die schöne Literatur, sondern in besonderer Weise auf gebrauchs- und fachsprachliche Texte zu stützen hat, sei darüber hinaus sofort angemerkt.

Der Lexikograph ist nun berechtigt, seine eigene Kompetenz einzubringen, da bei der Arbeit mit Corpora die Gegenüberstellung seiner Kompetenz mit derjenigen der im Corpus erfassten Autoren keinen autoritativen bzw. normativen Aspekt aufweist; Reichmann (1988: 416) formuliert dies wie folgt: „Dem Lexikographen der Informantensprache wird man [...] zugestehen müssen, semantisch sinnvolle Beispielbelege bilden zu können; warum sollte er nicht das tun können, was man jedem anderen Sprecher zubilligt?" (vgl. dazu auch Prinsloo/Gouws 2000: 149; Laufer 1992: 72). Kennzeichnend erscheint in diesem Zusammenhang, dass unter modifizierten CorBeiA auch solche gegeben sind, die auf modifizierten Belegen aus der schöngeistigen Literatur beruhen:

> DENKEN ... Wir verstanden uns sofort, ohne an Heiraten zu denken. (nach: Frisch, Homo Faber, S. 55) ‹ViF›
> FRESSEN ... 3 ... (3) Bettler stehen überall herum ... Ich schäme mich plötzlich, dass ich so sinnlos gefressen habe. (nach Remarque, S. 144) ‹E-VALBU›
> MITTEILEN ... 3 ... (1) Es wurde mir dieser Zustand bewusst, als ich meinem Trommeln zuhörte und bemerken musste, wie eindringlich und dennoch behutsam Oskar dem Blech seine Leidenschaft mitteilte. (nach Grass, S. 216) ‹E-VALBU›

Durch das modifizierte CorBei erfolgt eine grundsätzliche Entgrenzung der Gegenüberstellung des BBei und des KBei: „In der neueren metalexikographischen Literatur wird der Dualismus zwischen den beiden Beispieltypen insofern überwunden, als graduelle Übergänge identifiziert werden und für eine verfeinerte Typologie der zitierten Beispiele plädiert wird." (Rothe 2001: 178; vgl. Svensén 2009: 284; 285; Potter 1998: 357; Rundell 1998: 334; Humble 1998: 596f.; Adamska-Sałaciak 2006: 177). Dadurch entsteht ferner *ein Kontinuum* anstatt der früheren Dichotomie:

> The first step towards a clearer perspective on the issue of authentic versus constructed examples will be to view them as a *continuum* with end points *authentic (taken from the corpus)* as the one extreme and *constructed examples* as the other extreme with certain discreet *categories* in between, such as *edited corpus examples, corpus-based examples*, and *constructed examples taking corpora into consideration*. (Prinsloo/Gouws 2000: 151; vgl. auch Prinsloo 2013: 514; Gouws/Prinsloo 2005: 34f.)

Ein solches Kontinuum des lexikographischen Beispiels umfasst folgende Gradationen:

(1) unverändert abgebildete CorBeiA: „If the corpus is able to supply natural and typical examples that clearly show what needs to be shown, there is no point in abstaining from making use of them", so Svensén (2009: 285; vgl. dazu Siepmann 2007: 248; Rundell 1998: 334f.);

(2) modifizierte CorBeiA, wobei der Grad der Modifiziertheit selbst variabel ist: So kann es sich neben den in VALBU (S. 23) beschriebenen Fällen auch schlicht um die Behebung der in Corpusbelegen enthaltenen Druckfehler oder grammatischen Fehler handeln (vgl. Schierholz 2005: 88; Szende 1999: 216), was im Vergleich zu Kürzungen oder Ersetzungen als geringfügige Modifikationen angesehen werden kann;

(3) auf der Corpusgrundlage gebildete KBeiA. Neben dem CorBei im engen und im weiten Sinne hat die Corpusbasiertheit in der Lexikographie auch Einfluss auf das Wesen des KBei: Die Bildung der KBei kann von den Corpusdaten inspiriert werden (Heid 2008: 143; vgl. Herbst 1996: 327; Zöfgen 1985a: 154). So bezeichnet Potter (1998: 357) corpusinspirierte KBei als *corpus-based* im Sinne „written after the lexicographer has consulted a corpus but not taken directly from it" (ebd.; vgl. auch Adamska-Sałaciak 2006: 177). Des Weiteren hält Potter (1998: 359ff.) fest, dass solche corpusbasierten KBei grundsätzlich viel zuverlässiger im Vergleich zu den ohne Corpusgrundlage gebildeten KBei erscheinen, da Corpusbefunde dem Lexikographen relevante Charakteristika in Bezug auf das Usuelle und Typische bei der Wortverwendung zur Verfügung stellen, die ihm ausgehend von seiner Introspektion ggf. nicht bewusst wären:

> even very experienced lexicographers cannot reliably produce accurate and helpful examples simply by a process of intuition and introspection. It is impossible to tell by introspection which adjectives collocate most frequently with a particular noun, for example, or that a verb is

used predominantly in negative forms, or that the metaphorical use of a word is vastly more common than its literal use; all things that become evident immediately one consults a corpus. (Potter 1998: 359; vgl. Adamska-Sałaciak 2006: 185)

Die KBeiA erscheinen beim Einsatz des Corpus in zwei Fällen gerechtfertigt:
(a) wenn Corpusbelege keinen ausreichenden Beispielwert aufweisen (vgl. Humble 1998: 596; Gorbačevič 1982[78]: 152). In diesem Fall kann eine corpusanalytisch ermittelte Evidenz in Hinsicht auf die usuellen und typischen Charakteristika der lemmatisierten Einheit in den KBeiA demonstriert werden. In diesem Zusammenhang relativiert die Verlagerung des Aspektes der Authentizität auf das Wörterbuchcorpus sowie die Ermittlung der *corpus based evidence* die potenziellen Schwächen der Beeinflussbarkeit der KBeiA. Dies ist eine Gegentendenz zum Phänomen der in Hinsicht auf die Stilistik auffälligen KBei (4.2.2.1.2) – in aufschlussreicher Weise rechnet Rundell (1998: 334) solche KBeiA den pre-corpusbasierten Wörterbüchern an (vgl. dazu Landau 2004: 209f.; Atkins/Rundell 2008: 459) – sowie einer potentiellen Beeinflussbarkeit der KBei in Bezug auf das Verhältnis zu anderen Angaben im SK (4.2.2.1.4). So betonen Atkins/Rundell (2008: 458) im Zusammenhang mit corpusinspirierten KBeiA Folgendes: „in a dictionary designed for learners, there is no incompatibility in supporting a corpus-driven description with examples that reflect the recurrent patterning in the corpus within an accessible and intelligible format";
(b) wenn bestimmte sprachliche Phänomene im Corpus nicht belegt sind. In diesem Fall kann davon ausgegangen werden, dass das Schweigen des Corpus nicht uneingeschränkt darauf schließen lässt, dass es dieses Phänomen grundsätzlich nicht gibt (Herbst/Klotz 2003: 275; Schierholz 2008a: 12 und 2008: 41; Hundt 2008: 27f.), was darauf zurückzuführen ist, dass das Corpus balanciert bzw. ausgewogen, jedoch nicht umfassend repräsentativ in Bezug auf die Sprache als Grundgesamtheit fungieren kann (4.2.2.2). Hundt (2008: 27f.) spricht in diesem Zusammenhang von einer Corpus-Lücke. Wenn solche im Corpus nicht belegten Phänomene lexikographisch kodifiziert werden, dann fungieren KBei als der einzige in Frage kommende Beispieltyp (vgl. Ballweg et al. 1981: 52). Dies gilt in besonderer Weise für den Aspekt der Vernachlässigung der gesprochenen Sprache in den Zeitungscorpora (Schierholz 2012: 320; Siepmann 2007: 247). Wenn in der pädagogischen Lexikographie für den Fremdsprachenunterricht einer der konzeptionellen Schwerpunkte auf die Alltagkommunikation gelegt wird, dann erscheinen KBei in diesem Zusammenhang zweckmäßig (VALBU: 24).

Somit ist festzuhalten, dass die Einbeziehung der Corpusgrundlage, die Verlagerung der Auffassung der Authentizität auf das Wörterbuchcorpus und die Berücksichtigung der *corpus based evidence* beim Abfassen des WbA zu einer Entgrenzung der früheren Gegenüberstellung der Grundtypen des lexikographischen Beispiels führt und schließlich die Unzweckmäßigkeit dieser Polarisierung erkennen lässt; Atkins/ Rundell (2008: 457) formulieren dies wie folgt:

> In fact this debate was ill-founded for two important reasons. In the first place, it presupposes a simple binary choice between two extreme positions: either you invent examples out of thin air, or you take them direct from a corpus without altering a single syllable. In reality, lexicographers rarely do either. We analyse a great deal of corpus data, identify recurrent patterns, and aim to reflect these in example sentences. Though the ideal example is one taken straight from the corpus with no editorial intervention, it is surprisingly rare – even in today's megacorpora – to find corpus sentences that fulfill all the criteria for being 'good' examples (vgl. auch Rundell 1998: 334; Adamska-Sałaciak 2006: 177)

Diese aktuelle Tendenz erklärt zudem, warum in der pädagogischen Lexikographie alle Beispieltypen präsent sind.

## 4.3 Zweck und Funktionalität der Beispielangaben in der einsprachigen Lexikographie

Der genuine Zweck der BeiA in der einsprachigen Lexikographie besteht in der objektsprachlichen Demonstration, indem die BeiA den Sprachgebrauch *zeigen* (Henne 1977: 48; vgl. Zöfgen 1986: 221; 1994: 184; Hermanns 1988: 174f.; Herbst/Klotz 2003: 142): „in den Beispielen [wird] die Verwendung der Sprache, die in dem Wörterbuch beschrieben wird, vorgeführt", so Wiegand (2000b[1983]: 472; vgl. Hermanns 1988: 173). In diesem Zusammenhang hält Haß (1991a: 275) Folgendes fest: „Lexikographische Informationen sind generalisierende und von konkreten Äußerungen abstrahierende Formulierungen sprachlicher Regeln; denen gegenüber erfüllt [das Beispiel] seine demonstrativ-illustrative Funktion und zeigt wieder die oder eine konkrete Äußerung.". Mit dem Zweck der objektsprachlichen Demonstration zusammenhängend besteht ein konstitutives Charakteristikum der BeiA darin, dass sie *implizite* Angaben darstellen (Lenz 1998: 29ff.; Haß 1991: 537; Haß-Zumkehr 2001: 35; Tarp 2004b: 314; Bergenholtz/Tarp 1995: 140; Bergenholtz 1994: 435; 1984: 8; Zöfgen 1986: 221; 1989: 215; 1991: 2898; 1994: 147; WLWF-1: 34).

Aus dem genuinen Zweck der objektsprachlichen Demonstration ergibt sich die Funktionalität der BeiA. Sie zeigen (a) die Bedeutung und (b) die Verwendung der lemmatisierten oder sublemmatisierten Einheit auf: „Die grundlegende Funktion der lexikographischen Beispiele besteht darin, Merkmale der Bedeutung und der Verwendung des Wortes sowie die damit verbundenen Regeln erkennen zu lassen.", so Lenz (1998: 56). Die Dimension der Verwendung kann als die primäre Funktionalität der BeiA erachtet werden (vgl. Klosa et al. 2012: 78; Bergenholtz/Mugdan 1986: 125; Hermanns 1988: 177). Dies hält Abel (2000: 165) wie folgt fest: „Eine zentrale Funktion der Beispiele ist die, Hinweise zur korrekten Verwendung der Lemmata zu geben.". Durch die Demonstration der Verwendung erscheinen die BeiA durch die immanenten Kontext- und Kotext-Faktoren auch semantisch explikativ, wodurch die Dimension der Bedeutung entsteht: „Denn alle Textsegmente, die als Beispiele ein Wörterbuchwort umgeben, determinieren gleichzeitig die Bedeutung eines Wortes.", so Weinrich (1976: 363). Diese Sicht deutet auch Bondzio (1982: 128) an: „Die Funktion von Kontextbeispielen beruht auf der Fähigkeit aller Sprecher zur Monosemierung und zur semantischen Verallgemeinerung; Menge und Auswahl von Beispielen müssen dafür eine ausreichende Grundlage liefern.". Bezeichnenderweise werden BeiA in Engelberg/Lemnitzer (2009: 157) als syntaktisch-semantische Angaben charakterisiert.

### 4.3.1 Verhältnis zu anderen Elementen des semantischen Kommentars

Ausgeprägt und tradiert ist in der Metalexikographie eine hierarchisch angelegte Sichtweise, im Rahmen derer das lexikographische Beispiel an ein Allgemeines, an eine übergeordnete Regelformulierung als eine ihm bzw. ihr untergeordnete Entität angebunden wird. So beurteilt Reichmann (1988: 413) den *Beispielwert* des BBei – im Original: *Beispielbelegs* – in Hinsicht darauf, ob ein Allgemeines am Beispiel ersichtlich wird:

> Beispielbelege sind, vom Grundwort des Kompositums her formuliert, längere [...] Ausschnitte aus originalen Texten der Sprache oder der Sprachvarietät, die lexikographisch zu beschreiben ist. Vom Bestimmungswort her formuliert: Es sind diejenigen Textausschnitte, die Beispielwert haben. Beispielwert soll dann gegeben sein, wenn ein Allgemeines, auf welcher Abstraktionsstufe man dies auch immer ansetzen und wie immer man es inhaltlich bestimmen mag, durch einen prototypischen Einzelfall vollständig veranschaulicht wird oder, da das prototypische Beispiel in der Regel fehlt, wenn ein Allgemeines durch mehrere Einzelfälle so veranschaulicht wird, daß es aus diesen insgesamt erschließbar wird [...][47]

---

47 Hermanns (1988: 184, Endnote 4) stuft diesen Definitionsversuch des BBei von Reichmann (1988) als *radikal* ein mit der Begründung, dass „von Beispielen nicht nur gefordert wird, daß sie ein ‚Allgemeines' exemplifizieren (also: ihm entsprechen, ihm nicht widersprechen), sondern außerdem auch, daß dieses Allgemeine aus ihnen erschließbar sein muß" (ebd.). Der Definitionsversuch von Reichmann (1988) weist zwei Schwächen auf: (a) konsequent gedacht führt er zur Ausgrenzung der funktionalen Pseudobeispiele (4.3.3) – etwas, was auch Hermanns (ebd.) anspricht, indem er dafür plädiert, es sei „zweckmäßig [...], wenn man die Definition so weit faßt, daß auch von schlechten (etwa: nichtssagenden) Beispielen ohne contradictio in adiecto geredet werden kann" (ebd.). Des Weiteren wäre eine so gefasste Definition (b) für die zweisprachige Lexikographie grundsätzlich ungeeignet, denn dadurch wären diejenigen BeiA ausgegrenzt, die nicht das Allgemeine exemplifizieren, sondern – mit Rekurs auf die Ausdrucksweise von Hermanns (ebd.) – dem Allgemeinen widersprechen (5.3.1). Dies würde wiederum dazu führen, dass man das lexikographische Beispiel in der einsprachigen und zweisprachigen Lexikographie nicht auf einen gemeinsamen Nenner bringen könnte, und dies obwohl beide Funktionalitäten dem Beispiel eigen sind (Kapitel 2).

Symptomatisch für diese Sichtweise erscheint das im obigen Zitat formulierte Problem, dass „das prototypische Beispiel in der Regel fehlt" (ebd.).

Die Sichtweise der hierarchischen Unterordnung des lexikographischen Beispiels vertritt auch Haß (1991a: 272): „Unabhängig vom anvisierten Wörterbuchtyp und unabhängig von der Zugrundelegung des Korpusprinzips gilt als eine zentrale Funktion aller möglichen Arten von Beispielen die (implizit) demonstrative und illustrative Darstellung der im lexikographischen Kommentar vorher oder nachher explizit formulierten Regeln.". Die Anbindung des Beispiels an lexikographische Regelformulierung bringt auch Heringer (1984: 59) zum Ausdruck: „Beispiele sind immer Beispiele für etwas. Ein sprachliches Beispiel soll eine Instanz einer allgemeinen Regel vorführen.".

Im Rahmen dieser hierarchisch angelegten Sichtweise wird die Zweckbestimmung des lexikographischen Beispiels darin gesehen, dass es eine Anschauung zu einer Regelformulierung bzw. zum Begriff gewährleisten soll; Hermanns (1988: 173) charakterisiert diese Sichtweise wie folgt:

> Die traditionelle Meinung besagt, daß, so kann man sie resümieren, das Beispiel dazu dient, und nur dazu dient, d a ß A n s c h a u u n g z u m B e g r i f f k o m m t. Wobei dann mit *Begriff* alles das gemeint ist, was im Regelteil eines Wörterbuch-Artikels gesagt wird. Und mit *Regelteil* zusammenfassend gemeint ist, was üblicherweise direkt auf das Lemma folgt, wie: morphologische Angaben, syntaktische Angaben, pragmatische Angaben, semantische Angaben in Form einer Definition oder Paraphrase, wo also insgesamt Regeln für das betreffende Lemma-Wort zu finden sind. Diese Regeln werden nicht immer, aber oft, metasprachlich-abstraktbegrifflich formuliert, so daß es wohl nicht unangemessen ist, wenn man die traditionelle Auffassung des Verhältnisses von Regel und Beispiel ausdrückt mit dem eben formulierten Satz: Das Beispiel dient im Wörterbuch dazu, daß Anschauung zum Begriff kommt. Dieser Anschauung bedürfen die Begriffe, denn Begriffe ohne Anschauung sind leer.

Diese Sichtweise erweist sich in Bezug auf das Verhältnis zur BPA (4.3.1.1) sowie in Hinsicht auf die Demonstration anderer Angaben im SK durch BeiA (4.3.1.2) jedoch nur teilweise stichhaltig.

### 4.3.1.1 Verhältnis zur Bedeutungsparaphraseangabe

Unter anderen Elementen des SK ist das Verhältnis der BeiA zur BPA von besonderer Relevanz; dies lässt sich aus der Formulierung der in Wiegand (1977: 102) erhobenen Forderung nach einer Theorie des lexikographischen Beispiels ableiten, indem eine solche Theorie expressis verbis „zeigen [muß], wie die bedeutungserläuternde, insbesondere die kontrakonfliktäre Funktion lexikalischer Paraphrasen systematisch durch Beispieltypen unterstützt werden kann." (ebd.). Cramer (2011: 91) schränkt die Forschungsfrage nach der Funktionalität der BeiA auf die Beziehung zur BPA ein, was jedoch konsequent gedacht eine Ausgrenzung der Demonstration weiterer Angaben innerhalb des SK (4.3.1.2) sowie der Polyfunktionalität der BeiA (4.3.2) herbeiführen würde.

Für die Behandlung des Verhältnisses der BeiA zur BPA spielen zwei Aspekte eine Rolle: (a) die BPA gilt als ein zentraler Angabetyp im SK des einsprachigen Wörterbuchs (3.1.1). Die BPA stellt eine Angabe zur Bedeutung der lemmatisierten Einheit dar und fungiert als eine semantische Regelformulierung (Hermanns 1988: 174; vgl. Harras 1989: 610; Wiegand 1985a: 67; 1982: 124) oder als „eine Regelformulierung für den semantischen Gebrauch" (Wiegand 1977: 68; vgl. Harras 1986: 134f.; Storjohann 2005: 184f.). Die BPA wird traditionellerweise als „wahrscheinlich leistungsfähigster und [...] häufigster Typ der Bedeutungserläuterung" (Reichmann 1988: 421) angesehen (vgl. Viehweger 1982: 147; Schlaefer 2009: 94). (b) Bei integrierter Mikrostruktur stehen die BeiA im textuellen Skopus, d. h. im artikelinternen Geltungsbereich der BPA im Sinne von Wiegand (2006: 283ff.) und sind somit skopusinterne Angaben in Bezug auf die BPA (Wiegand 2006: 287f.; 2010a: 171f.), d. h. die BeiA sollen grundsätzlich kongruent mit der BPA erscheinen.[48]

In diesem Zusammenhang hält Hermanns (1988: 173) fest, dass „es eine traditionelle, weithin vielleicht noch vorherrschende Meinung gibt, wonach einseitig das Beispiel der Definition dient" (vgl. Cramer 2011: 93). Hermanns (1988: 176) fasst diese Sichtweise wie folgt zusammen: „Nach traditioneller Auffassung hat das Beispiel bezüglich der Regel eine bloß dienende Funktion. Da hat es also einen sekundären Status. Das, worum es eigentlich geht, ist die Regel, wie das Wörterbuch sie formuliert. Das Beispiel dient nur dazu, die Regel verständlich zu machen.".

Für eine fundierte Betrachtung des Verhältnisses der beiden Angabetypen bilden die folgenden zwei Faktoren eine tragfähige Grundlage: Zum einen (1) die Einsicht, dass lexikographische BPA keine *Definition* im eigentlichen Sinne ist; Hanks (2016: 94) schildert die Annahme der BPA als Definition als „the widespread folk belief that it is possible to define word meanings in terms of necessary and sufficient conditions for set membership" und vermerkt dazu Folgendes: „this apparently simple aim is unachievable because it takes insufficient account of the vague, fuzzy, and flexible nature of word meaning in natural language, understates the role of context, and overlooks the prevalence of metaphorical extension of meaning." (2016: 94f.; vgl. Rundell 2015: 316). Zum anderen ist dies (2) die Tatsache, dass die lexikographische Ansetzung mehrerer Bedeutungsangaben (BA) oder Lesarten bei den als polysem bearbeiteten Lemmata keine objektive Grundlage in der Sprache selbst aufweist:

---

[48] „In einem semantischen Subkommentar wer-den [sic!] – wenn es z. B. Kompetenzbespielangaben und/oder Belegangaben gibt – im Wörterbuchgegenstandsbereich gegebene *wenn-dann*-Beziehungen lexikographisch vertextet; beispielsweise gilt: Wenn als Bedeutungsangabe zum Lemmazeichen *grün* die Synonymangabe *unerfahren* gegeben ist, dann kann eine Kompetenzbeispielangabe nicht lauten: ‚Das Gras war schon grün', sondern sie muss z. B. lauten: ‚Er ist noch ein grüner Junge'." (Wiegand 2010a: 171f.)

Another, equally troublesome folk belief is that each word has a finite, mutually exclusive list of senses – a check list – from which the ‚right' meaning can be plucked by some automated decision procedure. In fact, [...] word meaning is much subtler, fuzzier, and messier than this folk belief allows. The meaning of a word is very often determined to a great extent by its context of use (Hanks 2016: 95; vgl. dazu Kilgarriff 2008[1997])

Zu (1): Die lexikographische BPA ist – bis auf die Kodifikation in Fachwörterbüchern (WLWF-1: 648, BEDEUTUNGSPARAPHRASEANGABE; Wiegand 2010b: 415) – keine *Definition* (Henne 1972: 114f.; Wiegand 1981: 157ff.; 1985a: 52ff.; 1989a: 542; 1984a: 19f.; 1992: 232; 2010b: 415; Storjohann 2005: 183; WLWF-1: 648, BEDEUTUNGSPARAPHRASEANGABE; vgl. Schlaefer 2009: 94), auch wenn dieser Angabetyp ggf. so bezeichnet wird (3.1.1).[49] Die BPA ist vielmehr keine umfassende und abgeschlossene Entität: „Lexikografen sprechen nicht von Definition, weil dies ein in der Philosophie festgelegter Fachausdruck ist und weil man mehr als bloß die Bestimmung des engeren Bedeutungsgehalts, wie sie die klassische Definitionslehre vorschreibt, wissen muss, um ein Wort angemessen zu verstehen bzw. zu verwenden." (Haß-Zumkehr 2001: 27). Als semantische Regelformulierung ist die BPA in besonderem Maße an den Sprachgebrauch gebunden. Nach Harras (1986: 135) ist die lexikographische Auffassung der Bedeutung an sich „der pragmatisch gewendeten Wittgensteinschen überzeugung verpflichtet, wonach die bedeutung eines sprachlichen zeichens als die regel seines gebrauchs zu verstehen ist" (vgl. Storjohann 2005: 184). Zöfgen (1994: 191) führt Folgendes zur Entstehung und Funktionalität der BPA aus: „Daß Beispiele in der heuristischen Phase zur Bildung und Überprüfung der Bedeutungsparaphrasen unverzichtbar sind und daß die semantische Paraphrase das Beispiel zur Ergänzung und Überprüfung dringend braucht, war der Lexikographie schon früh bewußt." (vgl. auch Zöfgen 1986: 229; 1985: 48; 1982: 46), wobei in diesem Zusammenhang ein Rekurs auf *Beispiele* mit wörterbuchbasisbezogenem Status (3.3) und auf das Untermauern anderer Angaben durch BeiA (4.2.2.1.4) erfolgt.

Hinzu kommt, dass die BPA ein vom Lexikographen erarbeitetes meta- bzw. kommentarsprachliches Konstrukt ist. Nach Landau (2004: 210) erscheint die BPA "really only an interpretive claim made by the lexicographer". Die BPA fungiert als "ein Kondensat vieler Erkenntnisse anderer Angabebereiche" (Töpel 2011: 46; vgl. Töpel 2014: 309f.; Storjohann 2005: 182) und erscheint „generalisierend abstrakt formuliert" (Storjohann 2005: 185). Im Zusammenhang mit der Funktionalität der BPA innerhalb des SK finden sich in der Forschungsliteratur vermehrt Stimmen

---

[49] Es erscheint in diesem Zusammenhang naheliegend, einen zusätzlichen Einfluss der englischsprachigen metalexikographischen Tradition mit *definition* anzunehmen; es ist jedoch festzuhalten, dass in der englischsprachigen Forschungsliteratur neueren Datums vielmehr von „paraphrase of meaning" (Prinsloo 2013: 509; 2009: 200) anstatt von *definition* die Rede ist (vgl. auch WLWF-1: 648, BEDEUTUNGSPARAPHRASEANGABE). In Wiegand (1992) und Stein (1999) wird „meaning paraphrase" verwendet. Moon (2016: 123) spricht von *explanation* anstatt von *definition*; auch in Rundell (2015: 316) heißt es expressis verbis: „defining (or better, explaining) word meanings".

dafür, dass die BPA objektsprachliche BeiA als *Ergänzung* braucht: „Die Notwendigkeit, die Wortdefinition durch Beispiele zu ergänzen [...], ist früh in der Lexikographie bewußt gewesen. Deshalb versuchen seit jeher die guten Definitionswörterbücher, dem Wort Leben und Farbe zu verleihen, indem sie es in ein lebendiges Stück Rede stellen.", so Hausmann (1977: 82; vgl. Landau 2004: 207; Zöfgen 1982: 46; Simpson 2003: 268; Prinsloo/Gouws 2000: 144; Atkins/Rundell 2008: 454; 460; Haß 1991a: 275). Nach Harras (1989: 608) geht mit der Einsicht, dass die BPA keine Definition ist und deshalb vielmehr als „offen und prinzipiell nicht abschließbar" (ebd.) gilt, eine Wende in der metalexikographischen Betrachtung des lexikographischen Beispiels einher. Diese Wende besteht darin, dass „man die Aufgabe, einem Benutzer die Bedeutung eines Wortes zu erklären, nicht allein der Bedeutungserläuterung zuschreibt, sondern letztlich dem gesamten Artikel [...]. Innerhalb des Wörterbuchartikels soll den Beispielen eine besondere erklärende Rolle zukommen" (ebd.; vgl. Cramer 2011: 93). Eine solche Wende hält auch Abel (2000: 164) fest:

> Man scheint sich zunehmend dessen bewusst zu werden, dass Bedeutungserklärungen nicht alles erklären können und dass die Beispiele einen Teil der Bedeutungserklärung übernehmen müssen. Und außerdem impliziert die Kenntnis der Bedeutung eines Wortes keineswegs das Wissen um die Verwendungsmöglichkeiten. Dieses wiederum kann nicht allein durch die formelhafte Angabe struktureller Merkmale, wie dies oft geschieht, vermittelt werden. (vgl. dazu Harras 1989: 608ff.)

Für die Ermittlung des Verhältnisses der BeiA zur BPA erscheint die Funktionalität der BeiA von grundlegender Relevanz, d. h. das Aufzeigen von (a) der Bedeutung und (b) der Verwendung einer lemmatisierten oder sublemmatisierten Einheit. Die BeiA leisten einen Beitrag zur Semantisierung des Lemmas und erhalten nach Harras (1989: 608f.) eine besondere bedeutungserklärende Rolle innerhalb des SK (vgl. Jehle 1990: 267). Das semantisierende Funktionspotential entsteht bei den BeiA aus den immanenten Kotext- und Kontext-Faktoren und die dadurch erfolgende Monosemierung. So vermerkt Zöfgen (1986: 221), dass in den BeiA „der monosemierte Inhalt eines lemmatisierten Zeichens in einem semantisch relevanten Zusammenhang ‚gezeigt' wird" (vgl. Zöfgen 1994: 157). In Zöfgen (1994: 188) ist zudem von einer *Semantisierungshilfe* durch BeiA die Rede. Ausgeprägt ist in der Forschungsliteratur die These, dass die BeiA die BPA *verdeutlichen* (etwa Töpel 2014: 315; Neubert 1986: 5; 1992: 30; Svensén 2009: 285; Atkins/Rundell 2008: 454; Klosa 2005: 99; Prinsloo/Gouws 2000: 144). Vermehrt vertreten ist auch die These, dass BeiA *erhellend* – im Sinne von semantisierend – in Bezug auf die BPA (Kilgarriff et al. 2008: 426; Moon 2016: 134f.; Simpson 2003: 268) oder generell in Hinsicht auf die Bedeutung des Lemmas erscheinen (Atkins/Rundell 2008: 454; Rundell 2015: 318; Zöfgen 1994: 197; Gove 1985[61]: 68; Gorbačevič 1982[78]: 156; Adamska-Sałaciak 2006: 153 passim). Bezüglich der BPA machen die BeiA die meta- bzw. kommentarsprachliche semantische Beschreibung durch die Demonstration des objektsprachlichen Bereichs insgesamt substantieller; so vermerken Herbst/Klotz (2003: 56), „dass in manchen Fällen die Definition durch die Beispiele erst plastisch oder wirklich verständlich wird" (vgl. Neubert 1986: 14; Landau 2004: 208; Jehle 1990: 267; Atkins/ Rundell 2008: 454; 460; Storjohann 2005: 195; Stein 1999: 54; Lenz 1998: 60), wie etwa in den folgenden Fällen:

> PRÜFEN ... 1 ... jemand/etwas versucht durch Probe oder Kontrolle, ob jemand/etwas den gestellten Anforderungen genügt oder wie er/es beschaffen ist; kontrollieren, testen
> (1) Karsch wurde bestärkt durch den kühlen Blick, mit dem Achim ihn prüfte. (nach Johnson, S. 48)
> (4) Ein Messgerät prüft automatisch den Reifendruck. ‹E-VALBU›
> 1.) *Prüfen* bedeutet, dass man feststellt, ob eine Sache eine gewünschte Eigenschaft hat. Bevor du dem Baby die Flasche gibst, prüfe bitte, ob die Milch nicht zu heiß ist. Es soll sich nicht verbrennen. ‹ELDIT›
> 1 ... feststellen, ob jemand/etwas eine gewünschte Eigenschaft (im richtigen Maß) hat ‹jemanden/etwas gründlich, oberflächlich prüfen; jemanden prüfend ansehen; etwas prüfend anfassen›
> prüfen, ob eine Rechnung stimmt | mit dem Finger die Temperatur des Wassers prüfen | prüfen, wie stark jemand ist | jemanden auf seine Zuverlässigkeit (hin) prüfen ‹LGwDaF›

> MÜSSEN ... 3 ... für jemanden/etwas besteht die Notwendigkeit, irgendwohin zu gelangen oder irgendwohin gebracht zu werden
> (1) Ich muss noch schnell in die Stadt.
> (3) Die Briefe müssen noch vor drei Uhr zur Post, sonst kommen sie erst übermorgen an. ‹E-VALBU›
> 1.) *üssen* [sic!] bedeutet, dass man etwas für notwendig hält. Es gibt eine innere oder äußere Pflicht, etwas zu tun.
> Ich muss heute bei meiner Mutter anrufen. Sie hat heute Geburtstag. ‹ELDIT›
> 3 ... man hält etwas für angebracht oder wünschenswert
> Ich müsste dringend abnehmen | Ich muss mich bei dir entschuldigen | So einen schönen Tag muss man einfach genießen! ‹LGwDaF›

In besonderer Weise kommt dies in ViF zur Geltung, da bei der Formulierung der BPA in ViF die Variablen aus der Strukturformel wiederaufgenommen und erst in den BeiA realisiert werden:

> PRÜFEN ... Der $a_{NomE}$ prüft den $y_{AkkE}$ (auf $z_{AdvE}$). [Strukturformel]
> a <u>untersucht</u> y, um festzustellen, ob z den B ↑entspricht [BPA]
> Die Sowjets weisen darauf hin, daß Moskau die Bonner Überlegungen prüfen wird. (nach: Bild, 30.1.1967, S. 1)
> Die Polizisten prüfen seine Papiere sorgfältig auf ihre Echtheit hin.
> Der Verwaltungsrat wird die geplanten Gebührenerhöhungen jetzt in einem besonderen Arbeitsausschuß prüfen (FAZ, 29.1.1966, S. 1) ‹ViF›

> MÜSSEN ... Der $x_{NomE}$ muß den $h_{AkkE}$. [Strukturformel]
> das Ausführen des h ist für x ↑Obligation [BPA]
> In den niedersächsischen Staatsbädern Pyrmont, Norderney und Wangerooge müssen die Gäste in diesem Jahr mehr Kurtaxe bezahlen. (Welt, 28.1.1966, S. 1)

> Im Sturm haben am Donnerstag die 34 Besatzungsmitglieder des Bremer Frachters „Kremsertor" ihr mit schwerer Schlagseite treibendes Schiff verlassen müssen. (Welt, 21.1.1966, S. 1)
> Sie müssen Ihr Referat in der nächsten Woche unbedingt halten. ⟨ViF⟩

Das konstitutive Merkmal der BeiA besteht in diesem Zusammenhang darin, dass sie dem objektsprachlichen Bereich entnommen sind, während die BPA ein meta- bzw. kommentarsprachliches Konstrukt ist: „Die Beispiele wiederholen nicht die lexikographische Definition selbst, sondern erläutern und ergänzen sie. Sie sind konkreter als die Definition und bereichern sie durch eine zusätzliche Information.", so Palasaki (2007: 125; vgl. Jehle 1990: 267; Fox 1987: 137). Innerhalb des SK fungieren die BPA und die BeiA als Elemente von unterschiedlichem Status: Die BPA gehört der *Metasprache* bzw. der lexikographischen *Beschreibungs-* oder *Kommentarsprache* nach Wiegand (2000b[1983]: 471f.) an, während die BeiA die *Objektsprache* demonstrieren. Der unterschiedliche Status der BPA und der BeiA kann als eine genuin lexikographische Widerspiegelung der in der Philosophie aufgestellten These angesehen werden, dass zwischen der Idee und dem Beispiel ein Dimensionsunterschied existiert (2.1, Satz 4).

Was das Verhältnis zwischen den BeiA und der BPA betrifft, so besagt ein in der Forschungsliteratur oft vertretener Standpunkt, dass die BeiA die BPA als Regelformulierung rechtfertigen, begründen oder beweisen sollen (etwa Haß 1991a: 272f.; Jesenšek 2013: 151; 155; Szende 1999: 200); so spricht Denisov (1982[77]: 105) expressis verbis über „die Rolle ‚rechtfertigender Beispiele'". Dies bezieht sich insbesondere auf die BBeiA (etwa Henne 1977a: 5; Hausmann 2007: 221; Haß 1991a: 272f.; Klosa 2005), die „zur Beglaubigung der Definition" (Hausmann 2007: 221) herangezogen werden können. Mit diesem Standpunkt setzt sich Harras (1989: 609) auseinander und kommt zu dem folgenden Befund: „Mit ihnen [BeiA, K.L.] kann man nicht begründen oder rechtfertigen, daß die Bedeutungserklärung zutreffend ist. Mit ihnen kann man lediglich zeigen, wie (d. h. in welchen Kontexten) das Stichwort verwendet wird." (ebd.). Dies steht mit den folgenden in Kapitel 2 festgehaltenen Sätzen im Einklang: (a) ein Beispiel für eine Definition ist immer ein Beispiel für das Definiendum, wobei man die Definition selbst nicht exemplifizieren kann (2.1, Satz 7); (b) wie in der Rhetorik bekannt ist, kann das Beispiel nicht beweisen (2.1, Satz 8); das Beispiel ist vielmehr ein nachgestellter Zeuge, wobei *belegen* nicht gleich *beweisen* ist (2.1, Satz 7); (c) laut Kant sind Begriffe ohne Anschauungen leer und Anschauungen ohne Begriffe blind (2.2.1).

Für die Ermittlung des Verhältnisses zwischen der BPA und den BeiA hält Harras (1989: 609ff.) die Gebrauchstheorie der Bedeutung für eine tragfähige theoretische Grundlage. Die Ansätze der Gebrauchstheorie der Bedeutung formuliert Harras (1989: 609f.) wie folgt:

> Gemäß der Gebrauchstheorie der Bedeutung wird die Bedeutung eines Ausdrucks verstanden als sein Gebrauch in der Sprache, und der Gebrauch wird näher charakterisiert als Gebrauch,

der an bestimmten Standards orientiert ist. Diese Standards, die als Maßstab für die Korrektheit oder Inkorrektheit eines Gebrauchs funktionieren, sind als Regeln aufzufassen, die unser Sprachhandeln leiten.

Harras' (1989) diesbezügliche Überlegungen weisen zwei Besonderheiten auf: (a) die Gebrauchstheorie der Bedeutung wird nicht explizit mit Wittgenstein in Verbindung gebracht, (b) Harras (1989) betrachtet lexikographische Beispiele expressis verbis als „Anwendungsfälle des betreffenden Stichworts" (1989: 609 passim), kommt jedoch nichtsdestoweniger in puncto Verhältnis zwischen der BPA und der BeiA zu dem folgenden Befund:

> Es gibt nicht einmal die Regel und zum andern ihre Anwendung. Eine Regel verstehen, ist wissen, wie sie angewendet wird, ist wissen, welche Handlungen als korrekte Anwendungen und welche als inkorrekte zählen. Zu sagen, man könne eine Regel verstehen, ohne zu wissen, wie sie anzuwenden ist, ist absurd. Von jemandem, der eine Regel in Form eines auswendig gelernten Satzes daherrsagt, ohne zu wissen, wie die Regel angewendet wird, würden wir nicht sagen, er habe die Regel verstanden. Die Beziehung zwischen Regel und Anwendung ist keine, die man empirisch begründen oder rechtfertigen könnte, sie ist begrifflicher oder wittgensteinsch: grammatischer Natur [...]. Regel und ihre Anwendung sind zwei Seiten einer Medaille. Entsprechend tut man auch nichts grundsätzlich Verschiedenes, wenn man die Bedeutung eines Wortes einmal durch Regelformulierungen und zum andern durch Vorführen von Anwendungsfällen erklärt. (1989: 610f.)

Aus diesen Überlegungen heraus entsteht nach Harras (1989: 611) „die gerechtfertigte lexikographische Forderung nach Bedeutungserklärungen durch Regelformulierungen u n d durch Vorführen von Anwendungsfällen. Und es ergibt sich daraus auch die Forderung, Kriterien zu entwickeln, um beide Bestandteile in ihrer Eigenschaft als Erklärung sinnvoll miteinander zu verknüpfen.".

Unter Rekurs auf die Rolle des Beispiels auf dem Gebiet der Sprache (2.2.2.2) ist ferner festzuhalten, dass das Beispiel bei der Sprachbeschreibung und -vermittlung nicht für eine variabel formulierbare Regel, sondern für den verbeispielten Sachverhalt selbst, für einen konkret-exemplarischen Sprachgebrauch an und für sich steht. Darauf deutet auch Hermanns (1988: 174f.) mit folgenden Ausführungen zum lexikographischen Beispiel hin:

> das Beispiel [ist] ein Beispiel nicht nur für die Regel, wie sie im Wörterbuch formuliert ist, sondern für die Regel schlechthin; für den Sprachgebrauch schlechthin, der sich mit dem Lemmazeichen verbindet. Und die Funktion des Beispiels ist nicht bloß, daß es Anschauung zum Begriff bringt, sondern daß es überhaupt Anschauung bringt. Daß es, wie hier mit Emphase gesagt werden soll, die mögliche Verwendung eines sprachlichen Zeichens z e i g t. Im Gegensatz zu den Regeln, die nicht zeigen, sondern sagen, wie man ein Wort verwendet. (ebd.)

Mit dem *Zeigen* verbindet sich die Funktionalität des Aufzeigens der Verwendung der lemmatisierten Einheit. Durch den genuinen Zweck der objektsprachlichen Demonstration zeigen die BeiA die Verwendungscharakteristika des Lemmas, was die

BPA nicht erfüllen kann: „Selbst eine gelungene lexikalische Paraphrase leistet aber nicht im entferntesten das, was für die Kenntnis der Verwendungsbedingungen eines Wortes unerläßlich ist. Zu den mit Abstand besten Möglichkeiten, dem Benutzer Bedeutung und Verwendung nahezubringen, zählt eine ausreichende Zahl gut gewählter Beispiele." (Zöfgen 1986: 235; vgl. Zöfgen 1985: 44; 1994: 201). Die BeiA „[verleiben] die lexikalischen Diskursfragmente wieder in das kommunikative Kontinuum ein", so Neubert (1986: 5; vgl. Neubert 1992: 30). In diesem Zusammenhang vermerkt Zöfgen (1986: 229) Folgendes zur Funktionalität der BeiA: „Sie geben dem Wort das Kolorit zurück, das im definitorischen Akt verlorengeht.". Ähnlich betont dies auch Hausmann (1982: 194): „Beispiele sind kein überflüssiges Anhängsel der Definition. Sie liefern vielmehr eine Fülle von impliziten Informationen für die richtige Einschätzung des Wortes und vor allem für die aktive Verwendung.".

Im Rahmen der Funktionalität der Demonstration der Verwendung des Lemmazeichens erfüllt das lexikographische Beispiel zwei besondere, nur ihm zukommende Funktionen: (a) Durch das Beispiel kann etwas vermittelt werden, was meta- bzw. beschreibungssprachlich nicht oder nur schwerlich erfasst werden könnte: „Ein Wörterbuchmacher kann im Medium des Beispiels etwas zeigen von einem Wortgebrauch, was er gar nicht sagen kann, was er begrifflich gar nicht weiß, sondern was er nur spürt, was aber für ein Wort und seine Bedeutung besonders wichtig und erhellend und charakteristisch ist." (Hermanns 1988: 176; vgl. Haß 1991: 554; Haß-Zumkehr 2001: 35; Schlaefer 2009: 93; Landau 2004: 208). Des Weiteren vermerkt Hermanns (1988: 190, Endnote 17), dass dies dadurch erfolgt, dass solche zu beschreibenden Merkmale „im gut gewählten Beispiel dem Wörterbuchbenutzer vor Augen geführt werden eben auch da, wo es an Begriffen noch fehlt, die sie adäquat beschreiben würden" (vgl. Siepmann 2007: 253). In solchen Fällen erscheinen die BeiA das einzig mögliche Vermittlungsmedium. In diesem Zusammenhang spricht Harras (1989: 611) ferner von einer Chance für den Lexikographen, „der notwendigen Unvollkommenheit seiner Bedeutungserläuterungen dadurch zu begegnen, daß er mit den Beispielen etwas zeigt, was er in der Regelformulierung nicht ausdrücken kann" (vgl. dazu Ščerba 1982[40]: 36f.; Lenz 1998: 60). Ähnlich manifestiert dies Hausmann (1982: 194): „Die Wörter sind mehr als ihre Definition. Dieses Mehr müssen – statt langer Kommentare, die man freilich zu jedem Wort verfassen könnte – die Beispiele vermitteln." (vgl. Zöfgen 1986: 229).

Vor diesem Hintergrund weist Hermanns (1988: 175f.) darauf hin, dass „das Beispiel der Regelformulierung auch schon dadurch potentiell überlegen [ist], daß es zeigt, was die Regel nur sagt, ja daß es mehr zeigt, als die Regelformulierung sagt. [...] So werden im guten Beispiel Konnotationen vermittelt, wie sie per Regel nicht oder nur schwer oder gar nicht zu vermitteln sind.".

Hinzu kommt eine weitere immanente Funktion des lexikographischen Beispiels: (b) Es bildet eine Erfahrungsinstanz, indem es Situationen der Sprachverwendung und dadurch auch des Spracherwerbs bietet (4.3.2.1); diese charakteristische Funktion des Beispiels formuliert Hermanns (1988: 175) wie folgt:

> Nicht nur *zeigt* das Beispiel, wenn es gut und eindringlich ist, wie ein Wort verwendet wird; sondern es läßt uns darüber hinaus im glücklichen Fall die E r f a h r u n g   m a c h e n, wie ein Wort verwendet wird. Sagen wir *es zeigt etwas,* dann bleiben wir noch immer im Bereich des Theoretischen. Nicht mehr im Bereich des Metasprachlichen, wie bei: *die Regel sagt etwas;* aber doch im Bereich des Theoretischen, im Bereich der teilnahmslosen, distanzierten Betrachtung. Dagegen ein Wort wirklich kennen, es als Sprachteilhaber kennen und nicht bloß als distanzierter Wissenschaftler, das ist sehr viel mehr, als es betrachtungsweise kennen. Ein Wort wirklich kennen, das bedeutet eben: Erfahrung damit verbinden. [...] Darin also ist das Beispiel potentiell jeder Regelformulierung überlegen, daß man durch Beispiele die Erfahrung machen kann, wie ein Wort verwendet wird; und daß man dank dem Beispiel dann Erfahrung damit verbindet.

Auch Harras (1989: 609) spricht von „unserer ganz selbstverständlichen Erfahrung mit der Sprache, nach der wir die Bedeutungen von Wörtern gelernt haben, indem wir die Wörter verwendet haben und nicht dadurch, daß uns jemand eine ausdrückliche Bedeutungserklärung gegeben hat, von wenigen Ausnahmefällen einmal abgesehen". Ähnlich vermerkt Nikula (1986: 187), dass „die Bedeutungen und die übrigen Verwendungsbedingungen der sprachlichen Formen nur durch die Verwendung, d. h. in der Kommunikation, also in Kontexten, entstehen und auch gelernt werden". In diesem Zusammenhang führt Reichmann (1988: 417f.) aus, dass der Lexikograph durch die BeiA dem Wörterbuchbenutzer „die Möglichkeit [bietet], die Wortverwendung am objektsprachlichen Material zu lernen statt ausschließlich über die kognitive Steuerung, die der Lexikograph u. a. dadurch vornimmt, daß er Bedeutungserläuterungen formuliert" (1988: 418; vgl. auch Reichmann 1989: 146). Das Beispiel stellt an sich eine Erfahrungsinstanz dar (2.1, Satz 2); diese Funktion des lexikographischen Beispiels, durch die Demonstration der Verwendung Erfahrungsinstanzen und ferner Situationen des Spracherwerbs darstellen zu können, zeugt von einem besonderen Eigenwert des Beispiels in der Lexikographie (vgl. Hermanns 1988: 190, Endnote 17) – vergleichbar mit dem Eigenwert des Beispiels auf dem Gebiet der Sprache generell (2.2.2), – und fließt in die Polyfunktionalität des lexikographischen Beispiels mit ein (4.3.2.1).

Vor dem Hintergrund dieser Befunde ist die traditionelle Auffassung des Verhältnisses von BPA und BeiA zu revidieren. Hermanns (1988: 172f.) führt dazu Folgendes aus:

> Dient das Beispiel – so heißt es nun die allgemeine Frage – der Definition, oder dient die Definition dem Beispiel? Das ist beim heutigen Stand der lexikographischen Diskussion eine mehr oder minder rhetorische Frage, auf die man eine Antwort findet, indem man etwa sagt: Sie dienen beide gemeinsam etwas Drittem. Beispiel und Definition stehen in keinem Konkurrenzverhältnis und keinem Hierarchieverhältnis zueinander, sondern sie dienen, gewissermaßen solidarisch, beide demselben Zweck, und sie erhellen sich wechselseitig.

Es ist somit festzuhalten, dass BPA und BeiA im Bereich der Bedeutungsbeschreibung ein komplementäres Verhältnis aufweisen (vgl. dazu Lenz 1998: 61), was insbesondere dadurch deutlich zur Geltung kommt, dass die BPA als ein meta- bzw.

kommentarsprachliches Konstrukt die BeiA als objektsprachliche Konkretisierung ihrer Inhalte braucht. Kempcke (1996: 121) vermerkt in diesem Zusammenhang, dass insbesondere in der pädagogischen Lexikographie „die Worterklärung nur in Verbindung mit einer ausreichenden Kontextsphäre rezipiert werden [kann], beide sind aufeinander beziehbar, beide bilden ein Ganzes". In diesem Sinne leistet die BPA eine metasprachliche Steuerung bei der Wahrnehmung des Objektsprachlichen (vgl. Reichmann 1988: 418; 1989: 146). Die BeiA, die die Demonstration des Objektsprachlichen gewährleisten, leisten einen Beitrag zur Semantisierung des Lemmas und dadurch auch zur Erschließbarkeit der BPA. Die semantische Funktion gehört zu den Funktionen des lexikographischen Beispiels nach Informationsarten (4.3.2.2). Zudem demonstrieren die BeiA die Verwendungscharakteristika des Lemmas, und in diesem Bereich entsteht ein grundlegender Unterschied zur BPA, die die Verwendungscharakteristika auf einem meta- bzw. kommentarsprachlichen Wege nicht in einer umfassenden Weise zeigen kann. In diesem Bereich sind ferner auch die oben geschilderten dem lexikographischen Beispiel immanenten Funktionen zu verorten. Vor diesem Hintergrund ist die tradierte Sichtweise einer hierarchischen Unterordnung des lexikographischen Beispiels sowie seiner Anbindung an explizite Regelformulierungen innerhalb des SK (Haß 1991a: 272; Heringer 1984: 59) insofern zu revidieren, als dass ihr eine reduktionistische, *illustrative* Auffassung des Beispiels zugrunde liegt, die dem Stellenwert des lexikographischen Beispiels jedoch nicht gerecht wird.

Zu (2): Der besondere Stellenwert kommt den BeiA bei den als polysem kodifizierten Lemmata zu (vgl. Zöfgen 1994: 189; Jehle 1990: 271; Drysdale 1987: 216f.). In diesem Zusammenhang formulieren Prinsloo/Gouws (2000: 144) folgende Anforderungen an BeiA: „disambiguate senses" sowie „distinguish one meaning from another" (ebd.; vgl. Svensén 2009: 285; 175; Atkins/Rundell 2008: 454; Simpson 2003: 268f.; Drysdale 1987: 215). „A well-chosen example can [...] clarify sense distinctions in a polysemous word; indeed, you sometimes find that an entry is almost incomprehensible without its examples.", so Atkins/Rundell (2008: 454; vgl. Zöfgen 1994: 189). Svensén (2009: 285) betrachtet diese Funktion als einen Aspekt der semantischen Funktion.

Die Bedeutungsdisambiguierung in der einsprachigen Lexikographie und die damit verbundene Ansetzung der Lesarten sind nicht objektiv in der Sprache gegeben (vgl. Haß-Zumkehr 2001: 26; Lew 2015: 288). „The word sense [...] is an abstraction; it is, strictly speaking, not inherent to language, but part of the lexicographer's interpretation of the meaning of a word.", so Teubert (2002: 195). Die disambiguierten Lesarten sind deshalb Ergebnisse der vom Lexikographen durchgeführten semantischen Analyse, weshalb eine subjektive Komponente ständig präsent ist (vgl. Engelberg/Lemnitzer 2009: 239; Model 2010: 41; Kilgarriff 2008[1997]: 143; Heid 2008: 142). Die Bedeutungsdisambiguierung ist, wie es Palasaki (2007: 123) formuliert, „unvermeidlicherweise ein Akt subjektiver Entscheidung des Lexikographen". Als ein Zeugnis davon kann die Tatsache angesehen werden, dass die angesetzten

Lesarten sowie ihre Anzahl von Wörterbuch zu Wörterbuch variiert (Lew 2015: 288; vgl. Teubert 2002: 195). In diesem Zusammenhang hält Lew (2015: 288) Folgendes fest:

> senses in the dictionary are only objective with respect to the entry structure of this dictionary. They should not be seen as an objective representation of language in any dimension. At the very most, they are attempts at such a representation, but filtered through the practical realities of the particular lexicographic project, dictated by the foreseen target users and uses, and constrained by the available financial, human, and technical resources. (vgl. auch Kilgarriff 2008[1997]: 150)

Mit Rekurs auf Lipps' Ausführungen zum Stellenwert des Beispiels in der Sprache (2.2.2.1) sind Beispiele *Erfüllungen* und *Erfühlungen* der Konzeptionen, d. h. der Wortbedeutung(en). Dieser Befund hat eine unmittelbare Widerspiegelung in den genuin lexikographischen Zusammenhängen: Die BeiA fungieren als Invarianten einer Bedeutungsangabe (Bondzio 1982: 142), weil sie im objektsprachlichen Bereich verankert sind. So hält Drysdale (1987: 216f.) Folgendes fest: „it is much easier for a student to scan an entry looking for an example showing a context similar to the one he wants than it is for him to wade through a long sequence of abstract definitions" (vgl. Jehle 1990: 271).

Besondere Einblicke in Hinsicht auf das Verhältnis der BPA und der BeiA bietet die Praxis der Ansetzung der Lesarten in Relation zu valenzbedingten Strukturformeln (4.1.2). Die Strukturformeln erhalten eine besondere bedeutungsdisambiguierende Rolle bei den als polysem bearbeiteten Lemmata, indem eine Lesart auf der Grundlage einer durch die Strukturformel erfassten Kotextklasse angesetzt wird.[50] Der SSK besteht aus einer BPA und BeiA, wobei beide Elemente an die Strukturformel adressiert sind. Dass die BPA an die Strukturformel adressiert ist, wird in ViF festgehalten, indem ausgeführt wird, dass die BPA „die Paraphrasierung [des] Strukturbeispiels" darstellt (ViF: 53; vgl. Ballweg-Schramm/Schumacher 1979: 104), wovon auch die Anführung der in der Strukturformel verwendeten Variablen innerhalb der BPA zeugt. Eine Wiederaufnahme der Elemente der Strukturformel in der BPA erfolgt auch in E-VALBU, wenn auch kennzeichnenderweise ohne Einsatz der Variablen, wie dies in ViF der Fall ist:

---

50 Appliziert auf das Prinzip der semantischen Kommentierung (3.1.1), stellt eine Anlage des SK nach Kotextklassen eine Spezifizierung dar; Zöfgen (1985a: 141f.; 143) spricht in diesem Zusammenhang von einer syntaktisch-semantischen Gliederung in Bezug auf die Organisation der WbA zu verbalen Lemmata, indem „die syntaktische Umgebung der Verben zur G r u n d l a g e der semasiologischen Deskription" (1985a: 141) gemacht wird. Ferner betrachtet Zöfgen (1985a: 143) eine solche syntaktisch-semantisch angelegte Gliederung bei verbalen Lemmata in der pädagogischen Lexikographie als grundsätzlich geeigneter im Vergleich zu einer rein semantisch fundierten Gliederung.

TRENNEN ... 1 ... jemand/etwas trennt jemanden/etwas von jemandem/etwas [Strukturformel]
jemand/etwas hebt die Verbindung von jemandem/etwas zu jemandem/etwas räumlich oder gedanklich auf [BPA]
(3) Sie müssen sorgfältig das Eiweiß vom Eigelb trennen, sonst wird der Eischnee nicht steif.
(5) Man sollte das Private vom Beruflichen trennen. ‹E-VALBU›

Die Adressierung und Eingrenzung der BPA in Relation zur Strukturformel wird auch in LGwDaF festgehalten: „Die Erklärung, die dann folgt, gilt nur für das Stichwort in der jeweiligen Konstruktion." (LGwDaF: 24).[51] In diesem Zusammenhang vermerkt Gouws (1998: 73) Folgendes zu ¹LGwDaF: „Die Bedeutungsparaphraseangabe ist ein zentrales Textsegment, das gewöhnlich lemmatisch adressiert ist. Daß hier die Bedeutungsparaphraseangaben nicht lemmatisch, sondern an die Strukturformeln adressiert sind, betont wiederum die Wichtigkeit der letzteren.". Bezeichnenderweise werden in LGwDaF im Unterschied zu ViF und E-VALBU die Elemente der Strukturformel nicht bei der Formulierung der BPA wiederaufgenommen:

BEFINDEN ... 1 ... jemanden/etwas als/für irgendwie befinden; befinden, dass ... [Strukturformel]
*geschrieben* (auch als Richter oder Fachmann) zu der Überzeugung kommen, dass eine Person oder Sache so ist, wie gerade gesagt [BPA]
<jemanden als/für (un)schuldig befinden; etwas für gut, richtig befinden>
Das Gericht befand in seinem Urteil, dass der Angeklagte unschuldig war | Der Gutachter befand die Unterschrift für echt | Er hat es nicht einmal für nötig befunden, sich bei mir für meine Hilfe zu bedanken ‹LGwDaF›

BEACHTEN ... 1 ... etwas beachten [Strukturformel]
so handeln, wie es etwas verlangt oder empfiehlt [BPA]
<Gesetze, Ratschläge, Regeln beachten>
beim Autofahren die Verkehrsregeln beachten ‹LGwDaF›

Die Praxis der Nichtaufnahme der Elemente der Strukturformeln bei der Formulierung der BPA ist auch in ELDIT vertreten, wobei in ELDIT mit BPA in Form ganzer Sätze (3.1.1) gearbeitet wird:

BEFINDEN ... 1.) **Sich** *befinden* bedeutet, dass eine Person oder eine Sache an einem bestimmten Ort ist. [BPA]
jemand / etwas befindet sich irgendwo [Strukturformel]
Herr Müller befindet sich auf dem Weg ins Büro. Er wird in ein paar Minuten hier sein. Sie können gerne auf ihn warten. ‹ELDIT›

---

[51] Ferner wird in LGwDaF anhand des WbA zu ENTSCHEIDEN Folgendes ausgeführt: „Man kann lange darüber diskutieren, wie viele unterschiedliche ‚Bedeutungen' bei den sechs genannten Verwendungen vorliegen. Offensichtlich ist aber, dass hier sechs wichtige Situationen oder Konstruktionen genannt werden, an denen das Wort *entscheiden* beteiligt ist – und genau das will man wissen, wenn man dieses Wort nachschlägt." (LGwDaF: 24).

BEACHTEN ... 1.) *Beachten* bedeutet, dass man ein Verbot, eine Regel, einen Hinweis oder eine Mitteilung berücksichtigt und sich daran hält. [BPA]
jemand beachtet etwas [Strukturformel]
jemand beachtet, dass + *Indikativ* [Strukturformel]
Werte Kunden, bitte beachten Sie unsere neuen Öffnungszeiten. Ab dem kommenden Monat stehen wir Ihnen auch an den Samstagen von 9 – 13 Uhr zur Verfügung. ‹ELDIT›

Diese Befunde zeugen von der Möglichkeit einer variablen Gestaltung der BPA, da die BPA als ein meta- oder kommentarsprachliches, vom Lexikographen erarbeitetes Konstrukt fungiert. Grundsätzlich anders ist die Sachlage bei den BeiA: Die BeiA weisen die Besonderheit auf, dass sie die Strukturformeln demonstrieren, und dabei die in den Strukturformeln kodifizierten Elemente in einer *realisierten* Form im objektsprachlichen Diskurs eingebettet darbieten (4.3.1.2.2).

Somit ist zusammenfassend festzuhalten, dass die BPA als eine semantische Regelformulierung die Steuerung der Wahrnehmung des Objektsprachlichen durch eine meta- bzw. kommentarsprachliche Semantisierung gewährleistet. Die BeiA bilden den objektsprachlichen Bereich, auf den sich die Semantisierung durch die BPA bezieht, und bieten die Demonstration der Verwendung und dadurch auch der Bedeutung des Lemmas. Die BeiA bieten ferner auch die Demonstration anderer Angaben innerhalb des SK (4.3.1.2), während die BPA die Elemente anderer Angaben, insbesondere der Strukturformeln, nicht zwangsläufig aufnimmt.

### 4.3.1.2 Demonstration anderer Angaben

Die Demonstration anderer Angaben im SK durch die BeiA beruht auf dem genuinen Zweck der objektsprachlichen Demonstration und stellt – wie auch beim Lemmazeichen selbst – eine Einbettung dieser Angaben in den objektsprachlichen Diskurs dar. Die Schwerpunkte und damit zusammenhängend auch die Gründe für die Notwendigkeit der Demonstration anderer Angaben, im Konkreten der Redewendungen und Phraseme (4.3.1.2.1), der Strukturformeln (4.3.1.2.2) oder gekürzter Beispiele (4.3.1.2.3), sind je nach Angabetyp teilweise unterschiedlich; sie sind durch die den BeiA immanenten Kotext- und Kontext-Faktoren erklärbar.

### 4.3.1.2.1 Demonstration der Redewendungen und Phraseme

BeiA können Redewendungen und Phraseme auf zweifache Weise demonstrieren: (1) durch die Aufnahme bereits kodifizierter sublemmatischer Einheiten (4.1.1) oder (2) durch die Vermittlung (teil)idiomatisierter Redewendungen und Phraseme in den BeiA, begleitet durch die Glossierung.

Zu (1): Da sublemmatische Redewendungen und Phraseme einen sublemmatischen Status sowie dadurch auch einen Zeichencharakter aufweisen (4.1.1), ist ihre Demonstration durch die BeiA grundsätzlich mit dem Zweck der Demonstration der Eigenschaftsausprägungen des Lemmazeichens vergleichbar, d. h. die BeiA gewährleisten sowohl den Kotext als auch den Kontext:

SCHAFFEN ... Wend | für etw./jmdn./zu etw. wie geschaffen sein i.S.v. besonders gut für etw. geeignet sein/zu jmdm. passen: Er ist zum Lehrer wie geschaffen. Sie sind (wie) füreinander geschaffen.; etw. aus dem Nichts schaffen: Israel hat seine frühen Erfolge praktisch aus dem Nichts geschaffen. ⟨ViF⟩

GESCHEHEN ... ID **Gern geschehen!** verwendet, um höflich zu antworten, wenn sich jemand bedankt | *„Vielen Dank für deine Hilfe." – „(Bitte,) gern geschehen!"*; **Das geschieht ihm/ihr recht!** gesprochen das hat er/sie verdient | *"Er ist in der Prüfung durchgefallen." – „Das geschieht ihm eigentlich recht. Er hat ja kaum dafür gelernt."* ⟨LGwDaF⟩

SUCHEN ... **irgendwo nichts zu suchen haben** – *umgangssprachlich*
Raffael, geh aus meinem Schlafzimmer! **Da hast du nichts zu suchen**, das ist mein Privatbereich! [...]
**Wer sucht, der findet.**
Jetzt habe ich tatsächlich meine Haarspange wiedergefunden! Fast habe ich schon nicht mehr daran geglaubt, sie noch einmal wiederzusehen.
**Wer sucht, der findet!** ⟨ELDIT⟩

Eine konzeptionelle Besonderheit von ELDIT besteht darin, dass im Unterschied zu den anderen drei Wörterbüchern der empirischen Basis die kodifizierten Redewendungen und Phraseme zum einen systematisch durch BeiA demonstriert werden und zum anderen typographisch hervorgehoben werden, so dass sie als zusammengehörige Einheiten innerhalb der BeiA erkennbar sind.

Zu (2): Die BeiA können (teil)idiomatisierte Redewendungen und Phraseme vermitteln, d. h. wenn solche Kotext-Elemente nicht vorher im SK kodifiziert sind, sondern in den BeiA eingeführt werden. Dies wird begleitet durch die Glossierung einzelner Segmente innerhalb der BeiA oder ggf. auch ganzer BeiA, da sie nichttransparente (teil)idiomatisierte Elemente enthalten, die als erklärungs- und somit glossierungsbedürftig erachtet werden:

> Die Angabenglossierung ist eine lexikographische Methode; durch ihre Anwendung werden Angaben, die meistens lemmatisch adressiert sind, mit glossierenden Angaben oder funktionalen Angabezusätzen versehen, die Glossate heißen. Angabenglossierungen werden vorgenommen, wenn Teile von Angaben und seltener ganze Angaben dem Lexikographen als erklärungsbedürftig erscheinen. Die am häufigsten glossierten Angaben sind die Kompetenzbeispielangaben. (Wiegand 2006: 290f.; vgl. Wiegand 2014: 386; 2010b: 424; Rundell 1998: 317; Drysdale 1987: 222f.)

Glossate sind nichtstandardisiert in dem Sinne, dass sie frei wählbar bzw. einsetzbar in Hinsicht auf ihre Bezugsadresse erscheinen (Wiegand 2011: 152f.; 2014: 382; Hausmann/Wiegand 1989: 350). Die Bezugsadresse eines Glossats ist jedoch immer kotextgebunden (Wiegand 2014: 383); der Grund für die Ansetzung der Glossate sind somit kotextspezifische (teil)idiomatische Bedeutungen, die zudem mit Einschränkungen im Gebrauch einhergehen:

> Der Hauptgrund dafür, dass Lexikographen mit semantischen und semantisch-pragmatischen Glossaten arbeiten, besteht darin, dass es sehr viele Wörter und Syntagmen gibt, die meistens zum Zentrum des Wortschatzes gehören und oft auch hochfrequent sind und die aus recht unterschiedlichen Gründen kotextspezifische Bedeutungen und eingeschränkte Gebrauchsweisen haben, die nur recht umständlich und langatmig und damit ineffektiv als isolierte Lemmazeichen, aber benutzerfreundlich und effektiv nur in einem mit einer Beispielangabe genannten Kotext semantisch und semantisch-pragmatisch beschrieben werden können, der gegebenenfalls für eine Klasse ähnlicher Kotexte steht. (Wiegand 2014: 388)

In der empirischen Basis der vorliegenden Arbeit werden Glossate zu den BeiA in LGwDaF und vereinzelt in ELDIT eingesetzt, und zwar typischerweise semantische Postglossate, die durch typographische Identifizierungskennzeichnung von den BeiA abgesondert werden:

> LASSEN ... 9 ... *Seine Kritik lässt mich kalt* regt mich nicht auf ... 11 ... *Peter lässt dich schön grüßen* Er hat mir den Auftrag gegeben, dir Grüße von ihm zu sagen ‹LGwDaF›

> STELLEN ... 12 ... *etwas stellt hohe Anforderungen an jemanden/etwas* hohe Anforderungen gelten in einer Situation für jemanden/etwas | *etwas auf eine breite Basis/solide Grundlage stellen* eine breite Basis/solide Grundlage für etwas schaffen | *jemanden/etwas in den Vordergrund stellen* die Aufmerksamkeit auf jemanden/etwas lenken, etwas als wichtig betonen | *jemanden unter Quarantäne stellen* bestimmen, dass jemand in Quarantäne kommt | *etwas unter Strafe stellen* etwas verbieten und eine Strafe dafür festlegen | *jemanden vor eine Entscheidung/Wahl stellen* einer Person sagen, dass sie sich entscheiden muss | *jemanden vor Gericht stellen* jemanden vor Gericht beschuldigen, etwas getan zu haben | *etwas stellt jemanden vor Probleme* etwas konfrontiert jemanden mit Problemen | *sich zur Wahl stellen* für eine Wahl kandidieren ... 20 ... *etwas unter Beweis stellen* etwas beweisen | *(jemandem) eine Frage stellen* (jemanden) etwas fragen | *jemandem etwas in Rechnung stellen* jemandem etwas berechnen ‹LGwDaF›

In ELDIT werden Postglossate nur bei gekürzten Beispielen (4.2.1.1) eingesetzt. Diese Praxis hat in ELDIT lediglich sporadischen Charakter:

> GEBEN ... 12 ... eine Antwort geben (= antworten) | den/einen Auftrag geben (= beauftragen) | einen Befehl geben (= befehlen) | die Erlaubnis geben (= erlauben) | einen Rat geben (= raten) | ein Versprechen geben (= versprechen) | einen Kuss geben (= küssen) ‹ELDIT›
> MACHEN ... 7 ... was/wie viel macht das? (= wie viel kostet das?) ‹ELDIT›
> VERÄNDERN ... 2 ... sich beruflich verändern - *den Arbeitsplatz wechseln* ‹ELDIT›

Vereinzelt sind in ELDIT pragmatische Postglossate feststellbar:

> VERBIETEN ... 1 ... Unbefugten ist der Zutritt verboten! - *auf offiziellen Aufschriften* | Betreten, Durchfahrt, Rauchen, Fotografieren ... verboten! - *auf offiziellen Aufschriften* ‹ELDIT›

Sporadisch treten auch semantisch-pragmatische Postglossate in Kombination auf:

> VERÄNDERN ... 2 ... du hast dich kaum (nicht) verändert - du siehst noch genauso aus wie früher - *wird oft gesagt, wenn man jemdn. nach längerer Zeit wiedersieht* ‹ELDIT›

Die Funktion der Glossate charakterisiert Wiegand (2014: 391) wie folgt:

> Die zentrale genuine Glossatfunktion besteht in Verständnishilfen für Benutzer-in-actu, um glossierte Angaben in dem Sinne besser und richtig verstehen zu können, dass sie die kotextspezifische Bedeutung von Ausdrücken, die mit der glossierten Angabe genannt werden, erfassen sowie den spezifischen Gebrauch dieser Ausdrücke nachvollziehen können. Dies gilt besonders für solche Benutzer, deren Muttersprache nicht diejenige Sprache ist, die den Wörterbuchgegenstandsbereich des benutzten Wörterbuchs bildet.

Aus der Glossierung der BeiA, die Redewendungen und Phraseme demonstrieren, sind zwei relevante Aspekte zu folgern: (a) Die Glossierung gilt als ein Hinweis auf die grundsätzlich immanente Transparenz der BeiA. In Svensén (2009: 283) werden Glossate *explanatory insert* genannt, es wird ferner vermerkt, dass sie mit den unkommentierten Beispielen im Sinne von Svensén (2009) auftreten können. Zu ihrem Wesen und zur Kompatibilität mit dem Zweck der BeiA wird Folgendes ausgeführt: „This insert [explanatory insert, K.L.] usually explains something that is not directly related to the purpose of the example as a whole, and, in principle, its presence does not influence the main purpose of the example, i.e. to illustrate the information immediately preceding it" (2009: 283). Wie sich daraus ableiten lässt, haben enthaltene idiomatische Elemente nach Svensén (ebd.) nicht unmittelbar mit dem Zweck der BeiA zu tun. (b) Zugleich zeugt die Praxis der Glossierung der BeiA davon, dass auf dem Gebiet der Sprache das Beispiel oft als das einzig angemessene Vermittlungsmedium fungiert; wie es Wiegand (2014: 388) formuliert, können solche kotextspezifischen Wortschatzelemente „nur recht umständlich und langatmig und damit ineffektiv als isolierte Lemmazeichen, aber benutzerfreundlich und effektiv nur in einem mit einer Beispielangabe genannten Kotext semantisch und semantisch-pragmatisch beschrieben werden". Wenn die BeiA solche (teil)idiomatisierten Kotexte einführen, bieten sie zugleich einen weiteren Ko- und Kontext durch die Präsentation im objektsprachlichen Diskurs. Die Möglichkeit einer effektiven Vermittlung solcher Elemente in den BeiA gilt ferner als ein weiteres Argument gegen die tradierte Sichtweise einer hierarchischen Unterordnung des lexikographischen Beispiels sowie dessen Anbindung an explizite Regelformulierungen.

#### 4.3.1.2.2 Demonstration der Strukturformeln

Die Demonstration der Strukturformeln erscheint aus zwei Gründen notwendig: zum einen (1) für die Gewährleistung des Kontextes, zum anderen (2) für die Vorführung lexikalischer Realisierungen der Elemente der Strukturformeln, da sie von ihrer Natur aus abstrahiert und pronominalisiert angelegt sind (4.1.2). Dieser Standpunkt ist auch in Siepmann (2007: 243) vertreten, indem dafür argumentiert wird, dass Strukturformeln aus zwei Gründen mit BeiA zu versehen sind:

> colligational patterns should always be exemplified in typical situational contexts. One reason for this is that traditional valency patterns should be regarded as selective abstractions from

the reality of language use. Another is that collocation and colligation are tightly interlinked, such that particular patterns have preferred lexical realisations or occur in specific contexts. This makes it necessary to give the broadest possible portrayal of actual language use (vgl. dazu auch Zöfgen 1985a: 149)

Die BeiA bieten objektsprachliche kontextuelle Realisierungen der Strukturformeln:

GESCHEHEN ... Der $x_{NomE}$ geschieht.
Ein weiterer atomarer Unfall, der gefährliche Folgen hätte haben können, geschah am Mittwoch in Florida. (FAZ, 21.1.1966, S. 4)
Es geschah, daß ein Grabungsarbeiter – bis an den Bauch in einer Grube stehend – auf eine gespaltene Trachytplatte stieß, plötzlich einbrach und um einen guten halben Meter wegsackte. (Pörtner, Erben, S. 55) ‹ViF›

GESCHEHEN ... 1 etwas geschieht
<ein Unfall, ein Unglück, ein Unrecht, ein Wunder>
Der Unfall geschah, kurz nachdem wir in die Hauptstraße eingebogen waren ‹LGwDaF›

HALTEN ... 2 ... jemand hält etwas irgendwo
(1) Dr. Hannes Rettich hielt im Kahnweiler-Saal der Kunsthalle Mannheim vor Mitgliedern der Theatergemeinde und zahlreichen Ehrengästen einen Vortrag zum Thema „Theater und Politik". (Mannheimer Morgen, 11.03.1985, S. 32)
(2) Am nächsten Sonntag wird unser Pfarrer im Gottesdienst eine Predigt über den barmherzigen Samariter halten.
(3) Der Staatsanwalt hielt sein Plädoyer. ‹E-VALBU›

HALTEN ... 11 ... jemand hält jemanden/etwas irgendwie
Den Tee kannst du in der Thermoskanne den ganzen Tag warm halten.
Wenn ich Auto fahre, hält mich Musik bei Laune. ‹ELDIT›

In ELDIT wird die Strukturformel mit jeweils einer BeiA pro unterschiedliche Realisierungsmöglichkeit der in der Strukturformel erfassten Aktanten versehen (Abel 2002: 160f.).
Im Zusammenhang mit der Demonstration der Strukturformeln verzeichnet Töpel (2014: 309) „Füllungen für Konstruktionen" in den BeiA (vgl. Heringer 1984: 61; Möhrs 2011: 92). In ¹LGwDaF wird Folgendes vermerkt: „Die Strukturformel wird dann erklärt und durch Beispiele mit konkretem Inhalt gefüllt. Dies befähigt den Benutzer, das Stichwort im richtigen sprachlichen Kontext selbständig zu verwenden." (¹LGwDaF: VII). In der aktuellen Auflage heißt es: „Andere Bestandteile der Konstruktionen sind im Allgemeinen anhand der Beispielsätze leicht zu verstehen." (LGwDaF: 26). In diesem Sinne stellen die BeiA eine *Realisierung* und dadurch auch *Ergänzung* der expliziten Strukturformeln dar. Zöfgen (1985a: 148) spricht in diesem Zusammenhang von einer *Deckungsgleichheit* zwischen Strukturformel und BeiA: „Was das Verhältnis von Strukturformel und Beispielsatz angeht, so ist Deckungsgleichheit in dem Umfang zu gewährleisten, wie der Beispielsatz mindestens d i e Grammatik ‚zeigen' muß, die der Benutzer als explizite Information zur Syntax und

zu den Selektionsbeschränkungen vom Satzmuster bekommt." (ebd.). In einer besonderen Weise kommt die Deckungsgleichheit zwischen Strukturformeln und BeiA in ELDIT und E-VALBU zur Geltung: In ELDIT sind die Strukturmuster und Satzbeispiele aufgrund der Möglichkeiten des elektronischen Publikationsmediums direkt aufeinander bezogen und miteinander verlinkt; die entsprechenden Elemente in der Strukturformel und im Satzbeispiel sind zudem mit derselben Farbe markiert, was generell als lernfördernd angesehen wird (Abel 2002a: 416f.; 2002: 163f.). Auch in E-VALBU werden Elemente der Strukturformeln durch farbliche Markierungen den entsprechenden Elementen in den BeiA zugeordnet. Dies bietet dem Wörterbuchbenutzer die Möglichkeit des „Abschauens und Wiedererkennens", wie es Abel (2002: 160) formuliert: „Der Lerner will und soll ‚abschauen' und ‚wiedererkennen', und zwar in mehrfacher Hinsicht: Er soll das Strukturmuster in den Satzbeispielen wiedererkennen, und er soll das Strukturmuster mit der zusätzlichen Hilfe des Satzbeispiels ‚abschauen' und auf seinen eigenen sprachlichen Kontext übertragen." (ebd.). Dabei gilt jedoch Folgendes: „Die Elemente in den Satzbeispielen, die nicht im Strukturmuster vorkommen (alle freien Angaben im engeren Sinne), leuchten selbstverständlich nie auf." (Abel 2002: 164).

Vor diesem Hintergrund wird in der Forschungsliteratur eine Anführung der Strukturformeln *und* der BeiA in Kombination sowie die Gewährung der Möglichkeit ihrer Zuordnung als optimal erachtet (Heath 1982: 106; Tarp 2004b: 316; Bondzio 1982: 132; vgl. Adamska-Sałaciak 2006: 155). Wenn einerseits keine Strukturformeln angeführt werden und die BeiA die alleinige Quelle der Angaben zu Valenzeigenschaften des Lemmas bilden, dann stellt sich für den Wörterbuchbenutzer das grundsätzliche Problem des Grades der Generalisierbarkeit aus den BeiA: „Beispiele geben jedoch nur bedingt Hinweise auf die Valenz eines Wortes: Ihr Wert wird dadurch gemindert, daß nicht klar ist, inwieweit das Beispiel verallgemeinert werden kann [...]. Hier liegt der große Vorteil der Patternillustrationen gegenüber den Beispielen.", so Herbst (1985: 320; vgl. dazu Tarp 2004b: 314; Dentschewa 2006: 120; Rothenhöfer 2013: 419; Klotz 2001: 71). Dadurch, dass BeiA (a) eine implizite Angabe darstellen sowie (b) den Sprachgebrauch an einem singulären Einzelfall zeigen, können sie nicht verallgemeinert umfassende Angaben wie etwa Fakultativität, Kasus etc., die man in den Strukturformeln explizit in einer formelhaften Weise erfassen kann, vermitteln. Wenn jedoch andererseits nur Strukturformeln ohne BeiA angeführt werden, so ist es nach Heath (1982: 98) irreführend, davon auszugehen, dass der Wörterbuchbenutzer selbst beliebig viele Beispiele bilden kann. Die Abstraktheit der codierten Valenzinformationen ist nämlich der entscheidende Unterschied gegenüber der Realisiertheit der konkreten objektsprachlichen BeiA: „The user is left with no clear answers [...], which means that the information is of little value to him as it is not supported by examples." (Heath 1982: 99). Zu den Valenzcodierungen hält Heath (1982: 106) fest, dass sie „after all only a grammatical shorthand" sind. Diese Sicht wird auch in Abel (2000: 166) angedeutet: „Was mit Hilfe der Strukturformeln in verallgemeinernder und verkürzter Form dargestellt wird, wird schließlich konkretisiert und in ein Satzbeispiel eingebettet.".

Interessanterweise wird auch in Bezug auf grammatische Strukturen die These formuliert, dass BeiA *erhellend* wirken (VALBU: 23). Für diesen Zusammenhang, vergleichbar mit dem Verhältnis der BeiA zur BPA (4.3.1.1), hat der von Kant (2.2.1) aufgestellte und von Hermanns (1988: 176) für genuin lexikographische Zusammenhänge postulierte Grundsatz Geltung, dass Begriffe ohne Anschauungen leer sind, während Anschauungen ohne Begriffe blind erscheinen. Eine so verstandene Blindheit der Anschauung kommt in Bezug auf das Verhältnis der BeiA zu Strukturformeln dadurch zum Vorschein, dass ohne Anführung der expliziten Strukturformeln der Grad der Generalisierung anhand der BeiA für den Benutzer problematisch bleibt.

In einem weiteren Zusammenhang bieten die BeiA jedoch *mehr* als nur eine Realisierung der Strukturformeln (vgl. Mugdan 1985: 220; Zöfgen 1985: 48); so spricht Zöfgen (1982: 47) von „'Inkongruenzen' zwischen Strukturformel und Beispielsatz":

> In einem lernerorientierten Valenzwörterbuch besteht die Funktion des Beispielteils nicht primär darin, die ,morphosyntaktischen Informationen' der Strukturformeln zu illustrieren. Vorrangig geht es darum, daß sich in den Beispielen die gebräuchlichen Verwendungskontexte widerspiegeln und daß das Wort in eine typische Lebenssituation gestellt ist. [...] Daneben sollten die Beispiele möglichst alle jene freien (nicht satzkernbildenden) Angaben enthalten, mit denen das Verb in einer solchen Verwendung für gewöhnlich auftritt. [...] Dies bedeutet freilich, daß das Beispiel nicht mehr als getreues Abbild des Satzbauplanes fungiert. Die ,Inkongruenzen' zwischen Strukturformel und Beispielsatz sind also einerseits beabsichtigt; andererseits muß sichergestellt sein, daß sich das Beispiel auf die im Satzbauplan beschriebenen konstitutiven Teile auch tatsächlich reduzieren läßt und daß durch Tilgung der als fakultativ markierten Satzglieder keine ,unsinnigen' Sätze entstehen. (ebd.)

In Ballweg et al. (1981: 54) werden folgende Anforderungen an die BeiA in der Valenzlexikographie formuliert:

> Bei den Verbergänzungen zur Illustration der Valenz ist besonders an die gebräuchlichen Syntagmen ([...] kompetenzerweiternde[n] Funktion des Beispiels) zu denken. Daneben sollen die Beispiele möglichst Angaben (i.S. von ,nicht valenzgebundene Satzglieder') enthalten, die häufig in Verbindung mit dem jeweiligen Verb auftreten.

Des Weiteren wird darauf hingewiesen, dass *Fakultativität* bei der Valenzbeschreibung „eigentlich nur auf der virtuellen Ebene des Satzbauplans" (Ballweg et al. 1981: 55) existent ist, wohingegen in objektsprachlichen Sätzen und Texten fakultative Elemente entweder aktualisiert oder nicht aktualisiert werden (ebd.). In diesem Zusammenhang wird ferner vermerkt, dass „durch das Weglassen einer fakultativen Ergänzung der Textzusammenhang gestört werden kann" (ebd.).

Daraus lässt sich ableiten, dass sich die BeiA durch folgende grundlegende Parameter von den Strukturformeln unterscheiden: (a) eine objektsprachliche Realisiertheit; (b) eine lexikalische Füllung, die mit der Vermittlung typischer lexikalischer Verbindungen einhergeht und somit für den Wörterbuchbenutzer kompetenzerweiternd sein kann (vgl. Zöfgen 1982: 47), sowie (c) die Präsenz weiterer nicht valenzgebundener Elemente. Auf diesen Parametern basieren relevante Unterschiede zwischen den Strukturformeln und den BeiA. Hermanns (1988: 185) weist zu Recht darauf hin, dass sowohl BeiA als auch Strukturformeln – nach der Beispielauffassung von Hermanns (1988) ebenfalls Beispiele (4.1.2) – sprachliche Muster darstellen. Des Weiteren vermerkt Hermanns (1988: 185) jedoch, dass das Lernen an der Strukturformel im Unterschied zum Lernen am Beispiel „wegen der deutlich fühlbaren Abstraktheit, Künstlichkeit und Sprach-Unüblichkeit solcher Konstruktionen sogar schwerer [ist]. Die traditionelle kanonische Form [...] wirkt unnatürlich.". Unter der kanonischen Form versteht Hermanns (ebd.) die „Infinitiv-Indefinit-Konstruktion". Realisierte Beispiele haben hingegen den Vorzug, dass sie „nach Komplexheit und Vielfalt die sprachliche Realität von tatsächlich anzutreffenden Texten besser spiegeln als die Satz-Skelette der traditionell kanonischen Form" (ebd.). Mit diesen Überlegungen ist der Sachverhalt angeschnitten, dass beim Fremdsprachenlernen die Beispiele als Situationen des Spracherwerbs fungieren (4.3.2.1). Im Zusammenhang mit der Demonstration der Strukturformeln kommt der Eigenwert des Beispiels darin zur Geltung, dass das Beispiel durch seine Realisiertheit und Verankerung im objektsprachlichen Bereich (a) bei der Sprachproduktion sowie (b) bei einer systematischen Kompetenzerweiterung in der Fremdsprache als ein objektsprachlich realisiertes Muster von besonderer Relevanz erscheint.

### 4.3.1.2.3 Demonstration gekürzter Beispiele

Der primäre Grund für die Notwendigkeit der Demonstration gekürzter Beispiele durch Satz- und Textbeispiele ist der Kontext-Faktor, da gekürzte Beispiele von ihrer Natur aus vorrangig den Kotext realisieren (4.2.1.1). Die Notwendigkeit der Demonstration wird in der Forschungsliteratur insbesondere in Bezug auf KollA formuliert: „some collocations [...], although they may be regarded as examples of individual words, should themselves be illustrated", so Siepmann (2007: 244, vgl. Kilgarriff et al. 2008: 425f.; Gouws 2015). Siepmann (2007: 242) unterschiedet im Zusammenhang mit KollA zwei wesentliche Fälle, in denen KollA einer weiteren Demonstration bedürfen: (a) wenn die Besetzung des Subjektes Variationen aufweist (wie etwa belebt und unbelebt), oder (b) beim Vorliegen morphologischer oder anderer Restriktionen innerhalb einer Kollokation. Wenn jedoch keine Restriktionen vorliegen, ist die Demonstration nicht zwingend erforderlich (ebd.). Ferner sind nach Siepmann (2007: 242f.) ggf. auch mehrere BeiA zu einer KollA nötig, wenn diese mehrere Valenzmodelle aufweist oder polysem ist.

In der empirischen Basis der vorliegenden Untersuchung werden gekürzte Beispiele in ELDIT durchgehend demonstriert; charakteristisch ist zudem eine typographische Hervorhebung gekürzter Beispiele innerhalb der sie demonstrierenden Satz- und Text-Beispiele:

NEHMEN ... 2) ... **einen Pullover, eine Hose ... nehmen** (= einen Pullover, eine Hose ... kaufen)
Haben Sie sich entschieden? Ja, ich **nehme den** grünen **Pullover** und **die** beigefarbene **Jeanshose**.
**(sich) eine Wohnung nehmen**
Mein Chef hat mich wegen eines Projektes sechs Monate nach Bremen geschickt. Ich **werde mir** dort **eine Wohnung nehmen**, dann muss ich nicht jeden Tag 4 Stunden auf der Autobahn verbringen. ‹ELDIT›

ENTSTEHEN ... 1) ... **ein Streit, eine Auseinandersetzung (zwischen Personen) entsteht**
Julia und Evelyn verstehen sich momentan nicht so gut. Auf ihren [sic!] gemeinsamen Urlaub **ist ein Streit entstanden**, weil sie zu wenig Rücksicht aufeinander genommen hatten.
**ein Haus, eine Schule, ein Krankenhaus ... entsteht**
Am Stadtrand **entstehen** immer wieder neue **Häuser**, denn es gibt viele Familien, die dringend eine Wohnung suchen. Die öffentliche Hand unterstützt den Bau.
**etw. ist im Entstehen begriffen**
In einem kleinen Dorf ist eine Schule **im Enstehen** [sic!] **begriffen**. Das Gebäude dafür wurde schon ausgewählt, die Einschreibungen sind schon am Laufen, aber leider fehlen immer noch einige Lehrkräfte. ‹ELDIT›

Demonstriert werden ferner auch Beispiele im Angabebereich *Verwendung/combinazioni*, die in Form minimaler Sätze präsentiert werden:

ABNEHMEN ... 4 ... **die Vorräte nehmen ab**
Die brasilianische Regierung hat die internationale Gemeinschaft gebeten, Hilfsgüter für die Überschwemmungsopfer zu schicken. **Die Vorräte** an Medikamenten und Lebensmitteln **haben** in den letzten Tagen so **abgenommen**, dass die Versorgung nur noch für zwei bis drei Tage gewährleistet werden kann.
**die Kräfte nehmen ab**
Gegen Ende des Laufes **nahmen die Kräfte** des führenden Läufers **ab**, aber er schaffte es, seinen Vorsprung bis ins Ziel zu retten und gewann den Marathon.
**der Mond nimmt ab**
Siehst du, **der Mond nimmt** gerade **ab**. Das sieht man daran, dass die Sichel die Form des Buchstaben A in altdeutscher Schrift hat. ‹ELDIT›

Des Weiteren finden sich in ELDIT im Angabebereich *Verwendung/combinazioni* auch unvollständige Sätze, die eine Formelhaftigkeit modellhaften Charakters aufweisen. In ELDIT werden solche Einheiten ebenfalls durch weitere Satz- und Textbeispiele demonstriert:

BLEIBEN ... 3 ... **es bleibt dabei (, dass ...)**
**Es bleibt** also **dabei**, dass wir uns morgen früh gegen 6 Uhr am Bahnhof treffen? Ja, wenn wir später gehen, schaffen wir es nicht. ‹ELDIT›

MITTEILEN ... 1 ... **jemd. lässt mitteilen, dass ...**
Frau Bergmann, **der Direktor lässt** Ihnen **mitteilen, dass** er innerhalb der kommenden drei Tage die Ergebnisse der in Auftrag gegebenen Studie von Ihnen erwartet.

**wir müssen Ihnen leider mitteilen, dass ...**
Sehr geehrter Herr Obermeyer, **wir müssen Ihnen leider mitteilen, dass** Sie nicht in die engere Auswahl für die von uns ausgeschriebene Stelle gekommen sind. Wir bedanken uns für Ihr Interesse. ‹ELDIT›

Wenn innerhalb gekürzter Beispiele Variablen eingesetzt werden, dann erfolgt in den sie demonstrierenden Satz- und Textbeispielen eine objektsprachliche Realisierung der Variablen:

KAUFEN ... 1 ... **etw. für x Euro, Dollar ... kaufen**
Er **hat das Auto** gebraucht **für 7000 Euro gekauft**. Es war 2000 Euro billiger als ein neues. ‹ELDIT›

HABEN ... 8 ... **x Mitglieder haben**
Der Kaninchenzüchterverein **hat 7 Mitglieder**. Der Nachwuchs fehlt. Bald wird der Verein sich auflösen müssen.
**eine Stadt hat x Einwohner**
Dresden **hat 450000 Einwohner**. Es ist zwar eine Großstadt, aber sie ist viel kleiner als etwa Berlin oder Köln.
**ein Haus hat x Stockwerke**
**Das Haus**, in dem Jutta wohnt, **hat fünf Stockwerke**. Sie wohnt ganz oben im fünften Stock und hat einen herrlichen Blick. ‹ELDIT›

Die in ELDIT praktizierte typographische Hervorhebung innerhalb der Satz- und Textbeispiele ist als benutzerfreundlich zu werten; so plädieren etwa Herbst/Klotz (2003: 84) für die Notwendigkeit einer angemessenen Identifizierung der KollA angesichts ihres besonderen Status: Es ist eine notwendige Bedingung für die Lexikographie, dass die KollA „deutlich als Information über eine spezielle habituelle Verbindung von Wörtern erkennbar ist" (ebd.), und zwar mit der folgenden Begründung: „Mehr als bei allen anderen in einem Wörterbuch enthaltenen Informationen besteht bei Kollokationen die Gefahr, dass vorhandene Information nicht als solche erkannt wird." (2003: 85; vgl. dazu Rothe 2001: 209; Köster/Neubauer 2002: 290; Gouws 2015).

Durch die objektsprachliche Demonstration durch Satz- und Textbeispiele werden ferner morphologisch-syntaktische Realisierungen vorgeführt, da gekürzte Beispiele überwiegend in Form der infinitiven Phrasen präsentiert werden (4.2.1.1). Dies ist somit neben der Realisierung des Kontext-Faktors ein weiterer Grund für die Notwendigkeit der Demonstration gekürzter Beispiele.

Im Unterschied zu ELDIT werden gekürzte Beispiele in LGwDaF nicht durchgehend demonstriert. Fälle, in denen gekürzte Beispiele in Satz- und Textbeispielen aufgenommen werden, sind nur punktuell feststellbar:

SINKEN ... 2 ... <das Schiff, das Boot>
Der Sturm war so kräftig, dass das Boot kenterte und schließlich sank ‹LGwDaF›

SEIN ... 17 ... <schlecht, übel, schwindlig, mulmig>
Ich muss mich ein bisschen hinlegen, mir ist furchtbar schlecht ‹LGwDaF›

MACHEN ... 3 ... <jemandem (kaum, wenig, viel) Arbeit, Freude, Kummer, Mühe, Mut, Sorgen machen>
Die Kinder machen ihr viel Freude ‹LGwDaF›

Davon, dass diese Praxis in LGwDaF keinen systematischen Charakter hat, zeugen auch Fälle, in denen ein Satzbeispiel der Formulierung einer der vorangehen mikrostrukturell-positional abgesonderten KollA nahekommt, sie jedoch nicht in der kodifizierten Form aufnimmt:

ORGANISIEREN ... 4 ... <sich genossenschaftlich, gewerkschaftlich, politisch organisieren>
Die Bauern haben sich in Genossenschaften organisiert ‹LGwDaF›

Des Weiteren sind auch Fälle existent, in denen ein Satzbeispiel eine in einer anderen Lesart angeführte KollA enthält:

STEHEN ... 3 ... <eine Maschine, ein Motor, eine Uhr>
5 ... Meine Uhr ist stehen geblieben ‹LGwDaF›

Somit hat die Praxis der Demonstration gekürzter Beispiele keinen systematischen Charakter in LGwDaF, was sich vorrangig durch die Relevanz des Platz-Faktors für die Printlexikographie erklären lässt (vgl. Kempcke 1996: 120; Gouws 2015: 171).

Angesichts des ausgeprägten Eigenwertes der BeiA in Hinsicht auf das Verhältnis zur BPA wie auch auf die Demonstration anderer Angaben im SK ist die in 4.3.1 eingangs referierte tradierte Sichtweise der Anbindung des Beispiels an explizite lexikographische Regelformulierungen innerhalb des SK zu revidieren: Die BeiA sind zum einen eine erforderliche objektsprachliche Ergänzung meta- bzw. kommentarsprachlicher Angaben im SK wie der BPA und der Strukturformeln, zum anderen liefern sie durch die Demonstration der Verwendung relevante Aspekte in Bezug auf das Lemma wie auch andere Elemente des SK, die meta- oder kommentarsprachlich nicht unproblematisch vermittelt werden können. So gewährleisten die BeiA Kotext und Kontext in Hinsicht auf die Demonstration der Redewendungen und Phraseme (4.3.1.2.1), Kontext wie auch Realisierungen variabler oder infiniter Elemente in Bezug auf gekürzte Beispiele (4.3.1.2.3) sowie Strukturformeln (4.3.1.2.2). Vor diesem Hintergrund erscheint eine Anbindung der Funktionalität der BeiA an explizite Regelformulierungen innerhalb des SK unangemessen, da dieser Standpunkt bei näherem Hinsehen eine reduktionistische Funktionalität des lexikographischen Beispiels impliziert. Des Weiteren spielt in diesem Zusammenhang die Polyfunktionalität der BeiA eine Rolle.

### 4.3.2 Polyfunktionalität des lexikographischen Beispiels

Das Charakteristikum der Polyfunktionalität des lexikographischen Beispiels wird in der Forschungsliteratur mehrfach festgehalten (etwa Abel 2000: 164ff.; Landau 2004: 208; Jesenšek 2013: 151; Martin 1989: 601f.; Svensén 2009: 285f.; Zgusta 1971: 263f.; Rothe 2001: 183; Laufer 1992: 72; Heinz 2005: 9; Bergenholtz/Tarp 1995: 140; Prinsloo/Gouws 2000: 144f.; Prinsloo 2013: 510; Atkins/Rundell 2008: 454f.; Haß-Zumkehr 2001: 35; Rothenhöfer 2013: 421; Simpson 2003: 268ff.; Drysdale 1987: 215):

> Auf dem Demonstrationsteil [...] des Lernerwörterbuchs ruht eine große funktionale Last. Die Beispiele verkörpern Details aus zumeist mehreren lexikographischen Inhalten, die sich kondensiert und gebündelt in den objektsprachlichen Äußerungen widerspiegeln. [...] Gerade diese Polyfunktionalität macht das lexikographische Beispiel für den Benutzer so wertvoll und unersetzbar. (Jehle 1990: 266f.)

Die Polyfunktionalität der BeiA hat sowohl vom Standpunkt des Lexikographen als auch von dem des Wörterbuchbenutzers aus Geltung (Rothe 2001: 183; Wiegand 1989: 426). Deshalb werden BeiA bei metalexikographischer Reflexion einheitlich als polyfunktional analysiert, wenn keine monofunktionale Festlegung seitens des Lexikographen erfolgt ist (Wiegand 1989: 426). Die Erklärung für die Polyfunktionalität des lexikographischen Beispiels liegt darin, dass es im objektsprachlichen Bereich verankert; aufschlussreich ist in diesem Zusammenhang der folgende Vermerk von Rothe (2001: 183): „Im konkreten Einzelfall dürfte es daher schwierig sein, ein vorliegendes Beispiel auf die eine oder andere Funktion oder Funktionen festzulegen.". Eine in der Forschungsliteratur verbreitete Herangehensweise ist, die Funktionalität der BeiA nach einzelnen Informationsarten aufzuschlüsseln (etwa Svensén 2009: 285f.; Martin 1989; Abel 2000: 164; Drysdale 1987: 215). Es ist jedoch einzusehen, dass diese Vorgehensweise lediglich eine Perspektivierung des lexikographischen Beispiels beinhaltet, während dem Beispiel auf dem Gebiet der Sprache generell eine tragende Rolle bei der Sprachbeschreibung und -vermittlung zukommt (2.2.2). Vor diesem Hintergrund ist im Zusammenhang mit der Funktionalität der BeiA zwischen zwei Funktionalitätsarten zu unterscheiden: die Funktionalitätsart als Situationen des Spracherwerbs (4.3.2.1), die eine Polyfunktionalität nach Informationsarten in ihrer Gesamtheit beinhaltet, und die Funktionalitätsart nach Informationsarten, die auf einer metalexikographischen Perspektivierung beruht und sich durch den Ko- und Kontext-Faktor näher erklären lässt (4.3.2.2).

#### 4.3.2.1 Beispiele als Situationen des Spracherwerbs

Auf dem Gebiet der Sprache fungieren die Beispiele als Situationen des Spracherwerbs, als paradigmatische Muster für weiteres Sprachhandeln. Mit Bezug auf Wittgensteins Methode des Beispiels (2.2.2.2) formuliert Munz (2007: 328) dies wie folgt:

> Mit Hilfe von Beispielen lernen wir die Anwendung von Sprache, sie verbinden Zeichen und Bezeichnetes, Sprache und Wirklichkeit. In didaktischer Funktion sind Sprachspiel und Beispiele die einführenden Situationseinheiten, die das Einüben in eine bestimmte Sprache gewährleisten. Sie sind Situationen des Spracherwerbs [...] Mit Hilfe von Beispielen werden sowohl die jeweiligen Gebrauchsmöglichkeiten eines Wortes gelernt als auch Regeln eingeübt, die dem Gebrauch verschiedener Worte und Satzgebilde zugrunde liegen. In Sprachspielen und an Beispielen werden die verschiedenen Bedeutungen von Wörtern gelernt.

Auch in den genuin lexikographischen Zusammenhängen hält Heringer (1984: 59) fest, dass „man Sprache vor allem über Sprachverwendung lernt, und das heißt über Beispiele" und betont in diesem Zusammenhang, dass Beispiele „in ihrem Wert als Lerninstanzen" (1984: 60) zu betrachten und zu untersuchen sind. In einer vergleichbaren Weise vermerkt Stein (1999: 49), dass bisherige Überlegungen zum lexikographischen Beispiel generell den Zusammenhang zur Rolle des Beispiels beim Spracherwerb vernachlässigt haben. Nach Heringer (1984: 60) ist das Beispiel ferner dazu da, dass es die Beherrschung der variabel formulierbaren expliziten Regeln ermöglicht. Bei der Sprachvermittlung erscheint das Beispiel als Ausdruck und Realisierung der Regel von konstitutiver Relevanz (2.2.2.2). So wird auch in der Fremdsprachendidaktik im Zusammenhang mit dem Grammatikunterricht festgehalten, dass

> ein abstraktes grammatisches Regelwissen sich zwar zur kognitiven Kontrolle der Richtigkeit einer schon vorliegenden Konstruktion eignet, nicht aber zu ihrer schnellen Konstruktion in freier Rede. Abstrakte Regeln haben nur eine kognitiv stützende Wirkung. Wir lernen an Beispielen, nicht über die ‚Verinnerlichung' einer abstrakten Regel! Dem entspricht, dass wir, wenn es um das Verstehen einer explizit formulierten Grammatikregel geht, zumeist erst nach praktischen Beispielen für sie fragen, bevor wir sie verstehen und ‚anwenden' können. (Multhaup 2002: 92)

Die Dimension der Verwendung vereinigt einzelne Funktionen nach Informationsarten (4.3.2.2) und resultiert in ihrer Gesamtheit in der Sprachbeherrschung in Bezug auf die Charakteristika der lemmatisierten Einheit. Dieser Sachverhalt wird in der Forschungsliteratur nur vereinzelt angesprochen; so vermerken Prinsloo/Gouws (2000: 144) Folgendes zur Funktionalität der BeiA:

> Although illustrative examples constitute a data category with a whole range of functions, one of the basic aims of the lexicographer by including and presenting examples should be to guide the user on a variety of characteristic features of the lexical item represented by the lemma sign which functions as guiding element of the specific article. Examples play an important role in guiding the user to *know* the word. (vgl. auch Prinsloo 2013: 510)

Durch die Verankerung im objektsprachlichen Bereich und die Demonstration der Verwendung des Lemmas entspricht das lexikographische Beispiel der Ebene der *Performanz*, des Sprachhandelns, was im Fremdsprachenerwerb bekannt ist: „Gerade, um beim Lerner das Überführen von explizitem Sprachwissen in Sprachhandeln zu erleichtern, sind sprachliche Beispiele [...] als modellhafte Anwendungen von Regeln von enormer Wichtigkeit.", so Thurmair (2010: 361). In diesem Zusammenhang spielt ferner der mnemotechnische Wert des Beispiels eine Rolle; der Lernprozess wird durch die Anführung der Beispiele optimierend unterstützt (vgl. Thurmair 2010: 362). Dies hat eine unmittelbare Widerspiegelung in den lexikographischen Zusammenhängen, indem das lexikographische Beispiel ein Muster für Sprachtätigkeiten in der Fremdsprache darstellt:

> Der Beispielteil eines Wörterbucheintrags bietet dem Benutzer objektsprachliches Material und somit die Gewißheit, daß er einen Gedanken oder eine Situation auch in der illustrierten Form versprachlichen kann. Für das Verständnis der Beispiele benötigt der Benutzer weder metasprachliche Kompetenz noch tiefschürfende Grammatikkenntnisse. Somit fällt ihm bei aktiver Textproduktion die Nachahmung eines konkreten Beispiels leichter als die Konstruktion eines Satzes gemäß eines aus metasprachlichen Angaben bestehenden Satzbauplans. (Jehle 1990: 283)

Vor diesem Hintergrund gilt Folgendes: Die BeiA sind „das, was der Lerner am meisten wünscht, woraus er am meisten und am nachhaltigsten lernt und was der analogischen Natur des Sprechens wie des Sprachlernens am meisten entgegenkommt", so Ickler (1985: 376). Besonders relevant ist dies in der pädagogischen Lexikographie; die Funktionalitätsart der BeiA als Situationen des Spracherwerbs hebt Siepmann (2007: 244f.) wie folgt hervor: „although any example may be deemed to have a pedagogic function in teaching the reader about the uses of an entry word or phrase, the genuinely pedagogic functions of what we might call the 'learnability' and 'usability' of examples have been largely overlooked" (2007: 244). Dazu führt Siepmann (2007: 245) Folgendes aus:

> One of the central functions of examples in vocabulary books is to offer instantiations of language use which can be easily memorized. In other words, examples should be as mnemonic as possible – this brings a new element into the equation, an element that has never been seriously discussed in the literature on monolingual learners' dictionaries. This function imposes a number of constraints on the length of examples (7 +/- 2 chunks), the choice of vocabulary, etc.

Tatsächlich wird in der Forschungsliteratur der Befund, dass die BeiA in der pädagogischen Lexikographie als Muster für die Sprachproduktion fungieren, typischerweise in Form einer Randbemerkung formuliert (etwa Prinsloo/Gouws 2000: 145; Kilgarriff 2015: 91; Rundell 1998: 317; 334; 2015: 318; Moon 2016: 134; Szende 1999: 200; Drysdale 1987: 215; Adamska-Sałaciak 2006: 182). Alternativ ist im Zusammenhang mit der Funktionalität der BeiA von einer Vorbildfunktion (Martin 1989) oder einem Vorbildcharakter (Pöll 2002: 138) die Rede.

Aus dieser Funktionalität entsteht die Anforderung der *Wiederverwendbarkeit* des lexikographischen Beispiels im Bereich der pädagogischen Lexikographie; sie wird in Zöfgen (1982: 28; 1986: 229) angerissen und in Siepmann (2007: 249) wie folgt formuliert: „examples should be ‚reusable', i.e. they should not normally be highly idiosyncratic or context-specific" (ebd.), und zwar zum Zweck ihrer „learnability" (2007: 248). Die Anforderung der Wiederverwendbarkeit deuten auch Prinsloo/Gouws (2000: 154) an: „The examples must [...] be comprehensible and reproducible. The appropriate cotext, the typical grammatical structure as well as the pragmatic context in which a word occurs should form part of the information transfer achieved by the correct choice of examples.". Auch Humble (1998: 596) vermerkt: „Learners should be given examples resembling the sentences they aim to produce.". Dies verursacht die Notwendigkeit der Einbeziehung der Aspekte der Komplexität (4.4.2.3) sowie der Thematik und Wortschatzes der BeiA (4.4.3.1) in die Erarbeitung der Kriterien für die Beurteilung der Qualität der BeiA.

### 4.3.2.2 Funktionen nach Informationsarten

Wenn in der Forschungsliteratur die Funktionalität der BeiA nach Informationsarten aufgeschlüsselt wird, so erfolgt dies auf der Grundlage, dass die BeiA als Syntagmen der objektsprachlichen Wirklichkeit entstammen und Zitate im weiten Sinne darstellen (4.2.2.1.1), so dass einzelne Informationsarten durch Perspektivierung der objektsprachlichen Zitate entstehen, wie dies für das Beispiel an sich charakteristisch ist (2.1, Satz 1). Kennzeichnend für diesen Ansatz ist, dass grundsätzlich eine Polyfunktionalität des lexikographischen Beispiels festgehalten wird:

> Sie [BeiA, K.L.] können quasi unter der Hand nahezu alle anderen Arten von Informationen gleichzeitig vermitteln: An Beispielen kann man die Schreibung eines Worts ablesen; mehrere Beispiele können die orthografischen Varianten widerspiegeln. Ist das Beispiel einem gereimten Text entnommen, kann es unter Umständen sogar über die Aussprache informieren. Wie das Wort flektiert wird, ob das Perfekt mit *haben* oder *sein* gebildet wird, wie die üblichen syntaktischen Anschlüsse aussehen, welche engere und weitere Bedeutung das Wort hat, welche Verwendungsbedingungen, etwa ein bestimmter Kommunikationskontext, obligatorisch oder fakultativ ist, zu welchen bedeutungsverwandten und zu welchen Gegensatzwörtern es üblicherweise gestellt wird, in welchen Wortfamilienbeziehungen ein Wort steht oder welche Etymologie ihm [...] zugesprochen wird – all das können ein oder mehrere Beispiele den Wörterbuchbenutzern ‚sagen'. (Haß-Zumkehr 2001: 35)

Drysdale (1987: 215) unterscheidet sechs einzelne Funktionen des lexikographischen Beispiels: „(1) To supplement the information in a definition. (2) To show the entry word in context. (3) To distinguish one meaning from another. (4) To illustrate grammatical patterns. (5) To show other typical collocations. (6) To indicate appropriate registers or stylistic levels.". Einen anderen Vorschlag zur Aufschlüsselung der Funktionen der BeiA macht Svensén (2009: 285): „The functions of examples are usually classified by information types, for instance: (1) semantic, (2) syntagmatic, (3) connotative, (4) encyclopedic, (5) pragmatic, (6) documentary.". Abel (2000: 164) unterscheidet hingegen folgende Funktionen: "Dem lexikographischen Beispiel fallen [...] wichtige Aufgaben zu, und zwar in Bezug auf semantische, syntagmatische, syntaktische sowie pragmatisch-situative Aspekte.", was einen Unterschied im Vergleich zum Vorschlag von Svensén (2009: 285) in den Parametern der konnotativen, enzyklopädischen und dokumentarischen Funktion beinhaltet. Dieser Unterschied ist dadurch erklärbar, dass im Zusammenhang mit der Polyfunktionalität nach Informationsarten zwischen primären und sekundären Funktionen der BeiA zu unterscheiden ist: Primäre Funktionen beziehen sich auf sprachliche Sachverhalte, ergeben sich aus dem immanenten Kotext und Kontext und betragen die (1) syntagmatische, (2) semantische, (3) pragmatische, (4) morphosyntaktische Funktionen. Sekundäre Funktionen beziehen sich auf die Inhalte der BeiA, beruhen auf dem Kontext und betragen (5) enzyklopädische, (6) enzyklopädisch-historische, (7) kulturelle, (8) zum Nachdenken anregende Funktionen. Die Dimension der Inhalte der BeiA entsteht dadurch, dass das lexikographische Beispiel als ein Zitat im weiten Sinne fungiert, das *doppelt* zu lesen ist (4.2.2.1.1). Zu den sekundären Funktionen gehört auch (9) eine metalinguistische Funktion, die in der Forschungsliteratur vereinzelt eigens differenziert wird (etwa Heinz 2005: 9).

Die Notwendigkeit der Differenzierung einzelner Funktionen in primäre und sekundäre deutet auch Siepmann (2007: 244) an: „Firstly, examples should illustrate the syntactic, semantic and pragmatic patterns typically found in the discourse surrounding the entry word or phrase or, more simply put, to show it embedded in a natural context; the example should exhibit prototypical features of the entry word or phrase". Wenn das Beispiel die primären Funktionen nicht erfüllt, dann liegen funktionale Pseudobeispiele vor (4.3.3).

Unter den primären Funktionen des lexikographischen Beispiels hängen die (1) syntagmatische und die (2) semantische Funktion eng zusammen und bilden den Kern der Funktionalität des lexikographischen Beispiels, was sich aus dem genuinen Zweck der objektsprachlichen Demonstration und der dadurch bedingten Funktionalitäten der Demonstration der Verwendung und Bedeutung des Lemmas ergibt (vgl. 4.3). Durch die Demonstration der Verwendung des Lemmas und insbesondere durch den Kotext-Faktor gewährleisten die BeiA in besonderer Weise die Demonstration syntagmatischer Eigenschaften des Lemmas: „Mehr als jede andere ‚Bedeutungsangabe' können Beispiele dazu beitragen, die Kompatibilität eines Wortes und seine Distributionsverhältnisse, kurz: wesentliche syntagmatische Charakteristika, zu erhellen.", so Zöfgen (1986: 220f.). Da durch die Sprachverwendung auch die semantische Dimension entsteht, fungieren die BeiA als „operationale Bedeutungserläuterung" (Zöfgen 1985: 44). Vor diesem Hintergrund ist von besonderer Relevanz, dass die BeiA in einer *systematischen* Weise angeführt werden (Pasch 1992: 284; Nesi 1996: 205): „Die Beispielsätze eines Wörterbuchs sollten insgesamt das ganze Spektrum möglicher Sätze vorführen und ein einigermaßen getreues Bild des tatsächlichen Sprachgebrauchs vermitteln. So dürfen z.B. nicht nur Sätze im Präsens vertreten sein." (Hausmann 1977: 86).

Die (3) pragmatische Funktion des lexikographischen Beispiels besteht darin, dass es in Bezug auf den Kontext-Faktor eine in pragmatischer Hinsicht typische Kommunikationssituation darstellt: „Im Idealfall sollte ein kontextdeterminiertes

Beispiel den Benutzer in eine Kommunikationssituation versetzen, in der er der durch das Beispiel verkörperten Äußerung selbst begegnen kann oder in der er das Lemma in der gezeigten Weise selbst anwenden könnte." (Jehle 1990: 279f.; vgl. Ballweg et al. 1981: 53; Abel 2000: 168). Ähnlich vermerkt auch Kempcke (1996: 120), dass BeiA *situationstypisch* sein sollen. Die pragmatische Funktion bezieht sich auch auf Textsorten: „Durch die Wahl der Beispiele soll dem Benutzer auch ein Eindruck davon vermittelt werden, in welchen Textsorten bzw. Situationen ein Verb typischerweise verwendet wird." (ViF: 59f.; vgl. auch Ballweg et al. 1981: 53). Da die pragmatische Funktion primär auf dem Kontext-Faktor beruht, wird sie vorrangig von Satz- und Textbeispielen realisiert. Dies ist etwa in den folgenden BeiA der Fall:

DÜRFEN ... 1 ... (6) „Darf ich?", fragte er, und zündete sich eine Zigarette an. ‹E-VALBU›

BEGINNEN ... 1 ... (16) „Wer beginnt?" „Derjenige, der die höchste Karte zieht." ‹E-VALBU›

GEBEN ... 10 ... (1) Heute kann ich keinem Spieler eine gute Note geben.
(2) Das Gericht in Paris gab dem Angeklagten fünf Jahre mit Bewährung. (nach Frankfurter Allgemeine Zeitung, 1995)
(3) Auch bei einem perfekten Sprung gibt dieser Prüfer nie eine 10.
(4) In der Kür werden von den Richtern für Schwierigkeit und Ausdruck gesonderte Noten gegeben und hinterher addiert. (Rhein-Zeitung, 06.05.1997; Auch mit Musik lief alles rund) ‹E-VALBU›

Die pragmatische Funktion des lexikographischen Beispiels impliziert auch die Demonstration der konnotativen Beschaffenheit des Lemmas sowie dessen diasystematischen Markiertheit. Svensén (2009: 285f.) setzt die konnotative Funktion des lexikographischen Beispiels mit der folgenden Bestimmung separat an: „Uncommented examples having a connotative function reflect associations, moods, feelings, etc., that may be evoked by the lemma." (2009: 286). Die pragmatische Funktion wird in Svensén (ebd.) nur auf die Markiertheit des Lemmas eingeschränkt: „The pragmatic aspect often involves marking. An example containing several marked words can give a hint as to the marking status of the lemma" (ebd.). In Zöfgen (1994: 189f.) wird die Demonstration der diasystematischen Markierung des Lemmas als eine separate Funktion angesetzt. Es ist jedoch einzusehen, dass sowohl konnotative Beschaffenheit als auch diasystematische Markiertheit im großen Zusammenhang unter die pragmatische Dimension fallen und bei der Demonstration durch BeiA durch den Kotext-Faktor gewährleistet werden. Eine besondere Notwendigkeit der Demonstration durch BeiA bei der pragmatischen Markiertheit des Lemmas wird in Atkins/Rundell (2008: 455) betont: „where an item is marked for style, register, or regional distribution, a good example will show it in its natural setting". Die Relevanz der pragmatischen Funktion der BeiA geht auch aus der Formulierung der Forderung nach einer Theorie des lexikographischen Beispiels hervor, indem darauf hingewiesen wird, dass „insbesondere die Symptomfunktion und die bewertende

Kraft der Lemmata berücksichtigt werden [muß]" (Wiegand 1977: 102). Dies ist in den folgenden BeiA der Fall, in denen die lemmatisierte Einheit eine Markiertheit in pragmatischer Dimension aufweist:

> VERKAUFEN ... 2 ... (1) Aber wer ist nun das größere Ferkel: „Ich, weil ich die Öffentlichkeit unterhaltsam informiere? Oder Mellor, der fremdgeht und sich seinen Wählern scheinheilig als treu sorgenden Ehemann verkauft?" (Spiegel, 26/1994, S. 148)
> (2) Und die Koalition verkauft dem Volk eine Entscheidung wie die Steuererleichterung für Hoteliers als „Wachstumsbeschleunigung". (Rhein-Zeitung, 04.02.2010; Ideen von vor-vorgestern)
> (3) Er kann mit falscher Zunge die einheitliche Gesundheitsprämie als gerecht verkaufen, bei der gut ausgerüstete Bankdirektoren so wenig löhnen wie dürre Hartz-IV-Empfänger. (die tageszeitung, 12.02.2010, S. 20)
> (8) Von Ausgabenkürzungen und Personalabbau ist keine Rede mehr. Stattdessen wird der Schuldenberg so hoch getürmt, dass in den kommenden Jahren etwas weniger Schulden dreist als „Konsolidierung" verkauft werden sollen. (Braunschweiger Zeitung, 14.01.2010; Beamte als Buhmänner) ‹E-VALBU›

> FRESSEN ... 3 ... (1) Mensch, du hast schon wieder die ganze Schokolade gefressen!
> (2) Es war peinlich zu sehen, wie der Mann eine Wurst nach der anderen fraß.
> (3) Bettler stehen überall herum ... Ich schäme mich plötzlich, dass ich so sinnlos gefressen habe. (nach Remarque, S. 144)
> (4) Frank Castorf, dem Chef der Volksbühne, erweist er unter anderem darin seine Reverenz, daß statt Kartoffelsalat (prägend für Castorfs Anfänge an diesem Hause) Kartoffelpüree gefressen, ausgespuckt, herumgeschleudert wird: (Frankfurter Allgemeine, 18.11.2005; Andrij Zholdaks „Medea in der Stadt" an der Berliner Volksbühne) ‹E-VALBU›

Die pragmatische Funktion kann des Weiteren durch (a) BStellA bei BBeiA oder CorBeiA (4.2.2) sowie (b) pragmatische Postglossate bzw. pragmatische Kommentare zu BeiA im Sinne von Wiegand (1981: 204f.) gewährleistet werden. Der Unterschied zur pragmatischen Funktion des Beispielsyntagmas besteht darin, dass die Vermittlung nicht auf dem Kontext-Faktor der BeiA beruht, sondern durch begleitende (Teil)Angaben erfolgt. Die Vermittlung durch BStellA bezieht sich auf die Angabe der Textsorte, in der die lemmatisierte Einheit vorkommt und ist als eine Begleiterscheinung der Gewährleistung der Belegtheit aufzufassen (4.2.2). So kann die pragmatische Funktion der BStellA in den folgenden Fällen festgehalten werden:

> AUFHEBEN ... 6 ... (2) Wir heben unsre Augen auf zu Dir. (Gebetbuch, S. 648) ‹E-VALBU›

> FÜHREN ... 1 ... (1) Der Bundeskanzler führt die Bundesregierung. (Grundgesetz, S. 100)
> 13 ... (4) Führen Sie den Cursor mit der Leertaste an die gewünschte Position. (nach Gerätebeschreibung IBM, S. 13) ‹E-VALBU›

> PRÜFEN ... 3 ... (1) Mit Hilfe von Antivirenprogrammen kann man alle Dateien und Programme, auf die auf dem Rechner zugegriffen wird, auf schädliche Software prüfen. (nach Antivirenprogramm, In: Wikipedia - URL:http://de.wikipedia.org: Wikipedia, 2005) ‹E-VALBU›

Für die pragmatische Funktion der BStellA gelten zwei Einschränkungen: zum einen bezieht sie sich nur auf die Angabe der Textsorte, kann jedoch weder konnotative Beschaffenheit noch diasystematische Markiertheit der lemmatisierten Einheit angeben, zum anderen wird sie nicht von allen BStellA gewährleistet; dies hält Wiegand (1981: 227) wie folgt fest: „Einmal ist [...] eine Belegstellenangabe eine Information zur Textsorte, in der das Lemma [...] bevorzugt (oder besonders häufig etc.) verwendet wird, das andere mal gibt eine Belegstellenangabe eine solche Information nicht.". Dies wird insbesondere anhand des CorBei deutlich, wenn eine CorBeiA einem Zeitungscorpus entnommen ist. Zudem wird die pragmatische Funktion der BStellA in besonderer Weise bei CorBeiA relativiert, da sie je nach der Verfügbarkeit des Corpus auch ohne BStellA präsentiert werden können (4.2.2).

Pragmatische Postglossate bzw. pragmatische Kommentare nach Wiegand (1981: 204f.) geben eine pragmatische Markiertheit der BeiA und somit der Verwendung der lemmatisierten Einheit an, wenn diese Markiertheit aus dem Kontext des Beispielsyntagmas selbst nicht hinreichend bzw. eindeutig erschließbar erscheint; diese Praxis ist in E-VALBU feststellbar:

> NEHMEN ... 1 ... (8) Nach dem Theater haben wir noch einen kleinen Imbiss in der Theaterklause genommen. (9) „Wir nehmen den Kaffee auf der Terrasse", schlug die Gastgeberin vor. *Diese Sätze wirken leicht gehoben.* ‹E-VALBU›

Die Notwendigkeit der Glossierung und der Kommentierung ist insbesondere für Fremdsprachenlerner relevant (vgl. Wiegand 2014: 391).

Die (4) morphosyntaktische Funktion wird primär von den syntaktisch realisierten Satz- und Textbeispielen erfüllt (4.2.1.2) und umfasst flexionsmorphologische und syntaktische Sachverhalte jeglicher Art, die in diesen Beispieltypen demonstriert werden können. Morphosyntaktische Informationen erfahren eine besondere Relevanz in der pädagogischen Lexikographie für DaF (Köster/Neubauer 2002: 307f.; Markus/Korhonen 2005: 333; Kromann et al. 1991a: 2723):

> Insbesondere beim Erlernen des Deutschen, z.B. im Vergleich mit dem morphologisch weniger variablen Englischen, stehen die Lernenden mit vielen Sprachen und Sprachfamilien [...] einer Fülle von syntaktisch begründeten Lernschwierigkeiten gegenüber, die sie aus ihren Sprachen nicht gewohnt sind. Von daher wäre es – was eben für Lernerwörterbücher des Englischen und deren Beispiele gerade nicht zutrifft – mindestens ebenso wichtig, prototypische syntaktische Eigenschaften über die Angaben zur Syntax in den grammatischen Angaben hinaus in den Beispielen zu illustrieren, wie dies für die zusätzliche Bedeutungserläuterung in den Beispielen gefordert wird. (Neubauer 1998: 248)

Generell plädiert Neubauer (1998: 248f.) für eine didaktisch motivierte morphosyntaktische Varianz in den BeiA (vgl. auch Köster/Neubauer 2002: 307f.). In diesem Zusammenhang demonstrieren die BeiA notwendige morphosyntaktische Informationen und fungieren zudem als Muster für die eigene Sprachproduktion in der Fremdsprache (4.3.2.1).

Somit wird ersichtlich, dass im Zusammenhang mit den primären Funktionen der BeiA die (1) syntagmatische und (2) semantische Funktionen allen Beispieltypen nach der Gestaltung zukommen und auf den Ko- und Kontext-Faktoren beruhen, während die (3) pragmatische und (4) morphosyntaktische Funktionen vorrangig von den Satz- und Textbeispielen erfüllt werden: Im Fall der pragmatischen Funktion aus dem Grund eines größeren Kontext-Umfangs in diesen Beispieltypen, im Fall der morphosyntaktischen Funktion aufgrund ihrer morphosyntaktischen Realisiertheit.

Die sekundären Funktionen der BeiA beruhen auf dem Kontext-Faktor und werden deshalb charakteristischerweise von Satz- und Text-Beispielen erfüllt. So ist die (5) enzyklopädische Funktion dann gegeben, wenn in der BeiA zusätzliche Inhalte enzyklopädischen Charakters vermittelt werden. Solche zusätzlichen Informationen sollen jedoch grundsätzlich die Bedeutung des Lemmas determinieren (vgl. dazu Svensén 2009: 286; Drysdale 1987: 218), so dass die enzyklopädische Funktion an sich als eine der sekundären Funktionen des lexikographischen Beispiels in der pädagogischen Lexikographie zu betrachten ist. Sie ist in folgenden Fällen gegeben:

SEIN ... 8 ... (15) Der Mont Blanc ist mit 4.807 m der höchste Berg Europas. ‹E-VALBU›

KOMMEN ... 8 ... (5) Der Eukalyptusbaum und das Känguru kommen aus Australien.
(6) Der Begriff der Valenz kommt ursprünglich aus der Chemie.
(8) Kaffee kommt aus Afrika, Asien und Lateinamerika. (die tageszeitung, 14.05.1994, S. 16)
12 ... (2) Jeder von uns hat fünfunddreißig Milliarden Blutkörperchen, durch die kommt der Schorf, damit der Mensch nicht verblutet. (die tageszeitung, 05.10.1994, S. XI)
22 ... (4) Muskelkrämpfe kommen oft vom Magnesiummangel. ‹E-VALBU›

ÄNDERN ... 3 ... (1) Ein Chamäleon ändert seine Farbe je nach Umgebung.
(3) Ein Rotationsveränderlicher Stern ist ein Stern, der im Lauf seiner Rotation seine Helligkeit ändert. (ElRaki; 1: Rotationsveränderlicher Stern, In: Wikipedia - 2005: [sic!] ‹E-VALBU›
Die bisherigen Untersuchungen ergaben, daß Heuschrecken nur in einem engen Bereich ihre Farbe ändern können, nämlich zwischen Grau, Gelb und Orange. (BdW, 2/1967, S. 154)
Ein weiteres Charakteristikum der Urfarben besteht darin, daß sie bei Steigerung ihrer Helligkeit ihren Farbton auch bei längerer Bestrahlung nicht ändern. (Urania, 1/1967, S. 70)
Der Strom ändert seine Spannung von 110 auf 220 Volt. ‹ViF›

LIEGEN ... 11 ... (2) Ganz offensichtlich liegt die Stärke von Google, Amazon, Sony, Youtube und Co in der Verschlafenheit der alteuropäischen Konkurrenz. (die tageszeitung, 27.03.2009, S. 12) ‹E-VALBU›

Als eine Abwandlung der enzyklopädischen Funktion kann die (6) enzyklopädisch-historische Funktion des lexikographischen Beispiels angesehen werden, die dann vorliegt, wenn eine BeiA enzyklopädisch-historische Inhalte aufweist, wie in den folgenden Fällen:

TRENNEN ... 3 ... (3) Die französische Revolution trennt die frühere Neuzeit von unserer Zeit. (nach Scheurig) ‹E-VALBU›

WERDEN ... 5 ... Die DDR ist 1989 40 Jahre alt geworden. Dann kam die politische Wende und beide deutschen Staaten haben sich wiedervereinigt. ‹ELDIT›

TRENNEN ... 3 ... Von Stettin an der Ostsee bis hinunter nach Triest an der Adria verlief zu Zeiten des Kalten Krieges ein „Eiserner Vorhang", der den kapitalistischen Westen vom kommunistischen Osten trennte. ‹ELDIT›

NEHMEN ... 9 ... (1) Im 30-jährigen Krieg hat General Tilly Magdeburg genommen und geplündert.
(4) Die 22 Kampfmaschinen der Jordanier waren am Boden zerstört, Jerusalem genommen, der Gaza-Streifen und das Jordan-Westufer überrollt. (Die Presse, 09.06.1992; Das Trauma des Sechs-Tage-Kriegs) ‹E-VALBU›

FÜHREN ... 13 ... (6) Die Römer führten das Wasser über einen Aquädukt nach Rom.
14 ... (3) Viele Jahre ließen Afrikaner, arme wie reiche, nichts auf Robert Mugabe kommen. Er hatte sein Land in die Freiheit geführt, hatte Simbabwe die Würde zurückgegeben. (Berliner Zeitung, 03.04.2008, S. 4) ‹E-VALBU›

Die (7) kulturelle Funktion ist gegeben, wenn in den BeiA kulturelle Informationen vermittelt werden. Zum einen trägt der Wortschatz eine kulturelle Dimension (Binon/Verlinde 2013: 1040), zum anderen erscheint im Bereich der pädagogischen Lexikographie für den Fremdsprachenunterricht die Vermittlung kultureller Informationen von besonderer Relevanz, da das Fremdsprachenlernen ein interkultureller Lernprozess ist und dadurch eine Begegnung mit einer neuen Kultur beinhaltet. Das Fremdsprachenlernen impliziert deshalb eine kulturelle und interkulturelle Kompetenz. Aus diesem Grunde erscheint die kulturelle Funktion des lexikographischen Beispiels von Relevanz:

STELLEN ... 2 ... Zu Nikolaus stellen die Kinder ihre Stiefel vor die Tür ‹LGwDaF›

STATTFINDEN ... 1 ... Die Bescherung an Weihnachten findet in Deutschland traditionell am heiligen Abend statt. ‹ELDIT›

BRINGEN ... 6 ... (8) Ein vierblättriges Kleeblatt in der freien Natur zu finden, soll Glück bringen.
(9) Unter einer aufgestellten Leiter hindurchgehen, soll Unglück bringen. ‹E-VALBU›

TRENNEN ... 2 ... Müll trennen ist in Deutschland beinahe selbstverständlich geworden. Die meisten Menschen sammeln altes Papier, Metall und Flaschen getrennt. ‹ELDIT›

HABEN ... 5 ... (2) Heute haben deutsche Familien im Durchschnitt zwei Kinder.
10 ... (2) In Deutschland haben die Kinder nachmittags keinen Unterricht. ‹E-VALBU›

Angesichts der Bedürfnisse der anvisierten Zielgruppe wird die kulturelle Funktion und generell die Kultursensitivität des lexikographischen Beispiels im Bereich der pädagogischen Lexikographie für den Fremdsprachenunterricht als notwendig erachtet. Deshalb fließt die kulturelle Funktion und die damit verbundene Vermittlung kultureller und landeskundlicher Informationen in die Qualität der BeiA in der pädagogischen Lexikographie mit ein (4.4.3.2).

Die Identifizierung der (8) zum Nachdenken anregenden Funktion des lexikographischen Beispiels geht auf Fox' (1987: 145) Überlegungen zu „thought-provoking examples" (ebd.) zurück. Darunter werden besonders geistreiche BeiA verstanden, die über ein inhaltliches Potential verfügen, den Wörterbuchbenutzer zum weiteren Nachdenken zu veranlassen, was als eine erstrebenswerte Funktion der BeiA angesehen wird: „This potential for stimulating thought must surely be one of our aims when we exemplify language. Not only that the learners understand the language – that goes without saying; but also that, where possible, there should be more than mere surface understanding.", so Fox (1987: 145). Dieser Standpunkt wird in Siepmann (2007: 245) wieder aufgenommen: „In an ideal world, examples should also entertain and provide food for thought. They should incite the reader to peruse and learn them." (ebd). Solche zum Nachdenken anregenden Beispiele können in folgende Gruppen unterteilt werden:

(a) ethische Inhalte:

> GESCHEHEN ... 6 ... (7) Christliche Nächstenliebe geschieht deshalb mitten im Alltag und ‚mitten im Leben', weil Gott nicht erst im Sterben oder gar erst nach unserem Tod mit uns zu tun haben will. (Braunschweiger Zeitung, 28.08.2007; „Diakonie hat mit Dienen und mit Nächstenliebe zu tun") ‹E-VALBU›

> STEHEN ... 24 ... Wenn du einen Fehler gemacht hast, solltest du auch dazu stehen ‹LGwDaF›
> 11 ... (1) Senile Menschen sind nicht mit Kindern zu vergleichen. Ein Kind steht für Fantasie und Hoffnung; es entwickelt sich schließlich doch. (nach Zeit, 26.04.1985, S. 92) ‹E-VALBU›

> FÜHREN ... 10 ... (3) Eltern, die ihre Kinder wirklich lieben, werden sie belehren und führen und nicht einfach allen ihren Launen nachgeben. (Mannheimer Morgen, 16.03.1985, S. 7) ‹E-VALBU›

> ENTWICKELN ... 2 ... (1) Die Lehrer sollten die Kritikfähigkeit ihrer Schüler entwickeln.
> 7 ... (1) Die Schule soll nicht nur Wissen vermitteln, sie soll die Schüler auch zu selbstständig denkenden Menschen entwickeln. ‹E-VALBU›

(b) Fakten über aktuelles Weltgeschehen, die zum Nachdenken veranlassen können:

> ESSEN ... 1.b) ... In Europa macht man sich viele Gedanken über seine Figur und versucht, nicht zu viel zu essen. Andere Menschen haben einfach nichts zu essen. ‹ELDIT›

VORKOMMEN ... 2 ... (2) „Migration kommt in unzähligen Variationen vor", heißt es dort weiter: In Form des chinesischen Geschäftsmannes, der in Algerien ein Import-Export-Unternehmen startet; der schwangeren Jugendlichen aus Sudans Krisenregion Darfur, die im Tschad Unterschlupf findet; und des Top-Models von „Vogue", das einmal aus Somalia geflüchtet ist. (dpa, 16.08.2006; Zuwanderer sind aus UN-Sicht wichtig für Wohlstand vieler Länder) ‹E-VALBU›

VERLIEREN ... 5 ... (7) Nach jedem Krieg verlieren Tausende von Menschen ihre Heimat. ‹E-VALBU›

KOMMEN ... 7 ... Jedem kann es passieren, dass er ganz plötzlich in Not kommt. Ein Unwetter, ein Erdbeben, ein Krieg können Menschen von einem Tag auf den anderen alles nehmen. ‹ELDIT›

NEHMEN ... 15 ... (4) Zum Spielen haben die Kinder keine Zeit mehr. Es werden Klavierstunden, Reitstunden, Balettstunden, Englischstunden, Zeichenstunden und sogar Benimmstunden genommen. ‹E-VALBU›

(c) Formulierungen kausaler Zusammenhänge in den BeiA:

KOMMEN ... 9 ... (2) Das Elend der Tiere resultiert aus der Bibellehre, wonach dicht auf Gott der Mensch kommt und dann erst der Rest der Welt. (nach Zeit, 22.8.97, S. 40)
22 ... (6) Das Chaos kommt davon, dass man einen europäischen und keinen regionalen Markt anstrebt. (die tageszeitung, 08.08.1998, S. 3) ‹E-VALBU›

ENTSTEHEN ... 2 ... (5) Manchmal, so klischeehaft das ist, entsteht große Kunst tatsächlich aus großem Leid. (die tageszeitung, 18.02.2000, S. 25)
3 ... (5) Die Menschen bedrohen mit der Zerstörung der Regenwälder ihre eigene Lebensgrundlage – neue Katastrophengebiete können entstehen. (Mannheimer Morgen, 24.04.1985, S. 3) ‹E-VALBU›

MITTEILEN ... 4 ... (2) Aber nur wenn der Unterricht mit der Forschung verbunden bleibt, gibt er dem Studenten das Beste mit, was Wissenschaft überhaupt mitteilen kann, nicht ihren ewig wechselnden Inhalt, sondern das Beispiel der unwandelbaren wissenschaftlichen Haltung. (Heimpel, S. 107) ‹E-VALBU›

TRENNEN ... 2 ... Ursache und Wirkung kann man nicht getrennt sehen ‹LGwDaF›

(d) rhetorische Fragen oder offene Aussagen in den BeiA:

GEBEN ... 11 ... (10) Der perfekte Körper wäre das Ideal. Verleugnet man nicht sich selbst, wenn man meint, mit ein bisschen Wegmachen da und ein wenig Aufpolstern dort könne dem Leben wieder mehr Sinn gegeben werden? (St. Galler Tagblatt, 13.05.2008, S. 28; Botox zur Mittagszeit) ‹E-VALBU›

HABEN ... 6 ... (3) Werden die Menschen in der Zukunft noch Trinkwasser, Wälder und wilde Tiere haben? ‹E-VALBU›

KÖNNEN ... 2 ... (5) Frauen und Männer können gleichberechtigt in die Armee – warum also sollen dann nur Männer wehrpflichtig sein? (Nürnberger Nachrichten, 12.01.2000, S. 2) ⟨E-VALBU⟩

BEFINDEN ... 1 ... (6) Ich habe nie über die EU abgestimmt, die Deutschen nicht, die Franzosen nicht. Hat irgendjemand je darüber befunden, dass wir unsere Nationalstaaten und die Identität aufgeben? Nein. (Sonntagsblick, 03.02.2013, S. a20) ⟨E-VALBU⟩

(e) geistreiche bis hin zu philosophische Aussagen in den BeiA:

BEGINNEN ... 8 ... (8) „Die Liebe beginnt damit, dass man sich selbst betrügt, und sie endet damit, dass man andere betrügt" Oscar Wilde (1854-1900). (Hamburger Morgenpost, 22.08.2009, S. 56) ⟨E-VALBU⟩

WERDEN ... 2 ... (12) Einen Partner zu finden wird schwieriger, je erfahrener und vernetzter man wird. (Berliner Zeitung, 22.03.1999, S. 11)
(13) Mit der EU verhandeln, wird immer schwieriger, je mehr Mitglieder sie hat. (St. Galler Tagblatt, 20.05.1999; Priorität für bilaterale Verträge) ⟨E-VALBU⟩

PRODUZIEREN ... 5 ... (4) Gewalt produziert Gegengewalt. (Flach, S. 14) ⟨E-VALBU⟩

HABEN ... 2 ... (6) Der Krieg hat viele Gesichter. ⟨E-VALBU⟩

MACHEN ... 20 ... (1) Neue Erfolge machen alte Skandale niemals vergessen. (Berliner Zeitung, 30.10.2007, S. 24) ⟨E-VALBU⟩

Auf solche zum Nachdenken anregenden Inhalte in den BeiA bezieht sich die folgende These in Jehle (1990: 283): „Schließlich darf auch nicht vergessen werden, daß der Demonstrationsteil interessanten, teilweise sogar lehrreichen, mitunter auch amüsanten Lesestoff bieten kann, der die Metasprachlichkeit und die konzentrierte Faktenvermittlung eines Wörterbucheintrags wohltuend unterbricht.". In diesem Sinne ist diese Funktion des lexikographischen Beispiels erstrebenswert.

Die (9) metalinguistische Funktion des lexikographischen Beispiels liegt vor, wenn eine BeiA linguistische Inhalte enthält, wie in den folgenden Fällen:

KOMMEN ... 8 ... (2) Viele Wörter der deutschen Sprache kommen aus dem Lateinischen und dem Griechischen. ⟨E-VALBU⟩

LIEGEN ... 7 ... (4) Die Betonung des Wortes „fakultativ" liegt auf der letzten Silbe. ⟨E-VALBU⟩

TRENNEN ... 5 ... „Sprechen" trennt man „spre-chen" ⟨LGwDaF⟩

Unter die metalinguistische Funktion fällt auch der Fall der *Definitionsbelege* (Töpel 2014: 315) oder *definitorischer Belege* (Storjohann 2005: 195; Klosa 2005: 103) bzw. *definitorischer Beispiele* nach Zöfgen (1986: 226f.), in denen die Bedeutungserklärung der lemmatisierten Einheit explizit in den BeiA dokumentiert ist. Storjohann (2005: 195) spricht in diesem Zusammenhang über eine *metakommunikative* Funktion. Der grundlegende Unterschied zur semantischen Funktion liegt darin, dass sich dieser Sachverhalt ausschließlich auf den Inhalt einer BeiA bezieht und somit als explizit eingestuft werden kann (vgl. Haß 1991a: 277; Storjohann 2005: 195), während die primären Funktionen der BeiA auf dem Kotext und Kontext beruhen und implizit erfolgen (vgl. Haß 1991a: 277). Definitorische Belege erscheinen *sprachreflexiv* (Klosa 2005: 103). Zöfgen (1986: 226f.) rechnet definitorische Beispiele zu funktionalen Psedobeispielen (4.3.3).

Zu den Funktionen nach Informationsarten kann des Weiteren auch die dokumentative Funktion gerechnet werden (etwa Svensén 2009: 287), die auf dem Funktionalitätsaspekt der Dokumentation beruht und somit den BBeiA und den CorBeiA zukommt (4.2.2).

### 4.3.3 Funktionale Pseudobeispiele

Der Begriff des funktionalen Pseudobeispiels wird in Zöfgen (1986: 226f. und 1994: 186ff.) thematisiert, bezogen auf die französische Lexikographie. Als funktionale Pseudobeispiele gelten BeiA, die den genuinen Zweck der objektsprachlichen Demonstration (4.3) und damit zusammenhängend die primären Funktionen nach Informationsarten (4.3.2.2) nicht erfüllen. Aus funktionaler Sicht handelt es sich deshalb um „jene ‚Kontexte', die eigentlich nicht in den Beispielteil gehören", so Zöfgen (1986: 225; 1994: 186). Ausgehend von Zöfgens Überlegungen (1986: 226f.; 1994: 186ff.) lassen sich drei Gruppen funktionaler Pseudobeispiele differenzieren:

(1) absolute Pseudobeispiele sind BeiA, in denen das Lemmazeichen selbst nicht enthalten ist, wie im folgenden Fall:

> WERDEN ... 1.) *Werden* bedeutet, dass eine Person, ein Tier oder eine Sache in einen bestimmten Zustand kommt oder eine bestimmte Eigenschaft bekommt.
> Das Buch ist sehr spannend. Ich habe gestern Nacht bis um eins gelesen, weil ich wissen wollte, wie es weitergeht. ‹ELDIT›

Als eine potenzielle Erklärung für das Vorliegen absoluter Pseudobeispiele sieht Zöfgen (1986: 226; 1994: 186) eine Veränderung der lemmatisierten Form an.

Absolute Pseudobeispiele liegen auch unter mikrostrukturell-positional abgesonderten KollA in LGwDaF vor, wenn das Lemmazeichen nicht enthalten ist, wie in den folgenden Fällen:

> ABNEHMEN ... 10 ... ‹der Sturm, die Kälte, das Gehör, das Leistungsvermögen› ‹LGwDaF›

> HALTEN ... 15 ... ‹eine Ehe, eine Freundschaft›
> 16 ... ‹ein Knoten, eine Naht›
> 17 ... ‹Blumen, Lebensmittel› ‹LGwDaF›

FRESSEN ... 5 ... <ein Feuer, Flammen, eine Lauge, Rost, eine Säure>
6 ... <Hass, Neid, Sorge, Verzweiflung>
7 ... <ein Bohrer, eine Lauge, Rost, eine Säge, eine Säure> ‹LGwDaF›

Bemerkenswert erscheint in diesem Zusammenhang, dass bei der Bearbeitung derselben Lemmata in anderen Lesarten wie auch anderer Lemmata unter den KollA das Lemma stets enthalten ist:

ABNEHMEN ... 1 ... <den Telefonhörer, den Hut, einen Deckel, die Wäsche, ein Bild abnehmen>
2... <eine Prüfung, ein Fahrzeug abnehmen>
7 ... <jemandem den Arm, einen Finger abnehmen> ‹LGwDaF›

HALTEN ... 1 ... <etwas in der Hand, in den Händen, mit beiden Händen halten; jemanden an/bei der Hand, im Arm, in den Armen halten>
4 ... <sich neben jemandem, in sicherer Entfernung, in der Mitte, dicht hinter jemandem halten>
9 ... <zu hoch, zu niedrig halten; auf jemandes Herz, Kopf halten>
11 ... <den Ball, einen Elfmeter, einen Freiwurf halten>
14 ... <eine Festung, eine Stadt, eine Stellung halten; die Führung, einen Rekord halten>
24 ... <sich an eine Abmachung, ein Gesetz, die Regeln, die Tatsachen, einen Vertrag, eine Vorlage, die Wahrheit halten>
27 ... <eine Predigt, eine Rede, ein Referat, eine Unterrichtsstunde, einen Vortrag halten>
29 ... <sich (*Dativ*) einen Butler, ein Hausmädchen halten; sich (*Dativ*) eine Freundin/Geliebte, einen Freund/Liebhaber halten> ‹LGwDaF›

Dies lässt darauf schließen, dass das Fehlen des Lemmas keine konzeptionelle Entscheidung darstellt, so dass vielmehr Pseudobeispiele festzustellen sind. KollA, bei denen das Lemma fehlt, ähneln ferner dem Angabephänomen der Glossen in der zweisprachigen Lexikographie (5.1.2).

Pseudobeispiele liegen in LGwDaF auch vor, wenn unter den KollA das Lemma in einer falschen Wortart auftritt, wie etwa KollA *abstraktes, analytisches, mathematisches Denken* unter anderen KollA zum verbalen Lemma DENKEN:

DENKEN ... 1 ... <klar, logisch, nüchtern, realistisch denken; abstraktes, analytisches, mathematisches Denken; einen Gedanken als Erster, zu Ende denken> ‹LGwDaF›

(2) Charakteristische Pseudobeispiele liegen vor, wenn das Lemmazeichen in der BeiA zwar enthalten, jedoch als eine autonome Größe auftritt (Zöfgen 1986: 226; 1994: 186), ohne dass seine Eigenschaften eine Demonstration erfahren. In Hinsicht auf das Beispielsyntagma selbst tritt das Lemma oft an einer peripheren Stelle auf, typischerweise in einem Nebensatz. Zöfgen (1986: 226) spricht im Zusammenhang mit solchen Pseudobeispielen von „semantisch irrelevanten ‚Erläuterungen'". Eine solche mangelnde Demonstration kommt durch die Verletzung tragender Faktoren in Bezug auf die Qualität der BeiA wie Komplexität (4.4.2.3) sowie Thematik und Wortschatz (4.4.3.1) zustande, was zur Folge hat, dass das Lemmazeichen nicht im

Fokus der Demonstration bzw. der Ko- und Kontextualisierung steht, wie in den folgenden Fällen:

> FEHLEN ... Wenn sich auch die Stimmen häufen, daß [...] die Fünf daher keine ungebührliche Eile an den Tag legen sollten, so würde die Verschiebung einer Entscheidung über die Etats der europäischen Gemeinschaften sehr ernste Probleme aufwerfen: Forschungsprogramme könnten entweder nicht begonnen oder nicht weitergeführt werden, weil die finanzielle Basis fehlt, und Spitzenkräfte gingen binnen kurzem der Gemeinschaft verloren. (FAZ, 27.1.1966, S. 1) ‹ViF›

> BEHALTEN ... Als Professor Ehmke die Befürchtung äußerte, die Bundesanwaltschaft werde selbst dann die [...] beschlagnahmten „Spiegel"-Archivdokumente behalten, wenn das Bundesverfassungsgericht den „Spiegel"-Beschwerden stattgebe, erwiderte Ministerialdirektor Römer [...], die Bundesanwaltschaft werde aus dem Urteil des höchsten deutschen Gerichts ihre rechtlichen Folgerungen ziehen. (FAZ, 26.1.1966, S. 1) ‹ViF›

> MACHEN ... Der Kapitalaufwand beträgt etwa 1 Million Dollar je Kilowatt, und obwohl die Primär-energien Betriebskosten verursachen, wird allein Amortisation und Verzinsung der einmaligen Investition den Sonnenstrom für zivile Zwecke undiskutabel teuer machen. (BdW, 1/1967, S. 21)
> Laborexperimente mit Plasmastrahlen machen es wahrscheinlich, daß durch die ständig auftretenden Teilchen des Sonnenwindes und die kurzzeitigen Aufheizungen ein Zusammenkleben der Mondoberfläche hervorgerufen wird, was natürlich für die Tragfähigkeit bei Mondlandungen von größter Bedeutung wäre. (Urania, 11/1966, S. 72) ‹ViF›

Da diese BeiA in Hinsicht auf ihre Herkunft BBeiA oder CorBeiA sind, kommt an ihnen das im Rahmen der Diskussion der Grundtypen des lexikographischen Beispiels (4.2.2.1) formulierte Charakteristikum *nichtssagender Authentizität* (Wiegand 1981: 252f., Endnote 120) in besonderer Weise zum Vorschein. Solche BBeiA und CorBeiA sind in Bezug auf das Lemmazeichen zwar dokumentierend, indem sie es enthalten, jedoch nichtssagend in Hinsicht auf die Demonstration seiner Eigenschaften. Da für den Bereich der pädagogischen Lexikographie für den Fremdsprachenunterricht jedoch der Funktionalitätsaspekt der Demonstration im Fokus steht und deshalb für alle Beispieltypen gleichermaßen relevant ist, erscheinen solche BeiA wertlos. In einer korrespondierenden Weise spricht Zöfgen (1982: 28) bei empirischen Analysen der Wörterbücher über „die beträchtliche Zahl nichtssagender Beispiele/Beispielsätze, die so wenig zwingend sind, daß man auf sie hätte ganz verzichten sollen".

(3) Zu Pseudobeispielen anderer Art zählt Zöfgen (1986: 226f.; 1994: 187) funktionale Sonderfälle, wenn BeiA den Zweck der Demonstration mit einem grundsätzlich falschen funktionalen Schwerpunkt erfüllen, wie (a) stark enzyklopädisch orientierte BeiA im Sprachwörterbuch, die sich einem inhaltlichen Zugriff entziehen, oder (b) definitorische – bzw. *definierende* nach Zöfgen (1986: 226; 1994: 187) – Beispiele, die strukturell wie inhaltlich unverkennbar der BPA ähneln bzw. die BPA duplizieren; für solche BeiA ist charakteristisch, dass sie das Lemma „nicht in einem

typischen Kontext [‚zeigen'] (Zöfgen 1986: 226; vgl. Zöfgen 1994: 187), sondern vielmehr „die Funktion haben, die Definition zu ersetzen" (Zöfgen 1986: 227; vgl. Zöfgen 1994: 187). Aus diesem Grunde können solche BeiA den genuinen Zweck der impliziten objektsprachlichen Demonstration der Eigenschaften der lemmatisierten Einheit (4.3) nicht gewährleisten. Die Fälle, die unter den Punkt (a) fallen und insgesamt als zu fachspezifisch in Bezug auf den Inhalt der BeiA angesehen werden können, sind in der empirischen Basis feststellbar:

> VERÄNDERN ... 2 ... (11) Der Arzt der Neuraltherapie untersucht den Patienten nach sogenannten Störfeldern, also Zonen im Bindegewebe, die durch Narbenbildung oder chronische Entzündungen so verändert sind, dass sie im elektrochemischen Steuerungsprozess dauernd stören. (Salzburger Nachrichten, 29.11.2000; gesünder leben)
> 6 ... (3) Mira ist ein roter Riese der Spektralklasse M in 200 Lichtjahren Entfernung. Sie verändert während einer Periode von etwa 331 Tagen ihre Leuchtkraft um einige Größenklassen. (BWBot; Tpeuss; Pio; u.a.: Mira (Stern), In: Wikipedia - URL:http:// de.wikipedia. org: Wikipedia, 2005) ‹E-VALBU›

> BRINGEN ... 14 ... (2) Der aus Chryslers PKW-Flotte bekannte Zwei-Liter-Vierzylinder bringt den Voyager immerhin auf Tempo 175. (Berliner Zeitung, 29.10.1997) ‹E-VALBU›

> VORKOMMEN ... Schnelle Brutreaktoren können das in der Natur vorkommende Uran vollständig ausnutzen, sie vermehren im Verlaufe des Betriebes ihren Spaltstoffeinsatz. (Urania, 11/1966, S. 9) ‹ViF›

Kommt zu solchen zu fachspezifischen enzyklopädischen Inhalten der Aspekt einer unangemessenen strukturellen Komplexität, so entstehen Berührungspunkte zur Gruppe charakteristischer nichtssagender Pseudobeispiele:

> ENTWICKELN ... 4 ... (3) Als Flammpunkt einer Flüssigkeit wird die Temperatur bezeichnet, bei der der Dampfdruck so hoch ist, dass sich das entstehende Gas/Luft-Gemisch mit einer Zündquelle entflammen lässt, die Verbrennung jedoch wieder stoppt, weil nicht genug Dämpfe entwickelt werden, um ein Weiterbrennen zu ermöglichen. (Michael Vortmann; LosHawlos; Hokanomono; u.a.: Flammpunkt, In: Wikipedia - URL:http://de.wikipedia. org: Wikipedia, 2005) ‹E-VALBU›

Definitorische Pseudobeispiele kommen in der empirischen Basis der vorliegenden Untersuchung nicht vor, was vermutlich mit der Besonderheit der Bearbeitung verbaler Lemmata sowie ferner mit einer besonderen Relevanz des Beispiels in der pädagogischen Lexikographie zu tun hat.

Diese Befunde und die Gründe für die Entstehung der Pseudobeispiele fließen in die Qualität des lexikographischen Beispiels mit ein (4.4).

## 4.4 Qualität der Beispielangaben in der einsprachigen Lexikographie

Der Teilaspekt der Qualität der BeiA ist in der Forschungsliteratur vergleichsweise am wenigsten bearbeitet (vgl. zu dieser Feststellung Zöfgen 1994: 191; Hiles 2011: 299). So hält Jehle (1990: 115) fest, dass keine Erörterung der Kriterien existent ist, nach denen die Qualität der BeiA fundiert beurteilt werden kann. Auch Pöll (2002: 138) vermerkt, dass „immer wieder Qualitätskriterien genannt werden, die schwer oder überhaupt nicht vertieft werden, wohl weil sie sich nicht operationalisieren lassen: die Natürlichkeit und der Vorbildcharakter von Beispielen bzw. Beispielsätzen" (vgl. dazu auch Haß 1991a: 274). Dieses Defizit lässt sich durch zwei Gründe erklären:

(1) Unter dem Aspekt der Qualität wird traditionellerweise die Gegenüberstellung der Grundtypen des lexikographischen Beispiels und insbesondere die Diskussion um deren Authentizitätsanspruch thematisiert (vgl. zu dieser Feststellung Jehle 1990: 115; Zöfgen 1994: 191f.; Abel 2000: 168f.); so heißt die Kapitelüberschrift zum Themenbereich der Qualität der BeiA in Zöfgen (1986: 229) expressis verbis „Zur Qualität von Beispielen (korpusgestützte versus ‚konstruierte' Beispiele)". Auch in Siepmann (2007: 242) wird die Frage nach der Qualität der BeiA wie folgt formuliert: „What should examples look like? Should examples be authentic or simulated instances of language in use?" (vgl. auch ebd.: 246). Die Sichtweise der Qualität des lexikographischen Beispiels in Anbindung an dessen Herkunft stellt jedoch eine übermäßige Reduktion der Problematik dar; dies hält Zöfgen (1994: 192) wie folgt fest:

> Auf diese Weise wird das zugegebenermaßen schwierige Bewertungsproblem auf die sehr elementare Frage reduziert, ob es sich um ein zitiertes oder um ein ‚konstruiertes' Beispiel handelt. Für die kritische Würdigung des Beispielteils von (L2-)Wörterbüchern wäre es aber zweifellos nicht nur interessanter, sondern auch wichtiger zu wissen, ob das Beispiel die ihm zugedachte Funktion auch tatsächlich zu erfüllen vermag.

In einer korrespondierenden Weise heißt es in Zöfgen (1986: 220): „Denn nunmehr müssen die Beispiele vor allem im Blick auf ihre Funktion und Leistung innerhalb des gesamten Wörterbuchartikels als eines didaktischen Textes *sui generis* beurteilt werden.". Eine umfassende Sichtweise der Qualität der BeiA ist somit ein Desideratum der metalexikographischen Forschung; dies hält Lenz (1998: 76) wie folgt fest:

> Zu der Frage, welche Eigenschaften das lexikographische Beispiel unabhängig davon, ob es einer Quelle entnommen oder konstruiert ist, aufweisen sollte, äußern sich die Verfasser der ausgewerteten Forschungsliteratur auffallend selten. So klären sie weder, wie der Umfang des lexikographischen Beispiels zu bestimmen wäre, noch nennen sie konkrete formale oder inhaltliche Bedingungen.

(2) In Bezug auf die Forschungsfragen (1.4) wird die Frage nach der Qualität der BeiA isoliert von zwei anderen Forschungsfragen behandelt (Harras 1989: 607f.). Als Folge dessen sind die angestellten Überlegungen zur Qualität der BeiA abstrakt angelegt und erschöpfen sich in Auflistungen allgemeiner Wünschbarkeiten (4.4.1). Grundlegend und richtungsweisend erscheint jedoch die Einsicht, dass die Qualität ein komplexer Themenbereich ist, der mehrere Faktoren umfasst und sich somit über die zwei anderen Forschungsfragen erstreckt (1.4).

Die in diesem Sinne weit gefasste Qualität ist ein besonders wichtiger Parameter, und zwar aus dem folgenden Grund: „Nur ein ‚gutes' lexikographisches Beispiel kann die von ihm geforderten Funktionen erfüllen.", so Abel (2000: 168; vgl. Nesi 1996: 204; Bielińska (2014a: 177; Al-Ajmi 2008: 17). Ist der Parameter der Qualität nicht erfüllt, so sind die BeiA wertlos:

> Beispiele, so hört man oft, seien das Wichtigste an Wörterbüchern, aus ihnen ziehe der Benutzer am meisten Gewinn. Mag sein, unter bestimmten, selten genug gegebenen Voraussetzungen; meist nämlich sind sie das Nutzloseste, Verwirrendste, Fehlerträchtigste, aus folgendem Grund: ein Beispiel steht für etwas, für eine große Zahl ähnlicher Sätze oder Ausdrücke, und es ist nur insofern etwas wert, als es auf diese anderen Ausdrücke hinweist, den Rahmen erkennen läßt, in dem es als Beispiel fungiert. Nur dann nämlich setzt das Beispiel den Benutzer in den Stand, nicht nur diesen einen konkreten Ausdruck zu wiederholen, sondern eine große Anzahl ähnlicher Ausdrücke zu bilden und damit sprachliche Strukturen kreativ einzusetzen. Daß die Wörterbücher insgesamt diesen Aspekt vernachlässigen, Beispiele ziemlich wahllos und ohne Hinblick auf ihre Generalisierbarkeit einsetzen, kann ein Blick auf beliebige Seiten fast beliebiger Wörterbücher lehren. (Engel 1982: 53)

Für die Einordnung der Relevanz des Themenbereiches der Qualität der BeiA ist zudem der folgende Aspekt von Relevanz: Nach Wiegand (1983a: 49; 1983b: 105) erscheint für die Theorie der lexikographischen Sprachbeschreibung ein *handlungstheoretischer* bzw. *kommunikativer* Textbegriff besonders geeignet. In diesem Sinne unterliegen lexikographische Texte „einer mehrfach adressierten Einweg-Kommunikation zwischen Wörterbuchschreiber und potenziellem Wörterbuchbenutzer" (1983a: 49) und fungieren als Texte-in-Funktion (ebd.): „Wenn Wörterbuchartikel (oder Teile von solchen) gelesen werden, dann fungieren sie meistens als Antworten auf Benutzerfragen." (ebd.). Da den lexikographischen BeiA in der pädagogischen Lexikographie insofern ein besonderer Stellenwert zukommt, als sie andere Angaben innerhalb des SK ergänzen (4.3.1), polyfunktional angelegt sind (4.3.2) und als Situationen des Spracherwerbs fungieren (4.3.2.1), ergibt sich daraus die besondere Relevanz der Qualität der BeiA. In diesem Zusammenhang spielt auch die Komplexität des Themenbereiches der Qualität eine entscheidende Rolle; dies wird in Wiegand (1981: 205) wie folgt formuliert: „Man sieht: Es ist auch notwendig, über den Beispielcharakter von lexikographischen Beispielen nachzudenken und z.B. zu fragen: Wie weit reicht die Beispielfunktion des Beispiels? Oder: Wofür soll das

Beispiel genau ein Beispiel sein? Wofür soll es aber kein Beispiel sein?". Der Themenbereich der Qualität lässt sich in die folgenden drei Teilbereiche untergliedern: (1) allgemeine Wünschbarkeiten, die in der Forschungsliteratur bereits formuliert sind (4.4.1); (2) genuin lexikographische Faktoren (4.4.2); (3) relevante außerlexikographische Aspekte (4.4.3), wobei unter *außerlexikographisch* diejenigen Sachverhalte verstanden werden, die darauf zurückzuführen sind, dass das lexikographische Beispiel als ein Zitat im weiten Sinne *doppelt* zu lesen ist (4.2.2.1.1). Dies bedeutet, *außerlexikographische* Aspekte beziehen sich auf Inhalte, Thematik und Wortschatz der BeiA, und somit teilweise auf sekundäre Funktionen der BeiA nach Informationsarten (4.3.2.2): Im Bereich der pädagogischen Lexikographie verlangen diese Aspekte zielgruppenbedingt eine Reflexion.

### 4.4.1 Allgemeine Wünschbarkeiten für das lexikographische Beispiel

Von allgemeinen Wünschbarkeiten für die Qualität des lexikographischen Beispiels handeln primär die Beiträge von Hermanns (1988) und Harras (1989). Für die aufgestellten Wünschbarkeiten sind folgende Tendenzen charakteristisch: Sie sind (a) allgemein gehalten (vgl. dazu Lenz 1998: 79), (b) abstrakt und isolierbar angelegt sowie, was ausschlaggebend erscheint, (c) in besonderem Maße widersprüchlich. So vermerkt Hermanns (1988: 183) als Reflexion des eigenen Beitrags, dass es sich um einen Katalog von Wünschbarkeiten handelt, „dessen auffälligste Eigenschaft wohl die war, daß die aufgeführten Wünschbarkeiten widersprüchlich waren" (ebd.). Zu einzelnen Wünschbarkeiten führt auch Harras (1989) expressis verbis aus, dass „diese nicht alle miteinander verträglich sein müssen, sich sogar kontradiktorisch zueinander verhalten können" (1989: 607). Den Rahmen der möglichen Erforschung der Qualität der BeiA setzt Harras (1989: 607f.) wie folgt an: „Man kann nicht mehr tun, als die Liste der Wünschbarkeiten kommentieren, indem man Eigenschaften angibt, die gute Beispiele haben sollen, und begründet, warum gerade diese Eigenschaften – gegenüber anderen möglichen – Priorität genießen.". Hermanns (1988) betrachtet die Widersprüchlichkeit einzelner Wünschbarkeiten ebenfalls als berechtigt, jedoch im Unterschied zu Harras (1989) in einem größeren Zusammenhang, nämlich nicht nur in Hinsicht auf den Aspekt der Qualität des lexikographischen Beispiels, sondern vielmehr im Hinblick auf die Theorie des lexikographischen Beispiels schlechthin: In Bezug auf einen konstitutiven zweiteiligen Aufbau der Theorie in der Lexikographie und die Notwendigkeit einer optimierenden Komponente bei der Theoriebildung (1.1) sieht Hermanns (1988: 162) eine Theorie des lexikographischen Beispiels als „vor allem eine Theorie von Wünschbarkeiten" an. Vor diesem Hintergrund führt Hermanns (ebd.) ferner aus, dass eine Theorie des lexikographischen Beispiels nicht widerspruchsfrei sein kann: „Denn Wünschbarkeiten, im Alltagsleben wie in der Lexikographie, widersprechen einander und schließen einander aus. Nicht immer und alle, aber doch oft und viele." (ebd.).

Die charakteristischen Tendenzen für die von Hermanns (1988) und Harras (1988) aufgestellten Wünschbarkeiten für die Qualität des lexikographischen Beispiels sind größtenteils darauf zurückzuführen, dass der Bezug auf einen konkreten Wörterbuchtyp bzw. generell auf die lexikographische Praxis in den beiden Beiträgen nicht ausgeprägt ist. In Hermanns (1988) fehlt eine Festlegung auf einen Wörterbuchtyp, an anderer Stelle heißt es in einem anderen Zusammenhang, im Beitrag handelt es sich primär um „eine allgemeine Theorie des Beispiels" (1988: 184, Endnote 4). Wie man sich aus Hermanns (1988) erschließen kann, sind hier vermutlich allgemeinsprachliche Wörterbücher für muttersprachliche Benutzer gemeint. In Harras (1989: 608) heißt es: „Die nachfolgenden Ausführungen beziehen sich nur auf Bedeutungswörterbücher [...], die nicht ausdrücklich als Lernerwörterbücher konzipiert sind.". Der Bezug zur lexikographischen Praxis ist jedoch auch in Harras (1989) nur spärlich ausgeprägt.

Im Folgenden werden die Ausführungen von Hermanns (1988) und Harras (1989) referiert.

Hermanns (1988: 177ff.) entwirft einen Tugendkatalog für das lexikographische Beispiel – „ohne jeden Anspruch auf Vollständigkeit" (1988: 177) – im Sinne „eines Katalogs von Wünschbarkeiten in bezug auf ein lexikographisches Beispiel" (ebd.), der „die Form einer Liste von Maximen" (ebd.) aufweist. Es handelt sich um vier übergeordnete Maximen, auch als Titel-Maximen bezeichnet (1988: 178 passim), denen Untermaximen zugeordnet werden:

(1) „Ein Beispiel soll sprechend sein." (1988: 177), wobei diese Maxime zugleich ex negativo spezifiziert wird: „Mit dieser Formulierung ist gerade gemeint, daß ein Beispiel etwas zeigen soll von dem sprachlichen Gebrauch, für den es steht. Die Pointe dieser Formulierung drückt man am besten negativ aus, indem man sagt: Es soll nicht nichtssagend sein." (ebd.). Die darunter subsumierten Untermaximen formuliert Hermanns (1988: 178f.) wie folgt:

(a) „Ein Beispiel soll das semantisch Prototypische eines Lemmazeichens zeigen." (1988: 178). Unter dem semantisch Prototypischen versteht Hermanns (ebd.) prototypische Inhaltsmerkmale und führt ferner aus, dass der Lexikograph dadurch „der Definition zu Hilfe kommen kann, indem man prototypische Bestimmungselemente per Kontext im Beispiel gibt" (ebd.). In diesem Sachverhalt sieht Hermanns (ebd.) einen doppelten Zweck erfüllt, und zwar im folgenden Sinne:

> Mit solchen Beispielen schlägt der Wörterbuch-Macher zwei Fliegen mit einer Klappe, da sie sowohl typische und frequente Kollokationen zu einem Lemma-Zeichen liefern, als auch prototypische Inhaltsmerkmale, die man im Prinzip auch im Definitionsteil des Artikels unterbringen könnte, aber ökonomischer im Demonstrationsteil unterbringt, ökonomischer eben deshalb, weil sie hier einen doppelten Zweck erfüllen und nicht nur mögliche Kontexte signalisieren, sondern auch zur Definition eines Wortes etwas beitragen. (ebd.)

(b) „Ein Beispiel soll tautologisch sein." (1988: 178). Dies versteht Hermanns (ebd.) als eine schärfere Fassung der ersten Untermaxime: „Damit ist gemeint, daß es wünschbar ist, daß der in einem Beispiel gegebene Kontext die Bedeutung eines Wortes so determiniert, daß man sie aus dem Kontext allein erschließen kann oder erraten kann." (ebd.). Des Weiteren vermerkt Hermanns (1988: 179), dass durch das Einhalten dieser Untermaxime ebenfalls zwei Fliegen mit einer Klappe im lexikographischen Beispiel geschlagen werden.

(c) „Ein Beispiel sollte multifunktional sein." (1988: 179). Diese Untermaxime wird von den ersten zwei abgeleitet und wie folgt kommentiert: „Das ist sicherlich immer etwas, was für ein Beispiel spricht: wenn es mehr leistet, als nur e i n e Sache. [...] Je mehr ein Beispiel leistet, desto besser. Natürlich ist es wünschenswert, wenn ein Beispiel auch in bezug auf Morphologie, Syntax und Pragmatik sprechend ist, und nicht nur semantisch." (ebd.).

(2) „Ein Beispiel soll ansprechend sein." (1988: 177; 179) mit der Erklärung, dass „der ästhetisch-affektive Aspekt von Beispielen in neueren deutschen Wörterbüchern und in der Diskussion darüber zu kurz kommt, trotz ihrer eminenten Wichtigkeit für die Verständlichkeit und Wirksamkeit von Beispielen" (1988: 177). Dazu gehören folgende Untermaximen:

(a) „Ein Beispiel soll interessant sein." (1988: 179), und zwar im folgenden Sinne: „Es soll so beschaffen sein, daß es unser Interesse erweckt, daß es uns neugierig macht, daß es uns fasziniert." (ebd.). Dazu räumt Hermanns (ebd.) ein, dass diese Untermaxime mit der ersten Maxime im Konflikt steht, nach der das Beispiel das Typische und Prototypische zeigen soll sowie ferner auch tautologisch in Bezug auf die BPA erscheinen soll.

(b) „Ein Beispiel soll geistreich und witzig sein." (1988: 180). In diesem Zusammenhang führt Hermanns (ebd.) aus, dass durch „Beispiele mit Geist und Humor" (ebd.) insgesamt die Benutzungsbereitschaft für ein Wörterbuch erhöht wird.

Die nachfolgenden zwei Untermaximen stehen in einem Widerspruch zueinander:
(c) „Ein Beispiel soll anspruchsvoll sein." (ebd.) sowie
(d) „Ein Beispiel soll leicht verständlich sein." (ebd.). Zum Widerspruch der beiden Untermaximen führt Hermanns (ebd.) Folgendes aus:

die Gültigkeit der Einfachheits-Maxime [...] hebt die Gültigkeit der ihr widersprechenden Maxime nicht auf, daß ein Beispiel anspruchsvoll sein soll, damit nämlich bei der Konsultation eines Wörterbuchs nicht immer nur der unbedarfte Benutzer auf seine Kosten kommt. Es sollte auch für ein Wörterbuch gelten, das sich an ein größeres Publikum wendet, daß darin auch solche Beispiele enthalten sind, deren Bedeutung oder Sinn sich dem Benutzer vielleicht nicht sofort erschließt und die also eine Herausforderung sind. Schon aus Gründen des Realismus, damit ein Wörterbuch nicht den Eindruck erweckt, in einer Sprache wie der deutschen sei immer alles problemlos zu verstehen. Dann aber auch, damit man sein Vergnügen daran haben kann, wenn man ein anspruchsvolles Beispiel doch versteht, nach einem Moment des Nachdenkens.

Die zwei nächsten Untermaximen werden wie folgt formuliert:
 (e) „Ein Beispiel sollte historisches Kolorit haben." (1988: 181).
 (f) „Ein Beispiel sollte lokales und soziales Kolorit haben." (ebd.). Als Begründung hierfür heißt es in Hermanns (ebd.): „Denn das spricht uns an.".

Eine letzte dazugehörige Untermaxime lautet wie folgt:
 (g) „Beispiele sollten auch in dem Sinn beispielhaft sein, daß sie besonders gelungene Formulierungen, namentlich auch aus der Literatur, präsentieren." (ebd.). In diesem Zusammenhang weist Hermanns (ebd.) darauf hin, dass Wörterbücher als „'Kulturgut Wörterbuch'" (ebd.) „nicht so total banausisch und kulturfeindlich daherkommen [sollten], als ob es eine deutsche Literatur und – natürlich auch außerhalb der Literatur – Sprachkultur gar nicht gäbe, die man zitieren kann" (ebd.), und zwar „zum Wohle eben dieser Kultur, und zum Wohle der Wörterbücher selbst" (ebd.). Ferner fordert Hermanns (ebd.) eine „Re-Literarisierung unserer Wörterbücher" mit der folgenden Begründung: „Evident ist das Bedürfnis nach einem (im weitesten Sinn) literarischen Beispiel, nach dem authentischen Zitat, dort, wo ein Wort oder eine Wendung gerade aus diesem Zitat, das etwa ein ‚Geflügeltes Wort' ist, bekannt ist" (1988: 192, Endnote 26). Solche Beispiele findet Hermanns (ebd.) besonders geeignet, da sie zugleich einen optimalen Lernzusammenhang liefern: „Da hat man es mit dem lexikographischen Glücksfall zu tun, daß ein Wörterbuch genau den Textzusammenhang als Lernzusammenhang präsentieren kann, der auch [...] der typische Lernzusammenhang ist." (ebd.). In dieser Untermaxime steht der Wert der BeiA aus der Literatur im Fokus, und zwar mit dem Vermerk, dass „man sich dauernd darüber [freut], über eine gelungene Formulierung, über einen gut formulierten Gedanken aus einem literarischen Text" (Hermanns 1988: 181).

(3) „Ein Beispiel soll echt sein." (1988: 177; 181), so die dritte Maxime bzw. Titel-Maxime, der folgende drei Untermaximen angehören, die Hermanns (1988: 182) als widersprüchlich betrachtet:

 (a) „Ein Beispiel soll authentisch sein." (1988: 181). Diese These „besagt nichts anderes, als daß ein Beispiel möglichst ein Beleg sein soll, und man kann sich zu ihr in der Weise kurz fassen, daß man auf ihre Evidenz vertraut" (ebd.). Die zweite Untermaxime ist als eine „Gegenmaxime" (ebd.) aufgefasst:

(b) „Ein Beispiel soll seinem Zweck – dies oder jenes zu zeigen – optimal angepaßt sein oder werden." (ebd.). Die Begründung für die Widersprüchlichkeit ist wie folgt:

> Daß dies bei fiktiven Zitaten leichter zu erreichen ist als bei authentischen, das ist eine Wahrheit, der man kaum widersprechen kann. [...] Außer mit dem Hinweis, daß sie nicht die ganze Wahrheit ist, denn konstruierte Beispiele sind oft fade, ohne Kolorit und ohne Witz. Und manchmal auch nicht nur nicht authentisch, sondern geradezu falsch und unecht als Beispiele, wie man leider konstatieren muß. Also bei dieser Antinomie muß es wohl bleiben, daß die eine Maxime lautet, daß Beispiele authentisch sein sollen, und die andere Maxime, daß sie manipuliert sein sollen. Je nachdem gibt es gute Gründe für das eine wie das andere. (1988: 182)

Diese Ausführungen können als symptomatisch für die tradierte Sichtweise der Grundtypen des lexikographischen Beispiels in ihrer Gegenüberstellung erachtet werden, die vor dem Erscheinen des CorBei besonders ausgeprägt ist und mit dem CorBei eine Relativierung erfährt.

(c) „Ein Beispiel soll glaubwürdig sein." (1988: 182). Diese Untermaxime bezieht sich bei näherem Hinsehen auf grundlegende Unterschiede zwischen der Auffassung der Authentizität im engen und im weiten Sinne sowie auf den Authentizitätsanspruch der KBei (4.2.2.1.1).

(4) „Ein Beispiel soll kurz sein." (1988: 177; 182). Für diese Maxime sprechen nach Hermanns (1988: 182) zwei Gründe: Das Wörterbuch leidet unter Platznot; der Wörterbuchbenutzer leidet oft unter Zeitnot. Deshalb begründet Hermanns (ebd.) diese Maxime wie folgt: „Je kürzer, desto besser; je prägnanter, desto besser.". Diesen Ausführungen wird eine Gegenmaxime entgegengesetzt: „Ein Beispiel soll lang sein." (1988: 183). Dazu heißt es in Hermanns (ebd.): „Je länger, kann man wieder sagen, desto besser. [...] Auf eine Begründung auch dieser Maxime wird hier verzichtet.".

Aufschlussreich für den Charakter der oben referierten Wünschbarkeiten bzw. Tugenden für das lexikographische Beispiel in Form von Maximen, Unter- und Gegenmaximen erscheint eine abschließende Reflexion von Hermanns (1988: 183f.) zum eigenen Beitrag:

> Es wurde in diesem Beitrag n i c h t s gesagt darüber, wie nun diese Wünschbarkeiten zueinander in ein Verhältnis zu bringen wären. Wie unter ihnen, je nach den je spezifischen Zwecken eines Wörterbuchs, abzuwägen wäre. [...] Der Teufel steckt auch hier im Detail. Zum Wichtigsten und Schwierigsten in einer Theorie des lexikographischen Beispiels also wurde hier nichts gesagt. Und mit diesem Hinweis darauf, daß für eine Theorie des lexikographischen Beispiels das Wichtigste, nämlich das Konkrete, jeweils noch zu tun ist, mit dem Hinweis darauf schließt dieser Beitrag.

Die von Hermanns (1988) ausgearbeiteten Wünschbarkeiten haben deshalb einen ausgeprägt allgemeinen Charakter; so bezeichnet Lenz (1998: 81 passim) den von Hermanns (1988) präsentierten „Tugendkatalog" als oberflächlich. Hinzu kommt, dass die angestellten Überlegungen teilweise auf der Gegenüberstellung der Grundtypen des lexikographischen Beispiels aufgebaut sind, die mit dem CorBei relativiert wird. Solche Wünschbarkeiten erscheinen lediglich als eine erste Annäherung zum Themenkomplex der Qualität des lexikographischen Beispiels hilfreich. Dies gilt auch für die Überlegungen von Harras (1989).

Nach Harras (1989) beläuft sich die Erörterung der Qualität der BeiA – die in Harras (1989) der normativen Theoriekomponente gleich ist (1.4), – ebenfalls auf die Erarbeitung einer Liste von Wünschbarkeiten bzw. Gütekriterien in Bezug auf die BeiA (1989: 607; 611). Harras (1989: 611ff.) entwickelt eine Liste, die acht Maximen umfasst, wobei die Gewichtung unter den Maximen folgendermaßen erfolgt: Die ersten vier „sind am Gesichtspunkt der Prototypikalität von Bedeutungsbeschreibungen orientiert und bilden den Kern der normativen Komponente einer Theorie des lexikographischen Beispiels" (1989: 612); hinzu kommen weitere Forderungen (ebd.).

(1) „Ein gutes lexikographisches Beispiel zeigt – über die Angaben in der Bedeutungserläuterung hinaus – prototypische Eigenschaften des Gegenstands/ Sachverhalts, der mit dem jeweiligen Stichwort bezeichnet wird." (1989: 611). Diese Maxime kommt nach Harras (1989: 612) insbesondere in der Gestalt der KollA zur Geltung – „sie stellen typische und frequente Kombinationen sprachlicher Ausdrücke dar" (ebd.), – deshalb heißt es in der nächste Maxime:

(2) „Gute lexikographische Beispiele, mit denen prototypische Eigenschaften gezeigt werden, stellen Kollokationen dar." (1989: 612). Dabei weist Harras (ebd.) darauf hin, dass für die zusammenhängenden Maximen (1) und (2) grundsätzlich keine quantitative Beschränkung gilt, so dass aufgrund dessen eine dritte Maxime wie folgt formuliert wird:

(3) „Gute lexikographische Beispiele, mit denen prototypische Eigenschaften gezeigt werden, stellen Beispielsätze oder Zitate dar." (ebd.). Dazu räumt Harras (ebd.) ein, dass die Maximen (2) und (3) nicht widerspruchsfrei sind sowie fügt hinzu, „es gibt keinen plausiblen Grund, diesen Widerspruch zu beseitigen, ohne daß man bei willkürlichen Setzungen Zuflucht suchen müßte wie z. B.: ‚Lexikographische Beispiele müssen kurz sein'." (ebd.).

Ferner ist nach Harras (ebd.) eine weitere Wünschbarkeit, dass das lexikographische Beispiel „auch Auskunft über einen Ausschnitt lexikalischer Relationen des Stichworts [gibt]" (ebd.). In diesem Sinne wird die vierte Maxime formuliert:

(4) „Gute lexikographische Beispiele enthalten Ausdrücke, die sinnverwandte oder Gegensatzwörter des Stichworts darstellen." (ebd.). Dazu vermerkt Harras (ebd.), dass solche Informationen oft in größeren, über Satzgrenzen hinausgehenden Textabschnitten darstellbar sind, weshalb „man größere Textabschnitte

kürzen müßte, um sie auf das Format eines einzelnen Beispiels zu bringen" (ebd.). Im größeren Zusammenhang ist dies ein weiteres Zeugnis für die Tendenz, dass Textbeispiele in der Printlexikographie traditionellerweise nicht verbreitet sind (4.2.1.2).

Zu den weiteren, über den Kern der Prototypikalität für das lexikographische Beispiel hinausgehenden Maximen gehören nach Harras (1989: 612f.) folgende Forderungen:
(5) „Gute lexikographische Beispiele zeigen einen charakteristischen Aspekt des Umgangs mit dem bzw. der Einstellung zum Gegenstand/Sachverhalt, der mit dem Stichwort bezeichnet wird." (1989: 613). Hinzu kommt Folgendes: „Der Gesichtspunkt des Umgangs und der Bewertung läßt sich auch auf sprachliche Ausdrücke selbst beziehen." (ebd.). Daraus zieht Harras (ebd.) die folgenden zwei Maximen:
(6) „Gute lexikographische Beispiele dokumentieren Redeweisen, die für eine Textsorte typisch sind, in der das Stichwort charakteristischerweise verwendet wird." (ebd.). Unter Redeweisen sind über Kollokationen und Phraseologismen hinausgehende Einheiten subsumiert (ebd.).
(7) „Gute lexikographische Beispiele sind metakommunikativ und dokumentieren Einschätzungen zum Gebrauchswert eines Stichworts." (ebd.).

Die letzte Maxime von Harras (ebd.) hat einen anderen Charakter:
(8) „Gute Beispiele sind ‚exempla in contrario'." (ebd.) im folgenden Sinne: Es soll

> ein Gesichtspunkt zum Tragen kommen, der in der klassischen Rhetorik unter dem Stichwort ‚exemplum in contrario' behandelt wird. Auf lexikographische Beispiele übertragen, heißt dies, daß auch ungewöhnliche, abweichende und kreative Wortverwendungen dokumentiert werden sollen. Hierfür bietet sich natürlich die schöne Literatur als reichhaltiges Reservoir an. (ebd.)

Diese Maxime stellt zwar einen wertvollen Hinweis dar, sie bezieht sich jedoch auf eine andere Methode der Beispielverwendung, die eine eigene Behandlung erfordert (Kapitel 7).

Mit einem Verweis auf Hermanns (1988) im Zusammenhang mit „allgemeinen Ansprüchen wie die, daß Beispiele interessant, amüsant, geistreich oder witzig sein sollen (vgl. Hermanns 1988: 179)" (Harras 1989: 612) schließt Harras (1989: 613) die Überlegungen zur Qualität der BeiA wie folgt ab: „Mit den acht angeführten Maximen ist die normative Komponente einer Theorie des lexikographischen Beispiels hinreichend bestimmt. Wie die einzelnen Maximen untereinander gewichtet werden sollen, ist eine empirische Frage und richtet sich überdies nach praktischen Gesichtspunkten.", was im Einklang mit dem Standpunkt von Hermanns (1988) steht.

Eine grundlegende Schwäche der Ausführungen von Hermanns (1988) und Harras (1989) zur Qualität der BeiA ist ein mangelnder Bezug zur lexikographischen

Praxis, der sich schließlich in der Abstraktheit und Widersprüchlichkeit aufgestellter Wünschbarkeiten bzw. Maximen niederschlägt. Die Behebung solcher Desiderata wird sowohl in Hermanns (1988) als auch in Harras (1989) der lexikographischen Praxis überlassen. Vor diesem Hintergrund vertritt Neubauer (1998: 247) die These, dass die geforderte Theorie des lexikographischen Beispiels bereits ausführlich bearbeitet sei, vermerkt jedoch zugleich: „[a]llerdings bezieht sich die Diskussion in den meisten Fällen auf *alle* Anwendungsbereiche der Lexikographie" (ebd.), so dass in Bezug auf die pädagogische Lexikographie die Aufgabenstellung nach Neubauer (ebd.) darin besteht, „die für die Verwendung von Beispielen in Wörterbüchern aufgestellten Kriterien für allgemeinsprachliche Wörterbücher dahingehend zu überprüfen, ob und inwieweit sie für Lernerwörterbücher relevant sind".

Derselbe Weg eines mangelhaften Bezuges zur lexikographischen Praxis wird auch in Atkins/Rundell (2008: 458) beschritten, wenn auch hier die konstitutive Relevanz des Wörterbuchtyps und der Benutzerbedürfnisse betont werden:

> The nature of examples will vary according to the type of dictionary and the needs and expectations of its users. But the guidelines we give here apply to most situations; even in historical dictionaries that use attributed quotations, the basic criteria remain valid. These are that examples should be: ▪ natural and typical ▪ informative ▪ intelligible.

Dieser Standpunkt ist angesichts der konstitutiven Besonderheit der Theoriebildung in der Lexikographie (1.1) kritisch zu hinterfragen. Wenn man davon ausgeht, dass die lexikographische Praxis theoriebasiert bzw. -gesteuert sein soll (1.1), dann ist einzusehen, dass die Theorie ohne einen konstitutiven Bezug zur Praxis nicht in einer umfassenden Weise ausgearbeitet werden kann.[52] Ähnlich merkt auch Lenz (1998: 90) an, dass solche Ausführungen „losgelöst von einer konkreten Wörterbuchkonzeption oder zumindest von einer weitgehend engen Eingrenzung des möglichen Konzepts einen derart allgemeinen Charakter erhalten, daß sich die Frage nach dem Wert solcher Aufzählungen stellt". In besonderem Maße erscheint in diesem Zusammenhang problematisch, dass einzelne Kriterien widersprüchlich erscheinen: „Für die Praxis kann ein derartiger Katalog nicht mehr als Richtungen aufzeigen, die zum Teil gegensätzlich verlaufen.", so Lenz (1998: 84). Der Themenkomplex der Qualität der BeiA kann also nicht mit abstrakt gehaltenen, isolierten und widersprüchlichen Maximen hinreichend behandelt werden. Sie erscheinen vielmehr als allgemeine Wünschbarkeiten von Relevanz, während der Themenkomplex genuin lexikographische wie auch relevante außerlexikographische Aspekte umfasst.

---

52 Vgl. dazu Wiegand (2005b: 71) bei anderer Gelegenheit: „Praktiker sind – das zeigt die gesamte Geschichte der Lexikografie – aufgrund der besonderen Bedingungen in den Wörterbuchwerkstätten alleine nicht in der Lage, die eigene Praxis grundsätzlich zu reformieren.".

## 4.4.2 Genuin lexikographische Faktoren

Genuin lexikographische Faktoren bei der Behandlung der Qualität der BeiA entstehen zum einen dadurch, dass BeiA an sich mikrostrukturelle Textkonstituenten sind, d. h. mikrostrukturelle Textsegmente mit den grundlegenden Merkmalen (a) ein genuiner Zweck, (b) eine Angabeform sowie (c) eine Angabeposition (vgl. Wiegand 2010b: 415). Insbesondere in Bezug auf die Angabeposition entsteht der Parameter der Adressierung der BeiA (4.4.2.1). Zum anderen kommen auch Parameter hinzu, die durch den Ansatz der Unterscheidung zwischen den Kotext- und Kontext-Faktor bedingt sind (4.4.2.2) wie auch der Parameter der Komplexität der BeiA (4.4.2.3).

### 4.4.2.1 Adressierung der Beispielangaben

Da die BeiA andere Angaben im SK demonstrieren (4.3.1.2) und insbesondere metasprachliche Angaben ergänzen, ergibt sich daraus die Notwendigkeit der Integration der BeiA im Sinne ihrer adjazenten Adressierung an diese Angaben. Dies betont Tarp (2004b: 316) wie folgt:

> [...] the text examples should not be isolated from the other data included in the dictionary article and placed in a separate section or field. Quite the opposite, they should [...] be integrated with these data and placed in direct connection with them in order to show how they could be used in a concrete context. They could, for example, be placed after each syntactic 'minirule' [Strukturformel, K.L.] in order to expose this rule in a more concrete way. And they could also – especially in electronic dictionaries where space is not a problem – be presented in such a way that they illustrate the use of collocations and idioms. (ebd.)

In der pädagogischen Lexikographie für den Fremdsprachenunterricht ermöglicht dies eine Vorführung der objektsprachlichen Realisierung anderer durch die BeiA demonstrierter Angaben. Besondres vorteilhaft erscheint in diesem Zusammenhang ein in E-VALBU und ELDIT durch das elektronische Publikationsmedium gefördertes Zusammenspiel der Strukturformeln und der BeiA durch farbliche Markierungen (4.3.1.2.2).

### 4.4.2.2 Der Kotext- und Kontext-Faktor

Mit den den BeiA immanenten Kotext- und Kontext-Faktoren steht die für die BeiA im einsprachigen Wörterbuch charakteristische Anforderung der Typikalität bzw. Prototypikalität im Zusammenhang. So hält bereits Zöfgen (1985: 76) fest, dass für Beispielsätze „eine möglichst starke bedeutungsdeterminierende Wirkung" sowie der Auftritt des Lemmas „in einer typischen Lebenssituation" (ebd.) erwünscht sind.

Mit der Notwendigkeit einer determinierenden Wirkung des Kotext-Faktors in den BeiA setzt sich Hausmann (1977: 84f.) auseinander. Zwar ist im Original vom *Kontext* die Rede, eine nähere Charakterisierung lässt jedoch darauf schließen, dass es sich um *Kotext* im Sinne der vorliegenden Arbeit handelt (3.3.2.3): „Wir befinden uns hier im äußersten Bereich syntagmatischer Zwänge, ein Bereich, der über die Kollokation [...] hinausgeht, insofern die Determination von anderen Wörtern ausgeht, die nicht, wie in der Kollokation, in unmittelbarem syntagmatischem Kontakt mit dem Beispielwort stehen." (1977: 85).[53] Zum Kotext-Faktor führt Hausmann (1977: 84f.) aus, dass

> grundsätzlich zwei mögliche Kontexte eines Wortes zu unterscheiden sind, solche, von denen das Wort so eindeutig determiniert wird, daß es darin redundant ist und man es, wäre es etwa unleserlich, spontan einsetzen könnte [...] und solche, die dem Wort gänzlich neutral gegenüberstehen und in denen an Stelle des exemplifizierten Wortes viele andere stehen könnten

Ferner vermerkt Hausmann (1977: 85) Folgendes zu dieser Unterscheidung: „Die meisten Beispiele bewegen sich irgendwo zwischen diesen Polen.". Nichtsdestoweniger plädiert Hausmann (ebd.) für die Notwendigkeit der kotextuellen Determiniertheit, und zwar aus den folgenden Gründen:

> Das Kriterium der Wahrscheinlichkeit, mit der im Kontext das exemplifizierte Wort vorausgesetzt werden kann, hat eine doppelte Bedeutung. Dem Lexikographen zeigt es, inwieweit sein Beispielsatz geeignet ist, die Richtigkeit der Definition zu bezeugen. [...] Für den L2-Lerner ist das Kriterium wichtig wegen des Lernertrags.

In einer korrespondierenden Weise betont auch Potgieter (2012: 269) die Wichtigkeit der determinierenden Wirkung des Kotext-Faktors in den BeiA:

> One of the functions of example sentences is to show the headword 'in action' and show points relating to the word represented by the lemma, for example collocations of verbs, use of articles, grammatical behavior, phrases used to accompany nouns, et cetera. That way, the learner will know which words to use in conjunction with the word represented by the lemma.

Besonders relevant erscheint der Kotext-Faktor in den BeiA, wenn Informationen zu kotextuellen Eigenschaftsausprägungen im SK nicht durch andere Angaben vermittelt werden können:

> BRINGEN ... 5 ... jemand bringt jemanden/etwas irgendwohin [Strukturformel]
>     jemand sorgt dafür, dass jemand/etwas irgendwohin gelangt, um dort behalten zu werden oder eine Zeit lang zu verbleiben [BPA]
>     (6) Der Verletzte musste sofort ins Krankenhaus gebracht werden.
>     (7) Sie brachten den Mann zum Arzt.
>     (11) Die Briefe waren pünktlich zur Post gebracht.
>     (14) Die Feuerwehr brachte 30 Bewohner des Hauses und aus angrenzenden Gebäuden in Sicherheit. (Berliner Zeitung, 03.05.2001, S. 2) ‹E-VALBU›

---

[53] Es liegt nahe davon auszugehen, dass unter *Beispielwort* in Hausmann (1977: 85) das Lemmazeichen verstanden wird. Ähnlich ist in Lemberg (1996) von *Belegwort* im Zusammenhang mit der Belegexzerption die Rede.

HALTEN ... 10 ... jemand/etwas hält etwas [Strukturformel]
  jemand/etwas hält etwas ein; erfüllen [BPA]
  (1) Ich gab dir mein Wort, und ich halte mein Versprechen. (Garner, S. 63)
  (4) Hält der Film, was die Reklame verspricht? (Rhein-Zeitung, 09.08.1997; dinos)
  (5) Der Bundestag hatte das Ressort beauftragt, bereits bis Ende März einen zwischen den Ministerien abgestimmten Entwurf vorzulegen. Dieser Termin konnte nicht gehalten werden. (Die Zeit (Online-Ausgabe), 10.05.2007; „Erhebliche Risiken":) ‹E-VALBU›

MACHEN ... 9 ... jemand macht etwas [Strukturformel]
  jemand absolviert etwas [BPA]
  (1) Wann machst du deine Fahrprüfung?
  (2) Im nächsten Semester mache ich mein Examen in Germanistik und Anglistik.
  (3) Das Saarland führt als erstes westliches Bundesland das achtjährige Gymnasium ein, an dem nach zwölf statt 13 Schuljahren Abitur gemacht werden kann. (die tageszeitung, 23.11.2000, S. 6) ‹E-VALBU›

Der Kontext-Faktor fungiert als ein Bindeglied zwischen dem primären, außerlexikographischen und dem lexikographischen Sinn der BeiA (4.2.2.1.1). Wenn der Kontext des Beispielsyntagmas erschließbar ist, dann ermöglicht dies das Verständnis der BeiA in den lexikographischen Zusammenhängen sowie ferner auch die Wiederverwendbarkeit der BeiA. Deshalb ist von grundlegender Relevanz, dass der Kontext (a) eindeutig sowie (b) semantisch explikativ erscheint. Die notwendige Bedingung der Eindeutigkeit spricht Müller (1984: 383) wie folgt an: „Nur wenn die Beispiele eindeutig sind, haben sie einen Sinn." (vgl. Atkins/Rundell 2008: 461; Szende 1999: 222; 224). Auch Zöfgen (1982: 47) hält fest, dass das lexikographische Beispiel „der Bedingung der semantischen Eindeutigkeit genügen" soll, so dass an einer späteren Stelle generell über „semantische Eindeutigkeit und Kontextdeterminiertheit" (Zöfgen 1982: 48) als Anforderungen an die BeiA gesprochen wird, die ferner ihren „praktischen Gebrauchswert" (ebd.) ausmachen (vgl. Gove 1985[61]: 68). Die Qualität der BeiA und der Beispielwert werden generell daran gemessen, wie typisch und eindeutig das Beispiel fungiert (vgl. Haß-Zumkehr 2001: 37f.).

Von besonderer Relevanz für die Erschließbarkeit des Kontextes ist der Befund, dass das lexikographische Beispiel als Zitat im weiten Sinne den Prozessen der De- und Rekontextualisierung unterliegt (4.2.2.1.1). In einer vergleichbaren Weise stellt Szende (1999: 221) die folgende grundlegende Frage auf: „How can illustrative examples be considered out of any enunciative context? How can we hope that, without the global universe, the reader will understand the micro-universe of the example?". Vor dem Hintergrund der Anforderungen der Eindeutigkeit und der semantischen Explikativität in Bezug auf den Kontext ist festzuhalten, dass in den folgenden BeiA der Kontext erschließbar und determinierend ist, so dass der Kontext-Faktor hinreichend realisiert ist:

ENTWICKELN ... Das Ergebnis zeigt, daß es grundsätzlich möglich sein müßte, wirksame Medikamente gegen Karies zu entwickeln. (BdW, 2/1967, S. 146)

Die Archäologie hat in den letzten Jahrzehnten eine Reihe von Techniken entwickelt, die ihr erlauben, den Boden gewissenmaßen zu röntgen. (Pörtner, Erben, S. 94) ‹ViF›

TRENNEN ... 4.a) ... Die Beiden trennten sich vor dem Bahnhof. Sie ging zum Zug und er fuhr wieder nach Hause.
4.b) ... Meine Freundin hat sich von mir getrennt, weil wir unterschiedliche Pläne für die Zukunft haben und sie meinte, die ließen sich nicht miteinander vereinbaren.
5 ... Ich habe mich jetzt von vielen Büchern getrennt, die ich schon seit Jahren nicht mehr gelesen habe und bin von dem Erlös eine Woche nach Spanien in den Urlaub gefahren. Ich habe mich schweren Herzens von meinem alten Fahrrad getrennt und es auf den Schrottplatz gebracht. Es war nicht mehr zu reparieren. ‹ELDIT›

TRINKEN ... 1 ... (12) „Möchten Sie Milch und Zucker?" – „Nein, ich trinke den Kaffee immer schwarz." ‹E-VALBU›

BEHALTEN ... 2 ... (1) Ich muss mir alles aufschreiben, ich kann nichts behalten.
(2) Ältere Menschen können meist neuere Informationen nicht mehr behalten.
(3) Meine Schwester kann Zahlen, vor allem aber Telefonnummern sehr gut behalten, Namen allerdings behält sie nicht. ‹E-VALBU›

In den folgenden BeiA erscheint der Kontext hingegen nicht hinreichend erschließbar:

(1) durch kenntlich gemachte Auslassungen bei BBeiA in ViF, die zum einen die Wohlgeformtheit des Beispielsyntagmas und zum anderen die Erschließbarkeit des Kontextes beeinträchtigen:

FRESSEN ... [...] wie ein in tropisches Gewässer gefallenes Stück Fleisch, das von tausend kleinen Fischen augenblicklich gefressen wird. (Plievier, Stalingrag, S. 181) ‹ViF›

VERLIEREN ... [...] das hatte zur Folge, daß wir in eine andere Stadt ziehen mußten, nach Schlesien, denn mein Vater hatte alles Geld verloren. (A. Zweig, Claudia, S. 35)
[...] dazu ist es aber nötig, nochmals zu graben, weil die früheren Pläne und Schnittzeichnungen verloren sind. (BdW, 1/1967, S. 54) ‹ViF›

NEHMEN ... [...] daß niemand es wagte, mir meine Trommel, [...] wegzunehmen; denn wenn mir die Trommel genommen wurde, schrie ich, [...]. (Grass, Blechtrommel, S. 50) ‹ViF›

AUFHEBEN ... [...] versöhnte man sich und hob die Tabus gegenseitig auf, die Tatauierungen blieben jedoch als ständige Erinnerungen an die einstige Fehde. (BdW, 2/1967, S. 114) ‹ViF›

(2) Kontextbeeinträchtigung durch Verdichtungen gleichartiger Satzglieder, besonders ausgeprägt in LGwDaF:

LIEGEN ... 7 ... Ein paar schöne Tage liegen hinter/vor uns ... 9 ... Die Wahlbeteiligung lag bei 82%, lag höher/niedriger als erwartet | Ihre Leistungen liegen über/unter dem Durchschnitt ... 11 ... Das liegt nicht in meiner Macht/Verantwortung ‹LGwDaF›

STEHEN ... 1 ... Sie stand am Fenster/in der Tür/unter der Dusche ... 6 ... Bei der Korrektur sind ein paar Fehler stehen geblieben/hat sie ein paar Fehler stehen (ge)lassen ... 12 ... Die Aussichten/Chancen für einen Erfolg stehen gut ... 17 ... Unsere Firma steht vor dem Bankrott/Ruin 20 ... Sie steht auf große, schlanke Männer/auf französische Chansons ‹LGwDaF›

SEIN ... 5 ... Hier sind wir in Sicherheit/nicht in Gefahr ... Sind die beiden zusammen/befreundet? ... 8 ... Diese Tomaten sind aus Holland/aus unserem eigenen Garten ... 12 ... Sie fährt morgen fort und ist schon am/beim Packen ... 18 ... Nach der Arbeit ist ihm erst mal nicht nach Reden/Unterhaltungen ‹LGwDaF›

(3) der Kontext ist in inhaltlicher Hinsicht nicht hinreichend erschließbar und typisch:

ENTWICKELN ... 2 ... (5) Sie mögen der Literatur nicht weniger leidenschaftlich verfallen, ihr Selbstbewußtsein mag nicht weniger gut entwickelt sein – nur der Stil hat sich geändert, in dem solche Passion öffentlich ausgelebt wird. (Die Presse, 02.06.2000, Ressort: Kultur; Primgeiger der Literaturkritik) ‹E-VALBU›

BEACHTEN ... 1 ... (3) Der Dichter beachtete weder den Gruß noch den Kutscher. (Strittmatter, S. 311)
(9) Hochnäsig knabberte sie an der Baumkrone und beachtete den Kondor scheinbar nicht weiter. (die tageszeitung, 05.02.2003, S. 20) ‹E-VALBU›

HABEN ... 17 ... (1) Sie hat nur einen alten Kater als Freund.
(2) Diese Menschen haben Erdlöcher als Behausung.
(7) Das Gesagte und der Sprechende sind voneinander getrennt, man hat eine Lücke als Gegenüber und füllt sie auf mit eigenen Projektionen. (Berliner Zeitung, 22.01.2007, S. 27) ‹E-VALBU›

MACHEN ... 20 ... (6) Die Antwort, sieben bis acht Stunden, schien dem Terroristen zu gefallen. Offenbar hatten ihn die Unterhändler der Bundesregierung glauben gemacht, dass es noch so lange dauern würde, um die RAF-Leute nach Afrika zu bringen. (Mannheimer Morgen, 13.10.2007, Seine Nervenstärke rettete Leben)
(8) „Es ist doch klar, dass du Marie helfen musst. Also mach, dass du wegkommst." (Braunschweiger Zeitung, 07.04.2009) ‹E-VALBU›

Einen besonderen Fall in Hinsicht auf den Kontext-Faktor stellen diejenigen Satzbeispiele dar, die durch eine strukturelle Knappheit gekennzeichnet sind (4.2.1.2). In solchen BeiA ist der Kontext minimal realisiert:

SEIN ... 5 ... Das Essen ist gut
16 ... Dafür ist es noch zu früh ‹LGwDaF›

DENKEN ... 2 ... Ich denke, dass es funktionieren wird | Sie dachte, ich würde sie anrufen | Wir dachten, im Recht zu sein ‹LGwDaF›

LIEGEN ... 10 ... Darin liegt eine große Gefahr ‹LGwDaF›

Des Weiteren erscheinen solche kontextuell neutralen BeiA in Hinsicht auf die Thematik und Wortschatz kompetenzbestätigend, jedoch nicht kompetenzerweiternd (4.4.3.1).

### 4.4.2.3 Komplexität der Beispielangaben

Der Parameter der Komplexität der BeiA hängt mit der Erschließbarkeit des Kontext-Faktors sowie dadurch ferner mit der Erfüllung des Zweckes der objektsprachlichen Demonstration zusammen. Kilgarriff et al. (2008: 426) sprechen über *readability* als eine notwendige Anforderung an die BeiA; darunter werden folgende Merkmale subsumiert: „intelligible to learners, avoiding gratuitously difficult lexis and structures, puzzling or distracting names, anaphoric references or other deictics which cannot be understood without access to the wider context." (ebd.). Des Weiteren wird in Kilgarriff et al. (ebd.) festgehalten, dass die Länge des Beispielsyntagmas eine Schlüsselstellung für die so aufgefasste *readability* hat: „if the sentence is very short, it may be too context-dependent (or just have too little content) to be informative; but if it is very long, there is more work for the reader to do to read and understand it, and it is more likely to be structurally complex" (ebd.). Auch in Didakowski et al. (2012) fungieren die Aspekte der *sentence readability* sowie der *complexity* als tragende Parameter. In diesem Zusammenhang formulieren Didakowski et al. (2012: 343f.) folgende Kriterien: „an example should be a complete, well-formed and not too complex sentence" wie auch „the sentence should be self-contained, that is its content should be graspable without the larger context" (2012: 344). Die Satzlänge einer BeiA wird in Kilgarriff et al. (2008: 426) wie auch in Didakowski et al. (2012: 345) auf 10 bis 25 Wörter festgelegt.

Wenn Beispielsyntagmen zu komplex sind und das Lemma nicht im Fokus der Demonstration steht, dann entstehen funktionale Pseudobeispiele (4.3.3). Vor diesem Hintergrund weisen folgende BeiA eine unangemessene Komplexität und somit eine Tendenz zu Pseudobeispielen auf:

> AUFHEBEN ... Nach § 126 StPO in der ursprünglichen Fassung war der vor Erhebung der öffentlichen Klage erlassene Haftbefehl bei Verbrechen und Vergehen spätestens vier Wochen nach seiner Vollstreckung aufzuheben, wenn nicht inzwischen die öffentliche Klage erhoben worden war. (Studium Generale, 12/1966, S. 732) ‹ViF›

> MIETEN ... Anfangs hatte er wohl nur ein recht dürftiges, ehemaliges Badezimmer gemietet, zahlte dann später, als seine Trommelkunst ihm Ansehen und Wohlstand brachte, für eine fensterlose Kammer, die er Schwester Dorotheas Kammer nannte, weitere Miete und scheute sich nicht, auch für ein drittes Zimmer, das zuvor ein gewisser Herr Münzer, Musiker und Kollege des Angeklagten, bewohnt hatte, ein Sündengeld auszugeben, denn jener Herr Zeidler, der Mietherr der Wohnung, trieb, da er um den Wohlstand des Herrn Matzerath wußte, die Mieten unverschämt in die Höhe. (Grass, Blechtrommel, S. 475) ‹ViF›

KOMMEN ... 32 ... (9) Wenn Michail Gorbatschow nicht die russischen Hardliner zurückgehalten hätte in der Erkenntnis des wirtschaftlichen Bankrotts des Kommunismus, hätte es 1989 in der DDR ein größeres Blutbad gegeben als am 17. Juni 1953 und mit Sicherheit damals keine Wiedervereinigung Deutschlands. Wie kommen Sie dazu, diese Führungsschicht der DDR als „kleinbürgerliche Mitläufer" zu verharmlosen? (Rhein-Zeitung, 15.06.2009; „Eine notwendige Debatte")

37 ... (3) Für manche Kirchgänger mag es deshalb unerwartet gekommen sein, dass der Gottesdiener zu seiner Predigt in einem, für ihn wohl waghalsigen Kletterakt, die Kanzel erklomm, und nachher auch den Abstieg – man hielt unwillkürlich den Atem an – glücklicherweise ohne Unfall auch irgendwie wieder meisterte. ‹E-VALBU›

HANDELN ... 9 ... (2) Hoseas Zusammenleben mit einer untreuen Frau, die dann diese Ehe bricht, geht bis an die Grenze des Zumutbaren für den Propheten: Denn nach Hos 3,1f. soll er diese Frau erneut zu sich nehmen. Wie der Prophet seine Frau erneut entgegen jeder religiösen Vorschrift annimmt, so wird Gott einst an seinem Volk handeln (3,2). (Caelestius; BWBot; Irmgard; u.a.: Prophet Hosea, In: Wikipedia – URL:http://de.wikipedia.org: Wikipedia, 2005) ‹E-VALBU›

Eine unangemessene Komplexität und Länge der BeiA verursachen zwei weitere problematische Aspekte: Zum einen steigt mit der Komplexität der BeiA der Aufwand des Wörterbuchbenutzers bei der Erschließung der BeiA. Dazu vermerkt Hausmann (1977: 83) Folgendes: „Hier wird das Wörterbuch zum Lesebuch.". Zum anderen beeinträchtigt eine unangemessene Komplexität die Möglichkeit der Wiederverwendbarkeit der BeiA (4.3.2.1). In diesem Zusammenhang hält Zöfgen (1982: 28) fest: „Umgekehrt reduziert sich die Wiederverwendbarkeit eines Beispiels in dem Maße, wie seine Länge und die Spezifik seiner kontextuellen Einbettung zunehmen".

### 4.4.3 Relevante außerlexikographische Aspekte in den Beispielangaben

Außerlexikographische Aspekte in den BeiA sind auf den in den lexikographischen Zusammenhängen weiterhin präsenten objektsprachlichen Sinn der BeiA nach Hermanns (1988) zurückzuführen (4.2.2.1.1). Dabei kommt es insbesondere auf Inhalte und Wortschatz lexikographischer BeiA als Syntagmen an. Einen Teilaspekt dieser Problematik spricht Haß (1991a: 273) mit den Überlegungen zur *kulturellen Semantik* der BeiA an:

> Ausgewählte, mehr noch qua Kompetenz gebildete Beispiele sind innerhalb einer Semiotik des Wörterbuchs sowohl Zeichen für die kulturelle, historische, soziale, politische usw. Situation des bzw. der Lexikographen, als auch Zeichen für diejenige soziokulturelle Wirklichkeit, von deren Kommunikation das Korpus einen Ausschnitt darstellt. Zeichencharakter in diesem Sinne haben auch Stichwortauswahl, Erläuterungstypen, Kommentarsprache, das Wörterbuchkonzept insgesamt; aber die ‚kulturelle Semantik' der Beispielbelege ist vergleichsweise unmittelbarer, d.h. auch von Nicht-Lexikographen verstehbar und als Faktor bei der Wörterbuchbenutzung existent.

Dieser Sachverhalt steht mit dem Befund von Hermanns (1988) im Einklang, dass lexikographische BeiA auch *naiv* gelesen werden, d. h. als textuelle Syntagmen für sich genommen (4.2.2.1.1).

### 4.4.3.1 Wortschatz und Thematik der Beispielangaben

Angesichts der besonderen Relevanz des Demonstrationsteils in der pädagogischen Lexikographie für den Fremdsprachenunterricht plädiert Zöfgen (1986: 232) dafür, dass „die Beispiele keine unüberwindbaren Verstehensbarrieren aufbauen [dürfen]" (vgl. Zöfgen 1985: 58; Jehle 1990: 282). Aus dieser Überlegung heraus „muß der im Beispielsatz verwendete Wortschatz zum einen die sprachlichen Fähigkeiten des L2-Benutzers realistisch einschätzen; zum anderen sollte dafür Sorge getragen werden, daß das kontextuelle Umfeld nicht durch auffällige Unüblichkeit von dem zu ‚illustrierenden' Phänomen ablenkt." (Zöfgen 1986: 232; vgl. Zöfgen 1994: 194).

Neubauer (1998: 250f.) erhebt für die Lernerwörterbücher die Forderung, dass der in den BeiA verwendete Wortschatz (a) durchgehend lemmatisiert (vgl. dazu auch Köster/Neubauer 2002: 304; Zöfgen 1985: 76) sowie (b) kontrolliert werden soll, und zwar „weil nur so sichergestellt ist, daß Lernende in der Lage sind, die Beispiele zu verstehen" (1998: 251). Vor diesem Hintergrund formuliert Neubauer (ebd.) eine Maxime für die Lernerwörterbücher, die besagt, „daß die Beispiele für die Lernenden ohne zusätzliches Nachschalgen verständlich sein sollen". Zu der aufgestellten Forderung nach einer durchgehenden Lemmatisierung des in den BeiA enthaltenen Wortschatzes ist Folgendes anzumerken: (a) sie erscheint für Valenzwörterbücher aufgrund ihrer typischen Anlage nach Wortarten (1.3) sowie auch wegen ihrer Ausrichtung auf grammatisch-syntaktische Sachverhalte von Grund auf hinfällig; (b) in Bezug auf die Lernerwörterbücher hätte sie aufgrund der Gebundenheit des Vokabulars an außersprachliche Phänomene unumgänglich die Entstehung eines lexikographischen Allbuchs an Stelle eines didaktischen Sprachwörterbuchs zur Folge, welches mit grundsätzlich anderen konzeptionellen Aspekten verbunden wäre. Interessanterweise äußert sich Neubauer (1998: 251f.) ferner gegen enzyklopädische Informationen in den BeiA, und zwar mit der Begründung, dass „dadurch bei den Lernenden neue Verständnisbarrieren aufgebaut werden, gerade da, wo eine Hilfestellung erwartet wird und eigentlich auch intendiert ist" (1998: 252). An ¹LGwDaF wird insgesamt eine „europazentrierte, enzyklopädisch motivierte Auswahl von Beispielstandorten" (Neubauer 1998: 251) bemängelt. Dieser Standpunkt wird auch im Zusammenhang mit landeskundlichen Informationen in den BeiA (4.4.3.2) vertreten. Es ist jedoch einzusehen, dass diese Forderung zusammen mit der Forderung nach der Lemmatisierung des in den BeiA verwendeten Wortschatzes eine Verarmung des Potentials der lexikographischen BeiA herbeiführen würde. Zu Recht weist Abel (2000: 167) in diesem Zusammenhang darauf hin, dass dies im Lichte der Konzeption eines konkreten Wörterbuchs ggf. zu relativieren ist: „Verwendete man in einem Grundwortschatzwörterbuch lediglich die darin vorkommenden Lemmata in den Beispielsätzen, wären die Beispiele wohl mehr als banal." (ebd.).

Unter Rekurs auf die relevante Unterscheidung in Ballweg et al. (1981: 51), nach der die BeiA für den Wörterbuchbenutzer als Fremdsprachenlerner entweder *kompetenzbestätigend* oder *kompetenzerweiternd* fungieren können (4.2.2.1.3), ist einzusehen, dass eine Kombination aus dem kompetenzbestätigenden und kompetenzerweiterndem Sprachmaterial in den BeiA als optimal erachtet werden kann (vgl. dazu auch Zöfgen 1982: 47). In diesem Zusammenhang führen Ballweg et al. (1981: 54) Folgendes zum Wortschatz in der BeiA aus:

> Das V o k a b u l a r soll möglichst zielgruppenrelevant sein. Es soll möglichst keine Wörter enthalten, die ungebräuchlich sind (z.B. veraltet, poetisch oder i.e.S. dialektal); außerdem keine fach- oder sondersprachlichen Wörter (bzw. Wörter in fach- oder sondersprachlicher Bedeutung) [...]. Die genannten Einschränkungen sollen freilich nicht nahelegen, daß der Wortschatz der Beispiele möglichst einfach zu sein habe.

Nach Humble (1998: 594) profitieren die Fremdsprachenlerner am meisten von denjenigen BeiA, die leicht über ihrem Kompetenzniveau liegen:

> learners profit most from an input which is slightly beyond their capacities, although still comprehensible and reproducible after analysis. According to this reasoning, it is pedagogically useless to feed learners instances of language which they are either unable to understand, or do not tell them anything new. (ebd.)

Die Unterscheidung in kompetenzbestätigendes und kompetenzerweiterndes Potential des in den BeiA verwendeten Wortschatzes hängt zum einen mit den Demonstrationsschwerpunkten einzelner Beispieltypen (4.2.2.1.3) zusammen, zum anderen auch mit der Thematik der BeiA. Anhand der empirischen Basis der vorliegenden Untersuchung lassen sich folgende Gruppen von Thematik und Wortschatz in den BeiA systematisieren, die unangemessen erscheinen: (1) zu fachspezifische Inhalte in den BeiA, (2) lexikographisch irrelevante Einzelheiten in den BeiA, (3) auffällige veraltete Sachverhalte in den BeiA.

Zu (1): Zu fachspezifische Thematiken und Inhalte in den BeiA sind in der pädagogischen Lexikographie für den Fremdsprachenunterricht ungerechtfertigt; diesen Parameter deutet Szende (1999: 224) mit den folgenden Überlegungen an: „Rare words and words which represent terminological problems should be avoided. In order to be understood immediately, the example must not require familiarity with any scientific or technical field.". Dieser Parameter wird in den folgenden BeiA nicht eingehalten, indem sie zu fachspezifische Inhalte aufweisen:

> TRENNEN ... 6 ... (4) Das in Norwegen entwickelte Verfahren trennt Kohlenwasserstoffe in einem Plasmabrenner bei 1600°C vollständig in Aktivkohle (reinen Kohlenstoff) und Wasserstoff. (Owltom; Jmsanta; Latelounger; u.a.: Wasserstoffherstellung, In: Wikipedia - URL: http://de.wikipedia.org: Wikipedia, 2005) ‹E-VALBU›

KOMMEN ... Natürlich kommen zu diesen Grundbestandteilen noch zahlreiche, oft viel umfangreichere Zusatzgeräte, darunter die Stromversorgung des Magneten, Verstärker für die oft nur einige Mikrovolt betragenden elektrischen Signalspannungen, Registriergeräte und vieles andere. (BdW, 2/1967, S. 130) ‹ViF›

VORKOMMEN ... 3 ... (8) Viele Menschen reagieren mit Hautrötungen auf Kaliumdichromat, einen Stoff, der im Zement, in Rostschutzmitteln, Ölen, Gummiartikeln und in Kugelschreiberminen vorkommt. (nach Mannheimer Morgen, 27.07.1985, S. 17)
(11) Die Elektronenpaarbindung kommt nur zwischen Nichtmetallen vor. (MauriceKA; Noodle; ChristophDemmer; u.a.: Bindungsarten, In: Wikipedia, 2005) ‹E-VALBU›

EINSETZEN ... Die kritische oder Sprungtemperatur, bei der die Suprawärmeleitung einsetzt, muß noch sorgfältigen Berechnungen auf jeden Fall unterhalb 10 Grad Kelvin liegen. (BdW, 1/1967, S. 72) ‹ViF›

Zu fachspezifische Inhalte beeinträchtigen zum einen die Erschließbarkeit der BeiA, zum anderen erscheinen solche BeiA in Hinsicht für die anvisierte Zielgruppe nicht ohne Weiteres wiederverwendbar. So vermerkt Zöfgen (1991: 2898), dass die BeiA allgemeinsprachlich unspezifisch angelegt sein und die alltägliche Thematik repräsentieren sollen, da die pädagogische Lexikographie an sich allgemeinsprachlich angelegt ist.

Zu (2): Lexikographisch irrelevante Einzelheiten sind im Unterschied zu kompetenzerweiternden Elementen in den BeiA charakteristischerweise sachlichen Charakters und beinhalten nichterschließbare Abkürzungen, Eigennamen, Einzelheiten im Zusammenhang fachlicher, politischer oder wirtschaftlicher Strukturen, die dem Wörterbuchbenutzer keinen weiteren sprachlichen Nutzen bringen können. Solche irrelevanten Einzelheiten werden typischerweise in BBeiA und CorBeiA mitdokumentiert; so zählt bereits Gorbačevič (1982[78]: 155) zu den Nachteilen der BBeiA eine „Überschüssigkeit konkreter Angaben extralinguistischen Charakters". Auch Landau (2004: 208) vermerkt in diesem Zusammenhang: „In dealing with actual quotations, one is constantly frustrated by their inclusion of words that are needlessly difficult or irrelevant to the usage being illustrated but that are integral to the quotation.". In den folgenden BeiA erscheinen solche enthaltenen Elemente irrelevant; sie tragen ferner zur Komplexität der BeiA bei:

ENTWICKELN ... In Nowosibirsk wurde der Turbogenerator TWM 300 mit einer Leistung von 300 MW entwickelt, der mit einem neuen Wasser-Öl-Kühlsystem arbeitet. (Urania, 1/1967, S. 35)
Als ein besonderer Beitrag zur wirtschaftlichen Aufbereitung der Rohbraunkohle ist im IfE ein neues Verfahren der Kohlenstaubherstellung entwickelt worden. (Urania, 1/1967, S. 6)
Ein mechanischer Gehweg für Gehbehinderte – ein Gegenlaufband mit Geschwindigkeit von 0,3–2 m/s – wurde von den CKD-Werken in Kollin/CSSR entwickelt und erprobt. (Urania, 11/1966, S. 42) ‹ViF›

MÜSSEN ... 2 ... (4) Maria Braun (Hanna Schygulla) heiratet den Soldaten Hermann (Klaus Löwitsch), der nach der Hochzeit wieder zurück an die Front muss. (Die Ehe der Maria Braun, In: Wikipedia - URL:http://de.wikipedia.org: Wikipedia, 2005) ⟨E-VALBU⟩

VORKOMMEN ... Von den Landsäugetieren kommen nur drei Gattungen vor: eine Fledermaus (Lasiurus), die Reisratte (Oryzomys) und ein erst kürzlich an Knochenresten in Eulengewöllen entdeckter hamsterartiger Nager (Megalomys curiori). (BdW, 2/1967, S. 139) ⟨ViF⟩

STEIGEN ... Zur Intensivierung der Erdölförderung wurde im nordkaukasischen Erdölrevier in die erdölhaltige Schicht Sauerstoff gedrückt und elektrisch ein Brand ausgelöst, wobei Temperaturen von 1500 Grad Celsius entstanden und die Erdölausbeute von 60 Prozent auf 85 Prozent stieg. (Urania, 3/1967, S. 50)
Die Aussichten des geschäftsführenden CDU-Vorsitzenden Josef Hermann Dufhues, den Parteivorsitz des CDU zu übernehmen, sind am Wochenende beträchtlich gestiegen. (Welt, 24.1.1966, S. 1) ⟨ViF⟩

Solche lexikographisch irrelevanten Einzelheiten können bei der Verbeispielung einer Modifizierung durch den Lexikographen unterzogen werden, was ferner auch die Komplexität solcher BeiA reduzieren würde.

Zu (3): Auffällige veraltete Sachverhalte in den BeiA umfassen politische Gegebenheiten sowie nicht mehr aktuelle Realien. Solche Inhalte erscheinen veraltet, wenn mitdokumentierte politische Sachverhalte, historische Währungen, allgemeine Lebensumstände, technische Geräte etc. zum Zeitpunkt der Wörterbuchbenutzung nicht mehr vorliegen:

PRÜFEN ... Die Sowjets weisen darauf hin, daß Moskau die Bonner Überlegungen prüfen wird. (nach: Bild, 30.1.1967, S. 1) ⟨ViF⟩

BLEIBEN ... Bleibt auch die Ungewißheit über China, so weist der Gang der Vietnam-Krise nun mehr und mehr auf den Meinungsaustrag, auf die Zeichengebung zwischen Moskau und Washington hin. (Welt, 31.1.1966, S. 1) ⟨ViF⟩

DÜRFEN ... Nachdem er 1963 gegen die Errichtung der Maurer protestiert hatte, durfte er den Ostsektor von Berlin nicht mehr betreten. (Welt, 16.2.1966, S. 1) ⟨ViF⟩

MIETEN ... Einige der neuen Schreibautomaten sind nur gemietet. ⟨ViF⟩

GEBEN ... 14 ... (12) Eine Million Mark wird für die Einrichtung eines rechnergesteuerten Betriebsleitsystems gegeben.
16 ... (4) Sie hat eine telegraphische Nachricht nach Hause gegeben. ⟨E-VALBU⟩

STEIGEN ... Der Fahrpreis für einen Kilometer Beförderung steigt um 6,25 Prozent von acht auf 8,5 Pfennig. (Welt, 29.1.1966, S. 1)
Nach einem Regierungsplan soll der Etat des Forschungsministeriums in den folgenden Jahren jeweils um 16 Prozent steigen, bis er 1971 etwa 3,1 Milliarden Mark erreicht (zur Zeit 1,6 Mrd. Mark). (Bild, 1.7.1967, S. 1) ⟨ViF⟩

An diesen BeiA wird somit ersichtlich, dass die in den BeiA mitdokumentierten Sachverhalte durch eine zeitliche Distanz auffällig werden können. In diesem Zusammenhang hält Stein (1999: 53) Folgendes fest: „Lexikographers, as human individuals, cannot escape the historical and social situation in which they find themselves.". Eine Rolle spielt ferner der Sachverhalt, dass Zeitungscorpora in besonderer Weise von politischen Sachverhalten handeln, die auch in den BeiA mitverfolgt werden können:

> STELLEN ... 8 ... (11) Die CSU muss die Ökologie in ihrer Prioritätenliste auf eine Stufe stellen mit innerer Sicherheit und sozialer Gerechtigkeit. (Nürnberger Nachrichten, 24.06.2009, S. 17)
> 11 ... (1) Union und FDP wollen deutsche Langzeitarbeitslose (Hartz-IV-Empfänger) materiell besser stellen. (St. Galler Tagblatt, 17.10.2009, S. 6) ‹E-VALBU›

> VERLIEREN ... 7 ... (2) Gelegentlich wiederholt sich Geschichte eben doch. Helmut Kohl hatte 1983 gerade erst die Bundestagswahl gewonnen, als die CDU die Macht in Hessen an die SPD verlor. 16 Jahre später ging es Gerhard Schröder ähnlich. (Mannheimer Morgen, 02.01.2010, S. 2) ‹E-VALBU›

> KOMMEN ... 23 ... (5) Mitglieder eines Untersuchungsausschusses kamen nicht dahinter, ob es zutrifft, dass elf Millionen Mark Schmiergelder aus Frankreich in Richtung CDU geflossen sind. (Frankfurter Rundschau, 12.11.1999, S. 3)
> 36 ... (2) Anders als die SPD, die aus der Vorhitlerzeit kam, war die Union eine Neugründung wie die Bundesrepublik. (nach Berliner Zeitung, 11.10.1997, S. 3) ‹E-VALBU›

Des Weiteren werden in den BeiA auch Personen des öffentlichen Lebens mitdokumentiert:

> DÜRFEN ... Adenauer leidet seit einigen Tagen an einer leichten Erkältung der oberen Luftwege und darf sein Haus nicht verlassen. (Welt, 20.1.1966, S. 1) ‹ViF›
> 2 ... (3) Nach ihrer Einschätzung habe sich Lafontaine nie mit Gerhard Schröder verstanden, und deshalb hätte er, wie sie weiter argumentierst, eben auch nicht in die Regierung gedurft. (Mannheimer Morgen, 14.10.1999; „Schon zehn Kunden abgeraten") ‹E-VALBU›

> STELLEN ... 8 ... (9) Die europäische Finanzaufsicht werde mit den Brüsseler Beschlüssen auf eine qualitativ neue Stufe gestellt, sagte Merkel. (Hannoversche Allgemeine, 20.06.2009; EU beschließt neue Aufsicht) ‹E-VALBU›

> VERLIEREN ... 3 ... (12) In seinem Buch „Angriff auf die Vernunft" rechnet Al Gore mit der Politik George W. Bushs ab, gegen den er im Jahr 2000 die Wahlen nur knapp verlor. (Mannheimer Morgen, 15.08.2007)
> (13) 1996 verliert Tyson erstmals durch KO gegen Evander Holyfield. (die tageszeitung, 08.06.2002, S. III) ‹E-VALBU›

> HANDELN ... 3 ... (3) Und 1985, in der zweiten Amtszeit von Margaret Thatcher, als die Minenarbeiter streikten, handelten Devisenhändler das Pfund sogar unter 1,20 Dollar. (Frankfurter Allgemeine Zeitung, 1993) ‹E-VALBU›

In diesem Zusammenhang stellen Prinsloo/Gouws (2000: 145f.) die folgende These auf: „It is also not advisable to refer to living persons or current events. Such examples enhance the relevance of the dictionary and are interesting to the user but easily become outdated, consequently the user might judge the whole dictionary as dated." (2000: 146). Diese Tendenz kommt in besonderer Weise in den Fällen zum Vorschein, in denen ein vergangener Zeitpunkt als ein in Zukunft liegender vorgestellt wird:

> PRODUZIEREN ... 1 ... Polen ist dafür bekannt, dass allerlei Waren dort viel billiger als in Westeuropa produziert werden, bei gleich hoher Qualität. Das wird sich ab 2004 jedoch ändern, wenn dieses Land der EU beitritt. ‹ELDIT›

> HALTEN ... 1 ... (12) Die Richter vom Zweiten Senat halten es für fraglich, ob die Bundesrepublik zugunsten Europas auf die D-Mark verzichten darf. (nach Spiegel, 21/1993, S. 24) ‹E-VALBU›

Gove (1985[61]: 64) hält in einer programmatischen Weise Folgendes fest: „A verbal illustration should be current". Vor diesem Hintergrund erscheint eine Zeitlosigkeit der BeiA von Vorteil. Zu enzyklopädischen und historischen Inhalten in den BeiA ist somit Folgendes festzuhalten: Wenn sie als zusätzliche Informationen – jeweils sekundäre Funktionen des lexikographischen Beispiels nach Informationsarten (4.3.2.2) – intendiert sind, dann ist dies bereichernd. Wenn jedoch die in den BeiA mitdokumentierten Realien an Aktualität verlieren, werden sie auffällig und können den Wörterbuchbenutzer auf die Aktualität des Wörterbuchs generell schließen lassen.

### 4.4.3.2 Landeskundliche und kulturelle Informationen

Die Vermittlung landeskundlicher sowie kulturspezifischer Informationen kann in den BeiA erfolgen (vgl. Moon 2016: 138; Lerchner 1996: 140; Szende 1999: 217f.; Adamska-Sałaciak 2006: 157; Minaeva 1992: 78); sie beruht auf der kulturellen Funktion der BeiA (4.3.2.2). So hält Lerchner (1996: 141) fest, dass Beispielsätze „eine beachtliche Fülle von Aufschlüssen über gewisse soziokulturelle, ökonomische und sozialpsychische Rahmenbedingungen [enthalten], die in der deutschsprachigen Kommunikation der Gegenwart situationell eine Rolle spielen". Im Zusammenhang mit solchen Informationen in den BeiA hält Lü (2007: 60) die folgende Tendenz fest:

> Die Ideologie, die kulturellen und landeskundlichen Informationen [...] sind immer zweischneidig, sie können für die Lerner mal trivial und unterfordernd, mal aber überfordernd sein. [...] Eine klare Grenze zwischen den die Lerner überschätzenden und den vermeintlich angemessenen [...] Informationen in den Beispielen sowie im Lernerwörterbuch überhaupt ist in vielen Fällen nur schwerlich zu ziehen [...]

Ein landeskundliches und kulturelles Kolorit in den BeiA sowie eine Kultursensitivität des lexikographischen Beispiels werden generell als positiv erachtet (Zöfgen 1994: 187; Hausmann 1977: 85f.; Hermanns 1988: 181; Hausmann 1977: 85f.; Adamska-Sałaciak 2006: 157). Nach Lerchner (1996: 134) sollen Wörterbücher der pädagogischen Lexikographie für Fremdsprachenlerner in besonderem Maße kultursensitiv angelegt sein. Diesem Standpunkt widerspricht Neubauer (1998: 252) mit dem Argument, dass „auch gutgemeinte landeskundliche Information zur Verwirrung führt, wenn sie den Erfahrungshorizont der Benutzerinnen und Benutzer überschätzt" (ebd.). Aus diesem Grunde warnt Neubauer (1998: 253) davor, die BeiA „mit einem Zuviel an Landeskunde zu überfrachten und damit die den Beispielen zugedachte Rolle zu gefährden" (ebd.) und plädiert abschließend dafür, „die DaF-Lernenden in dieser Position des Wörterbuchartikels nicht so auf der enzyklopädisch-landeskundlichen Ebene zu überfordern" (1998: 254). Zu dieser Argumentation gilt es zwei Tendenzen zu nennen:

(a) Unter landeskundlicher Information thematisiert Neubauer (ebd.) interessanterweise „Begriffe aus der deutschen Vergangenheit zwischen 1933 bis 1945 wie *Gestapo, Judenstern, Konzentrationslager* oder *Kristallnacht*" (ebd.; vgl. auch Köster/Neubauer 2002: 306), für die Neubauer (1998: 252f.) eine eventuelle Überforderung bei den Fremdsprachenlernern sowie auch bei den Lehrenden anspricht: „An dieser Stelle dann innerhalb kürzester Zeit eine landeskundliche Nachhilfestunde in deutscher Geschichte zu geben, wäre eine Überforderung an die Lehrenden. Nun wird leider auch in Europa die Zahl derjenigen, für die *Auschwitz* ein Begriff bleiben wird, eher ab- als zunehmen." (1998: 253). Bei diesen Überlegungen geht es jedoch um *Geschichte*, d. h. bei näherem Hinsehen beziehen sich diese Ausführungen auf die enzyklopädisch-historische Funktion der BeiA (4.3.2.2) und nicht unmittelbar auf kulturelle oder landeskundliche Informationen in den BeiA.

(b) Die Notwendigkeit kultureller und landeskundlicher Informationen in den BeiA lässt sich generell dadurch begründen, dass das Fremdsprachenlernen an sich ein interkultureller Lernprozess ist, der eine Begegnung mit der Kultur des Ziellandes impliziert. Das Fremdsprachenlernen beinhaltet aus diesem Grunde die Notwendigkeit der interkulturellen Kompetenz. In diesem Sinne argumentiert auch Siepmann (2007: 244): „cross-cultural approaches have recently come to the fore in language teaching, there are good grounds for systematically incorporating cultural information into examples". Dieser Standpunkt ist auch in Jehle (1990: 281) vertreten: „Weist das eine oder andere Beispiel ein landeskundliches Detail auf, so ist dies sicherlich begrüßenswert." (ebd.).

Eine für die anvisierte Zielgruppe vorteilhafte Kultursensitivität kann in den folgenden BeiA festgehalten werden, die landeskundliche oder im weiten Sinne kulturelle Informationen bieten:

KOMMEN ... 7 ... (3) Deutschland hat ein ausgeklügeltes Entsorgungssystem. Kartoffelschalen kommen in die Biotonne, Jogurtbecher in den gelben Sack und Weinflaschen in den Altglas-Container. (Frankfurter Rundschau, 28.09.1999, S. 6) ‹E-VALBU›

DÜRFEN ... 1 ... In Deutschland darf man in öffentlichen Gebäuden nicht rauchen. In anderen Ländern sind die Regeln nicht so streng. ‹ELDIT›

MÜSSEN ... 1 ... Ich muss die Steuererklärung morgen fertig haben ‹LGwDaF›

ESSEN ... 2 ... (7) Ab 14 Uhr kannst du an der Universität nur noch in der Cafeteria essen. ‹E-VALBU›

BESTEHEN ... 3 ... (2) Bei der Einbürgerung von Ausländern besteht Bayern auf einer einheitlichen und umfassenden Sprachprüfung. (die tageszeitung, 08.02.2000, S. 4) ‹E-VALBU›

Da lexikographische BeiA textuelle Syntagmen sind, kommt ihnen grundsätzlich Kulturgebundenheit zu (Rothe 2001: 176), indem sie kulturell bedingte Inhalte und Werte bis hin zu ideologischen Implikationen aufweisen können (ebd.). Im letzteren Fall können BeiA als Träger der Ideologien fungieren (Nguyen 1980: 169; vgl. Römer 1973: 71), wobei dies in besonderer Weise den BBeiA zugeschrieben wird: „Beleggaben können vom Lexikographen zur punktuellen Sprachlenkung im Sinne von Ideologien benutzt werden." (WLWF-1: 663, BELEGANGABE). Szende (1999: 219) vermerkt in diesem Zusammenhang Folgendes: "We must not lose sight of the fact that examples form an ensemble of *assertions about the world*. They involve the ideology of a community, but also personal ways to judge the world. When lexicographers select or make up examples, their sense of ethics and aesthetics necessarily comes into play." (vgl. Stein 1999: 53; Adamska-Sałaciak 2006: 186ff.). In gleicher Weise hält auch Cowie (1995: 294) fest: „the learner's dictionary can serve as the mirror both of the conscious (or unconscious) social values and judgements of its compilers, and of the chief social and ideological concerns of the period of compilation". In diesem Zusammenhang spielen auch inkorrekte Inhalte in den BeiA eine Rolle (4.4.3.3).

### 4.4.3.3 Inkorrekte Inhalte in den Beispielangaben

Das Vorhandensein inkorrekter Inhalte beeinflusst ebenfalls die Qualität der BeiA: „The incorrect handling or unnecessary introduction of extralinguistic factors such as race, sex, politics, culture, etc. also render bad examples, e.g. reference to female subjects, companies or the morally unaccepted.", so Prinsloo/Gouws (2000: 145). Im Zusammenhang mit inkorrekten Inhalten in den BeiA verlangen zwei Aspekte eine Reflexion: (1) der Themenbereich des Sexismus und (2) der Parameter der *political correctness*.

Zu (1): In Anlehnung an die Reflexionen von Römer (1973) zu Inhalten des Beispielmaterials in ausgewählten Grammatiken, linguistischen Abhandlungen und

Valenzwörterbüchern weist Pusch (1983) gezielt für die Lexikographie nach, dass „Beispielsätze nicht nur sprachliche Phänomene illustrieren, sondern oft auch bestürzende Aufschlüsse geben über die Mentalität der – mit voller Absicht dieses Maskulinum – Beispielproduzenten" (1983: 135, Fußnote). Ausgehend von den Inhalten der BeiA in *Duden Bedeutungswörterbuch* vom Jahr 1970 spricht Pusch (1983) von einem Trivialroman, der ein „Sittengemälde der heutigen Zeit" (1983: 138) darstellt und dadurch Einblicke in die mitdokumentierten Gegebenheiten in puncto Sexismus erlaubt. Die Ergebnisse solcher Tendenzen fasst Pusch (1983: 142) zusammen, indem „[a]bschließend noch ein Wort zu der unangebrachten Bescheidenheit der Redakteure" formuliert wird:

> Im Vorwort schreiben sie, sie hätten den G r u n d wortschatz des Deutschen in seinen G r u n d bedeutungen darstellen wollen. Viel, viel mehr gelingt ihnen: Sie vermitteln einen tiefen, unvergeßlichen Einblick in die S e e l e des Deutschen, in seinen G r u n d empfindungs- und G r u n d gedankenschatz. Wir dürfen mit ihrer Hilfe bis auf den Grund dieses Abgrunds sehen – und wir erblicken: Mief, Spießigkeit, Männlichkeitswahn, Pennälermentalität, Obrigkeits- und Schubladendenken. Und eine geradezu abgründige Frauenverachtung. Dies vor allem. (ebd.)

Auch in Abhandlungen neueren Datums zum Sexismus im Wörterbuch werden anhand empirischer Analysen Diskrepanzen bei der Darstellung der Geschlechter festgehalten: „Bis in die Lexikografie des 3. Jahrtausends hinein kommt dem Mann deutlich mehr Raum und Relevanz zu als der Frau. Der männliche Blick ist omnipräsent, Androzentrismus beherrscht die Lexikografie auch heute noch, und dies in vorher nicht vermutetem Ausmaß.", so Nübling (2009: 625; vgl. Porsch 2005; Adamska-Sałaciak 2006: 191ff.).

Für die empirische Basis der vorliegenden Untersuchung haben die von Pusch (1983) festgehaltenen Tendenzen und Befunde keine uneingeschränkte Gültigkeit, was wiederum als eine Bestätigung der im Zusammenhang mit stilistisch auffälligen KBeiA aufgestellten Aussage gilt, dass sich das Phänomen der auf Rollen, Szenarien und Formelhaftigkeiten reduzierten KBeiA lexikographiegeschichtlich eingrenzen lässt (4.2.2.1.2). Mit dem Fokus auf den Themenbereich des Sexismus können jedoch folgende BeiA als fragwürdig erachtet werden, da sie zum Teil diskriminierende, wertende oder stereotype Inhalte transportieren:

> STEHEN ... 17 ... (10) Wie stehen Sie zu der Aussage, dass die Frau ihrem Ehemann gehorchen soll und dass dieser sie schlagen darf, wenn sie ihm nicht gehorsam ist? (Mannheimer Morgen, 10.01.2006) ‹E-VALBU›
>
> NEHMEN ... 11 ... (3) Der Film erzählt die alte Geschichte: Eine Frau nimmt ihrer besten Freundin den Mann. ‹E-VALBU›
>
> HABEN ... 27 ... Er hat was mit seiner Sekretärin ‹LGwDaF›
>
> HALTEN ... 5 ... (1) Ich halte nichts von schönen Männern. (Frisch, S. 120) ‹E-VALBU›

SEIN ... 6 ... Früher waren die Männer charmant, galant und sehr zuvorkommend.
Jaja, das war einmal... Jetzt muss man schon froh sein, wenn einem mal einer die Tür aufhält. ⟨ELDIT⟩

Da viele solcher BeiA BBeiA oder CorBeiA sind, werden in der Forschungsliteratur unterschiedliche Standpunkte in Hinsicht auf Vor- und Nachteile einzelner Beispieltypen vertreten. Einerseits ist der Standpunkt existent, dass sich der Lexikograph mit der Zitation bestimmter Aussagen der Verantwortung für deren Inhalt entziehen kann: „Durch die Anfügung eines solchen Beispiels hat der Lexikograph weder für noch gegen eine solche kritische Haltung Stellung genommen. Er hat es zitiert, mehr nicht", so Bergenholtz (1994: 434). Dies wird ferner als ein Argument für die BBeiA erachtet (Bergenholtz 1994: 426). Nach Gorbačevič (1982[78]: 153) jedoch „schließt die Zitierung in dem Wörterbuch einerseits anscheinend den Subjektivismus des Autors bzw. Erstellers aus, aber andererseits droht dieses Vorgehen unauffällig den Subjektivismus des Schriftstellers, nämlich des Autors des jeweiligen Zitats, einzubringen". Andererseits weist Herbst (1996: 328) im Zusammenhang mit der Thematik des Sexismus darauf hin, dass stereotype Inhalte bei den BBeiA bei ihrem Vorhandensein im zugrundeliegenden Wörterbuchcorpus nicht zu vermeiden sind, während dies bei den KBeiA grundsätzlich weniger problematisch erscheint (vgl. dazu Whitcut 1984: 143), was wiederum als ein Vorteil der KBeiA erachtet werden kann. Auffälligkeiten in Bezug auf den Themenbereich des Sexismus sind ggf. auch im Wörterbuchcorpus existent; so formulieren Klosa et al. (2012: 82) den Befund, dass „bestimmte Stereotype in den Korpustexten transportiert werden, die aber nicht unreflektiert in die Wortartikel eingehen sollen".[54]

Die Problematik der Zitierung lässt sich im Diskursbereich der Unterscheidung zwischen *Erwähnung* und *Behauptung* verorten: Vor dem Hintergrund dessen, dass Beispiele – absichtlich wie auch unabsichtlich – Einblicke in die Ansichten der Beispielproduzenten erlauben, äußert sich Gabriel (1998: 251) für eine Unterscheidung zwischen Erwähnung und Gebrauch eines Beispielsatzes in dem Sinne, dass man „nicht unterstellen [darf], daß ein Verfasser, der einen Aussagesatz als Beispiel anführt, dessen Inhalt auch meint oder gar behauptet.". Mit Rekurs auf die Literaturwissenschaft wird Folgendes ausgeführt: „Allerdings geht es nicht an, jeder Erwähnung einen Gebrauch zu unterstellen. Genausowenig wie es erlaubt ist, einem

---

54 „Ein Vergleich der Kookkurrenzpartner der Wörter *Mutter* und *Vater* ergibt, dass die adjektivischen Kollokatoren von *Mutter* wesentlich häufiger auf den Familienstand oder den Gefühlszustand bzw. das Wesen der Frauen referieren (z.B. *alleinerziehend, alleinstehend, berufstätig; besorgt, depressiv, dominant, fürsorglich, herzensgut, überfordert*) als diejenigen von *Vater*. Umgekehrt werden Väter durch verschiedene Adjektivattribute als tendenzielle Täter gekennzeichnet (z.B. durch *despotisch, gewalttätig, prügelnd, tyrannisch*). Mütter werden eher durch ihre Fürsorge charakterisiert, was sich in verbalen Kollokatoren von *Mutter* wie *aufziehen, großziehen, (sich) kümmern* oder *umsorgen* ausdrückt, Väter dagegen dadurch, dass sie *arbeiten, erzählen, erziehen* oder *spielen*." (Klosa et al. 2012: 82)

Autor die Meinung oder das Verhalten einer seiner Figuren zu unterstellen – obwohl Autoren bisweilen einer Figur etwas ‚in den Mund legen', was sie sich selbst nicht trauen, direkt (offen) auszusprechen." (Gabriel 1998: 259). An späterer Stelle räumt Gabriel (ebd.) jedoch ein, dass „es schwierig sein kann, einen bloß erwähnenden von einem verdeckt affirmativen Gebrauch zu unterscheiden". Für die Lexikographie ist in diesem Zusammenhang eine im weitesten Sinne pädagogische Zweckbestimmung der Nachschlagewerke zu beachten. Adamska-Sałaciak (2006: 186) formuliert dies wie folgt: „It is nevertheless a reasonable expectation that dictionaries should not paint a consistently subjective picture of the world. Lexicographers owe it to the general public, who trust in the reliability of the dictionary – any dictionary – and holds reference works as a genre in high esteem.". Im Zusammenhang mit den BeiA spielt ferner die Anforderung der Typikalität eine Rolle, die im Bereich der pädagogischen Lexikographie für alle Beispieltypen gleichermaßen Geltung hat. In einer aufschlussreichen Weise vermerkt Whitcut (1995: 255) Folgendes zur kulturellen Beschaffenheit der lexikographischen BeiA:

> [...] it is in the use of examples that our cultural presuppositions become most obvious. This is true even of citational examples. Although citations are certainly 'objective' as evidence of the existence and use of a word or sense, when they are quoted as examples they must be selected, perhaps from many other citations, as the most characteristic instances of the word in use: they pass, in fact, through the lexicographer's brain, where some process of 'recognition' must occur.

Im Zusammenhang mit Sexismus im Wörterbuch spricht sich Whitcut (1984: 141) für eine bewusste und gezielte Vermeidung der Verbreitung der Stereotype aus: „In the present antisexist climate of opinion it is presumably the responsibility of the lexicographer, especially when writing for the young or even for the foreign learner, not to reinforce [...] sexist stereotypes." (ebd.; vgl. Stein 1999: 53). In gleicher Weise plädiert auch Nübling (2009: 628) dafür, die Geschlechterstereotypie in der Lexikographie zu vermeiden, indem stereotypische Inhalte nicht reproduziert werden.

Zu (2): *Political correctness* im Zusammenhang mit den BeiA umfasst die Forderung, dass lexikographische BeiA keine diskriminierenden Inhalte aufweisen sollen (vgl. dazu Klosa 2005: 103). Szende (1999: 219) formuliert dies wie folgt: „In any case, the lexicographer must avoid examples which are embarrassing or delicate due to their potential political or ideological incidences. Thus, it goes without saying that chauvinistic statements or those which are contemptuous to other cultures simply do not belong in a bilingual dictionary." (vgl. Adamska-Sałaciak 2006: 188), wobei diese Anforderung gleichermaßen auch für die einsprachige Lexikographie Gültigkeit hat. Aus diesem Grunde erscheinen folgende BeiA fragwürdig, da sie in Hinsicht auf ihre Inhalte soziale, politische etc. Gruppen oder einzelne Länder in negativen Zusammenhängen präsentieren:

HABEN ... „Die Gastarbeiter haben eben zuviel Geld", meinte jemand von der Bundesbahn. (FAZ, 24.12.1965, S. 1) ‹ViF›

MACHEN ... 10 ... (1) Egal, ob die Erwerbslosigkeit steigt oder sinkt, Politiker machen immer schöne Worte. (die tageszeitung, 08.05.1989, S. 17) ‹E-VALBU›

PRÜFEN ... 2 ... (2) Über seine bedrückenden Erfahrungen in der Ukraine berichtete Lehrer Stefan Kumpf, der ein Jahr lang in Lemberg Deutsch im Abitur prüfte und über die Vergabe von Stipendien mit entschied. (Rhein-Zeitung, 28.01.2003; Toleranz und Zivilcourage)
5 ... (4) Fakt ist, dass es in der Schweiz anders als in Deutschland oder Österreich bisher nicht verboten ist, «Heil Hitler» zu rufen. Auch faschistische Embleme sind in der Schweiz nicht illegal; Verbote werden erst geprüft. (Die Südostschweiz, 06.09.2006; «Diese Leute legen es auf eine Schlägerei an») ‹E-VALBU›

NEHMEN ... 12 ... (3) Die Bundesregierung nahm Polen die Furcht vor dem „deutschen Revanchismus". ‹E-VALBU›

Handelt es sich bei solchen inkorrekten Inhalten um politische Sachverhalte, die nicht mehr aktuell erscheinen, so wird dies besonders negativ auffällig.

Eine Lösung dieser Problematik ist eine gezielte Vermeidung diskriminierender Inhalte in den BeiA: „any derogatory references to race, nationality, gender, sexual orientation, or disability must [...] be removed", so Adamska-Sałaciak (2006: 188).

Die Komplexität des Themenbereiches der Qualität der BeiA macht ersichtlich, warum die Selektion der BeiA generell als eine anspruchsvolle Aufgabe für den Lexikographen erachtet wird (Drysdale 1987: 213; Atkins/Rundell 2008: 461; vgl. Simpson 2003: 272). Drysdale (1987: 215) formuliert dies wie folgt: „For the lexicographer, however, the provision of effective examples is [...] not as simple as it looks, and the process is [...] full of traps.". In einer ähnlichen Weise wird in Gove (1985[61]: 64) die Auswahl guter BeiA in der einsprachigen Lexikographie mit einem Talent verglichen: "The basic principles of defining technique can be learned by diligent application, but the devising of good verbal illustrations depends upon a talent that cannot be appreciably developed, upon Sprachgefühl at its nicest.". Schließlich bezeichnet Klosa (2005: 103f.) die Auswahl *guter* BeiA als eine Kunst.

# 5 Beispielangaben im zweisprachigen Wörterbuch

Wie auch in der einsprachigen Lexikographie repräsentieren die BeiA im zweisprachigen Wörterbuch den objektsprachlichen Bereich; so vermerkt Szende (1999: 200) Folgendes zu BeiA in der zweisprachigen Lexikographie: „every example given in a dictionary presents a particular, fragmented image of the linguistic reality". Den BeiA in der zweisprachigen Lexikographie kommen zwei Besonderheiten zu: (1) Zum einen sind sie in ein vergleichsweise komplexeres Beziehungsgefüge eingebunden (vgl. Model 2010: 52f.), da die Strukturen des zweisprachigen Wörterbuchs an sich komplexer als die des einsprachigen sind (3.1.2). Dies hat Auswirkungen für die BeiA in Hinsicht auf (a) ihren hierarchischen Status im WbA sowie in Bezug auf (b) die Gestaltung als zweiteilige Bearbeitungseinheit, bestehend aus einer ausgangssprachlichen Adresse und einer zielsprachlichen Angabe (5.2.1.2). Hinzu kommt, dass in der Forschungsliteratur je nach Konzeption der zweisprachigen Wörterbücher auch einteilige BeiA reflektiert werden (5.1). (2) Zum anderen weisen die BeiA Variationen in puncto genuiner Zweck auf, indem zwischen BeiA, die in die zwischensprachliche Äquivalenzherstellung involviert sind, und demonstrativen BeiA zu unterscheiden ist (5.3).

Aufgrund dieser Besonderheiten wird insgesamt Folgendes festgehalten: „Verbal exemplification in bilingual dictionaries is a far from simple matter. When one examines the metalexicographic literature on the topic, it turns out that there is hardly an aspect thereof which has not generated discussion.", so Adamska-Sałaciak (2006a: 493). Vor diesem Hintergrund erscheint (a) eine Abgrenzung gegen andere Angabephänomene sowie (b) eine Systematisierung und Typologisierung in Bezug auf Erscheinungsformen (5.2) sowie Zweck und Funktionalität der BeiA (5.3) notwendig.

## 5.1 Abgrenzung gegen naheliegende Angabephänomene

Im Einklang mit dem Theoriedefizit für die zweisprachige Lexikographie (1.2) steht die Tatsache, dass im Zusammenhang mit dem lexikographischen Beispiel grundlegende Bestimmungen fehlen, welche Angabephänomene BeiA darstellen: „a lot of controversy surrounds the fundamental question, namely, which elements of a dictionary entry constitute genuine examples" (Adamska-Sałaciak 2006: 157; vgl. Adamska-Sałaciak 2006a: 493; Piotrowski 2000: 14; Jacobsen et al. 1991: 2783). Als Folge dessen werden die in einzelnen Überlegungen zu BeiA präsentierten Ansätze typischerweise ausschließlich auf die Wörterbücher, die analysiert werden, ausgerichtet (etwa Piotrowski 2000: 14; Model 2010: 52), und zwar ohne eine übergreifende Reflexion. So spricht Model (2010: 51) expressis verbis über „viele beispielverdächtige Einheiten" im Sinne von „Einheiten [...], die in den untersuchten Wörterbüchern als Beispiele verstanden werden können" (2010: 52). Zu der durch diesen Ansatz erarbeiteten Auffassung der BeiA räumt Model (ebd.) Folgendes ein: „Es handelt sich dabei also um eine Definition, die auf die untersuchten Wörterbücher zugeschnitten ist und einen Beispielbegriff schafft, der für die hier vorgenommene Wörterbuchanalyse von größtmöglichem Nutzen sein soll.". Piotrowski (2000: 14f.) vermerkt zudem, dass zweisprachige Wörterbücher selbst charakteristischerweise keine ausführlichen Informationen zu BeiA bieten und diesen Angabetyp nicht angemessen identifizieren (vgl. zu diesem Befund auch Jacobsen et al. 1991: 2783; Szende 1999: 225; Adamska-Sałaciak 2006: 158).

Bei den aufgestellten Ansätzen ist zwischen weiten und engen Beispielauffassungen zu unterscheiden. Eine sehr weite Beispielauffassung präsentiert Piotrowski (2000), indem BeiA als „longer chunks of text in one language translated into another language within an entry in a bilingual dictionary" (2000: 14) angesehen werden. Dieser Ansatz umfasst somit *alle* zweiteiligen infralemmatischen Mehrworteinheiten, wobei Piotrowski (2000: 15) festhält, dass solche Mehrworteinheiten unterschiedlichen Status haben wie Phraseme, KollA, freie Syntagmen, und bezeichnet die so aufgefassten BeiA als ein Sammelsurium der zweisprachigen Lexikographie: „One can indeed call the category of examples a ragbag in a typical bilingual dictionary [...], because the lexicographer can put there anything that escapes precise classification." (2000: 15). Ferner umreißt Piotrowski (2000: 15f.) einen *nichteindeutigen* Status der BeiA in der zweisprachigen Lexikographie wie folgt: „on the one hand in a bilingual dictionary examples are treated like an additional element, not one that constitutes the bilingual dictionary as such, and [...] inclusion or exclusion of examples is not seen as essential to the bilingual dictionary." (2000: 15), wobei an späterer Stelle eine folgende Gegenüberstellung erfolgt: "On the other hand, however, examples are often shown as if they had the same importance as the headword, by the use of the font." (2000: 16).

Eine sehr weite Beispielauffassung ist auch in Szende (1999: 224) vertreten:

> Examples are disambiguated segments of discourse, borrowed or elaborated by the lexicographer. They are reduced to the elements which are strictly necessary for and pertinent to the comprehension of the description; they refer to a given situation of communication, and provide information about the semantic, morphological, syntactic, stylistic and cultural traits of the headword in the source language and of its equivalents in the target language.

Aus diesen Ausführungen geht hervor, dass als BeiA zweiteilige infralemmatische Bearbeitungseinheiten betrachtet werden; ferner werden in Szende (1999) die BeiA mit dem Zweck der Äquivalenzherstellung thematisiert (5.3.1). Zudem erfolgen punktuelle Vermerke zur Irrelevanz des Status einzelner Mehrworteinheiten an sich: „In reality, there should be no difference in the way non-idiomatic examples, idioms and words are treated, because the analysis of the meanings must be done on the basis of semantic units, and not grammatical units." (Szende 1999: 209). Schließlich spricht sich Szende (1999: 225) dafür aus, dass diejenigen BeiA, die keine Übersetzung benötigen, keine Daseinsberechtigung im zweisprachigen Wörterbuch haben: „As a general rule, an example should not be provided when its translation can easily be figured out from its components.". Dies kann als ein Argument für die BeiA mit dem Zweck der Äquivalenzherstellung gedeutet werden.

In Model (2010: 52) wird eine Beispielauffassung präsentiert, die kritischer, weil differenzierter erscheint:

> Als Beispiel gilt in dieser Untersuchung eine flektierte oder neutralisierte, pluriverbale Einheit, die ein im Artikel vorausgehendes sprachliches Zeichen enthält, Phraseologismen umfassen kann, allerdings auch immer mindestens ein nicht-phraseologisches Element beinhaltet und mit einer Übersetzung versehen ist. [...] Beispiele in diesem Sinne nehmen in den meisten Fällen die Form des Infralemmas an. Infralemmata, die keine Beispiele darstellen, heben sich also durch ihre Zugehörigkeit zur *langue* von den Infralemmata als Beispielen ab. (ebd.)

Die im Rahmen dieser Beispielauffassung aufgestellten Kriterien deuten darauf hin, dass nicht alle infralemmatischen Bearbeitungseinheiten als BeiA gelten, so dass diese Kriterien bei der Abgrenzung der BeiA gegen andere infralemmatische Elemente herangezogen werden können (5.1.1).

Diesen theoretischen Bestimmungen können enge Beispielauffassungen gegenübergestellt werden, die BeiA kennzeichnenderweise als *einteilige* Elemente im WbA identifizieren. So vertreten Jacobsen et al. (1991) einen eng gefassten Begriff des lexikographischen Beispiels in der zweisprachigen Lexikographie: „We [...] define *example* as a supplement to a translation equivalent, providing implicit information about the equivalent or headword." (1991: 2784; vgl. Manley et al. 1988: 294). Aus den weiteren Ausführungen von Jacobsen et al. (1991) geht hervor, dass die Autoren auch syntagmatische Glossen auf der Seite der ÄA zum lexikographischen Beispiel zählen (1991: 2784 passim; vgl. Manley 1988: 291). Den zweisprachigen Bearbeitungseinheiten in den WbA, die der Präsentation der Syntagmenäquivalenz dienen, wird der Status des Beispiels abgesprochen mit dem Argument, dass solche Elemente nichts exemplifizieren (Jacobsen et al. 1991: 2783; vgl. Manley et al. 1988: 293); ihr Zweck wird in der Äquivalenzherstellung gesehen (5.3.1). Zum ausgangssprachlichen Bestandteil infralemmatischer Bearbeitungseinheiten wird ausgeführt, dass er „is not present in the entry to exemplify the use of the [lemma], as it might be in a monolingual dictionary, but to show how the phrase [...] is translated" (1991: 2784; vgl. dazu Manley et al. 1988: 289f.). Zweiteilige infralemmatische Elemente werden in Jacobsen et al. (1991) als *sub-entries* oder *sub-lemmas* bezeichnet (vgl. auch Manley et al. 1988).

Nach Jacobsen et al. (1991: 2785; 2786) sollen BeiA in WbA aktiver zweisprachiger Wörterbücher *nur* auf der zielsprachlichen Seite, d. h. nur an die ÄA adressiert, auftreten (vgl. Manley et al. 1988: 294f.). In diesem Sinne bezeichnen Jacobsen et al. (1991: 2784) solche demonstrativen BeiA als „a *supplementary example*" in Bezug auf die ÄA. Von Relevanz erscheint dabei, dass eine Übersetzung der BeiA als unnötig empfunden wird: "Their function should [...] be to demonstrate, using the simplest possible forms of the target language, the syntactic and contextual behavior of the equivalent. Nothing in the examples apart from the equivalent itself should be idiosyncratic." (Jacobsen et al. 1991: 2786; vgl. Manley et al. 1988: 295). Vor diesem

Hintergrund wird in Jacobsen et al. (1991: 2787) ein relevantes Unterscheidungsmerkmal zwischen demonstrativen BeiA und *sub-lemmas* formuliert: „sub-lemmas should be items of *langue*, and examples should be items of *parole*" (vgl. Manley et al. 1988: 295). Ferner sollen auf der Grundlage der BeiA weitere Generalisierungen im Sinne der Bildung weiterer Syntagmen möglich sein: „The greater the extent to which one can generalize, then, the more justification there is for an example rather than a subentry." (Jacobsen et al. 1991: 2787). Dies ist wiederum ein Argument dafür, dass BeiA im Sinne von Jacobsen et al. (1991) keine Übersetzung benötigen: „if an example has to be translated, it is probably because the information in it should not be given in a formal example at all, but in a sub-entry or a gloss. In particular, it is probably because it is not a free syntagm." (1991: 2787).

Zum Ansatz von Jacobsen et al. (1991) hält Model (2010: 51f.) fest, dass er für die meisten zweisprachigen Wörterbücher wenig geeignet erscheint, da man „feststellen [müsste], dass in dem [...] abgebildeten Spektrum der spanisch-deutschen und deutsch-spanischen Äquivalenzlexikographie so gut wie keine Beispiele zu finden sind" (2010: 52).

Eine enge Beispielauffassung ist auch in Adamska-Sałaciak (2006) vertreten, indem BeiA als einteilige Elemente in aktiven und passiven zweisprachigen Wörterbüchern identifiziert werden:

> By examples in a (directional) bilingual dictionary I understand typical, free combinations which contain the lemma (in the L2-L1 part) or the equivalent (in the L1-L2 part). The language of examples is thus always the user's L2: the source language of the dictionary in the L2-L1 section, and the target language in the L1-L2 section. Examples can be either complete sentences or sentence fragments. They do not need to be translated. (2006: 158; vgl. Adamska-Sałaciak 2006a: 494)

Interessanterweise wird ferner vermerkt, dass "[t]his understanding [...] is by no means universal." (ebd.). Im Rahmen dieser Beispielauffassung kommt Adamska-Sałaciak (2006: 155) zur folgenden Feststellung in Bezug auf die BeiA in der ein- und zweisprachigen Lexikographie: „exemplification serves essentially the same functions in both types of dictionaries, the main difference being that in monolingual ones it is the lemma which is exemplified, while in bilingual ones it is either the lemma (in the L2-L1 section) or the equivalent (in the L1-L2 section)".

Eine korrespondierende enge Beispielauffassung wird in Marello (1987: 225f.) präsentiert; die BeiA werden identifiziert als

> any phrase or sentence that *via mention* illustrates the sense and collocation of the translation(s) of an entry in the L1-L2 section and the use and collocation of the entry in the L2-L1 section. I stress *via mention*, because bilingual dictionaries are full of metalinguistic phrases and sentences which illustrate uses and collocations as part of grammatical and/or encyclopaedic explanations. (ebd.)

Für die Auffassung der BeiA als einteilige Elemente sprechen sich auch Hausmann/ Werner (1991) im Zuge der Kritik an der Betrachtung infralemmatischer Bearbeitungseinheiten als BeiA aus (5.3.1). Die BeiA haben nach Hausmann/Werner (1991) eine rein *illustrative* Funktion. Als BeiA sehen Hausmann/Werner (1991) einteilige elementare Angaben im lateinisch-englischen Wörterbuch auf der Seite des Lateinischen (1991: 2735f.) an, räumen dabei jedoch Folgendes ein: „Beispielangaben im hier gemeinten Sinne treten in Wörterbüchern für aus zwei modernen Sprachen bestehende Sprachenpaare selten auf." (1991: 2736). Baunebjerg Hansen (1990: 77) unterscheidet drei Typen der BeiA in der zweisprachigen Lexikographie: (a) Satzbeispiele, (b) Konstruktionsbeispiele im Sinne gekürzter Beispiele und (c) Kontextwörter im Sinne von syntagmatischen Glossen.

Somit lässt eine Gegenüberstellung unterschiedlicher Beispielauffassungen einen strittigen Status anderer infralemmatischer Elemente und des Angabephänomens der Glossen erkennen. Im Folgenden werden sie auf ihre Zugehörigkeit zum lexikographischen Beispiel hin behandelt.

### 5.1.1 Weitere infralemmatische Bearbeitungseinheiten

Geht man davon aus, dass BeiA traditionellerweise den zweiten Teil des SK bilden (3.2), so besteht die Besonderheit zweisprachiger Lernerwörterbücher darin, dass BeiA als infralemmatische Elemente präsentiert werden. Eine grundlegende Schwierigkeit bei der Behandlung infralemmatischer Bearbeitungseinheiten liegt jedoch darin, dass sie von ihrem Status her sehr heterogen erscheinen (Piotrowski 2000: 15; Marello 1987: 230; Winter 1993: 46; Hausmann/Werner 1991: 2731; Model 2010: 58; Klotz 2001: 71). Darunter kommen Strukturformeln, Phraseme, Redewendungen, Syntagmen unterschiedlichen Umfangs, Fälle der rangstufenverschiedenen Äquivalenz etc. vor. Hinzu kommt, dass ggf. auch Syntagmen Phraseme und Redewendungen in einer integrierten Form enthalten können (vgl. Model 2010: 58). Wegen der Heterogenität entsteht bei infralemmatischen Elementen häufig das Problem ihrer Anordnung (Model 2010: 58ff.). Die Voraussetzung für die immanente Heterogenität solcher Bearbeitungseinheiten bildet ihr infralemmatischer Status: Als infralemmatische Elemente gehören sie in die Mikrostruktur (Model 2010: 47; Hausmann/Werner 1991: 2729f.) und sind unterhalb der Adressierungsebene des Lemmas und Sublemmas angesetzt (Hausmann/Werner 1991: 2731); ihnen kommt somit eine neue Hierarchieebene im WbA zu. Aus diesem Grunde spielen bei ihnen die Kriterien der Zugriffsstrukturen (wie etwa bei den Sublemmata) keine Rolle, so dass sie untereinander nicht weiter strukturiert angeführt werden.

Die Besonderheit des infralemmatischen Status solcher Bearbeitungseinheiten wird in der Forschungsliteratur nicht einheitlich anerkannt. In Bezug auf die Terminologie und theoretische Ansätze lassen sich folgende Tendenzen festhalten: (a) in Werner (1999: 1858f.) werden zweiteilige infralemmatische Mehrworteinheiten ohne

Weiteres als *Lemmata* identifiziert. (b) Petkov (2007: 98f.) bezeichnet infralemmatische Bearbeitungseinheiten als „Mehrwortbezeichnungen mit makrostrukturellem Status" sowie ferner als „unmittelbare Elemente der Makrostruktur" (2007: 98), so dass sie expressis verbis als Sublemmata eingestuft werden (2007: 99), und zwar sowohl die Fälle der rangstufenverschiedenen Äquivalenz als auch Mehrworteinheiten. In einer korrespondierenden Weise sprechen auch Manley et al. (1988: 291) und Jacobsen et al. (1991) den Syntagmen-Äquivalenten einen Status als *sub-entry* und *sublemma* zu. (c) In Hausmann/Wiegand (1989: 349f.) ist in Bezug auf infralemmatische Elemente von *Subadressen* die Rede.

Eine Identifizierung infralemmatischer Bearbeitungseinheiten als Sublemmata ist jedoch insofern nicht vertretbar, als das *Sublemma* als Oberbegriff für Nest- und Nischenlemmata gilt (Wiegand 2000b[1983]: 510; Hausmann/Wiegand 1989: 349) oder im Postkommentar zur Phraseologie auftritt und generell durch den Zeichencharakter (4.1.1) gekennzeichnet ist. Diese Merkmale treffen auf Infralemmata nicht zu.

Die Besonderheit des infralemmatischen Status spricht ferner gegen die in Svensén (2009: 281f.) vertretene pauschale Identifizierung von *defined examples* in der einsprachigen Lexikographie und *translated examples* in der zweisprachigen Lexikographie als Typen der kommentierten Beispiele (*commented examples*) (4.1.1). In einer ähnlichen Weise spricht Adamska-Sałaciak (2006: 158) im Fall infralemmatischer Bearbeitungseinheiten von *sub-entries* und vergleicht sie mit sublemmatischen Elementen in der einsprachigen Lexikographie (ebd., Fußnote 6), allerdings mit der folgenden notwendigen Modifikation: „as long as the notion of describing a lexical item includes providing a TL equivalent for it" (ebd.). Eine solche Gleichsetzung erscheint jedoch angesichts der konstitutiven Besonderheit des infralemmatischen Status sowie insbesondere wegen der Heterogenität der infralemmatischen Elemente nicht unproblematisch.

Diejenigen infralemmatischen Elemente, die eine Reflexion in Bezug auf die Zugehörigkeit zum lexikographischen Beispiel aufweisen, sind (a) Strukturformeln (5.1.1.1), (b) Phraseme und Redewendungen (5.1.1.2), (c) Fälle der rangstufenverschiedenen Äquivalenz (5.1.1.3).

### 5.1.1.1 Strukturformeln

Wie in der einsprachigen Lexikographie (4.1.2) stellen Strukturformeln im zweisprachigen Wörterbuch eine Kodifikationsform der Valenzinformationen dar. Eine Besonderheit des Einsatzes der Strukturformeln in der zweisprachigen Lexikographie besteht darin, dass sie in die Äquivalenzherstellung involviert werden; die Strukturformeln sind äquivalenzfähig, weil sie Kotext liefern:

BECOME ... II. *vt* 1 (*change into*) **to become sth** etw werden
2 (*dated: look good*) **sth becomes sb** etw steht jdm
3 (*befit*) **to become sb** sich *akk* für jdn schicken ‹PONS E-D›

> FEEL I. *vt* ... 1 (*experience*) **to feel sth** etw fühlen
> 2 (*think, believe*) **to feel sth** etw meinen [*o* glauben]
> 3 (*touch*) **to feel sth** etw fühlen
> II. *vi* ... 3 (*use hands to search*) tasten
> **to feel along sth** etw abtasten
> **to feel for sth** nach etw *dat* tasten
> 4 (*inf*: *want*) **to feel like sth** zu etw *dat* Lust haben
> **to feel like doing sth** Lust haben, etw zu tun ‹PONS E-D›

Wie auch in der einsprachigen Lexikographie gehören Strukturformeln nicht zum lexikographischen Beispiel (4.1.2). Für Model (2010: 54) besteht das entscheidende Unterscheidungsmerkmal darin, dass Strukturformeln nicht frei konstruiert sind; vielmehr gilt für sie Folgendes: „Sie geben die Valenz der Verben wieder und verwenden für die Besetzung der Ergänzungen Pro-Formen anstelle frei gewählter lexikalischer Einheiten." (ebd.).

Die in Strukturformeln hergestellten Äquivalenzrelationen können durch BeiA demonstriert werden (5.3.2.1).

### 5.1.1.2 Phraseme und Redewendungen

Für Phraseme und Redewendungen sind Charakteristika der Polylexikalität und der Festigkeit kennzeichnend (vgl. 4.1.1), so dass sich ihre Bedeutung nicht aus den Einzelbedeutungen der Bestandteile ergibt. Aus diesem Grunde treten sie bei der Äquivalenzherstellung als Einheiten auf:

> LEAD ... II. *vt* ... PHRASES: **to lead sb a merry dance** (*inf*) sein Spiel mit jdm treiben
> **to lead sb up** [*or* **down**] **the garden path** (*inf*) jdn an der Nase herumführen [*o.* hinters Licht führen]
> **to lead sb by the nose** (*inf*) jdn unter seiner Fuchtel haben *fam*
> III. *vi* ... PHRASES: **to lead with one's chin** (*ins*) das Schicksal herausfordern
> **all roads lead to Rome** (*saying*) alle Wege führen nach Rom *prov* ‹PONS E-D›

> EAT ... I. *vt* ... 2 ... PHRASES: **I'll eat my hat if ...** ich fresse einen Besen, wenn ... *sl*
> **eat your heart out** (*hum inf*) platze ruhig vor Neid *fam*
> **to eat one's heart out** (*inf*) sich *akk* [vor Kummer] verzehren *geh*
> **to eat like a horse** wie ein Scheunendrescher essen *sl*
> **to eat sb out of house and home** jdm die Haare vom Kopf fressen *hum fam*
> II. *vi* ... PHRASES: **she has them eating out of her hand** sie fressen ihr aus der Hand *fam*
> **you are what you eat** (*prov*) der Mensch ist, was er isst *prov* ‹PONS E-D›

Das Charakteristikum der Festigkeit und dadurch bedingt auch das des Auftretens als eine Einheit bei der Äquivalenzherstellung dienen als entscheidende Abgrenzungskriterien in Bezug auf die BeiA: „It is particularly obvious in the case of *idioms* that they 'exemplify' nothing about the headword.", so Manley et al. (1988: 290; vgl. Gouws 1996: 59). Manley et al. (1988: 293) formulieren ferner den Befund, dass Idiome weder in der einsprachigen noch in der zweisprachigen Lexikographie als BeiA zu betrachten sind. Adamska-Sałaciak (2006: 164) führt Folgendes zu Phrasemen und Redewendungen in der zweisprachigen Lexikographie aus: „fixed expressions are themselves very much like lemmas, requiring translation equivalents (sometimes multiple ones) and frequently benefiting from exemplification".

Die Besonderheit der Phraseme und Redewendungen in der zweisprachigen Lexikographie besteht darin, dass sie nicht wie in der einsprachigen Lexikographie einen sublemmatischen Status aufweisen (4.1.1), sondern als Infralemmata auftreten: „Phraseologismen haben also keinen lemmatischen, sondern einen infralemmatischen Status, das heißt sie sind Bestandteil der Mikro-, nicht aber der Makrostruktur.", so Steinbügl (2005: 24). Dies lässt teilweise die charakteristischen Merkmale dieser Elemente in den Hintergrund treten: Bei der Äquivalenzherstellung zählt nicht primär der Status der Phrasemangaben innerhalb einer Sprache, sondern vielmehr die Angemessenheit der ÄA in Hinsicht auf die Zielsprache als Einzelsprache; Manley et al. (1988: 293) formulieren dies wie folgt: „the ‚idiomaticity' of the target-language equivalent is a more important criterion for the inclusion of a sub-lemma than the status of the source-language item itself".

Aus der Präsentationsweise als infralemmatische Elemente entsteht der besonders problematische Aspekt, dass Phraseme und Redewendungen oft nicht hinreichend von den BeiA differenziert werden, sondern ggf. auch im Medium des Beispiels vermittelt werden: „Bilingual dictionaries sometimes display a so-called primitive microstructure where fixed expressions are included in the same article slot as cotext entries but without marking them as such or giving any assistance to distinguish between these types of entries" (Gouws 2010: 55). Der schwerwiegende Nachteil einer solchen undifferenzierten Praxis ist wie folgt: "There is no way in which the user can access a required fixed expression in such an article in a systematic way." (ebd.). Dies hält auch Bielińska (2014a: 187) fest: „Als Erstes ist festzuhalten, dass die Beispielangaben die Phrasemangaben nicht ersetzen sollten. Die Integration beider Angaben ist – selbst unter Anwendung von typographischen und anderen Mitteln – ein gefährliches Unterfangen.". Phraseologismen und BeiA müssen voneinander unterschieden werden: „Wenn die Beispielangaben einmal die Phrasemangaben begleiten und ein andermal ersetzen und überdies von den Phrasemangaben nicht immer zu unterscheiden sind, ist der Benutzer nicht imstande, den Phraseologismus richtig zu identifizieren, was sich auf den Gebrauch des Phraseologismus negativ auswirkt." (ebd.). Dies ist in LC E-D der Fall, indem kein abgesonderter Angabebereich für Phraseologismen und Redewendungen vorgesehen ist; sie werden innerhalb des SK angeführt:

TAKE ... V/T ... e ... **to take things as they come** die Dinge nehmen, wie sie kommen ‹LC E-D›

BUY ... V/T a ... **all that money can buy** alles, was man mit Geld kaufen kann ‹LC E-D›

SELL ... V/T a ... **to sell one's body** seinen Körper verkaufen
**to sell one's soul to sb/sth** j-m/einer Sache seine Seele verschreiben
f ... **to sell sb down the river** (*infml*) j-n ganz schön verschaukeln (*infml*) ‹LC E-D›

Bezeichnenderweise werden dieselben Redewendungen und Phraseme in PONS E-D im positional abgesonderten Angabebereich *Phrases* angeführt:

> SELL ... I. *vt* ... PHRASES: **to sell one's body** [*or* **oneself**] seinen Körper verkaufen [...]
> **to sell sb down the river** jdn im Regen stehen lassen *fam*
> **to sell one's soul** [**to the devil**] [dem Teufel] seine Seele verkaufen ‹PONS E-D›

In Wiegand (1996: 69f.) werden Phraseme und Redewendungen als *idiomatische Kotexte* charakterisiert; es wird ferner darauf hingewiesen, dass sie aufgrund ihres Status von den BeiA im WbA zweisprachiger Wörterbücher mit gemischt-semiintegrierter Mikrostruktur abzutrennen sind. Die BeiA gehören in den integriert gearbeiteten SK bzw. SSK, während idiomatische Kotexte im nichtintegrierten Teil unterzubringen sind: „Im nichtintegrierten Teil finden sich dagegen alle Kotexte, die in irgendeiner Hinsicht idiomatisch geprägt sind und/oder deren Übersetzung nicht vorhersagbar ist." (Wiegand 1996: 70). Dies ist in PONS E-D der Fall.

Kodifizierte Phraseme und Redewendungen können in BeiA wiederaufgenommen werden (5.3.2.1), was mit dem in Model (2010: 52) vertretenen Standpunkt konvergiert, dass BeiA in der zweisprachigen Lexikographie Phraseologismen enthalten können, jedoch grundsätzlich immer breiter angelegt sind und mindestens ein freies, nichtphraseologisches Element aufweisen.

### 5.1.1.3 Fälle der rangstufenverschiedenen Äquivalenz

Rangstufenverschiedene Äquivalenz liegt vor, wenn im ausgangs- oder zielsprachlichen Bereich einer der Aktanten innerhalb der Äquivalenzrelation ein Wort darstellt, während der andere ein Syntagma ist (3.1.2.2.2). Der Wort-Aktant kann ggf. zusätzlich durch Elemente der Strukturformeln erweitert sein:

> LOSE ... V/T ... f ... **get lost!** (*infml*) verschwinde! (*infml*) ...
> **to give sth up for lost** etw abschreiben ‹LC E-D›

> MAKE ... II. *vt* 1 ... **to make a copy of sth** etw kopieren
> 5 ... **to make sth public** etw veröffentlichen
> 7 ... **to make a call** anrufen
> **to make a case for sth** etw vertreten ...
> **to make reservations** reservieren ...
> **to make a start** anfangen ‹PONS E-D›

> COME ... *vi* 1 ... **coming!** Ich komme!
> 7 ... **to come from behind** aufholen
> 9 ... **how come?** wieso?
> 10 ... **to come loose** sich [ab]lösen
> **to come open** sich *akk* öffnen; *door* aufgehen ‹PONS E-D›

Die Fälle der rangstufenverschiedenen Äquivalenz können aus dem Grunde nicht zum lexikographischen Beispiel gerechnet werden, dass beim Wort-Aktant die Voraussetzung des Vorliegens eines Syntagmas, konstitutiv für die BeiA (3.3), nicht erfüllt ist. So wird bei Model (2010: 52) das Kriterium *pluriverbal* fürs Vorliegen einer BeiA aufgestellt, auf dessen Grundlage die Fälle der rangstufenverschiedenen Äquivalenz ausgegrenzt werden. Vrbinc/Vrbinc (2016: 305) charakterisieren das Phänomen der rangstufenverschiedenen Äquivalenz wie folgt: „Illustrative examples are translated [...] by a one-word equivalent", was die Annahme des Vorliegens einer BeiA nur auf einer der Seiten der lexikographischen Gleichung bedeutet. Diese Annahme läuft jedoch der Auffassung der BeiA als zweiteilige Elemente im zweisprachigen Wörterbuch (5.2.1.2) zuwider.

Da der Typ der rangstufenverschiedenen Äquivalenz als eine Erscheinungsform der zwischensprachlichen Anisomorphie in Hinsicht auf Charakter und Größe der Aktanten einer lexikographischen Äquivalenzrelation zu betrachten ist (3.1.2.2.2), ist ferner einzusehen, dass es sich dabei nicht um eine kontextuelle Einbettung in objektsprachliche Syntagmen handelt. Der genuine Zweck von Syntagmen, die auf nur einer Seite der lexikographischen Gleichung auftreten, ist Postulierung der zwischensprachlichen Äquivalenz trotz Anisomorphie. Aus diesen zwei entscheidenden Gründen werden Fälle der rangstufenverschiedenen Äquivalenz nicht zu BeiA gerechnet.

Somit ist festzuhalten, dass unter infralemmatischen Bearbeitungseinheiten weder Strukturformeln (5.1.1.1) noch Phraseme und Redewendungen (5.1.1.2) noch Fälle des Vorliegens der rangstufenverschiedenen Äquivalenz (5.1.1.3) zum lexikographischen Beispiel gehören.

### 5.1.2 Lexikographische Glossen

In der zweisprachigen Lexikographie treten Glossen als ein Medium der Kodifikation der ÄUntA auf und dienen somit dem Zweck der Äquivalenunterscheidung. Glossen stellen kurze erklärende Hinweise dar (Kromann et al. 1984: 193); Gouws/Prinsloo (2005: 127) charakterisieren eine Glosse als „a single word indicating something about the usage of the word". In Bezug auf ihren genuinen Zweck spricht Winter (1993: 46) von *disambiguating glosses*; auch in Engelberg/Lemnitzer (2009: 211) werden Glossen als *Disambiguator* charakterisiert. Im Einklang damit, dass ÄUntA durch unterschiedliche Angabetypen realisiert werden können (3.1.2.2.3), stellen Glossen eine äußerst heterogene Kategorie dar (Adamska-Sałaciak 2006: 86; Winter 1993: 46; Engelberg/Lemnitzer 2009: 211) und werden durch Synonyme, Antonyme, Hyperonyme, kurze paraphrasierende Angaben, Kotextpartner, stilistische, diasystematische Markierungen etc. realisiert. Eine Erklärung für die Heterogenität der Glossen stellt vermutlich ihre historische Entwicklung als erklärende Hinweise zu bestimmten als schwierig oder problematisch empfundenen Textstellen dar: „Eine *Glosse* [...] ist eine ‚erklärende Bemerkung zwischen den Zeilen oder am Rande' und geht auf lat.

*glôssa* zurück, was mhd. als *glôse* erscheint.", so Henne (1977: 13). In der lexikographischen Praxis ist meistens keine Standardisierung beim Einsatz einzelner Typen von Glossen feststellbar (Hausmann/Werner 1991: 2734; Model 2010: 50f.; 106).

In der empirischen Basis der vorliegenden Untersuchung wird insbesondere in LC E-D im großen Maße mit Glossen gearbeitet:

> PRODUCE ... V/T ... a (= *yield*) produzieren; IND produzieren, herstellen; *electricity, energy, heat* erzeugen; *crop* abwerfen; *coal* fördern, produzieren; (= *create*) *book, article, essay* schreiben; *painting, sculpture* anfertigen; *ideas, novel etc, masterpiece* hervorbringen; *interest, return on capital* bringen, abwerfen; *meal* machen, herstellen [...]
> b (= *bring forward, show*) *gift, wallet etc* hervorholen (from, out of aus); *pistol* ziehen (from, out of aus); *proof, evidence* liefern, beibringen; *results* liefern; *effect* erzielen; *witness* beibringen; *ticket, documents* vorzeigen [...]
> c *play* inszenieren; *film* produzieren [...]
> d (= *cause*) *famine, bitterness, impression, interest etc* hervorrufen; *spark* erzeugen
> V/I ... a THEAT das/ein Stück inszenieren; FILM den/einen Film produzieren
> b (*factory, mine*) produzieren; (*land*) Ertrag bringen; (*tree*) tragen ‹LC E-D›

> MANAGE ... V/T a *company, organization, economy* leiten; *property* verwalten; *affairs* in Ordnung halten, regeln; *time, money, resources* einteilen; *football team, pop group* managen [...]
> b (= *handle, control*) *person, child, animal* zurechtkommen mit, fertig werden mit; *car, ship* zurechtkommen mit, handhaben [...]
> c *task* bewältigen, zurechtkommen mit; *another portion* bewältigen, schaffen [...] ‹LC E-D›

Ebenfalls heterogen ist die Reflexion der Glossen in der Forschungsliteratur. Zgusta (1971: 329ff.) unterscheidet bei Mitteln der Äquivalentdifferenzierung zwischen *glosses* und *labels*. In einer ähnlichen Weise differenzieren Manley et al. (1988: 290) zwischen *glosses* und *labels*, subsumieren sie jedoch unter *discriminator*. Hausmann (1977: 59) unterscheidet zwischen *Glossen* und *Markierungen*. Adamska-Sałaciak (2006) bezeichnet Glossen als *guide phrases* (2006: 82ff.); ihr Zweck wird wie folgt bestimmt: „The name [guide phrases, K.L.] itself suggests that we are dealing with a functional category: it is the function (of guiding the user to the right equivalent) which is the category's defining feature, and not the form or content." (2006: 85). Die Bezeichnung *Glosse* wird interessanterweise für ein engeres Angabephänomen vorgesehen: „A gloss is understood here as additional information about the equivalent, placed immediately after it, formulated in the target language, and enclosed in parentheses." (2006: 128). Des Weiteren erfolgt ein Vermerk, dass solche zielsprachlichen Glossen ebenfalls disambiguierend fungieren. Ferner wird ausgeführt, die Glosse sei die einfachste lexikographische Methode der Äquivalentdifferenzierung (2006: 129). In einer korrespondierenden Weise betrachtet Iannucci (1957: 275) Glossen als die effektivsten Mittel der Äquivalentdifferenzierung, da sie explizit und ausschließlich mit diesem Zweck eingesetzt werden (ebd.). Die Vorteile der Glossen in der Funktion der Äquivalentdifferenzierung sind demnach (a) die Aspekte der Effektivität und der Ökonomie sowie (b) die grundsätzliche Flexibilität in dem Sinne, dass sie durch mehrere Angabetypen realisiert werden können.

Im Zusammenhang mit den BeiA erscheinen Glossen aus zwei Gründen relevant: Zum einen werden sie je nach Beispielauffassungen zum lexikographischen Beispiel gerechnet (Jacobsen et al. 1991; Baunebjerg Hansen 1990: 16; 77), zum anderen werden Überlappungen zwischen Glossen und BeiA festgehalten (Zgusta 1971: 337; Jacobsen et al. 1991: 2783).

Als erschwerender Umstand kommt die Tatsache hinzu, dass Glossen wegen ihrer Heterogenität metalexikographisch nicht pauschal behandelt werden können (Model 2010: 43). Die Heterogenität der Glossen lässt sich nach zwei Parametern differenzieren:

(1) In Bezug auf die betroffenen sprachlichen Ebenen (Model 2010: 47; Hausmann 1977: 60) gehören Glossen teils zur Paradigmatik, indem sie hinweisend paradigmatische Beziehungen angeben (z. B. Synonyme, synonymische Paraphrasen, Antonyme, Hyperonyme), teils zur Syntagmatik, wenn sie Kotextpartner angeben, teils stellen Glossen auch Markierungsangaben dar. Dementsprechend können die folgenden drei Typen der Glossen unterschieden werden: (a) Angaben zur Paradigmatik, (b) Angaben zur Syntagmatik, (c) Markierungsangaben jeglicher Art (stilistische Markierungen, Fach- oder Gebrauchsbereichsmarkierungen, diasystematische Markierungen etc.). Hausmann/Werner (1991: 2734ff.) unterscheiden drei Typen von Angaben in der Funktion der Äquivalenzdifferenzierung: (a) Kotextangaben, (b) Glossen und (c) Markierungsangaben. An diesen Ansatz knüpft auch Model (2010: 47; 49f.) an. Diese drei Typen werden wie folgt charakterisiert: (a) Die *Kotextangaben* sind Angaben zur Syntagmatik. Diese Kategorie umfasst zwei Klassen von Angaben (Hausmann/Werner 1991: 2736; vgl. Hausmann 1977: 60): (i) einzelne Kotextpartner, meist Kollokationspartner, oder (ii) Referentenklassen, *Kotextkategorisatoren* nach Hausmann/Werner (1991: 2736f.). Oft wird zudem nicht weiter spezifiziert, ob ein angegebener Kotextpartner für sich allein steht oder als ein Kotextkategorisator für weitere Hyponyme auftritt:

> Oft wird nicht klar, ob die genannten Kollokationspartner als offenes oder als geschlossenes Inventar zu verstehen sind. Noch unklarer ist oft, welche der unter einem als Kotextkategorisator genannten Oberbegriff subsumierbaren Kollokationspartner tatsächlich in Texten vorkommen oder in solche einsetzbar sind. (Hausmann/Werner 1991: 2737)

(b) Die *Glosse* ist nach Hausmann/Werner (1991: 2737) ausschließlich für Glossen zur Paradigmatik reserviert: „Die Glosse steht zu der glossierten Einheit in einem paradigmatischen Verhältnis. In Frage kommen synonymische Paraphrasen, Synonyme und Hyperonyme.". (c) Markierungsangaben sind nach Werner (1991: 2798) verhältnismäßig schwer zu erfassen, so dass die anderen zwei Kategorien ggf. als benutzerfreundlicher erachtet werden können. Es kommt hinzu, dass etwa pragmatische Glossen an ihrer Stelle frei gestaltbar sind, während diasystematische Angaben größtenteils standardisiert sind und in Benutzungshinweisen erklärt werden müssen (Model 2010: 51).

Zum Zusammenwirken der drei differenzierten Typen wird ausgeführt, dass (i) sie einen gemeinsamen genuinen Zweck haben, nämlich dass „Bauteile aller drei Typen an der Äquivalenzdifferenzierung mitwirken" (Hausmann/Werner 1991: 2738); (ii) eine Grenzziehung zwischen ihnen in formaler wie auch in inhaltlicher Hinsicht fließend erscheint (ebd.) sowie (iii) in den zweisprachigen Wörterbüchern meist keine typographische Unterscheidung einzelner Typen feststellbar ist (ebd.: 2734), was die Angemessenheit einer solchen strikten Kategorisierung in Frage stellt. Die differenzierten Typen sind hingegen als Kategorien von Glossen zu betrachten. Innerhalb jeder Kategorie lassen sich weitergehende Differenzierungen vornehmen (Model 2010: 49ff.).

(2) Die Zuordnung der Glossen zur lexikographischen Objekt- und Metasprache ist eine strittige Frage, weil (a) von der eingenommenen Perspektive sowie (b) vom Wesen der durch eine Glosse kodifizierten Angabe abhängig: So führt Model (2010: 42f.) aus, dass Glossen einerseits in ihrer Funktion als ÄUntA eindeutig metasprachlich angelegt sind, so dass dementsprechend ihre Zuordnung der Metasprache naheliegend ist. Andererseits können syntagmatische wie auch paradigmatische Glossen zur Objektsprache gerechnet werden (2010: 51). Die syntagmatischen Glossen sind meistens ohne Weiteres in objektsprachliche Syntagmen einsetzbar; paradigmatische Glossen insofern, als dass sie durch objektsprachliche Angaben realisiert werden. Model (2010: 43) hält zusammenfassend fest, dass eine Zuordnung der Glossen der Metasprache jedoch plausibler erscheint; zudem gehören einige Typen von Glossen, wie Markierungsangaben oder pragmatische Glossen als kurze Paraphrasierungen, eindeutig der Metasprache an. In einer korrespondierenden Weise werden in Piotrowski (2000: 15) Glossen als „metalinguistic information" charakterisiert.

Die Glossen können aus den folgenden Gründen nicht zu BeiA gerechnet werden:
(a) die Glossen enthalten das Lemma und/oder die ÄA nicht und bieten keine Einbettungen in objektsprachliche Syntagmen, was für BeiA konstitutiv ist (3.3);
(b) die Glossen sind *explizite* Angaben (Baunebjerg Hansen 1988: 195; Jacobsen et al. 1991: 2783; vgl. Adamska-Sałaciak 2006: 153); sie dienen einer *expliziten* Äquivalentdifferenzierung (Hausmann 1977: 59). Dies ist ferner der Grund, warum BeiA in der Funktion der ÄUntA den Glossen unterlegen sind (5.3.2.2);
(c) im Unterschied zu BeiA sind Glossen einteilige Elemente. In der empirischen Basis der vorliegenden Untersuchung werden Glossen sowohl in PONS E-D als auch in LC E-D jeweils in der Muttersprache der intendierten Benutzer angegeben;
(d) in Hinsicht auf den Kotext- und Kontext-Faktor ist einzusehen, dass Glossen je nach Typ entweder den Kotext gewährleisten (syntagmatische Glossen) oder im begrenzten Maße den Kontext im Sinne des situativen Bereichs für die Verwendung des Wortes (paradigmatische Glossen). Die Glossen, die Markierungsangaben realisieren, sind eindeutig metasprachlich angelegt.

Im Zusammenhang mit der Unterscheidung zwischen Kotext und Kontext wird ferner ersichtlich, dass Überlappungen zwischen Glossen und BeiA im Bereich des Kotextes zu verorten sind. So vermerkt Hausmann (1977: 60), dass syntagmatische Glossen zu BeiA, und zwar insbesondere zu KollA naheliegend erscheinen. In diesem Zusammenhang ist für die zweisprachige Lexikographie der Befund festzuhalten, dass KollA – wie auch in der einsprachigen Lexikographie (4.1.3), – durch unterschiedliche Angabetypen vermittelt werden können. In der zweisprachigen Lexikographie können KollA entweder durch (a) syntagmatische Glossen, die Kotextpartner angeben, oder durch (b) Syntagmen (vgl. dazu Hausmann/Werner 1991: 2737; Piotrowski 2000: 15) vermittelt werden. So hält Cop (1991: 2777) fest, dass Basen der Kollokationen häufig durch Glossen angegeben werden, und zwar im Konkreten Substantive als Objekte zum Verb. Diese Praxis kann als polyfunktional erachtet werden: zum einen treten solche im Medium der Glossen vermittelten Kollokationspartner in der Funktion der Äquivalentdifferenzierung auf, zum anderen sind sie an sich Angaben der Kotextpartner (vgl. Cop 1990: 42). Im Zusammenhang mit unterschiedlichen Möglichkeiten der Vermittlung der KollA spricht sich Baschewa (2010: 20) dafür aus, dass eine Angabe als Syntagma benutzerfreundlicher ist, „denn sie erlaubt direkten Zugriff auf die Kollokation in der ZS" (ebd.). Dadurch, dass KollA als zweiteilige Bearbeitungseinheiten vermittelt werden, erlaubt dies die Wahrnehmung der zielsprachlichen Kollokation als eine einsetzbare Einheit (vgl. Piotrowski 2000: 15). Dies ist im Fall der Vermittlung im Medium der Glossen nicht möglich. Hinzu kommt ferner, dass KollA in sprachkontrastiver Perspektive äquivalenzfähig erscheinen, was ihre Einbeziehung in die zwischensprachliche Äquivalenzherstellung erlaubt (5.3.1).

Somit ist festzuhalten, dass zwischen BeiA und dem Typ der syntagmatischen Glossen Überlappungen im Zusammenhang mit der Realisierung des Kotext-Faktors existent sind, die Glossen selbst werden jedoch nicht zum lexikographischen Beispiel gerechnet.

## 5.2 Typologien der Beispielangaben in der zweisprachigen Lexikographie

Wie auch in der einsprachigen Lexikographie (4.2) erweisen sich die Aspekte der Gestaltung und der Herkunft der BeiA als tragfähige Parameter für Typologien der BeiA (vgl. Karpinska 2015: 85ff.). Durch die Zugrundelegung dieser Aspekte entsteht eine Typologie nach dem Kriterium der Gestaltung der BeiA (5.2.1) und eine Typologie nach dem Kriterium der Herkunft der BeiA (5.2.2).

### 5.2.1 Typologie nach der Gestaltung im Wörterbuchartikel

Eine konstitutive Besonderheit der BeiA in der zweisprachigen Lexikographie besteht darin, dass sie als zweiteilige Elemente auftreten; Model (2010: 52f.) formuliert dies wie folgt:

> Sie [BeiA, K.L.] sind nicht nur syntagmatische Angaben zum Lemma- oder Infralemmazeichen, sie sind gleichzeitig auch Adressen für ihre Übersetzung. Diese Übersetzung wiederum ist nicht nur Angabe zum ausgangssprachlichen Beispiel, sondern in der Regel auch eine syntagmatische Angabe zu einem vorausgehenden Äquivalent [...].

Aus diesem Grunde muss die Typologie nach der Gestaltung in zwei weitere Typologien unterteilt werden: in eine Typologie nach dem Umfang der Beispielsyntagmen (5.2.1.1) und in eine Typologie nach der Gestaltung der ausgangssprachlichen und zielsprachlichen Bestandteile (5.2.1.2).

### 5.2.1.1 Typologie nach dem Umfang der Beispielsyntagmen

In Bezug auf den Umfang sind drei Beispieltypen zu unterscheiden: (1) gekürzte Beispiele, *skeleton-type examples* nach Adamska-Sałaciak (2006: 159), (2) Satzbeispiele und (3) Textbeispiele.

Zu (1): gekürzte Beispiele im Sinne von Syntagmen unterhalb des Satzranges treten in den beiden Lernerwörterbüchern auf und sind in Hinsicht auf ihre Präsentationsweise durch eine Reihe von Verdichtungen gekennzeichnet, die sich wie folgt systematisieren lassen:

(a) Häufung der Elemente bzw. mehrerer gekürzter Beispiele, wodurch verdichtete Angaben entstehen:

> FEEL ... I. *vt* 1 ... **to feel anger/jealousy** wütend/eifersüchtig sein
> II. *vi* 1 ... **to feel angry/glad/sad** wütend/froh/traurig sein
> **to feel better/ill/well** sich *akk* besser/krank/wohl fühlen
> **to feel good/bad** sich *akk* gut/schlecht fühlen
> **sb feels hot/cold** jdm ist heiß/kalt
> **sb feels hungry/thirsty** jd ist hungrig/durstig [o. hat Hunger/Durst] ‹PONS E-D›

> BE ... 1 ... **she's quite rich/ugly** sie ist ziemlich reich/hässlich ...
> **to be from a country/a town** aus einem Land/einer Stadt kommen
> 5 (*timing*) **to be late/[right] on time** zu spät/[genau] rechtzeitig kommen
> 6 (*location*) ... **to be in a bad situation/trouble** in einer schwierigen Situation/Schwierigkeiten sein
> 9 (*do*) ... **to be on standby/on holiday** in [Ruf]bereitschaft/im Urlaub sein ‹PONS E-D›

> TRADE ... III. *vi* ... 2 ... **to trade in oil/luxury goods/tobacco** mit Öl/Luxusgütern/Tabak Handel betreiben
> IV. *vt* 1 ... **to trade stories/insults/punches** Geschichten/Beleidigungen/Schläge austauschen
> 2 ... **to trade commodity futures/options/shares** mit Warentermingeschäften/Optionen/Aktien handeln ‹PONS E-D›

(b) in LC E-D werden Formulierungsalternanzen innerhalb der zielsprachlichen Bestandteile präsentiert, gekennzeichnet durch das Element „*or*":

COUNT ... V/T ... b ... **ten people (not) counting the children** zehn Leute, die Kinder (nicht) mitgerechnet *or* eingerechnet ‹LC E-D›

COME ... V/I ... i **the years/weeks to come** die kommenden *or* nächsten Jahre/Wochen ‹LC E-D›

TAKE ... V/T ... c ... **to take sb by the throat** j-n am Kragen (*infml*) *or* an der Kehle packen **to take a knife by the handle** ein Messer am Griff (an)fassen *or* beim Griff nehmen ‹LC E-D›

(c) unter gekürzten Beispielen kommen unvollständige Syntagmen mit Elementen „..." vor:

FEEL ... I. *vt* ... 1 ... **to feel it in one's bones [that ...]** es im Gefühl haben[, dass ...] ‹PONS E-D›

BECOME ... I. *vi* ... **to become convinced that ...** zu der Überzeugung kommen [*o. geh* gelangen], dass ... ‹PONS E-D›

LEAD ... V/T ... e ... **to lead sb to believe that ...** j-m den Eindruck vermitteln, dass ..., j-n glauben machen, dass ... ‹LC E-D›

Solche Verdichtungstechniken sind bei gekürzten Beispielen insofern vertretbar, als dieser Beispieltyp primär den Kotext realisiert, jedoch nur eingeschränkt den Kontext. Aus diesem Grunde beeinträchtigt die Verdichtung oder Unvollständigkeit gekürzter Beispiele nicht im entscheidenden Maße den Kontext-Faktor.

Zu (2): Satzbeispiele sind sowohl in den Lernerwörterbüchern als auch in DCVVEA uneingeschränkt vertreten. In funktionaler Hinsicht besteht ein grundlegender Unterschied zu gekürzten Beispielen darin, dass Satzbeispiele wie auch Textbeispiele sowohl den Kotext- als auch Kotext-Faktor gewährleisten können. Ungeachtet dessen unterliegen Satzbeispiele in den beiden Lernerwörterbüchern folgenden Verdichtungstechniken bei der Präsentation:

(a) Häufung einzelner Elemente:

GET ... V/T a ... **he got the idea for his book while he was abroad/from an old document** die Idee zu dem Buch kam ihm, als er im Ausland war/hatte er von einem alten Dokument
b ... **you'll have to get a job/more staff** Sie müssen zusehen, dass Sie eine Stelle/mehr Personal bekommen *or* finden [...]
**he got himself a wife/a good job** er hat sich (*dat*) eine Frau zugelegt (*infml*)/einen guten Job verschafft
c ... **I got him/myself a drink** ich habe ihm/mir etwas zu trinken geholt
h ... **I'll get you/myself some breakfast** ich mache dir/mir etwas zum Frühstück
q ... **you'll get me/yourself thrown out** du bringst es so weit, dass ich hinausgeworfen werde/du hinausgeworfen wirst [...]
**I'll get the grass cut/the house painted soon** (*by sb else*) ich lasse bald den Rasen mähen/das Haus streichen [...]
**he can't get the sum to work out/the lid to stay open** er kriegt es nicht hin, dass die Rechnung aufgeht/dass der Deckel aufbleibt (*infml*)
V/I ... b ...**I'm getting cold/warm** mir wird es kalt/warm
**the weather is getting cold/warm** es wird kalt/warm ‹LC E-D›

(b) unvollendete Sätze bzw. Satzteile, die die Elemente „..." enthalten:

> LACK ... II. ... **what we lack in this house is ...** was uns in diesem Haus fehlt, ist ... ‹PONS E-D›

> PASS ... V/T ... e ... **it passes my comprehension that ...** es geht über meinen Verstand *or* meine Fassungskraft, dass ...
> V/I ... c ... **if you pass by the grocer's ...** wenn du beim Kaufmann vorbeikommst ... ‹LC E-D›

> HAPPEN ... II. *vi* 1 ... **if anything happens to me ...** falls mir etwas zustoßen sollte, ...
> **it happened like this:** ... das war so: ...
> 2 ... **it happened [that ...]** der Zufall wollte es[, dass ...]
> **it just so happens that ...** wie's der Zufall will, ... ...
> **as it [*or* it so] happened ...** wie es sich so traf, ... ‹PONS E-D›

Vereinzelt treten unvollständige Syntagmen in Kombination mit einer Häufung der Elemente auf:

> THINK ... V/T ... a ... **I hardly think/think it likely that ...** ich glaube kaum/ich halte es nicht für wahrscheinlich, dass ‹LC E-D›

> THINK ... II. *vi* ... 5 ... **I can't think how/when/where/why ...** ich weiß nicht, wie/wann/wo/warum ... ‹PONS E-D›

(c) in LC E-D sind Formulierungsalternanzen innerhalb der BeiA besonders ausgeprägt, gekennzeichnet durch das Element „*or*" innerhalb der BeiA:

> COUNT ... V/T ... b ... **you should count yourself lucky to be alive** Sie sollten froh und glücklich sein *or* Sie können noch von Glück sagen, dass Sie noch leben ‹LC E-D›

> SINK¹ ... V/I ... **my spirits** *or* **my heart sank at the sight of the work** beim Anblick der Arbeit verließ mich der Mut ‹LC E-D›

> SHOULD ... MODAL V/AUX ... e ... **I shouldn't be surprised if he comes** *or* **came** *or* **were to come** ich wäre nicht *or* keineswegs überrascht, wenn er kommen würde *or* wenn er käme ‹LC E-D›

Zu Formulierungsalternanzen sind auch die folgenden zwei sporadisch auftretenden Phänomene zu rechnen: zum einen ein punktueller Einsatz der Variablen innerhalb eines Satzbeispiels in LC E-D:

> LEAVE ... V/T a ... **please sir, may I leave the room?** Herr X, darf ich mal raus? ‹LC E-D›

Zum anderen ist dies die Angabe eines optionalen Elementes „es" innerhalb der durch Übersetzung entstandenen zielsprachlichen KBeiA in DCVVEA (5.2.2.1):

> COMPRENDER 1 erfassen 1
> De pronto comprendí que existía un mundo especial sólo para nosotros dos. SUR:16,25
>     Plötzlich erfasste ich (es), dass es eine spezielle Welt nur für uns zwei gab. ‹DCVVEA›

Zu (3): In der zweisprachigen Lexikographie sind Textbeispiele in den Printwörterbüchern nicht verbreitet; dementsprechend wird in der Forschungsliteratur typischerweise zwischen gekürzten Beispielen und Satzbeispielen unterschieden (Adamska-Sałaciak 2006: 159; Vrbinc/Vrbinc 2016: 299; Marello 1987: 225; Toope 1996: 1; Mafela 2014: 578; Hiles 2011: 300; vgl. Karpinska 2015: 85). Szende (1999: 223) führt dazu Folgendes aus:

> The exemplification of words is done more often with segments of discourse which do not exceed the sentence level. Indeed, the transphrastic level is hardly ever reached in bilingual dictionaries. It does however happen that the ambiguity of a statement can only be eliminated within the framework of a longer unit, which could better simulate what would actually occur in a real situation of communication [...].

Der Grund, warum Textbeispiele nicht verbreitet sind, ist in den Gegebenheiten der Printlexikographie zu sehen, insbesondere in der Relevanz des Platz-Faktors. Deshalb wird in der Forschungsliteratur zur zweisprachigen Printlexikographie dafür argumentiert, dass BeiA möglichst kurz gestaltet werden sollen. Szende (1999: 225) formuliert diese Forderung wie folgt: „Since this is a dictionary, we must limit the focus to the immediate environment of the word. Thus, short examples play a privileged role by illustrating the use of headwords without taking up too much space.". Noch ausdrücklicher wird dies in Jacobsen et al. (1991: 2787) festgehalten: „For reasons of space, examples should be as few, as brief and as illustrative as possible.", sowie auch: „There is no need to give a whole sentence where a brief phrase [...] will do. But often more than a micro-context is needed if an example is meant to illustrate a feature at sentence-level or above" (ebd.: 2788; vgl. auch Adamska-Sałaciak 2006: 175).

Textbeispiele treten in den beiden zweisprachigen Lernerwörterbüchern nur vereinzelt auf; interessanterweise erscheinen die gegebenen Textbeispiele fast durchgehend im Dialogstil:

> TELL ... V/I ... **you know what? – don't tell me, let me guess** weißt du was? – sags mir nicht, lass mich raten ‹LC E-D›

> COME ... *vi* ... 2 ... **how's your headache? – it comes and goes** was machen deine Kopfschmerzen? – mal besser, mal schlechter
> 11 ... **how would you like your coffee? – as it comes, please** wie trinken Sie Ihren Kaffee? – schwarz, bitte ‹PONS E-D›

> PASS ... II. *vt* ... 7 ... **why the questions? – am I supposed to pass some silly imaginary test?** warum fragst du mich das? soll das vielleicht so eine Art Prüfung für mich sein?
> III. *vi* ... 11 ... **what's happened here? – I'll have to pass, I don't know either** was ist denn hier passiert? – fragen Sie mich nicht, ich weiß es auch nicht ‹PONS E-D›

Im Gegensatz dazu sind Textbeispiele in DCVVEA uneingeschränkt präsent:

REPETIRSE 2 wiederholen, sich (A) 2
La historia se repetía. Pasábamos de un incidente grave a otro. CREA
 Die Geschichte wiederholte sich. Wir gerieten von einem schlimmen Vorfall in den nächsten.
[...] Hull utilizó como material unas tarjetas donde aparecían unos caracteres chinos. Formando parte de ellos, pero de tal modo que su detección es difícil aun conociendo su existencia (v. fig. 6.1), había unos "radicales" o elementos comunes que se repetían en tarjetas distintas. CREA
 Hull benutzte als Material einige Karten, auf denen chinesische Zeichen standen. Unter ihnen, aber so, dass ihre Erkennung schwierig war, auch wenn man von ihrer Existenz wusste (siehe Figur 6.1), gab es einige „Wurzelzeichen" oder gewöhnliche Elemente, die sich auf verschiedenen Karten wiederholten.
Las Leónidas se denominan así porque parecen caer del cielo desde la constelación de Leo, el león. Su lluvia se repite cada año a mediados de noviembre [...]. CREA
 Die Leoniden heißen so, weil sie vom Sternbild Leo, dem Löwen, aus vom Himmel zu fallen scheinen. Ihr Sternschnuppenstrom wiederholt sich jedes Jahr Mitte November. ‹DCVVEA›

VESTIRSE 6 überziehen, sich (A) 1
Hoy empieza diciembre, con toda la magia de la Navidad. Primero las ciudades se visten de luces de colores. CREA
 Heute beginnt der Dezember, mit all dem Weihnachtszauber. Zuerst überziehen sich die Städte mit Lichtern. ‹DCVVEA›

Verdichtungstechniken kommen bei den Textbeispielen nur vereinzelt vor:

COME ... V/I ... j ... **how long have you been away? – a week come Monday** wie lange bist du schon weg? – (am) Montag acht Tage (*infml*) *or* eine Woche ‹LC E-D›

HAVE ... V AUX ... c ... **have you been there? if you have/haven't** ... sind Sie schon mal da gewesen? wenn ja/nein *or* nicht, ... ‹LC E-D›

In DCVVEA kommt ein optionales „es" innerhalb der Textbeispiele vor, und zwar in den durch Übersetzung entstandenen zielsprachlichen KBeiA (5.2.2.1):

COMPRENDER 2 verstehen 2
Comprendo que no me hayas buscado en Nueva York. De haberlo hecho, no me hubieras encontrado. JOVENES: 160, 37
 Ich verstehe (es), dass du mich nicht in New York gesucht hast. Wenn du das getan hättest, hättest du mich nicht gefunden.
Siempre fuiste muy atractiva. Comprendo que los hombres pierdan la cabeza por ti. CINTA: 80, 17
 Du bist immer sehr attraktiv gewesen. Ich verstehe (es), dass die Männer deinetwegen den Kopf verlieren. ‹DCVVEA›

Die Tendenz des seltenen Einsatzes der Verdichtungstechniken in den Textbeispielen lässt sich durch den größeren Kontext-Umfang erklären, der diesem Beispieltyp zukommt. Da der Kontext-Faktor durch Verdichtungen innerhalb der Beispielsyntagmen beeinträchtigt werden kann, werden sie bei Textbeispielen charakteristischerweise nur selten praktiziert.

## 5.2.1.2 Typologie nach der Gestaltung der ausgangssprachlichen und zielsprachlichen Bestandteile

Bei der Betrachtung der BeiA als zweiteilige Bearbeitungseinheiten ist von grundsätzlicher Relevanz, dass das ausgangssprachliche und das zielsprachliche Syntagma Bestandteile *einer* Bearbeitungseinheit und somit *einer* BeiA sind. Motiviert ist diese Sichtweise durch das Äquivalenzprinzip, das für die Anlage des SK im zweisprachigen Wörterbuch grundlegend ist (3.1.2). Für die Identifikation beider Syntagmen als *eine* BeiA plädiert Toope (1996: 18) wie folgt:

> In bilingual lexicography it is not sufficient to refer to the 'SL example' or the 'TL example' for a given lemma. The SL and TL halves of the example are closely linked functionally, and must be considered to be a unit formally. If the primary focus of the bilingual dictionary is translation, then the primary function of the bilingual dictionary example is to exemplify translation. A definition of the form of an example must logically include its SL and TL halves.

Für diese Sichtweise spricht sich auch Baunebjerg Hansen (1990: 27f.) aus: „*Zweiteilige Beispiele* bestehen aus einem ausgangssprachlichen Beispiel mit einer zielsprachlichen Entsprechung bzw. aus einem zielsprachlichen Beispiel mit einer Übersetzung. Diese gelten als *ein* Beispiel.". Die Angemessenheit dieser Sichtweise kommt in besonderer Weise in denjenigen Fällen zur Geltung, in denen BeiA mit dem Zweck der Äquivalenzherstellung als *direkte Äquivalente* fungieren (5.3.1).

Vor diesem Hintergrund ist festzuhalten, dass in Hinsicht auf die Gestaltung der ausgangssprachlichen und der zielsprachlichen Bestandteile der BeiA unterschiedliche Sachverhalte vorliegen können. Auf der ausgangssprachlichen Seite nimmt die BeiA das Lemmazeichen immer auf, was schließlich dem syntagmatischen Wesen der BeiA entspricht. Auf der zielsprachlichen Seite sind hingegen Variationsmöglichkeiten gegeben, indem der zielsprachliche Bestandteil einer BeiA nicht zwangsläufig ein vorher präsentiertes Wort-Äquivalent aufnimmt. Vielmehr ist die Aufnahme eines vorangehenden Wort-Äquivalentes nur eine der Optionen, während eine andere darin besteht, ein neues Syntagma-Äquivalent im Medium der BeiA zu präsentieren. Diese Variationsmöglichkeit bei der Gestaltung der zielsprachlichen Bestandteile der BeiA hält auch Model (2010: 53) fest:

> Während für die Ausgangssprache nur solche syntagmatischen Angaben denkbar sind, die das Lemmazeichen enthalten, ist die Gestaltung der Zielsprache weniger strengen Regeln unterworfen. Eine Beispielübersetzung muss nicht unbedingt auf ein zuvor genanntes zielsprachliches Zeichen zurückgreifen. Sie kann auch dafür genutzt werden, ein neues Äquivalent einzuführen.

Von diesen Variationsmöglichkeiten ausgehend lassen sich die BeiA in einem WbA dahingehend typologisieren, ob sie auf der zielsprachlichen Seite ein zuvor präsentiertes Wort-Äquivalent aufnehmen oder nicht:

> STAY ... II. *vi* 1 (*remain present*) bleiben
> **stay until the rain has stopped** bleib doch, bis der Regen aufgehört hat

**why don't you stay for dinner?** warum bleibst du nicht zum Abendessen?
**fax machines are here to stay** Faxgeräte haben Einzug gehalten
**he is convinced that computer-aided design has come to stay** er ist überzeugt, dass CAD auf Dauer unverzichtbar ist
**to stay at home/in bed** zu Hause/im Bett bleiben
**to stay home** *esp* AM zu Hause bleiben
**to stay on message** (*fig*) aufmerksam bleiben
**to stay put** (*fam: keep standing*) stehen bleiben; (*not stand up*) sitzen bleiben; (*not move*) sich *akk* nicht vom Fleck rühren
3 (*reside temporarily*) untergebracht sein, wohnen
**where are you staying while you're in town?** wo wohnen Sie während Ihres Aufenthaltes in der Stadt?
**the children usually stay with their grandparents for a week in the summer** die Kinder verbringen gewöhnlich im Sommer eine Woche bei ihren Großeltern
4 + *n or adj (remain)* bleiben
**the shops stay open until 9 p.m.** die Läden haben bis 21 Uhr geöffnet
**how can we get this post to stay upright?** was müssen wir tun, damit dieser Pfosten stehen bleibt?
**this far north it stays light until 10 p.m. in high summer** so hoch im Norden ist es im Hochsommer bis um 10 Uhr abends hell
**he's decided not to stay in teaching** er hat sich entschieden, nicht mehr zu unterrichten
**to stay within budget** im Rahmen des Budgets bleiben
**to stay friends** Freunde bleiben
**to stay in touch** [*or* **contact**] in Verbindung [*o.* Kontakt] bleiben
**to stay awake/cool/healthy** wach/ruhig/gesund bleiben
**to stay tuned** RADIO, TV, MEDIA am Apparat bleiben
**stay tuned – we'll be right back** bleiben Sie dran – wir sind gleich wieder da ‹PONS E-D›

Diese zwei typologischen Gruppen der BeiA unterliegen unterschiedlichen genuinen Zwecken der BeiA im zweisprachigen Wörterbuch (Näheres dazu in 5.3).

Ein typologischer Sonderfall liegt vor, wenn eine Umkehrung der Reihenfolge stattfindet, indem ein zielsprachlicher Bestandteil, der ein vorangehendes Wort-Äquivalent aufnimmt, eine zielspracheninterne BBeiA darstellt, die nachträglich in die Ausgangssprache übersetzt wird, so dass der ausgangssprachliche Bestandteil auf den vorangehenden zielsprachlichen Bestandteil folgt. Solche typologischen Sonderfälle sind in DCVVEA gegeben:

EVITAR 1 verhindern 1
Veranstaltungen wie jene in Frauenfeld sind in der Schweiz Mangelware und verhindern es letztlich, Basis und Spitze in dieser anspruchsvollen Sportart auf eine breitere Ebene zu stellen. DEREKO - Eventos como aquellos en Frauenfelde son raros en Suiza e impiden finalmente colocar la base y la cima de este deporte exigente en un nivel amplio. ‹DCVVEA›

VENDER 2 verraten 1
Seine damalige Frau [...] hatte ihn 1981 nach einem Raubüberfall auf eine Bank in Heidelberg an die Polizei verraten. DEREKO - Su entonces mujer le había denunciado ante la policía en 1981, después de un atraco a un banco en Heidelberg.

Und Judas Ischariot, der Jesus an die Hohepriester verriet, gilt als der 13. Apostel. DEREKO - Y Judas Iscariote, quien traicionó a Jesús ante los Sumos Sacerdotes, cuenta como 13º apóstol. Eine „Mobilmachung" gab es zuletzt im Umfeld des Münchner Abkommens 1938, als die Westmächte die Tschechoslowakei an Hitler verrieten. DEREKO - Una "movilización" se produjo por última vez en el contexto de los Acuerdos de Múnich de 1938, cuando las potencias occidentales traicionaron a Checoslovaquia ante Hitler. ‹DCVVEA›

Die Tatsache, dass ein übersetzter ausgangssprachlicher Bestandteil einer BeiA nicht zwangsläufig das Lemmazeichen aufnimmt, lässt sich durch zwei Gründe erklären: (a) durch das Charakteristikum der Unidirektionalität der lexikographischen Äquivalenz (3.1.2.2.1) und (b) durch grundlegende Unterschiede zwischen dem Äquivalenzbegriff in der Übersetzungswissenschaft und in der zweisprachigen Lexikographie (3.1.2.2.1).

Lexikographische BeiA, die *einteilige* Elemente darstellen, sind in DCVVEA vertreten. Sie treten auf der ausgangssprachlichen Seite auf und demonstrieren eine monosemierte Lesart des Lemmazeichens, auf deren Grundlage eine lexikographische Äquivalenzrelation hergestellt wird:

CASAR 1 ... Marge y Homer se casaron en Las Vegas.
2 ... Los casó la alcaldesa de su pueblo.
3 ... Los reyes casaban a sus hijas con monarcas amigos.
4 ... Las declaraciones de los implicados en el accidente no casan. ‹DCVVEA›

OCURRIR 1 ... A la alumna se le ocurrieron varias preguntas.
2 ... Los accidentes laborales ocurren con demasiada frecuencia. ‹DCVVEA›

Solche einteiligen BeiA erfüllen den Zweck der Demonstration und fungieren als ÄrelA (5.3.2.2).

## 5.2.2 Typologie nach der Herkunft der Beispielangaben

Während in der einsprachigen Lexikographie die Diskussion der Grundtypen der BeiA nach ihrer Herkunft als ein am meisten aufgegriffener Aspekt fungiert (4.2.2.1), wird dieser Themenbereich für die zweisprachige Lexikographie als irrelevant erachtet (Jacobsen et al. 1991: 2783; 2788). Winter (1993: 46f.) hält dazu Folgendes fest: „Unlike monolingual dictionaries, bilingual ones very seldom use quotations as examples. Most of the time, examples in bilingual dictionaries are not even entire or well-formed sentences but just noun or verb phrases. The headword is sometimes inserted into a minimal context that suggests a specific meaning." (vgl. auch Karpinska 2015: 87). Atkins/Rundell (2008: 507) bieten eine folgende Erklärung für diese Tendenz:

There is no room – literally as well as figuratively – for discussions on whether we should use ‚real' examples direct from corpus. We don't have the luxury of such a choice. If the dictionary is not to be too long, or too confusing, we have to offer examples that shed light on the uses of the unfamiliar target language.

Das Argument des Platz-Faktors in Atkins/Rundell (2008: 507) lässt darauf schließen, dass dieser Sachverhalt sich primär auf die Printlexikographie bezieht.

Die Problematik der Herkunft der BeiA wird in Szende (1999: 216f.) und in Adamska-Sałaciak (2006: 176ff.) angerissen; diesbezügliche Ausführungen beinhalten jedoch im Wesentlichen keine genuin auf die zweisprachige Lexikographie ausgerichteten Überlegungen, sondern nehmen einzelne Aspekte der Gegenüberstellung der Beispieltypen in der einsprachigen Lexikographie auf. Zur zweisprachigen Lexikographie erfolgt in Szende (1999: 219) der folgende Vermerk: „in bilingual dictionaries, there are usually no references made to the original texts from which the examples have been taken, nor to their potential ‚authors'" (vgl. Al-Kasimi 1977: 95). Dies wiederum kann als eine Neutralisierung der Problematik der Herkunft der BeiA gedeutet werden: „It is normal for dictionaries to attempt to give a character of generality to their examples.", so Szende (1999: 219). In Adamska-Sałaciak (2006: 176) erfolgt ein relevanter Hinweis auf das Potential des Einsatzes des Parallelcorpus: „It seems that, in the future, it ought to be possible to solve problems connected with the provision of equivalents and examples by the same means: a consistent use of parallel corpora." (vgl. auch Adamska-Sałaciak 2006a: 500).

In der zweisprachigen Lexikographie sind jedoch einmalige Sachverhalte in Bezug auf die Herkunft der BeiA gegeben, die darauf beruhen, dass BeiA als zweiteilige Bearbeitungseinheiten auftreten: Je nach der Herkunft der ausgangssprachlichen und zielsprachlichen Bestandteile entstehen Variationsmöglichkeiten, die einer Reflexion bedürfen. Solche Variationsmöglichkeiten werden für den Bereich der zweisprachigen Fachlexikographie von Bergenholtz (1994) angerissen:

(1) Wird auf der ausgangssprachlichen Seite eine BBeiA eingesetzt und ein zielsprachlicher Bestandteil der BeiA durch Übersetzung dieser ausgangssprachlichen BBeiA vom Lexikographen produziert, so weist Bergenholtz (1994: 424) darauf hin, dass dem durch die Übersetzung entstandenen zielsprachlichen Bestandteil der Status einer KBeiA zukommt: „Übersetzungen von Belegbeispielen oder Belegen [müssen] als Kompetenzbeispiele eingestuft werden, da nicht der Text als Ganzes übersetzt worden ist, sondern nur ein Ausschnitt, der die volle Textualität nicht herstellen kann" (ebd.; vgl. auch ebd.: 429). Dieser Sachverhalt bietet die Möglichkeit eines unmittelbaren Vergleiches der Funktionalität der beiden Grundtypen des lexikographischen Beispiels, inhaltlich verbunden durch das Äquivalenzprinzip (Näheres dazu folgt in 5.2.2.1).

(2) Ein anderes einmaliges Phänomen der zweisprachigen Lexikographie ist das *Parallelbeispiel*, welches nicht durch die Übersetzung eines der Bestandteile entsteht, sondern aus zwei BBeiA besteht. Im Bereich der Fachlexikographie charakterisiert Bergenholtz (1994: 423) dieses Phänomen wie folgt: „zwei verschiedene Textausschnitte aus thematisch ähnlichen Texten (Paralleltexten)". In Bezug auf

den zielsprachlichen Bestandteil der BeiA vermerkt Bergenholtz (1994: 422), es liegt „ein vergleichbares Zitat aus einem ‚Paralleltext'" vor. Dieses ursprünglich für die Fachlexikographie festgehaltene Phänomen lässt sich uneingeschränkt auf den Einsatz mehrsprachiger Corpora und das dadurch entstehende Parallelbeispiel (ParBei) projizieren (5.2.2.2).

Zwei Faktoren, die eine Reflexion dieser Phänomene und somit der Problematik der Herkunft der BeiA in der zweisprachigen pädagogischen Lexikographie ermöglichen, sind zum einen die Entwicklung der elektronischen Lexikographie mit der einhergehenden Aufhebung strikter Platzrestriktionen und zum anderen der Einsatz des Corpus als empirische Grundlage, die auch als Quelle für BeiA dienen kann. Im letzteren Fall betrachtet Bergenholtz (1994a: 51) die Tatsache, dass viele zweisprachige Wörterbücher kleineren Umfangs überwiegend nur gekürzte Beispiele enthalten als ein Indiz dafür, dass „ihre empirische Basis neben der Kompetenz des Lexikographen nur aus anderen Wörterbüchern besteht" (ebd.), d. h. dass sie nicht auf einer Corpusgrundlage erarbeitet sind. Der Einsatz des Corpus erfolgt auf dem Gebiet der zweisprachigen Lexikographie vergleichsweise später (Hartmann 1994: 292). Mehrsprachige Corpora sind erst nach dem einsprachigen Corpus erschienen und haben deshalb eine kürzere Tradition bei der Wörterbucherstellung (vgl. Teubert 2002: 204). Diese Tendenzen haben für das lexikographische Beispiel die Konsequenz, dass je nach Einsatz eines einsprachigen oder eines mehrsprachigen Corpus die BeiA entweder übersetzt (5.2.2.1) oder in Form des ParBei präsentiert werden (5.2.2.2).

### 5.2.2.1 Problematik der Übersetzung der Beispielangaben

Die Praxis der Übersetzung der BeiA ist in DCVVEA vertreten. In Hinsicht auf die Richtung der Übersetzung in Bezug auf den ausgangssprachlichen und den zielsprachlichen Bestandteil der BeiA handelt es sich in einer überwiegenden Mehrheit um Übersetzung ausgangssprachlicher BBeiA oder seltener auch KBeiA, wodurch zielsprachliche KBeiA entstehen. In typologischen Sonderfällen (5.2.1.2) liegt umgekehrt die Übersetzung zielsprachlicher BBeiA und Entstehung ausgangssprachlicher KBeiA vor.

Ein grundsätzliches Problem bei der Übersetzung der BeiA besteht in der *Wörtlichkeit*, indem Übersetzungen „fairly literal renderings" (Hartmann 1994: 293) darstellen. Dafür spielen die folgenden Gründe eine Rolle: Während sich der Äquivalenzbegriff der Übersetzungswissenschaft auf ein Textganzes bezieht (3.1.2.2.1), ist ein Beispielsyntagma ein Textausschnitt kleineren Umfangs, der auch einen kleineren Kontext-Umfang aufweist. Wenn das zu übersetzende Beispielsyntagma eine BBeiA ist, dann spielt auch der Sachverhalt eine Rolle, dass BBeiA als Zitate im engen Sinne besonders deutlich der De- und Rekontextualisierung unterliegen (4.2.2.1.1) sowie ggf. eine mangelhafte Typikalität aufweisen können (4.2.2.1.3). Eine durch die Übersetzung entstehende KBeiA ist zwangsläufig an den Inhalt wie auch den Kontext-

Umfang einer de- und rekontextualisierten BBeiA gebunden. Bei der Übersetzung ausgangssprachlicher BBeiA im aktiven zweisprachigen Wörterbuch ist dies insofern besonders problematisch, als die durch Übersetzung entstehende zielsprachliche KBeiA an sich den Parameter der Typikalität und Authentizität in Bezug auf die Wörterbuchzielsprache als Einzelsprache erfüllen und für die Produktion in der Zielsprache wiederverwendbar erscheinen soll. Dies kann durch die Gebundenheit an den Inhalt sowie den Kontext-Umfang der ausgangssprachlichen BBeiA beeinträchtigt werden. Solche negativen Erscheinungsformen der Wörtlichkeit bei der Übersetzung der BeiA lassen sich wie folgt typologisieren:

(1) Beeinträchtigung der Struktur der zielsprachlichen KBeiA als Syntagma für sich genommen:

> CREARSE 4 entstehen 1
> Entonces..., siempre se crean ciertos círculos durante el verano pero que son... pues sí... más o menos se... se intima, pero bueno... en cierto sentido nada más. MADRID: 32, 26
> > Dann ..., im Sommer entstehen immer gewisse Freundeskreise, aber sie sind ..., also ja ..., mehr oder wenig ... freundet man sich an, aber gut ... nur in gewissem Sinne. ‹DCVVEA›

> INTERESAR 2 interessieren 2
> Claro, si vas a hacer un, un análisis de todas las asignaturas optativas que tenemos este año, pues piensas que todas, todas interesan. MADRID: 388, 11
> > Klar, wenn du eine, eine Analyse machst von all den Wahlfächern, die wir dieses Jahr haben, dann denkst du, dass alle, wirklich alle interessieren.
> Bueno... pues porque sí. Porque me intrigas un poco. Me interesas, ¿te sirve eso? OCHENTA: 93, 7
> > Gut ... eben darum. Weil du mich ein bisschen neugierig machst. Du interessierst mich, langt dir das? ‹DCVVEA›

> OFRECER 1 bieten 1
> JAVIER.- ... Sólo miento en privado, como todo el mundo, pero detesto engañar a... digamos a más de tres personas simultáneamente. ¿Qué puede ofrecerme la política? / ERNESTO.- Más poder, más influencia, impunidad... PASAJERO: 17, 9
> > JAVIER: „Ich lüge nur privat, wie jeder, aber ich verabscheue es, sagen wir ... mehr als drei Personen gleichzeitig zu betrügen. Was kann mir die Politik bieten?" / ERNESTO: „Mehr Macht, mehr Einfluss, Straffreiheit ..." ‹DCVVEA›

(2) kenntlich gemachte Eingriffe in zielsprachlichen KBeiA, die unterschiedliche Erscheinungsformen annehmen können:

> (a) Übernahme der Auslassungskennzeichnungen aus den ausgangssprachlichen BBeiA:

> INTENTAR probieren 1
> Los búlgaros intentaron lo imposible, pero el Real Madrid administró las rentas y [...] será uno de los dieciséis equipos que jueguen los octavos de final de la competición. CREA

Die Bulgaren probierten das Unmögliche, aber Real Madrid hat den Vorsprung gut ausgenutzt und [...] wird eine der 16 Mannschaften sein, die die Achtelfinale der Meisterschaft spielen werden. ‹DCVVEA›

DEBERSE 4 zurückgehen 1
El importante descubrimiento se debe al arquitecto Filippo Brunelleschi [...] porque fue él quien proporcionó a los pintores los medios matemáticos para crear un espacio pictórico constructivo [...]. CREA
 Die wichtige Entdeckung geht auf den Architekten Filippo Brunelleschi zurück [...], denn er war es, der den Malern die mathematischen Mittel bereitgestellt hat, um einen konstruktiven bildnerischen Raum zu schaffen. ‹DCVVEA›

(b) Eingriffe als verständnissichernde Maßnahmen innerhalb der KBeiA:

PERDER 1 verlieren 1
Cuando ETA comunicó los acuerdos alcanzados el lehendakari perdió los nervios, amenazó a Madrid y realizó unas declaraciones en contra de lo acordado. CREA
 Als die ETA die erzielten Vereinbarungen bekannt machte, verlor der Lehendakari [der Ministerpräsident der baskischen Regionalregierung] die Nerven, drohte Madrid und gab Erklärungen gegen das Vereinbarte ab. ‹DCVVEA›

SENTAR 4 gefallen 1
Cuando lo convierto en un susurro suave, apenas audible, me dicen que sienta bien, que resulta muy agradable, sensual incluso. CREA
 Wenn ich ihn [den Ton der Stimme] in ein sanftes, kaum hörbares Wispern verwandle, sagt man mir, dass es gefällt, dass es sich als angenehm, sogar als sinnlich erweist. ‹DCVVEA›

(c) Eingriffe als verständnissichernde Maßnahmen innerhalb der ausgangssprachlichen BBeiA und der zielsprachlichen KBeiA in Kombination:

VENDER 5 verkaufen 4
Por su parte, los norteamericanos le siguen vendiendo trigo [al gobierno soviético]. TIEMPO: 206, 23
 Die Nordamerikaner ihrerseits verkaufen ihr [der sowjetischen Regierung] weiterhin Weizen. ‹DCVVEA›

REPETIR 4 wiederholen 2
[La ley del efecto] Ha sido criticada por su carácter circular: no sabemos si las consecuencias de un acto son "satisfactorias" o no para un animal más que observando si repite el acto o no lo repite. CREA
 Es [das Gesetz der Wirkung] wurde wegen seines zirkulären Charakters kritisiert: Ob die Folgen einer Handlung für ein Tier „befriedigend" sind oder nicht, wissen wir nur, wenn wir beobachten, ob es die Handlung wiederholt oder nicht wiederholt. ‹DCVVEA›

CONTESTAR 2 antworten 1
El amigo contestó que era imposible separarle "todos" [los libros], y al final quedaron que a la semana siguiente Fernández González pasaría por la Nacional a consultar los que le hubiere separado. CREA

Der Freund antwortete, es sei unmöglich, ihm „alle" [Bücher] herauszusuchen, und am Ende machten sie ab, dass Fernández González in der folgenden Woche in der Nationalbibliothek vorbeikommen würde, um diejenigen zu konsultieren, die er ihm herausgesucht hätte. ‹DCVVEA›

Angemessener sowie gerechtfertigter ist vielmehr die Gestaltung des zielsprachlichen Syntagmas ohne kenntlich gemachte Ergänzungen; dies ist in DCVVEA punktuell auch der Fall:

CUMPLIR 5 erfüllen 3
[El médico] Cumplía su función con indiferencia, incluso se equivocó varias veces. SUR: 38, 23
 Der Arzt erfüllte seine Aufgabe mit Gleichgültigkeit, er verschrieb sich sogar mehrmals. ‹DCVVEA›

CUMPLIR 5 einhalten 1
[Miguel] desvió la mirada hacia otro lado, estaba decidido a cumplir su pacto con Carmina y a no delatarle. TERNURA: 35, 28
 Miguel wandte seinen Blick ab, er war entschlossen, seinen Pakt mit Carmina einzuhalten und sie nicht zu verraten. ‹DCVVEA›

(3) die zielsprachliche KBeiA ist inhaltlich wie auch kontextuell nicht hinreichend erschließbar, was auf die Dekontextualisierung der ausgangssprachlichen BBeiA zurückzuführen ist:

CASAR 2 trauen 1
El juez estaba apuradísimo. Pero los casó y ella salió del brazo de su gordo -ganador- y tiró a la basura el traje de conejito en plena avenida Broadway. CREA
 Der Richter hatte es sehr eilig. Aber er traute sie, und sie kam an dem Arm ihres Dicken heraus, dem Gewinner, und sie warf das Kaninchenkostüm in der Broadway Avenue in den Müll. ‹DCVVEA›

VIVIR 1 leben 1
También ellos viven la religión y están en la religión de un modo más auténtico que nosotros. MADRID: 104, 6
 Sie leben auch die Religion und sind in einer authentischeren Weise als wir in der Religion. [...] cuando yo veo una película, estoy dentro o cuando estoy en el teatro, estoy dentro o, si no, no estoy. / Inf. B.- Vives la... el tema, ¿vamos? / Inf. A.- Sí, sí, por supuesto. MADRID: 293, 25
 Wenn ich einen Film sehe, bin ich mittendrin oder wenn ich im Theater bin, bin ich mittendrin oder, wenn nicht, dann bin ich nicht da. / Inf. B.: „Du lebst die ... den Inhalt, nicht?" / Inf. A.: „Ja, ja, selbstverständlich." ‹DCVVEA›

SENTAR 3 stehen 1
Si me atreviera a contártelo [...] te desvincularías de él como de la ley, como si mi sueño de ti fuera un traje que no te sienta, un vestido obligado, una camisa de fuerza. CREA
 Wenn ich mich trauen würde, ihn dir zu erzählen, würdest du dich von ihm distanzieren wie vom Gesetz, als wenn mein Traum von dir ein Anzug wäre, der dir nicht steht, ein aufgezwungenes Kleid, eine Zwangsjacke. ‹DCVVEA›

(4) eine mangelhafte Typikalität zielsprachlicher KBeiA, die auf eine mangelhafte Typikalität der ausgangssprachlichen BBeiA zurückzuführen ist:

PAGAR 2 bezahlen 2
Tan de pronto llegué, que no había podido leer nada, naturalmente; y tenía que haber pagado setenta y cinco pesetas para tener derecho a presentarme, y no las había pagado. SEVILLA: 252, 11
    Ich kam so plötzlich an, dass ich nichts hatte lesen können, natürlich; und ich hätte fünfundsiebzig Peseten bezahlen müssen, um das Recht zu haben, teilzunehmen, und ich hatte sie nicht gezahlt.
¡Estás muy guapa hoy, Hortensia!, y eso no es cuento... Lo de la Universidad sí; pero me han pagado, ¡no te lo vas a creer!, treinta mil liras. SONRISA: 243, 15
    Du siehst heute sehr hübsch aus, Hortensia!, und das ist kein Scherz ... Das mit der Universität ja; aber man hat mir, du wirst es nicht glauben, dreißigtausend Lire bezahlt. ‹DCVVEA›

PERDER 9 [nicht mehr] mitkommen 1
Es que es curioso porque, si no estoy mal informado, que yo en esto de los planes de estudio me pierdo, ahora hay una gran mayoría de chavales que estudian música, algo de música por lo menos en en el colegio. Sí, sí. o en el instituto. CREA
    Das ist auffällig, weil die Jugend, wenn ich mich nicht irre, denn bezüglich der Studiengänge komme ich nicht mehr mit, mehrheitlich Musik lernen, ein wenig Musik mindestens in in [sic!] der Schule. Ja, ja oder auf dem Gymnasium. ‹DCVVEA›

Als eine Alternative zu den Fällen der mangelhaften Typikalität ausgangssprachlicher BBeiA kann Übersetzung ausgangssprachlicher KBeiA erachtet werden, die in DCVVEA punktuell gegeben ist:

CASAR 4 zusammenpassen 1
No casa querer adelgazar y a la vez comer muchas grasas. Inventado
    Abnehmen zu wollen und gleichzeitig viel Fett zu essen, passt nicht zusammen.
No casa que quieras marcharte y que quieras quedarte. Inventado
    Es passt nicht zusammen, dass du gleichzeitig gehen und bleiben möchtest. ‹DCVVEA›

Bemerkenswert ist in den oben angeführten Fällen eine Kennzeichnung der KBeiA durch *Inventado* auf der ausgangssprachlichen Seite. Es finden sich ferner auch Fälle, in denen ausgangssprachliche Beispielsyntagmen ohne BStellA präsentiert werden:

SENTAR 4 passen 2
Si algo le sentaba mal, mantenía una mordaz ironía con la que, gracias a su inteligencia, machacaba al contrincante.
    Wenn ihm etwas nicht passte, befleißigte er sich einer beißenden Ironie, mit der er, dank seiner Intelligenz, den Gegenüber fertig machte.
SENTAR 4 stören 1
Si algo le sentaba mal, mantenía una mordaz ironía con la que, gracias a su inteligencia, machacaba al contrincante.
    Wenn ihn etwas störte, befleißigte er sich einer beißenden Ironie, mit der er, dank seiner Intelligenz, den Gegenüber fertig machte. ‹DCVVEA›

Von der Präsentationsweise fallen solche Fälle unter KBeiA, da ausgangssprachliche Bestandteile jeweils als elementare Angaben präsentiert werden (4.2.2). Da in anderen Fällen in DCVVEA jedoch eine explizite Kennzeichnung *Inventado* angeführt wird, ist nicht auszuschließen, dass im letzteren Fall BBei ohne BStellA vorliegen.

(5) eine mangelhafte Wohlgeformtheit der durch Übersetzung entstandenen KBeiA in mehreren Erscheinungsformen:

(a) eine nicht wohlgeformte Formulierungsweise der übersetzten KBeiA:

VESTIR 4 anziehen 2
[...] daría no se qué, mi oficio, mi vida de pintora por verlo así con su tablier d'écolier a cuadritos blancos y azules, haberlo vestido yo misma [...]. DIEGO: 35, 5
 Ich würde ich weiß nicht was darum geben, meinen Beruf, mein Leben als Malerin, um ihn so zu sehen, mit seinem blau-weiß karierten Schulkittel, ihn selbst angezogen zu haben. ‹DCVVEA›

VIVIR 5 leben 3
Castillo Peraza se autodefine como un hombre de retos, como un hijo del esfuerzo -realizó sus estudios siempre becado por su dedicación-, que vive de escribir y de prestar asesorías. CREA
 Castillo Perza definiert sich selbst als ein Mann der Herausforderungen, als ein Sohn der Arbeit – er absolvierte sein Studium immer mit Stipendien, die er für seinen Fleiß bekam – , der davon lebt, dass er schreibt und als Berater tätig zu sein [sic!]. ‹DCVVEA›

VENDER 5 verkaufen 4
El turismo es el sector donde mayor porcentaje de empresas vende a través de internet. CREA
 Der Tourismus ist der Sektor, wo der höchste Prozentsatz an Firmen über Internet verkauft. ‹DCVVEA›

(b) eine strukturelle Unvollständigkeit der übersetzten KBeiA:

CREER 3 glauben 3
Albert me filmaba, me compraba quimonos y me llevaba a pescar con él. Se creía en el deber, todavía no entiendo por qué, de hacerme, a ratos, feliz. CREA
 Albert filmte mich, kaufte mir Kimonos und nahm mich zum Angeln mit. Er glaubte sich [sic!] ‹DCVVEA›

CREAR 1 schaffen 1; erzeugen 1
CREAR 1 schaffen 1
[...] la última década -terrorismo, matanzas, envenenamientos masivos, desastres ecológicos, emergencia de nuevas y mortíferas formas de contaminación, etc.- ha creado [...] un clima general de pesimismo y desasosiego [...]. PAISAJES: 174, 6
 Das letzte Jahrzehnt – Terrorismus, Blutbäder, Massenvergiftungen, Umweltkatastrophen, das Auftreten neuer und tödlicher Formen der Kontamination etc. – hat ein allgemeines Klima des Pessimismus und der Unruhe [sic!] ‹DCVVEA›

CREAR 1 erzeugen 1
[...] la última década -terrorismo, matanzas, envenenamientos masivos, desastres ecológicos, emergencia de nuevas y mortíferas formas de contaminación, etc.- ha creado [...] un clima general de pesimismo y desasosiego [...]. PAISAJES: 174, 6
    Das letzte Jahrzehnt – Terrorismus, Blutbäder, Massenvergiftungen, Umweltkatastrophen, das Auftreten neuer und tödlicher Formen der Kontamination etc. – hat ein allgemeines Klima des Pessimismus und der Unruhe [sic!] ‹DCVVEA›

CASAR 4 zusammenpassen 1
Una persona con determinadas convicciones podría encontrar contradictoria la expresión democracia cristiana, por lo mismo que otra de distinta militancia podría ver que juventudes comunistas son palabras que no casan. CREA
    Eine Person mit bestimmten Überzeugungen könnte den Ausdruck „Christdemokratie" widersprüchlich finden, so wie jemand mit einer anderen politischen Orientierung der Meinung sein könnte, dass „kommunistische Jugend" Wörter sind, die nicht zusammenpass [sic!] ‹DCVVEA›

(c) Tippfehler sowie Punktuationsfehler innerhalb der zielsprachlichen KBeiA:

CREAR 3 schaffen 3
El equipo que forman Pomés/Leiz conoce muy a fondo la realidad de la Ciutat Vella vista a través de la cámara, pues hace unos años creó un par de sugestivos documentales [...]. CREA
    Durch die Kamera gesehen kennt das von Pomés und Leiz gebildete Team die Realität der Ciutat Vella sehr gut, denn vor einigen Jahren hat es zwei indrucksvolle [sic!] Dokumentarfilme geschaffen. ‹DCVVEA›

APARECER 1 aufkommen 1
Estuve buscando cómo conocerla y hacerme amigo suyo. CREA
    Ich suchte nach einer Möglichkeit, sie kennen zu lernen und ihr Freund zu werden [sic!]
Inicialmente se sentía desconcertado, asustado... Después disgustado, hasta que le desborda la ansiedad, la rabia y aparecen sentimientos más depresivos como la impotencia. CREA
    Anfangs fühlte er sich verunsichert, erschrocken ... Dann verärgert, bis ihn die Angst, die Wut überfluten und depressivere Gefühle wie die Ohnmacht auf kommen [sic!]. ‹DCVVEA›

VIVIR 4 leben 2
[...] mi mujer solo vivía para su hogar, solo vivía para mí, para sus hijos, para su madre, para para la casa. CREA
    Meine Frau lebte nur für ihre Familie, sie lebte nur für mich, für ihre Kinder, für ihre Mutter, für für [sic!] den Haushalt. ‹DCVVEA›

Insbesondere die Fälle der strukturellen Unvollständigkeit sowie Tipp- und Punktuationsfehler lassen sich auf den Entstehungshintergrund der KBeiA zurückführen, indem sie erst beim Abfassen eines WbA entstehen (4.2.2) sowie in diesem Fall durch Übersetzung des Lexikographen produziert werden. Die typologischen Fälle (1) bis (4) zeugen von *übersetzerischer Beeinflussbarkeit* der KBei, wenn sie (a) eine Übersetzung einer ausgangssprachlichen BeiA darstellen und (b) ein vorangehendes Wort-Äquivalent aufnehmen. Hinzu kommt der typologische Fall (5), der eine mangelhafte Wohlgeformtheit zielsprachlicher KBeiA beinhaltet. Solche Tendenzen in Bezug auf die Gestaltung zielsprachlicher KBeiA sind insbesondere im aktiven zweisprachigen Wörterbuch problemträchtig; Adamska-Sałaciak (2006a: 495) formuliert die Problemstellung wie folgt:

> this way of presentation necessarily results in diminished credibility of the target-language material. A user consulting a contemporary dictionary has the right to expect examples which are as real (authentic) as possible. In practice, this means that the examples should be based on data extracted from a representative corpus of the foreign language, a corpus recording fragments of spoken and written texts which have been produced by native speakers of the language in question for the purposes of real-life communication. But in a dictionary which gives SL examples accompanied by their TL translations it is only the former that can be taken from a corpus; the latter, no matter how good *qua* translations, will never be more that [sic!] just that. Given the nature of lexicographic translation – in particular, the requirement that the SL syntagmatic stretches and their suggested TL counterparts should be as close as possible in all imaginable respects, i.e. not just semantically, but also structurally – a certain proportion of not-quite-typical TL sentences is unavoidable. (vgl. auch Adamska-Sałaciak 2006: 169)

Dies läuft einer einzelsprachenspezifischen Idiomatizität der Wörterbuchzielsprache, mit der die Vorstellung der Typikalität bzw. Authentizität verbunden wird, grundsätzlich zuwider: „The typicality of an example implies, among other things, that the patters of co-occurrence it contains should be typical. Such examples are hard enough to find even in a TL corpus; [...] it is unrealistic to expect them to emerge effortlessly from translations of SL examples.", so Adamska-Sałaciak (2006: 169; vgl. Adamska-Sałaciak 2006a: 495). Gegen die Übersetzung ausgangssprachlicher BeiA sprechen sich auch Bergenholtz/Tarp (1995: 141) aus:

> As the aim is to ensure as authentic usage as possible, it cannot be recommended to merely translate $L_a$ examples into $L_b$ examples to illustrate the use of an equivalent in a wider context. [...] even the most competent lexicographer will have difficulties hitting upon the correct style when translating small isolated parts of a text. Besides, such translation takes time.

Des Weiteren plädieren Bergenholtz/Tarp (ebd.) für die Anführung der BeiA in der Wörterbuchzielsprache. Bergenholtz (1994: 435) stellt in diesem Zusammenhang die folgende Überlegung an: „Eher könnte es angebracht sein, ein L2-Beispiel sowohl in einem L1-L2 als auch in einem L2-L1-Wörterbuch in die L1 zu übersetzen". Dies wäre insbesondere im elektronischen Publikationsmedium umsetzbar, wenn ein übersetzter Bestandteil der BeiA als ein optionales Element dargeboten wäre.

Eine Alternative zu solchen problematischen Aspekten stellt das Parallelbeispiel dar (5.2.2.2).

### 5.2.2.2 Das Parallelbeispiel

In der metalexikographischen Forschungsliteratur neueren Datums gilt als ein Konsens, dass die Arbeit mit ParBei der Übersetzung der BeiA durch den Lexikographen überlegen ist (Albi Aparicio 2013: 235; Rossenbeck 2006: 190f.). Im Fall des ParBei liegen „parallele Belege mit gleichen Abdeckungsbereichen" (Domínguez Vázquez 2013: 56) vor. Für die Extraktion der BeiA aus Paralleltexten kommen in der zweisprachigen Lexikographie mehrsprachige Corpora in Frage, und zwar *Parallelcorpora* und *Vergleichscorpora*.

Parallelcorpora umfassen Textpaare, die Übersetzungen voneinander darstellen (Kilgarriff 2015: 91; Lemnitzer/Zinsmeister 2015: 138; Heid 2008: 137; Bielińska 2014: 231; Aijmer 2008: 276; Lindemann 2013: 251). Als Grundlage des Einsatzes der Parallelcorpora in der lexikographischen Arbeit dient die Zuordnung einzelner struktureller Einheiten innerhalb enthaltener Ausgangstexte und deren übersetzter Zieltexte: „Parallel corpora are of most use if they are aligned: that is, for each sentence, or word, in the one text, the computer knows what the corresponding item is in the other." (Kilgarriff 2015: 92; vgl. Heid 2008: 137; Aijmer 2008: 282f.).

Beim Einsatz der Parallelcorpora sind die folgenden Aspekte von grundlegender Relevanz:
(1) die Textsorten, die im Parallelcorpus enthalten sind, sowie damit zusammenhängend der Grad der Gebundenheit des übersetzten Zieltextes an den Ausgangstext: Während für die schöngeistige Literatur eine Wörtlichkeit bei der Übersetzung in der Regel nicht präsupponiert werden kann, erscheint etwa bei technischer Dokumentation ein übersetzter Zieltext im hohen Maße originalgetreu bzw. wörtlich in Bezug auf den Ausgangstext, was eine Grundlage für die Zuordnung einzelner struktureller Elemente bietet (vgl. Kilgarriff 2015: 92; Teubert 2002: 205).
(2) *Sentence alignment*, d. h. eine Zuordnung einzelner struktureller Elemente auf der Satzebene ist effizienter und zuverlässiger als *word alignment*, d. h. eine Zuordnung auf der Wortebene: „One can expect the sentences and their translations to be in the same order as each other, but one cannot expect the words and their translations to be in the same order in source and target text." (Kilgarriff 2015: 92; vgl. Tiedemann 2013: 1441). Dies ist auf die Charakteristika des Äquivalenzbegriffes in der Übersetzungswissenschaft zurückzuführen (3.1.2.2.1).

In der zweisprachigen Lexikographie eignet sich das Parallelcorpus für die Ermittlung insbesondere der ÄA wie auch weiterer semantisch-pragmatischer Angaben (Kilgarriff 2015: 91ff.; Heid 2008: 137; vgl. Schierholz 2005: 87; 2008a: 7). Da die Übersetzungswissenschaft mit einem anderen Äquivalenzbegriff arbeitet, sind die aus einem Parallelcorpus extrahierten Daten ggf. zu spezifisch für die lexikographische Äquivalenzermittlung; Heid (2008: 137) formuliert dies wie folgt:

> From a theoretical point of view, there may be a problem with the use of parallel corpora: a parallel corpus reflects the translation work of one or more individual translators. The translations provided are bound to the context: at sentence level, at text level, and even with respect to the wider interpretational context. Such translations may be specific, sometimes more specific than needed in a general bilingual dictionary. (vgl. auch Aijmer 2008: 278)

Kilgarriff (2015: 92f.) unterscheidet zwei Methoden, wie Parallelcorpora in der lexikographischen Arbeit eingesetzt werden können: als *parallel concordances* oder als *parallel summaries*. Die erste Methode beruht auf *sentence alignment*; dies kommt bei der Corpusabfrage wie folgt zur Geltung: „The lexicographer searches for a word or phrase on one side of the corpus, and sees pairs of sentences which are translations of each other." (2015: 92). *Parallel Concordances* bieten syntagmatische Einbettungen sowie dadurch zugeordnete Belege für eine potentielle Verbeispielung:

> As with examples in general, people (translators, lexicographers and other users) find these example pairs very useful and easy to use. They will often remind a lexicographer of ways of translating a word or phrase that should be included in the dictionary entry, and will supply example sentence pairs to be included (usually after some editing). (Kilgarriff 2015: 93)

Dies bedeutet, dass diese Methode sich in besonderer Weise für die Ermittlung der (a) Wort-ÄA sowie (b) der BeiA mit dem Zweck der Demonstration (5.3.2) eignet.

Der Einsatz der Parallelcorpora als *parallel summaries* bietet hingegen statistisch extrahierte Befunde; die Effizienz dieser Methode hängt mit der Corpusgröße zusammen:

> The 'summaries' approach for using parallel corpora only applies when the corpora are large, and for words where there are many sentence pairs. Then, it will not be possible for the lexicographer to read all the sentence pairs, and it should be possible for the computer to summarise what it finds in them. (Kilgarriff 2015: 93)

Kilgarriff (ebd.) sieht die Methode der *parallel summaries* als eine zweisprachige Version der Abfragesoftware an, die für die Arbeit mit einsprachigen Corpora eingesetzt wird; sie beruht zusätzlich auf *word-alingment* (Kilgarriff 2015: 93f.). Diese Methode eignet sich in besonderer Weise für eine statistische Ermittlung äquivalenter KollA (Kilgarriff 2015: 94).

Ein grundlegender Aspekt bei der Arbeit mit Parallelcorpora ist die Verfügbarkeit einsetzbarer und balancierter Parallelcorpora für das jeweilige Sprachenpaar (Heid 2008: 137; Kilgarriff 2015: 94; vgl. Tiedemann 2013: 1433). Insbesondere in Hinsicht auf die enthaltenen Textsorten und Diskursbereiche hält Kilgarriff (2015: 94) fest, dass die meisten verfügbaren Parallelcorpora aus (a) politischen Diskursen, insbesondere aus dem EU-Parlament stammend, (b) technischer Dokumentation oder (c) Filmuntertiteln zusammengesetzt werden (vgl. dazu Heid 2008: 137). Die Tendenz zur Verfügbarkeit und Balanciertheit der Parallelcorpora formuliert Kilgarriff (2015: 94) generell wie folgt: „For any particular language pair, some text-types will be available, others will not.".

Vergleichscorpora bestehen aus Texten zweier oder mehrerer Sprachen, die originär verfasst sind, d. h. keine Übersetzungen voneinander darstellen, sondern in thematischer Hinsicht zu vergleichbaren Diskursen angelegt sind (vgl. Lemnitzer/

Zinsmeister 2015: 138; Heid 2008: 137; Bielińska 2014: 231f.; Aijmer 2008: 276). Zu Vergleichscorpora führt Bielińska (2014: 232) Folgendes aus:

> Da Texte aus den Vergleichskorpora keine Übersetzungen sind, sind sie ‚natürlicher' als Texte aus den Parallelkorpora. Die Übersetzungen weisen nämlich immer bestimmte Eigenschaften des Originals auf, denn es beeinflusst im bestimmten Grade den Wortschatz oder die Satzstruktur der Übersetzung. Die Vergleichskorpora eignen sich daher besser für lexikographische Zwecke als Parallelkorpora.

ParBeiA sind in der empirischen Basis der vorliegenden Untersuchung in PONS E-D online gegeben, und zwar im Angabebereich *Beispiele aus dem Internet (nicht von der PONS Redaktion geprüft)*. Der Hinweis, dass es sich um ungeprüftes Beispielmaterial handelt, lässt darauf schließen, dass solche ParBeiA automatisch selegiert werden. Es lassen sich insgesamt die folgenden Tendenzen zu den angebotenen ParBeiA festhalten. Einerseits sind ParBeiA existent, die wohlgeformt sind und in einer einwandfreien Weise als BeiA fungieren können, wie etwa in den folgenden Fällen:

RECEIVE 1 etw erhalten [o. bekommen]

| | |
|---|---|
| […] You may receive former reports from our archive on request. […] | […] Ältere Jahresberichte erhalten Sie gerne auf Anfrage aus unserem Archiv. […] |
| […] 1.4 million students in 2,300 schools now receive their education from qualified teachers. […] | […] Nun erhalten 1,4 Millionen Schülerinnen und Schüler in 2.300 Schulen einen qualifizierten Unterricht. […] |
| […] How many international students receive a grant? […] | […] Wie viele internationale Studierende erhalten ein Stipendium? […] |
| […] When receives the believer the Holy Spirit? […] | […] Wann erhält der Gläubige den Heiligen Geist? […] |
| […] The client is to receive the translation as agreed in the written purchase order. […] | […] Der Auftraggeber erhält die im Auftragsformular schriftlich vereinbarte Ausführung der Übersetzung. […] |
| […] You will receive an answer from the Studentenwerk. […] | […] Sie erhalten dann vom Studentenwerk eine Antwort. […] |

EXIST 1 existieren

| | |
|---|---|
| […] In Afghanistan, several different legal systems – traditional law, Islamic law and modern law – exist side by side. […] | […] In Afghanistan existieren mehrere Rechtssysteme nebeneinander: Das traditionelle, das islamische und das moderne Recht. […] |
| […] As no written teaching materials existed for Cambodians, the SCU developed a handbook that can be used either for lectures or for on-site training. […] | […] Da auch keine schriftlichen Lehrmaterialien existierten, hat die SCU ein Handbuch entwickelt, das von Dozenten und für Schulungen vor Ort eingesetzt werden kann. […] |

| [...] National associations currently only exist in isolation and they have weak organisational structures. [...] | [...] Nationale Verbände existieren bislang erst vereinzelt und haben schwache Organisationsstrukturen. [...] |

Andererseits sind ParBeiA feststellbar, die Mängel unterschiedlichen Charakters aufweisen, die sich wie folgt systematisieren lassen:
(1) die Bestandteile einer ParBeiA sind keine wohlgeformten Syntagmen:

PRODUCE 2 etw bewirken [*o.* hervorrufen]

| [...] by its rotation about its own axis which produces the constant change of day and night. [...] | [...] Von ihrer Rotation um die eigene Achse, die den steten Wechsel von Tag und Nacht hervorruft. [...] |

EXIST 1 existieren

| [...] Developing and testing adaptation measures So far, very little detailed empirical knowledge exists on how to deal with the risks of climate change or exploit the opportunities it may bring. [...] | [...] Entwicklung und Ausführung von Anpassungsmaßnahmen Bislang existiertwenig erfahrungsgestütztes, detailliertes Fachwissen darüber, wie mit den Risiken des Klimawandels und den daraus entstehenden Chancen umgegangen werden kann. [...] |
| [...] if, in the case of divorce from her husband, marriage status has existed for at least one year (legally within federal territory) and deportation would entail particular hardship for the wife (see The hardship regulation), or [...] | [...] wenn im Falle einer Scheidung von ihrem Mann die Ehe seit mindestens einem Jahr (rechtmäßig im Bundesgebiet) bestandenhat, die Ausweisung für die Ehefrau jedoch eine besondere Härte bedeuten würde (siehe Härtefallregelung) oder [...] |

SEPARATE *vi* 1 sich *akk* trennen

| [...] In 1897 the population in the area of Weyer have separated from the center and established their own community because they feared a disadvantage by the iron industry. [...] | [...] 1897 haben sich die Einwohner in der Umgebung von Weyer vom Zentrum getrenntund mit Weyer Land eine eigene Gemeinde gegründet, da sie eine Benachteiligung durch die Eisenindustrie befürchteten. Dabei hatte Weyer Land 219 km&sup2; und Weyer Markt nur 4 km&sup2;. [...] |

(2) eine mangelhafte Typikalität:

EAT 1 etw essen

| | |
|---|---|
| [...] By observing sandals, mirrors, make-up, baskets, combs and jewellery, students are led to discover daily life among the Ancient Egyptians, learning what they ate, how they dressed, how they looked after their appearance and their health. [...] | [...] Sandalen, Spiegel, Schminkutensilien, Körbe, Kämme und Schmuck - die Betrachtung dieser Gegenstände hilft den Kindern bei der Entdeckung des Alltagsleben der antiken Ägypter, um zu lernen, was sie aßen, wie sie sich kleideten, wie sie sich um ihr Aussehen pflegten und ihre Gesundheit. [...] |
| [...] Cooking together with my classmates and neighbors or eating, drinking, playing games and talking with them. [...] | [...] Mit meinen Kommilitonen und Nachbarn bei mir oder anderen gemeinsam kochen, essen, trinken, spielen, reden und so weiter. [...] |
| [...] By using wood and petroleum as his focal points, he leads us through the history of the construction of Venice, to a sculpture and its built-in mistake, and finally to how the tissue in fish is filled with so much plastic that a scientist friend no longer eats the animals. [...] | [...] Er führt die Leser mit dem Fokus auf Holz und Petroleum von der Bebauungsgeschichte Venedigs über eine Skulptur mit eingebautem Fehler bis zu der Tatsache, dass das Gewebe von Fischen mit so viel Plastik gefüllt ist, dass ein befreundeter Wissenschaftler diese Tiere nicht mehr isst. [...] |

(3) folgende ParBeiA sind nicht hinreichend erschließbar:

HAPPEN 1 sich *akk* ereignen *geh*

| | |
|---|---|
| [...] What happens beyond the steps when feet are falling away from themselves, when the idea of striding becomes absurd? [...] | [...] Was ereignet sich jenseits der Schritte, wenn die Füße aus sich herausfallen, wenn die Idee des Schreitens absurd wird? [...] |

SEPARATE *vt* etw teilen

| | |
|---|---|
| [...] Chris Haring A double organism at war with itself, an androgynous gecko appears and separates into two hungry body junkies lusting for real existence. [...] | [...] Ein Doppelorganismus im Krieg mit sich selbst, ein androgyner Gecko taucht auf und teilt sich in zwei hungrige Körper-Junkies, lüstend nach realer Existenz. [...] |

(4) lexikographisch irrelevante Details in den folgenden ParBeiA:

RECEIVE 1

| | |
|---|---|
| [...] PYAASA Guru Dutt, India 1957, 35 mm, 147 min The film centers on a failed poet who | [...] PYAASA ( Ewiger Durst ) Guru Dutt, Indien 1957, 35 mm, 147 min Im Mittelpunkt des Films steht ein erfolgloser Dichter, der nicht einmal |

| | |
|---|---|
| doesn't even receive recognition within his own family. [...] | innerhalb der eigenen Familie Anerkennung findet. [...] |

RECEIVE 6

| | |
|---|---|
| [...] Please have a look at the building plans (see renting offers) and you will receive a first impression of the spacious flexibility of the TZT: [...] | [...] Bitte schauen Sie sich die Gebäudepläne (siehe Mietangebote) an und gewinnen Sie einen ersten Eindruck von der räumlichen Flexibilität des TZT: [...] |

HAPPEN 1 ablaufen *fam*

| | |
|---|---|
| [...] A Year in the Life of a BSD Guru, Dru Lavigne In this interview, John Baldwin of the FreeBSD project gives some insight on what it is like to be a FreeBSD developer and some of the things that happen behind the scenes of a large Open Source project. [...] | [...] A Year in the Life of a BSD Guru, Dru Lavigne In diesem Interview beschreibt John Baldwin vom FreeBSD Project, was es heißt, ein FreeBSD-Entwickler zu sein. Außerdem gibt er einen Einblick in einige Dinge, die hinter den Kulissen eines großen Open Source-Projektes ablaufen. [...] |

(5) eine unangemessene Komplexität in ParBeiA, ggf. begleitet durch zu fachspezifische Inhalte:

HAPPEN 1 geschehen

| | |
|---|---|
| [...] Instead of sticking to a single strand, a single immutable fate, she plays in virtuoso fashion with all a life's crossroads, asking herself whether things might not have turned out very differently, what would have happened if a particular life story had taken a different course at a decisive juncture. [...] | [...]Anstatt sich an einen einzigen Strang, ein unabänderliches Schicksal zu halten, entwickelt sie ein virtuoses Spiel mit den Scheidewegen des Lebens – und fragt sich, ob nicht alles auch ganz anders hätte kommen können, was geschehen wäre, wenn eine bestimmte Lebensgeschichte an einem entscheidenden Punkt einen anderen Verlauf genommen hätte. [...] |
| [...] Aspects of the lived and livable regional limited "anthropological space" are communicable in images and texts between participants but the communication happenswithin the supraregional frame of the world map making it necessary to segregate regional "projects" or "galleries" and other frames in frames: localization in the "totalizing stage" world. [...] | [...] Aspekte des erlebten und erlebbaren regional begrenzten "anthropologischen Raums" werden zwischen Teilnehmern zwar in Bild und Text kommunizierbar, doch geschieht dies im überregionalen Kommunikationsrahmen mit der Weltkarte, in der regionale "Projekte" oder "Galerien" und andere Rahmen-im-Rahmen ausgegrenzt werden müssen: Lokalisierung im "Gesamt-Schauplatz" Welt. [...] |

ORGANIZE 1 etw organisieren [o. koordinieren]; etw ordnen [o. sortieren]

| | |
|---|---|
| [...] "Military forces of a State" means the armed forces of a State which are organized, trained and equipped under its internal law for the primary purpose of national defence or security, and persons acting in support of those armed forces who are under their formal command, control and responsibility. [...] | [...] 4. bedeutet der Ausdruck "Streitkräfte eines Staates" die bewaffneten Kräfte eines Staates, die nach seinem innerstaatlichen Recht hauptsächlich zum Zweck der Landesverteidigung oder des Schutzes der nationalen Sicherheit organisiert, ausgebildet und ausgerüstet werden, und die zur Unterstützung dieser Streitkräfte tätigen Personen, die offiziell ihrer Führung, Kontrolle und Verantwortung unterstellt sind. [...] |
| [...] Unlike in the large bowel, where the lymphatic system is rather well organized and within physical borders of the mesocolon (and can therefore be removed easily), lymphatic drainage of the stomach is rather chaotic and surgical removal is a tedious job. [...] | [...] Anders als beim Dickdarm, wo die Lymphbahnen wohl geordnet und in den Grenzen des Mesocolons verlaufen ( und daher leicht vollständig entfernt werden können ), herrscht beim Lymphabfluss am Magen das reinste anatomische Chaos und die chirurgische Präparation ist eine schwierige Aufgabe. [...] |

(6) mitdokumentierte sprachliche Fehler und Punktuationsfehler in ParBeiA:

SEPARATE *vi* 1 sich *akk* trennen

| | |
|---|---|
| [...] An ill-conceived but nonetheless effective comparison between cubes and paintings using colours, images made of facets which are moving together or apart, the vision of edges, the evocation of a movement which separates or unites. [...] | [...] Ein schlecht gedachte aber wirkungsvolle Vergleich zwischen den Würfeln und den Gemälden mit den Farben, den Bildern der Facetten, die sich zusammengelegen und wieder zerlegen, die Vision der Kanten, die Erwägung der Bewegung, die zusammen bringt oder trennt. [...] |

EAT 1 essen

| | |
|---|---|
| [...] ...So be it, It was a nice evening, but the end was now hungry and dismissed us into the night with the fixed default, somewhere to eat a pizza... which is not at once be so easily proved, but that's another story. [...] | [...] ...Sei es drum, es war ein netter Abend, der nun aber zu Ende war und uns hungrig in die Nacht entliess mit der festen Vorgabe, noch irgendwo eine Pizza zu essen... was sich garnicht einmal als so leicht erwies, aber das ist eine andere Geschichte. [...] |

SEPARATE *vt* etw teilen; etw abspalten

| | |
|---|---|
| [...] 1 Chronicles 24,3 With the help of Zadok a descendant of Eleazar and Ahimelech a descendant of Ithamar, David separated them into | [...] 1.Chr 24,3 Und David teilte sie ?gemeinsam? mit Zadok von den Söhnen Eleasars und Ahimelech von den Söhnen Itamars nach ihrem Amt in ihren Dienst ein. [...] |

| | |
|---|---|
| divisions for their appointed order of ministering. [...] | |
| [...] Condensation plays an important role in organic chemistry: in many chemical reactions molecules interlink by separating other molecules? usually water. [...] | [...] Die Kondensation spielt eine wichtige Rolle in der organischen Chemie: In vielen chemischen Reaktionen verbinden sich Moleküle miteinander, indem sie andere Moleküle? meistens Wasser? abspalten. [...] |

Somit zeichnet sich die Tendenz ab, dass ParBeiA im Unterschied zur Praxis der Übersetzung der BeiA weniger von der Wörtlichkeit geprägt und somit nicht von der Problematik der übersetzerischen Beeinflussbarkeit der KBeiA (5.2.2.1) betroffen sind. Nichtsdestoweniger können ParBeiA beträchtliche Mängel in Hinsicht auf ihre Qualität aufweisen, die bei der Exzerption entstehen (Fall 1), auf De- und Rekontextualisierung der BBeiA als Zitate im engen Sinne zurückzuführen sind (Fälle 2 bis 5) oder sich auf miterfasste sprachliche Fehler oder Punktuationsfehler beziehen (Fall 6). Vor diesem Hintergrund wird ersichtlich, dass die Selektion der ParBeiA nicht in einer umfassend zufriedenstellenden Weise automatisch erfolgen kann, sondern vom Parameter der Qualität als lexikographische BeiA geleitet werden muss. Damit zusammenhängend erscheint auch die Möglichkeit der Modifikation von Vorteil für die Qualität der ParBeiA. Bemerkenswerterweise werden in der empirischen Basis der vorliegenden Untersuchung weder im Zusammenhang mit der Übersetzung der BeiA noch innerhalb der ParBeiA Modifikationen praktiziert: Bei der Übersetzung werden innerhalb der BBei wie auch der KBei verständnissichernde Eingriffe kenntlich gemacht (5.2.2.1), im Fall der ParBeiA liegt dies an der automatischen Selektion der ParBeiA in PONS E-D online. Somit ist festzuhalten, dass in der empirischen Basis zur zweisprachigen Lexikographie modifizierte CorBeiA nicht gegeben sind.

## 5.3 Zweck und Funktionalität der Beispielangaben in der zweisprachigen Lexikographie

Die Besonderheit der BeiA in der zweisprachigen Lexikographie besteht darin, dass sie neben dem Zweck der Demonstration auch in die Äquivalenzherstellung involviert sind, d. h. auch Funktionen erfüllen, die auf dem sprachkontrastiven Wesen zweisprachiger Wörterbücher beruhen. Hinzu kommt, dass auch in der zweisprachigen Lexikographie das Charakteristikum der Polyfunktionalität der BeiA gegeben ist (Model 2010: 51; Jacobsen et al. 1991: 2783f.; 2787; Piotrowski 2000: 20; Adamska-Sałaciak 2006: 154; Szende 1999: 200). Vor diesem Hintergrund finden sich in der Forschungsliteratur Stimmen für einen Verzicht auf eine funktional motivierte Definition der BeiA in der zweisprachigen Lexikographie (Jacobsen et al. 1991: 2784; Model 2010: 51; Szende 1999: 200; Adamska-Sałaciak 2006: 154). Dafür werden die folgenden zwei Argumente angeführt: Die Funktionen sowie die durch BeiA konkret vermittelten

Informationen können (a) weit gefächert sein und (b) mit denen anderer Bauteile der WbA zweisprachiger Wörterbücher überlappen (Model 2010: 51; Jacobsen et al. 1991: 2783f.). Dies macht eine Systematisierung nach dem Zweck und der Funktionalität der BeiA in der zweisprachigen Lexikographie notwendig.

### 5.3.1 Beispielangaben mit dem Zweck der Äquivalenzherstellung

Die BeiA mit dem Zweck der Äquivalenzherstellung sind diejenigen zweiteiligen BeiA, deren zielsprachliche Bestandteile keine vorangehenden Wort-Äquivalente aufnehmen (5.2.1.2):

> PRODUCE ... I. ... 1 (*make*) **to produce sth** etw herstellen [*o.* produzieren] [...]
> **to produce coal/oil** Kohle/Erdöl fördern
> **to produce electricity** Strom erzeugen
> **to produce ideas/thoughts** Ideen/Gedanken entwickeln
> **to produce an illusion** eine falsche Vorstellung erwecken
> **to produce a meal** eine Mahlzeit zubereiten
> **to produce noise** Lärm verursachen
> **to produce a novel/report** einen Roman/Bericht schreiben [*o.* verfassen]
> **to produce an odour** einen Geruch absondern
> **to produce a painting/a sculpture** ein Gemälde/eine Skulptur schaffen
> **to produce a shadow** einen Schatten werfen
> **to produce a state of hypnosis** einen Hypnosezustand herbeiführen
> **to produce static/sparks** atmosphärische Störungen/Funken verursachen [*o.* hervorrufen] [...]
> 2 ... (*bring about*) **to produce sth** etw bewirken [*o.* hervorrufen] [...]
> **to produce an effect** eine Wirkung erzielen [...]
> **to produce profits/revenue** Gewinne/Erträge erzielen [*o.* einbringen]
> **to produce results** zu Ergebnissen führen
> **to produce a shift in public opinion** die öffentliche Meinung ändern ‹PONS E-D›
>
> SEPARATE ... III. *vt* ... **to separate sb/sth** jdn/etw trennen
> **they look so alike I can't separate them in my mind** sie sehen sich so ähnlich, ich kann sie einfach nicht auseinanderhalten
> **you can't separate ethics from politics** du kannst doch die Ethik nicht von der Politik abspalten ‹PONS E-D›

Ohne Anbindung an einen theoretischen Rahmen bei der Gestaltung des SK im zweisprachigen Wörterbuch wird das Phänomen der BeiA mit dem Zweck der Äquivalenzherstellung in der Forschungsliteratur äußerst kontrovers reflektiert. Es lassen sich folgende Standpunkte differenzieren: (1) die Ablehnung der Identifikation solcher Bearbeitungseinheiten als BeiA; (2) die Betrachtung solcher Elemente als im weiten Sinne *anders geartete* BeiA. Das Phänomen lässt sich jedoch (3) im theoretischen Rahmen der Prinzipien der Gestaltung des SK im zweisprachigen Wörterbuch, insbesondere der Strukturen und Typen der lexikographischen Gleichungen (3.1.2.2.2) in Kombination mit den Befunden zum Wesen des Beispiels (Kapitel 2) fundiert reflektieren.

Zu (1): Gegen die Identifikation infralemmatischer Bearbeitungseinheiten als lexikographische BeiA sprechen sich Hausmann/Werner (1991: 2731f.) aus und plädieren stattdessen für die generalisierende Bezeichnung *Mehr-Wort-Einheiten* mit dem folgenden Argument:

> Das wichtigste Kriterium für die Ansetzung von Mehr-Wort-Einheiten als Adressen ist die Tatsache, daß für die betreffende ausgangssprachliche Wortkombination Äquivalente als Angaben für nötig erachtet werden, die sich nicht einfach aus den Äquivalenten erschließen lassen, die das Wörterbuch für die Einzelwörter angibt, aus denen die Wortkombination besteht. Die Bearbeitungseinheiten, derentwegen aus Mehr-Wort-Einheiten bestehende Adressen erforderlich sind, bringen also in der Regel Information, die dem Wörterbuchartikel nicht anderweitig zu entnehmen ist. Ihre Funktion ist meist nicht die, im Artikel bereits anderweitig vermittelte Aussagen zu exemplifizieren oder zu illustrieren. Sie enthalten nicht redundante, sondern grundsätzlich neue, zentrale und unersetzbare Informationen. Deshalb empfiehlt sich keineswegs ihre übliche Benennung mit den Termini *Beispiel* und *Anwendungsbeispiel*. (Hausmann/Werner 1991: 2731)

Aufschlussreich für diese Argumentation ist zudem der folgende Vermerk zum Wesen der BeiA in Hausmann/Werner (1991: 2734): „Der Terminus *Beispiel* suggeriert von seiner vorwissenschaftlichen Bedeutung her primär exemplifizierende oder illustrative Funktion.". Diese Behauptung erscheint jedoch angesichts der Befunde in Kapitel 2 nicht stichhaltig. Besonders problematisch ist in diesem Zusammenhang ferner die Bezeichnung infralemmatischer Mehrworteinheiten als *Anwendungsbeispiele*, auch wenn sie für die zweisprachige Lexikographie tradiert ist (Steinbügl 2005: 25). Steinbügl (2005: 25f.) formuliert die Problemstellung wie folgt:

> Daraus ergibt sich ein gewisser Widerspruch: Einerseits suggeriert der Begriff *Beispiele*, dass diese dazu dienen, bereits vorhandene Informationen zu veranschaulichen. Andererseits wird ausdrücklich darauf aufmerksam gemacht, dass bei der Übersetzung derselben nicht auf die angegebenen zielsprachlichen Äquivalente des Lemmas zurückgegriffen werden kann. [...] Wären die so genannten ‚Anwendungsbeispiele' kein Bestandteil der Mikrostruktur, könnte der Fremdsprachenlerner sein Übersetzungsproblem mithilfe der Wörterbücher nicht lösen, denn gerade in diesen ‚Beispielen' – und nur dort – findet er die in diesem Fall relevante Information. Die Verwendung des Terminus ‚Anwendungsbeispiele' ist also insofern problematisch, als die Funktion dieser Syntagmen nicht darin besteht, anderweitig vermittelte Inhalte zu illustrieren. [...] Die in den ‚Anwendungsbeispielen' zum Ausdruck gebrachte Information ist in keiner Weise überflüssig oder ergänzend, sondern im Gegenteil äußerst zentral, und ein Weglassen dieser Bestandteile würde den Informationsgehalt der Wörterbuchartikel erheblich reduzieren.

Der Zweck solcher Bearbeitungseinheiten zeugt somit von einer grundsätzlichen Unangemessenheit der Bezeichnung *Anwendungsbeispiel* für die zweisprachige Lexikographie.

Gegen die Identifikation solcher Elemente als BeiA sprechen sich auch Jacobsen et al. (1991) und Manley et al. (1988) aus: „In bilingual dictionaries [...] the majority of sub-entries provide one-to-one translation equivalents. They *exemplify* nothing.", so Jacobsen et al. (1991: 2783). An anderer Stelle heißt es weiter: „The purpose of sub-lemmas in the bilingual dictionary [...] is to index phrases in the source language conveniently and allow for the provision of equivalents in the target language." (ebd.: 2785; vgl. Manley et al. 1988: 293). Ferner wird kritisiert, dass infralemmatische Bearbeitungseinheiten in der Forschungsliteratur oft zu Unrecht als Beispiele angesehen werden (Manley et al. 1988: 293f.; Jacobsen et al. 1991: 2783): Dies stellt eine unberechtigte Übernahme der Prinzipien der einsprachigen Lexikographie dar, nach denen objektsprachliche Syntagmen Exemplifizierung der Eigenschaften des Lemmazeichens im Kontext liefern (Manley et al. 1988: 293; Jacobsen et al. 1991: 2785). Von grundlegender Relevanz erscheint für diese Behauptung die Tatsache, dass laut der Beispielauffassung von Jacobsen et al. (1991) sowie Manley et al. (1988) *nur* einteilige Elemente auf der Seite der ÄA als BeiA zu gelten haben, deren Zweck die Demonstration der Eigenschaften der ÄA ist (5.1): „It is the equivalents that may need exemplifying, not the headword." (Manley et al. 1988: 293; Jacobsen et al. 1991: 2785). Aus diesem Grunde sowie aus dem Argument heraus, dass die im Rahmen infralemmatischer Bearbeitungseinheiten präsentierten Syntagmen nichts exemplifizieren, wird die Betrachtung solcher Elemente als lexikographische BeiA in Jacobsen et al. (1991) und Manley et al. (1988) abgelehnt.

Charakteristisch für die Stellungnahmen, die sich gegen die Betrachtung infralemmatischer Elemente als BeiA positionieren, erscheint eine reduktionistische Sichtweise des Wesens des Beispiels, die es lediglich auf die Illustration bereits vermittelter Angaben einschränken. Diese Tendenz kommt in besonderer Weise anhand der Bezeichnung *Anwendungsbeispiel* zur Geltung.

Zu (2): Die Betrachtung infralemmatischer Bearbeitungseinheiten als lexikographische BeiA und der Befund, dass sie anders geartet sind, geht mit dem älteren theoretischen Ansatz der Postulierung nur der Wort-Äquivalente als lexikographische ÄA einher (3.1.2). Charakteristisch für diesen Ansatz erscheint die Betrachtung infralemmatischer Bearbeitungseinheiten als *zusätzliche* BeiA bzw. Kotextangaben zu den Wort-Äquivalenten. So führt Piotrowski (2000: 16) Folgendes aus:

> The nucleus in any bilingual dictionary is the pair LI expression–equivalent L2 expression. The expression is most often a lexical item [...]. All other elements in the entry, such as pronunciation, grammar, collocations, examples, may be seen as additions, supplements, to this nucleus. What in fact constitutes a bilingual dictionary is thus the relation of equivalence that holds between LI and L2 expression.

Vor diesem Hintergrund hält Piotrowski (ebd.) des Weiteren fest, „examples do not constitute a bilingual dictionary"; widerspricht sich jedoch im Zuge weiterer Ausführungen mit einem folgen Vermerk: „There are cases [...], when examples have clearly more importance than a purely additional element in the entry. In fact in those cases they seem to be the major way of indicating equivalence, which may be difficult to describe in another way." (2000: 19).

Aus der Fokussierung auf Wort-Äquivalente entsteht die Sichtweise, im Rahmen deren infralemmatische Bearbeitungseinheiten an sich nicht als Einheiten angesehen werden. Aus ihnen wird vielmehr allein das angebliche Wort-Äquivalent herausgegriffen. In diesem theoretischen Rahmen werden die folgenden zwei Punkte bemängelt:

(a) solche Syntagmen enthalten nicht das vorangehende Wort-Äquivalent bzw. das angebliche Wort-Äquivalent selbst wird vorher nicht als eine ÄA präsentiert; so kritisiert Rettig (1985: 103) „Syntagmen [...], zu denen gar keines der zuvor genannten Äquivalente vorgeschlagen wird";

(b) da solche Kotextangaben bzw. BeiA nicht proportional in Hinsicht auf Wort-Äquivalente eingesetzt werden, wird eine *Überadressierung* (Gouws 2002: 204) angenommen, die mit Problemen aus der Sicht des Benutzers behaftet ist:

> The word offered as equivalent of the word representing the lemma in the example has no address in the translation equivalent paradigm. A treatment like this confronts the user with definite problems and especially where the users of a dictionary have a limited knowledge of the target language or where they have limited dictionary using skills, the lack of addressing equivalence can lead to serious communication problems. (ebd.; vgl. Gouws 2000: 105f.)

Neben dieser Sichtweise ist in der Forschungsliteratur eine parallele Tradition festzuhalten, die von der Identifikation infralemmatischer Bearbeitungseinheiten als BeiA ausgeht, die in die Äquivalenzherstellung zusätzlich zu Wort-Äquivalenten eingebunden sind: „Examples in an ‚active' bilingual dictionary [...] supplement the information given in the direct translation(s). Their purpose is to help SL speakers choose the appropriate TL equivalent and use it correctly.", so Atkins/Rundell (2008: 506). Des Weiteren halten Atkins/Rundell (2008: 507) fest, dass ein Großteil der BeiA in der zweisprachigen Lexikographie aufgrund ihrer Übersetzung, d. h. ihrer zielsprachlichen Bestandteile, aufgenommen wird (vgl. dazu auch Model 2010: 53) und betrachten solche BeiA mit einer komplementären Funktion in Bezug auf die Wort-Äquivalente – *direct translations* nach Atkins/Rundell (2008) – als „the principal *raison d'être* of the example in the bilingual dictionary" (2008: 509; vgl. Svensén 2009: 286).

In gleicher Weise spricht Szende (1999: 201) über *komplementäre Informationen* in den BeiA: „One of the principal purposes of the example is to provide complementary information concerning the use of the equivalents. The example shows that a change in the lexical or syntactic context leads to a different translation of the headword". Zu den BeiA, die in die Äquivalenzherstellung involviert sind, hält Szende (1999: 200) Folgendes fest: „In general, the presence of an example may be useful every time that the relationships between the source and target languages are asymmetrical" (vgl. Gouws/Prinsloo 2005: 154ff.). Szende (1999: 201) betrachtet solche BeiA nicht ausdrücklich als ein Medium zur Angabe abweichender ÄA zu ausgangssprachlichen Syntagmen, sondern vielmehr als BeiA im Sinne einer Ergänzung zu den bereits postulierten (Wort)Äquivalenten. Die Auffassung des Äquivalenzbegriffes wird zwar nicht expliziert, es liegt jedoch nahe anzunehmen, dass Szende (1999) als lexikographische ÄA lediglich Wort-Äquivalente identifiziert; so erfolgt an anderer Stelle der folgende Vermerk: „we can note that as a general rule, bilingual dictionaries simply seek to reunite equivalents, (i.e. to translate words by others)" (1999: 212). Syntagmatische Einheiten stellen für Szende (1999) BeiA dar, und zwar mit dem Fokus auf ihre *kontextuelle* Beschaffenheit: „Very often, examples are made up of lexical elements which are not shown as equivalents in the microstructure. Indeed, when they are used in a context, linguistic signs can acquire meanings which are impossible to guess by simply studying the meanings of the word out of its context." (Szende 1999: 201). Dementsprechend liegt nach Szende (ebd.) in solchen Fällen „the contextual equivalences" vor. Auch Winter (1993: 46f.) betrachtet infralemmatische Syntagmen, die ausdrücklich nicht Phraseme, Idiome, Sprichwörter etc. sind (1993: 48), als „contextual equivalence" (1993: 46) mit der folgenden Charakterisierung:

> These equivalents are more than simple illustrations: they point to a correspondence that is neither totally potential – in language – nor really anchored in real speech. Since they encourage the user to generalise, the translated example is not only meant to specify semantic equivalence; it can also appear in an entry to entail further contextual equivalents. (1993: 47)

Die Besonderheit solcher kontextspezifischen Äquivalenz, die im Medium infralemmatischer Bearbeitungseinheiten hergestellt wird, besteht in ihrem einschränkenden bzw. restriktiven Charakter in Bezug auf ein vorangehendes Wort-Äquivalent oder eine vorangehende Strukturformel. Siepmann (2007: 245) betrachtet dies als eine *Kritik* an vorangehende ÄA: „Another important function of examples is to provide a critique of the standard translation in cases where such a critique is needed, thus adducing evidence that specific contextual embeddings may result in different translations.". Herbst/Klotz (2003: 143) sprechen in diesem Zusammenhang von „'Beispiele[n]' mit anderer Funktion" mit der folgenden Charakterisierung: „Der überwiegende Teil der in zweisprachigen Wörterbüchern in dieser Form aufgeführten Elemente verfolgt [...] andere Zwecke, die wesentlich stärker vom Prinzip der Kontrastierung zweier Sprachen bestimmt sind." (ebd.) sowie vermerken ferner, dass „die fettgedruckten Phrasen und Sätze [...] wohl nicht als Beispiele zu interpretieren [sind], wie man sie im einsprachigen Wörterbuch findet [...] Hier geht es vielmehr um Verwendungen, in denen die zuvor gegebenen Äquivalente für das Lemma nicht greifen" (ebd.). Insgesamt reflektieren Herbst/Klotz (2003: 144) dieses Phänomen wie folgt:

> Was hier eigentlich durch Fettdruck markiert ist, ist relativ schwer zu sagen. In gewisser Weise stellen die angegebenen Phrasen und Sätze natürlich Beispiele für die Verwendung des Lemmas dar, aber eben solche, auf die die angegebenen Übersetzungsäquivalente nicht zutreffen, jedenfalls nicht in der Weise, dass die Verwendung des Äquivalents zu einer idiomatischen Übersetzung führen könnte. [...] Daher könnte man diese Angaben als Einschränkung des Anwendungsbereichs des Äquivalents in Bezug auf bestimmte Kollokatoren (oder auch Situationen) verstehen. Negativ betrachtet, werden dadurch also Kollokationsrestriktionen oder Anwendungsrestriktionen zum Ausdruck gebracht. [...] Eine positive Bezeichnung dieser Einheiten ist weitaus schwieriger [...].

Auf dieses lexikographische Phänomen bezieht sich die folgende Feststellung in Kromann (1986: 177) als einer der Kritikpunkte an den Forschungsstand zum zweisprachigen Wörterbuch: „teils haben die Beispiele eine ungeklärte, wenn nicht irreführende Funktion".

Zu (3): Geht man in Bezug auf lexikographische Äquivalenztypen davon aus, dass bei den Grundtypen zwischen Wortäquivalenz und Syntagmenäquivalenz zu unterscheiden ist (3.1.2.2.2), dann erscheint der Zweck der Äquivalenzherstellung sowie der restriktive Charakter infralemmatischer Bearbeitungseinheiten aus der Perspektive des Grundtyps der Syntagmenäquivalenz erklärbar: Solche infralemmatischen Bearbeitungseinheiten stellen kotextspezifische Syntagmenäquivalenz dar. Sie erfahren zwei typologische Erscheinungsformen:

(a) beim Vorhandensein eines vorangehenden Wort-Äquivalentes fungieren sie als *erweiterte* ÄA (vgl. Piotrowski 2000: 23); Model (2010: 53) spricht von *supplementären Beispielen*. Der *erweiternde* Charakter ist auf das Wesen eines Syntagmas gegenüber einem Wort zurückzuführen: Ein Syntagma stellt „eine über das Einzelwort hinausgehende Texteinheit" dar (Scholze-Stubenrecht 1995: 3) und verfügt über einen Kotext- und ggf. auch Kontext-Faktor, der für die Äquivalenzherstellung auf der *parole*-Ebene relevant erscheint;

(b) beim Nichtvorliegen eines Wort-Äquivalentes handelt es sich um *direkte* ÄA; *direktes Beispiel* nach Model (2010: 53): „Als *direktes Beispiel* [...] bezeichnet man [...] eine frei gebildete syntagmatische Angabe, die direkt auf die Lemmaposition (und ggf. weitere ausgangssprachliche Angaben) folgt, ohne dass zuvor ein Äquivalent genannt würde." (ebd.).

Die Notwendigkeit an BeiA als erweiterte oder direkte ÄA entsteht aus der Problematik bzw. Begrenztheit der Arbeit mit Wort-Äquivalenten auf der *parole*-Ebene. Piotrowski (2000: 22) führt dazu Folgendes aus: „Equivalence holds not between words (lexemes) or their particular senses, but between collocability patterns between two languages. Collocability patterns can range from two-constituent structures (collocations) to whole sentences, that is, they can be constituent or sentential.". Hinzu kommt ferner (a) der Aspekt der Sprachkontrastierung, für die zweisprachige Lexikographie kennzeichnend, sowie (b) insbesondere im Fall des aktiven zweisprachigen Wörterbuchs eine idiomatische – aus der Sicht der Zielsprache als Einzelsprache – Formulierungs- und Ausdrucksweise. In diesem Zusammenhang vermerkt Zgusta (1984: 150): „The search for a really natural-sounding translation in the target language can result in a movement away from the central meaning of the entry-word.". In einer vergleichbaren Weise bestimmen Vrbinc/Vrbinc (2016: 302) den Zweck solcher BeiA wie folgt: „Examples are used to illustrate the differences between the listed dictionary equivalent(s) and the translation of the lemma in context or, in other words, the integration of equivalents into a context.".

Das Vorhandensein der Syntagmenäquivalenz als Grundtyp der lexikographischen Äquivalenz kann ferner als eine Annäherung zum Äquivalenzbegriff der

Übersetzungswissenschaft angesehen werden: Bei der Benutzung des zweisprachigen Wörterbuchs bei sprachmittlerischen Tätigkeiten geht es nicht um die Übersetzung mittels eines abstrakt angelegten Wort-Äquivalentes, sondern vielmehr um eine angemessene Übersetzung je nach Kotext und Kontext (vgl. Nied Curcio 2013: 133). In diesem Zusammenhang betont Piotrowski (2000: 23) die besondere Relevanz der erweiterten ÄA: „Extended equivalents imitate the results of acts of translation commonly found in real life, and by this they make the dictionary psychologically more real for the users.". Dies vermerkt auch Szende (1999: 226) aus der Perspektive der Wörterbuchbenutzer:

> Translators, whether or not they are professionals, do not consult bilingual dictionaries simply to find equivalents; they are also looking for sequences which could be inserted into their discourse and which would form natural utterances. As a consequence, the more a bilingual dictionary provides pairs of correct and common syntagma, be they structurally symmetrical or asymmetrical, the more it will be appreciated by readers.

Die Besonderheit der BeiA als erweiterte ÄA besteht in ihrem restriktiven bzw. einschränkenden Charakter; dies gilt in Bezug auf vorangehende Wort-Äquivalente oder auch Strukturformeln:

> FEEL ... I. *vt* ... 1 (*experience*) **to feel sth** etw fühlen;
> **she felt a tingling sensation in her finger** sie spürte ein Kribbeln im Finger;
> **what do you feel about the new arrangement?** Was hältst du von der neuen Regelung?;
> **by midday we'd really begun to feel the heat** ab Mittag litten wir richtig unter der Hitze;
> **she feels the cold more than most people** sie ist kälteempfindlicher als die meisten Menschen
> **to feel anger/jealousy** wütend/eifersüchtig sein
> **to feel it in one's bones [that ...]** es im Gefühl haben[, dass ...]
> II. *vi* ... 2 + *adj* (*seem*) scheinen;
> **the bag felt heavy** die Tasche kam mir schwer vor
> **how do the shoes feel?** was für ein Gefühl hast du in den Schuhen? ‹PONS E-D›
>
> DISCUSS ... **to discuss sth** 1 (*talk about*) etw besprechen; (*best way of doing sth*) über etw *akk* beraten
> **this booklet discusses how to ...** in dieser Broschüre wird beschrieben, wie man ... ‹PONS E-D›

Der restriktive Charakter der BeiA mit dem Zweck der Äquivalenzherstellung stellt einen grundlegenden Unterschied gegenüber dem Zweck der BeiA in der einsprachigen Lexikographie dar:

> Während in der einsprachigen Lexikographie die ganze Landschaft der möglichen Verwendungen einer lexikalischen Einheit zu topographieren ist, sind in der zweisprachigen Lexikographie vor allem die Grenzen der Verwendungen der lexikalischen Einheiten abzustecken, Grenzen, die bei den jeweiligen Sprachenpaaren verschieden verlaufen. (Kromann et al. 1984: 206)

Die BeiA als erweiterte ÄA sind somit als *Restriktionen* oder *Besonderheiten* aufzufassen: „Der Artikel [...] ist [...] so aufgebaut, daß zunächst der allgemeine Fall von semantisch-pragmatischer Äquivalenz lexikographisch bearbeitet ist, und dann die Besonderheiten." (Wiegand 2002a: 102).

BeiA mit dem Zweck der Äquivalenzherstellung treten als direkte ÄA auf, wenn ein verallgemeinerndes Wort-Äquivalent nicht angegeben werden kann: „Direkte Beispiele sind dann sinnvoll oder auch unerlässlich, wenn das Lemmazeichen allein nur schwerlich oder gar nicht übersetzt werden kann.", so Model (2010: 55; vgl. Szende 1999: 202; Zgusta 1984: 151). BeiA als direkte ÄA sind in folgenden Fällen gegeben:

OBSERVE ... I. vt ... 4 (form: obey)
**to observe a ceasefire** einen Waffenstillstand einhalten
to observe the decencies den Anstand wahren
**to observe the law/an order** das Gesetz/eine Anordnung befolgen
**to observe neutrality** die Neutralität einhalten, neutral bleiben
**to observe a rule/speed limit** sich *akk* an eine Regel/Geschwindigkeitsbegrenzung halten
5 (*maintain*) **to observe silence** Stillschweigen bewahren
**to observe a minute of silence** eine Schweigeminute einlegen ‹PONS E-D›

THINK ... V/T ... b (= *consider*) **you must think me very rude** Sie müssen mich für sehr unhöflich halten
**they are thought to be rich** man hält sie für reich
**I wouldn't have thought it possible** das hätte ich nicht für möglich gehalten
d (= *reflect*) **to think how to do sth** sich (*dat*) überlegen, wie man etw macht
**I was thinking (to myself) how ill he looked** ich dachte mir (im Stillen), was er sehr krank aussah
**I never thought to ask you** ich habe gar nicht daran gedacht, Sie zu fragen
e (= *expect, intend: often ne gor interrog*) **I didn't think to see you here** ich hätte nicht gedacht *or* erwartet, Sie hier zu treffen *or* dass ich Sie hier treffen würde
**I thought as much, I thought so** das habe ich mir schon gedacht
f **to think one's way out of a difficulty** sich (*dat*) einen Ausweg aus seiner Schwierigkeit überlegen ‹LC E-D›

BeiA als direkte ÄA sind auch in DCVVEA gegeben, und zwar handelt es sich um BeiA im Angabebereich *otros equivalentes*, zu denen Folgendes ausgeführt wird: „Wenn auf Grund der Beispielübersetzungen unterschiedliche spezifische Entsprechungen im Deutschen auftreten, wird im Wörterbuch nur eine Reihe von Beispielen angegeben. Die Felder für das deutsche Lemma [ÄA, K.L.] und die entsprechende Valenzbeschreibung bleiben leer [...]" (Domínguez Vázquez/Paredes Suárez 2010a: 244). Diese Praxis ist etwa in den folgenden Fällen gegeben:

APARECER 1 *otros equivalentes*
Con cinco aciertos y el número complementario han aparecido sólo cinco boletos ganadores. 3VOZ: 18, 1, 1, 6
    Mit fünf Richtigen und Zusatzzahl gab es nur fünf Spielscheine.
[...] cada vez que esta expectativa aparecía en su mente bajaba la cabeza y apretaba el paso [...]. MIRADA: 81, 4
    Jedes Mal, wenn ihm diese Aussicht in den Sinn kam, senkte er den Kopf und lief schneller.

Al término del escrutinio total del sorteo de la Lotería Primitiva, celebrado en la noche del jueves en Madrid, apareció un único acertante del máximo premio de este juego. 3VOZ: 18, 1, 1, 2
  Nach der Auszählung der Lottoscheine, die am Donnerstagabend in Madrid stattfand, wurde ein einziger Hauptgewinner in diesem Spiel ermittelt. ‹DCVVEA›

SEGUIR 12 *otros equivalentes*
Ella todavía sigue sentada junto a la ventana [...]. CREA
  Sie sitzt immer noch am Fenster.
Vestido con mono azul, sigue tumbado en el lecho, en el incómodo lecho. CREA
  Mit einem blauen Overall bekleidet liegt er immer noch im Bett, in dem unbequemen Bett.
La cama está desecha y, en la mesa de la izquierda, siguen puestos los dos servicios para cenar [...]. CREA
  Das Bett ist ungemacht und auf dem Tisch links stehen noch die beiden Gedecke für das Abendessen. ‹DCVVEA› (vgl. dazu auch APARECER(SE) 4; CAER 2, 6, 10; CREAR 2; CUMPLIR 5)

Im Rahmen älterer theoretischer Ansätze, die nur Wort-Äquivalente als ÄA akzeptieren (3.1.2), wird in solchen Fällen charakteristischerweise von einer Nulläquivalenz ausgegangen (etwa Adamska-Sałaciak 2006a: 498; Vrbinc/Vrbinc 2016: 305f.; 308). BeiA als direkte ÄA werden ferner als Hilfsmittel beim Vorliegen der so aufgefassten Nulläquivalenz verstanden: „since the lexicographer did not suggest any decontextualised equivalent for the lemma, they had to resort to one of the repair strategies used in situations of nonequivalence, namely, extending the syntagmatic scope of the SL unit so that interlingual equivalence can be reached at the phrase/sentence level", so Adamska-Sałaciak (2006a: 498). Atkins/Rundell (2008: 510) vertreten die Ansicht, dass BeiA in solchen Fällen die Wort-Äquivalente ersetzen (vgl. auch Vrbinc/Vrbinc 2016: 299).

In Hinsicht auf die Typologie nach dem Umfang der Beispielsyntagmen (5.2.1.1) sind BeiA mit dem Zweck der Äquivalenzherstellung entweder gekürzte Beispiele oder Satzbeispiele. In Bezug auf ihren lexikalischen Status handelt es sich typischerweise entweder um (a) Syntagmen, die in Hinsicht auf die Zielsprache als Kollokationen angesehen werden können (vgl. Neubert 1986: 13f.) oder (b) Probabeme im Sinne von Herbst/Klotz (2003: 145f.).

Zu (a): Kollokationen sind grundsätzlich einzelsprachspezifisch (Gouws 2014: 26; Hausmann 1995: 22; 1977: 76; vgl. Siepmann 2007: 245) und spielen aus dem Grunde ihrer Idiosynkrasie eine besonders wichtige Rolle bei der Sprachproduktion in der Fremdsprache sowie beim Fremdsprachenerwerb generell (4.1.3). Hollós (2004: 70) spricht in diesem Zusammenhang von der „kontrastbezogene[n] Idiomatizität" der Kollokationen aus sprachkontrastiver Sicht. Den Kollokationen als einzelsprachenspezifischen Gebilden kommt bei der zwischensprachlichen Äquivalenzherstellung eine *äquivalentdeterminierende* Funktion zu (Baschewa 2010: 13; vgl. Hausmann 1984: 406), indem eine Äquivalenzrelation zwischen Kollokationen als Einheiten herstellbar erscheint: „manche Äquivalente sind aber an Kollokationen gebunden, die Angabe dieser Äquivalente in der ZS hängt von den angeführten Kollokationen in der AS ab" (Baschewa 2010: 13). Vor diesem Hintergrund erscheint für die zweisprachige

Lexikographie ein sprachkontrastiver Ansatz bei der Identifizierung der KollA besonders geeignet:

> Da die Sprachkontrastierung im Wesen des zweisprachigen Wörterbuchs liegt, bestehen hier also andere Möglichkeiten als bei den einsprachigen Wörterbüchern. Gerade für den Bereich der Kollokationen ergeben sich somit wesentlich klarere Kriterien in Hinblick auf die Frage, was für lexikographische Zwecke als relevante Kollokation zu gelten hat. Als Kollokationen einer Sprache können im sprachkontrastiven Sinne all diejenigen Kombinationen von Wörtern gesehen werden, bei denen die Gefahr einer falschen Übertragung besteht, da zumindest einer der Kombinationspartner im Kontext der Wendung anders übersetzt werden muss, als dies von den Benutzern typischerweise erwartet wird. (Herbst/Klotz 2003: 138)

Dies ist ferner ein grundlegender Unterschied zur einsprachigen Lexikographie:

> Der kontrastive Blickwinkel kann also im Bereich der Kollokationen zu deutlich anderen Ergebnissen führen als eine rein auf semantischen Kriterien basierende sprachimmanente Betrachtungsweise. Da die hierbei anzulegenden Kriterien eindeutiger sind und den individuellen Verhältnissen des jeweiligen Sprachenpaares in besonderer Weise Rechnung getragen wird, kann das zweisprachige Wörterbuch als idealer Ort zur Beschreibung von im lexikographischen und sprachdidaktischen Sinne relevanten Kollokationen gelten. (Herbst/Klotz 2003: 139f.)

Zu (b): Probabeme im Sinne von Herbst/Klotz (2003: 145f.) sind Syntagmen, die in Bezug auf die Zielsprache einzelsprachenspezifisch angelegte Verbalisierungs- bzw. Versprachlichungskonventionen für einen Sachverhalt darstellen, die sich im Vergleich zur Ausgangssprache unterscheiden: „Unter Probabemen [...] sind nicht-lexikalisierte Mehr-Wort-Einheiten zu verstehen, die mit einer gewissen Wahrscheinlichkeit von Sprechern der Zielsprache verwendet werden, um einen bestimmten Sachverhalt zu versprachlichen.", so Herbst/Klotz (2003: 149). Es handelt sich „um die Darstellung einer wahrscheinlichen [...] Versprachlichung eines bestimmten Vorgangs (oder einer Idee) in der Zielsprache. Wichtig ist dabei, dass diese wahrscheinlichen Versprachlichungen nicht notwendigerweise in gängigen phraseologischen Kategorien wie Kollokation, Phrasem etc. zu fassen sind." (Herbst/Klotz 2003: 145f.), d. h. die Probabeme lassen sich nicht in Hinsicht auf lexikalische Festigkeit einzelner Worteinheiten erfassen, sondern erscheinen vielmehr nichtlexikalisiert. Dies kann wiederum als ein Ausdruck dessen betrachtet werden, dass lexikographische Äquivalenz nicht lexik- oder lexikonspezifisch, sondern lexikontranszendierend ist (3.1.2.2.1).

Eine notwendige Grundlage für die Betrachtung infralemmatischer Syntagmen mit dem Zweck der Äquivalenzherstellung als eine Ausprägung des lexikographischen Beispiels bildet das Wissen zum Wesen und Einsatz des Beispiels generell. Besonders ergiebig erscheinen in diesem Zusammenhang (a) Ausführungen zum Beispieleinsatz in der Rhetorik (2.1, Satz 8) sowie (b) konstitutive Besonderheiten der Methode des Beispiels in der Philosophie Wittgensteins (2.2.2.2). In genuin rhetorischen Zusammenhängen geht es primär darum, dass das Beispiel eine vorher als allgemeingültig aufgestellte Aussage im strengen Sinne nicht beweisen, sondern nur partiell widerlegen kann (2.1, Satz 8). Der entscheidende Grund dafür ist der singuläre Charakter des Beispiels. Ferner vermerkt Kroß (1999: 185), dass „jedes Beispiel stets ein Beispiel *für* etwas ist, dessen Geltung wir im Akt der Beispielsetzung [...] mitkonstituieren oder modifizieren bzw. konterkarieren". Dies lässt eine dem Beispiel grundsätzlich immanente Funktionalität der Modifikation bzw. des Widerlegens relevant erscheinen. In besonderer Weise kommt diese Funktionalität in der Spätphilosophie Wittgensteins zur Geltung, indem das Beispiel im Sinne der Eigendynamik für den verbeispielten Sachverhalt auftritt und so auf dem Gebiet der Sprache als ein einzig mögliches heuristisches Instrumentarium fungiert (2.2.2.2). Ausschlaggebend erscheint zudem, dass Wittgenstein mit Beispiel*reihen* arbeitet. Die Funktionalität der Beispiele innerhalb der Beispielreihen ist erkenntnisstiftend und von ihrem Wesen her heuristisch-kritisch angelegt. Wie es Munz (2007: 322) vermerkt, ist diese Funktionalität „zuerst als eine negative formuliert: Beispiele sollen Grundüberzeugungen, das schon immer Gewusste, erschüttern, und nach diesem kritischen Geschäft die Partikularität der mit ihrer Hilfe gewonnenen Erkenntnisse erläutern", was schließlich als ein antiessentialistisches Arbeiten der Beispiele aufgefasst wird (2.2.2.2). Diese Funktionalität liegt in den genuin lexikographischen Zusammenhängen bei infralemmatischen Syntagmen mit dem Zweck der Äquivalenzherstellung vor, appliziert auf den Sachverhalt der zwischensprachlichen Anisomorphie (3.1.2.2). Dies erklärt den restriktiven Charakter solcher infralemmatischen Syntagmen, indem sie als Beispiele im Zeichen der Eigendynamik fungieren und für den verbeispielten Sachverhalt – eine sprachenpaarspezifisch hergestellte Äquivalenzrelation – auftreten. Der restriktive Charakter kommt bei erweiterten ÄA einerseits in Bezug auf vorangehende Wort-Äquivalente wie auch Strukturformeln und andererseits im Hinblick auf einzelne infralemmatische Syntagmen zum Vorschein. Im Fall direkter ÄA kommt der restriktive Charakter in Bezug auf einzelne infralemmatische Syntagmen zur Geltung. Infralemmatische Syntagmen sind somit Beispiele im Zeichen der Eigendynamik, die an sich als Detail oder Instanz auftreten und ein kontextabhängiges Fallwissen darstellen (2.1; Satz 4), und zwar in solchen Fällen, in denen eine allgemeine Idee bzw. ein allgemeiner Sachverhalt generell nicht formulierbar erscheint. In den Zusammenhängen der zweisprachigen Lexikographie ist dies durch die Sprachkontrastierung und die Anisomorphie der Einzelsprachen bedingt. Hinzu kommt, dass BeiA als Muster für Sprachtätigkeiten fungieren; so vermerkt Winter (1993: 46), dass infralemmatische BeiA im zweisprachigen Wörterbuch „represent occurrences of the word in context and can thus be regarded as patterns for use and further linguistic production". Insbesondere im aktiven zweisprachigen Wörterbuch können zielsprachliche Bestandteile der BeiA bei der Sprachproduktion in der Fremdsprache verwendet werden; in diesem Zusammenhang führt Winter (1993: 48) Folgendes zum Einsatz der BeiA im zweisprachigen Wörterbuch aus:

> The lexicographer relies on his/her reader's inductive reasoning, and thus avoids the risk of setting rules with precise indications of their relevance/irrelevance – an impossible task in a bilingual dictionary. As they lead to generalisation, examples are a very valuable source of information, but the user has to be particularly careful not to overgeneralise.

Somit liefern die BeiA mit dem Zweck der Äquivalenzherstellung relevante Informationen, stellen erweiterte oder direkte Äquivalente dar und gehören zu lexikographischen Äquivalenztypen (3.1.2.2.2). Zugleich ist einzusehen, dass die Auswahl der angeführten infralemmatischen Syntagmen im WbA – insbesondere in der Printlexikographie – begrenzt erscheint (vgl. Zgusta 1984: 152). Diesen Sachverhalt betont auch Winter (1993: 47): „A bilingual dictionary, of course, cannot be expected to predict all its users' needs, even though it aims at showing how semantic equivalence is realised in actual discourse. Only a few contexts can be mentioned. They should therefore be carefully selected and chosen for their representative value.". In diesem Zusammenhang hält die empirische Wörterbuchbenutzungsforschung fest, dass bei Übersetzungshandlungen von Fremdsprachenlernern oft nach identischen BeiA in den WbA gesucht wird (Nied Curcio 2013: 139f.) und dass BeiA oft als eine Quelle für Fehler fungieren (vgl. Nied Curcio 2013: 141; 143). Vor diesem Hintergrund ist der Aspekt der Motivation der Auswahl einzelner infralemmatischer Syntagmen von besonderer Relevanz für die Qualität der BeiA in der zweisprachigen Lexikographie (5.4).

### 5.3.2 Beispielangaben mit dem Zweck der Demonstration

Die BeiA mit dem Zweck der Demonstration sind in der zweisprachigen Lexikographie zum einen einteilige BeiA (5.2.1.2) und zum anderen diejenigen zweiteiligen BeiA, die in den zielsprachlichen Bestandteilen eine vorangehende ÄA aufnehmen (5.2.1.2). Den BeiA mit dem Zweck der Demonstration wird in der Forschungsliteratur die Funktionalität als ÄUntA zugesprochen, die jedoch teilweise einer Revision bedarf (5.3.2.2).

#### 5.3.2.1 Demonstration einer hergestellten Äquivalenzrelation

In Bezug auf die Typologie nach dem Umfang der Beispielsyntagmen (5.2.1.1) kommt der Zweck der Demonstration allen drei differenzierten Beispieltypen zu und lässt sich durch den Kotext- und Kontext-Faktor erklären. Da gekürzte Beispiele von ihrem Wesen her primär den Kotext realisieren, liefern sie dementsprechend in erster Linie den Kotext zu den wiederaufgenommenen ÄA:

SEPARATE ... III. *vt* ... **to separate sb/sth** jdn/etw trennen
**to separate egg whites from yolks** Eigelb vom Eiweiß trennen ‹PONS E-D›

LOSE ... I. *vt* 1 (*cease to have*) **to lose sth** etw verlieren
**to lose altitude/ground/speed** an Höhe/Boden/Geschwindigkeit verlieren

**to lose one's appetite/balance** den Appetit/das Gleichgewicht verlieren
**to lose blood** Blut verlieren
**to lose one's command/control of** [*or* over] **sb/sth** das Kommando/die Kontrolle über jdn/etw verlieren
**to lose consciousness/courage** das Bewustsein/den Mut verlieren
**to lose interest in sb/sth** das Interesse an jdm/etw verlieren
**to lose the upper hand** die Oberhand verlieren
**to lose one's job** seinen Arbeitsplatz verlieren
**to lose money** Geld verlieren
**to lose weight** an Gewicht verlieren, abnehmen ‹PONS E-D›

Satz- und Textbeispiele können hingegen sowohl den Kotext als auch den situationellen Kontext zu vorangehenden ÄA liefern:

CAN¹ ... MODAL V/AUX ... c (*expressing surprise etc*) können
**how can/could you say such a thing!** wie können/konnten Sie nur *or* bloß so etwas sagen!
**where can it be?** wo kann das bloß sein?
**where can they have gone?** wo können sie denn nur hingegangen sein?
**you can't be serious** das kann doch wohl nicht dein Ernst sein ‹LC E-D›

MAKE ... II. *vt* ... 13 ... **to make sth** etw schaffen
**could you make a meeting at 8 a.m.?** schaffst du ein Treffen um 8 Uhr morgens?
**I barely made it to the meeting** ich habe es gerade noch zur Versammlung geschafft
**We made it to the top of the mountain!** wir schafften es bis zur Bergspitze! ‹PONS E-D›

LEAVE ... II. *vt* ... 11 (*be survived by*) **to leave sb** jdn hinterlassen
**he leaves a wife and two young children** er hinterlässt eine Frau und zwei kleine Kinder
14 (*assign*) **to leave sth to sb** *decision* jdm etw überlassen
**I left making the important decisions to Martha** ich überließ es Martha, die wichtigen Entscheidungen zu treffen ‹PONS E-D›

Demonstrative BeiA, die eine Äquivalenzrelation wiederaufnehmen, stufen Atkins/Rundell (2008: 507) als am wenigsten wichtig im zweisprachigen Wörterbuch ein (vgl. auch Vrbinc/Vrbinc 2016: 308f.). Szende (1999: 201) sieht demonstrative BeiA als eine *Bestätigung* der Äquivalenzrelation auf kontextuell erweitertem Material an: „An example is more or less useless if it merely repeats the equivalent. Nonetheless, the purpose of the example may be to confirm a particular equivalence by showing how it is used in concrete terms.". Model (2010: 53) betrachtet demonstrative BeiA – im Original *illustrative Beispiele*, – vorrangig als ein Mittel der Angabe der Valenzeigenschaften des Äquivalentes: „erst das Beispiel stellt die unterschiedlichen Strukturen vergleichbar nebeneinander" (ebd.). Der ausgangssprachliche Bestandteil der BeiA ist nach Model (ebd.)

> zwar eine syntagmatische Angabe zum Lemma; sehr viel bedeutsamer [...] ist aber seine Übersetzung [...] als syntagmatische Angabe zum Äquivalent [...] Mit anderen Worten, Beispiele haben in zweisprachigen Wörterbüchern nicht die primäre Aufgabe, das Verständnis des

Lemmazeichens zu gewährleisten, sondern sie sollen in erster Linie Konstruktionshilfen für die Verwendung der zielsprachlichen Angaben sein. (vgl. dazu auch Winter 1993: 47)

In Hinsicht auf den Charakter der in den demonstrativen BeiA wiederaufgenommenen Äquivalenzrelationen lassen sich folgende Fälle differenzieren: (a) Wort-Äquivalente, darunter auch Strukturformeln, (b) Fälle der rangstufenverschiedenen Äquivalenz, (c) Äquivalenzrelationen auf dem Syntagmenrang, (d) Phraseme und Redewendungen.

Zu (a): Neben den Wort-Äquivalenten können auch vorangehende Strukturformeln in den BeiA wiederaufgenommen werden (vgl. Model 2010: 53f.). Model (2010: 54) spricht in diesem Fall von *ausfüllenden* BeiA, indem „die durch Pro-Formen kodiert dargestellten Ergänzungen [...] dort beispielhaft ausgefüllt werden" (ebd.). Die Strukturformeln verhalten sich im Grunde genommen wie Wort-Äquivalente; sie stellen in Hinsicht auf die enthaltenen Wort-Äquivalente lediglich zusätzliche erweiternde Kotext-Angaben dar. In den BeiA erfolgt eine objektsprachliche Realisierung der Strukturformeln wie auch die Demonstration der enthaltenen Wort-Äquivalente:

> LOSE ... I. *vt* ... 11 (*cause loss of*) **to lose sb sth** jdn etw kosten [*o.* um etw *akk* bringen]
> **his negligence lost him his job** seine Nachlässigkeit kostete ihn seinen Job ‹PONS E-D›

> SELL ... I. ... 1 (*for money*) **to sell sth to sb** [*or* **sb sth**] jdm etw verkaufen
> **we'll be selling the tickets at £50 each** wir verkaufen die Karten für 50 Pfund das Stück
> **I sold him my car for £600** ich verkaufte ihm mein Auto für 600 Pfund
> 2 (*persuade*) **to sell sth** [**to** [*or* **on**] **sb**] [*or* **sb** [**on**] **sth**] jdn für etw *akk* gewinnen [...]
> **how do you plan to sell her on your proposal?** wie wollen Sie sie für Ihren Vorschlag gewinnen? ‹PONS E-D›

Zu (b): Wenn rangstufenverschieden angelegte Äquivalenzrelationen in den BeiA demonstriert werden, dann handelt es sich typischerweise um die Einbettung der ÄA in objektsprachliche Syntagmen sowie dadurch um eine ko- und kontextuelle Realisierung in den BeiA:

> GET ... II. *vi* ... 9 ... **to get going** [*or* **moving**] gehen
> **we'd better get going or we'll be late** wir sollten besser gehen oder wir verspäten uns ‹PONS E-D›

> PASS ... II. *vt* ... 2 ... to pass a closing date/sell-by date verfallen
> **don't buy goods which have passed their sell-by date** kauf keine Waren, deren Verfallsdatum bereits abgelaufen ist ‹PONS E-D›

Zu (c): Bei der Demonstration einer vorangehenden Äquivalenzrelation auf dem Syntagmenrang liegt ein unmittelbares Nebeneinander der BeiA mit unterschiedlichem genuinem Zweck in der zweisprachigen Lexikographie vor, d. h. der BeiA mit dem Zweck der Äquivalenzherstellung und der BeiA mit dem Zweck der Demonstration.

Bei den Letzteren handelt es sich um eine kontextuelle Realisierung und Einbettung der wiederaufgenommenen Syntagmen-Äquivalente:

> LAST ... II. *vt* ... **to last [sb] a lifetime** ein Leben lang halten
> **if you look after your teeth they will last you a lifetime** wenn du deine Zähne gut pflegst, wirst du sie dein Leben lang behalten ‹PONS E-D›

> MAKE ... II. *vt* ... 15 ... **to make head or tail of sth** aus etw *dat* schlau werden
> **I'd love to read his letter but I can't make head or tail of his writing** ich würde liebend gerne seinen Brief lesen, aber ich werde aus seiner Schrift nicht schlau
> III. *vi* ... 6 ... **to make like** ... AM so tun, als ob ...
> **the boy made like he was sick so he wouldn't have to go to school** der Junge tat so, als ob er krank wäre, damit er nicht zur Schule musste ‹PONS E-D›

Zu (d): Sporadisch werden auch Phraseme und Redewendungen in den BeiA wiederaufgenommen. Versucht man die Wiederaufnahme dieser Elemente in den BeiA nach dem Zweck zu systematisieren, so ergeben sich zwei Gruppen: (i) BeiA, die neue zielsprachliche ÄA einführen:

> EAT ... I. *vt* ... 2 ... PHRASES: **to eat sb for breakfast** jdn zum Frühstück verspeisen (*fam*)
> **our boss eats people like you for breakfast** unser Boss ist Leuten wie dir haushoch überlegen ‹PONS E-D›

> LEAVE ... II. *vt* ... PHRASES: ... **to leave sb out in the cold** jdn ignorieren
> **everyone else had been invited, only he had been left out in the cold** alle anderen waren eingeladen worden, nur ihn hatte man übergangen
> **the new taxation system leaves single mothers out in the cold** das neue Steuersystem lässt alleinerziehende Mütter im Regen stehen [...]
> **to leave the door open to sth** etw begünstigen
> **this will leave the door open to domestic companies to compete for international business** dies wird es inländischen Firmen erleichtern, um das internationale Geschäft zu konkurrieren ‹PONS E-D›

(ii) demonstrative BeiA, die eine ko- und kontextuelle Realisierung für eine bereits hergestellte Äquivalenzrelation bieten:

> MAKE ... II. *vt* ... PHRASES: ... **to make something of it** (*fam*) Ärger machen
> **do you want to make something of it?** Suchst du Ärger? ‹PONS E-D›

> FORBID ... **God** *or* **Heaven forbid!** Gott behüte *or* bewahre!
> **Heaven forbid that she should come!** der Himmel bewahre uns davor, dass sie kommt! ‹LC E-D›

Dieser Befund steht im Einklang mit den Variationen in puncto genuiner Zweck der BeiA; im Fall der Wiederaufnahme der kodifizierten Phraseme und Redewendungen in den BeiA findet sich ein Nebeneinander der BeiA mit unterschiedlichen Zwecken in der zweisprachigen Lexikographie.

Den BeiA mit dem Zweck der Demonstration ist wie auch in der einsprachigen Lexikographie das Charakteristikum der Polyfunktionalität immanent, wenn auch nicht alle für die einsprachige Lexikographie differenzierten Funktionen nach Informationsarten (4.3.2.2) anhand der empirischen Basis zur zweisprachigen Lexikographie festgehalten werden können. Vielmehr lassen sich einzelne Funktionen punktuell verfolgen. So können in den folgenden BeiA zum Nachdenken anregende Inhalte festgehalten werden:

> THINK ... V/I ... **think before you speak/act** denk nach *or* überleg, bevor du sprichst/handelst […]
> **stop and think before you make a big decision** denke in aller Ruhe nach, bevor du eine schwerwiegende *or* schwer wiegende Entscheidung triffst ‹LC E-D›
>
> BUY ... V/T a ... **there are some things that money can't buy** es gibt Dinge, die man nicht kaufen kann ‹LC E-D›

> EVITAR 2 vermeiden 1; meiden 1; ausweichen 1
> EVITAR 2 meiden 1
> ¿Por qué los seres humanos no hablan entre sí? […] ¿Por qué se evitan en las escaleras, en el ascensor, en la calle? PAISAJES: 130, 17
> > Warum sprechen die Menschen nicht miteinander? Warum meiden sie sich auf der Treppe, im Aufzug, auf der Straße?
> EVITAR 2 ausweichen 1
> ¿Por qué los seres humanos no hablan entre sí? […] ¿Por qué se evitan en las escaleras, en el ascensor, en la calle? PAISAJES: 130, 17
> > Warum sprechen die Menschen nicht miteinander? Warum weichen sie sich auf der Treppe, im Aufzug, auf der Straße aus? ‹DCVVEA›

> INTENTAR versuchen 1; probieren 1
> INTENTAR versuchen 1
> El que nunca ha cometido un error, nunca ha intentado algo nuevo. CREA
> > Der, der nie einen Fehler begangen hat, hat nie etwas Neues versucht.
> INTENTAR probieren 1
> El que nunca ha cometido un error, nunca ha intentado algo nuevo. CREA
> > Der, der nie einen Fehler begangen hat, hat nie etwas Neues probiert. ‹DCVVEA›

Die folgenden BeiA erfüllen die enzyklopädische Funktion:

> CREAR 3 erschaffen 1
> Según la mitología, Prometeo fue quien creó al hombre con el barro de la tierra […]. CREA
> > Der Mythologie zufolge war es Prometheus, der den Menschen aus dem Lehm der Erde erschaffen hat. ‹DCVVEA›

CREAR 3 schaffen 3
Se cuenta también que Apeles - retratista de Alejandro Magno y considerado como el mejor pintor griego - creó un caballo tan real que los caballos vivientes relinchaban al pasar a su lado. CREA
> Es wird auch erzählt, dass Apelles – der Alexander den Großen porträtierte und als bester griechischer Maler galt – ein Pferd geschaffen hat, dass [sic!] so real wirkte, dass die lebenden Pferde wieherten, von [sic!] sie an ihm vorbeiritten.

Wright, cuya visión de la arquitectura era opuesta en muchos sentidos a la de los rascacielos, sólo diseñó uno en su vida: el Price Tower de Bartlesville, Oklahoma (1956). Para ello buscó en las formas de la naturaleza y creó un árbol de cemento y cristal [...]. CREA
> Wright, dessen architektonische Vision in vieler Hinsicht gegen Wolkenkratzer gerichtet war, hat in seinem Leben nur einen entworfen: den Price Tower in Bartlesville, Oklahoma (1956). Dafür orientierte er sich an Formen aus der Natur und schuf einen Baum aus Zement und Glas. ‹DCVVEA›

In besonderer Weise kommt den BeiA in der zweisprachigen Lexikographie die kulturelle Funktion zu (vgl. Morris 2013; Hiles 2011: 302; Mafela 2014; Al-Kasimi 1977: 96; Katzaros 2004: 491; 494; Jacobsen et al. 1991: 2788).

### 5.3.2.2 Beispielangaben in der Funktion der äquivalenzrelevanten Angaben und der Äquivalentunterscheidungsangaben

In der Forschungsliteratur wird den demonstrativen BeiA oft eine äquivalentdifferenzierende Funktion zugeschrieben (Kromann et al. 1991a: 2720; Iannucci 1957: 274; Manley et al. 1988: 291; Jacobsen et al. 1991: 2787). Unter Rekurs auf die Unterteilung in ÄrelA und ÄUntA (3.1.2.2.3) ist jedoch festzuhalten, dass diese Funktionen (a) unterschiedlichen Beispieltypen nach der Gestaltung der ausgangssprachlichen und zielsprachlichen Bestandteile (5.2.1.2) zukommen und (b) jeweils mit unterschiedlicher Effektivität von den BeiA erfüllt werden können.

Die Funktion der ÄrelA kommt den einteiligen BeiA zu (5.2.1.2), die in DCVVEA auf der ausgangssprachlichen Seite eine monosemierte Lesart des Lemmazeichens demonstrieren, auf deren Grundlage eine Äquivalenzrelation hergestellt wird. Dadurch umreißen die einteiligen BeiA den Geltungsbereich der kodifizierten Äquivalenzrelation. In diesem Zusammenhang entsteht eine Parallele zur Funktionalität der BeiA in der einsprachigen Lexikographie, die bei den als polysem bearbeiteten Lemmata einzelne Lesarten durch die Demonstration identifizieren (4.3.1.1).

Die Funktion der ÄUntA wird den zweiteiligen BeiA zugeschrieben. In diesem Zusammenhang ist davon auszugehen, dass BeiA beim Vorliegen mehrerer ÄÄ auf der zielsprachlichen Seite alle vorangehenden ÄÄ oder eine ÄÄ weniger als alle kodifizierten ÄÄ (3.1.2.2.3) wiederaufnehmen. Zu dieser Annahme sind die folgenden zwei Tendenzen festzuhalten: (a) zum einen wird der Einsatz der BeiA in Hinsicht auf die Anzahl und Verteilung der ÄÄ nicht konsequent praktiziert, (b) zum anderen können die BeiA die wiederaufgenommenen ÄÄ nicht in einer eingehenden Weise durch die objektsprachliche Demonstration differenzieren:

MANAGE ... II. *vi* 1 (*succeed*) es schaffen, zurechtkommen
**I can't manage on my own** ich schaffe es nicht allein
**we'll manage!** Wir kommen schon zurecht!
**how can you manage without a car?** Wie kommst du ohne Auto zurecht?
**somehow he managed to calm down** irgendwie schaffte er es, sich zu beruhigen ‹PONS E-D›

THINK ... II. *vi* ... 1 (*believe*) denken, glauben
**yes, I think so** ich glaube [o. denke] schon
**no, I don't think so** ich glaube [o. denke] nicht
**I asked him if he was likely to get the job and he said he thought not** ich fragte ihn, ob er die Stelle wohl bekommen werde und er antwortete, er glaube nicht ‹PONS E-D›

PASS ... III. *vi* ... 10 (*go by*) vergehen, verstreichen [...]
**time seems to pass so slowly when you're in school** wenn man in der Schule ist, scheint die Zeit unheimlich langsam zu vergehen
**I saw that I had let a golden opportunity pass** ich merkte, dass ich eine wirklich einmalige Gelegenheit ungenutzt hatte verstreichen lassen
**for a moment she thought he was going to kiss her, but the moment passed** einen kurzen Augenblick lang dachte sie, er würde sie küssen – aber dieser Moment verstrich, und nichts geschah ‹PONS E-D›

Jacobsen et al. (1991: 2787f.) vermerken Folgendes zu BeiA in der Funktion der ÄUntA: „Examples, like meaning discrimination devices, should bring out the major *differences* between possible translations of a word or phrase. Sometimes both a gloss and one or more examples will be necessary, in which case the example will also be illustrating the sense specified in the gloss." (ebd.). In der Funktion der ÄUntA sind BeiA den im Medium der Glossen realisierten Angabetypen unterlegen; (vgl. Winter 1993: 47). Der entscheidende Unterschied in der Funktion der ÄUntA besteht darin, dass Glossen (a) explizite Angaben darstellen sowie (b) sich durch die Effektivität und Flexibilität (5.1.2) charakterisieren lassen. Im Unterschied dazu sind BeiA implizite Angaben, wobei bei der Demonstration einzelner ÄÄ der Aspekt des Grades der Generalisierbarkeit aus den BeiA offen bleibt. So hält bereits Iannucci (1957: 274) fest, dass BeiA die Funktion der ÄUntA nicht effizient wie auch nicht mit einer erstrebenswerten Eindeutigkeit erfüllen können. Insgesamt kommt Iannucci (ebd.) zu dem Befund, dass BeiA in der Funktion der ÄUntA häufig nur eingeschränkt von Nutzen sind. Besonders deutlich kommt dies in DCVVEA zum Vorschein, wenn auf der zielsprachlichen Seite mehrere ÄÄ angeführt werden und ausgangssprachliche BBeiA kennzeichnenderweise jeweils mit der Einbeziehung *aller* ÄÄ übersetzt werden:

ACOSTAR 3 hinlegen, sich (A) 1; schlafen gehen 1; schlafen legen, sich (A) 1
ACOSTARSE 3 hinlegen, sich (A) 1
Después de cenar, se acostó cansado pero satisfecho del trabajo concluido. TERNURA: 63, 8
    Müde legte er sich nach dem Abendessen hin, aber er war mit der abgeschlossenen Arbeit zufrieden.
Me acuesto después de las doce y me levanto a las seis y media de la mañana. BAIRES: 19, 20
    Ich lege mich nach zwölf Uhr hin und stehe um halb sieben auf.

Papá no acostumbra a cenar y se acuesta muy temprano. CINTA: 63, 11
   Papa pflegt nicht zu Abend zu essen und legt sich sehr früh hin.
ACOSTARSE 3 schlafen gehen 1
Después de cenar, se acostó cansado pero satisfecho del trabajo concluido. TERNURA: 63, 8
   Müde ging er nach dem Abendessen schlafen, aber er war mit der abgeschlossenen Arbeit zufrieden.
Papá no acostumbra a cenar y se acuesta muy temprano. CINTA: 63, 11
   Papa pflegt nicht zu Abend zu essen und geht sehr früh schlafen.
Me acuesto después de las doce y me levanto a las seis y media de la mañana. BAIRES: 19, 20
   Ich gehe nach zwölf Uhr schlafen und stehe um halb sieben auf.
ACOSTARSE 3 schlafen legen, sich (A) 1
Después de cenar, se acostó cansado pero satisfecho del trabajo concluido. TERNURA: 63, 8
   Müde legte er sich nach dem Abendessen schlafen, aber er war mit der abgeschlossenen Arbeit zufrieden.
Me acuesto después de las doce y me levanto a las seis y media de la mañana. BAIRES: 19, 20
   Ich lege mich nach zwölf Uhr schlafen und stehe um halb sieben auf.
Papá no acostumbra a cenar y se acuesta muy temprano. CINTA: 63, 11
   Papa pflegt nicht zu Abend zu essen und legt sich sehr früh hin. ‹DCVVEA›

In den BeiA können die Unterschiede zwischen einzelnen ÄA nicht hinreichend angegeben werden. Zum eingeschränkten Funktionspotential der BeiA als ÄUntA kommt ein weiterer Aspekt, der für die Printlexikographie besonders relevant ist: Die BeiA sind „certainly very wasteful of space" (Iannucci 1957: 274) und somit auch in ökonomischer Hinsicht den Glossen unterlegen (Al-Kasimi 1977: 70; 72). Der Vorteil der BeiA gegenüber den Glossen liegt darin, dass in den BeiA eine syntagmatische Einbettung der ÄA erfolgt, die insbesondere für eine produktive Aktualisierung ein Muster für Sprachtätigkeiten darstellt. In diesem Zusammenhang können sich Glossen und BeiA in der Funktion der ÄUntA gewinnbringend ergänzen (vgl. Jacobsen et al. 1991: 2787f.). So vermerkt bereits Rettig (1985: 103), dass „die systematische Differenzierung von Äquivalenten durch Syntagmen eine Bereicherung der zweisprachigen Wörterbücher darstellen könnte". In diesem Zusammenhang handelt es sich jedoch um zweiteilige BeiA mit dem Zweck der Demonstration. Die in der Forschungsliteratur angesprochene Funktion als ÄUntA ist somit bei näherem Hinsehen innerhalb des Zweckes der Demonstration der BeiA zu verorten, da die BeiA einzelne ÄA durch eine Wiederaufnahme lediglich demonstrieren, jedoch nicht hinreichend differenzieren können.

### 5.3.3 Funktionale Pseudobeispiele

Funktionale Pseudobeispiele sind diejenigen BeiA, die keinen der zwei möglichen genuinen Zwecke erfüllen, d. h. weder ein neues zielsprachliches Äquivalent einführen noch eine vorangehende ÄA demonstrieren. Ausgehend von der empirischen Basis der vorliegenden Untersuchung lassen sich zwei Typen der Pseudobeispiele unterscheiden, beide anhand von DCVVEA feststellbar:

(1) in den WbA, in denen ein Wort-Äquivalent angegeben ist, nimmt der zielsprachliche Bestandteil einer an das Äquivalentpaar adjazent adressierten BeiA dieses Wort-Äquivalent nicht auf:

BEBER 1 trinken 1
El espíritu dirige nuevamente la mirada a los albores de la conciencia, y bebe de esa fuente pura inspiración y modos de trabajo, que readapta a nuestra situación temporal. CREA
   Der Geist wendet erneut den Blick zu den Anfängen des Bewusstseins und schöpft aus dieser reinen Quelle Eingebung und Arbeitsweisen, die er an unsere jetzige Situation anpasst. ‹DCVVEA›

PERDER 1 verlieren 1
En el cruce de la Rue Saint Foy, un túmulo improvisado, coronado de flores, señala el lugar donde un transeúnte perdió recientemente la vida. PAISAJES: 190, 24
   An der Kreuzung der Rue Saint Foy weist ein improvisierter Erdhügel, der mit Blumen gekrönt ist, auf die Stelle hin, wo vor kurzem ein Passant ums Leben gekommen ist. ‹DCVVEA›

PERDERSE 12 zugrunde gehen 1
Hija mía, no hagas eso, que te pierdes! DEA
   Mein Kind, tu das nicht! Du wirst dich noch ins Unglück stürzen. ‹DCVVEA›

Dasjenige zielsprachliche Äquivalent, dass anhand solcher vermutlich als demonstrativ intendierten BeiA ermittelbar erscheint, ist unter den angeführten ÄA nicht enthalten; diese BeiA sind kennzeichnenderweise auch nicht im Angabebereich *otros equivalentes* angeführt.

(2) Pseudobeispiele aufgrund einer falschen Adressierung liegend vor, wenn unter mehreren ÄA die BeiA, die einer der ÄA zugeordnet ist, eine andere ÄA aufnimmt:

EVITAR 2 vermeiden 1; meiden 1; ausweichen 1
EVITAR 2 meiden 1
En cualquier caso, si usted se encuentra en uno de los grupos de "alto riesgo", será mejor que evite los platos precocinados. CREA
   Jedenfalls, wenn Sie zu einer der Gruppen mit erhöhtem Risiko gehören, wird es besser sein, die Fertiggerichte zu vermeiden. ‹DCVVEA›

IMAGINAR(SE) 2 vermuten 1; annehmen 1
imaginar(se) 2 annehmen 1
Muy tarde – imagino que habrá sido después de medianoche – desayunamos chocolate en la confitería La Victoria [...]. CREA
   Sehr spät – ich vermute, es wird nach Mitternacht gewesen sein – haben wir Schokolade in der Konditorei La Victoria gefrühstückt. ‹DCVVEA›

Eine falsche Adressierung kann im großen Zusammenhang auch beim Typ (1) der Pseudobeispiele angenommen werden, jedoch ist bei diesem Typ der Angabebereich *otros equivalentes* innerhalb des WbA nicht gegeben, während es sich beim Typ (2) der Pseudobeispiele um die Aufnahme einer der anderen angesetzten ÄA in den BeiA handelt.

## 5.4 Qualität der Beispielangaben in der zweisprachigen Lexikographie

Der Parameter der Qualität der BeiA erscheint für das zweisprachige Wörterbuch äußerst wichtig; Szende (1999: 225) formuliert dies wie folgt: „The quality of a bilingual dictionary rests in large part on the quality of its examples, and the number of examples does not depend solely on the size of the dictionary, but foremost on the lexicographer's conceptions.". Wie auch in der einsprachigen Lexikographie lässt sich dieser Themenbereich durch eine Unterscheidung in genuin lexikographische Faktoren und relevante außerlexikographische Aspekte wie Wortschatz, Thematik und Inhalte der BeiA bearbeiten. Zu den genuin lexikographischen Faktoren zählen Aspekte wie (1) die Problematik der Anordnung der BeiA mit unterschiedlichem genuinem Zweck im WbA; (2) die Präsentationsweise infralemmatischer BeiA in Bezug auf den Parameter der Wörterbuchform; (3) die Motivation der Ansetzung der BeiA mit dem Zweck der Äquivalenzherstellung.

Zu (1): In den Lernerwörterbüchern werden BeiA mit unterschiedlichem Zweck nebeneinander präsentiert, so dass diese Anordnung keine Motivation sowie keine Orientierung für den Wörterbuchbenutzer erkennen lässt. Hinzu kommt, dass unter den infralemmatischen Bearbeitungseinheiten auch weitere Elemente vertreten sind (5.1.1). Vor diesem Hintergrund ist eine positionale Trennung unterschiedlicher Angabetypen wie auch der BeiA mit unterschiedlichem Zweck von Vorteil. In diesem Zusammenhang bietet DCVVEA einen Lösungsvorschlag, indem BeiA mit dem Zweck der Äquivalenzherstellung in einem abgesonderten Angabebereich *otros equivalentes* angeführt werden. Eine positional-mikrostrukturelle Trennung zwischen den BeiA mit dem Zweck der Demonstration und dem Zweck der Äquivalenzherstellung würde auch in den Lernerwörterbüchern zur Übersichtlichkeit sowie dadurch zur Benutzerfreundlichkeit beitragen.

Zu (2): In Bezug auf die Wörterbuchform ist die Präsentationsweise der ausgangssprachlichen Bestandteile der BeiA in fettgedruckter Druckschrift in den Lernerwörterbüchern insofern besonders problematisch, als dies die Übersichtlichkeit des WbA generell beeinträchtigt sowie ferner die präsentierten Wort-Äquivalente ggf. als weniger relevant erscheinen lässt (vgl. dazu Baunebjerg Hansen 1990: 56). Diese Problematik sprechen Herbst/Klotz (2003: 157) wie folgt an: „Dringend erforderlich ist eine konsequente Trennung der Informationstypen Beispiel, Kollokation, Probabem und Idiom, wobei insbesondere die Beispiele in ihrer Auffälligkeit in den Einträgen zurückgenommen werden sollten.". Erschwerend tritt hinzu, dass die durch die Druckschrift abgesonderten BeiA unterschiedliche Zwecke aufweisen, jedoch in den Lernerwörterbüchern nicht positional auseinandergehalten werden (Punkt (1)), so dass diese Präsentationsweise generell nicht eindeutig erkennen lässt, welche Informationen auf diese Weise im Konkreten präsentiert werden sollen.

Zu (3): Insbesondere bei den BeiA mit dem Zweck der Äquivalenzherstellung ist bei näherem Hinsehen oft die Motivation nicht erkennbar, inwiefern die präsentierte Syntagmen-Äquivalenz im Vergleich zu vorangehenden Wort-Äquivalenten tatsächlich kotextspezifisch ist. Besonders deutlich wird die Problematik der Motivation, wenn in mehreren BeiA dasselbe zielsprachliche Wort auftritt, das jedoch nicht als ein Wort-Äquivalent angesetzt ist, wie etwa in den folgenden Fällen:

> TAKE II. *vt* 1 (*accept*) **to take sth** etw annehmen
> **this restaurant takes credit cards** dieses Restaurant akzeptiert Kreditkarten [...]
> **not to take no for an answer** ein Nein nicht akzeptieren [...]
> **to take criticism** Kritik akzeptieren ‹PONS E-D›

> KEEP ... II. *vt* ... 14 (*make records*)
> **to keep the books** die Bücher führen
> **to keep a diary** [*or* **journal**] ein Tagebuch führen
> **to keep a log** [*or* **record**] **of sth** über etw *akk* Buch führen
> **to keep the minutes** [das] Protokoll führen ‹PONS E-D›

> STAND ... II. *vi* ... 4 (*be located*) liegen
> **an old hut stood by the river** am Fluss stand eine alte Hütte
> **the train is standing at platform 8** der Zug steht auf Gleis 8
> **to stand in sb's way** jdm im Weg stehen
> **to stand in the way of sth** etw *dat* im Weg[e] stehen [*o.* hinderlich sein]
> **to stand open** offen stehen ‹PONS E-D›

Was relevante außerlexikographische Aspekte in den BeiA betrifft, so wird der Parameter des Wortschatzes dadurch relativiert, dass BeiA als zweiteilige Bearbeitungseinheiten auftreten. Siepmann (2007: 246) formuliert dies wie folgt: „comprehension problems encountered by users of monolingual dictionaries are less severe, if not inexistent, in the case of bilingual dictionaries because the translation provides an aid to understanding (although, for reasons of learnability, examples should not contain too much problem vocabulary)". Diese Relativierung gilt jedoch nicht in Bezug auf lexikographisch irrelevante Einzelheiten sachlichen Charakters, die typischerweise in BBeiA bzw. CorBeiA mitdokumentiert werden. Liegen ferner übersetzte BeiA vor, so werden solche irrelevanten Einzelheiten auch in die entstandenen KBeiA übernommen, ohne dass sie zur Erschließung bzw. zum Verständnis der BeiA beitragen können:

> REGALAR 2 beschenken 1
> Es así como un lector ("Polémica sobre el Metro", HOY N° 399) nos regala con una serie de frases subliminales que no resisten el menor análisis. CREA
> > Auf diese Weise beschenkt uns ein Leser ("Polémica sobre el Metro", HOY N° 399) mit einer Reihe von nebulösen Sätzen, die nicht der geringsten Analyse standhalten. ‹DCVVEA›

COMPRAR 2 kaufen 2
Pocos meses después de lanzar la opa, De la Rosa hizo que CNL le comprara el 30 % de las acciones de la sociedad Tibidabo, de la que él era el principal accionista. CREA
    Wenige Monate nach dem Übernahmeangebot veranlasste De la Rosa, dass CNL ihm 30% der Aktien von der Gesellschaft Tibidabo kaufte, deren Hauptaktionär er war.
En Brasil, la empresa compró por diez millones de dólares a Edilson, Mazinho, Edmundo, Cléber y Zinho, que juegan o han jugado en la selección nacional, y a otros siete jugadores del club Palmeiras. CREA
    In Brasilien kaufte das Unternehmen für 10 Millionen Dollar Edilson, Mazinho, Edmundo, Cléber und Zinho, die in der Nationalmannschaft spielen oder gespielt haben, und weitere 7 Spieler vom Club Palmeiras. ‹DCVVEA›

REPETIRSE 2 wiederholen, sich (A) 2
[...] Hull utilizó como material unas tarjetas donde aparecían unos caracteres chinos. Formando parte de ellos, pero de tal modo que su detección es difícil aun conociendo su existencia (v. fig. 6.1), había unos "radicales" o elementos comunes que se repetían en tarjetas distintas. CREA
    Hull benutzte als Material einige Karten, auf denen chinesische Zeichen standen. Unter ihnen, aber so, dass ihre Erkennung schwierig war, auch wenn man von ihrer Existenz wusste (siehe Figur 6.1), gab es einige „Wurzelzeichen" oder gewöhnliche Elemente, die sich auf verschiedenen Karten wiederholten. ‹DCVVEA›

In Hinsicht auf die Thematik der BeiA sind wie auch in der einsprachigen Lexikographie punktuell BeiA präsent, in denen Personen des öffentlichen Lebens, politische Sachverhalte oder historische Währungen mitdokumentiert werden. Solche Sachverhalte sind auffällig, wenn sie nicht mehr aktuell erscheinen, wie etwa in den folgenden Fällen:

CAER 14 fallen 6
Los resultados indican que la cuota de popularidad del presidente Clinton ha caído a su nivel más bajo desde que inició su mandato en enero de 1993. CREA
    Die Ergebnisse weisen darauf hin, dass die Popularitätsrate von Präsident Clinton auf ihr niedrigstes Niveau gefallen ist, seit er im Januar 1993 sein Mandat angetreten hat. ‹DCVVEA›

CAER 14 fallen 6
En 1993, los beneficios cayeron hasta los 20.000 millones de marcos. CREA
    1993 sind die Gewinne auf 20 Milliarden D-Mark gefallen. ‹DCVVEA›

OFRECER 2 geben 1
Anoche, el rey Juan Carlos ofreció una cena en la Zarzuela a George Bush, Mijail Gorbachov y Felipe González. 1VOZ: 4, 1, 0, 1
    Gestern Abend gab König Juan Carlos für George Bush, Mijail Gorbatschow und Felipe González ein Abendessen in der Zarzuela. ‹DCVVEA›

Mitdokumentierte veraltete Sachverhalte in den BeiA werden besonders auffällig, wenn ein in Vergangenheit liegender Zeitpunkt in den BeiA als in Zukunft liegend vorgestellt wird:

SEGUIR 7 bleiben 1
El mundo se trasforma. En 1820 éramos mil millones de seres humanos; en 1920 ya éramos dos mil millones y si seguimos con el ritmo actual, en 1980 - es decir, mañana - seremos cuatro mil millones. CREA
    Die Welt verändert sich. 1820 waren wir eine Milliarde Menschen; 1920 waren wir schon zwei Milliarden, und wenn wir bei dem derzeitigen Rhythmus bleiben, werden wir 1980 – das heißt, morgen – vier Milliarden sein. ‹DCVVEA›

CAER 2 *otros equivalentes*
[...] esperarás alguna recompensa. La tendrás. No sé ni cuánto ni cuándo, porque todavía no hemos cuadrado el balance del año 77, pero algo bueno caerá. LABERINTO: 025, 08
    Du erwartest eine Belohnung. Die kriegst du. Ich weiß weder wieviel noch wann, denn wir haben die Jahresabrechnung für 77 noch nicht gemacht, aber etwas Gutes wird dabei herausspringen. ‹DCVVEA›

Wie auch in der einsprachigen Lexikographie (4.4.3.1) besteht in solchen Fällen die Gefahr, dass solche veralteten Sachverhalte in den BeiA generell die Aktualität des Wörterbuchs und der lexikographischen Bearbeitung in Frage stellen lassen.

    In Bezug auf inkorrekte Inhalte in den BeiA sind wie auch in der einsprachigen Lexikographie (4.4.3.3) zum einen der Themenbereich des Sexismus und zum anderen der Aspekt der *political correctness* relevant. In puncto Sexismus erscheinen folgende BeiA von fragwürdiger Qualität, da sie wertende oder klischeehafte Inhalte in Bezug auf die Geschlechter aufweisen:

VESTIR(SE) 7 tragen 1; anziehen 3; kleiden 1
VESTIR(SE) 7 anziehen 3
Cómo visten hoy las mujeres, mamma mía! SONRISA: 90, 4
    Wie die Frauen heute angezogen sind, Mamma mia! ‹DCVVEA›
VESTIR(SE) 7 kleiden 1
¡Cómo visten hoy las mujeres, mamma mía! SONRISA: 90, 4
    Wie die Frauen heute gekleidet sind, Mamma mia! ‹DCVVEA›

LEAVE ... V/T a ... **he left her for another woman** er verließ sie wegen einer anderen e ... **he left his wife very badly off** er ließ seine Frau fast mittellos zurück ‹LC E-D›

HAVE ... V/T ... 1 ... **we won't have women in our club** in unserem Klub sind Frauen nicht zugelassen ‹LC E-D›

PAGAR 2 bezahlen 3
Básicamente la pagan por que se quite la ropa. CREA
    Hauptsächlich bezahlt man sie dafür, dass sie sich auszieht. ‹DCVVEA›

Des Weiteren weisen die folgenden BeiA fragwürdige Inhalte im Sinne der *political correctness* (4.4.3.3) auf:

GUSTAR gefallen 1
[...] en otros casos gustan más las mujeres médicos que los hombres. MADRID: 131, 12

In anderen Fällen gefallen Ärztinnen besser als Ärzte.
Me gustó París, pero no me gustaron los parisinos ni los franceses en general. MADRID: 376, 9
   Mir gefiel Paris, aber mir gefielen weder die Pariser noch im Allgemeinen die Franzosen.
   ‹DCVVEA›

IMAGINAR(SE) 1 vorstellen, sich (D) 1
No me imagino a alguien como Hans ejerciendo un cargo político. Le falta un atributo primordial: no sabe mentir. CREA
   Ich kann mir jemanden wie Hans nicht in einem politischen Amt vorstellen. Es fehlt ihm
   eine Haupteigenschaft: Er kann nicht lügen. ‹DCVVEA›

TEMER(SE) 2 befürchten 1
[...] y también existen personas muy desinformadas: un tipo me preguntó de qué color tenían los ojos los espermatozoides, y otro chico estaba angustiado porque iba a tener relaciones sexuales con otro hombre y temía un embarazo. CREA
   Es gibt auch sehr uninformierte Menschen: Ein Typ fragte mich, welche Augenfarbe die
   Spermatozyten haben, und ein anderer Junge war sehr beunruhigt, weil er mit einem Mann
   Geschlechtsverkehr haben würde und eine Schwangerschaft befürchtete. ‹DCVVEA›

Eine Lösung für die Problematik inkorrekter Inhalte in den BeiA ist ihre gezielte Vermeidung im Sinne einer im weitesten Sinne pädagogischen Zweckbestimmung der lexikographischen Nachschlagewerke für sich genommen (vgl. 4.4.3.3).

Somit sind im Zusammenhang mit der Qualität der BeiA im zweisprachigen Wörterbuch teilweise spezifische Anforderungen relevant, was insbesondere in Bezug auf genuin lexikographische Faktoren zur Geltung kommt. Dies ist durch die konstitutiven Besonderheiten bedingt, die den BeiA im zweisprachigen Wörterbuch zukommen. In Hinsicht auf relevante außerlexikographische Aspekte sind hingegen Übereinstimmungen mit den Anforderungen an die Qualität der BeiA in der einsprachigen Lexikographie festzuhalten: Dadurch, dass BeiA in der einsprachigen wie auch in der zweisprachigen Lexikographie als Syntagmen für sich genommen angesehen werden können, entstehen Parallelen in Bezug auf die Anforderungen in puncto Thematik und Inhalte der BeiA.

# 6 Beispielangaben in der einsprachigen und zweisprachigen Lexikographie: ein Gesamtbild

Das Gesamtbild der theoretischen Reflexionen der BeiA in der einsprachigen und zweisprachigen Lexikographie lässt sich in Form der Beantwortung der Forschungsfragen darstellen (1.4). Zu den durch die Forschungsfragen motivierten Teilbereichen (Kapitel 6.1 bis 6.3) kommen Aspekte hinzu, die von den leitenden Forschungsfragen zwar nicht unmittelbar erfasst werden können, die sich im Laufe der vorliegenden Untersuchung jedoch als ebenfalls relevant für ein theoretisches Gesamtbild erwiesen haben (6.4).

## 6.1 Was ist ein lexikographisches Beispiel?

Ein lexikographisches Beispiel ist in der einsprachigen wie auch in der zweisprachigen Lexikographie ein objektsprachliches Syntagma innerhalb des SK, das einen unterschiedlichen Umfang wie auch eine unterschiedliche Herkunft aufweisen kann. Die BeiA treten an zweiter Stelle im SK auf, während den ersten Teil jeweils die BPA in der einsprachigen Lexikographie und ÄA in der zweisprachigen Lexikographie bilden. Die BeiA stellen implizite Angaben dar.

In Hinsicht auf den Parameter des Umfangs bzw. der Gestaltung als Syntagmen treten lexikographische BeiA als (a) gekürzte Beispiele, (b) Satzbeispiele oder (c) Textbeispiele auf. Diese Beispieltypen erfahren ausgeprägte Tendenzen in Hinsicht auf ihre Verbreitung in der Print- und Online-Lexikographie sowie ferner in Bezug auf ihre Präsentationsweise: Während Textbeispiele in der einsprachigen wie auch in der zweisprachigen Printlexikographie typischerweise nicht verbreitet sind, ist für gekürzte Beispiele eine verdichtete Präsentationsweise charakteristisch. Diese beiden Tendenzen lassen sich durch die Relevanz des Platz-Faktors für die Printlexikographie erklären. Für die Präsentationsweise einzelner Beispieltypen spielen Kotext- und Kontext-Faktoren eine Rolle: Da gekürzte Beispiele primär den Kotext-Faktor realisieren, erscheinen Verdichtungen bei diesem Beispieltyp insofern nicht weiter problematisch, als sie den Kontext-Faktor nicht beeinträchtigen. Dies kann hingegen bei Satz- und Textbeispielen der Fall sein, so dass Verdichtungen bei diesen Beispieltypen negative Auswirkungen für die Erschließbarkeit der BeiA bergen können. Textbeispiele sind in der Online-Lexikographie verbreitet (ELDIT, E-VALBU, DCVVEA), was sich durch das elektronische Publikationsmedium und die damit einhergehende Befreiung von Platzrestriktionen erklären lässt.

In der zweisprachigen Lexikographie treten BeiA primär als zweiteilige Bearbeitungseinheiten auf, bestehend aus einem ausgangssprachlichen und einem zielsprachlichen Syntagma, die als Bestandteile einer BeiA zu betrachten sind (5.2.1.2). Diese Besonderheit ist durch das Äquivalenzprinzip bei der Anlage des SK im zweisprachigen Wörterbuch bedingt (3.1.2). Je nach Konzeption des zweisprachigen Wörterbuchs können BeiA auch als einteilige Elemente auftreten.

In Bezug auf den Parameter der Herkunft der BeiA haben sich lexikographiegeschichtlich zwei Grundtypen des Beispiels etabliert, die insbesondere im Zusammenhang mit der einsprachigen Lexikographie im Fokus der theoretischen Reflexion gestanden haben: das KBei und das BBei (4.2.2.1). Neue typologische Erscheinungsformen und damit zusammenhängend eine Relativierung der tradierten Gegenüberstellungen bringt das CorBei, dessen Entstehung mit dem Einsatz des Corpus in der lexikographischen Arbeit zusammenhängt. Das CorBei in einem ersten, engen Sinne ist ein BBei, das einem Corpus entstammt. Das CorBei in einem zweiten, weiten Sinne ist ein modifiziertes CorBei, das Modifikationen seitens des Lexikographen bei der Verbeispielung zulässt (4.2.2.2). Bezeichnenderweise wird in der zweisprachigen Lexikographie der Parameter der Herkunft der BeiA traditionellerweise als irrelevant erachtet (5.2.2), ferner ist das modifizierte CorBei in der empirischen Basis der vorliegenden Untersuchung nicht präsent (5.2.2.2). Nichtsdestoweniger sind in der zweisprachigen Lexikographie einmalige Sachverhalte in Hinsicht auf die Herkunft der BeiA gegeben, die dadurch mitbedingt sind, dass BeiA in der zweisprachigen Lexikographie primär als zweiteilige Bearbeitungseinheiten auftreten. Je nach Herkunft einzelner Bestandteile können in der zweisprachigen Lexikographie entweder Kombinationen aus BBei oder KBei und durch Übersetzung des Lexikographen entstehenden KBei (5.2.2.1) oder ParBei (5.2.2.2) vorliegen.

Dadurch, dass das lexikographische Beispiel als ein objektsprachliches Syntagma im SK auftritt, fungiert es als ein Zitat im weiten Sinne, unabhängig von seiner Entstehung und Quelle (4.2.2.1.1). Als Zitate im weiten Sinne können lexikographische BeiA sowohl als BeiA innerhalb des SK als auch als Syntagmen für sich genommen angesehen werden. Dieser Befund bietet eine tragfähige Grundlage für die Behandlung der Forschungsfrage nach der Qualität des lexikographischen Beispiels (6.3).

## 6.2 Wozu dient ein lexikographisches Beispiel?

Die Beantwortung der Forschungsfrage nach der Funktionalität des lexikographischen Beispiels lässt sich in zwei Teilbereiche untergliedern: zum einen geht es um die Bestimmung des Zweckes und der Funktionalität der BeiA innerhalb des SK in der einsprachigen und in der zweisprachigen Lexikographie generell (6.2.1), zum anderen ist das Funktionspotential einzelner Beispieltypen ebenfalls von Relevanz für diesen Themenbereich (6.2.2).

### 6.2.1 Zweck und Funktionalität innerhalb des semantischen Kommentars

Der übergeordnete genuine Zweck der BeiA ist die objektsprachliche Demonstration (3.3.2.3). Der Zweck der Demonstration kommt insbesondere in der einsprachigen Lexikographie deutlich zur Geltung, indem die BeiA durch die objektsprachliche Demonstration zum einen andere Angaben innerhalb des SK ergänzen, zum anderen in Hinsicht auf die Informationsarten als polyfunktional fungieren (4.3). Im Gegensatz dazu ist eine Besonderheit der Funktionalität der BeiA in der zweisprachigen Lexikographie ihr doppelter genuiner Zweck: BeiA erfüllen zum einen den Zweck der Äquivalenzherstellung und treten als erweiterte oder direkte Äquivalente auf (5.3.1), zum anderen können BeiA kodifizierte Äquivalenzrelationen demonstrieren (5.3.2). Vergleicht man den Befund des doppelten genuinen Zwecks der BeiA in der zweisprachigen Lexikographie mit der Forschungslage, so ist festzuhalten, dass in den BeiA charakteristischerweise *entweder* der Zweck der Äquivalenzherstellung (etwa Prinsloo 2013: 509; Bielińska 2014a: 178) *oder* der Zweck der Demonstration gesehen worden ist (etwa Zöfgen 1982: 46; Al-Kasimi 1977: 91). Wird in diesem Zusammenhang ein punktueller Vergleich zu den BeiA in der einsprachigen Lexikographie angestellt, so wird im Fall der Identifizierung des genuinen Zweckes der Äquivalenzherstellung eine *Unterschiedlichkeit* in puncto BeiA thematisiert. So hält Bielińska (2014a: 178) für die Exemplifizierung der Phraseologismen Folgendes fest:

> In einsprachigen Wörterbüchern ergänzen die Beispielangaben vielseitig die Bedeutungserklärung [...], in zweisprachigen Wörterbüchern fungieren sie als kompensatorische Mittel, wenn angebotene zielsprachliche Äquivalente keine hundertprozentigen sind oder wenn es Mängel in der Wiedergabe der Bedeutung der ausgangssprachlichen Phraseologismen durch zielsprachliche Äquivalente gibt.

Einen gleichen Befund formuliert auch Prinsloo (2013: 509):

> In monolingual dictionaries good examples supplement the paraphrase of meaning and in bilingual dictionaries contribute towards enhancing what Adamska-Sałaciak (2006: 153) calls 'interlingual equivalence'. The value of examples in bilingual dictionaries is rooted in the lack of full interlingual equivalence [...].

Im Fall der Identifizierung des genuinen Zweckes der Demonstration wird hingegen eine *Analogie* zur einsprachigen Lexikographie festgehalten. Nach Zöfgen (1982: 46) kommt den BeiA in der pädagogischen Lexikographie generell die Funktion zu, „die Bedeutungsexplikation zu unterstützen bzw. das [...] Äquivalent durch die Norm der Verwendung von lexikalischen Fügungen ‚mit Leben zu erfüllen' und auf diesem Wege die Sprachkompetenz des Benutzers zu festigen und zu erweitern".

Der im Konkreten vorliegende Zweck der BeiA wird zum einen durch den übergeordneten genuinen Zweck der Demonstration bestimmt, der sich aus dem Wesen der BeiA als objektsprachliche Syntagmen sowie als implizite lexikographische Angaben ergibt, zum anderen spielt auch die Zweckzuweisung im Rahmen des SK eine Rolle. Die Zweckzuweisung ist durch zwei Faktoren bedingt: zum einen (a) durch die Anlage und den Aufbau des SK im einsprachigen und zweisprachigen Wörterbuch (3.1), zum anderen (b) durch die Kapazitäten der Angabetypen der BPA und der ÄA, die an erster Stelle des SK auftreten (3.2). Da für das einsprachige Wörterbuch bei der Anlage des SK das Prinzip der semantischen Kommentierung gilt (3.1.1) und die BPA als ein meta- bzw. kommentarsprachliches Konstrukt objektsprachliche BeiA als Ergänzung und Konkretisierung ihrer Inhalte benötigt (4.3.1.1), weisen die BeiA im einsprachigen Wörterbuch nur den Zweck der Demonstration auf und erfüllen die Funktionalität des Aufzeigens der Bedeutung und Verwendung der lemmatisierten Einheit (4.3). In dieser Funktionalität fungieren lexikographische BeiA generell als Situationen des Spracherwerbs (4.3.2.1). In Hinsicht auf einzelne Informationsarten erscheinen BeiA grundsätzlich polyfunktional (4.3.2.2).

Der genuine Zweck der Äquivalenzherstellung, der den BeiA im zweisprachigen Wörterbuch zukommt, ist auf die Zweckzuweisung vom SK zurückzuführen: Da für das zweisprachige Wörterbuch das Äquivalenzprinzip bei der Anlage des SK gilt (3.1.2) und lexikographische Äquivalenztypen neben der Wortäquivalenz auch Syntagmenäquivalenz sowie rangstufenverschiedene Äquivalenzrelationen umfassen (3.1.2.2.2), treten lexikographische BeiA mit dem Zweck der Äquivalenzherstellung auf und fungieren als erweiterte oder direkte Äquivalente (5.3.1). Eine Grundlage für diesen genuinen Zweck der BeiA im zweisprachigen Wörterbuch bildet zum einen die Gemeinsamkeit des *parole*-Status der ÄA (3.1.2) wie auch der BeiA, zum anderen das syntagmatische Wesen der BeiA (3.3). Eine konstitutive Besonderheit der BeiA mit dem Zweck der Äquivalenzherstellung ist ihr restriktiver Charakter in Bezug auf ggf. vorangehende ÄA; diese Besonderheit lässt sich als Funktionalität des Beispiels im Zeichen der Eigendynamik in genuin lexikographischen Zusammenhängen identifizieren (5.3.1).

Zweiteilige BeiA mit dem Zweck der Demonstration im zweisprachigen Wörterbuch lassen sich dadurch charakterisieren, dass sie auf der zielsprachlichen Seite eine vorangehende ÄA wiederaufnehmen und somit eine kodifizierte Äquivalenzrelation demonstrieren (5.3.2). Den BeiA mit dem Zweck der Demonstration kommt ferner wie auch in der einsprachigen Lexikographie das Charakteristikum der Polyfunktionalität nach Informationsarten zu (5.3.2.1).

## 6.2.2 Funktionspotential einzelner Beispieltypen

Das Funktionspotential einzelner Beispieltypen nach dem Parameter der Gestaltung lässt sich durch den Kotext- und Kontext-Faktor erfassen: Während gekürzte Beispiele wegen ihrer Anlage unterhalb des Satzranges sowie aufgrund des charakteristischen Auftretens infiniter Verbformen vorrangig den Kotext-Faktor realisieren (4.2.1.1), ist für Satz- und Textbeispiele ein breiteres Funktionspotential charakteristisch, indem sie sowohl den Kotext- als auch den Kontext-Faktor bieten können

(4.2.1.2). In der zweisprachigen Lexikographie sind Zusammenhänge zwischen den Beispieltypen und den genuinen Zwecken existent: Die BeiA mit dem Zweck der Äquivalenzherstellung sind typischerweise entweder gekürzte Beispiele oder Satzbeispiele; weder in der Printlexikographie noch in der Online-Lexikographie sind Textbeispiele als erweiterte oder direkte ÄA verbreitet. Die Textbeispiele treten hingegen typischerweise mit dem Zweck der Demonstration auf.

Auch die Beispieltypen nach dem Parameter der Herkunft weisen teilweise unterschiedliches Funktionspotential auf. Die Funktionalität der BBeiA und der CorBeiA als derjenigen Beispieltypen, die eine Entsprechung in der empirischen Wörterbuchbasis haben und ihre Zitierung im SK darstellen, ist breiter angelegt und umfasst zwei Funktionalitätsaspekte: den Funktionalitätsaspekt der Demonstration im weiten Sinne und den Funktionalitätsaspekt der Dokumentation (4.2.2). Für den Bereich der pädagogischen Lexikographie spielt der Funktionalitätsaspekt der objektsprachlichen Demonstration für alle Beispieltypen eine primäre Rolle. Der Funktionalitätsaspekt der Dokumentation ist in der Valenzlexikographie im Zusammenhang mit der Kodifikation sprachlicher Variationen präsent (4.2.2.1.3).

Des Weiteren ist für das Funktionspotential einzelner Beispieltypen nach dem Kriterium der Herkunft der Sachverhalt von Relevanz, dass nicht alle Beispieltypen eine unmittelbare Entsprechung in der empirischen Wörterbuchbasis haben: Aus diesem Grunde erscheinen KBei in mehreren Zusammenhängen beeinflussbar. Fasst man den Aspekt der Beeinflussbarkeit in dem Merkmal zusammen, dass die KBeiA ggf. keinen prototypischen Charakter aufweisen, so kommt die Beeinflussbarkeit der KBeiA in den folgenden Bereichen zur Geltung:

(1) thematische Beeinflussbarkeit, die sich in puncto Inhalt und Stilistik als Syntagmen verfolgen lässt (4.2.2.1.2);
(2) Unterstützung oder Untermauern anderer metasprachlicher Angaben im SK wie (a) der BPA, indem KBeiA darauf ausgerichtet sein können, die BPA verständlich zu machen (4.3.1.1), wie auch (b) der Strukturformeln, indem KBeiA ihnen angepasst werden können (4.3.1.2.2). In den beiden Fällen geht es darum, dass KBeiA jeweils nicht als objektsprachliche Syntagmen mit typischem und prototypischem Charakter für die kodifizierten Daten für sich genommen auftreten;
(3) übersetzerische Beeinflussbarkeit im Bereich der zweisprachigen Lexikographie, die dadurch zur Geltung kommt, dass die durch Übersetzung entstehenden KBeiA durch ihre Anbindung an BBeiA wie auch an ein vorangehendes Wort-Äquivalent an sich nicht als typische und prototypische Instanzen der Verwendung des Wort-Äquivalentes aufgefasst werden können (5.2.2.1).

Die Grundlage zur Beeinflussbarkeit bilden die charakteristischen Merkmale, dass die KBeiA (a) erst beim Abfassen des jeweiligen WbA entstehen sowie dadurch bedingt (b) keine direkten Entsprechungen unter den Textstellen der empirischen Wörterbuchbasis haben (4.2.2). Der Befund der Beeinflussbarkeit der KBeiA ist nicht mit dem früher in der Forschungsliteratur vertretenen Standpunkt gleichzusetzen, dass die KBeiA an sich grundsätzlich nichtauthentisch sind; dieser Standpunkt erscheint bei näherem Hinsehen nicht stichhaltig (4.2.2.1.1). Einen Ausgleich gegen die Beeinflussbarkeit der KBeiA bietet die Corpusbasiertheit bei der lexikographischen Arbeit, indem durch jene die Inhalte, die lexikographisch kodifiziert werden und die es zu demonstrieren gilt, empirisch abgesichert werden können.

## 6.3 Was ist ein gutes lexikographisches Beispiel?

Die Forschungsfrage nach der Qualität der BeiA umfasst zwei Perspektiven, die durch das Wesen des lexikographischen Beispiels als Zitat im weiten Sinne bedingt sind (6.1): Zum einen erfüllt ein *gutes* lexikographisches Beispiel jeweils genuin lexikographische Faktoren, die für die einsprachige und die zweisprachige Lexikographie teilweise unterschiedlich bestimmt werden, zum anderen weist ein *gutes* lexikographisches Beispiel als Syntagma für sich genommen in Hinsicht auf die Parameter des Wortschatzes, der Thematik und der Inhalte zielgruppenrelevante Elemente und enthält keine inkorrekten Inhalte. Im Zusammenhang mit den genuin lexikographischen Faktoren lassen sich für die einsprachige Lexikographie die Parameter der Adressierung innerhalb des SK (4.4.2.1), der Erfüllung der immanenten Kotext- und Kontext-Faktoren (4.4.2.2) und der Komplexität der BeiA (4.4.2.3) unterscheiden. Für die zweisprachige Lexikographie sind dies die Parameter der Anordnung der BeiA mit unterschiedlichem genuinem Zweck innerhalb des WbA, der Präsentationsweise infralemmatischer BeiA sowie der Motivation einzelner BeiA mit dem Zweck der Äquivalenzherstellung (5.4). In Hinsicht auf relevante außerlexikographische Aspekte ist von grundlegender Relevanz, dass lexikographische BeiA als Syntagmen wiederverwendbar sein sollen (4.3.2.1). Vor diesem Hintergrund erscheinen zu fachspezifische Inhalte, enthaltene irrelevante Einzelheiten oder mitdokumentierte veraltete Sachverhalte in den BeiA nicht gerechtfertigt. Dies gilt auch für inkorrekte Inhalte in den BeiA im Sinne der Geschlechterstereotypien wie auch der *political correctness* generell. Im Gegensatz dazu sind für den Bereich der pädagogischen Lexikographie für den Fremdsprachenunterricht Informationen zu landeskundlichen bzw. kulturellen Sachverhalten in den BeiA von Vorteil. In diesem Zusammenhang spielt jedoch auch die Tatsache eine Rolle, dass BeiA als Träger von Ideologien fungieren können (4.4.3.2).

## 6.4 Beispielangaben als Indikator der Übernahmen in Wörterbüchern

Im Laufe der vorliegenden Untersuchung hat sich gezeigt, dass lexikographische BeiA neben den intendierten Zwecken und der immanenten Polyfunktionalität zudem als ein Mittel der Feststellung der Übernahmen in Wörterbüchern fungieren können. Für die empirische Basis zur einsprachigen Lexikographie sind insbesondere in ViF und E-VALBU vermehrt identische BeiA feststellbar:

> GEBEN ... „Ich bin im Moment nicht sehr flüssig", sagte Jachmann. „Aber achtzig, vielleicht neunzig Mark würde ich Ihnen gern geben." Er verbesserte sich. „Leihen, pumpen, meine ich." (Fallada, Kleiner Mann, S. 243) ‹ViF›
> 3 ... (4) „Ich bin im Moment nicht sehr flüssig", sagte Jachmann. „Aber achtzig, vielleicht neunzig Mark würde ich Ihnen gerne geben." Er verbesserte sich. „Leihen, pumpen, meine ich." (Fallada, S. 243) ‹E-VALBU›
>
> ESSEN ... Die Pommes Frites waren schon nach wenigen Minuten gegessen, während die Salzkartoffeln stehen blieben. ‹ViF›
> 1 ... (6) Die Pommes frites waren schon nach wenigen Minuten gegessen, während die Salzkartoffeln stehen blieben. ‹E-VALBU›
>
> BLEIBEN ... Aber die Bunker bleiben, wie ja auch die Pyramiden geblieben sind. (Grass, Blechtrommel, S. 278) ‹ViF›
> 1 ... (1) Aber die Bunker bleiben, wie ja auch die Pyramiden geblieben sind. (Grass, Blechtrommel, S. 27) ‹E-VALBU›
>
> KAUFEN ... Die beiden Bilder rechts neben der Tür sind von einem Kunsthändler gekauft worden; die anderen können Sie noch bekommen. ‹ViF›
> 1 ... (9) Die beiden Bilder rechts von der Tür sind gestern gekauft worden, die anderen sind noch zu haben. ‹E-VALBU›
> Von England werden nur noch solche Waren hereingelassen, die bereits gekauft und voll bezahlt sind. (FAZ, 31.1.1966, S. 1) ‹ViF›
> 1 ... (10) Von England werden nur noch solche Waren hereingelassen, die bereits gekauft und voll bezahlt sind. (Frankfurter Allgemeine Zeitung, 31.02.1966) ‹E-VALBU›
>
> FRESSEN ... Bettler stehen überall herum [...]. Ich schäme mich plötzlich, daß ich so sinnlos gefressen habe. Hätte ich das, was ich hinuntergeschlungen habe, an zwei oder drei dieser Leute gegeben, so wären sie für diesen Abend satt geworden. (Remarque, Obelisk, S. 288) ‹ViF›
> 3 ... (3) Bettler stehen überall herum ... Ich schäme mich plötzlich, dass ich so sinnlos gefressen habe. (nach Remarque, S. 144) ‹E-VALBU›

Im letzteren Fall kommen zudem konzeptionelle Unterschiede zwischen ViF und E-VALBU zur Geltung: Während modifizierte CorBeiA für ViF nicht typisch sind (4.2.2.2.2), wird das entsprechende Beispielsyntagma in E-VALBU modifiziert und im Unterschied zu ViF als ein modifiziertes CorBei präsentiert.

Die Übernahme der BeiA wird in Steyer (2000: 106) marginal angesprochen. Steyer (ebd.) thematisiert die *validierende* Art der Einbeziehung des Textcorpus (4.2.2.2) mit der Zielsetzung, „die eigenen, zwar auf jahrelanger Wörterbucherfahrung basierenden, dennoch aber subjektiven Entscheidungen für einen Eintrag zu verifizieren bzw. um die Korpusbelege zur Illustration der Artikel zu nutzen" (ebd.) und hält in diesem Zusammenhang das Phänomen *ein kollektives Beispielgedächtnis* im folgenden Sinne fest:

> Es gibt mittlerweile so etwas wie ein kollektives Beispielgedächtnis von Forschern und Lexikografen, dessen Wurzeln sich teilweise über Jahrzehnte zurückverfolgen lassen und das einer empirischen Überprüfung am aktuellen Sprachgebrauch bedarf. Der Ausweg kann nur eine strikt korpusbasiert-empirische Fundierung der Lexikografie sein. (ebd.)

Dass BeiA übernommen werden können, wird in E-VALBU interessanterweise nicht explizit deklariert. Im Fall der Feststellung identischer BBeiA bzw. CorBeiA kann die Arbeit mit denselben Corpora als Erklärung erachtet werden, bedingt durch die Verwandtschaft der beiden Valenzwörterbücher (1.3). Im Fall des Vorliegens identischer oder annähernd identischer KBeiA (vgl. ESSEN; KAUFEN) liegt jedoch die Annahme einer gezielten Übernahme nahe.

Punktuell sind auch zwischen LGwDaF und ELDIT annähernd identische KBeiA vorzufinden:

> BEACHTEN ... 3 ... Ich glaube, ich habe wenig Chancen bei ihr, sie beachtet mich kaum ‹LGwDaF›
> 2 ... Ich glaube, ich habe wenig Chancen bei ihr. Sie beachtet mich kaum. ‹ELDIT›

Die Frage der Deklarierung der Übernahmen der BeiA stellt sich in besonderer Weise für die zweisprachige Lexikographie, da in diesem Bereich auch BeiA aus einsprachigen Wörterbüchern übernommen werden können (3.3). Eine einwandfreie Lösung bietet in diesem Zusammenhang PONS E-D, indem auf diese Praxis expressis verbis wie folgt hingewiesen wird: „Einige der Beispiele in diesem Wörterbuch basieren auf Beispielen aus dem Korpus des Cambridge International Dictionary of English (Cambridge University Press, 1995) (www.cambridge.org/elt/cide). Dies ist mit Einwilligung von Cambridge University Press erfolgt." (PONS E-D: 2).

Wenn die Übernahmen der BeiA nicht deklariert werden, können sie ggf. im Sinne der Wörterbuchkriminalität gewertet werden.

## 6.5 Reflexion der Wörterbücher der empirischen Basis

Vor dem Hintergrund der angestellten Überlegungen zu den BeiA in der einsprachigen und in der zweisprachigen Lexikographie wird im Folgenden die Beispielpolitik einzelner herangezogener Wörterbücher charakterisiert.

### 6.5.1 Einsprachige Lexikographie

Für die empirische Basis zur einsprachigen Lexikographie ist insgesamt eine größere Beispielvielfalt wie auch generell eine bessere Qualität der BeiA festzuhalten. Die BeiA in den herangezogenen einsprachigen Wörterbüchern erfahren mehr typologische Erscheinungsformen als in den zweisprachigen Wörterbüchern, sind in quantitativer Hinsicht zahlreicher vertreten als in den WbA der zweisprachigen Wörterbücher und in Hinsicht auf ihren genuinen Zweck motivierter eingesetzt. Die Polyfunktionalität des lexikographischen Beispiels kommt in der einsprachigen Lexikographie in mehreren Erscheinungsformen zur Geltung (4.3.2). Nichtsdestoweniger spielen auch konzeptionelle Besonderheiten einzelner Wörterbücher eine Rolle, die sich vor dem Hintergrund eines theoretischen Gesamtbildes umreißen lassen.

### 6.5.1.1 LGwDaF

Die Beispielpolitik von LGwDaF lässt sich durch eine ausgeprägte Verwurzelung in der Tradition der Printlexikographie charakterisieren. Für die BeiA in LGwDaF sind mehrfache Verdichtungen bei der Präsentation kennzeichnend (4.2.1). Textbeispiele sind in LGwDaF nicht verbreitet, wobei auch dieser Beispieltyp vereinzelt von Verdichtungen betroffen ist (4.2.1.2), was sich durch die ausgeprägte Orientierung nach der Tradition der Printlexikographie mit der durch die Relevanz des Platz-Faktors bedingten Notwendigkeit der Verdichtung *aller* Beispieltypen erklären lässt. Des Weiteren ist für LGwDaF eine häufige Beeinträchtigung des Kontext-Faktors bei den BeiA festzuhalten, die durch die Verdichtung gleichartiger Satzglieder innerhalb eines Beispielsyntagmas bedingt ist (4.4.2.2).

Für LGwDaF ist generell eine *Neutralität* der BeiA charakteristisch, die durch einen ausgeprägten Einsatz (a) der (Personal)Pronomina, (b) infiniter Verbformen oder auch (b) verallgemeinerter situationeller Protagonisten in den BeiA entsteht:

ZÄHLEN ... 1 ... ‹Geld zählen, falsch, richtig zählen›
2 ... rückwärts zählen (z. B. von 10 bis 1) | Ich zähle bis drei, dann lauft ihr los | Kannst du schon bis 10 zählen?
4 ... In seinem Job zählt nur Leistung
6 ... Er zählt 80 Jahre
9 ... Er zählt zu den reichsten Männern der Welt | Sie zählt zur Elite im Land
10 ... Kritiker zählen sie zu den bedeutendsten zeitgenössischen Autorinnen
11 ... Sie können auf unsere Unterstützung zählen ‹LGwDaF›

TRENNEN ... 1 ... Sie trennte den Ärmel vom Mantel | zwei raufende Jungen (voneinander) trennen
2 ... Er trennt stets das Private vom Beruflichen
3 ... Unsere politischen Ansichten trennen uns
4 ... Nur noch zwei Wochen trennten sie vom Urlaub
6 ... sich von einem spannenden Buch nicht trennen können
7 ... Am Bahnhof trennte er sich von seinen Freunden | Hier trennen sich unsere Wege
8 ... Nach drei Jahren trennte er sich von seiner Freundin ‹LGwDaF›

BRINGEN ... 1 ... Er hat die Briefe zur Post gebracht | Hast du ihm das Buch schon gebracht, das du ihm versprochen hast?
2 ... Ich habe meinen Gast zum Bahnhof gebracht | Er brachte sie nach dem Kino nach Hause
3 ... Ich habe meiner Mutter zum Geburtstag Blumen gebracht
5 ... Das bringt nur Ärger

6 … Er bringt die geforderten Leistungen einfach nicht
7 … Er konnte mich immer wieder zum Lachen bringen | jemanden dazu bringen, nachzugeben
8 … Ich bringe es nicht über mich, ihm die volle Wahrheit zu sagen
9 … Er wurde wegen schwerer Körperverletzung vor Gericht gebracht
10 … Durch seine unvorsichtige Fahrweise hat er andere in Gefahr gebracht
11 … Mach dir keine Sorgen! Das bringe ich schon wieder in Ordnung
12 … Der Dieb hat die alte Frau um ihre Ersparnisse gebracht
13 … Mein Job bringt es mit sich, dass ich oft im Ausland bin ‹LGwDaF›

Die BeiA in LGwDaF erfüllen ferner nur punktuell sekundäre Funktionen nach Informationsarten (4.3.2.2), was mit der charakteristischen Neutralität der BeiA zusammenhängt.

## 6.5.1.2 ELDIT

ELDIT als ein genuines nichtprintorientiertes Online-Wörterbuch (1.3) ist von strikten Platzrestriktionen befreit, was in vielerlei Hinsicht Auswirkungen auf die BeiA hat. Als ein Kennzeichen von ELDIT gilt der ausgeprägte Einsatz der Textbeispiele. Dadurch erscheint der Kontext-Faktor bei den BeiA in ELDIT hinreichend realisiert:

DISKUTIEREN … 1 … Ich habe gestern lange mit meinem Bruder darüber diskutiert, wie er am besten weiter vorgehen könnte. Zu einer Lösung sind wir jedoch nicht gekommen.
Mein Onkel diskutiert für sein Leben gern leidenschaftlich über Politik. Er kennt sich sehr gut aus und beginnt ständig Streitgespräche mit allen Freunden und Bekannten – manchmal auch mit Unbekannten. ‹ELDIT›

PRÜFEN … 2 … Wir haben verschiedene Kostenvoranschläge eingeholt und werden die Angebote jetzt prüfen. In spätestens einer Woche werden wir dann entscheiden, wer den Spielplatz bauen darf.
Ich habe das Angebot der Firma geprüft. Ich werde sie beauftragen, unser Dach zu reparieren.
Wir haben geprüft, ob der Plan durchgeführt werden kann. Bis auf ein paar Kleinigkeiten gefällt er uns. ‹ELDIT›

BEFINDEN … 1 … Herr Müller befindet sich auf dem Weg ins Büro. Er wird in ein paar Minuten hier sein. Sie können gerne auf ihn warten. ‹ELDIT›

Des Weiteren werden in ELDIT nur innerhalb der gekürzten Beispiele Verdichtungen praktiziert, jedoch nicht bei den Satz- und Textbeispielen, was mit dem Kontext-Faktor, der diesen Beispieltypen immanent ist (4.2.1.2), kompatibel erscheint.

Ein weiteres einmalig positives Charakteristikum von ELDIT ist die Praxis einer systematischen Demonstration kodifizierter Redewendungen und Phraseme (4.3.1.2.1) sowie gekürzter Beispiele (4.3.1.2.3) durch Satz- und Textbeispiele. Diese Praxis wird zudem durch eine typographische Hervorhebung der demonstrierten Elemente als zusammengehörige Einheiten begleitet:

VERKAUFEN ... **sich/etw. gut/schlecht verkaufen** - *umgangssprachlich*
  In der jetzigen Zeit kommt es darauf an, **sich** möglichst **gut** zu **verkaufen**. Das beginnt schon bei einem Bewerbungsgespräch, wo man einen guten Eindruck hinterlassen muss. ‹ELDIT›

VERBIETEN ... **jemdm. den Mund verbieten**
  Raffael **verbot seiner Tochter** wütend **den Mund**. Er wollte nicht, dass sie noch mehr Dummheiten von sich gibt.
  **etw. verbietet sich (von selbst)**
  **Der Genuss von rohem Fleisch oder Fisch, ungeschältem Obst und ungewaschenem Gemüse verbietet sich** in tropischen Ländern **von selbst**. Jeder weiß um die Risiken der übertragbaren Krankheiten und beherzigt diese grundsätzlichen Vorsichtsmaßnahmen. ‹ELDIT›

Als ein nachteiliges Merkmal von ELDIT hat sich im Laufe der vorliegenden Untersuchung das Charakteristikum herauskristallisiert, dass in den BeiA von ELDIT verhältnismäßig oft Tipp- und Punktuationsfehler vorkommen, wie etwa in den folgenden Fällen:

ZÄHLEN ... 1 ... Im Keller fehlen zwei Flaschen Wein. Ich habe sie erst gestern gezählt, da waren es es [sic!] fünfzehn, heute liegen da nur ncoh [sic!] dreizehn Flaschen. ‹ELDIT›

PRÜFEN ... 1 ... Die Personalleiterin prüft den Bewerber daraufhin, ob er die nötigen Voraussetzungen fü reine [sic!] Anstellung mitbringt [sic!].
  Auf einmal gab es ein [sic!] kräftige Windböe. Die junge Frau fasste prüfend ihre Frisur an und stellte erleichtert fest, dass alles sitzte.
  3 ... Demnächst wird inser [sic!] Lehrer unsere Lateinkenntnisse prüfen. Wir werden eine Klausur schreiben. ‹ELDIT›

FÜHREN ... 7 ... Mein [sic!] Damen und Herren, bitte erheben Sie sich. Den Vorsitz in der heutigen Verhandlung führt die ehrenwerte Richterin Meier. ‹ELDIT›

HABEN ... 4 ... Marita hatte den Einfall, eine Überrschungsparty [sic!] für Grit zu organisieren.
  Das war eine gute Idee, das Fest ist gelungen.
  10 ... Hast du denn kein [sic!] Erdkunde in der Schule? Du musst doch die Hauptstadt vom Iran kennen!
  Nein, ich habe Physik und Biologie, aber keine Erdkunde. ‹ELDIT›

Dieser Sachverhalt lässt sich durch den Entstehungshintergrund der KBeiA erklären, indem sie beim Abfassen eines WbA verfasst werden (4.2.2), so dass dadurch Tipp- und Punktuationsfehler in der Phase der Beispielproduktion entstehen können. In diesem Zusammenhang sind die KBeiA anfällig für solche Erscheinungen. Das Vorhandensein der Tipp- oder Punktuationsfehler in den BeiA ist für den Bereich der pädagogischen Lexikographie für den Fremdsprachenunterricht insofern besonders unangemessen, als die BeiA generell als Situationen des Spracherwerbs fungieren und dem Parameter der Wiederverwendbarkeit unterliegen (4.3.2.1). Vor diesem Hintergrund sind sprachliche Fehler in den BeiA äußerst nachteilhaft.

### 6.5.1.3 ViF

Für die Reflexion der Beispielpolitik von ViF ist die konzeptionelle Rahmenbedingung von Relevanz, dass in ViF nur sehr vereinzelt modifizierte CorBeiA verwendet werden (4.2.2.2.2), so dass an ViF im großen Zusammenhang der Dualismus der Grundtypen des lexikographischen Beispiels besonders deutlich zum Vorschein kommt. Des Weiteren kommt hinzu, dass vor dem Erscheinen des CorBei im weiten Sinne jegliche Modifizierungen innerhalb der BBeiA im SK kenntlich gemacht werden (4.2.2.1.1), was für viele der BBeiA in ViF zur Folge hat, dass der Kontext-Faktor dadurch beeinträchtigt wird und somit nicht hinreichend erschließbar erscheint (4.4.2.2). In ViF sind generell zahlreiche BeiA mit verletzten Parametern der Komplexität (4.4.2.3) oder mit ausgeprägt zu fachspezifischen Inhalten wie auch lexikographisch irrelevanten Einzelheiten (4.4.3.1) feststellbar. Schließlich ist auch festzuhalten, dass an ViF das Phänomen der charakteristischen funktionalen Pseudobeispiele in der einsprachigen Lexikographie zum Vorschein kommt (4.3.3).

Vor dem Hintergrund dieser Befunde ist der in Zöfgen (1994: 238) geäußerten Kritik zuzustimmen, dass „das ViF [...] ein gutes Stück hinter den Erkenntnisstand der metalexikographischen Diskussion zurückfällt", die ferner wie folgt näher erläutert wird:

> Bei der Auswahl von Beispielen für ein L2-Wörterbuch gilt es [...] zweierlei zu bedenken: die Beispiele sind dem Kenntnisstand der potentiellen Adressaten anzupassen, um zu verhindern, daß unüberwindbare Hürden für die Rezeption aufgebaut werden; zum anderen ist dafür zu sorgen, daß das kontextuelle Umfeld nicht durch auffällige Unüblichkeit von dem zu ‚illustrierenden' Phänomen ablenkt. Die ‚authentischen' Beispiele des ViF erfüllen diese Bedingungen nicht im entferntesten. Abgesehen davon, daß die überproportionale Präsenz von fachsprachlichem Vokabular aus den Bereichen Finanzwesen, Bergbau, Chemie [...], Technik usw. selbst den Muttersprachler zuweilen in arge Verlegenheit bringen wird [...], dürften vor allem die Häufung von Eigennamen [...], das Zusammentreffen von syntaktischen und semantischen Schwierigkeiten [...] oder ganz einfach die Länge und Komplexität vieler Satzbeispiele die zu illustrierende Regularität eher verdunkeln als erhellen. (ebd.; vgl. auch Zöfgen 1989: 217)

An solchen BBeiA bzw. CorBeiA in ViF kommt somit die Unzweckmäßigkeit der Auffassung der Authentizität im engen Sinne der Belegtheit bzw. Zitation in der lexikographischen Arbeit (4.2.2.1.1) zur Geltung, die schließlich den Parameter der Wiederverwendbarkeit des lexikographischen Beispiels (4.3.2.1) verletzt.

Neben diesen Befunden ist jedoch auch festzuhalten, dass viele der BeiA in ViF solche Mängel nicht aufweisen, sondern kotextuell wie auch kontextuell einwandfrei realisiert erscheinen:

> ZÄHLEN ... Es zählt zu den größten Fehlern dieses Unternehmers, daß er die japanische Konkurrenz lange Zeit unterschätzt hat.
> Im Garten oder auf der Terrasse zu grillen zählt inzwischen zu den beliebtesten Freizeitaktivitäten der Deutschen. ‹ViF›

EXISTIEREN ... Für den Alten Orient sind hierbei zwei Begriffe zu behandeln, die sich zwar begrifflich auszuschließen scheinen, aber doch tatsächlich nebeneinander existieren können und miteinander Kompromisse eingehen: ein zyklischer Zeitbegriff und ein linearer. (Studium Generale, 12/1966, S. 746)
Gott existiert.
Einhörner existieren nicht. ‹ViF›

PRODUZIEREN ... 1963 schon produzierte das Land riesige Mangen von Kunstdünger, Antibiotika, Kunststoffe und – nach eigenen Angaben – genügend Öl für den Eigenbedarf. (Welt, 26.1.1966, S. 1)
Dadurch, daß neue Maschinen eingesetzt wurden, konnte man viel schneller produzieren und die Konkurrenz übertreffen.
Es wurde eine neue Maschine gekauft, die 4000 Dosen pro Stunde produziert.
Das meiste Getreide, nämlich 3 Mio t produzierte Finnland 1970–1975 nördlich des 60. Breitengrades. (Geographische Rundschau, 4/1981, S. 151)
Über den Preis wird also dort entschieden, wo die Waren produziert werden. (Urania, 1/1967, S. 2) ‹ViF›

Durch die zeitliche Distanz, die zum Zeitpunkt der Entstehung von ViF gegeben ist, kommt der Sachverhalt zum Vorschein, dass die in den BeiA mitdokumentierten Gegebenheiten auffällig werden, wenn sie veraltet sind (4.4.3.1). Vor diesem Hintergrund ist festzuhalten, dass in ViF verhältnismäßig viele BeiA mit veralteten Gegebenheiten enthalten sind, was ferner bei der Benutzung ggf. in einer nachteilhaften Weise auf die Aktualität des Wörterbuchs an sich schließen lässt.

**6.5.1.4 E-VALBU**

E-VALBU arbeitet mit allen Beispieltypen nach dem Kriterium der Herkunft (4.2.2), wobei eine konzeptionelle Besonderheit von E-VALBU darin besteht, dass das modifizierte CorBei (4.2.2.2.2) uneingeschränkt praktiziert wird, was insgesamt positive Auswirkungen auf die qualitative Beschaffenheit der BeiA in E-VALBU festhalten lässt. In quantitativer Hinsicht ist für E-VALBU ein ausgeprägter Beispielreichtum charakteristisch, der auch durch das elektronische Publikationsmedium ermöglicht wird. An den BeiA in E-VALBU kommt die Polyfunktionalität des lexikographischen Beispiels in einer umfassenden Weise zur Geltung, indem den BeiA charakteristischerweise auch sekundäre Funktionen nach Informationsarten zukommen (4.3.2.2).

Die BeiA in E-VALBU sind in einer überwiegenden Mehrheit kotextuell wie auch kontextuell hinreichend realisiert. Verletzungen tragender Parameter wie etwa Komplexität der BeiA (4.4.2.3), zu fachspezifische Inhalte, irrelevante Einzelheiten oder veraltete Sachverhalte in den BeiA im Zusammenhang mit Wortschatz und Thematik der BeiA (4.4.3.1) kommen nicht durchgehend und insgesamt in einem deutlich kleineren Umfang als in ViF vor. Im Zusammenhang mit der Thematik der BeiA ist für E-VALBU jedoch ein relativ hoher Anteil an BeiA mit mitdokumentierten politischen Inhalten oder Erwähnungen der Persönlichkeiten des öffentlichen Lebens charakteristisch, der sich durch die Arbeit mit Zeitungscorpora erklären lässt (4.4.3.1). Inkorrekte Inhalte kommen in den BeiA punktuell vor (4.4.3.3); nur vereinzelt sind Tippfehler festzuhalten, wie in den folgenden Fällen:

> STEHEN ... 17 ... (2) Ablehnend steht die Wiener SPÖ diesem Vorschlag gegenüber und bezeichnet in [sic!] als „völlig unausgegoren". (Niederösterreichische Nachrichten, 10.03.2009, S. 35) ‹E-VALBU›

> VORKOMMEN ... 3 ... (14) Besonders dicht folgen diese Sandschichten in der Zeit von vor 5.000 bis 3.600 und .2500 [sic!] bis 1.000 Jahren aufeinander ab, während sie dazwischen eher selten vorkommen. (nach spektrumdirekt, 24.05.2007) ‹E-VALBU›

> STEIGEN ... 1 ... (13) Um eine [sic!] Gewitterfront auszuweichen, musste das Flugzeug noch weitere 1000 Meter steigen. ‹E-VALBU›

In Bezug auf das Publikationsmedium ist somit festzuhalten, dass für Online-Wörterbücher in mehrfacher Hinsicht positive Auswirkungen auf den Angabetyp der BeiA charakteristisch sind, die sich wie folgt systematisieren lassen:
(a) der Verzicht auf durchgehende Verdichtungen der BeiA bei der Präsentation, die ggf. die Erschließbarkeit des Kontext-Faktors beeinträchtigen können (4.4.2.2);
(b) der ausgeprägte Einsatz der Textbeispiele;
(c) eine insgesamt bessere kontextuelle Realisiertheit der BeiA, die teilweise mit den gewählten Beispieltypen wie auch mit deren Präsentationsweise zusammenhängt;
(d) eine in quantitativer Hinsicht umfangreichere Vertretung der BeiA;
(e) eine medial geförderte Vernetzung einzelner Elemente innerhalb der BeiA mit anderen Angaben innerhalb des SK, die in den BeiA demonstriert werden.

Von der empirischen Basis zur einsprachigen Lexikographie erscheinen die beiden Online-Wörterbücher ELDIT und E-VALBU im Zusammenhang mit den BeiA und diesbezüglichen konzeptionellen Entscheidungen insgesamt den papierorientierten LGwDaF und ViF überlegen.

### 6.5.2 Zweisprachige Lexikographie

Ausgehend von der empirischen Basis zur zweisprachigen Lexikographie hat sich im Laufe der vorliegenden Untersuchung die Tendenz bestätigt, dass zweisprachige Wörterbücher angesichts des charakteristischen Theorie- und Forschungsdefizites für die zweisprachige Lexikographie generell (1.2) nicht die Qualität der einsprachigen Wörterbücher erreichen. Im Zusammenhang mit den BeiA gilt generell Folgendes: In den herangezogenen zweisprachigen Wörterbüchern sind zum einen nicht alle Beispieltypen gegeben, zum zweiten erfüllen die BeiA nicht alle in der einsprachigen Lexikographie vertretenen Funktionen nach Informationsarten und zum dritten sind Mängel in Bezug auf die Motivation des Zweckes der Ansetzung der BeiA feststellbar. Für die beiden zweisprachigen Lernerwörterbücher und das zweisprachige Valenzwörterbuch lassen dabei teilweise unterschiedliche Problembereiche identifizieren.

### 6.5.2.1 PONS E-D und LC E-D

Die beiden Lernerwörterbücher PONS E-D und LC E-D arbeiten mit infralemmatischen BeiA und lassen in besonderer Weise die Problematiken (a) der Identifizierung der BeiA innerhalb weiterer infralemmatischer Bearbeitungseinheiten (5.1.1) wie auch (b) einer unmotivierten Anordnung der BeiA mit unterschiedlichem genuinem Zweck innerhalb des WbA (5.4) erkennen. Sowohl PONS E-D als auch LC E-D sind Printwörterbücher, im Zusammenhang mit den BeiA liegt LC E-D jedoch in quantitativer wie auch in qualitativer Hinsicht hinter PONS E-D zurück. Quantitativ gesehen werden in LC E-D vergleichsweise weniger BeiA angeführt, wobei in LC E-D der Einsatz der Glossen besonders ausgeprägt ist (5.1.2). Textbeispiele sind in LC nur punktuell gegeben. In qualitativer Hinsicht sind in LC E-D vergleichsweise viele unvollständige Syntagmen als BeiA angeführt (5.2.1.1), des Weiteren werden in LC E-D Formulierungsalternanzen innerhalb zielsprachiger Syntagmen in den BeiA praktiziert, gekennzeichnet durch das Element „or":

> THINK ... V/I ... **think before you speak/act** denk nach *or* überleg, bevor du sprichst/handelst [...]
> **it makes you think** es macht *or* stimmt einen nachdenklich [...]
> **now let me think** lass (mich) mal überlegen *or* nachdenken
> **stop and think before you make a big decision** denke in aller Ruhe nach, bevor du eine schwerwiegende *or* schwer wiegende Entscheidung triffst [...]
> V/T ... **I think you'll find I'm right** ich glaube *or* denke, Sie werden zu der Überzeugung gelangen, dass ich recht habe [...]
> **and what do you think? asked the interviewer** und was meinen Sie *or* und was ist Ihre Meinung? fragte der Interviewer [...]
> **I think so** ich denke *or* glaube (schon)
> **I think so too** das meine *or* denke ich auch
> I don't think so, I shouldn't think so, I think not ich denke *or* glaube nicht ‹LC E-D›

Ohne weitere disambiguierende Hinweise erscheinen solche Formulierungsalternanzen fragwürdig, da sie für den Wörterbuchbenutzer nicht in einer eindeutigen Weise eine motivierte Wahl ermöglichen können. Eine weitere Praxis von LC E-D ist die Markierung prosodischer Sachverhalte mit Hilfe typographischer Mittel innerhalb der zielsprachlichen Bestandteile der BeiA:

> COME ... V/T ... **don't come that game *or* that (with me)!** kommen Sie mir bloß nicht mit DER Tour! (*infml*), DIE Masche zieht bei mir nicht! (*infml*) ‹LC E-D›

BE ... IMPERSONAL VERB ... **it was us** *or* **we** *(form)* **who found it** WIR haben das gefunden, wir waren diejenigen, die das gefunden haben ‹LC E-D›

In LC E-D finden sich ferner zahlreiche kontextuelle Duplizierungen unter den BeiA:

MAY ... V/I ... c **I hope he may succeed** ich hoffe, dass es ihm gelingt
**I had hoped he might succeed this time** ich hatte gehofft, es würde ihm diesmal gelingen
**we may** *or* **might as well go** ich glaube, wir können (ruhig) gehen
**you may** *or* **might as well go now** du kannst jetzt ruhig gehen ‹LC E-D›

COME ... V/I ... a ... **he came running into the room** er kam ins Zimmer gerannt
he came hurrying into the room er elite ins Zimmer
**he came laughing into the room** er kam lachend ins Zimmer ‹LC E-D›

Insgesamt ist für die Beispielpolitik von LC E-D eine sehr stark ausgeprägte Verwurzelung in der Tradition der Printlexikographie charakteristisch.

Die BeiA in PONS E-D sind vergleichsweise weniger von Verdichtungen und der Anführung der Formulierungsalternanzen betroffen. Ein positives Merkmal von PONS E-D ist eine systematische Kennzeichnung der kodifizierten Phraseme und Redewendungen (5.1.1.2), was die Identifizierung von ihrem Status sowie dadurch die Unterscheidung von lexikographischen BeiA ermöglicht.

In Bezug auf ParBeiA in PONS E-D online ist festzuhalten, dass ParBeiA im Unterschied zur Praxis der Übersetzung der BeiA nicht im gleichen Maße vom Charakteristikum der Wörtlichkeit und somit von der übersetzerischen Beeinflussbarkeit der KBeiA betroffen erscheinen. Nichtsdestoweniger würde die Möglichkeit der Modifikation bei der Verbeispielung in vielfacher Hinsicht optimierend in puncto Qualität der ParBei wirken (5.2.2.2). Vor diesem Hintergrund erscheint die Einführung der modifizierten ParBeiA in Anlehnung an das Wesen des modifizierten CorBei in der einsprachigen Lexikographie (4.2.2.2) für die zweisprachige Lexikographie empfehlenswert.

## 6.5.2.2 DCVVEA

In quantitativer Hinsicht ist für DCVVEA die Anführung zahlreicher BeiA charakteristisch. Ein anderes positives Merkmal von DCVVEA ist eine mikrostrukturell-positionale Trennung von BeiA mit unterschiedlichen genuinen Zwecken, indem BeiA mit dem Zweck der zwischensprachlichen Äquivalenzherstellung im Unterschied zu demonstrativen BeiA in einem abgesonderten Angabebereich *otros equivalentes* präsentiert werden.

Für DCVVEA ist ein Dualismus der Grundtypen des lexikographischen Beispiels charakteristisch, bedingt durch das Fehlen des Typs des modifizierten CorBei und die Kennzeichnung aller vorgenommenen Eingriffe in den BBeiA sowie teilweise auch in den durch die Übersetzung entstehenden KBeiA (5.2.2.1). Dieses konzeptionelle Merkmal lässt somit eine Parallele zur Beispielpolitik von ViF in der einsprachigen Lexikographie (6.5.1.3) entstehen.

An DCVVEA kommt die Problematik der Übersetzung der BeiA in der zweisprachigen Lexikographie zum Vorschein, die insgesamt mehrere Bereiche umfasst (5.2.2.1). Neben dem grundlegenden Problem der übersetzerischen Beeinflussbarkeit der KBeiA (5.2.2.1) ist für DCVVEA eine vergleichsweise hohe Anzahl an sprachlichen Fehlern wie auch Tipp- und Punktuationsfehlern in den zielsprachlichen KBeiA feststellbar, wie etwa in den folgenden Fällen:

> ENSEÑAR 1 zeigen 1
> Una cosa que me dijo Trueba y me gustó mucho es que el filme le enseñaba un mundo que no conocía. CREA
>> Trueba hat mir gesagt, dass der Film ihm eine Welt zeigt, der [sic!] er nicht kennt, und das hat mir sehr gefallen. ‹DCVVEA›
>
> RECORDAR 4 in Erinnerung haben 1
> No la recuerdo como defensora de los derechos de la mujer, pero fue feminista avant la lettre y presidió un matriarcado y lo sostuvo. CREA
>> Ich habe sie nicht als Verteidigerin der Frauenrecht [sic!] in Erinnerung, aber sie war eine Feministin avant la lettre und stand einem Matriarchat vor und erhielt es. ‹DCVVEA›
>
> SEGUIR 8 folgen 3
> Mientras seguía al coche por la autopista, pensó en las cosas que estaría dispuesto a hacer con tal de tener una moto como ésa. CREA
>> Während ich dem Wagen auf der Autobahn folgte, dachte ich daran, was ich zu tun bereit wäre, um eine [sic!] Motorrad wie dieses zu besitzen. ‹DCVVEA›

Ferner sind in einigen WbA von DCVVEA unbegründete Wiederholungen derselben BeiA feststellbar (etwa INTERESARSE 3 interessieren, sich (A) 3; SUPONER 3 bedeuten 1; CONTESTAR 2 antworten 1; CREER 3 glauben 3).

Somit ist DCVVEA in quantitativer Hinsicht wie auch in Bezug auf die mikrostrukturell-positionale Trennung der BeiA mit unterschiedlichen genuinen Zwecken den beiden zweisprachigen Lernerwörterbüchern überlegen, was sich teilweise dadurch erklären lässt, dass DCVVEA ein genuines Online-Wörterbuch ist (1.3). Im Zusammenhang mit der Qualität der BeiA wäre die Arbeit mit ParBeiA, kombiniert mit der Möglichkeit der Modifizierung bei der Verbeispielung, sowie Vermeidung von unbegründeten Wiederholungen der BeiA innerhalb derselben WbA ein Verbesserungsvorschlag.

# 7 Fazit und Ausblick

Im Laufe der vorliegenden Untersuchung hat sich gezeigt, wie verbreitet die *illustrativ* motivierte Sichtweise der BeiA auch in der Metalexikographie ist: Sie beginnt beim alternativen Ansatz der Ausgrenzung der BeiA aus dem SK, begleitet mit der Auffassung einer Hilfsfunktion, die die BeiA erfüllen (3.2), und findet in der unsystematischen und exemplarischen Behandlung dieses Angabetyps in der Forschungsliteratur (3.3.1) ihre Widerspiegelung. Charakteristisch für diese Sichtweise sind die folgenden Ausführungen von Al-Kasimi (1977: 91):

> [...] the primary function of the illustrative examples in dictionaries in general and bilingual ones in particular is to contribute to the user's interest by showing the word in a live context, and to enhance his understanding of the grammatical and semantic rules governing the usage of the word by showing these rules in action. Illustrative examples should not be intended to take the place of grammatical or semantic statements, but they should illustrate them only. In other words, illustrative examples are just examples, a pedagogical device and no more. (Al-Kasimi 1977: 91)

Des Weiteren ist im Laufe der vorliegenden Untersuchung deutlich geworden, wie unangemessen diese Sichtweise dem Wesen und der Funktionalität des lexikographischen Beispiels ist. Sowohl in der einsprachigen als auch in der zweisprachigen Lexikographie fungieren die BeiA als konstitutive Bestandteile des SK, die jeweils als zweite Komponente des SK auftreten und den Demonstrationsteil bilden. Lexikographische BeiA sind von ihrem Wesen her objektsprachliche Syntagmen innerhalb des SK und stellen implizite Angaben dar. Für den Angabetyp der BeiA ist eine Pluralität an typologischen Erscheinungsformen konstitutiv, die sich in der einsprachigen wie auch in der zweisprachigen Lexikographie nach den Parametern der Gestaltung und der Herkunft systematisieren lässt. In puncto Gestaltung besteht die Besonderheit der BeiA in der zweisprachigen Lexikographie darin, dass sie primär als zweiteilige Bearbeitungseinheiten auftreten, wobei das ausgangssprachliche und das zielsprachliche Syntagma jeweils als Bestandteile *einer* BeiA anzusehen sind (5.2.1.2). Hinzu kommt, dass BeiA in der zweisprachigen Lexikographie je nach Wörterbuchprofil und -konzeption auch einteilige Elemente darstellen können. In der empirischen Basis der vorliegenden Arbeit sind einteilige BeiA auf der ausgangssprachlichen Seite behandelt worden, die von ihrer Funktionalität her als ÄrelA zu betrachten sind (5.3.2.2).

Die BeiA erscheinen polyfunktional. Durch die objektsprachliche Demonstration vermitteln sie Informationen, die nicht durch meta- bzw. kommentarsprachliche Angabetypen innerhalb des SK erfasst werden können. Von grundlegender Relevanz für den Bereich der pädagogischen Lexikographie ist die Tatsache, dass die BeiA als Situationen des Spracherwerbs fungieren (4.3.2.1), was ihre besondere Wichtigkeit für diesen lexikographischen Bereich wie auch für die Wörterbuchfunktionen der Sprachproduktion und der Studier-/Lernfunktion erklärt (1.3).

Die Besonderheit der Funktionalität der BeiA im zweisprachigen Wörterbuch ist ihr doppelter genuiner Zweck, indem sie neben dem Zweck der objektsprachlichen Demonstration auch in die zwischensprachliche Äquivalenzherstellung involviert werden. Die Grundlage für diese Variationen in puncto genuiner Zweck der BeiA bilden grundlegende Unterschiede bei den Prinzipien der lexikographischen Kodifikation in diesen Wörterbuchtypen (3.1) wie auch die Kapazitäten der BPA und der ÄA als Angabetypen, die im Rahmen der lexikographischen Äquivalenz im weiten Sinne jeweils die erste Komponente des SK bilden (3.2).

Die Befunde in Hinsicht auf die Funktionalität der BeiA in der ein- und zweisprachigen Lexikographie sprechen eindeutig für die Auffassung der *Demonstration* und nicht der *Illustration* als genuinen Zweck der lexikographischen BeiA.

Von besonderer Relevanz für die Reflexion der BeiA ist das Charakteristikum, dass lexikographische BeiA als objektsprachliche Syntagmen innerhalb des SK (a) als Zitate im weiten Sinne fungieren und (b) in den lexikographischen Zusammenhängen *doppelt* zu lesen sind (4.2.2.1.1). Dies verursacht die Notwendigkeit an mehrfachen Perspektiven bei der Behandlung des Teilbereichs der Qualität der BeiA in der ein- und zweisprachigen Lexikographie. Dieser Teilbereich lässt sich durch die Unterteilung in genuin lexikographische Faktoren und relevante außerlexikographische Aspekte in Bezug auf die BeiA als Syntagmen für sich genommen behandeln.

In Hinsicht auf die Wörterbuchtypen der einsprachigen und der zweisprachigen Lexikographie hat sich somit insgesamt gezeigt, dass die BeiA zum einen grundlegende Gemeinsamkeiten aufweisen, die auf ihrem Wesen als objektsprachliche Syntagmen innerhalb des SK und als Zitate im weiten Sinne beruhen. So lassen sich sowohl für die einsprachige wie auch für die zweisprachige Lexikographie Typologien der BeiA nach den Parametern der Gestaltung und der Herkunft aufstellen. Des Weiteren lässt sich der Teilbereich der Qualität der BeiA für die beiden Wörterbuchtypen durch die Unterteilung in genuin lexikographische und relevante außerlexikographische Faktoren und Faktorkombinationen erfassen. Andererseits sind für die BeiA in der einsprachigen und der zweisprachigen Lexikographie relevante Unterschiede im Zusammenhang mit dem Zweck und der Funktionalität festgestellt worden, die sich auf die Besonderheiten dieser Wörterbuchtypen, die Prinzipien und Schwerpunkte der lexikographischen Kodifikation im Bereich des SK und die Kapazitäten der Angabetypen der BPA und der ÄA zurückführen lassen. Die für eine Theorie des lexikographischen Beispiels vorgeschlagenen Forschungsfragen (1.4) haben sich für die einsprachige und die zweisprachige Lexikographie als uneingeschränkt zweckmäßig erwiesen; zu den durch die Forschungsfragen erfassten Untersuchungsbereichen kommt ferner die Funktionalität der BeiA als Mittel der Feststellung der Übernahmen in Wörterbüchern hinzu (6.4).

Die wichtigsten Ergebnisse der durchgeführten Untersuchung lassen sich somit wie folgt zusammenfassen:

(1) Im Unterschied zum einsprachigen Wörterbuch können die BeiA im zweisprachigen Wörterbuch einen doppelten genuinen Zweck erfüllen. Die Identifikation der

BeiA mit dem Zweck der zwischensprachlichen Äquivalenzherstellung als lexikographische BeiA (5.3.1) gründet auf dem funktionalen Grundtyp des Beispiels im Zeichen der Eigendynamik, der im Rahmen der interdisziplinären Erweiterung thematisiert worden ist (Kapitel 2).

(2) Die Typologien der BeiA lassen sich für die einsprachige und die zweisprachige Lexikographie nach den Parametern der Gestaltung und der Herkunft der Beispielsyntagmen aufstellen, wobei die Typologie nach der Herkunft in der zweisprachigen Lexikographie entgegen der in der Forschungsliteratur tradierten Annahme ihrer Irrelevanz (5.2.2) nichtsdestoweniger wichtig und aufschlussreich erscheint. Sie kann die Besonderheiten der BeiA in diesem Wörterbuchtyp zu reflektieren helfen und ferner auch relevante Erkenntnisse in Hinsicht auf die Verbesserung der Qualität dieses Angabetyps liefern (5.2.2). Diese Befunde entkräften die Sichtweise ihrer Irrelevanz.

(3) In Bezug auf einzelne Beispieltypen nach dem Kriterium der Herkunft ist festgestellt worden, dass die tradierte Diskussion um den Authentizitätsanspruch einzelner Beispieltypen auf der Auffassung der *Authentizität* im engen Sinne der Belegtheit bzw. Zitation basiert (4.2.2.1.1). Vor diesem Hintergrund kommt das Prädikat *authentisch* folgerichtig nur denjenigen Beispieltypen zu, die auf dem Belegprinzip beruhen. Bei der Entgrenzung dieser Auffassung hat sich hingegen gezeigt, dass der Typ des KBei nicht von Grund auf *nichtauthentisch*, sondern vielmehr in mehreren Zusammenhängen beeinflussbar erscheint (6.2.2), wobei die Wörterbuchtypen der einsprachigen und der zweisprachigen Lexikographie eine geeignete Grundlage für die Erarbeitung des Gesamtbildes der Beeinflussbarkeit der KBeiA bieten. In Bezug auf die in der Forschungsliteratur geäußerte radikale Kritik an KBeiA sind Exkurse zur Beispielpolitik von KVL aufschlussreich. Auf der Grundlage dieser Exkurse ist ersichtlich geworden, dass das Phänomen der in Hinsicht auf ihre Stilistik auffälligen KBeiA sich lexikographiegeschichtlich eingrenzen lässt (4.2.2.1.2). Vor diesem Hintergrund kann die radikale Kritik an KBeiA keine uneingeschränkte Gültigkeit beanspruchen.

(4) In der zweisprachigen Lexikographie können BeiA entgegen der herkömmlichen Annahme nicht effizient als ÄUntA fungieren (5.3.2.2).

(5) Der Ansatz der Unterscheidung zwischen dem Kotext- und dem Kontext-Faktor im Zusammenhang mit den BeiA hat sich als tragfähig für die Untersuchung dieses Angabetyps erwiesen.

In Bezug auf die Bereiche der einsprachigen und der zweisprachigen Lexikographie hat sich die Tendenz bestätigt, dass die zweisprachigen Wörterbücher in qualitativer Hinsicht nicht die Standards der einsprachigen Wörterbücher erreichen. Im Zusammenhang mit den BeiA kommt dies in Hinsicht auf das Fehlen der aus der einsprachigen Lexikographie bekannten Beispieltypen, in Bezug auf die Erfüllung einzelner Funktionen nach Informationsarten wie auch im Hinblick auf die Motivation der Ansetzung einzelner BeiA mit dem Zweck der Äquivalenzherstellung (6.5.2) zum

Vorschein. Des Weiteren hat sich in Bezug auf die zweisprachige Lexikographie generell der Befund herauskristallisiert, dass in diesem Bereich weiterer Forschungsbedarf besteht. Ein besonders problematischer Aspekt ist in diesem Zusammenhang die Systematisierung und Typologisierung der heterogenen Wörterbuchlandschaft der zweisprachigen Lexikographie. In der metalexikographischen Forschungsliteratur auch neueren Datums werden traditionellerweise die Ansätze der Typologisierung nach dem Aktiv-Passiv-Prinzip wiederaufgenommen, obwohl sie mit gravierenden Mängeln behaftet sind (3.1.2.1.1). Karpinska (2015: 19) formuliert die grundlegende Problemstellung wie folgt:

> The authors of the contemporary studies on bilingual lexicography rarely present some new types of dictionaries, but rather deal with the distinctive structural features of the two basic functional types of bilingual dictionaries, namely, active vs. passive which should, but not always are adapted to the needs of the two speech communities for each language pair.

In gleicher Weise hält Piotrowski (2000: 17) Folgendes zur zweisprachigen Lexikographie fest: „the theoretical work done in the 1980s and the 1990s in metalexicography has not exerted [...] too much influence on actual bilingual dictionaries". Der Forschungsbedarf für die zweisprachige Lexikographie ist auch angesichts dessen relevant, dass das zweisprachige Wörterbuch in Hinsicht auf die Lexikographiegeschichte zwar älter, jedoch metalexikographisch weniger als das einsprachige Wörterbuch reflektiert ist: „the larger part of this history [of lexicography, K.L.] is the history of the bilingual dictionary. We would also have to recognise that the bilingual dictionary has only acquired an identity as a specific form of the dictionary in contrast to its monolingual 'other'.", so Benson (2004: 39).

Die Notwendigkeit der Optimierung der Qualität der zweisprachigen Wörterbücher gewinnt insbesondere angesichts der Entwicklung der Online-Lexikographie neue Aktualität wie auch neue Perspektiven. Das elektronische Publikationsmedium bietet die Möglichkeit der Gestaltung eines dynamischen, benutzeradaptierbaren Datenangebots, was eine Individualisierung des statischen Datenangebots der zweisprachigen Printwörterbücher beinhalten würde. Die Online-Lexikographie könnte somit neue Lösungen für die grundlegenden Probleme der Unumsetzbarkeit und der Unzweckmäßigkeit des Aktiv-Passiv-Prinzips bieten, das für die Printlexikographie ausgearbeitet worden ist (3.1.2.1.1).

In Bezug auf das Publikationsmedium lexikographischer Produkte hat sich bei der Untersuchung der BeiA die eingangs vorgestellte Grundannahme einer *einheitlichen* metalexikographischen Theorie für die Bereiche der Print- und Online-Wörterbücher bestätigt (1.1). Zwar hat sich gezeigt, dass die Befreiung von Platzrestriktionen in Online-Wörterbüchern eine Reihe positiver Auswirkungen auf den Angabetyp der BeiA hat (6.5), die Forschungsfragen in Bezug auf die lexikographischen BeiA behalten jedoch für die beiden Bereiche Gültigkeit.

In der vorliegenden Untersuchung sind die folgenden zwei Phänomene im Zusammenhang mit dem lexikographischen Beispiel nicht erfasst worden: (1) die

Funktionalität der BeiA als *exempla contrario* und (2) das Phänomen des fixierten Negativbeispiels.

Zu (1): Die Funktionalität lexikographischer BeiA als *exempla in contrario* spricht Harras (1989: 613) unter Rekurs auf die Rhetorik an (4.4.1). In der Rhetorik ist das Phänomen *exemplum contrarium* bekannt (Lausberg 1990: 231): In Bezug auf die innewohnende Widersprüchlichkeit des Beispiels und die Unterscheidung zwischen dessen autonomer und intentioneller Bedeutung (2.1, Satz 3) handelt es sich um die Praxis eines alternativen, *untypischen* Beispieleinsatzes, bei dem die Oszillation zwischen diesen zwei Bedeutungen nicht unterdrückt wird. Die autonome Bedeutung des Beispiels wird vielmehr gezielt als gleichberechtigt beibehalten; *exemplum contrarium* ist gekennzeichnet durch die Gegensätzlichkeit der beiden Bedeutungen (Lausberg 1990: 231). Dies geschieht „durch – vom Standpunkt der persuasiven Rede-Regeln aus betrachtet – fehlerhaften oder befremdeten Einsatz der *exempla*" (Ueding/Steinbrink 1986: 250). Ein in der Rhetorik bekannter Einsatzbereich solcher Praxis ist die Dichtung: Die argumentative Beweisfunktion des Beispiels tritt hier in den Hintergrund, während dem Beispiel primär eine *ornatus*-Funktion zukommt (ebd.; vgl. Lausberg 1990: 228). Dadurch entsteht die Mehrdeutigkeit wie auch ggf. auch die Paratextualität der Dichtung. Auf die lexikographischen Zusammenhänge übertragen, beinhaltet diese Funktionalität nicht typische bzw. prototypische, sondern vielmehr sprachlich Außergewöhnliches dokumentierende BeiA. Da es sich um die *Dokumentation* solcher sprachlichen Sachverhalte handelt, müssten solche BeiA auf dem Belegprinzip beruhen, d. h. BBeiA oder CorBeiA sein. Ein Bereich, in dem solche BeiA in Frage kämen, wäre etwa die Autorenlexikographie.

Die Tatsache, dass diese Funktionalität bzw. Methode des Beispieleinsatzes in der vorliegenden Untersuchung nicht erfasst ist, lässt sich durch die Festlegung auf den Bereich der pädagogischen Lexikographie für den Fremdsprachenunterricht erklären, für den sie nicht geeignet ist. Bemerkenswert ist in diesem Zusammenhang ferner, dass diese abweichende Funktionalität in der Forschungsliteratur nicht in der gewünschten Eindeutigkeit von der *typischen* Funktionalität des lexikographischen Beispiels getrennt wird. So führt Cramer (2011: 94) Folgendes in puncto „Kriterien zur Ästhetik, Anschaulichkeit" im Zusammenhang mit der Qualität der BeiA aus: „Hier werden vor allem geistreiche, witzige, aussagekräftige, außergewöhnliche Beispiele gefordert." (ebd.). Die Funktionalität der *aussagekräftigen* und *außergewöhnlichen* Beispiele unterliegt jedoch der grundlegenden Zweckzuweisung durch den Wörterbuchtyp und kann deshalb nicht uneingeschränkt gefordert werden. Auch in den Überlegungen von Harras (1989) zu allgemeinen Wünschbarkeiten in Bezug auf die Qualität des lexikographischen Beispiels lässt sich keine hinreichende Trennung der beiden Funktionalitäten feststellen (4.4.1).

Zu (2): Das Phänomen des fixierten Negativbeispiels hat in der englischsprachigen Lernerlexikographie seinen Platz gehabt (im Konkreten in LDOCE, vgl. Herbst/Klotz 2003: 99; Bergenholtz 1985: 242) und ist deshalb zum Gegenstand metalexikographischer Reflexion geworden (Bergenholtz 1985: 242f.). Für die einsprachige

Lernerlexikographie formuliert Bergenholtz (1985: 243) die grundsätzliche Problemstellung im Zusammenhang mit der Anführung der Negativbeispiele wie folgt:

> Die entscheidende Frage ist auch gar nicht, ob man dies so sagen kann oder nicht, sondern ob solche Warnungen ohne eine gezielte Benutzergruppe einen Sinn haben können, ob sie nicht überflüssig sind. Für ausländische Wörterbuchbenutzer mit einer bestimmten Muttersprache könnten solche Warnungen allerdings dann sinnvoll sein, wenn auf muttersprachlich bedingte Fehlertypen verwiesen wird. (vgl. dazu auch Herbst/Klotz 2003: 100)

Es ist jedoch festzuhalten, dass das Negativbeispiel aktuell weder in der einsprachigen noch in der zweisprachigen pädagogischen Lexikographie zum Einsatz kommt wie auch metalexikographisch nicht weiter thematisiert wird. Es ist deshalb naheliegend anzunehmen, dass diese Tendenz mit dem Befund in der Pädagogik und Didaktik einhergeht, dass das negative, warnende Beispiel als Vorbild im Gegensatz zum positiven Beispiel in den Hintergrund geraten ist (Scheibe/Henningsen 1970: 276f.). Der Wert des Negativbeispiels wird auch in der Metalexikographie als sehr fragwürdig eingeschätzt (Bergenholtz 1985: 242f.); zudem wird darauf hingewiesen, dass generell „Pädagogen sonst Bedenken gegen fixierte Negativbeispiele hätten" (Bergenholtz 1985: 242).

Als Ausblick ist darauf hinzuweisen, dass Untersuchungen zum lexikographischen Beispiel auf andere Wortarten wie auch auf andere lexikographische Bereiche und Wörterbuchtypen auszuweiten sind, die zu weiteren Teiltheorien des lexikographischen Beispiels je nach Wörterbuchtyp führen können. Bei der Rezeption der Forschungsliteratur hat sich bereits gezeigt, dass in anderen Wörterbuchtypen BeiA, und darunter auch einzelne Beispieltypen, teilweise andere funktionale Schwerpunktsetzung erfahren. Von besonderem Interesse wären in diesem Zusammenhang mehrsprachige Wörterbücher, die vom Publikationsmedium her Online-Wörterbücher sind: Es stellt sich hier die Frage, inwiefern solche lexikographischen Produkte den für die Printlexikographie untypischen Einsatz der BeiA (1.2) relativieren und inwiefern die BeiA in mehrsprachigen Wörterbüchern in die zwischensprachliche Äquivalenzherstellung involviert werden können.

# Literatur

## Wörterbücher

COBUILD = *Collins COBUILD English Language Dictionary*. Hrsg. v. Sinclair, John. London/Glasgow, 1987.

DCVVEA = *Diccionario de valencias verbales español-alemán*. [Unter: <http://gramatica.usc.es/proxectos/valencia/>; letzter Zugriff: August 2017]

DDaFSw = *Duden Deutsch als Fremdsprache Standardwörterbuch. Das Wörterbuch für alle, die Deutsch als Fremdsprache lernen*. Hrsg. v. Wermke, Matthias/Kunkel-Razum, Kathrin/Scholze-Stubenrecht, Werner. Mannheim/Leipzig/Wien/Zürich, 2002.

DGWDaF = *de Gruyter Wörterbuch Deutsch als Fremdsprache*. Hrsg. v. Kempcke, Günter unter Mitarbeit von Seelig, Barbara/Wolf, Birgit/Tellenbach, Elke/Dückert, Edelgard/Richter, Margot/de Ruiter, Vera/Schmidt, Renate/Wunsch, Karl. Berlin/New York, 2000.

Duden = *Duden online*. [Unter: <http://www.duden.de/suchen/dudenonline/Beispiel>; letzter Zugriff: September 2015]

DWDaF = *Duden Wörterbuch Deutsch als Fremdsprache. Deutsch für die Grund- und Mittelstufe*. Hrsg. v. Wermke, Matthias/Kunkel-Razum, Kathrin/Scholze-Stubenrecht, Werner. Mannheim/Leipzig/Wien/Zürich, 2003.

ELDIT = *ELDIT. Elektronisches Lernerwörterbuch Deutsch-Italienisch. Dizionario elettronico per apprendenti Italiano-Tedesco*. [Unter: <http://eldit.eurac.edu/>; letzter Zugriff: Juli 2017]

E-VALBU = *Das elektronische Valenzwörterbuch deutscher Verben*. [Unter: <http://hypermedia2.ids-mannheim.de/evalbu/index.html>; letzter Zugriff: August 2017]

HwD = *Häufigkeitswörterbuch Deutsch/Frequency Dictionary German*. Hrsg. v. Quasthoff, Uwe/Fiedler, Sabine/Hallsteinsdóttir, Erla. Leipzig, 2011.

Hueber DaF = *Hueber Wörterbuch Deutsch als Fremdsprache. Learner's Dictionary German-English, English-German*. Hrsg. von Forßmann, Juliane unter Mitarbeit von Billes, Susanne/ Minter, Catherine/Schnorr, Veronika/ Vennebusch, Eva Maria. Ismaning, 2006.

KVL = *Kleines Valenzlexikon deutscher Verben*. Hrsg. v. Engel, Ulrich/Schumacher, Helmut unter Mitarbeit von Ballweg, Joachim/Ballweg-Schramm, Angelika/Biere, Bernd Ulrich/Günther, Heide/Hacker, Hans-Jürgen/Hammel, Günther A./Heußner, Anne/Hilgendorf, Brigitte/Keim, Inken/Köhler, Karlheinz/Pape, Sabine/Trautz, Norbert u. a. (*Forschungsberichte des Instituts für Deutsche Sprache Mannheim* 31). Tübingen, 1976.

LC E-D = *Langenscheidt Collins Großes Schul- und Studienwörterbuch Englisch-Deutsch*. Hrsg. v. Scriven, Rob/O'Donovan, Ruth/ Walther, Wolfgang. Berlin/Madrid/München/Warschau/Wien/Zürich, 2011.

LGwDaF = *Langenscheidt Großwörterbuch Deutsch als Fremdsprache. Das einsprachige Wörterbuch für alle, die Deutsch lernen*. Neubearbeitung 2015. Hrsg. v. Götz, Dieter in Zusammenarbeit mit der Langenscheidt-Redaktion. München/Wien, 2015.

[1]LGwDaF = *Langenscheidts Großwörterbuch Deutsch als Fremdsprache. Das neue einsprachige Wörterbuch für Deutschlernende*. Hrsg. v. Götz, Dieter/Haensch, Günther/Wellmann, Hans in Zusammenarbeit mit der Langenscheidt-Redaktion. Berlin/München/Wien/Zürich/New York, 1993.

LSW = *Lexikon der Sprachwissenschaft*. Hrsg. v. Hadumod Bußmann. 4., durchgelesene und bibliographisch ergänzte Auflage unter Mitarbeit von Lauffer, Hartmut. Stuttgart 2008.

PONS DaF = *PONS Deutsch als Fremdsprache*. [Unter: <http://de.pons.eu/deutsch-als-fremdsprache/>; letzter Zugriff: Mai 2017]

PGW DaF = *PONS Großwörterbuch Deutsch als Fremdsprache. Rund 77.000 Stichwörter und Wendungen im Buch und auf CD-ROM.* Hrsg. v. Wolski, Werner. Stuttgart, 2011.
PONS E-D = *PONS Wörterbuch für Schule und Studium 1 Englisch-Deutsch. Rund 170.000 Stichwörter und Wendungen.* Neubearbeitung 2012. Bearbeitet v. Dralle, Anette. Stuttgart, 2012.
PONS E-D online = *PONS Online-Wörterbuch.* [Unter: <http://de.pons.com/>; letzter Zugriff: August 2017]
PORTLEX = *PORTLEX Diccionario multilingüe de la frase nominal.* [Unter: <https://diccionarioportlex.wordpress.com/>; letzter Zugriff: September 2017]
VALBU = *VALBU – Valenzwörterbuch deutscher Verben.* Hrsg. v. Schumacher, Helmut/Kubczak, Jacqueline/Schmidt, Renate/de Ruiter, Vera. (*Studien zur Deutschen Sprache. Forschungen des Instituts für deutsche Sprache* 31). Tübingen, 2004.
ViF = *Verben in Feldern. Valenzwörterbuch zur Syntax und Semantik deutscher Verben.* Hrsg. v. Schumacher, Helmut. (*Schriften des Instituts für deutsche Sprache* 1). Berlin/New York, 1986.
WGwDaF = *Wahrig Großwörterbuch Deutsch als Fremdsprache. Das neue Standardwerk, das speziell auf die Bedürfnisse von Deutschlernern ausgerichtet ist. Mit rund 70.000 Stichwörtern, Anwendungsbeispielen und Redewendungen sowie zahlreichen Informationen und Hilfestellungen zur kreativen Wort- und Satzbildung.* Hrsg. v. Wahrig-Burfeind, Renate. Gütersloh/München/Berlin, 2008.
WLWF-1 = *Wörterbuch zur Lexikographie und Wörterbuchforschung. Mit englischen Übersetzungen der Umtexte und Definitionen sowie Äquivalenten in neun Sprachen.* Hrsg. und bearb. v. Wiegand, Herbert Ernst/Beißwenger, Michael/Gouws, Rufus H./Kammerer, Matthias/Storrer, Angelika/Wolski, Werner. Bd. 1: Systematische Einführung; A–C. Berlin/New York, 2010.
WLWF-2 = *Wörterbuch zur Lexikographie und Wörterbuchforschung. Mit englischen Übersetzungen der Umtexte und Definitionen sowie Äquivalenten in neun Sprachen.* Hrsg. und bearb. v. Wiegand, Herbert Ernst/Beißwenger, Michael/Gouws, Rufus H./Kammerer, Matthias/Mann, Michael/Storrer, Angelika/Wolski, Werner. Bd. 2: D–H. Berlin/Boston, 2017.

## Fachliteratur

Abel, Andrea (2008): ELDIT (Elektronisches Lernerwörterbuch Deutsch – Italienisch) und *elexiko*: ein Vergleich. In: Klosa, Annette (Hrsg.): *Lexikografische Portale im Internet (OPAL 1/2008)*, 175–189. [Unter: <https://ids-pub.bsz-bw.de/files/63/Abel_ELDIT_und_elexiko_ 2008.pdf>; letzter Zugriff: Juni 2016]
Abel, Andrea (2002): Ein neuer Ansatz der Valenzbeschreibung in einem elektronischen Lern(er)wörterbuch Deutsch-Italienisch (ELDIT). In: *Lexicographica* 18, 147–167.
Abel, Andrea (2002a): Darstellung der Verbvalenz in einem elektronischen Lernerwörterbuch Deutsch-Italienisch (ELDIT). Neue Medien – neue Ansätze. In: Braasch, Anna/Povlsen, Claus (Hrsg.): Proceedings of the Tenth EURALEX International Congress, EURALEX 2002, *Copenhagen, Denmark, August 13–17, 2002.* Vol. 1. Kopenhagen, 413–418.
Abel, Andrea (2000): Das lexikographische Beispiel in der L2-Lexikographie (am Beispiel eines L2-Kontext- und Grundwortschatzwörterbuches). In: *Deutsch als Fremdsprache* 37, H. 3, 163–169.
Abel, Andrea/Weber, Vanessa (2005): ELDIT – Electronic Learner's Dictionary of German and Italian: Semi-bilingual, Bilingualised or a Totally New Type? In: Gottlieb, Henrik/Mogensen, Jens Erik/Zettersten, Arne (Hrsg.): *Symposium on Lexicography XI. Proceedings of the Eleventh International Symposium on Lexicography May 2–4, 2002 at the University of Copenhagen. (Lexicographica. Series Maior* 115). Tübingen, 73–84.
Adamska-Sałaciak, Arleta (2016): Explaining Meaning in Bilingual Dictionaries. In: Durkin, Philip (Hrsg.): *The Oxford Handbook of Lexicography.* Oxford/New York, 144–160.

Adamska-Sałaciak, Arleta (2015): Issues in Compiling Bilingual Dictionaries. In: Jackson, Howard (Hrsg.): *The Bloomsbury Companion to Lexicography*. London et al., 213–231.
Adamska-Sałaciak, Arleta (2013): Equivalence, Synonymy, and Sameness of Meaning in a Bilingual Dictionary. In: *International Journal of Lexicography* 26, No. 3, 329–345. [Unter: <http://ijl.oxfordjournals.org/content/26/3/329.full.pdf+html>; letzter Zugriff: Dezember 2015]
Adamska-Sałaciak, Arleta (2012): Dictionary Definitions: Problems and Solutions. In: *Studia Linguistica Universitatis Iagellonicae Cracoviensis* 129, H. 4, 323–339. [Unter: <www.filg.uj.edu.pl/documents/41616/11671592/SLing-129_Wyd_4_ART_Adamska-Sa%C5%82aciak.pdf>; letzter Zugriff: Dezember 2015]
Adamska-Sałaciak, Arleta (2011): Between *designer drugs* and *afterburners*: A Lexicographic-Semantic Study of Equivalence. In: *Lexikos* 21., 1–22. [Unter: <http://lexikos.journals.ac.za/pub/article/view/35/43>; letzter Zugriff: Dezember 2015]
Adamska-Sałaciak, Arleta (2010): Why we need bilingual learners' dictionaries. In: Kernerman, Ilan J./Bogaards, Paul (eds.): *English Learners' Dictionaries at the DSNA 2009*. Tel Aviv, 131–147.
Adamska-Sałaciak, Arleta (2010a): Examining Equivalence. In: *International Journal of Lexicography* 23, No. 4, 387–409. [Unter: <http://ijl.oxfordjournals.org/content/23/4/387.full.pdf+html>; letzter Zugriff: Dezember 2015]
Adamska-Sałaciak, Arleta (2006): *Meaning and the Bilingual Dictionary. The Case of English and Polish*. (*Polish Studies in English Language and Literature* 18). Frankfurt am Main et al.
Adamska-Sałaciak, Arleta (2006a): Translation of Dictionary Examples – *Notoriously Unreliable*? In: Corino, Elisa/Marello, Carla/Onesti, Cristina (Hrsg.): *Proceedings XII Euralex International Congress Torino, Italia, September 6th–9th, 2006*. Vol. I. Alessandria, 493–501.
Aijmer, Karin (2008): Parallel and comparable corpora. In: Lüdeling, Anke/Kytö, Merja (Hrsg.): *Corpus Linguistics. An International Handbook*. Vol. 1. (*HSK* 29.1). Berlin/New York, 275–292.
Al-Ajmi, Hashan (2008): The Effectiveness of Dictionary Examples in Decoding: The Case of Kuwaiti Learners of English. In: *Lexikos* 18, 15–26. [Unter: <http://lexikos.journals.ac.za/pub/article/view/474/168>; letzter Zugriff: Oktober 2016]
Al-Kasimi, Ali (1977): *Linguistics and Bilingual Dictionaries*. Leiden.
Albi Aparicio, Miguel Á. (2013): Wörterbuch und Übersetzer – Eine Zweckehe. In: Domínguez Vázquez, María José (Hrsg.): *Trends in der deutsch-spanischen Lexikographie*. (*Spanische Akzente. Studien zur Linguistik des Deutschen* 1). Frankfurt am Main et al., 223–237.
Algeo, John (2000): Examples as Textual Evidence in a Dictionary of Briticisms. In: *Lexicographica* 16, 47–57.
Alsina, Victòria/DeCesaris, Janet (2002): Bilingual lexicography, overlapping polysemy, and corpus use. In: Altenberg, Bengt/Granger, Sylviane (Hrsg.): *Lexis in Contrast. Corpus-based approaches*. (*Studies in Corpus Linguistics* 7). Amsterdam/Philadelphia, 215–229.
Anderson, Robert R./Goebel, Ulrich/Reichmann, Oskar (1981): Probeartikel zum Frühneuhochdeutschen Handwörterbuch. In: *Studien zur neuhochdeutschen Lexikographie I* (*Germanistische Linguistik* 3–4/79), 11–52.
Aristoteles (o. J.): *Rhetorik*. (*Drei Bücher der Rhetorik*). Übers. und hrsg. v. Krapinger, Gernot (1999). Stuttgart.
Atkins, B. T. Sue/Rundell, Michael (2008): *The Oxford Guide to Practical Lexicography*. Oxford/New York.
Bahns, Jens (1993): Wer eine *günstige* Gelegenheit *verpaßt*, kann beträchtlichen Schaden davontragen. Kollokationen in *Langenscheidts Großwörterbuch Deutsch als Fremdsprache*. In: *Lernen in Deutschland* 13, H. 2, 137–155.
Bahns, Jens (1993a): Kollokation kontra Kontext. Wider ein zu weites Verständnis des Kollokationsbegriffs. In: *Praxis des neusprachlichen Unterrichts* 40, H. 1, 30–37.

Baldinger, Kurt (1971): Semasiologie und Onomasiologie im zweisprachigen Wörterbuch. In: Bausch, Karl-Richard/Gauger, Hans-Martin (Hrsg.): *Interlinguistica. Sprachvergleich und Übersetzung. Festschrift zum 60. Geburtstag von Mario Wandruszka*. Tübingen, 384–396.

Ballweg, Joachim et al. (1981): Projektgruppe Verbvalenz. Konzeption eines Wörterbuchs deutscher Verben. Zu Theorie und Praxis einer semantisch orientierten Valenzlexikographie. (Forschungsberichte des Instituts für Deutsche Sprache Mannheim 45). Tübingen. (bes. Kapitel 2.2.5, 49–56)

Ballweg-Schramm, Angelika (1978): Zur prinzipienlehre der lexikographie. Diskussion und exemplifizierung. In: *Zeitschrift für germanistische Linguistik* 6, 1–17.

Ballweg-Schramm, Angelika (1977): Zur semantischen Beschreibung von Verben im Hinblick auf lexikographische Erfordernisse. *Essen, trinken* und so weiter... In: *Kopenhagener Beiträge zur germanistischen Linguistik* 12, 37–58.

Ballweg-Schramm, Angelika/Schumacher, Helmut (1979): Verbvalenz-Wörterbuch auf semantischer Basis. In: Henne, Helmut (Hrsg.): *Praxis der Lexikographie. Berichte aus der Werkstatt*. (Reihe Germanistische Linguistik 22). Tübingen, 94–123.

Barz, Irmhild (2001): Wörterbücher. In: Helbig, Gerhard et al. (Hrsg.): *Deutsch als Fremdsprache. Ein internationales Handbuch*. 1. Halbbd. (*HSK* 19.1). Berlin/New York, 204–214.

Baschewa, Emilia (2010): Zur lexikographischen Bearbeitung von Kollokationen in allgemeinen zweisprachigen Wörterbüchern Bulgarisch–Deutsch. In: Ďurčo, Peter (Hrsg.): *Feste Wortverbindungen und Lexikographie. Kolloquium zur Lexikographie und Wörterbuchforschung*. (Lexicographica. Series Maior 138). Berlin/New York, 9–21.

Baunebjerg Hansen, Gitte (1990): *Artikelstruktur im zweisprachigen Wörterbuch. Überlegungen zur Darbietung von Übersetzungsäquivalenten im Wörterbuchartikel*. (Lexicographica. Series Maior 35). Tübingen.

Baunebjerg Hansen, Gitte (1988): Stand und Aufgaben der zweisprachigen Lexikographie. Nachlese zum Kopenhagener Werkstattgespräch 12.–13. Mai 1986. In: *Lexicographica* 4, 186–202.

Benson, Phil (2004): The Monolingual Dictionary: A Special Case of Bilingualism? In: Chan, Sin-wai (eds.): *Translation and Bilingual Dictionaries*. (Lexicographica. Series Maior 119). Tübingen, 39–47.

Bergenholtz, Henning (2015): A corpus analysis is a superfluous ceremony and a complete waste of your time and the government's money. [Unter: <http://aelinco.blogs.uva.es/files/2015/03/Henning-Bergenholtz.pdf>; letzter Zugriff: Juni 2016]

Bergenholtz, Henning (2008): Von Wortverbindungen, die sie Kollokationen nennen. In: *Lexicographica* 24, 9–20.

Bergenholtz, Henning (2001): Proskription, oder: So kann man dem Wörterbuchbenutzer bei Textproduktionsschwierigkeiten am ehesten helfen. In: Lehr, Andrea et al. (Hrsg.): *Sprache im Alltag. Beiträge zu neuen Perspektiven in der Linguistik. Herbert Ernst Wiegand zum 65. Geburtstag gewidmet*. Berlin/New York, 499–519.

Bergenholtz, Henning (2001a): Lexikografie ist Selektion ist Selektion ist Selektion... In: Korhonen, Jarmo (Hrsg.): *Von der mono- zur bilingualen Lexikografie für das Deutsche*. (Finnische Beiträge zur Germanistik 6). Frankfurt am Main et al., 11–30.

Bergenholtz, Henning (1994): Beispiele in Fachwörterbüchern. In: Schaeder, Burkhard/Bergenholtz, Henning (Hrsg.): *Fachlexikographie. Fachwissen und seine Repräsentation in Wörterbüchern*. (Forum für Fachsprachen-Forschung 23). Tübingen, 421–439.

Bergenholtz, Henning (1994a): Die empirische Basis zweisprachiger Wörterbücher, am Beispiel eines madagassisch–deutschen Wörterbuchs. In: Figge, Udo L. (Hrsg.): *Portugiesische und portugiesisch-deutsche Lexikographie*. (Lexicographica. Series Maior 56). Tübingen, 47–63.

Bergenholtz, Henning (1990): Lexikographische Instruktionen für ein zweisprachiges Wörterbuch. In: *Zeitschrift für Phonetik, Sprachwissenschaft und Kommunikationsforschung* 43, 19–37.

Bergenholtz, Henning (1985): Vom wissenschaftlichen Wörterbuch zum Lernerwörterbuch. In: Bergenholtz, Henning/Mugdan, Joachim (Hrsg.): *Lexikographie und Grammatik. Akten des Essener Kolloquiums zur Grammatik im Wörterbuch 28*. (*Lexicographica. Series Maior* 3). Tübingen, 225–256.

Bergenholtz, Henning (1984): Grammatik im Wörterbuch: Syntax. In: *Studien zur neuhochdeutschen Lexikographie* V (*Germanistische Linguistik* 3–6/84), 1–46.

Bergenholtz, Henning/Mogensen, Jens Erik (1998): Die Grammatik der Verben in LANGENSCHEIDTS GROSSWÖRTERBUCH DEUTSCH ALS FREMDSPRACHE. In: Wiegand, Herbert Ernst (Hrsg.): *Perspektiven der pädagogischen Lexikographie des Deutschen. Untersuchungen anhand von „Langenscheidts Großwörterbuch Deutsch als Fremdsprache"*. (*Lexicographica. Series Maior* 86). Tübingen, 77–87.

Bergenholtz, Henning/Mogensen, Jens Erik (1995): Geschichte der Lexikographie mit Deutsch und Dänisch. In: *Studien zur zweisprachigen Lexikographie mit Deutsch* II (*Germanistische Linguistik* 127–128), 191–222. (bes. Kapitel 4.8, 212–214)

Bergenholtz, Henning/Mugdan, Joachim (1990): Formen und Probleme der Datenerhebung II: Gegenwartsbezogene synchronische Wörterbücher. In: Hausmann, Franz Josef et al. (Hrsg.): *Wörterbücher–Dictionaries–Dictionnaires. Ein internationales Handbuch zur Lexikographie*. 2.Teilbd (*HSK* 5.2). Berlin/New York, 1611–1625.

Bergenholtz, Henning/Mugdan, Joachim (1986): Der neue „Super-Duden". Die authentische Darstellung des Deutschen Wortschatzes? In: *Studien zur neuhochdeutschen Lexikographie* VI, 1. Teilbd, 1–149. (bes. Kapitel 12, 125–130)

Bergenholtz, Henning/Schaeder, Burkhard (1985): Deskriptive Lexikographie. In: Zgusta, Ladislav (Hrsg.): *Probleme des Wörterbuchs*. (*Wege der Forschung* 612). Darmstadt, 277–319. [Zuerst veröffentlicht in: *Zeitschrift für germanistische Linguistik* 5 (1977), 2–33.]

Bergenholtz, Henning/Tarp, Sven (1995): *Manual of specialised lexicography. The preparation of specialised dictionaries*. (*Benjamins Translation Library* 12). Amsterdam/Philadelphia.

Bergenholtz, Henning/Tarp, Sven (1994): Mehrworttermini und Kollokationen in Fachwörterbüchern. In: Schaeder, Burkhard/Bergenholtz, Henning (Hrsg.): *Fachlexikographie. Fachwissen und seine Repräsentation in Wörterbüchern*. (*Forum für Fachsprachen-Forschung* 23). Tübingen, 385–419.

Berkov, Valerij P. (1990): A Modern Bilingual Dictionary – Results and Prospects. In: Magay, T./Zigány, J. (eds.): *BudaLEX '88 Proceedings. Papers from the 3rd International EURALEX Congress, Budapest, 4–9 September 1988*. Budapest, 97–106.

Bielińska, Monika (2014): Methoden der Übersetzungswissenschaft und der zweisprachigen Lexikographie. In: *Lexicographica* 30, 213–246.

Bielińska, Monika (2014a): Allgemeines zweisprachiges Wörterbuch als Lernerwörterbuch. Einige Überlegungen zur Exemplifizierung der Phraseologismen. In: Domínguez Vázquez, María José/Mollica, Fabio/Nied Curcio, Martina (Hrsg.): *Zweisprachige Lexikographie zwischen Translation und Didaktik*. (*Lexicographica. Series Maior* 147). Berlin/Boston, 171–190.

Bielińska, Monika (2003): Valenzwörterbücher – das Ideal und das Leben. In: Cornell, Alan/Fischer, Klaus/Roe, Ian F. (Hrsg.): *Valency in Practice. Valenz in der Praxis*. (*German Linguistic and Cultural Studies* 10). Oxford et al., 241–258.

Binon, Jean/Verlinde, Serge (2013): Electronic pedagogical dictionaries. In: Gouws, Rufus H. et al. (Hrsg.): *Dictionaries. An International Encyclopedia of Lexicography. Supplementary Volume: Recent Developments with Focus on Electronic and Computational Lexicography*. (*HSK* 5.4). Berlin/Boston, 1035–1046.

Bondzio, Wilhelm (1982): Valenz in der Lexikographie. In: Agricola, Erhard/Schildt, Joachim/Viehweger, Dieter (Hrsg.): *Wortschatzforschung heute. Aktuelle Probleme der Lexikologie und Lexikographie*. Leipzig, 127–148.

Bothma, Theo J.D./Gouws, Rufus H./Prinsloo, Daniel J. (2016): The Role of E-lexicography in the Confirmation of Lexicography as an Independent and Multidisciplinary Field. In: Margalitadze, Tinatin/Meladze, George (Eds.): *Proceedings of the XVII EURALEX International Congress. Lexicography and Linguistic Diversity*. Tbilisi, 109–116.

Bräunling, Petra (1989): Umfrage zum Thema Valenzwörterbücher. In: *Lexicographica* 5, 168–177.

Breiteneder, Evelyn (1996): Herausforderungen der Textlexikographie: Der Belegschnitt. In: Zettersten, Arne/Pedersen, Viggo Hjørnager (Hrsg.): *Symposium on Lexicography* VII. *Proceedings of the Seventh Symposium on Lexicography. May 5–6, 1994 at the University of Copenhagen*. (*Lexicographica. Series Maior* 76). Tübingen, 61–67.

Buck, Günther (1989): *Lernen und Erfahrung – Epagogik. Zum Begriff der didaktischen Induktion*. 3., und einen 3. Teil erweiterte Auflage. Darmstadt.

Buck, Günther (1971): Beispiel, Exempel, exemplarisch. In: Ritter, Joachim (Hrsg.): *Historisches Wörterbuch der Philosophie*. Bd. 1, A–C. Basel, 818–823.

Buck, Günther (1967): Kants Lehre vom Exempel. In: *Archiv für Begriffsgeschichte* XI, H. 2, 148–183.

Buendgens-Kosten, Judith (2014): Authenticity. In: *ELT Journal. An international journal for teachers of English to speakers of other languages* 68, No. 4, 457–459. [Unter: <http://eltj.oxfordjournals.org/content/68/4/457.extract>; letzter Zugriff: Juni 2016]

Burger, Harald (1989): Phraseologismen im allgemeinen einsprachigen Wörterbuch. In: Hausmann, Franz Josef et al. (Hrsg.): *Wörterbücher–Dictionaries–Dictionnaires. Ein internationales Handbuch zur Lexikographie*. 1.Teilbd. (*HSK* 5.1). Berlin/New York, 593–599.

Burkhanov, Igor (2004): Requirements for an „Ideal" Bilingual $L_1 \rightarrow L_2$ Translation-Oriented Dictionary. In: *Lexikos* 14, 17–34. [Unter: <http://lexikos.journals.ac.za/pub/article/view/681/280>; letzter Zugriff: November 2015]

Cop, Margaret (1991): Collocations in the Bilingual Dictionary. In: Hausmann, Franz Josef et al. (Hrsg.): *Wörterbücher–Dictionaries–Dictionnaires. Ein internationales Handbuch zur Lexikographie*. 3. Teilbd. (*HSK* 5.3). Berlin/New York, 2775–2778.

Cop, Margaret (1990): The Function of Collocations in Dictionaries. In: Magay, T./Zigány, J. (eds.): *BudaLEX '88 Proceedings. Papers from the 3rd International EURALEX Congress, Budapest, 4–9 September 1988*. Budapest, 35–46.

Corbin, Pierre (2005): Des occurrences discursives aux contextualisations dictionnairiques. Éléments d'une recherche en cours sur l'expression en français d'expériences du football. In: Heinz, Michaela (Hrsg.): *L'exemple lexicographique dans les dictionnaires français contemporains. Actes des "Premières Journées allemandes des dictionnaires" (Klingenberg am Main, 25–27 juin 2004)*. (*Lexicographica. Series Maior* 128). Tübingen, 125–156.

Coseriu, Eugenio (1978): Falsche und richtige Fragestellungen in der Übersetzungstheorie. In: Grähs, Lillebill/Korlén, Gustav/Malmberg, Bertil (Hrsg.): *Theory and Practice of Translation*. (*Nobel Symposium 39. Stockholm, September 6–10, 1976*). Bern/Frankfurt am Main/Las Vegas, 17–32.

Coutier, Martine (2005): Les exemples et les citations dans un dictionnaire de langue thématique: le *Dictionnaire de la langue du vin*. In: Heinz, Michaela (Hrsg.): *L'exemple lexicographique dans les dictionnaires français contemporains. Actes des "Premières Journées allemandes des dictionnaires" (Klingenberg am Main, 25–27 juin 2004)*. (*Lexicographica. Series Maior* 128). Tübingen, 247–264.

Cowie, Anthony P. (1995): The Learner's Dictionary in a Changing Cultural Perspective. In: Kachru, Braj B./Kahane, Henry (Hrsg.): *Cultures, Ideologies, and the Dictionary. Studies in Honor of Ladislav Zgusta*. (*Lexicographica. Series Maior* 64). Tübingen, 283–295.

Cowie, A. P. (1989): The language of examples in English learners' dictionaries. In: James, Gregory (ed.): *Lexicographers and their works*. (*Exeter linguistic studies* 14). Exeter, 55–65.

Cowie, Anthony Paul (1989a): Information on Syntactic Constructions in the General Monolingual Dictionary. In: Hausmann, Franz Josef et al. (Hrsg.): *Wörterbücher–Dictionaries–Dictionnaires. Ein internationales Handbuch zur Lexikographie.* 1. Teilbd. (HSK 5.1). Berlin/New York, 588–592.

Cowie, A. P. (1987): Syntax, the Dictionary and the Learner's Communicative Needs. In: Cowie, Anthony (eds.): *The Dictionary and the Language Learner. Papers from the EURALEX Seminar at the University of Leeds, 1–3 April 1985. (Lexicographica. Series Maior* 17). Tübingen, 183–192.

Cramer, Irene Magdalena (2011): *Definitionen in Wörterbuch und Text: Zur manuellen Annotation, korpusgestützten Analyse und automatischen Extraktion definitorischer Textsegmente im Kontext der computergestützten Lexikographie.* [Unter: <https://eldorado.tu-dortmund.de/bitstream/2003/27628/1/Dissertation.pdf>; letzter Zugriff: September 2016]

Creamer, Thomas (1987): Beyond the Definition: Some Problems with examples in Recent Chinese-English and English-Chinese Bilingual Dictionaries. In: Cowie, Anthony (eds.): *The Dictionary and the Language Learner. Papers from the EURALEX Seminar at the University of Leeds, 1–3 April 1985. (Lexicographica. Series Maior* 17). Tübingen, 238–245.

Čulo, Oliver (2011): *Automatische Extraktion von bilingualen Valenzwörterbüchern aus deutsch-englischen Parallelkorpora. Eine Pilotstudie.* Saarbrücken.

Denisov, P. N. (1982): Über die universelle Struktur des Wörterbuchartikels. In: Wolski, Werner (Hrsg.): *Aspekte der sowjetrussischen Lexikographie. Übersetzungen, Abstracts, bibliographische Angaben. (Reihe Germanistische Linguistik* 43). Tübingen, 89–111. [Zuerst veröffentlicht als „Ob universal'noj strukture slovarnoj stat'i" in: *Aktual'nye problemy učebnoj leksikografii.* Hrsg. v. Red'kin, V. A. (1977). Moskau, 205–225.]

Dentschewa, Emilia (2006): DaF-Wörterbücher im Vergleich: Ein Plädoyer für "Strukturformeln". In: Dimova, Ana/Jesenšek, Vida/Petkov, Pavel (Hrsg.): *Zweisprachige Lexikographie und Deutsch als Fremdsprache. Drittes Internationales Kolloquium zur Lexikographie und Wörterbuchforschung. Konstantin Preslavski-Universität Schumen. 23.–24. Oktober 2005. (Germanistische Linguistik* 184–185). Hildesheim/Zürich/New York, 113–128.

Didakowski, Jörg/Lemnitzer, Lothar/Geyken, Alexander (2012): Automatic example sentence extraction for a contemporary German dictionary. In: Vatvedt Fjeld, Ruth/Torjusen, Julie Matilde (Hrsg.): *Proceedings of the 15th EURALEX international Congress 7–11 August 2012.* Oslo, 343–349. [Unter: <http://www.euralex.org/proceedings-toc/euralex_2012/>; letzter Zugriff: Februar 2017]

Dobrovol'skij, Dmitrij (2002): Polysemie aus kontrastiver Sicht. In: Barz, Irmhild/Fix, Ulla/Lercher, Gotthard (Hrsg.): *Das Wort in Text und Wörterbuch. (Abhandlungen der Sächsischen Akademie der Wissenschaften zu Leipzig. Philologisch-historische Klasse* 76, H. 4). Stuttgart/Leipzig, 49–61.

Dobrovol'skij, Dmitrij/Šarandin, Artëm (2006): Polysemie in einem zweisprachigen Wörterbuch. In: Corino, Elisa/Marello, Carla/Onesti, Cristina (Hrsg.): *Proceedings XII Euralex International Congress Torino, Italia, September 6th–9th, 2006,* Vol. I. Alessandria, 527–535.

Dolezal, Fredric F. M. (2000): From Text to Dictionary. In: *Lexicographica* 16, 1–7.

Dolezal, Fredric F. M. (2000a): CHARLES RICHARDSON'S NEW DICTIONARY and Literary Lexicography, being a Rodomontade upon Illustrative Examples. In: *Lexicographica* 16, 104–151.

Dolezal, Fredric Thomas/McCreary, Don R. (1999): *Pedagogical Lexicography Today. A Critical Bibliography on Learners' Dictionaries with Special Emphasis on Language Learners and Dictionary Users. (Lexicographica. Series Maior* 96). Tübingen.

Domínguez Vázquez, María José (2013): Die Rolle der syntagmatischen Information bei der Übersetzung: Ein Gesamtüberblick sowie eine Auseinandersetzung mit online Wörterbüchern und Valenzwörterbüchern. In: *Lexicographica* 29, 43–68.

Domínguez Vázquez, María José (2013a): Kontrastive Valenzwörterbücher im spanischen Sprachraum: eine neue Wende? In: Domínguez Vázquez, María José (Hrsg.): *Trends in der deutsch-spanischen Lexikographie*. (*Spanische Akzente. Studien zur Linguistik des Deutschen* 1). Frankfurt am Main et al., 19–39.

Domínguez Vázquez, María José (2011): Die Äquivalenzfrage in Hinblick auf quantitative und qualitative Gesichtspunkte am Beispiel der kontrastiven spanisch-deutschen Valenzlexikographie: Fragestellungen und Vorschläge. In: *Lexicographica* 27, 269–298.

Domínguez Vázquez, María José/Mollica, Fabio/Nied Curcio, Martina (2014): Zweisprachige Wörterbücher, Didaktik und Translation: Einführung. In: Domínguez Vázquez, María José/Mollica, Fabio/Nied Curcio, Martina (Hrsg.): *Zweisprachige Lexikographie zwischen Translation und Didaktik*. (*Lexicographica. Series Maior* 147). Berlin/Boston, 1–13.

Domínguez Vázquez, María José/Mirazo Balsa, Mónica/Vidal Pérez, Vanessa (2013): Wörterbuchbenutzung: Erwartungen und Bedürfnisse. Ergebnisse einer Umfrage bei Deutsch lernenden Hispanophonen. In: Domínguez Vázquez, María José (Hrsg.): *Trends in der deutsch-spanischen Lexikographie*. (*Spanische Akzente. Studien zur Linguistik des Deutschen* 1). Frankfurt am Main et al., 135–172.

Domínguez Vázquez, María José/Paredes Suárez, Gemma (2010): Das kontrastive Verbvalenzwörterbuch: Spanisch-Deutsch. I. Konzeption und Aufbau des Wörterbuchs. In: Fischer, Klaus/Fobbe, Eilika/Schierholz, Stefan J. (Hrsg.): *Valenz und Deutsch als Fremdsprache*. (*Deutsche Sprachwissenschaft international* 6). Frankfurt am Main et al., 215–240.

Domínguez Vázquez, María José/Paredes Suárez, Gemma (2010a): Das kontrastive Verbvalenzwörterbuch: Spanisch-Deutsch. II. Theoretische und anwendungsorientierte Problembereiche. In: Fischer, Klaus/Fobbe, Eilika/Schierholz, Stefan J. (Hrsg.): *Valenz und Deutsch als Fremdsprache*. (*Deutsche Sprachwissenschaft international* 6). Frankfurt am Main et al., 241–259.

Drysdale, P. D. (1987): The Role of Examples in a Learner's Dictionary. In: Cowie, Anthony (eds.): *The Dictionary and the Language Learner. Papers from the EURALEX Seminar at the University of Leeds, 1–3 April 1985*. (*Lexicographica. Series Maior* 17). Tübingen, 213–223.

Duda, Walter et al. (1986): *Zu einer Theorie der zweisprachigen Lexikographie. Überlegungen zu einem neuen russisch-deutschen Wörterbuch*. (*Linguistische Studien. Arbeitsberichte* 142). Oberlungwitz.

Duval, Alain (2008): Equivalence in Bilingual Dictionaries. In: Fontenelle, Thierry (Hrsg.): *Practical Lexicography. A Reader*. Oxford/New York, 273–282. [Zuerst veröffentlicht als „L'équivalence dans le dictionnaire bilingue" in: *HSK* 5.3 (1991), 2817–2824.]

Dziemianko, Anna (2006): *User-friendliness of Verb Syntax in Pedagogical Dictionaries of English*. Tübingen.

Edelhoff, Christoph (1985): Authentizität im Fremdsprachenunterricht. In: Edelhoff, Christoph (Hrsg.): *Authentische Texte im Deutschunterricht. Einführung und Unterrichtsmethode*. München, 7–30.

Eggers, Michael (2002): Zum Beispiel. Kulturwissenschaftlichkeitsrhetorik. In: Echterhoff, Gerald/Eggers, Michael (Hrsg.): *Der Stoff, an dem wir hängen. Faszination und Selektion von Material in kulturwissenschaftlicher Arbeit*. Würzburg, 119–129.

Eichinger, Ludwig M. (1991): Rezension von Helmut Schumacher (Hrsg.): Verben in Feldern. Valenzwörterbuch zur Syntax und Semantik deutscher Verben. Berlin/New York: Walter de Gruyter 1986. In: *Zeitschrift für Dialektologie und Linguistik* 58.2, 209–212.

Engel, Ulrich (1982): Valenz in Gebrauchswörterbüchern. In: Kühlwein, Wolfgang/Raasch, Albert (Hrsg.): *Stil: Komponenten – Wirkungen. Kongreßberichte der 12. Jahrestagung der Gesellschaft für Angewandte Linguistik GAL e. V., Mainz 1981*. Bd.2. Mainz, 49–54.

Engelberg, Stefan (2010): Die lexikographische Behandlung von Argumentstrukturvarianten in Valenz- und Lernerwörterbüchern. In: Fischer, Klaus/Fobbe, Eilika/Schierholz, Stefan J. (Hrsg.):

*Valenz und Deutsch als Fremdsprache. (Deutsche Sprachwissenschaft international* 6). Frankfurt am Main et al., 113–141.

Engelberg, Stefan (2003): „Glaube mich – ich habe es versucht." Typische Lernerfehler und der Beitrag der neueren Valenzforschung zur Lernerlexikographie. In: Cyrus, Lea et al. (Hrsg.): *Sprache zwischen Theorie und Technologie. Festschrift für Wolf Paprotté zum 60. Geburtstag.* Wiesbaden, 51–71.

Engelberg, Stefan/Lemnitzer, Lothar (2009): *Lexikographie und Wörterbücherbenutzung.* 4., überarbeitete und erweiterte Auflage. Tübingen.

Flatscher, Matthias (2002): Das Denken in Fallbeispielen im Spätwerk von Ludwig Wittgenstein. In: *Plurale. Zeitschrift für Denkversionen* 1, 99–117.

Fontenelle, Thierry (2016): Bilingual Dictionaries: History and Development; Current Issues. In: Durkin, Philip (Hrsg.): *The Oxford Handbook of Lexicography.* Oxford/New York, 44–61.

Fox, Gwyneth (1987): The Case for Examples. In: Sinclair, John McHardy (ed*.): Looking up. An Account of the COBUILD Project.* London/Glashow, 137–149.

Francard, Michel/Geron, Geneviève (2005): Sources écrites et orales de l'exemplification dans le *Dictionnaire du français en Belgique* (DFB). In: Heinz, Michaela (Hrsg.): *L'exemple lexicographique dans les dictionnaires français contemporains. Actes des "Premières Journées allemandes des dictionnaires" (Klingenberg am Main, 25–27 juin 2004). (Lexicographica. Series Maior* 128). Tübingen, 115–124.

Franck, Dorothea (1996): Kontext und Kotext. In: Dascal, Marcelo et al. (Hrsg.): *Sprachphilosophie–Philosophy of Language–La philosophie du langage. Ein internationales Handbuch zeitgenössischer Forschung.* 2.Teilbd. (*HSK* 7.2). Berlin/New York, 1323–1335.

Frankenberg-Garcia, Ana (2015): Dictionaries and Encoding Examples to Support Language Production. In: *International Journal of Lexicography* 28, No. 4, 490–512. [Unter: <http://ijl.oxfordjournals.org/content/28/4/490.full.pdf+html>; letzter Zugriff: Oktober 2016]

Frankenberg-Garcia, Ana (2012): Learners' use of corpus examples. In: *International Journal of Lexicography* 25, No. 3, 273–296. [Unter: <http://ijl.oxfordjournals.org/content/25/3/273.full.pdf+html>; letzter Zugriff: Oktober 2012]

Friedrich, Leonhard (1970): Anschauung. In: Horney, Walter/Ruppert, Johann Peter/Schultze, Walter (Hrsg.): *Pädagogisches Lexikon in zwei Bänden.* Bd. 1, A–J. Gütersloh, 111–113.

Fuhrmann, Manfred (1975): Die linguistische Pragmatik und die rhetorische Status-Lehre. In: Weinrich, Harald (Hrsg.): *Positionen der Negativität.* (*Poetik und Hermeneutik. Arbeitsergebnisse einer Forschungsgruppe* VI). München, 437–439.

Gabriel, Gottfried (1998): Logik und Rhetorik der Beispiele. In: Danneberg, Lutz/Niederhauser, Jürg (Hrsg.): *Darstellungsformen der Wissenschaften im Kontrast. Aspekte der Methodik, Theorie und Empirie.* (*Forum für Fachsprachen-Forschung* 39). Tübingen, 241–262.

Gaillard, Bénédicte (2005): La typographie de l'exemple. In: Heinz, Michaela (Hrsg.): *L'exemple lexicographique dans les dictionnaires français contemporains. Actes des "Premières Journées allemandes des dictionnaires" (Klingenberg am Main, 25–27 juin 2004). (Lexicographica. Series Maior 128).* Tübingen, 21–37.

Goebel, Ulrich (2000): From Text to Example. The Early New High German Project. In: *Lexicographica* 16, 25–46.

Gorbačevič, K. S. (1982): Wörterbuch und Zitat (über die Rationalisierung der Illustrierung von Wörtern und Bedeutungen in der zweiten Auflage des siebzehnbändigen Wörterbuchs). In: Wolski, Werner (Hrsg.): *Aspekte der sowjetrussischen Lexikographie. Übersetzungen, Abstracts, bibliographische Angaben.* (*Reihe Germanistische Linguistik* 43). Tübingen, 148–165. [Zuerst veröffentlicht als „Slovar' i citata (o racionalizacii illjustrirovanija slov i značenij vo vtorom izdanii Semnadcatitomnogo slovarja)" in: *Voprosy Jazykoznanija,* H. 5 (1978), 14–24.]

Gouws, Rufus (2015): The Presentation and Treatment of Collocations as Secondary Guiding Elements in Dictionaries. In: *Lexikos* 25., 170–190. [Unter: <http://lexikos.journals.ac.za/pub/article/view/1294/801>; letzter Zugriff: April 2016]

Gouws, Rufus (2014): Towards bilingual dictionaries with Afrikaans and German as language pair. In: Domínguez Vázquez, María José/Mollica, Fabio/Nied Curcio, Martina (Hrsg.): *Zweisprachige Lexikographie zwischen Translation und Didaktik.* (*Lexicographica. Series Maior* 147). Berlin/Boston, 15–28.

Gouws, Rufus H. (2014a): Article Structures: Moving from Printed to e-Dictionaries. In: *Lexikos* 24, 155–177. [Unter: <http://lexikos.journals.ac.za/pub/article/view/1256/769>; letzter Zugriff: November 2015]

Gouws, Rufus H. (2010): Fixed word combinations as second level treatment units in dictionaries. In: Ďurčo, Peter (Hrsg.): *Feste Wortverbindungen und Lexikographie. Kolloquium zur Lexikographie und Wörterbuchforschung.* (*Lexicographica. Series Maior* 138). Berlin/New York, 51–63.

Gouws, Rufus H. (2006): Die zweisprachige Lexikographie Afrikaans-Deutsch – Eine metalexikographische Herausforderung. In: Dimova, Ana/Jesenšek, Vida/Petkov, Pavel (Hrsg.): *Zweisprachige Lexikographie und Deutsch als Fremdsprache. Drittes Internationales Kolloquium zur Lexikographie und Wörterbuchforschung. Konstantin Preslavski-Universität Schumen. 23.–24. Oktober 2005.* (*Germanistische Linguistik* 184–185). Hildesheim/Zürich/New York, 49–58.

Gouws, Rufus H. (2006a): Meilensteine auf dem historischen Weg der Metalexikographie. In: *Lexicographica* 21, 158–178.

Gouws, Rufus H. (2005): Issues regarding the comment on semantics in bilingual dictionaries dealing with closely related languages. In: Igla, Birgit/Petkov, Pavel/Wiegand, Herbert Ernst (Hrsg.): *Kontrastive Lexikologie und zweisprachige Lexikographie. 2. Internationales Kolloquium zur Wörterbuchforschung. St. Kliment Ohridski-Universität Sofia. 18. bis 19. Oktober 2002.* (*Germanistische Linguistik* 179). Hildesheim/Zürich/New York, 39–56.

Gouws, Rufus H. (2004): Monolingual and Bilingual Learners' Dictionaries. In: *Lexikos* 14, 264–274. [Unter: <http://lexikos.journals.ac.za/pub/article/view/693/292>; letzter Zugriff: Januar 2014]

Gouws, Rufus H. (2002): Equivalent relations, context and cotext in bilingual dictionaries. In: *Hermes – Journal of language and communication studies* 28, 195–209.

Gouws, Rufus H. (2000): Strategies in Equivalent Discrimination. In: Mogensen, Jens Erik/Pedersen, Viggo Hjørnager/Zettersten, Arne (Hrsg.): *Symposium on Lexicography IX. Proceedings of the Ninth International Symposium on Lexicography April 23–25, 1998 at the University of Copenhagen.* (*Lexicographica. Series Maior* 103). Tübingen, 99–111.

Gouws, Rufus H. (1998): Das System der sogenannten Strukturformeln in LANGENSCHEIDTS GROßWÖRTERBUCH DEUTSCH ALS FREMDSPRACHE: eine kritische Übersicht. In: Wiegand, Herbert Ernst (Hrsg.): *Perspektiven der pädagogischen Lexikographie des Deutschen. Untersuchungen anhand von „Langenscheidts Großwörterbuch Deutsch als Fremdsprache".* (*Lexicographica. Series Maior* 86). Tübingen, 63–76.

Gouws, Rufus H. (1996): Idioms and Collocations in Bilingual Dictionaries and Their Afrikaans Translation Equivalents. In: *Lexicographica* 12, 54–88.

Gouws, Rufus H. (1996a): Bilingual Dictionaries and Communicative Equivalence for a Multilingual Society. In: *Lexikos* 6, 14–31. [Unter: <http://lexikos.journals.ac.za/pub/article/view/1023/539>; letzter Zugriff: November 2013]

Gouws, Rufus/Prinsloo, Daniel J. (2008): What to Say about *mañana, totems* and *dragons* in a Bilingual Dictionary? The Case of Surrogate Equivalence. In: Bernal, Elisenda/DeCesaris, Janet (Hrsg.): *Proceedings of the XIII EURALEX International Congress (Barcelona, 15–19 July 2008).* Barcelona, 869–877.

Gouws, Rufus H./Prinsloo, Daniel J. (2005): *Principles and Practice of South African Lexicography.* Stellenbosch.

Gove, Philip B. (1985): Subject Orientation within the Definition. In: Zgusta, Ladislav (Hrsg.): *Probleme des Wörterbuchs. (Wege der Forschung* 612). Darmstadt, 58–70. [Zuerst veröffentlicht in: *Monograph Series on Languages and Linguistics* 14 (1961). Washington, 95–107.]

Götz, Dieter/Haensch, Günther (1998): LANGENSCHEIDTS GROßWÖRTERBUCH DEUTSCH ALS FREMDSPRACHE: Ein-, Aus-, Rückblick. In: Wiegand, Herbert Ernst (Hrsg.): *Perspektiven der pädagogischen Lexikographie des Deutschen. Untersuchungen anhand von „Langenscheidts Großwörterbuch Deutsch als Fremdsprache". (Lexicographica. Series Maior* 86). Tübingen, 345–357.

Götze, Lutz (1995): Lernt oder erwirbt man eine Fremdsprache? Anmerkungen zu einem Streit aus der Sicht der Hinrforschung. In: Popp, Heidrun (Hrsg.): *Deutsch als Fremdsprache. An den Quellen eines Faches. Festschrift für Gerhard Helbig zum 65. Geburtstag.* München, 649–658.

Gullvåg, Ingemund/Nœss, Arne (1996): Vagueness and ambiguity. In: Dascal, Marcelo et al. (Hrsg.): *Sprachphilosophie–Philosophy of Language–La philosophie du langage. Ein internationales Handbuch zeitgenössischer Forschung.* 2. Teilbd. (*HSK* 7.2). Berlin/New York, 1408–1418.

Haensch, Günther (1991): Die mehrsprachigen Wörterbücher und ihre Probleme. In: Hausmann, Franz Josef et al. (Hrsg.): *Wörterbücher–Dictionaries–Dictionnaires. Ein internationales Handbuch zur Lexikographie.* 3. Teilbd. (*HSK* 5.3). Berlin/New York, 2909–2937.

Hanks, Patrick (2016): Definition. In: Durkin, Philip (Hrsg.): *The Oxford Handbook of Lexicography.* Oxford/New York, 94–122.

Hanks, Patrick (1987): Definitions and Explanations. In: Sinclair, John McHardy (ed.): *Looking up. An Account of the COBUILD Project.* London/Glashow, 116–136.

Hannay, Mike (2003): Types of bilingual dictionaries. In: van Sterkenburg, Piet (Hrsg.): *A Practical Guide to Lexicography.* (*Terminology and Lexicography Research and Practice* 6). Amsterdam/Philadelphia, 145–153.

Harras, Gisela (1989): Zu einer Theorie des lexikographischen Beispiels. In: Hausmann, Franz Josef et al. (Hrsg.): *Wörterbücher–Dictionaries–Dictionnaires. Ein internationales Handbuch zur Lexikographie.* 1.Teilbd. (*HSK* 5.1). Berlin/New York, 607–614.

Harras, Gisela (1986): Bedeutungsangaben im wörterbuch. Scholastische übungen für linguisten oder verwendungsregeln für benutzer? In: Weiss, Walter/Wiegand, Herbert Ernst/Reis, Marga (Hrsg.): *Kontroversen, alte und neue. Akten des VII. internationalen Germanisten-Kongresses Göttingen 1985.* Bd. 3. Tübingen, 134–143.

Hartmann, Reinhard Rudolf Karl (2007): *Interlingual Lexicography. Selected Essays on Translation Equivalence, Contrastive Linguistics and the Bilingual Dictionary.* (*Lexicographica. Series Maior* 133). Tübingen.

Hartmann, R. R. K. (1994): The Use of Parallel Text Corpora in the Generation of Translation Equivalents for Bilingual Lexicography. In: Martin, Willy et al. (Hrsg.): *Euralex 1994 Proceedings. Papers submitted to the 6th EURALEX Unternational Congress on Lexicography in Amsterdam, The Netherlands.* Amsterdam, 291–297.

Hartmann, Reinhard Rudolf Karl (1991): Contrastive Linguistics and Bilingual Lexicography. In: Hausmann, Franz Josef et al. (Hrsg.): *Wörterbücher–Dictionaries–Dictionnaires. Ein internationales Handbuch zur Lexikographie.* 3. Teilbd. (*HSK* 5.3). Berlin/New York, 2854–2859.

Hartmann, R. R. K. (1983): The bilingual learner's dictionary and its uses. In: *Multilingua. Journal of Interlanguage Communication Under the Auspices of the Commission of the European Communities,* 195–201.

Hartmann, R. R. K. (1982): Das zweisprachige Wörterbuch im Fremdsprachenerwerb. In: *Studien zur neuhochdeutschen Lexikographie* II (*Germanistische Linguistik* 3–6/80), 73–86.

Hartmann, R. R. K./James, Gregory (1998): *Dictionary of Lexicography.* London/New York.

Haß-Zumkehr, Ulrike (2001): *Deutsche Wörterbücher – Brennpunkt von Sprach- und Kulturgeschichte.* Berlin/New York.

Haß, Ulrike (1991): Zu Bedeutung und Funktion von Beleg- und Kompetenzbeispielen im Deutschen Wörterbuch. In: Kirkness, Alan/Kühn, Peter/Wiegand, Herbert Ernst (Hrsg.): *Studien zum Deutschen Wörterbuch von Jacob und Wilhelm Grimm*. Bd. II. Tübingen, 535–594.

Haß, Ulrike (1991a): Textkorpus und Belege. Methodologie und Methoden. In: Harras, Gisela/Haß, Ulrike/Strauß, Gerhard: *Wortbedeutungen und ihre Darstellung im Wörterbuch*. (*Schriften des Instituts für deutsche Sprache* 3). Berlin/New York, 212–292.

Hausmann, Franz Josef (2013): The concept of semiotaxis. In: Gouws, Rufus H. et al. (Hrsg.): *Dictionaries. An International Encyclopedia of Lexicography. Supplementary Volume: Recent Developments with Focus on Electronic and Computational Lexicography*. (HSK 5.4). Berlin/Boston, 496–499.

Hausmann, Franz Josef (2007): Die Kollokationen im Rahmen der Phraseologie – Systematische und historische Darstellung. In: *Zeitschrift für Anglistik und Amerikanistik* 55, H. 3, 217–234.

Hausmann, Franz Josef (2005): Isotopie, scénario, collocation et exemple lexicographique. In: Heinz, Michaela (Hrsg.): *L'exemple lexicographique dans les dictionnaires français contemporains. Actes des "Premières Journées allemandes des dictionnaires" (Klingenberg am Main, 25–27 juin 2004)*. (*Lexicographica. Series Maior* 128). Tübingen, 283–292.

Hausmann, Franz Josef (2004): Was sind eigentlich Kollokationen? In: Steyer, Kathrin (Hrsg.): *Wortverbindungen – mehr oder weniger fest*. Berlin/New York, 309–334.

Hausmann, Franz Josef (1997): Semiotaxis und Wörterbuch. In: Konerding, Klaus-Peter/Lehr, Andrea (Hrsg.): *Linguistische Theorie und lexikographische Praxis. Symposiumsvorträge, Heidelberg 1996*. Tübingen, 171–179.

Hausmann, Franz Josef (1995): Von der Unmöglichkeit der kontrastiven Lexikologie. In: Kromann, Hans-Peder/Kjær, Anne Lise (Hrsg.): *Von der Allgegenwart der Lexikologie. Kontrastive Lexikologie als Vorstufe zur zweisprachigen Lexikographie. Akten des internationalen Werkstattgesprächs zur kontrastiven Lexikologie 29.–30.10.1994 in Kopenhagen*. (*Lexicographica. Series Maior* 66). Tübingen, 19–23.

Hausmann, Franz Josef (1993): Was ist eigentlich Wortschatz? In: Börner, Wolfgang/Vogel, Klaus (Hrsg.): *Wortschatz und Fremdsprachenerwerb*. (*Reihe Fremdsprachen in Lehre und Forschung* 14). Bochum, 2–21.

Hausmann, Franz Josef (1992): Die zweisprachigen Wörterbücher. In: Hyldgaard-Jensen, Karl/Zettersten, Arne (Hrsg.): *Symposium on Lexicography V. Proceedings of the Fifth International Symposium on Lexicography May 3–5, 1990 at the University of Copenhagen*. (*Lexicographica. Series Maior* 43). Tübingen, 408–411.

Hausmann, Franz Josef (1991): Die Paradigmatik im zweisprachigen Wörterbuch. In: Hausmann, Franz Josef et al. (Hrsg.): *Wörterbücher–Dictionaries–Dictionnaires. Ein internationales Handbuch zur Lexikographie*. 3. Teilbd. (*HSK* 5.3). Berlin/New York, 2794–2796.

Hausmann, Franz Josef (1989): Wörterbuchtypologie. In: Hausmann, Franz Josef et al. (Hrsg.): *Wörterbücher–Dictionaries–Dictionnaires. Ein internationales Handbuch zur Lexikographie*. 1. Teilbd. (*HSK* 5.1). Berlin/New York, 968–981.

Hausmann, Franz Josef (1988): Grundprobleme des zweisprachigen Wörterbuchs. In: Hyldgaard-Jensen, Karl/Zettersten, Arne (Hrsg.): *Symposium on Lexicography III. Proceedings of the Third International Symposium on Lexicography May 14–16, 1986 at the University of Copenhagen*. (*Lexicographica. Series Maior* 19). Tübingen, 137–154.

Hausmann, Franz Josef (1986): The training and professional development of lexicographers in Germany. In: Ilson, Robert (Hrsg.): *Lexicography. An emerging international profession*. (*The Fulbright Papers. Proceedings of Colloquia* 1). London, 101–110.

Hausmann, Franz Josef (1985): Kollokationen im deutschen Wörterbuch. Ein Beitrag zur Theorie des lexikographischen Beispiels. In: Bergenholtz, Henning/Mugdan, Joachim (Hrsg.): *Lexikogra-

*phie und Grammatik. Akten des Essener Kolloquiums zur Grammatik im Wörterbuch* 28. (*Lexicographica. Series Maior* 3). Tübingen, 118–129.

Hausmann, Franz Josef (1985a): Lexikographie. In: Schwarze, Christoph/Wunderlich, Dieter (Hrsg.): *Handbuch der Lexikologie*. Königstein, 367–411.

Hausmann, Franz Josef (1984): Wortschatzlernen ist Kollokationslernen. Zum Lehren und Lernen französischer Wortverbindungen. In: *Praxis des neuhochdeutschen Unterrichts* 31, H. 4, 395–406.

Hausmann, Franz Josef (1982): Neue Wörterbücher für den Französischunterricht II. In: *Die Neueren Sprachen* 81, H. 2, 191–219.

Hausmann, Franz Josef (1977): *Einführung in die Benutzung der neufranzösischen Wörterbücher*. (*Romanistische Arbeitshefte* 19). Tübingen.

Hausmann, Franz Josef/Werner, Reinhold Otto (1991): Spezifische Bauteile und Strukturen zweisprachiger Wörterbücher: eine Übersicht. In: Hausmann, Franz Josef et al. (Hrsg.): *Wörterbücher–Dictionaries–Dictionnaires. Ein internationales Handbuch zur Lexikographie*. 3. Teilbd. (*HSK* 5.3). Berlin/New York, 2729–2769.

Hausmann, Franz Josef/Wiegand, Herbert Ernst (1989): Component Parts and Structures of General Monolingual Dictionaries: A Survey. In: Hausmann, Franz Josef et al. (Hrsg.): *Wörterbücher–Dictionaries–Dictionnaires. Ein internationales Handbuch zur Lexikographie*. 1. Teilbd. (*HSK* 5.1). Berlin/New York, 328–360.

Heinz, Michaela (2005): Einleitung. In: Heinz, Michaela (Hrsg.): *L'exemple lexicographique dans les dictionnaires français contemporains. Actes des "Premières Journées allemandes des dictionnaires" (Klingenberg am Main, 25–27 juin 2004)*. (*Lexicographica. Series Maior* 128). Tübingen, 9–13.

Heinz, Michaela (2005a): L'exemple codé. In: Heinz, Michaela (Hrsg.): *L'exemple lexicographique dans les dictionnaires français contemporains. Actes des "Premières Journées allemandes des dictionnaires" (Klingenberg am Main, 25–27 juin 2004)*. (*Lexicographica. Series Maior* 128). Tübingen, 293–314.

Heath, David (1985): Grammatische Angaben in Lernwörterbüchern des Englischen. In: Bergenholtz, Henning/Mugdan, Joachim (Hrsg.): *Lexikographie und Grammatik. Akten des Essener Kolloquiums zur Grammatik im Wörterbuch* 28. (*Lexicographica. Series Maior* 3). Tübingen, 332–345.

Heath, David (1982): The Treatment of Grammar and Syntax in Monolingual English Dictionaries for Advanced Learners. In: *Linguistik und Didaktik 49/50*, 95–107.

Heid, Ulrich (2008): Corpus linguistics and lexicography. In: Lüdeling, Anke/Kytö, Merja (Hrsg.): *Corpus Linguistics. An International Handbook*. Vol. 1. (*HSK* 29.1). Berlin/New York, 131–153.

Heid, Ulrich (2008a): Corpusbasierte Gewinnung von Daten zur Interaktion von Lexik und Grammatik: Kollokation–Distribution–Valenz. In: Lenz, Friedrich/Schierholz, Stefan J. (Hrsg.): *Corpuslinguistik in Lexik und Grammatik*. 2. Auflage. Tübingen, 97–122.

Helbig, Gerhard (2005): Rezension von Helmut Schumacher u. a.: VALBU – Valenzwörterbuch deutscher Verben. In: *Deutsch als Fremdsprache* 42, H. 4, 240–242.

Helbig, Gerhard (1987): Zwischen Wort- und Satzsemantik. (Doppelrezension Helbig/Heringer über Helmut Schumacher (Hrsg.). Verben in Feldern. Valenzwörterbuch zur Syntax und Semantik deutscher Verben. Berlin/New York 1986. 882 S.). In: *Zeitschrift für germanistische Linguistik* 15, H. 3, 303–310.

Henne, Helmut (1985): Prinzipien einsprachiger Lexikographie. In: Zgusta, Ladislav (Hrsg.): *Probleme des Wörterbuchs*. (*Wege der Forschung* 612). Darmstadt, 222–247. [Zuerst veröffentlicht in: *Sprache der Gegenwart XXXIX. Probleme der Lexikologie und Lexikographie. Jahrbuch 1975 des Instituts für deutsche Sprache* (1976). Düsseldorf, 95–117.]

Henne, Helmut (1977): Nachdenken über Wörterbücher: Historische Erfahrungen. In: Drosdowski, Günther/Henne, Helmut/Wiegand, Herbert Ernst (Hrsg.): *Nachdenken über Wörterbücher*. Mannheim/Wien/Zürich, 7–49.

Henne, Helmut (1977a): Was die Valenzlexikographie bedenken sollte. In: *Kopenhagener Beiträge zur germanistischen Linguistik* 12, 5–18.

Henne, Helmut (1972): *Semantik und Lexikographie. Untersuchungen zur lexikalischen Kodifikation der deutschen Sprache*. (Studia Linguistica Germanica 7). Berlin/New York.

Herbst, Thomas (1998): LANGENSCHEIDTS GROSSWÖRTERBUCH DEUSTCH ALS FREMDSPRACHE und die britische Lernerlexikographie. In: Wiegand, Herbert Ernst (Hrsg.): *Perspektiven der pädagogischen Lexikographie des Deutschen. Untersuchungen anhand von „Langenscheidts Großwörterbuch Deutsch als Fremdsprache"*. (Lexicographica. Series Maior 86). Tübingen, 20–33.

Herbst, Thomas (1996): On the way to the perfect learners' dictionary: a first comparison of OALD5, LDOCE3, COBUILD2 and CIDE. In: *International Journal of Lexicography* 9, No. 4, 321–357. [Unter: <http://ijl.oxfordjournals.org/content/9/4/321.full.pdf+html>; letzter Zugriff: Juni 2016]

Herbst, Thomas (1990): Dictionaries for Foreign Language Teaching: English. In: Hausmann, Franz Josef et al. (Hrsg.): *Wörterbücher–Dictionaries–Dictionnaires. Ein internationales Handbuch zur Lexikographie*. 2. Teilbd. (*HSK* 5.2). Berlin/New York, 1379–1385.

Herbst, Thomas (1985): Das zweisprachige Wörterbuch als Schreibwörterbuch: Informationen zur Syntax in zweisprachigen Wörterbüchern Englisch-Deutsch/Deutsch-Englisch. In: Bergenholtz, Henning/Mugdan, Joachim (Hrsg.): *Lexikographie und Grammatik. Akten des Essener Kolloquiums zur Grammatik im Wörterbuch 28*. (Lexicographica. Series Maior 3). Tübingen, 308–331.

Herbst, Thomas (1985a): Von Fehlern, die vermeidbar wären. Ein weiteres Argument für mehr Wörterbucharbeit im Englischunterricht. In: Zöfgen, Ekkehard (Hrsg.): *Wörterbücher und ihre Didaktik. (Bielefelder Beiträge zur Sprachlehrforschung. Zeitschrift zur Theorie und Praxis des gesteuerten Fremdsprachenerwerbs* 14). Bad Honnef/Zürich, 236–248.

Herbst, Thomas/Götz-Votteler, Katrin (2007): Introduction: The Mystery of Collocation. In: *Zeitschrift für Anglistik und Amerikanistik* 55, H. 3, 211–215.

Herbst, Thomas/Klotz, Michael (2003): *Lexikografie*. Paderborn et al.

Heringer, Hans Jürgen (1987): Was lange währt. Gedanken zum Mannheimer Valenzwörterbuch. (Doppelrezension Helbig/Heringer über Helmut Schumacher (Hrsg.). Verben in Feldern. Valenzwörterbuch zur Syntax und Semantik deutscher Verben. Berlin/New York 1986. 882 S.). In: *Zeitschrift für germanistische Linguistik* 15, H. 3, 311–317.

Heringer, Hans Jürgen (1984): Neues von der Verbszene. In: Stickel, Gerhard (Hrsg.): *Pragmatik in der Grammatik. Jahrbuch 1983 des Instituts für deutsche Sprache*. (Sprache der Gegenwart 60). Düsseldorf, 34–64.

Hermanns, Fritz (1988): Das lexikographische Beispiel. Ein Beitrag zu seiner Theorie. In: Harras, Gisela (Hrsg.): *Das Wörterbuch – Artikel und Verweisstrukturen. Jahrbuch 1987 des Instituts für deutsche Sprache*. (Sprache der Gegenwart LXXIV). Düsseldorf, 161–195.

Hiles, Lorna (2011): Categorising Example Sentences in Dictionaries for Research Purposes. In: *Lexikos* 21, 298–304. [Unter: <http://lexikos.journals.ac.za/pub/article/view/46/54>; letzter Zugriff: November 2016]

Hohulin, E. Lou (1986): The Absence of Lexical Equivalence and Cases of its Asymmetry. In: *Lexicographica* 2, 43–52.

Holderbaum, Anja/Kornelius, Joachim (2001): Kollokationen als Problemgrößen der Sprachmittlung. In: Lehr, Andrea et al. (Hrsg.): *Sprache im Alltag. Beiträge zu neuen Perspektiven in der Linguistik. Herbert Ernst Wiegand zum 65. Geburtstag gewidmet*. Berlin/New York, 533–545.

Hollós, Zita (2004): *Lernerlexikographie: syntagmatisch. Konzeption für ein deutsch-ungarisches Lernerwörterbuch*. (Lexicographica. Series Maior 116). Tübingen.

Hölzner, Matthias (2006): Rezension von Schumacher, Helmut; Kubczak, Jacqueline; Schmidt, Renate; de Reiter, Vera (Hrsg.): VALBU – Valenzwörterbuch deutscher Verben. Tübingen, Narr, 2004. In: *Info DaF* 33, H. 2/3, 265–267. [Unter: <http://www.iudicium.de/InfoDaF/downloads/InfoDaF_2006_Heft_2-3.pdf#page=143&-view=Fit>; letzter Zugriff: Juni 2012]

Humble, Philippe (1998): The use of authentic, made-up and ‚controlled' examples in foreign language dictionaries. In: Fontenelle, Thierry et al. (Hrsg.): *Actes EURALEX '98 Proceedings*. Vol. 2. Liège, 593–599.

Hundt, Markus (2008): Grammatikalität – Akzeptabilität – Sprachnorm. Zum Verhältnis von Korpuslinguistik und Grammatikalitätsurteilen. In: Lenz, Friedrich/Schierholz, Stefan J. (Hrsg.): *Corpuslinguistik in Lexik und Grammatik*. 2. Auflage. Tübingen, 15–40.

Iannucci, James E. (1957): Meaning Discrimination in Bilingual Dictionaries: A New Lexicographical Technique. In: *The Modern Language Journal* 41, No 6, 272–281.

Ickler, Theodor (1988): Wörterbuchkultur in Deutschland. In: Harras, Gisela (Hrsg.): *Das Wörterbuch – Artikel und Verweisstrukturen. Jahrbuch 1987 des Instituts für deutsche Sprache.* (*Sprache der Gegenwart LXXIV*). Düsseldorf, 374–393.

Ickler, Theodor (1985): Valenz und Bedeutung. Beobachtungen zur Lexikographie des Deutschen als Fremdsprache. In: Bergenholtz, Henning/Mugdan, Joachim (Hrsg.): *Lexikographie und Grammatik. Akten des Essener Kolloquiums zur Grammatik im Wörterbuch 28.* (*Lexicographica. Series Maior* 3). Tübingen, 358–377.

Ickler, Theodor (1982): Ein Wort gibt das andere. Auf dem Weg zu einem „Wörter-Lesebuch" für Deutsch als Fremdsprache. In: *Linguistik und Didaktik* 49/50, 3–17.

Jacobsen, Jane Rosenkilde/Manley, James/Pedersen, Viggo Hjørnager (1991): Examples in the Bilingual Dictionary. In: Hausmann, Franz Josef et al. (Hrsg.): *Wörterbücher–Dictionaries–Dictionnaires. Ein internationales Handbuch zur Lexikographie*. 3. Teilbd. (*HSK* 5.3). Berlin/New York, 2782–2789.

Jehle, Günter (1990): *Das englische und französische Lernerwörterbuch in der Rezension. Theorie und Praxis der Wörterbuchkritik.* (*Lexicographica. Series Maior* 30). Tübingen.

Jesenšek, Vida (2013): Das lexikographische Beispiel in der Parömiographie. Formen und Funktionen. In: *Lexikos* 23, 150–171. [Unter: <http://lexikos.journals.ac.za/pub/article/view/1209/720>; letzter Zugriff: November 2014]

Juhász, János (1985): Valenz und Text. In: Koller, Erwin/Moser, Hans (Hrsg.): *Studien zur deutschen Grammatik. Johannes Erben zum 60. Geburtstag.* (*Innsbrucker Beiträge zur Kulturwissenschaft. Germanistische Reihe* 25). Innsbruck, 137–151.

Kammerer, Matthias (2000): *Lemmazeichentypen für deutsche Verben. Eine lexikologische und metalexikographische Untersuchung.* (*Lexicographica. Serie Maior* 104). Tübingen.

Kant, Immanuel (1797): *Die Methaphysik der Sitten*. Königsberg. [Unter: <http://www.korpora.org/Kant/aa06/479.html>; letzter Zugriff: August 2015[

Kant, Immanuel (1790): *Kritik der Urteilskraft*. Königsberg. [Unter: <http://korpora.org/Kant/aa05/342.html>; letzter Zugriff: August 2015]

Kant, Immanuel (1787): *Kritik der reinen Vernunft. Zweite hin und wieder verbesserte Auflage*. Riga. [Unter: <http://www.korpora.org/Kant/aa03/132.html>; letzter Zugriff: August 2015]

Kant, Immanuel (1783): *Prolegomena zu einer jeden künftigen Metaphysik, die als Wissenschaft wird auftreten können*. Riga. [Unter: <http://korpora.zim.uni-duisburg-essen.de/kant/aa04/312.html>; letzter Zugriff: September 2015]

Karl, Ilse (1982): *Linguistische Probleme der zweisprachigen Lexikographie. Eine Nachlese praktischer Wörterbucharbeit.* (*Linguistische Studien. Arbeitsberichte* 96). Oberlungwitz.

Karpinska, Laura (2015): *English-Latvian Lexicographic Tradition. A Critical Analysis.* (*Lexicographica. Series Maior* 148). Berlin/Boston.

Katzaros, Valérie. (2004): The Different Functions of Illustrative Examples in Learner's Bilingual Dictionaries. Compiling a dictionary around illustrative examples: The Experience of the Larousse School French-English, English-French Dictionary. In: Williams, Geoffrey/Vessier, Sandra (Hrsg.): *Proceedings of the Eleventh EURALEX International Congress, EURALEX 2004, Lorient, France, July 6–10, 2004*, Vol. 2. Lorient, 487–494.

Kempcke, Günter (1996): Zur Makro- und Mikrostruktur in Langenscheidts Großwörterbuch Deutsch als Fremdsprache. In: Barz, Irmhild/Schröder, Marianne (Hrsg.): *Das Lernerwörterbuch Deutsch als Fremdsprache in der Diskussion. (Sprache – Literatur und Geschichte. Studien zur Linguistik/Germanistik* 12). Heidelberg, 115–128.

Kenny, Dorothy (2004): Die Übersetzung von usuellen und nicht usuellen Wortverbindungen vom Deutschen ins Englische. Eine korpusgestützte Untersuchung. In: Steyer, Kathrin (Hrsg.): *Wortverbindungen – mehr oder weniger fest*. Berlin/New York, 335–347.

Kilgarriff, Adam (2015): Using Corpora as Data Sources for Dictionaries. In: Jackson, Howard (Hrsg.): *The Bloomsbury Companion to Lexicography*. London et al., 77–96.

Kilgarriff, Adam (2008): "I Don't Believe in Word Senses". In: Fontenelle, Thierry (Hrsg.): *Practical Lexicography. A Reader*. Oxford/New York, 135–151. [Zuerst veröffentlicht in: *Computers and the Humanities* 31, H. 2, 91–113.]

Kilgarriff, Adam et al. (2008): GDEX: Automatically Finding Good Dictionary Examples in a Corpus. In: Bernal, Elisena/DeCesaris, Janet (Hrsg.): *Proceedings of the XIII EURALEX International Congress, Barcelona, 15–19 July 2008*. Barcelona, 425–432.

Kilgarriff, Adam et al. (2004): The Sketch Engine. In: Williams, Geoffrey/Vessier, Sandra (Hrsg.): *Proceedings of the Eleventh EURALEX International Congress, EURALEX 2004, Lorient, France, July 6–10, 2004*, Vol. 1. Lorient, 105–115.

Kharma, Nayef N. (1984): Contextualization and the Bilingual Learner's Dictionary. In: Hartmann, R. R. K. (Hrsg.): *LEXeter '83 Proceedings. Papers from the International Conference on Lexicography at Exeter, 9–12 September 1983. (Lexikographica. Series Maior* 1). Tübingen, 199–206.

Klein, Josef (1996): Exemplum. In: Ueding, Gert (Hrsg.): *Historisches Wörterbuch der Rhetorik*. Bd. 3: Eup–Hör. Tübingen, 60–70.

Klein, Josef (1992): Beispiel. In: Ueding, Gert (Hrsg.): *Historisches Wörterbuch der Rhetorik*. Bd. 1: A–Bib. Tübingen, 1430–1435.

Klosa, Annette/Kupietz, Marc/Lüngen, Harald (2012): Zum Nutzen von Korpusauszeichnungen für die Lexikographie. In: *Lexicographica* 28, 71–97.

Klosa, Annette (2011): *elexiko* – ein Bedeutungswörterbuch zwischen Tradition und Fortschritt. In: *Sprachwissenschaft* 36, H. 2/3, 275–306.

Klosa, Annette (2007): Korpusgestützte Lexikographie: besser, schneller, umfangreicher? In: Kallmeyer, Werner/Zifonun, Gisela (Hrsg.): *Sprachkorpora. Datenmengen und Erkenntnisfortschritt. (Jahrbuch des Instituts für Deutsche Sprache* 2006). Berlin/New York, 105–122.

Klosa, Annette (2005): Belege in *elexiko*. In: Haß, Ulrike (Hrsg.): *Grundfragen der elektronischen Lexikographie. elexiko – Das Online-Informationssystem zum deutschen Wortschatz. (Schriften des Instituts für Deutsche Sprache* 12). Berlin/New York, 96–104.

Klotz, Michael (2001): Valenzinformation im monolingualen englischen Lernerwörterbuch und im bilingualen Wörterbuch englisch-deutsch. In: *Zeitschrift für angewandte Linguistik* 35, 61–79. [Unter: <https://userpages.uni-koblenz.de/~diekmann/zfal/zfalarchiv/zfal35_3.pdf>; letzter Zugriff: Februar 2014]

Koller, Werner (2011): *Einführung in die Übersetzungswissenschaft*. 8., neubearbeitete Auflage. Tübingen/Basel.

Koller, Werner (2004): Der Begriff der Äquivalenz in der Übersetzungswissenschaft. In: Kittel, Harald et al. (Hrsg.): *Übersetzung – Translation – Traduction. Ein Internationales Handbuch zur Übersetzungsforschung*. 1. Teilbd. (*HSK* 26.1). Berlin/New York, 343–354.

Koller, Werner (1978): Äquivalenz in kontrastiver Linguistik und Übersetzungswissenschaft. In: Grähs, Lillebill/Korlén, Gustav/Malmberg, Bertil (Hrsg.): *Theory and Practice of Translation. (Nobel Symposium 39. Stockholm, September 6–10, 1976)*. Bern/Frankfurt am Main/Las Vegas, 69–92.

Köster, Lutz (2001): Wortschatzvermittlung. In: Helbig, Gerhard et al. (Hrsg.): *Deutsch als Fremdsprache. Ein internationales Handbuch*. 2. Halbbd. (*HSK* 19.2). Berlin/New York, 887–893.

Köster, Lutz/Neubauer, Fritz (2002): Kollokationen und Kompetenzbeispiele im DE GRUYTER WÖRTERBUCH DEUTSCH ALS FREMDSPRACHE. In: Wiegand, Herbert Ernst (Hrsg.): *Perspektiven der pädagogischen Lexikographie des Deutschen II. Untersuchungen anhand der „de Gruyter Wörterbuchs Deutsch als Fremdsprache". (Lexicographica. Series Maior* 110). Tübingen, 283–310.

Kromann, Hans-Peder (1995): Deutsche Wörterbücher aus der Perspektive eines fremdsprachigen Benutzers. In: Popp, Heidrun (Hrsg.): *Deutsch als Fremdsprache. An den Quellen eines Faches. Festschrift für Gerhard Helbig zum 65. Geburtstag*. München, 501–512.

Kromann, Hans-Peder (1994): Zur funktionalen Benutzerperspektivierung bei der Äquivalentdarbietung in einem zweisprachigen Wörterbuch mit Deutsch und Portugiesisch. In: Figge, Udo L. (Hrsg.): *Portugiesische und portugiesisch-deutsche Lexikographie. (Lexicographica. Series Maior* 56). Tübingen, 35–45.

Kromann, Hans-Peder (1989): Neue Orientierung der zweisprachigen Wörterbücher. Zur funktionalen zweisprachigen Lexikographie. In: Snell-Hornby, Mary/Pöhl, Esther/Bennani, Benjamin (Hrsg.): *Translation and Lexicography. Papers read at the EURALEX Colloquium held at Innsbruck 2–5 July 1987*. Amsterdam/Philadelphia, 55–65.

Kromann, Hans-Peder (1987): Zur Syntax im Übersetzungswörterbuch. In: *Kopenhagener Beiträge zur Germanistischen Linguistik. Sonderband 3. Festschrift für Karl Hyldgaard-Jensen zum 70. Geburtstag am 3. Februar 1987*, 143–150.

Kromann, Hans-Peder (1986): Die zweisprachige Lexikographie: ein Stiefkind der Germanisten. In: Weiss, Walter/Wiegand, Herbert Ernst/Reis, Marga (Hrsg.): *Kontroversen, alte und neue. Akten des VII. internationalen Germanisten-Kongresses, Göttingen 1985*. Bd. 3. Tübingen, 177–181.

Kromann, Hans-Peder (1985): Zur Selektion und Darbietung syntaktischer Informationen in einsprachigen Wörterbüchern des Deutschen aus der Sicht ausländischer Benutzer. In: Bergenholtz, Henning/Mugdan, Joachim (Hrsg.): *Lexikographie und Grammatik. Akten des Essener Kolloquiums zur Grammatik im Wörterbuch* 28. (*Lexicographica. Series Maior* 3). Tübingen, 346–357.

Kromann, Hans-Peder (1983): Paradigmatische und syntagmatische Relationen im zweisprachigen Wörterbuch. In: Schildt, Joachim/Viehweger, Dieter: *Die Lexikographie von heute und das Wörterbuch von morgen. Analysen–Probleme–Vorschläge. (Linguistische Studien. Arbeitsberichte* 109). Oberlungwitz, 330–348.

Kromann, Hans-Peder/Riiber, Theis/Rosbach, Poul (1991a): Principles of Bilingual Lexicography. In: Hausmann, Franz Josef et al. (Hrsg.): *Wörterbücher–Dictionaries–Dictionnaires. Ein internationales Handbuch zur Lexikographie*. 3. Teilbd. (*HSK* 5.3). Berlin/New York, 2711–2728.

Kromann, Hans-Peder/Riiber, Theis/Rosbach, Poul (1991b): Grammatical Constructions in the Bilingual Dictionary. In: Hausmann, Franz Josef et al. (Hrsg.): *Wörterbücher–Dictionaries–Dictionnaires. Ein internationales Handbuch zur Lexikographie*. 3. Teilbd. (*HSK* 5.3). Berlin/New York, 2770–2775.

Kromann, Hans-Peder/Riiber, Theis/Rosbach, Poul (1984): Überlegungen zu Grundfragen der zweisprachigen Lexikographie. In: *Studien zur neuhochdeutschen Lexikographie* V (*Germanistische Linguistik* 3–6/84), 159–238.

Kromann, Hans-Peder/Riiber, Theis/Rosbach, Poul (1984a): 'Active' and 'Passive' Bilingual Dictionaries: The Ščerba Concept Reconsidered. In: Hartmann, R. R. K. (Hrsg.): *LEXeter '83 Proceedings. Papers from the International Conference on Lexicography at Exeter, 9–12 September 1983*. (*Lexicographica. Series Maior* 1). Tübingen, 207–215.

Kroß, Matthias (1999): Philosophieren in Beispielen. Wittgensteins Umdenken des Allgemeinen. In: Schneider, Hans Julius/Kroß, Matthias (Hrsg.): *Mit Sprache spielen. Die Ordnungen und das Offene nach Wittgenstein*. Berlin, 169–187.

Kühn, Peter (2001): "BLUME: ist Kind von Wiese". Bedeutungserläuterungen in der Lernerlexikographie. In: Lehr, Andrea et al. (Hrsg.): *Sprache im Alltag. Beiträge zu neuen Perspektiven in der Linguistik. Herbert Erst Wiegand zum 65. Geburtstag gewidmet*. Berlin/New York, 547–561.

Kühn, Peter (1998): LANGENSCHEIDTS GROSSWÖRTERBUCH DEUTSCH ALS FREMDSPRACHE und die deutschen Wörterbücher. In: Wiegand, Herbert Ernst (Hrsg.): *Perspektiven der pädagogischen Lexikographie des Deutschen. Untersuchungen anhand von „Langenscheidts Großwörterbuch Deutsch als Fremdsprache"*. (Lexicographica. Series Maior 86). Tübingen, 34–60.

Kühn, Peter (1989): Typologie der Wörterbücher nach Benutzungsmöglichkeiten. In: Hausmann, Franz Josef et al. (Hrsg.): *Wörterbücher–Dictionaries–Dictionnaires. Ein internationales Handbuch zur Lexikographie*. 1. Teilbd. (HSK 5.1). Berlin/New York, 111–127.

Landau, Sidney I. (2004): *Dictionaries. The Art and Craft of Lexicography*. 2nd edition. Cambridge.

Laufer, Batia (1992): Corpus-Based versus Lexicographer Examples in Comprehension and Production of New Words. In: Tommola, Hannu et al. (Hrsg.): *EURALEX '92 Proceedings I–II. Papers submitted to the 5th EURALEX International Congress on Lexicography in Tampere, Finland*. Vol. 1. Tampere, 71–76.

Lausberg, Heinrich (1990): *Handbuch der literarischen Rhetorik. Eine Grundlegung der Literaturwissenschaft*. 3. Auflage. Stuttgart. (bes. Kapitel II.I.C.b.γ, 227–235)

Lehmann, Alise (2005): L'exemple dans le dictionnaire d'apprentissage monolingue: le cas du *Dictionnaire du français* (1999). In: Heinz, Michaela (Hrsg.): *L'exemple lexicographique dans les dictionnaires français contemporains. Actes des "Premières Journées allemandes des dictionnaires" (Klingenberg am Main, 25–27 juin 2004)*. (Lexicographica. Series Maior 128). Tübingen, 315–330.

Lehr, Andrea (1998): Kollokationen in LANGENSCHEIDTS GROßWÖRTERBUCH DEUTSCH ALS FREMDSPRACHE. In: Wiegand, Herbert Ernst (Hrsg.): *Perspektiven der pädagogischen Lexikographie des Deutschen. Untersuchungen anhand von „Langenscheidts Großwörterbuch Deutsch als Fremdsprache"*. (Lexicographica. Series Maior 86). Tübingen, 256–281.

Lemberg, Ingrid (2001): Aspekte der Online-Lexikographie für wissenschaftliche Wörterbücher. In: Lemberg, Ingrid/Schröder, Bernhard/Storrer, Angelika (Hrsg.): *Chancen und Perspektiven computergestützter Lexikographie. Hypertext, Internet und SGML/XML für die Produktion und Publikation digitaler Wörterbücher*. (Lexicographica. Series Maior 107). Tübingen, 71–91.

Lemberg, Ingrid (1996): Die Belegexzerption zu historischen Wörterbüchern am Beispiel des FRÜHNEUHOCHDEUTSCHEN WÖRTERBUCHES und des DEUTSCHEN RECHTSWÖRTERBUCHES. In: Wiegand, Herbert Ernst (Hrsg.): *Wörterbücher in der Diskussion II. Vorträge aus dem Heidelberger Lexikographischen Kolloquium*. (Lexicographica. Series Maior 70). Tübingen, 83–102.

Lemnitzer, Lothar/Zinsmeister, Heike (2015): *Korpuslinguistik. Eine Einführung*. 3., überarbeitete und erweiterte Auflage. Tübingen.

Lenz, Anja (1998): *Untersuchungen zur Beispiel- und Beleglexikographie historischer Bedeutungswörterbücher unter besonderer Berücksichtigung der Neubearbeitung des Deutschen Wörterbuchs gegründet von Jacob und Wilhelm Grimm*. [Unter: <http://ediss.uni-goettingen.de/bitstream/handle/11858/00-1735-0000-000D-F20D-0/diss.pdf?sequence=1>; letzter Zugriff: März 2016]

Lerchner, Gotthard (1996): Informationen über die kulturspezifisch-pragmatische Markiertheit von lexikalischen Ausdrücken im Lernerwörterbuch. In: Barz, Irmhild/Schröder, Marianne (Hrsg.): *Das Lernerwörterbuch Deutsch als Fremdsprache in der Diskussion*. (Sprache – Literatur und Geschichte. Studien zur Linguistik/Germanistik 12). Heidelberg, 129–146.

Lettner, Khrystyna (2013): Die Beispielangaben in gedruckten Lerner- und Valenzwörterbüchern des Deutschen. In: *OPAL* 2/2013. [Unter: <http://pub.ids-mannheim.de/laufend/opal/pdf/opal2013-2.pdf>; letzter Zugriff: Juli 2013]

Lew, Robert (2015): Identifying, Ordering and Defining Senses. In: Jackson, Howard (Hrsg.): *The Bloomsbury Companion to Lexicography*. London et al., 284–302.

Lew, Robert/Grzelak, Marcin/Leszkowicz, Mateusz (2013): How Dictionary Users Choose Senses in Bilingual Dictionary Entries: An Eye-Tracking Study. In: *Lexikos* 23, 228–254. [Unter: <http://lexikos.journals.ac.za/pub/article/view/1213/724>; letzter Zugriff: November 2014]

Lindemann, David (2013): Bilingual Lexicography and Corpus Methods. The Example of German-Basque as Language Pair. In: *Procedia. Social and Behavioral Sciences* 95, 249–257. [Unter: <http://www.sciencedirect.com/science/article/pii/S1877042813041657>; letzter Zugriff: Februar 2017]

Lipps, Hans (1958): Beispiel, Exempel, Fall und das Verhältnis des Rechtsfalles zum Gesetz. In: Lipps, Hans: *Die Verbindlichkeit der Sprache. Arbeiten zur Sprachphilosophie und Logik*. 2. Auflage. Frankfurt am Main, 39–65.

Lipps, Hans (1938): *Untersuchungen zu einer hermeneutischen Logik*. (Philosophische Abhandlungen VII). Frankfurt am Main.

Lovatt, Edwin A. (1984): Illustrative Examples in a Bilingual Colloquial Dictionary. In: Hartmann, R. R. K. (Hrsg.): *LEXeter '83 Proceedings. Papers from the International Conference on Lexicography at Exeter, 9–12 September 1983*. (Lexikographica. Series Maior 1). Tübingen, 216–220.

Lü, Tianshu (2007): *Pädagogische Lexikographie: Monolinguale und bilingualisierte Lernerwörterbücher zur Vermittlung des Deutschen als Fremdsprache*. Göttingen.

Lyons, John D. (1989): *Exemplum. The Rhetoric of Example in Early Modern France and Italy*. Princeton.

Macho, Thomas (2003): "Wer aber diese Begriffe noch nicht besitzt, den werde ich die Worte durch Beispiele und durch Übung gebrauchen lehren." Funktionen des Beispiels in Wittgensteins Philosophie. In: Birnbacher, Dieter/Siebert, Joachim/Steenblock, Volker (Hrsg.): *Philosophie und ihre Vermittlung. Ekkehard Martens zum 60. Geburtstag*. Hannover, 84–96.

Mafela, Munzhedzi James (2014): Illustrative Examples and the Aspect of Culture: The Perspective of a Tshiveṇḓa Bilingual Dictionary. In: Abel, Andrea/Vettori, Chiara/Ralli, Natascia (Hrsg.): *Proceedings of the XVI EURALEX International Congress: The User in Focus. 15–19 July 2014, Bolzano*. Bozen, 577–585.

Manley, James (1983): The Bilingual Dictionary: Problems of Normativity, Selection and Semantic Classification. In: Hyldgaard-Jensen, Karl/Zettersten, Arne (Hrsg.): *Symposium on Lexicography. Proceeding of the Symposim on Lexicography September 1–2, 1982, at the University of Copenhagen*. (Germanistische Linguistik 5–6/82). Hildesheim/Zürich/New York, 119–125.

Manley, James/Iacobsen, Jane/Pedersen, Viggo Hjørnager (1988): Telling Lies Efficiently: Terminology and the Microstructure in the Bilingual Dictionary. In: Hyldgaard-Jensen, Karl/Zettersten, Arne (Hrsg.): *Symposium on Lexicography III. Proceedings of the Third International Symposium on Lexicography May 14–16, 1986 at the University of Copenhagen*. (Lexicographica. Series Maior 19). Tübingen, 281–302.

Mann, Michael/Schierholz, Stefan J. (2014): Methoden in der Lexikographie und Wörterbuchforschung. Ein Überblick mit einer Auswahlbibliographie. In: *Lexicographica* 30, 3–57.

Marcuschi, Luiz Antônio (1976): *Die Methode des Beispiels. Untersuchungen über die methodische Funktion des Beispiels in der Philosophie, insbesondere bei Ludwig Wittgenstein*. (Erlanger Studien 13). Erlangen.

Marello, Carla (1987): Examples in Contemporary Italian Bilingual Dictionaries. In: Cowie, Anthony (eds.): *The Dictionary and the Language Learner. Papers from the EURALEX Seminar at the University of Leeds, 1–3 April 1985*. (Lexicographica. Series Maior 17). Tübingen, 224–237.

Markus, Tuulikki/Korhonen, Jarmo (2005): Kollokationen in der deutschen Lernerlexikographie und in deutsch-finnischen Wörterbüchern. In: Barz, Irmhild/Bergenholtz, Henning/Korhonen, Jarmo (Hrsg.): *Schreiben, Verstehen, Übersetzen, Lernen. Zu ein- und zweisprachigen Wörterbüchern mit Deutsch. (Finnische Beiträge zur Germanistik* 14). Frankfurt am Main et al., 327–343.

Martin, Robert (1989): L'exemple lexicographique dans le dictionnaire monolingue. In: Hausmann, Franz Josef et al. (Hrsg.): *Wörterbücher–Dictionaries–Dictionnaires. Ein internationales Handbuch zur Lexikographie.* 1. Teilbd. (*HSK* 5.1). Berlin/New York, 599–607.

Mentrup, Wolfgang (1977): Projektplan des Großen Wörterbuchs in der Diskussion. In: *Deutsche Sprache* 5, H. 2, 185–192.

Mercier, Louis (2005): Problèmes de décodage des exemples servant à illustrer les noms d'espèces naturelles dans les dictionnaires usuels du français. In: Heinz, Michaela (Hrsg.): *L'exemple lexicographique dans les dictionnaires français contemporains. Actes des "Premières Journées allemandes des dictionnaires" (Klingenberg am Main, 25–27 juin 2004). (Lexicographica. Series Maior* 128). Tübingen, 65–79.

Mikkelsen, Hans Kristian (1992): What did Ščerba actually mean by „active" and „passive" Dictionaries? In: Hyldgaard-Jensen, Karl/Zettersten, Arne (Hrsg.): *Symposium on Lexicography V. Proceedings of the Fifth International Symposium on Lexicography May 3–5, 1990 at the University of Copenhagen. (Lexicographica. Series Maior* 43). Tübingen, 25–40.

Minaeva, Ludmila (1992): Dictionary examples: friends or foes? In: Tommola, Hannu et al. (Hrsg.): *EURALEX '92 Proceedings I–II. Papers submitted to the 5th EURALEX International Congress on Lexicography in Tampere, Finland.* Vol. 1. Tampere, 77–80.

Mittmann, Brigitta (2013): New tendencies in the treatment of collocations. In: Gouws, Rufus H. et al. (Hrsg.): *Dictionaries. An International Encyclopedia of Lexicography. Supplementary Volume: Recent Developments with Focus on Electronic and Computational Lexicography.* (*HSK* 5.4). Berlin/Boston, 500–509.

Mittmann, Brigitta (1995): *Examples in English monolingual learners' dictionaries*. Magisterarbeit, Universität Erlangen-Nürnberg. Erlangen/Nürnberg. [eine unveröffentlichte Abschlussarbeit]

Model, Benedikt A. (2010): *Syntagmatik im zweisprachigen Wörterbuch.* (*Lexicographica. Series Maior* 137). Berlin/New York.

Mogensen, Jens Erik (2005): Grammatik im Wörterbuch. In: Barz, Irmhild/Bergenholtz, Henning/Korhonen, Jarmo (Hrsg.): *Schreiben, Verstehen, Übersetzen, Lernen. Zu ein- und zweisprachigen Wörterbüchern mit Deutsch. (Finnische Beiträge zur Germanistik* 14). Frankfurt am Main et al., 189–202.

Mongwe, M. J. (2013): Bilingual Dictionaries in the South African Context. In: Botha, Willem/Mavoungou, Paul/Nkomo, Dion (Hrsg.): *Festschrift RUFUS H. GOUWS.* Stellenbosch, 127–147.

Moon, Rosamund (2016): Explaining Meaning in Learners' Dictionaries. In: Durkin, Philip (Hrsg.): *The Oxford Handbook of Lexicography.* Oxford/New York, 123–143.

Moon, Rosamund (1987): The Analysis of Meaning. In: Sinclair, John McHardy (ed.): *Looking up. An Account of the COBUILD Project.* London/Glashow, 86–103.

Morris, Lorna (2013): What Cultural Information can be taken from Example Sentences in Bilingual Dictionaries, and is it Useful? In: Botha, Willem/Mavoungou, Paul/Nkomo, Dion (Hrsg.): *Festschrift RUFUS H. GOUWS.* Stellenbosch, 148–154.

Möhrs, Christine (2016): *Syntagmatische Verwendungsmuster in einsprachigen deutschen Wörterbüchern.* (amades. Arbeiten und Materialien zur deutschen Sprache 50). Mannheim.

Möhrs, Christine (2011): Die typischen Verwendungen in elexiko. In: Klosa, Annette (Hrsg.): *elexiko. Erfahrungsberichte aus der lexikografischen Praxis eines Internetwörterbuchs.* (*Studien zur Deutschen Sprache* 55). Tübingen, 81–98.

Mugdan, Joachim (1992): Zur Typologie zweisprachiger Wörterbücher. In: Meder, Gregor/Dörner, Andreas (Hrsg.): *Worte, Wörter, Wörterbücher. Lexikographische Beiträge zum Essener Linguistischen Kolloquium*. (*Lexicographica. Series Maior* 42). Tübingen, 25–48.

Mugdan, Joachim (1992a): On the Typology of Bilingual Dictionaries. In: Hyldgaard-Jensen, Karl/Zettersten, Arne (Hrsg.): *Symposium on Lexicography V. Proceedings of the Fifth International Symposium on Lexicography May 3–5, 1990 at the University of Copenhagen*. (*Lexicographica. Series Maior* 43). Tübingen, 17–24.

Mugdan, Joachim (1985): Pläne für ein grammatisches Wörterbuch. Ein Werkstattbericht. In: Bergenholtz, Henning/Mugdan, Joachim (Hrsg.): *Lexikographie und Grammatik. Akten des Essener Kolloquiums zur Grammatik im Wörterbuch 28*. (*Lexicographica. Series Maior* 3). Tübingen, 187–224. (bes. Kapitel 5.3, 220–224)

Multhaup, Uwe (2002): Grammatikunterricht aus psycholinguistischer und informationsverarbeitender Sicht. In: Börner, Wolfgang/Vogel, Klaus (Hrsg.): *Grammatik und Fremdsprachenerwerb. Kognitive, psycholinguistische und erwerbstheoretische Perspektiven*. (*Tübinger Beiträge zur Linguistik* 462). Tübingen, 71–97.

Müller, Wolfgang (1984): Zur Praxis der Bedeutungserklärung (BE) in (einsprachigen) deutschen Wörterbüchern und die semantische Umkehrprobe. In: *Studien zur neuhochdeutschen Lexikographie V* (*Germanistische Linguistik* 3–6/84), 359–461. (bes. Kapitel 3.5, 382–383)

Munz, Regine (2007): Zum methodischen und inhaltlichen Status von Ludwig Wittgensteins Beispielgebrauch. In: Ruchatz, Jens/Willer, Stefan/Pethes, Nicolas (Hrsg.): *Das Beispiel. Epistemologie des Exemplarischen*. Berlin, 319–336.

Nagl, Ludwig (1990): Wittgenstein und die Postmoderne. In: Wallner, Fritz/Haselbach, Arne (Hrsg.): *Wittgensteins Einfluß auf die Kultur der Gegenwart*. (*Philosophica* 9). Wien, 53–69.

Nesi, Hilary (1996): The Role of Illustrative Examples in Productive Dictionary Use. In: *Dictionaries. Journal of the Dictionary Society of North America* 17, 198–206.

Neubauer, Fritz (2001): Wörterbücher. In: Helbig, Gerhard et al. (Hrsg.): *Deutsch als Fremdsprache. Ein internationales Handbuch*. 2. Halbbd. (*HSK* 19.2). Berlin/New York, 1061–1069.

Neubauer, Fritz (1998): Kompetenzbeispiele in LANGENSCHEIDTS GROSSWÖRTERBUCH DEUTSCH ALS FREMDSPRACHE. In: Wiegand, Herbert Ernst (Hrsg.): *Perspektiven der pädagogischen Lexikographie des Deutschen. Untersuchungen anhand von „Langenscheidts Großwörterbuch Deutsch als Fremdsprache"*. (*Lexicographica. Series Maior* 86). Tübingen, 247–255.

Neubauer, Fritz (1989): Vocabulary Control in the Definitions and Examples of Monolingual Dictionaries. In: Hausmann, Franz Josef et al. (Hrsg.): *Wörterbücher–Dictionaries–Dictionnaires. Ein internationales Handbuch zur Lexikographie*. 1. Teilbd. (*HSK* 5.1). Berlin/New York, 899–905.

Neubauer, Fritz (1985): Auf der Spur des "unbekannten Wesens": der DaF-Wörterbuchbenutzer. In: Zöfgen, Ekkehard (Hrsg.): *Wörterbücher und ihre Didaktik*. (*Bielefelder Beiträge zur Sprachlehrforschung. Zeitschrift zur Theorie und Praxis des gesteuerten Fremdsprachenerwerbs* 14). Bad Honnef/Zürich, 216–235.

Neubert, Albrecht (1996): Unterschiede zwischen ein- und mehrsprachigen Wörterbüchern aus der Sicht ihrer unterschiedlichen Zwecke. In: Barz, Irmhild/Schröder, Marianne (Hrsg.): *Das Lernerwörterbuch Deutsch als Fremdsprache in der Diskussion*. (*Sprache – Literatur und Geschichte. Studien zur Linguistik/Germanistik* 12). Heidelberg, 147–164.

Neubert, Albrecht (1994): Translatorische Relativität. In: Snell-Hornby (Hrsg.): *Übersetzungswissenschaft – eine Neuorientierung. Zur Integration von Theorie und Praxis*. 2., durchgesehene Auflage. Tübingen/Basel, 85–105.

Neubert, Albrecht (1992): Fact and Fiction of the Bilingual Dictionary. In: *EURALEX '90 Proceedings. Actas del IV Congreso Internacional*. Barcelona, 29–42.

Neubert, Albrecht (1991): *Die Wörter in der Übersetzung*. (*Sitzungsberichte der Sächsischen Akademie der Wissenschaften zu Leipzig. Philologisch-historische Klasse*. Bd. 131. H. 4.). Berlin.

Neubert, Albrecht (1986): *Dichtung und Wahrheit des zweisprachigen Wörterbuchs*. (*Sitzungsberichte der Sächsischen Akademie der Wissenschaften zu Leipzig. Philologisch-historische Klasse*. Bd. 126. H. 4.). Berlin.

Newell, Leonard E. (2000): Competency Versus Authority and Example Sentences in The Dictionary. In: *Lexicographica* 16, 8–13.

Nied Curcio, Martina (2013): Der Gebrauch zweisprachiger Wörterbücher aus der Sicht italienischer Germanistikstudierender. In: *Lexicographica* 29, 129–145.

Nied Curcio, Martina (2012): Die Valenz in der zweisprachigen Lexikographie Italienisch-Deutsch. Wohin führt der Weg? In: *Studi Germanici* 1/2012, 175–191. [Unter: <http://rivista.studigermanici.it/index.php/studigermanici/article/view/44/115>; letzter Zugriff: April 2016]

Nied Curcio, Martina (2011): Der Gebrauch von Wörterbüchern im DaF-Unterricht am Beispiel von Übersetzungsübungen. In: Katelhön, Peggy/Settinieri, Julia (Hrsg.): *Wortschatz, Wörterbücher und L2-Erwerb*. Wien, 191–215.

Nielsen, Sandro (2014): Example Sentences in Bilingual Specialised Dictionaries Assisting Communication in a Foreign Language. In: *Lexikos* 24, 198–213. [Unter: <http://lexikos.journals.ac.za/pub/article/view/1259/772>; letzter Zugriff: November 2014]

Nguyen, Dinh-Hoa (1980): Bicultural Information in a Bilingual Dictionary. In: Zgusta, Ladislav (Hrsg.): *Theory and Method in lexicography: Western and Non-western perspectives*. Columbia, 163–175.

Nikula, Henrik (1986): Wörterbuch und Kontext. Ein Beitrag zur Theorie des lexikalischen Beispiels. In: Weiss, Walter/Wiegand, Herbert Ernst/Reis, Marga (Hrsg.): *Kontroversen, alte und neue. Akten des VII. internationalen Germanisten-Kongresses, Göttingen 1985*. Bd. 3. Tübingen, 187–192.

Nübling, Damaris (2009): Zur lexikografischen Inszenierung von Geschlecht. Ein Streifzug durch die Einträge von *Frau* und *Mann* in neueren Wörterbüchern. In: *Zeitschrift für Germanistische Linguistik. Deutsche Sprache in Gegenwart und Geschichte* 37, H. 3, 593–633.

Ohler, Matthias (1990): Sprachphilosophie oder Sprachwissenschaft? Überlegungen zu einem ungleichen Paar. In: Wallner, Fritz/Haselbach, Arne (Hrsg.): *Wittgensteins Einfluß auf die Kultur der Gegenwart*. (Philosophica 9). Wien, 21–37.

Ottmers, Clemens (2007): *Rhetorik*. 2., aktualisierte und erweiterte Auflage. (*Sammlung Metzler* 283). Stuttgart/Weimar. (bes. Kapitel 1.3, 83–86)

Paepcke, Fritz (1971): Sprach-, text- und sachgemäßes Übersetzen. Ein Thesenentwurf. In: Bausch, Karl-Richard/Gauger, Hans-Martin (Hrsg.): *Interlinguistica. Sprachvergleich und Übersetzung. Festschrift zum 60. Geburtstag von Mario Wandruszka*. Tübingen, 610–616.

Palasaki, Vassiliki (2007): Das lexikographische Beispiel im Wörterbuch „DUDEN – das große Wörterbuch der deutschen Sprache" kritisch betrachtet. In: *Moderne Sprachen* 51, 123–135.

Pasch, Renate (1992): Es lebe das lexikographische Beispiel! (Probleme der lexikographischen Beschreibung wahrheitsfunktionaler Satzverknüpfer mit Kontextbeschränkungen). In: Brauße, Ursula/Viehweger, Dieter (Hrsg.): *Lexikontheorie und Wörterbuch. Wege der Verbindung von lexikologischer Forschung und lexikographischer Praxis*. (Lexicographica. Series Maior 44). Tübingen, 245–293.

Petkov, Pavel (2007): Zur Erfassung der lexikographischen Äquivalenzbeziehungen in zweisprachigen Wörterbüchern. In: *Lexicographica* 22, 95–102.

Petkov, Pavel (2001): Zum Problem der Äquivalenzbeziehung und der lexikographischen Lücke in zweisprachigen Wörterbüchern. In: Igla, Birgit/Petkov, Pavel/Wiegand, Herbert Ernst (Hrsg.): *Theoretische und praktische Probleme der Lexikographie. 1. internationales Kolloquium zur Wörterbuchforschung am Institut Germanicum der St. Kliment Ohridski-Universität Sofia, 7.–8. Juli 2000*. (Germanistische Linguistik 161–162). Zürich/New York, 73–81.

Pinkal, Manfred (1985): Kontextabhängigkeit, Vagheit, Mehrdeutigkeit. In: Schwarze, Christoph/Wunderlich, Dieter (Hrsg.): *Handbuch der Lexikologie*. Königstein, 27–63.
Piotrowski, Tadeusz (2015): A Theory of Lexicography – Is There One? In: Jackson, Howard (Hrsg.): *The Bloomsbury Companion to Lexicography*. London et al., 303–320.
Piotrowski, Tadeusz (2000): Examples: The Ragbag of Bilingual Lexicography? In: *Lexicographica* 16, 14–24.
Piotrowski, Tadeusz (1994): *Problems in bilingual lexicography*. Wrocław.
Piotrowski, Tadeusz (1989): Monolingual and Bilingual Dictionaries: Fundamental Differences. In: Tickoo, Makhan L. (Hrsg.): *Learners' Dictionaries: State of the Art*. (*Anthology Series* 23). Singapore, 72–83.
Porsch, Peter (2005): Frau im Wörterbuch. Das DUDEN-Universalwörterbuch 2003 als Fortsetzung eines Trivialromans. In: Fix, Ulla et al. (Hrsg.): *Zwischen Lexikon und Text. Lexikalische, stilistische und textlinguistische Aspekte*. (*Abhandlungen der Sächsischen Akademie der Wissenschaften zu Leipzig. Philologisch-historische Klasse*. Bd. 78. H. 4). Stuttgart/Leipzig, 358–365.
Potgieter, Liezl (2012): Example Sentences in Bilingual School Dictionaries. In: *Lexikos* 22, 261–271. [Unter: <http://lexikos.journals.ac.za/pub/article/view/1007/524>; letzter Zugriff: Oktober 2013]
Potter, Liz (1998): Setting a good example. What kind of examples best serve the users of learners' dictionaries? In: Fontenelle, Thierry et al. (Hrsg.): *Actes EURALEX '98 Proceedings*. Vol. 2. Liège, 357–362.
Pöll, Bernhard (2002): Syntaktische Variation im Demonstrationsteil: eine vergleichende Analyse spanischer *Lernerwörterbücher*. In: Pöll, Bernhard/Ollivier, Christian (Hrsg.): *Lernerlexikographie und Wortschatzerwerb im Fremdsprachenunterricht. Referate des gleichnamigen Workshops der 28. Jahrestagung Österreichischer Linguisten, Graz, 8.–10. 12. 2000*. Wien, 135–149.
Prinsloo, D. J. (2016): A Critical Analysis of Multilingual Dictionaries. In: *Lexikos* 26, 220–240. [Unter: <http://lexikos.journals.ac.za/pub/article/view/1351/834>; letzter Zugriff: Februar 2017]
Prinsloo, Daniel J. (2013): New developments in the selection of examples. In: Gouws, Rufus H. et al. (Hrsg.): *Dictionaries. An International Encyclopedia of Lexicography. Supplementary Volume: Recent Developments with Focus on Electronic and Computational Lexicography*. (*HSK* 5.4). Berlin/Boston, 509–516.
Prinsloo, Daniel J. (2013a): The utilization of bilingual corpora for the creation of bilingual dictionaries. In: Gouws, Rufus H. et al. (Hrsg.): *Dictionaries. An International Encyclopedia of Lexicography. Supplementary Volume: Recent Developments with Focus on Electronic and Computational Lexicography*. (*HSK* 5.4). Berlin/Boston, 1344–1356.
Prinsloo, D. J. (2009): The role of corpora in future dictionaries. In: Nielsen, Sando/Tarp, Sven (Hrsg.): *Lexicography in the 21st Century. In honour of Henning Bergenholtz*. (*Terminology and Lexicography Research and Practice* 12). Amsterdam/Philadelphia, 181–206.
Prinsloo, D. J./Gouws, R. H. (2000): The Use of Examples in Polyfunctional Dictionaries. In: *Lexikos* 10, 138–156. [Unter: <http://lexikos.journals.ac.za/pub/article/view/891/410>; letzter Zugriff: Oktober 2013]
Pruvost, Jean (2005): Le *Petit Larousse illustré* de juillet 1905. La richesse exploitable d'un dictionnaire richement exemplifié. In: Heinz, Michaela (Hrsg.): *L'exemple lexicographique dans les dictionnaires français contemporains. Actes des "Premières Journées allemandes des dictionnaires" (Klingenberg am Main, 25–27 juin 2004)*. (*Lexicographica. Series Maior* 128). Tübingen, 39–64.
Pusch, Luise F. (1983): „Sie sah zu ihm auf wie zu einem Gott." Das Duden-Bedeutungswörterbuch als Trivialroman. In: *Der Sprachdienst* 27, H. 9/10, 135–142.
Püschel, Ulrich (1981): Bedeutungserklärungen als Regel- und Sachbeschreibungen. In: *Studien zur neuhochdeutschen Lexikographie* I (*Germanistische Linguistik* 3–4/79), 123–138.

Radermacher, Ruth (2005): Les citations dans le *Trésor de la langue française*. In: Heinz, Michaela (Hrsg.): *L'exemple lexicographique dans les dictionnaires français contemporains. Actes des "Premières Journées allemandes des dictionnaires" (Klingenberg am Main, 25-27 juin 2004)*. (*Lexicographica. Series Maior* 128). Tübingen, 215–229.

Reder, Anna (2006): *Kollokationen in der Wortschatzarbeit*. Wien.

Reichmann, Oskar (1989): Lexikographische Einleitung. In: *Frühneuhochdeutsches Wörterbuch*. Hrsg. v. Anderson, Robert R./Goebel, Ulrich/Reichmann, Oskar. Bd. 1. Berlin/New York, 1–164.

Reichmann, Oskar (1988): Zur Funktion, zu einigen Typen und zur Auswahl von Beispielbelegen im historischen Bedeutungswörterbuch. In: Hyldgaard-Jensen, Karl/Zettersten, Arne (Hrsg.): *Symposium on Lexicography III. Proceedings of the Third International Symposium on Lexicography, May 14–16 1986 at the University of Copenhagen.* (*Lexicographica. Series Maior* 19). Tübingen, 413–444.

Reimann, Peter (1997): *Lernprozesse beim Wissenserwerb aus Beispielen. Analyse, Modellierung, Förderung*. Bern et al.

Reiß, Katharina/Vermeer, Hans J. (1991): *Grundlegung einer allgemeinen Translationstheorie*. 2. Auflage. (*Linguistische Arbeiten* 147). Tübingen.

Rettig, Heike (2014): *Zum Beispiel. Beispielverwendung in der verbalen Interaktion.* (*OraLingua* 6). Heidelberg.

Rettig, Heike (2012): *Beispielkommunikation. Formen und Funktionen der Beispielverwendung in der verbalen Interaktion*. [Unter: <http://kola.opus.hbz-nrw.de/volltexte/2012/756/pdf/Dissertation_Rettig_Bibliotheksdatei.pdf>; letzter Zugriff: März 2015]

Rettig, Wolfgang (1985): Die zweisprachige Lexikographie Französisch-Deutsch, Deutsch-Französisch. Stand, Probleme, Aufgaben. In: *Lexicographica* 1, 83–124.

Rey-Debove, Josette (2005): Status et fonction de l'exemple dans l'économie du dictionnaire. In: Heinz, Michaela (Hrsg.): *L'exemple lexicographique dans les dictionnaires français contemporains. Actes des "Premières Journées allemandes des dictionnaires" (Klingenberg am Main, 25–27 juin 2004)*. (*Lexicographica. Series Maior* 128). Tübingen, 15–20.

Rézeau, Pierre (2005): Exemples linguistiques vs exemples encyclopédiques dans les dictionnaires de régionalismes et le *Dictionnaire des noms de cépages de France*. In: Heinz, Michaela (Hrsg.): *L'exemple lexicographique dans les dictionnaires français contemporains. Actes des "Premières Journées allemandes des dictionnaires" (Klingenberg am Main, 25–27 juin 2004)*. (*Lexicographica. Series Maior* 128). Tübingen, 81–94.

Ripfel, Martha (1989): Ergebnisse einer Befragung zur Benutzung ein- und zweisprachigen Wörterbücher. In: *Lexicographica* 5, 178–201.

Römer, Ruth (1973): Grammatiken, fast lustig zu lesen. In: *Linguistische Berichte* 28, 71–79.

Rossenbeck, Klaus (2006): Die zweisprachige Fachlexikographie in der neueren und neuesten Wörterbuchforschung. In: *Lexicographica* 21, 179–201.

Rothe, Ulrike (2001): *Das einsprachige Wörterbuch in seinem soziokulturellen Kontext. Gesellschaftliche und sprachwissenschaftliche Aspekte in der Lexikographie des Englischen und des Französischen.* (*Lexicographica. Series Maior* 108). Tübingen.

Rothenhöfer, Andreas (2013): New developments in learner's dictionaries II: German. In: Gouws, Rufus H. et al. (Hrsg.): *Dictionaries. An International Encyclopedia of Lexicography. Supplementary Volume: Recent Developments with Focus on Electronic and Computational Lexicography*. (*HSK* 5.4). Berlin/Boston, 414–425.

Rothenhöfer, Andreas (2004): *Struktur und Funktion im einsprachigen Lernerwörterbuch. Das de Gruyter Wörterbuch Deutsch als Fremdsprache und Langenscheidts Großwörterbuch Deutsch als Fremdsprache im Vergleich.* (*Germanistische Linguistik* 177). Hildesheim/Zürich/New York.

Rundell, Michael (2015): From Print to Digital: Implications for Dictionary Policy and Lexicographic Conventions. In: *Lexikos* 25, 301–322. [Unter: <http://lexikos.journals.ac.za/pub/article/view/1301/808>; letzter Zugriff: April 2016]

Rundell, Michael (2006): More than One Way to Skin a Cat: Why Full-Sentence Definitions Have not Been Universally Adopted. In: Corino, Elisa/Marello, Carla/Onesti, Cristina (Hrsg.): *Proceedings XII Euralex International Congress Torino, Italia, September 6th–9th 2006*. Vol. I. Alessandria, 323–337.

Rundell, Michael (1998). Recent Trends in English Pedagogical Lexicography. In: *International Journal of Lexicography* 11, No. 4, 315–342. [Unter: <https://doi.org/10.1093/ijl/11.4.315>; letzter Zugriff: September 2015]

Rundell, Michael/Atkins, Beryl T. Sue (2013): Criteria for the design of corpora monolingual lexicography. In: Gouws, Rufus H. et al. (Hrsg.): *Dictionaries. An International Encyclopedia of Lexicography. Supplementary Volume: Recent Developments with Focus on Electronic and Computational Lexicography*. (*HSK* 5.4). Berlin/Boston, 1336–1343.

Runte, Maren (2015): *Lernerlexikographie und Wortschatzerwerb*. (*Lexicographica. Series Maior* 150). Berlin/Boston.

Sacksteder, William (1964): Beispiele. In: *Ratio* 6, H. 2, 93–104.

Saphou-Bivigat, Gilles (2013): The Role and Function of Illustrative Material in the Planning of an Encyclopaedic Dictionary of Yilumbu. In: Botha, Willem/Mavoungou, Paul/Nkomo, Dion (Hrsg.): *Festschrift RUFUS H. GOUWS*. Stellenbosch, 212–226.

Schaeder, Burkhard (1981): *Lexikographie als Praxis und Theorie*. (*Reihe Germanistische Linguistik* 34). Tübingen.

Schafroth, Elmar (2011): Syntagmatische Kontexte in pädagogischen Wörterbüchern des Deutschen und Italienischen. In: Bosco, Sandra/Costa, Marcella/Eichinger, Ludwig M. (Hrsg.): *Deutsch–Italienisch: Sprachvergleiche/Tedesco–Italiano: confronti linguistici*. Heidelberg, 67–91.

Schafroth, Elmar (2002): Die Grammatik der Verben im DE GRUYTER WÖRTERBUCH DEUTSCH ALS FREMDSPRACHE. In: Wiegand, Herbert Ernst (Hrsg.): *Perspektiven der pädagogischen Lexikographie des Deutschen II. Untersuchungen anhand der „de Gruyter Wörterbuchs Deutsch als Fremdsprache"*. (*Lexicographica. Series Maior* 110). Tübingen, 57–74.

Scheibe, Wolfgang/Henningsen, Jürgen (1970): Beispiel. In: Horney, Walter/Ruppert, Johann Peter/Schultze, Walter (Hrsg.): *Pädagogisches Lexikon in zwei Bänden*. Bd. 1, A–J. Gütersloh, 276–278.

Schierholz, Stefan J. (2012): Welches Corpus für welche Untersuchung? In: Grucza, Franciszek (Hrsg.): *Akten des XII. Internationalen Germanistenkongresses Warschau 2010. Vielheit und Einheit der Germanistik weltweit*. (*Publikationen der Internationalen Vereinigung für Germanistik* 15). Frankfurt am Main et al., 313–321.

Schierholz, Stefan J. (2008): Corpusbasierte Operationalisierungsstrategien zur Bestimmung von Valenzpartnern. In: Valentin, Jean-Marie (Hrsg.): *Akten des XI. Internationalen Germanistenkongresses Paris 2005 „Germanistik im Konflikt der Kulturen"*. Bd. 4. (*Jahrbuch für Internationale Germanistik. Reihe A. Kongressberichte* 80). Bern et al., 37–48.

Schierholz, Stefan J. (2008a): Einige grundlegende Überlegungen zur Corpuslinguistik. In: Lenz, Friedrich/Schierholz, Stefan J. (Hrsg.): *Corpuslinguistik in Lexik und Grammatik*. 2. Auflage. Tübingen, 1–14.

Schierholz, Stefan J. (2005): Empirische Methoden in der bilingualen Lexikographie. In: Barz, Irmhild/Bergenholtz, Henning/Korhonen, Jarmo (Hrsg.): *Schreiben, Verstehen, Übersetzen, Lernen. Zu ein- und zweisprachigen Wörterbüchern mit Deutsch*. (*Finnische Beiträge zur Germanistik* 14). Frankfurt am Main et al., 81–91.

Schierholz, Stefan J. (2004): Die pädagogische Lexikographie. Eine vergleichende Studie zu den Lernerwörterbüchern des Deutschen. In: *Estudios Filológicos Alemanes* 4, 41–60.

Schierholz, Stefan J. (2001): *Präpositionalattribute. Syntaktische und semantische Analysen. (Linguistische Arbeiten* 447). Tübingen. (bes. Kapitel 2.4, 57–66)

Schierholz, Stefan J. (1998): Die Grammatik der Substantive in LANGENSCHEIDTS GROSSWÖRTERBUCH DEUTSCH ALS FREMDSPRACHE. In: Wiegand, Herbert Ernst (Hrsg.): *Perspektiven der pädagogischen Lexikographie des Deutschen. Untersuchungen anhand von „Langenscheidts Großwörterbuch Deutsch als Fremdsprache". (Lexicographica. Series Maior* 86). Tübingen, 88–103.

Schlaefer, Michael (2009): *Lexikologie und Lexikographie. Eine Einführung am Beispiel deutscher Wörterbücher*. 2., durchgesehene Auflage. (*Grundlagen der Germanistik* 40). Berlin.

Schlaefer, Michael (1990): Praktische Fragen der Beleglexikographie am Beispiel des deutschen Wörterbuchs von Jacob und Wilhelm Grimm. In: Schützeichel, Rudolf/Seidensticker, Peter (Hrsg.): *Wörter und Namen. Aktuelle Lexikographie. Symposium Schloß Rauischholzhausen 25.–27.9.1987*. Marburg, 139–154.

Schmidt, Hartmut (1986): *Wörterbuchprobleme. Untersuchungen zu konzeptionellen Fragen der historischen Lexikographie*. (*Reihe Germanistische Linguistik* 65). Tübingen.

Schnorr, Veronika (1992): Lexikographie zwischen Theorie und Praxis. In: Hyldgaard-Jensen, Karl/Zettersten, Arne (Hrsg.): *Symposium on Lexicography V. Proceedings of the Fifth International Symposium on Lexicography May 3–5, 1990 at the University of Copenhagen. (Lexicographica. Series Maior* 43). Tübingen, 411–413.

Schnorr, Veronika (1986): Translation Equivalent and/or Explanation? The Perennial Problem of Equivalence. In: *Lexicographica* 2, 53–60.

Schnörch, Ulrich/Storjohann, Petra (2012): Ein Korpus als Garant zuverlässiger lexikografischer Informationen? Eine vergleichende Stichprobenuntersuchung. In: Vatvedt Fjeld, Ruth/Torjusen, Julie Matilde (Hrsg.). *Proceedings of the 15th EURALEX International Congress, 7–11 August 2012, Oslo*. Oslo, 310–322.

Scholze-Stubenrecht, Werner (2001): Das Internet und die korpusgestützte praktische Lexikographie. In: Korhonen, Jarmo (Hrsg.): *Von der mono- zur bilingualen Lexikografie für das Deutsche. (Finnische Beiträge zur Germanistik* 6). Frankfurt am Main et al., 43–64.

Scholze-Stubenrecht, Werner (1995): Äquivalenzprobleme im zweisprachigen Wörterbuch. Ein Erfahrungsbericht. In: *Studien zur zweisprachigen Lexikographie mit Deutsch II (Germanistische Linguistik* 127–128), 1–16.

Schreyer, Rüdiger (2000): Illustrations of Authority Quotations in SAMUEL JOHNSON'S DICTIONARY OF THE ENGLISH LANGUAGE (1755). In: *Lexicographica* 16, 58–103.

Schumacher, Helmut (2006): Deutschsprachige Valenzwörterbücher. In: Ágel, Vilmos et al. (Hrsg.): *Dependenz und Valenz/Dependency and Valency. Ein internationales Handbuch der zeitgenössischen Forschung*. 2. Halbbd. (*HSK* 25.2). Berlin/New York, 1396–1424.

Schumacher, Helmut (2006a): Kontrastive zweisprachige Valenzwörterbücher. In: Ágel, Vilmos et al. (Hrsg.): *Dependenz und Valenz/Dependency and Valency. Ein internationales Handbuch der zeitgenössischen Forschung*. 2. Halbbd. (*HSK* 25.2). Berlin/New York, 1435–1446.

Schumacher, Helmut (1995): Kontrastive Valenzlexikographie. In: Popp, Heidrun (Hrsg.): *Deutsch als Fremdsprache. An den Quellen eines Faches. Festschrift für Gerhard Helbig zum 65. Geburtstag*. München, 287–315.

Schumacher, Helmut (1977): Zur Konzeption eines Valenzwörterbuchs der Verben auf semantischer Basis. In: *Kopenhagener Beiträge zur germanistischen Linguistik* 12, 19–36.

Ščerba, L. V. (1982): Versuch einer allgemeinen Theorie der Lexikographie. In: Wolski, Werner (Hrsg.): *Aspekte der sowjetrussischen Lexikographie. Übersetzungen, Abstracts, bibliographische Angaben*. (*Reihe Germanistische Linguistik* 43). Tübingen, 17–62. [Zuerst veröffentlicht als „Opyt obščej teorii leksikografii" in: *Leksikografičeskij Sbornik*, H. III, (1940), 89–117.]

Segler, Thomas M. (2007): *Investigating the Selection of Example Sentences for Unknown Target Words in ICALL Reading Texts for L2 German.* [Unter: <http://www.era.lib.ed.ac.uk/bitstream/1842/1750/3/Segler%20TM%20thesis%2007.pdf>; letzter Zugriff: April 2015]

Siepmann, Dirk (2007): Collocations and Examples: Their Relationship and Treatment in a New Corpus-based Lerarner's Dictionary. In: *Zeitschrift für Anglistik und Amerikanistik* 55, H. 3, 235–260.

Simpson, John (2003): The production and use of occurrence examples. In: van Sterkenburg, Piet (Hrsg.): *A Practical Guide to Lexicography. (Terminology and Lexicography Research and Practice* 6). Amsterdam/Philadelphia, 260–272.

Sinclair, John (1984): Naturalness in Language. In: Aarts, Jan/Meils, Willem (Hrsg.): *Corpus Linguistics. Recent Developments in the Use of Computer Corpora in English Language Research. (Costerus New Series* 45). Amsterdam, 203–210.

Snell-Hornby (1999): Wörterbücher. In: Snell-Hornby, Mary et al. (Hrsg.): *Handbuch Translation.* 2., verbesserte Auflage. Tübingen, 181–184.

Snell-Hornby (1984): The Bilingual Dictionary – Help or Hindrance? In: Hartmann, R. R. K. (Hrsg.): *LEXeter '83 Proceedings. Papers from the International Conference on Lexicography at Exeter, 9–12 September 1983.* (*Lexikographica. Series Maior* 1). Tübingen, 274–281.

Stein, Gabriele (1999): Exemplification in EFL dictionaries. In: Herbst, Thomas/Popp, Kersin (Hrsg.): *The Perfect Learner's Dictionary (?).* Tübingen, 45–70.

Stein, Gabriele (1990): From the Bilingual to the Monolingual Dictionary. In: Magay, T./Zigány, J. (Hrsg.): *BudaLEX '88 Proceedings. Papers from the 3rd International EURALEX Congress, Budapest, 4–9 September 1988.* Budapest, 401–407.

Steinbügl, Birgit (2005): *Deutsch-englische Kollokationen. Erfassung in zweisprachigen Wörterbüchern und Grenzen der korpusbasierten Analyse.* (*Lexikographica. Series Maior* 126). Tübingen.

Steiner, Roger J. (1986): How Many Languages Should a ‚Bilingual' Dictionary Offer? In: *Lexicographica* 2, 85–92.

Stenzel, Julius (1964): *Philosophie der Sprache.* München. [Unveränderter reprografischer Nachdruck der Ausgabe 1934, München/Berlin.]

Steyer, Kathrin (2000): Usuelle Wortverbindungen des Deutschen: Linguistisches Konzept und lexikografische Möglichkeiten. In: *Deutsche Sprache* 28, 101–125.

Stolze, Radegundis (2011): *Übersetzungstheorien. Eine Einführung.* 6., überarbeitete und erweiterte Auflage. Tübingen.

Storjohann, Petra (2005): Semantische Paraphrasen und Kurzetikettierungen. In: Haß, Ulrike (Hrsg.): *Grundfragen der elektronischen Lexikographie. elexiko – das Online-Informationssystem zum deutschen Wortschatz.* (*Schriften des Instituts für Deutsche Sprache* 12). Berlin/New York, 182–203.

Svensén, Bo (2009). *A Handbook of lexicography. The Theory and Practice of Dictionary-Making.* Cambridge et al.

Szende, Thomas (1999): Problems of Exemplification in Bilingual Dictionaries. In: *Lexicographica* 15, 198–228.

Tarp, Sven (2013): New developments in learner's dictionaries III: Bilingual learner's dictionaries. In: Gouws, Rufus H. et al. (Hrsg.): *Dictionaries. An International Encyclopedia of Lexicography. Supplementary Volume: Recent Developments with Focus on Electronic and Computational Lexicography.* (*HSK* 5.4). Berlin/Boston, 425–431.

Tarp, Sven (2011): Pedagogical Lexicography: Towards a New and Strict Typology Corresponding to the Present State-of-the-Art. In: *Lexikos* 21, 217–231. [Unter: <http://lexikos.journals.ac.za/pub/article/view/44/52>; letzter Zugriff: Januar 2014]

Tarp, Sven (2009): The foundation of a theory of learners' dictionaries. In: *Lexicographica* 25, 155–168.

Tarp, Sven (2009a): Beyond Lexicography: New Visions and Challenges in the Information Age. In: Bergenholtz, Henning/Nielsen, Sandro/Tarp, Sven (Hrsg.): *Lexicography at a Crossroads. Dictionaries and Encyclopedias Today, Lexicographical Tools Tomorrow.* (*Linguistic Insights* 90). Bern et al.

Tarp, Sven (2005): The concept of a bilingual dictionary. In: Barz, Irmhild/Bergenholtz, Henning/Korhonen, Jarmo (Hrsg.): *Schreiben, Verstehen, Übersetzen, Lernen. Zu ein- und zweisprachigen Wörterbüchern mit Deutsch.* (*Finnische Beiträge zur Germanistik* 14). Frankfurt am Main et al., 27–41.

Tarp, Sven (2004): How Can Dictionaries Assist Translators? In: Chan, Sin-wai (eds.): *Translation and Bilingual Dictionaries.* (*Lexicographica. Series Maior* 119). Tübingen, 23–38.

Tarp, Sven (2004a): Basic Problems of Learner's Lexicography. In: *Lexikos* 14, 222–252. [Unter: <http://lexikos.journals.ac.za/pub/article/view/691/290>; letzter Zugriff: November 2014]

Tarp, Sven (2004b): Reflections on Dictionaries Designed to Assist Users with Text Production in a Foreign Language. In: *Lexikos* 14, 299–325. [Unter: http://lexikos.journals.ac.za/pub/article/view/695/294>; letzter Zugriff: November 2014]

Tarp, Sven (1995): Wörterbuchfunktionen: Utopische und realistische Vorschläge für die bilinguale Lexikographie. In: *Studien zur zweisprachigen Lexikographie mit Deutsch* II (*Germanistische Linguistik* 127–128), 17–61.

Teubert, Wolfgang (2002): The role of parallel corpora in translation and multilingual lexicography. In: Altenberg, Bengt/Granger, Sylviane (Hrsg.): *Lexis in Contrast. Corpus-based approaches.* (*Studies in Corpus Linguistics* 7). Amsterdam/Philadelphia, 189–214.

Tetet, Christiane (2005): Les citations dans le *Dictionnaire historique du sport au féminin* (DHSF). In: Heinz, Michaela (Hrsg.): *L'exemple lexicographique dans les dictionnaires français contemporains. Actes des "Premières Journées allemandes des dictionnaires" (Klingenberg am Main, 25–27 juin 2004).* (*Lexicographica. Series Maior* 128). Tübingen, 231–246.

Thibault, André (2005): Exemples linguistiques vs exemples métalinguistiques dans le *Dictionnaire suisse romand* et le *Dictionnaire des régionalismes de France.* In: Heinz, Michaela (Hrsg.): *L'exemple lexicographique dans les dictionnaires français contemporains. Actes des "Premières Journées allemandes des dictionnaires" (Klingenberg am Main, 25–27 juin 2004).* (*Lexicographica. Series Maior* 128). Tübingen, 95–113.

Thurmair, Maria (2010): Grammatikwissen und Fremdsprachenerwerb: wer, was und wozu? In: Habermann, Mechthild (Hrsg.): *Grammatik wozu? Vom Nutzen des Grammatikwissens in Alltag und Schule.* (*Thema Deutsch* 11). Mannheim/Zürich, 357–370. (bes. Kapitel 2.3, 361–362)

Thußbas, Claudia/Chourdakis, Dimitrios (2002): Wie unterschiedlich sollten Beispiele sein? In: *Zeitschrift für Pädagogische Psychologie* 16, H. 2, 117–123.

Tiedemann, Jörg (2013): Tools for lexicographic use of parallel and comparable corpora. In: Gouws, Rufus H. et al. (Hrsg.): *Dictionaries. An International Encyclopedia of Lexicography. Supplementary Volume: Recent Developments with Focus on Electronic and Computational Lexicography.* (*HSK* 5.4). Berlin/Boston, 1433–1444.

Tomaszczyk, Jerzy (1983): The case for bilingual dictionaries for foreign language learners. In: Hartmann, R. R. K. (Ed.): *Lexicography: Principles and Practice.* London et al., 41–51.

Toope, Michael (1996): *Examples in the Bilingual Dictionary.* Ottawa. [Unter: <https://ruor.uottawa.ca/bitstream/10393/9942/1/MM15769.PDF>; letzter Zugriff: November 2016; eine unveröffentlichte Abschlussarbeit]

Töpel, Antje (2014): Methoden zur Erstellung von Bedeutungsparaphraseangaben. In: *Lexicographica* 30, 291–319.

Töpel, Antje (2011): Die semantische Paraphrase in *elexiko*. In: Klosa, Annette (Hrsg.): *elexiko. Erfahrungsberichte aus der lexikografischen Praxis eines Internetwörterbuchs.* (*Studien zur Deutschen Sprache* 55). Tübingen, 27–48.

Ueding, Gert/Steinbrink, Bernd (2011): *Grundriß der Rhetorik. Geschichte, Technik, Methode*. 5., aktualisierte Auflage. Stuttgart/Weimar. (bes. Kapitel C.III.3.b3, 268–269)

Ueding, Gert/Steinbrink, Bernd (1986): *Grundriß der Rhetorik. Geschichte, Technik, Methode*. 2. Auflage. Stuttgart. (bes. Kapitel D.III.3.b3, 248–250)

Vermeer, Hans J. (1989): Wörterbücher als Hilfsmittel für unterschiedliche Typen der Translation. In: Hausmann, Franz Josef et al. (Hrsg.): *Wörterbücher–Dictionaries –Dictionnaires. Ein internationales Handbuch zur Lexikographie*. 1.Teilbd. (*HSK* 5.1). Berlin/New York, 171–174.

Viehweger, Dieter (1988): Kollokationen im Lexikon und deren Darstellung im Wörterbuch. In: Hyldgaard-Jensen, Karl/Zettersten, Arne (Hrsg.): *Symposium on Lexicography III. Proceedings of the Third International Symposium on Lexicography May 14–16, 1986 at the University of Copenhagen. (Lexicographica. Series Maior* 19). Tübingen, 107–135.

Viehweger, Dieter (1982): Semantiktheorie und praktische Lexikographie. In: *Zeitschrift für Germanistik* 2/1982, 143–155.

Vlachov, Sergey I. (1990): Uchastie illyustrativnogo materiala v semantisacii ischodnoy slovarnoy edinicy. In: Magay, T./Zigány, J. (eds.): *BudaLEX '88 Proceedings. Papers from the 3rd International EURALEX Congress, Budapest, 4–9 September 1988*. Budapest, 75–81.

Vrbinc, Alenka/Vrbinc, Marjeta (2016): Illustrative Examples in a Bilingual Decoding Dictionary: An (Un)necessary Component? In: *Lexikos* 26, 296–310. [Unter: <http://lexikos.journals.ac.za/pub/article/view/1348>; letzter Zugriff: Dezember 2016]

Weinrich, Harald (1976): Die Wahrheit der Wörterbücher. In: *Probleme der Lexikologie und Lexikographie. Jahrbuch 1975 des Instituts für deutsche Sprache. (Sprache der Gegenwart* 39). Düsseldorf, 347–371.

Weinrich, Harald (1975): Präsuppositionen in Sätzen und Beispielsätzen. In: Weinrich, Harald (Hrsg.): *Positionen der Negativität. (Poetik und Hermeneutik. Arbeitsergebnisse einer Forschungsgruppe* VI). München, 439–440.

Wellershoff, Dieter (1975): Zur Frage der linguistischen Beispielsätze. In: Weinrich, Harald (Hrsg.): *Positionen der Negativität. (Poetik und Hermeneutik. Arbeitsergebnisse einer Forschungsgruppe* VI). München, 437.

Wellmann, Hans (2001): Die Sprache der Definitionen, insbesondere ihre Syntax. Ein Plädoyer für die stärkere Vernetzung der Definitionen mit ihrer „Umgebung" im Wörterbuch und ein Beitrag zur Metakritik der Lexikographie. In: Korhonen, Jarmo (Hrsg.): *Von der mono- zur bilingualen Lexikografie für das Deutsche. (Finnische Beiträge zur Germanistik* 6). Frankfurt am Main et al., 181–198.

Wellmann, Hans (1996): Das Wörterbuch als Grammatik? In: Barz, Irmhild/Schröder, Marianne (Hrsg.): *Das Lernerwörterbuch Deutsch als Fremdsprache in der Diskussion. (Sprache – Literatur und Geschichte. Studien zur Linguistik/Germanistik* 12). Heidelberg, 219–241.

Werner, Reinhold (1999): Das Problem der Äquivalenz im zwei- und mehrsprachigen Fachwörterbuch. In: Hoffmann, Lothar/Kalverkämper, Hartwig/Wiegand, Herbert Ernst (Hrsg.): *Fachsprachen. Ein internationales Handbuch zur Fachsprachenforschung und Terminologiewissenschaft*. 2. Teilbd. (*HSK* 14.2). Berlin/New York, 1853–1884.

Werner, Reinhold (1991): Die Markierungen im zweisprachigen Wörterbuch. In: Hausmann, Franz Josef et al. (Hrsg.): *Wörterbücher–Dictionaries–Dictionnaires. Ein internationales Handbuch zur Lexikographie*. 3. Teilbd. (*HSK* 5.3). Berlin/New York, 2796–2803.

Werner, Reinhold (1990): Rezension von: Studien zur neuhochdeutschen Lexikographie. Hrsg. von Herbert Ernst Wiegand. Bände V und VI (2 Teilbände). (Germanistische Linguistik, Bde. 3–6/84, 84–86 1986, 87–90 1986). Hildesheim, Zürich, New York: Georg Olms Verlag 1984–1988. XXII, 461, XXXVIII, 917 (1–389, 390–917) S. In: *Lexicographica* 6, 267–284.

Werner, Reinhold (1986): Zum Stand der zweisprachigen Lexikographie Deutsch-Spanisch, Spanisch-Deutsch. In: *Lexicographica* 2, 127–161.

Werner, Reinhold/Chuchuy, Claudio (1992): ¿Qué son los equivalentes en el diccionario bilingüe? In: Wotjak, Gerd (Hrsg.): *Estudios de lexicología y metalexicografía del español actual*. (*Lexicographica. Series Maior* 47). Tübingen, 99–107.

Whitcut, Janet (1995): Taking It For Granted: Some Cultural Preconceptions in English Dictionaries. In: Kachru, Braj B./Kahane, Henry (Hrsg.): *Cultures, Ideologies, and the Dictionary. Studies in Honor of Ladislav Zgusta*. (*Lexicographica. Series Maior* 64). Tübingen, 253–257.

Whitcut, Janet (1984): Sexism in Dictionaries. In: Hartmann, R. R. K. (Hrsg.): *LEXeter '83 Proceedings. Papers from the International Conference on Lexicography at Exeter, 9–12 September 1983*. (*Lexikographica. Series Maior* 1). Tübingen, 141–144.

Wiegand, Herbert Ernst (2014): Kotextspezifische Semantik, Pragmatik und Wörterbuchform. Glossate in einsprachigen Wörterbüchern. In: *Lexicographica* 30, 379–487.

Wiegand, Herbert Ernst (2011): Adressierung in der ein- und zweisprachigen Lexikographie. Eine zusammenfassende Darstellung. In: Kürschner, Wilfried (Hrsg.): *Miscellanea Linguistica. Arbeiten zur Sprachwissenschaft*. (*LITTERA. Studies in Language and Literature* 3). Frankfurt am Main et al., 109–234.

Wiegand, Herbert Ernst (2010): Zur Methodologie der Systematischen Wörterbuchforschung: Ausgewählte Untersuchungs- und Darstellungsmethoden für die Wörterbuchform. In: *Lexicographica* 26, 249–330.

Wiegand, Herbert Ernst (2010a): Makro- und mikrostrukturelle Präsentationsprobleme bei Phrasemen in allgemeinen einsprachigen Wörterbüchern. Vorschläge für ihre Lösung. In: Ďurčo, Peter (Hrsg.): *Feste Wortverbindungen und Lexikographie. Kolloquium zur Lexikographie und Wörterbuchforschung*. (*Lexicographica. Series Maior* 138). Berlin/New York, 161–180.

Wiegand, Herbert Ernst (2010b): Semantik, Pragmatik und Wörterbuchform in einsprachigen Wörterbüchern. In: *Zeitschrift für Germanistische Linguistik* 38, H. 3, 405–441.

Wiegand, Herbert Ernst (2008): Wörterbuchbenutzung bei der Übersetzung. Möglichkeiten ihrer Erforschung. In: Jesenšek, Vida/Lipavic Oštir, Alja (Hrsg.): *Wörterbuch und Übersetzung. 4. Internationales Kolloquium zur Lexikographie und Wörterbuchforschung. Universität Maribor. 20.–22. Oktober 2006*. (*Germanistische Linguistik* 195–196). Hildesheim/Zürich/New York, 1–43.

Wiegand, Herbert Ernst (2006): Angaben, funktionale Angabezusätze, Angabetexte, Angabestrukturen, Strukturanzeiger, Kommentare und mehr. Ein Beitrag zur Theorie der Wörterbuchform. In: *Lexicographica* 21, 202–379.

Wiegand, Herbert Ernst (2005): Äquivalentpräsentation und Wörterbuchfunktionen in zweisprachigen Printwörterbüchern. Mit einem Seitenblick auf die so genannte „moderne lexikographische Funktionslehre". In: Igla, Birgit/Petkov, Pavel/Wiegand, Herbert Ernst (Hrsg.): *Kontrastive Lexikologie und zweisprachige Lexikographie. 2. Internationales Kolloquium zur Wörterbuchforschung. St. Kliment Ohridski-Universität Sofia. 18.–19. Oktober 2002*. (*Germanistische Linguistik* 179). Hildesheim/Zürich/New York, 1–38.

Wiegand, Hernert Ernst (2005a): Äquivalenz, Äquivalentdifferenzierung und Äquivalentpräsentation in zweisprachigen Wörterbüchern. Eine neue einheitliche Konzeption. In: Gottlieb, Henrik/Mogensen, Jens Erik/Zettersten, Arne (Hrsg.): *Symposium on Lexicography XI. Proceedings of the Eleventh International Symposium on Lexicography May 2–4, 2002 at the University of Copenhagen*. (*Lexicographica. Series Maior* 115). Tübingen, 17–57.

Wiegand, Hernert Ernst (2005b): Zur lexikografischen Beschreibung nennlexikalischer äquivalenter Wortschatzeinheiten. In: Steffens, Doris (Hrsg.): *Wortschatzeinheiten. Aspekte ihrer (Be)schreibung. Dieter Herberg zum 65. Geburtstag*. (*amades: Arbeitspapiere und Materialien zur deutschen Sprache* 1/05). Mannheim, 43–75.

Wiegand, Herbert Ernst (2003): On the Lexicographical Description of Equivalent Open Class Expressions. In: *Lexikos* 13, 38–64. [Unter: <http://lexikos.journals. ac.za/pub/article/view/721>; letzter Zugriff: Oktober 2013]

Wiegand, Herbert Ernst (2003a): Überlegungen zur Typologie von Wörterbuchartikeln in Printwörterbüchern. Ein Beitrag zur Theorie der Wörterbuchform. In: *Lexicographica* 19, 168–313.

Wiegand, Herbert Ernst (2002): Vorwort. In: Wiegand, Herbert Ernst (Hrsg.): *Perspektiven der pädagogischen Lexikographie des Deutschen II. Untersuchungen anhand des „de Gruyter Wörterbuchs Deutsch als Fremdsprache". (Lexicographica. Series Maior* 110). Tübingen, IX–XI.

Wiegand, Herbert Ernst (2002a): Zur Äquivalenz in der zweisprachigen Lexikographie. Kritik und Vorschläge. In: *Studien zur zweisprachigen Lexikographie mit Deutsch* VIII (*Germanistische Linguistik* 166), 93–110.

Wiegand, Herbert Ernst (2002b): Adressierung in zweisprachigen Printwörterbüchern. In: *Studien zur zweisprachigen Lexikographie mit Deutsch* VIII (*Germanistische Linguistik* 166), 111–175.

Wiegand, Herbert Ernst (2001): Was eigentlich sind Wörterbuchfunktionen? Kritische Anmerkungen zur neueren und neusten Wörterbuchforschung. In: *Lexicographica* 17, 217–248.

Wiegand, Herbert Ernst (2000): Adressierung in der ein- und zweisprachigen Lexikographie. Eine einführende Übersicht über die Forschungs- und Problemlage. In: *Lexikos* 10, 32–74. [Unter: <http://www.ajol.info/index.php/lex/article/view/51264/39935>; letzter Zugriff: März 2014]

Wiegand, Herbert Ernst (2000a): Über Suchbereiche, Suchzonen und ihre textuellen Strukturen in Printwörterbüchern. Ein Beitrag zur Theorie der Wörterbuchform. In: Wiegand, Herbert Ernst (Hrsg.): *Wörterbücher in der Diskussion IV. Vorträge aus dem Heidelberger Lexikographischen Kolloquium. (Lexicographica. Series Maior* 100). Tübingen, 233–301.

Wiegand, Herbert Ernst (2000b): Was ist eigentlich ein Lemma? Ein Beitrag zur Theorie der lexikographischen Sprachbeschreibung. In: Kammerer, Matthias/Wolski, Werner (Hrsg.): *Herbert Ernst Wiegand. Kleine Schriften. Eine Auswahl aus den Jahren 1970 bis 1999 in zwei Bänden.* Bd. 1: 1970–1988. Berlin/New York, 458–511. [Zuerst veröffentlicht in: *Studien zur neuhochdeutschen Lexikographie* III (*Germanistische Linguistik* 1–4/82) (1983), 401–474.]

Wiegand, Herbert Ernst (2000c): Mit Wittgenstein über die Wortbedeutung nachdenken. Gebrauch? Regel des Gebrauchs? Ein Etwas im Kopf? In: Kammerer, Matthias/Wolski, Werner (Hrsg.): *Herbert Ernst Wiegand. Kleine Schriften. Eine Auswahl aus den Jahren 1970 bis 1999 in zwei Bänden.* Bd. 2: 1988–1999. Berlin/New York, 1507–1552. [Zuerst veröffentlicht in: Wiegand, Herbert Ernst (Hrsg.) (1999): *Sprache und Sprachen in den Wissenschaften. Geschichte und Gegenwart. Festschrift für Walter de Gruyter & Co. anläßlich einer 250jährigen Verlagstradition.* Berlin/New Work, 404–461.]

Wiegand, Herbert Ernst (1999): Artikel einsprachiger Lernerwörterbücher, Textgestaltwahrnehmung und Suchbereichsstrukturen. Plädoyer für übersichtliche Printwörterbücher im Zeitalter der neuen Medien. In: Skibitzki, Bernd/Wotjak, Barbara (Hrsg.): *Linguistik und Deutsch als Fremdsprache. Festschrift für Gerhard Helbig zum 70. Geburtstag.* Tübingen, 259–281.

Wiegand, Herbert Ernst (1998): Vorwort. In: Wiegand, Herbert Ernst (Hrsg.): *Perspektiven der pädagogischen Lexikographie des Deutschen. Untersuchungen anhand von „Langenscheidts Großwörterbuch Deutsch als Fremdsprache". (Lexicographica. Series Maior* 86). Tübingen, IX–X.

Wiegand, Herbert Ernst (1998a): *Wörterbuchforschung. Untersuchungen zur Wörterbuchbenutzung, zur Theorie, Geschichte, Kritik und Automatisierung der Lexikographie.* 1. Teilbd. Berlin/New York.

Wiegand, Herbert Ernst (1996): Das Konzept der semiintegrierten Mikrostrukturen. Ein Beitrag zur Theorie zweisprachiger Printwörterbücher. In: Wiegand, Herbert Ernst (Hrsg.): *Wörterbücher in der Diskussion II. Vorträge aus dem Heidelberger Lexikographischen Kolloquium. (Lexicographica. Series Maior* 70). Tübingen, 1–82.

Wiegand, Herbert Ernst (1995): Lexikographische Texte in einsprachigen Lernerwörterbüchern. Kritische Überlegungen anläßlich des Erscheinens von Langenscheidts Großwörterbuch Deutsch als Fremdsprache. In: Popp, Heidrun (Hrsg.): *Deutsch als Fremdsprache. An den Quellen eines Faches. Festschrift für Gerhard Helbig zum 65. Geburtstag*. München, 463–499.
Wiegand, Herbert Ernst (1995a): Vorwort. In: *Studien zur zweisprachigen Lexikographie mit Deutsch II (Germanistische Linguistik 127–128)*, VII–XI.
Wiegand, Herbert Ernst (1992): Elements of a Theory towards a So-called Lexicographic Definition. In: *Lexicographica* 8, 175–289.
Wiegand, Herbert Ernst (1989): Der Begriff der Mikrostruktur: Geschichte, Probleme, Perspektiven. In: Hausmann, Franz Josef et al. (Hrsg.): *Wörterbücher–Dictionaries–Dictionnaires. Ein internationales Handbuch zur Lexikographie*. 1.Teilbd. (*HSK* 5.1). Berlin/New York, 409–462.
Wiegand, Herbert Ernst (1989a): Die lexikographische Definition im allgemeinen einsprachigen Wörterbuch. In: Hausmann, Franz Josef et al. (Hrsg.): *Wörterbücher–Dictionaries–Dictionnaires. Ein internationales Handbuch zur Lexikographie*. 1.Teilbd. (*HSK* 5.1). Berlin/New York, 530–588.
Wiegand, Herbert Ernst (1988): „Shanghai bei Nacht". Auszüge aus einem metalexikographischen Tagebuch zur Arbeit beim Großen Deutsch-Chinesischen Wörterbuch. In: *Studien zur neuhochdeutschen Lexikographie* VI, 2. Teilbd, 521–626.
Wiegand, Herbert Ernst (1987): Zur handlungstheoretischen Grundlegung der Wörterbuchbenutzungsforschung. In: *Lexicographica* 3, 178–227.
Wiegand, Herbert Ernst (1985): Fragen zur Grammatik in Wörterbuchbenutzungsprotokollen. Ein Beitrag zur empirischen Erforschung der Benutzung einsprachiger Wörterbücher. In: Bergenholtz, Henning/Mugdan, Joachim (Hrsg.): *Lexikographie und Grammatik. Akten des Essener Kolloquiums zur Grammatik im Wörterbuch 28. (Lexicographica. Series Maior 3)*. Tübingen, 20–38.
Wiegand, Herbert Ernst (1985a): Eine neue Auffassung der sog. lexikographischen Definition. In: Hyldgaard-Jensen, Karl/Zettersten, Arne (Hrsg.): *Symposium on Lexicography II. Proceedings of the Second International Symposium on Lexicography May 16–17, 1984 at the University of Copenhagen. (Lexicographica. Series Maior 5)*. Tübingen, 15–100.
Wiegand, Herbert Ernst (1984): Vorwort. In: *Studien zur neuhochdeutschen Lexikographie* IV (*Germanistische Linguistik* 1–3/83), 3–12.
Wiegand, Herbert Ernst (1984a): On the Structure and Contents of a General Theory of Lexicography. In: Hartmann, R. R. K. (Hrsg.): *LEXeter '83 Proceedings. Papers from the International Conference on Lexicography at Exeter, 9–12 September 1983. (Lexicographica. Series Maior 1)*. Tübingen, 13–30.
Wiegand, Herbert Ernst (1984b): Vorwort. In: *Studien zur neuhochdeutschen Lexikographie* V (*Germanistische Linguistik* 3–6/84), III–XVI.
Wiegand, Herbert Ernst (1983a): Überlegungen zu einer Theorie der lexikographischen Sprachbeschreibung. In: Hyldgaard-Jensen, Karl/Zettersten, Arne (Hrsg.): *Symposium on Lexicography. Proceeding of the Symposium on Lexicography September 1–2, 1982, at the University of Copenhagen. (Germanistische Linguistik 5–6/82)*. Hildesheim/Zürich/New York, 35–72
Wiegand, Herbert Ernst (1983b): Ansätze zu einer allgemeinen Theorie der Lexikographie. In: Schildt, Joachim/Viehweger, Dieter (Hrsg.): *Die Lexikographie von heute und das Wörterbuch von morgen. Analysen – Probleme – Vorschläge. (Linguistische Studien. Arbeitsberichte 109)*. Oberlungwitz, 92–127.
Wiegand, Herbert Ernst (1982): Zur Bedeutungserläuterung von Satzadverbien in einsprachigen Wörterbüchern. Ein Beitrag zur praktischen Lexikologie. In: Mentrup, Wolfgang (Hrsg.): *Konzepte der Lexikographie. Studien zur Bedeutungserklärung in einsprachigen Wörterbüchern. (Reihe Germanistische Linguistik 38)*. Tübingen, 103–132.

Wiegand, Herbert Ernst (1981): Pragmatische Informationen in neuhochdeutschen Wörterbüchern. Ein Beitrag zur praktischen Lexikologie. In: *Studien zur neuhochdeutschen Lexikographie* I *(Germanistische Linguistik* 3–4/79). Hildesheim/New York, 139–271.

Wiegand, Herbert Ernst (1981a): Vorwort. In: *Studien zur neuhochdeutschen Lexikographie* I *(Germanistische Linguistik* 3–4/79). Hildesheim/New York, 3–8.

Wiegand, Herbert Ernst (1977): Nachdenken über Wörterbücher: Aktuelle Probleme. In: Drosdowski, Günther/Henne, Helmut/Wiegand, Herbert Ernst (Hrsg.): *Nachdenken über Wörterbücher.* Mannheim/Wien/Zürich, 51–102.

Wiegand, Herbert Ernst (1977a): Einige grundlegende semantisch-pragmatische Aspekte von Wörterbucheinträgen. Ein Beitrag zur praktischen Lexikologie. In: *Kopenhagener Beiträge zur germanistischen Linguistik* 12, 59–149.

Wiegand, Herbert Ernst/Kučera, Antonín (1981): Brockhaus-Wahrig: Deutsches Wörterbuch auf dem Prüfstand der praktischen Lexikologie. I. Teil: 1. Band (A–BT); 2. Band (BU–FZ). In: *Kopenhagener Beiträge zur Germanistischen Linguistik* 18, 94–217. (bes. Kapitel 4.11, 161–190)

Willer, Stefan (2004): Was ist ein Beispiel? Versuch über das Exemplarische. In: Fehrmann, Gisela et al. (Hrsg.): *Originalkopie. Praktiken des Sekundären. (Mediologie* 11). Köln, 51–65.

Willer, Stefan/Ruchatz, Jens/Pethes, Nicolas (2007): Zur Systematik des Beispiels. In: Ruchatz, Jens/Willer, Stefan/Pethes, Nicolas (Hrsg.): *Das Beispiel. Epistemologie des Exemplarischen.* Berlin, 7–59.

Williams, Edwin B. (1959): The Problems of Bilingual Lexicography Particularly as Applied to Spanish and English. In: *Hispanic Review* 17, Nr. 2, 246–253.

Wintage, Ursula (1999): Schwierigkeiten beim Gebrauch eines einsprachigen Lernerwörterbuchs. In: *Informationen Deutsch als Fremdsprache* 26, H. 5, 441–457. [Unter: <http://www.iudicium.de/InfoDaF/downloads/InfoDaF_1999_Heft_5.pdf>; letzter Zugriff: April 2013]

Winter, Christine (1993): Bilingual Dictionaries: Between Language and Speech. In: Arnaud, Pierre J. L./Béjoint, Henri (Hrsg.): *Vocabulary and Applied Linguistics.* Houndmills et al., 41–51.

Wittgenstein, Ludwig (2001): *Philosophische Untersuchungen. Kritisch-genetische Edition.* Hrsg. v. Schulte, Joachim. Frankfurt am Main.

Wittgenstein, Ludwig (1994): *Vorlesungen und Gespräche über Ästhetik, Psychoanalyse und religiösen Glauben.* Deutsche Übersetzung v. Funke, Ralf. Düsseldorf/Bonn. [Originalausgabe: *Lectures and Conversations on Aesthetics, Psychology and Religious Belief* (1966). Oxford.]

Wittgenstein, Ludwig (1989): *Das Blaue Buch. Eine Philosophische Betrachtung. (Das Braune Buch). (Werkausgabe Ludwig Wittgenstein.* Bd. 5). Frankfurt am Main.

Wittgenstein, Ludwig (1973): *Philosophische Grammatik. Kritisch-genetische Edition.* Hrsg. v. Rhees, Rush. Frankfurt am Main.

Wolski, Werner (1991): Formen der Textverdichtung im zweisprachigen Wörterbuch. In: Hausmann, Franz Josef et al. (Hrsg.): *Wörterbücher–Dictionaries–Dictionnaires. Ein internationales Handbuch zur Lexikographie.* 3. Teilbd. *(HSK* 5.3). Berlin/New York, 2837–2854.

Wolski, Werner (1988): Beschriebene und beschreibende Sprache im Wörterbuch. In: Harras, Gisela (Hrsg.): *Das Wörterbuch – Artikel und Verweisstrukturen. Jahrbuch 1987 des Instituts für deutsche Sprache. (Sprache der Gegenwart* LXXIV). Düsseldorf, 144–160.

Wotjak, Gerd (1982): Äquivalenz, Entsprechungstypen und Techniken der Übersetzung. In: Jäger, Gert/Neubert, Albrecht (Hrsg.): *Äquivalenz bei der Translation. (Übersetzungswissenschaftliche Beiträge* 5). Leipzig, 113–124.

Zgusta, Ladislav (1984): Translational Equivalence in the Bilingual Dictionary. In: Hartmann, R. R. K. (Hrsg.): *LEXeter '83 Proceedings. Papers from the International Conference on Lexicography at Exeter, 9–12 September 1983. (Lexicographica. Series Maior* 1). Tübingen, 147–154.

Zgusta, Ladislav (1971): *Manual of Lexicography. (Janua Linguarum Series Maior* 39). The Hague/Paris.

Zöfgen, Ekkehard (1994): *Lernerwörterbücher in Theorie und Praxis. Ein Beitrag zur Metalexikographie mit besonderer Berücksichtigung des Französischen.* (*Lexicographica. Series Maior* 59). Tübingen.

Zöfgen, Ekkehard (1991): Bilingual Learner's Dictionaries. In: Hausmann, Franz Josef et al. (Hrsg.): *Wörterbücher–Dictionaries–Dictionnaires. Ein internationales Handbuch zur Lexikographie.* 3. Teilbd. (*HSK* 5.3). Berlin/New York, 2888–2903.

Zöfgen, Ekkehard (1989): Valenzlexikographie auf neuen Wegen. Anmerkungen zu VERBEN IN FELDERN. Valenzwörterbuch zur Syntax und Semantik deutscher Verben. Herausgegeben von HELMUT SCHUMACHER. Berlin/New York: de Gruyter 1986 (Schriften des Instituts für deutsche Sprache; Bd. 1). In: *Lexicographica* 5, 209–220.

Zöfgen, Ekkehard (1986): Kollokationen, Kontextualisierung, (Beleg-)Satz. Anmerkungen zur Theorie und Praxis des lexikographischen Beispiels. In: Barrera-Vidal, Albert/Kleineidam, Hartmut/Raupach, Manfred (Hrsg.): *Französische Sprachlehre und bon usage. Festschrift für Hans-Wilhelm Klein zum 75. Geburtstag.* München, 219–238.

Zöfgen, Ekkehard (1985): Lernerwörterbücher auf dem Prüfstand oder: Was ist ein Lernwörterbuch? In: Zöfgen, Ekkehard (Hrsg.): *Wörterbücher und ihre Didaktik. (Bielefelder Beiträge zur Sprachlehrforschung. Zeitschrift zur Theorie und Praxis des gesteuerten Fremdsprachenerwerbs* 14). Bad Honnef/Zürich, 10–89.

Zöfgen, Ekkehard (1985a): Definitionswörterbuch kontra Valenzwörterbuch. Zur lexikographischen Darstellung der Verbsyntax aus pragmatischer Sicht. In: Bergenholtz, Henning/Mugdan, Joachim (Hrsg.): *Lexikographie und Grammatik. Akten des Essener Kolloquiums zur Grammatik im Wörterbuch 28.* (*Lexicographica. Series Maior* 3). Tübingen, 130–158.

Zöfgen, Ekkehard (1982): Verbwörterbücher und Verbvalenz im Französischunterricht. In: *Linguistik und Didaktik* 49/50, 18–61.

# Anhang

## Stichprobe für die einsprachige Lexikographie

| | | | | | |
|---|---|---|---|---|---|
| 1 | ABNEHMEN | 21 | EXISTIEREN | 41 | ORGANISIEREN |
| 2 | ÄNDERN | 22 | FEHLEN | 43 | PRODUZIEREN |
| 3 | AUFHEBEN | 23 | FRESSEN | 43 | PRÜFEN |
| 4 | BEACHTEN | 24 | FÜHREN | 44 | SCHAFFEN |
| 5 | BEFINDEN | 25 | GEBEN | 45 | SEIN |
| 6 | BEGINNEN | 26 | GEHÖREN | 46 | SINKEN |
| 7 | BEHALTEN | 27 | GESCHEHEN | 47 | SOLLEN |
| 8 | BEKOMMEN | 28 | HABEN | 48 | STATTFINDEN |
| 9 | BESTEHEN | 29 | HALTEN | 49 | STEHEN |
| 10 | BLEIBEN | 30 | HANDELN | 50 | STEIGEN |
| 11 | BRINGEN | 31 | KAUFEN | 51 | STELLEN |
| 12 | DAUERN | 32 | KOMMEN | 52 | TRENNEN |
| 13 | DENKEN | 33 | KÖNNEN | 53 | TRINKEN |
| 14 | DISKUTIEREN | 34 | LASSEN | 54 | VERÄNDERN |
| 15 | DÜRFEN | 35 | LIEGEN | 55 | VERBIETEN |
| 16 | EINSETZEN | 36 | MACHEN | 56 | VERKAUFEN |
| 17 | ENTSTEHEN | 37 | MIETEN | 57 | VERLIEREN |
| 18 | ENTWICKELN | 38 | MITTEILEN | 58 | VORKOMMEN |
| 19 | ERHALTEN | 39 | MÜSSEN | 59 | WERDEN |
| 20 | ESSEN | 40 | NEHMEN | 60 | ZÄHLEN |

## Stichprobe für ViF

| | | | | | | | |
|---|---|---|---|---|---|---|---|
| 1 | ABNEHMEN | 278f. | 21 | EXISTIEREN | 74f. | 41 | ORGANISIEREN | 452f. |
| 2 | ÄNDERN | 237f. | 22 | FEHLEN | 187f. | 42 | PRODUZIEREN | 114f. |
| 3 | AUFHEBEN | 139f. | 23 | FRESSEN | 767f. | 43 | PRÜFEN | 611f. |
| 4 | BEACHTEN | 544f. | 24 | FÜHREN ZU | 136f. | 44 | SCHAFFEN | 111f. |
| 5 | SICH BEFINDEN | 162f. | 25 | GEBEN | 737f. | 45 | SEIN | 399f. |
| 6 | BEGINNEN | 170f. | 26 | GEHÖREN | 728 | 46 | SINKEN | 263f. |
| 7 | BEHALTEN | 731f. | 27 | GESCHEHEN | 76f. | 47 | SOLLEN | 635 |
| 8 | BEKOMMEN | 738f. | 28 | HABEN | 727 | 48 | STATTFINDEN | 78 |
| 9 | BESTEHEN | 75f. | 29 | HALTEN FÜR | 522f. | 49 | ZUR VERFÜGUNG STEHEN | 191 |

| 10 | BLEIBEN | 95f. | 30 | ES HANDELT SICH UM | 400f. | 50 | STEIGEN | 261f. |
| 11 | ZUSTANDE BRINGEN | 124 | 31 | KAUFEN | 747f. | 51 | ZUR VERFÜGUNG STELLEN | 197f. |
| 12 | DAUERN | 167f. | 32 | KOMMEN ZU | 91 | 52 | TRENNEN ZWISCHEN | 418f. |
| 13 | DENKEN AN | 567f. | 33 | KÖNNEN | 628f. | 53 | TRINKEN | 770f. |
| 14 | DISKUTIEREN | 709f. | 34 | AUSSER ACHT LASSEN | 575f. | 54 | VERÄNDERN | 234f. |
| 15 | DÜRFEN | 629f. | 35 | LIEGEN | 163f. | 55 | VERBIETEN | 639f. |
| 16 | EINSETZEN | 171f. | 36 | MACHEN | 317f. | 56 | VERKAUFEN | 741f. |
| 17 | ENTSTEHEN | 87f. | 37 | MIETEN | 750f. | 57 | VERLIEREN | 733 |
| 18 | ENTWICKELN | 119f. | 38 | MITTEILEN | 674f. | 58 | VORKOMMEN | 164f. |
| 19 | ERHALTEN | 145f. | 39 | MÜSSEN | 634f. | 59 | WERDEN | 243f. |
| 20 | ESSEN | 764f. | 40 | NEHMEN | 752f. | 60 | ZÄHLEN ZU | 461f. |

## Stichprobe für PONS E-D und LC E-D

| 1 | TAKE | 21 | EXIST | 41 | ORGANIZE |
| 2 | CHANGE | 22 | LACK | 42 | PRODUCE |
| 3 | PICK | 23 | --(eat) | 43 | EXAMINE |
| 4 | OBSERVE | 24 | LEAD | 44 | MANAGE |
| 5 | FEEL | 25 | GIVE | 45 | BE |
| 6 | START | 26 | BELONG | 46 | SINK |
| 7 | KEEP | 27 | OCCUR | 47 | SHOULD |
| 8 | GET | 28 | HAVE | 48 | HAPPEN |
| 9 | PASS | 29 | HOLD | 49 | STAND |
| 10 | STAY | 30 | TRADE | 50 | CLIMB |
| 11 | BRING | 31 | BUY | 51 | --(stand) |
| 12 | LAST | 32 | COME | 52 | SEPARATE |
| 13 | THINK | 33 | CAN | 53 | DRINK |
| 14 | DISCUSS | 34 | LEAVE | 54 | --(change) |
| 15 | MAY | 35 | LIE2 | 55 | FORBID |
| 16 | PUT | 36 | MAKE | 56 | SELL |
| 17 | ARISE | 37 | RENT | 57 | LOSE |
| 18 | DEVELOP | 38 | TELL | 58 | --(happen) |
| 19 | RECEIVE | 39 | MUST | 59 | BECOME |
| 20 | EAT | 40 | --(take) | 60 | COUNT |

## Stichprobe für DCVVEA

| | | | | | | |
|---|---|---|---|---|---|---|
| 1 | ACOSTAR | 21 | GUSTAR | 41 | REGALAR |
| 2 | APARECER | 22 | IMAGINAR | 42 | REPETIR |
| 3 | APRENDER | 23 | INTENTAR | 43 | ROBAR |
| 4 | AYUDAR | 24 | INTERESAR | 44 | ROMPER |
| 5 | BEBER | 25 | INVENTAR | 45 | SEGUIR |
| 6 | BUSCAR | 26 | LUCHAR | 46 | SENTAR |
| 7 | CAER | 27 | MORIR | 47 | SENTIR |
| 8 | CASAR | 28 | NECESITAR | 48 | SONREÍR |
| 9 | COMPRAR | 29 | NOTAR | 49 | SOÑAR |
| 10 | COMPRENDER | 30 | OBLIGAR | 50 | SUPONER |
| 11 | CONFIAR | 31 | OBSERVAR | 51 | TEMER |
| 12 | CONTESTAR | 32 | OCURRIR | 52 | USAR |
| 13 | CREAR | 33 | OFRECER | 53 | VENDER |
| 14 | CREER | 34 | OLER | 54 | VESTIR |
| 15 | CUMPLIR | 35 | OÍR | 55 | VISITAR |
| 16 | DEBER | 36 | PAGAR | 56 | VIVIR |
| 17 | ENSEÑAR | 37 | PEDIR | | |
| 18 | ESTUDIAR | 38 | PERDER | | |
| 19 | EVITAR | 39 | PERTENECER | | |
| 20 | EXISTIR | 40 | RECORDAR | | |

# Index

Äquivalentangabe 64f., 72f., 81, 91, 94, 104f., 110–115, 118–122, 348
Äquivalentunterscheidungsangabe 82, 115f., 359–361
Äquivalenz 67, 81, 94f., 97, 99, 105–112, 119
Äquivalenzprinzip 72, 74, 323, 326, 368
äquivalenzrelevante Angabe 82, 115, 359
Authentizität 185–193, 198, 210, 222

Bedeutungsdisambiguierung 68, 244
Bedeutungsparaphraseangabe 66f., 69f., 73, 118–121, 214, 235–245, 246f.
Beispielangaben mit dem Zweck der Äquivalenzherstellung 343, 348f., 353
Beispielangaben mit dem Zweck der Demonstration 354f., 357
Beispielsyntagma
- gekürztes Beispiel 161–167, 176f., 254, 256, 318, 327, 351, 354, 368, 371
- Satzbeispiel 161, 164, 167–173, 252, 265, 289, 308, 318f., 351, 355, 368, 371
- Textbeispiel 140, 161, 164, 167, 174–176, 204f., 254–256, 265, 283, 318f., 321f., 355, 368, 371
Belegbeispiel 178–217, 326, 369, 372
Belegstellenangabe 168, 180, 264f.
Belegsyntagmaangabe 168, 180, 184
bilingualisiertes Lernerwörterbuch 76f.

Corpusbeispiel 178, 183f., 217, 222, 226, 369, 372
- modifiziertes Corpusbeispiel 227–231, 369
- Corpussiglenangabe 184

Demonstration 126, 134f., 178, 181, 207, 233, 342, 345, 354, 359, 363, 370

Dokumentation 135, 178, 181, 183, 207, 212f., 216, 372

exemplum contrarium 283, 389

Glossate 248f.
Glossen 313–317

Kollokationsangaben 153–160, 254, 256, 305, 317, 351
Kompetenzbeispiel 178, 185f., 193, 197–217, 231, 326–334, 369, 372
Kontext 98, 102, 106, 133f., 136, 262f., 266, 285, 287–289
Kotext 98, 106, 133f., 136, 262f., 266, 285f.

Negativbeispiel 390

Parallelbeispiel 326f., 334–342
Pseudobeispiel 153, 212, 234, 262, 271f., 274, 290, 361f.

semantische Kommentierung, Prinzip 68–71, 74, 76, 138, 245
Strukturformeln 146–153, 214, 250–254, 309

Übersetzung der Beispielangaben 327–334, 342

Wörterbuch
- einsprachiges Wörterbuch 62, 64, 66–71, 119, 121
- zweisprachiges Wörterbuch 62–65, 71–77, 82, 111, 119, 122

www.ingramcontent.com/pod-product-compliance
Lightning Source LLC
Chambersburg PA
CBHW081822230426
43668CB00017B/2351